吉林人民出版社

简体字本二十六史

后汉书

卷三五——卷七三

（二）

［晋］ 司马彪　撰

［梁］ 刘　昭　注补

刘华祝 等　标点

后汉书卷三五
列传第二五

张纯 子奋　曹褒　郑玄

张纯字伯仁,京兆杜陵人也。高祖父安世,宣帝时为大司马卫将军,封富平侯。①父放,为成帝侍中。纯少袭爵土,哀、平间为侍中,王莽时至列卿。遭值篡伪,多亡爵土,纯以敦谨守约,保全前封。

①臣贤案:张安世昭帝元凤六年以右将军宿卫忠谨封富平侯,今此言宣帝封,误也。宣帝即位,但益封万户耳。

建武初,先来诣阙,故得复国。五年,拜太中大夫,使将颍川突骑安集荆、徐、杨部,督委输,①监诸将营。后又将兵屯田南阳,迁五官中郎将。有司奏,列侯非宗室不宜复国。光武曰:“张纯宿卫十有余年,其勿废,更封武始侯,食富平之半。”②

①督,促也。委输,转运也。

②武始,县属魏郡。富平,县,属平原郡也。

纯在朝历世,明习故事。建武初,旧章多阙,每有疑议,辄以访纯,自郊庙、婚冠、丧纪礼仪,多所正定。帝甚重之,以纯兼虎贲中郎将,数被引见,一日或至数四。①纯以宗庙未定,昭穆失序,十九年,乃与太仆朱浮共奏言:

①过三以至于四也。

陛下兴于匹庶,荡涤天下,诛锄暴乱,兴继祖宗。窃以经义所纪,人事众心,虽实同创革,而名为中兴,宜奉先帝,恭承祭祀者也。元年以来,宗庙奉祠高皇帝为受命祖,孝文皇帝为太宗,孝武皇帝为世宗,皆如旧制。又立亲庙四世,推南顿君以上

尽于舂陵节侯。①礼,为人后者则为之子,既事太宗,则降其私
亲。②今禘祫高庙,陈序昭穆,而舂陵四世,君臣并列,以卑厕
尊,不合礼意。设不遭王莽,而国嗣无寄,推求宗室,以陛下继
统者,安得复顾私亲,违礼制乎? 昔高帝以自受命,不由太上,
宣帝以孙后祖,不敢私亲,故为父立庙,独群臣侍祠。臣愚谓宜
除今亲庙,以则二帝旧典,愿下有司博采其议。

①南顿令钦即光武之父。舂陵侯买,光武高祖也。

②大宗谓元帝也。据代相承,高祖至元帝八代,光武即高帝九代孙,以代
数相推,故继体元帝,故曰“既事太宗”。下又云“宣、元皇帝尊为祖、
父”,又曰“自元帝以上祭于洛阳,成帝以下祭于长安”,其义明矣。降其
私亲,谓舂陵已下不别序昭穆。

诏下公卿,大司徒戴涉、大司空窦融议:“宜以宣、元、成、哀、平
五帝四世代今亲庙,宣、元皇帝尊为祖、父,可亲奉祠,成帝以下,有
司行事,别为南顿君立皇考庙。其祭上至舂陵节侯,群臣奉祠,以明
尊尊之敬,亲亲之恩。”帝从之。是时宗庙未备,自元帝以上祭于洛
阳高庙,成帝以下祠于长安高庙,其南顿四世,随所在而祭焉。

明年,纯代朱浮为太仆。二十三年,代杜林为大司空。在位慕
曹参之迹,务于无为,①选辟掾史,皆知名大儒。明年,上穿阳渠,引
洛水为漕,②百姓得其利。

①曹参,惠帝时代萧何为相国,遵萧何法,无所变更。

②上音时丈反。阳渠在洛阳城南。

二十六年,诏纯曰:“禘、祫之祭,不行已久矣。‘三年不为礼,礼
必坏;三年不为乐,乐必崩。’①宜据经典,详为其制。”纯奏曰:“礼,
三年一祫,五年一禘。《春秋传》曰:‘大祫者何? 合祭也。’
毁庙及未
毁庙之主皆登,合食乎太祖,五年而再殷。②汉旧制,三年一祫,毁
庙主合食高庙,存庙主未尝合祭。元始五年,诸王公列侯庙会,始为
禘祭。③又前十八年亲幸长安,亦行此礼。④礼说三年一闰,天气小
备;五年再闰,天气大备。故三年一祫,五年一禘。禘之为言谛,谛
定昭穆尊卑之义也。禘祭以夏四月,夏者阳气在上,阴气在下,⑤故

正尊卑之义也。袷祭以冬十月，冬者五谷成孰，物备礼成，故合聚饮食也。斯典之废，于兹八年，⑥谓可如礼施行，以时定议。"帝从之，自是禘、袷遂定。

①《论语》载宰我之言也。

②《周礼》，三年一袷，五年一禘。又《公羊传》曰："大袷者何？合祭也。合祭柰何？毁庙主陈于太祖，未毁主皆升，合食于太祖，五年而再殷祭。"注云："殷，盛也。谓三年袷，五年禘也。"

③臣贤案：平帝元始五年春，袷祭明堂，诸侯王列宗室助祭，赐爵金帛。今纯及《司马彪书》并云"禘祭"盖禘、袷俱是大祭，名可通也。

④《续汉书》曰："十八年上幸长安，诏太常行禘礼于高庙，序昭穆。父为昭，南向；子为穆，北向。"

⑤四月《乾》卦用事，故言阳气在上也。

⑥自十八年至此。

　　时南单于及乌桓来降，边境无事，百姓去兵革，岁仍有年，家给人足。①纯以圣王之建辟雍，所以崇尊礼义，既富而教者也。②乃案七经谶、明堂图、③河间《古辟雍记》、孝武太山明堂制度，④及平帝时议，⑤欲具奏之。未及上，会博士桓荣上言宜立辟雍、明堂，章下三公、太常，而纯议同荣，帝乃许之。

①仍，频也。

②《论语》曰"子适卫，冉子仆。子曰'庶矣哉！'冉子曰：'既庶矣，又何加焉？'曰：'富之。''既富矣，又何加焉？'曰：'教之'也。

③谶，验也，解见《光武纪》。七经谓《诗》、《书》、《礼》、《乐》、《易》、《春秋》及《论语》也。

④武帝时，河间献王德献雅乐，对三雍宫，有其书记也。又武帝封太山，济南人公玉带上黄帝时明堂图，明堂中有一殿，四面无壁，以茅盖，水环宫垣，为复道，上有楼也。

⑤平帝时起明堂，征天下通一艺以上皆议于公车也。

　　三十年，纯奏上宜封禅，曰："自古受命而帝，治世之隆，必有封禅，以告成功焉。①《乐·动声仪》曰：'以《雅》治人，《风》成于《颂》。'②有周之盛，成康之间，郊配封禅，皆可见也。《书》曰'岁二月，东巡狩，至于岱宗'，则封禅之义也。臣伏见陛下受中兴之命，平

海内之乱,修复祖宗,抚存万姓,天下旷然,咸蒙更生,恩德云行,惠
泽雨施,③黎元安宁,夷狄慕义。《诗》云:'受天之祜,四方来贺。'④
今摄提之岁,仓龙甲寅,德在东宫。⑤宜及嘉时,遵唐帝之典,继孝
武之业,以二月东巡狩,封于岱宗,明中兴,勒功勋,复祖统,报天
神,禅梁父,祀地祇,传祚子孙,万世之基也。"中元元年,帝乃东巡
岱宗,以纯视御史大夫从,⑥并上元封旧仪及刻石文。⑦三月,薨,
谥曰节侯。

> ①《礼记》曰:"因名山,升中于天。"郑玄注曰:"谓巡守至于方岳,燔柴祭
> 　天,告以诸侯之成功也。"
> ②《动声仪》,《乐纬》篇名也。
> ③《易》曰:"云行雨施,品物流形。"
> ④《下武》之诗也。郑玄注云:"言武王受此万年之寿,辅佐之臣亦宜蒙余
> 　福也。"
> ⑤《尔雅》曰:"太岁在寅曰摄提格。"建武三十年太岁在甲寅,射岁德在东
> 　宫。《前书音义》曰:"苍龙,太岁也。"
> ⑥视,比也。
> ⑦武帝元封元年封禅仪,令侍中皮弁搢绅,射牛行事。封广丈二,高九尺,
> 　有玉牒书,书秘,其事皆禁。禅肃然,天子亲拜,衣上黄。江淮间一茅三
> 　脊为神籍,五色土杂封。纵远方奇兽飞禽之属也。

子奋嗣。

奋字稚通。父纯,临终敕家丞曰:"司空无功于时,猥蒙爵土,身
死之后,勿议传国。"①奋兄根,少被病,光武昭奋嗣爵,奋称纯遗
敕,固不肯受。帝以奋违诏,敕收下狱,奋惶怖,乃袭封。永平四年,
随例归国。

> ①《东观记》曰家丞名歆。

奋少好学,节俭行义,常分损租奉,①赡恤宗亲,虽至倾匮,而
施与不息。十七年,儋耳降附,②奋来朝上寿,引见宣平殿,应对合
旨,显宗异其才,以为侍祠侯。③建初元年,拜左中郎将,转五官中
郎将,迁长水校尉。七年,为将作大匠,章和元年,免。永元元年,复

拜城门校尉。四年,迁长乐卫尉。明年,代桓郁为太常。六年,代刘方为司空。

①奉音扶用反。

②儋耳,郡,武帝置,故城即今儋州义伦县也。

③名臣子孙侍祠封侯,解见《邓禹传》。

时岁灾旱,祈雨不应,乃上表曰:"比年不登,人用饥匮,今复久旱,秋稼未立,①阳气垂尽,岁月迫促。夫国以民为本,民以谷为命,政之急务,忧之重者也。臣蒙恩尤深,受职过任,夙夜忧惧,章奏不能叙心,愿对中常侍疏奏。"②即时引见,复口陈时政之宜。明日,和帝召大尉、司徒幸洛阳狱,录囚徒,收洛阳令陈歆,即大雨三日。

①立,成也。

②疏犹条录也。

奋在位清白,无它异绩。九年,以病罢。在家上疏曰:"圣人所美,政道至要,本在礼乐。《五经》同归,而礼乐之用尤急。孔子曰:'安上治民,莫善于礼;移风易俗,莫善于乐。'又曰:'揖让而化天下者,礼乐之谓也。'①先王之道,礼乐可谓盛矣。孔子谓子夏曰:'礼以修外,乐以制内,丘已矣夫!'②又曰:'礼乐不兴,则刑罚不中;刑罚不中,则民无所厝其手足。'臣以为汉当制作礼乐,是以先帝圣德,数下诏书,愍伤崩缺,而众儒不达,议多驳异。臣累世台辅,③而大典未定,私窃惟忧,不忘寝食。臣犬马齿尽,诚冀先死见礼乐之定。"④

①《礼记·乐记》孔子之辞也。

②《礼稽命征》之辞也。宋均注云:"修外,饰容貌也。修内,荡涤心性也。已矣夫,恨不制作礼乐也。"

③奋七代祖汤,武帝时为御史大夫;六代祖子孺,宣帝时为卫将军领尚书;父纯,光武时为司空。

④先死谓未死之前也。

十三年,更召拜太常。复上疏曰:"汉当改作礼乐,图书著明。①王者化定制礼,功成作乐。②谨条礼乐异议三事,愿下有司,以时考定。昔者孝武皇帝、光武皇帝封禅告成,而礼乐不定,事不相副。先帝已诏曹褒,③今陛下但奉而成之,犹周公斟酌文武之道,非自为制,诚无所疑。④久执谦谦,令大汉之业不以时成,非所以章显祖宗功德,建太平之基,为后世法。"帝虽善之,犹未施行。其冬,复以病罢。明年,卒于家。

① 见《曹褒传》。

② 《礼·乐记》之文也。功成化定同耳,功谓王业,化谓教人也。

③ 章帝敕曹褒于东观次序礼事,依准旧典,凡百五十篇奏之也。

④ 周公制礼,皆斟酌文武之美德,为之节制,不自述也。今先帝已诏曹褒,非陛下出意,何所疑而不为也。《诗颂》曰:"于乎不显,文王之德之纯,假以溢我,我其收之,骏惠我文王。"又曰"执竞武王,无竞维烈"也。

子甫嗣,官至津城门候。①甫卒,子吉嗣。永初三年,吉卒,无子,国除。自昭帝封安世,至吉,传国八世,②经历篡乱,二百年间③未尝谴黜,封者莫与为比。

① 津城门,洛阳南面西门也,当洛水浮桥。《汉官仪》曰"候一人,秩六百石"也。

② 张安世字子孺,昭帝时为右将军,始封富平侯。卒,子延寿嗣。卒,子勃嗣。卒,子临嗣。卒,子放嗣。卒,子纯嗣;建武初,改封武始侯。卒,子奋嗣。卒,子甫嗣。卒,子吉嗣,无子,国除。此言八代者,除安世始封也。

③ 篡乱谓王莽也。张子孺昭帝元凤六年封,至永初三年合一百八十二年,故曰"间"也。

曹褒字叔通,鲁国薛人也。父充,持《庆氏礼》,①建武中为博士,从巡狩岱宗,定封禅礼,还,受诏议立七郊、三雍、大射、养老礼仪。②显宗即位,充上言:"汉再受命,仍有封禅之事,而礼乐崩阙,不可为后嗣法。五帝不相沿乐,三王不相袭礼,③大汉自制礼,以示百世。"帝问:"制礼乐云何?"充对曰:"《河图括地象》曰:'有汉世礼乐文雅出。'《尚书·璇机钤》曰:'有帝汉出,德洽作乐,名予。'"帝善之,下诏曰:"今且改太乐官曰太予乐,诗曲操,以俟君子。"④拜充侍中。作章句辩难,于是遂有庆氏学。

① 《前书》,沛人庆普字孝公,为东平太傅,受礼于后苍,号《庆氏礼》也。

②五帝及天地为七郊。三雍以下解见《明帝纪》。

③《礼记》正文也,言损益不同也。

④操犹曲也。刘向《别录》曰:"君子因雅琴之适,故从容从致思焉。其道闭塞悲愁而作者名其曲曰操,言遇灾害不失其操也。"

褒少笃志,有大度,结发传充业,博雅疏通,尤好礼事。常感朝廷制度未备,慕叔孙通为汉礼仪,昼夜研精,沈吟专思,寝则怀抱笔札,行则诵习文书,当其念至,忘所之适。

初举孝廉,再迁圉令,①以礼理人,以德化俗。时它郡盗徒五人来入圉界,吏捕得之,陈留太守马严闻而疾恶,风县杀之。褒敕吏曰:"未绝人命者,天亦绝之。皋陶不为盗制死刑,管仲遇盗而升诸公。②今承旨而杀之,是逆天心,顺府意也,其罚重矣。如得全此人命而身坐之,吾所愿也。"遂不为杀。严奏褒软弱,免官,归郡为功曹。

①圉,县,属陈留,故城在今汴州雍丘县南也。

②《礼·杂记》云孔子曰:"管仲遇盗,取二人焉,上以为公臣。"注云:"此人但居恶人之中,使犯法耳。"

征拜博士。会肃宗欲制定礼乐,元和二年下诏曰:"《河图》称'赤九会昌,十世以光,十一以兴。'①《尚书·璇机钤》曰:'述尧理世,平制礼乐,放唐之文。'②予末小子,托于数终,曷以缵兴,崇弘祖宗,仁济元元?《帝命验》曰:'顺尧考德,题期立象。'③且三五步骤,优劣殊轨,④况予顽陋,无以克堪,虽欲从之,末由也已。每见图书,中心恶焉。"褒知帝旨欲有兴作,乃上疏曰:"昔者圣人受命而王,莫不制礼作乐,以著功德。功成作乐,化定制礼,所以救世俗,致祯祥,为万姓获福于皇天者也。今皇天降祉,嘉瑞并臻,制作之符,甚于言语。⑤宜定文制,著成汉礼,丕显祖宗盛德之美。"章下太常,太常巢堪以为一世大典,非褒所定,不可许。

①九谓光武,十谓明帝,十一谓章帝也。

②纬本文云:"使帝王受命,用吾道述尧理代,平制礼放唐之文,化治作乐名斯在。"宋均注云:"述,修也"。

③宋均注曰:"尧巡省于河、洛,得龟龙之图书。舜受禅后习尧礼,得之演

以为《考河命》，题五德之期，立将起之象，凡三篇，在《中候》也。"

④《孝经钩命决》曰："三皇步，五帝骤，三王驰。"宋均注云："步为德隆道用，日月为步。时事弥顺，日月亦骤。勤思不已，日月乃驰，"是优劣也。

⑤言明白也。

帝知群僚拘挛，难与图始，①朝廷礼宪，宜时刊立。明年，复下诏曰："朕以不德，膺祖宗弘烈。乃者鸾凤仍集，麟龙并臻，甘露宵降，嘉谷滋生，赤草之类，纪于史官。②朕夙夜祗畏，上无以彰于先功，下无以克称灵物。汉遭秦余，礼坏乐崩，且因循故事，未可观省，有知其说者，各尽所能。"褒省诏，乃叹息谓诸生曰："昔奚斯颂鲁，③考甫咏殷。④夫人臣依义显君，竭忠彰主，行之美也。当仁不让，吾何辞哉！"遂复上疏，具陈礼乐之本，制改之意。

①拘挛犹拘束也。《前书》邹阳曰"能越拘挛之语"也。

②赤草即朱草也。《大戴礼》曰"朱草日生一叶，至十五日，十六日落一叶，周而复始"也。

③《韩诗》曰："新庙奕奕，奚斯所作。"薛君《传》云："是诗公子奚斯所作也。"

④正考甫，孔子之先也，作《商颂》十二篇。

拜褒侍中，从驾南巡，既还，以事下三公，未及奏，诏召玄武司马班固，①问改定礼制之宜。固曰："京师诸儒，多能说礼，宜广招集，共议得失。"帝曰："谚言'作舍道边，三年不成'。会礼之家，名为聚讼，②互生疑异，笔不得下。昔尧作《大章》，一夔足矣。"③章和元年正月，乃召褒诣嘉德门，令小黄门持班固所上叔孙通《汉仪》十二篇，敕褒曰："此制散略，多不合经，④今宜依礼条正，使可施行。于南宫、东观尽心集作。"褒既受命，乃次序礼事，依准旧典，杂以《五经》谶记之文，撰次天子至于庶人冠婚吉凶终始制度，以为百五十篇，写以二尺四寸简。其年十二月奏上。帝以众论难一，故但纳之，不复令有司平奏。会帝崩，和帝即位，褒乃为作章句，帝遂以《新礼》二篇冠。擢褒监羽林左骑。⑤永元四年，迁射声校尉。后太尉张酺、尚书张敏奏褒擅制《汉礼》，破乱圣术，宜加刑诛。帝虽寝其奏，而《汉礼》遂不行。

①玄武司马主玄武门。《续汉志》云"宫掖门,每门司马一人,秩比千石"也。

②言相争不定也。

③夔,尧乐官也。《吕氏春秋》曰,鲁哀公问于孔子曰,乐正夔一足矣。

④散略犹疏略也。

⑤《汉官仪》曰"羽林左骑秩六百石,领羽林,属光禄勋"也。

褒在射声,营舍有停棺不葬者百余所,褒亲自履行,问其意故。吏对曰:"此等多是建武以来绝无后者,不得埋掩。"褒乃怆然,为买空地,悉葬其无主者,设祭以祀之。迁城门校尉、将作大匠。时有疾疫,褒巡行病徒,为致医药,经理饘粥,多蒙济活。七年,出为河内太守。时春夏大旱,粮谷踊贵。褒到,乃省吏并职,退去奸残,澍雨数降。其秋大孰,百姓给足,流冗皆还。后坐上灾害不实免。有顷征,再迁,复为侍中。

褒博物识古,为儒者宗。十四年,卒官。作《通义》十二篇,演经杂论百二十篇,又传《礼记》四十九篇,教授诸生千余人,庆氏学遂行于世。

论曰:汉初天下创定,朝制无文,叔孙通颇采经礼,参酌秦法,虽适物观时,有救崩敝,然先王之容典盖多阙矣,①是以贾谊、仲舒、王吉、刘向之徒,怀愤叹息所不能已也。②资文、宣之远图明懿美,而终莫或用,③故知自燕而观,有不尽矣。④孝章永言前王,明发兴作,⑤专命礼臣,撰定国宪,洋洋乎盛德之事焉。⑥而业绝天算,议黜异端,斯道竟复坠矣。⑦夫三王不相袭礼,五帝不相沿乐,所以《咸》、《茎》异调,中都殊绝。⑧况物运迁回,情数万化,制则不能随其流变,品度未足定其滋章,⑨斯固世主所当损益者也。且乐非夔、襄,而新音代起,律谢皋、苏,而制令甌易,⑩修补旧文,独何猜焉?⑪礼云礼云,曷其然哉!⑫

①容,礼容也;典,法则也。谓行礼威仪俯仰之容貌也。文帝时,鲁徐生以容为礼官,孙襄亦善为容。"容"或作"宏",义亦通也。

②贾谊等以叔孙通礼制疏略,并上书对策,请更改作,皆不从,所以叹息

也。班固曰："今大汉久旷大义，此贾谊、仲舒、王吉、刘向之徒所为发愤而增叹也。"见《前书》。

③资，用也。言用文帝、宣帝美略远谋，而终涌用贾谊等言。谊，文帝时人。吉，宣帝时人。

④《礼记》曰："孔子之丧，有自燕来观者，舍于子夏氏。子夏曰：'圣人之葬人与人之葬圣人也，子何观焉？'有不尽矣，言未备也。

⑤明发谓发夕至明也。《诗》曰："明发不寐。"

⑥洋洋，美也。

⑦业绝天算谓章帝晏驾也。议黜异端谓张酺等奏褒擅制礼，遂不行也。

⑧《咸》，《咸池》，黄帝乐也。《茎》，《六茎》，颛顼乐也。见《前书》。异调言古今不同处。中都，鲁邑名也。《家语》曰："孔子为中都宰，制为养生送死之节。"殊绝犹断绝也。言古乐不同，旧礼亦绝也。

⑨言时代迁移，繁省不定也。

⑩夔，舜乐官。襄，鲁乐官也。皋繇，虞士官。苏忿生，周武王之司寇也。

⑪言刑乐数改，而修礼则疑之。

⑫叹其不能定也。

郑玄字康成，北海高密人也。八世祖崇，哀帝时尚书仆射。玄少为乡啬夫，①得休归，常诣学官，不乐为吏，父数怒之，不能禁。②遂造太学受业，师事京兆第五元先，始通《京氏易》、《公羊春秋》、《三统历》、《九章算术》。③又从东郡张恭祖受《周官》、《礼记》、《左氏春秋》、《韩诗》、《古文尚书》。以山东无足问者，乃西入关，因涿郡卢植，事扶风马融。

①《前书》曰"乡有啬夫，掌听讼收赋税"也。

②《郑玄别传》曰"玄年十一二，随母还家，正腊会同列十数人，皆美服盛饰，语言闲通，玄独漠然如不及，母私督数之，乃曰'此非我志，不在所愿'也。

③《三统历》，刘歆所撰也。《九章算术》，周公作也，凡有九篇，《方田》一，《粟米》二，《差分》三，《少广》四，《均输》五，《方程》六，《傍要》七，《盈不足》八，《钩股》九。

融门徒四百余人，升堂进者五十余生。融素骄贵，玄在门下，三年不得见，乃使高业弟子传授于玄。玄日夜寻诵，未尝息倦。会融集诸生考论图纬，闻玄善算，乃召见于楼上，玄因从质诸疑义，问毕辞归。融喟然谓门人曰："郑生今去，事道东矣。"①

①《前书》曰："田何授《易》于丁宽，学成，宽东归，何谓门人曰：'《易》东矣。'"

玄自游学，十余年乃归乡里。家贫，客耕东莱，学徒相随已数百千人。及党事起，乃与同郡孙嵩等四十余人俱被禁锢，①遂隐修经业，杜门不出。时任城何休《公羊》学，遂著《公羊墨守》、②《左氏膏肓》、③《谷梁废疾》；玄乃《发墨守》，《针膏肓》，《起废疾》。休见而叹曰："康成入吾室，操吾矛，以伐我乎！"初，中兴之后，范升、陈元、李育、贾逵之徒争论古今学，后马融答北地太守刘瑰及玄答何休，义据通深，由是古学遂明。

①嵩字宾石，见《赵歧传》。

②言《公羊》义理深远，不可驳难，如墨翟之守城也。

③《说文》曰："肓，隔也。"心下为膏，喻《左氏》之疾不可为也。

灵帝末，党禁解，大将军何进闻而辟之。州郡以进权威，不敢违意，遂迫胁玄，不得已而诣之。进为设几杖，礼待甚优。玄不受朝服，而以幅巾见。一宿逃去。时年六十，弟子河内赵商等自远方至者数千。后将军袁隗表为侍中，以父丧不行。国相孔融深敬于玄，屣履造门。①告高密县为玄特立一乡，曰："昔齐置'士乡'，②越有'君子军'，皆异贤之意也。③郑君好学，实怀明德。昔太史公、廷尉吴公、谒者仆射邓公，皆汉之名臣。又南山四皓有园公、夏黄公，潜光隐耀，世嘉其高，皆悉称公。④然则公者仁德之正号，不必三事大夫也。今郑君乡宜曰'郑公乡'。昔东海于公仅有一节，犹或戒乡人侈其门闾，⑤矧乃郑公之德，而无驷牡之路！可广开门衢，令容高车，号为'通德门'。

①屣谓纳履未正，曳之而行，言趋贤急也。

②管仲相桓公，制国为二十一乡，工商乡六，士乡十五，以居工商士也。事见《国语》也。

③吴越相攻，越王句践乃中分其师为左右军，以其私卒君子为中军。注

云："君子,王所亲近有志行者。"见《国语》。

④吴公,文帝时为河南守。邓公,景帝时为谒者仆射。太史公司马谈,武帝时。四皓,高帝时也,有园公、夏黄公、角里先生、绮里季也。须眉皓白,故言皓。秦末隐于商雒南山,以待天下之定,汉兴,迎而致之也。

⑤一节谓决狱也。昭帝时,东海于公为县狱吏,决狱平,郡为立祠,号曰'于公祠'。先是于公闾门坏,父老方共修之。于公曰"少高大其门,令容驷马车。我决狱多阴德,子孙必有兴者"也。

董卓迁都长安,公卿举玄为赵相,道断不至。①会黄巾寇青部,乃避地徐州,徐州牧陶谦接以师友之礼。建安元年,自徐州还高密,道遇黄巾贼数万人,见玄皆拜,相约不敢入县境。玄后尝疾笃,自虑,以书戒子益恩曰:"吾家旧贫,为父母群弟所容,去斯役之吏,②游学周、秦之都,往来幽、并、兖、豫之域,获觐乎在位通人,处逸大儒,得意咸从捧手,有所受焉。③遂博稽"六艺",粗览传记,时睹秘书纬术之奥。年过四十,乃归供养,假田播殖,以娱朝夕。遇阉尹擅势,坐党禁锢,十有四年,而蒙赦令,举贤良、方正、有道,辟大将军三司府。公车再召,比牒并名,早为宰相。④惟彼数公,懿德大雅,克堪王臣,故宜式序。⑤吾自忖度,无任于此,但念述先圣之元意,思整百家之不齐,亦庶几以竭吾才,故闻命罔从。而黄巾为害,萍浮南北,复归邦乡,入此岁来,已七十矣。宿素衰落,仍有失误,案之礼典,便合传家。⑥今我告尔以老,归尔以事,将闲居以安性,覃思以终业。自非拜国君之命,问族亲之忧,展敬坟墓,观省野物,胡尝扶杖出门乎!家事大小,汝一承之。咨尔茕茕一夫,曾无同生相依。其勖求君子之道,研钻勿替,敬慎威仪,以近有德。⑦显誉成于僚友,德行立于己志。若致声称,亦有荣于所生,可不深念邪!可不深念邪!吾虽无绂冕之绪,颇有让爵之高。⑧自乐以论赞之功,庶不遗后人之羞。末所愤愤者,徒以亡亲坟垄未成,所好群书率皆腐敝,不得于礼堂写定,传与其人。⑨日西方暮,其可图乎!家今差多于昔,勤力务时,无恤饥寒。菲饮食,薄衣服,节夫二者,尚令寡恨。若忽忘不识,亦已焉哉!"

①赵王乾之相也。

②斯，贱也。

③处逸谓处士隐逸之大儒。

④比牒犹连牒也，并名谓齐名也，言连牒齐名被召者并为宰相也。并音步
　鼎反。

⑤式，用也。序，列也。

⑥传家谓家事任子孙也。《曲礼》曰"七十老而传。"

⑦《诗·大雅·人劳篇》之言也。

⑧谓频被辟不就也。

⑨其人谓好学者也。《前书》司马迁曰"仆诚已著此书，传之其人也"。

　　时大将军袁绍总兵冀州，遣使要玄，大会宾客，玄最后至，乃延
升上坐。身长八尺，饮酒一斛，秀眉明目，容仪温伟。绍客多豪俊，
并有才说，见玄儒者，未以通人许之，竞设异端，百家互起。玄依方
辩对，咸出问表，皆得所未闻，莫不嗟服。时汝南应劭亦归于绍，因
自赞曰："故太山太守应中远，北面称弟子何如？"玄笑曰："仲尼之
门考以四科，①回、赐之徒不称官阀。"劭有惭色。绍乃举玄茂才，表
为左中郎将，皆不就。公车征为大司农，给安车一乘，所过长吏送
迎。玄乃以病自乞还家。

　　①四科谓德行、言语、政事、文学，颜渊、闵子骞及子游、子夏，并见《论语》
　　也。

　　五年春，梦孔子告之曰："起，起，今年岁在辰，来年岁在巳。"①
既寤，以谶合之，知命当终，有顷寝疾。时袁绍与曹操相拒于官
度，②令其子谭遣使逼玄随军。不得已，载病到元城县疾，笃不进，
其年六月卒，年七十四。遗令薄葬。自郡守以下尝受业者，缞绖赴
会千余人。

　　①北齐刘昼《高才不遇传》论玄曰"辰为龙，巳为蛇，岁至龙蛇贤人嗟，玄
　　以谶合之"，盖谓此也。

　　②官度，津名也，在今郑州中牟县北。《前书音义》曰："于荥阳下引河东南
　　为洪沟，以通宋、郑、淮、泗，即今官度。"

　　门人相与撰玄答诸弟子问《五经》，依《论语》作《郑志》八篇。凡
玄所注《周易》、《尚书》、《毛诗》、《仪礼》、《礼记》、《论语》、《孝经》、

《尚书大传》、《中候》、《乾象历》，又著《天文七政论》、《鲁礼禘祫义》、《六艺论》、《毛诗谱》、《驳许慎五经异义》、《答临孝存周礼难》，凡百余万言。①

> ①案：《谢承书》载玄所注与此略同，不言注《孝经》，唯此书独有也。

玄质于辞训，通人颇讥其繁。至于经传洽孰，称为纯儒，齐、鲁间宗之。其门人山阳郗虑至御史大夫，东莱王基、清河崔琰著名于世。又乐安国渊、任嘏，①时并童幼，玄称渊为国器，嘏有道德，其余亦多所鉴拔，皆如其言。玄唯有一子益恩，孔融在北海举为孝廉；及融为黄巾所围，益恩赴难殒身。有遗腹子，玄以其手文似己，名之曰小同。②

> ①虑字鸿豫。基字伯舆，魏镇南将军安乐乡侯。琰字季珪，魏东西曹掾，迁中尉。渊字子尼，魏司空掾，迁大仆。嘏字昭先，魏黄门侍郎也。
> ②《魏氏春秋》曰："小同，高贵乡公时为侍中。尝诣司马文王，文王有密疏，未之屏也，如厕还，问之曰：'卿见吾疏乎？'答曰：'不。'文王曰：'宁我负卿，无卿负我'。遂鸩之。"

论曰：自秦焚《六经》，圣文埃灭。①汉兴，诸儒颇修艺文；及东京，学者亦各名家。而守文之徒，滞固所禀，②异端纷纭，互相诡激，遂令经有数家，家有数说，章句多者或乃百余万言，学徒劳而少功，后生疑而莫正。郑玄括囊大典，网罗众家，③删裁繁诬，刊改漏失，自是学者略知所归。王父豫章君每考先儒经训，而长于玄，④常以为仲尼之门不能过也。及传授生徒，并专以郑氏家法云。⑤

> ①埃，尘也。
> ②禀，受。滞固犹固执也。言学者各守所见，不疏通也。
> ③括，结也。《易·坤卦》曰"括囊无咎"也。
> ④王父，祖父也。《尔雅》曰"父之父为王父"也。范晔祖父宁，字武子，晋武帝时为豫章太守，经义每以玄为长也。
> ⑤言宁教授专崇郑学也。

赞曰：富平之绪，承家载世。①伯仁先归，厘我国祭。②玄定义乖，褒修礼缺。孔书遂明，汉章中辍。③

①载,重也。《易·师卦》曰"大君有命,开国承家"也

②厘,理也,言纯厘理禘祫之祭也。

③孔书谓《六经》也。辍,止也。中辍谓曹褒礼不行也。

后汉书卷三六
列传第二六

郑兴 子众　范升　陈元　贾逵
张霸 子楷　楷子陵　陵弟玄

郑兴字少赣,河南开封人也。少学《公羊春秋》,晚善《左氏传》,遂积精深思,通达其旨,同学者皆师之。①天凤中,②将门人从刘歆讲正大义,③歆美兴才,使撰条例、章句、传诂,及校《三统历》。④

①《东观记》曰:"兴从博士金子严为《左氏春秋》。"

②王莽年也。

③《左氏》义也。

④《说文》曰:"诂,训古言也。"音古度反。《三统历》,刘歆撰,谓夏、殷、周历也。

更始立,以司直李松行丞相事,先入长安,松以兴为长史,令还,奉迎迁都。更始诸将皆山东人,咸劝留洛阳。兴说更始曰:"陛下起自荆楚,权政未施,①一朝建号,而山西雄桀争诛王莽,开关郊迎者,何也?②此天下同苦王氏虐政,而思高祖之旧德也。今久不抚之,臣恐百姓离心,盗贼复起矣。《春秋》书'齐小白入齐,'不称侯,未朝庙故也。③今议者欲先定赤眉而后入关,是不识其本而争其末,恐国之守转在函谷,④虽卧洛阳,庸得安枕乎?"⑤更始曰:"朕西决矣。"拜兴为谏议大夫,使安集关西及朔方、凉、益三州,还拜凉州刺史。会天水有反者,攻杀郡守,兴坐免。

①更始起南阳,南阳属荆州,故曰荆楚也。

②山西谓陕山已西也。

③小白,齐桓公也。《春秋》:"齐小白入于齐。"《公羊传》曰:"曷为以国氏?当国也。其言入何?篡辞也。"

④言若不早都关中,有人先入,则国家镇守转在函谷也。

⑤庸,用也。

时赤眉入关,东道不通,兴西归隗嚣,虚心礼请,而兴耻为之屈,称疾不起。嚣矜己自饰,常以为西伯复作,①乃与诸将议自立为王。兴闻而说嚣曰:"《春秋传》云:'口不道忠信之言为嚣,耳不听五声之和为聋。'②间者诸将集会,无乃道忠信之言,大将军之听,无乃阿而不察乎?昔文王承积德之绪,加之以睿圣,三分天下,尚服事殷。③及武王即位,八百诸侯不谋同会,皆曰'纣可伐矣',武王以未知天命,还兵待时。④高祖征伐累年,犹以沛公行师。今令德虽明,世无宗周之祚,威略虽振,未有高祖之功,而欲举未可之事,昭速祸患,无乃不可乎?惟将军察之。"嚣竟不称王。后遂广置职位,以自尊高。兴复止嚣曰:"夫中郎将、太中大夫、使持节官,皆王者之器,非人臣所当制也。孔子曰:'唯器与名,不可以假人。'⑤不可以假人者,亦不可以假于人也。无益于实,有损于名,非上之意也。"嚣病之而止。⑥

①西伯,文王也。作,起也。

②《左传》富辰谏周襄王之辞。

③《论语》孔子曰:"三分天下有其二,以服事殷。"

④《史记》曰,武王观兵孟津,诸侯不期而至者八百人,皆曰:"纣可伐矣。"王曰:"汝未知天命。"乃还师。后闻纣杀比干,囚箕子,乃告诸侯以伐之。故曰待时也。

⑤《左传》杜预小曰:"器,车服;名,爵号也。"

⑥病犹难也。

及嚣遣子恂入侍,将行,兴因恂求归葬父母,嚣不听而徙兴舍,益其秩礼。兴入见嚣曰:"前遭赤眉之乱,以将军僚旧,故敢归身明德。①幸蒙覆载之恩,复得全其性命。兴闻事亲之道,生事之以礼,死葬之以礼,祭之以礼,奉以周旋,弗敢失坠。②今为父母未葬,请乞骸骨，若以增秩徙舍，中更停留，是以亲为饵，③无礼甚矣。将军焉用之！"嚣曰："嚣将不足留故邪？"兴曰："将军据七郡之地，④拥羌胡之众，以戴本朝，德莫厚焉，威莫重焉。居则为专命之使，入必为鼎足之臣。兴，从俗者也，不敢深居屏处，因将军求进，不患不达；因将军求入，何患不亲？此兴之计不逆将军者也。兴业为父母请，不可以已，愿留妻子独归葬，将军又何猜焉？"嚣曰："幸甚"。促为辨装，遂令与妻子俱东。时建武六年也。

①兴尝为凉州刺史，嚣为西州将军，故曰"僚旧"也。

②周旋犹遵奉也。《左传》季文子曰"先大夫臧文仲教行父事君之礼，奉以周旋，弗敢失坠"也。

③犹钓饵也。

④七郡，天水、陇西、武威、张掖、酒泉、敦煌、金城也。

侍御史杜林先与兴同寓陇右，乃荐之曰："窃见河南郑兴，执义坚固，敦悦《诗》、《书》，①好古博物，见疑不惑，有公孙侨、观射之德，②宜侍帷幄，典职机密。昔张仲在周，燕翼宣王，而诗人悦喜。③惟陛下留听少察，以助万分。"乃征为太中大夫。

①《左传》赵衰曰："臣亟闻郤縠言矣，郤縠悦礼乐而敦《诗》、《书》"也。

②《左传》，子产辨黄熊，晋侯闻之，曰："博物君子也。"观射父，楚大夫也，对楚昭王以重黎、义和之事。见《国语》。

③张仲，周宣王时贤臣也。燕，乐也。翼，敬也。《诗·小雅》曰："侯谁在矣，张仲孝友。"

明年三月晦，日食。兴因上疏曰：

《春秋》以天反时为灾，地反物为妖，人反德为乱，乱则妖灾生。①往年以来，谪咎连见，意者执事颇有阙焉。案《春秋》"昭公十七年夏六月甲戌朔，日有食之。"②传曰："日过分而未至，③三辰有灾，④于是百官降物，⑤君不举，⑥避移时，⑦乐奏鼓，⑧祝用币，⑨史用辞。"⑩今孟夏，纯乾用事，阴气未作，其灾尤重。夫国无善政，则谪见日月，变咎之来，不可不慎，其要在因人之心，择人处位也。⑪尧知鲧不可用而用之者，是屈己之明,因人之心也。齐桓反政而相管仲,晋文归国而任郤縠者,是不私其私,择人处位也。⑫今公卿大夫多举渔阳太守郭伋可大司空者,而不以时定,道路流言,咸曰"朝廷欲用功臣"。功臣用则人位谬矣。愿陛下上师唐、虞,下览齐、晋,以成屈己从众之德,以济群臣让善之功。⑬

①《左传》晋伯宗之辞。天反时为灾谓寒暑易节也。地反物为妖谓群物失性也。

②杜预注曰:"于周为六月,于夏为四月,纯阳用事,阴气未动而侵阳也。"

③言过春分而未及夏至也。

④三辰,日、月、星也。

⑤降物,素服。

⑥不举盛馔。

⑦避正寝过日食时也。

⑧伐鼓。

⑨用币于社。

⑩用辞以自责也。此以上皆《左传》载鲁太史答季平子之词也。

⑪《左传》晋士文伯曰"国无政,不用善,则自取谪于日月之灾,故政不可不慎也。务三而已,一曰择人,二曰因人,三曰从时"也。

⑫《史记》曰,桓公与兄子纠争位,纠使管仲将兵遮道,射桓公钩带,及桓公即位,任政于管仲也。又晋文公自秦归国,怀公故臣郤芮谋烧公宫,杀文公,宦者勃鞮告之,后文公以郤縠为中军帅。縠即郤芮之族,文公不以为仇而任焉,言唯贤是用,不私其私也。

⑬济,成也。

夫日月交会,数应在朔,而顷年日食,每多在晦。先时而合,皆月行疾也。日君象而月臣象,君亢急则臣下促迫,故行疾也。今年正月繁霜,自尔以来,率多寒日,①此亦急咎之罚。②天于贤圣之君,犹慈父之于孝子也,丁宁申戒,欲其反政,故灾变仍见,此乃国之福也。今陛下高明而群臣惶促,宜留思柔克之政,垂意《洪范》之法,③博采广谋,纳群下之策。

①正月,夏之四月。

②《书》曰:"急恒寒若。"

③克,能也。柔克谓和柔而能立事也。《尚书·洪范》曰:"高明柔克。"

书奏,多有所纳。

帝尝问兴郊祀事,曰:"吾欲以谶断之,何如?"兴对曰:"臣不为谶。"帝怒曰:"卿之不为谶,非之邪?"兴惶恐曰:"臣于书有所未学,而无所非也。"帝意乃解。兴数言政事,依经守义,文章温雅,然以不善谶故不能任。

九年,使监征南、积弩营于津乡,①会征南将军岑彭为刺客所杀,兴领其营,遂与大司马吴汉俱击公孙述。述死,诏兴留屯成都。顷之,侍御史举奏兴奉使私买奴婢,坐左转莲勺令。②是时丧乱之余,郡县残荒,兴方欲筑城郭,修礼教以化之,会以事免。

①征南将军岑彭、积弩将军傅俊屯津乡,以拒公孙述。津乡在今荆州也。

②莲勺,县,属左冯翊,故城在今同州下邽县东北。莲音辇,勺音酌。

兴好古学,尤明《左氏》、《周官》,长于历数,自杜林、桓谭、卫宏之属,莫不斟酌焉。①世言《左氏》者多祖于兴,而贾逵自传其父业,故有郑、贾之学。兴去莲勺,后遂不复仕,客授阌乡,②三公连辟不肯应,卒于家。子众。

①斟酌谓取其意指也。

②阌音闻,古字也,建安中改作"闻"。

众字仲师。年十二,从父受《左氏春秋》,精力于学,明《三统历》,作《春秋难记条例》,兼通《易》、《诗》,知名于世。建武中,皇太子及山阳王荆,因虎贲中郎将梁松以缣帛聘请众,欲为通义,引籍出入殿中。众谓松曰:"太子储君,无外交之义,汉有旧防,蕃王不宜私通宾客。"遂辞不受。松复风众以"长者意,不可逆"。众曰:"犯禁触罪,不如守正而死。"太子及荆闻而奇之,亦不强也。及梁氏事败,①宾客多坐之,唯众不染于辞。

①梁松坐悬飞书诽谤下狱死,事见《梁统传》也。

永平初,辟司空府,以明经给事中,再迁越骑司马,①复留给事中。是时北匈奴遣使求和亲。八年,显宗遣众持节使匈奴。众至北

庭，虏欲令拜，众不为屈。单于大怒，围守闭之，不与水火，欲胁服
众。众拔刀自誓，单于恐而止，乃更发使随众还京师。朝议复欲遣
使报之，众上疏谏曰："臣伏闻北单于所以要致汉使者，欲以离南单
于之众，坚三十六国之心也。②又当扬汉和亲，夸示邻敌，令西域归
化局足狐疑，怀土之人绝望中国耳。汉使既到，便偃蹇自信。③若复
遣之，虏必自谓得谋，其群臣驳议者不敢复言。④如是，南庭动摇，
乌桓有离心矣。南单于久居汉地，具知形势，万分离析，旋为边害。
今幸有度辽之众扬威北垂，虽勿报答，不敢为患。"⑤帝不从，复遣
众。众因上言："臣前奉使不为匈奴拜，单于恚恨，故遣兵围臣。今
复衔命，必见陵折。臣诚不忍持大汉节对毡裘独拜。如令匈奴遂能
服臣，将有损大汉之强。"帝不听，众不得已，既行，在路连上书固争
之。诏切责众，追还系廷尉，会赦归家。

①《汉官仪》曰"越骑司马一人，秩千石"也。

②武帝开通西域，本三十六国。

③信音申。

④驳议谓劝单于归汉。

⑤明帝八年，初置度辽将军，屯五原曼柏。

其后帝见匈奴来者，问众与单于争礼之状，皆言匈奴中传众意
气壮勇，虽苏武不过。乃复召众为军司马，使与虎贲中郎将马廖击
车师。至敦煌，拜为中郎将，使护西域。会匈奴胁车师，围戊己校尉，
众发兵救之。迁武威太守，谨修边备，虏不敢犯。迁左冯翊，政有名
迹。

建初六年，代邓彪为大司农。是时肃宗议复盐铁官，众谏以为
不可。①诏数切责，至被奏劾，众执之不移。帝不从。在位以清正称。
其后受诏作《春秋删》十九篇。八年，卒官。

①武帝时国用不足，乃卖盐铁，置官以主之。昭帝罢之，今议欲复之。

子安世，亦传家业，为长乐、未央厩令。①延光中，安帝废太子
为济阴王，安世与太常桓焉、太仆来历等共正议谏争。及顺帝立，安
世已卒，追赐钱帛，除子亮为郎。众曾孙公业，自有传。

①《续汉志》曰:"厩令一人,秩六百石。"

　　范升字辩卿,代郡人也。少孤,依外家居。九岁通《论语》、《孝经》,及长习《梁丘易》、《老子》,教授后生。①

　　①宣帝时梁丘贺之《易》也。

　　王莽大司空王邑辟升为议曹史。时莽频发兵役,征赋繁兴,升乃奏记邑曰:"升闻子以人不间于其父母为孝,臣以下不非其君上为忠。①今众人咸称朝圣,皆曰公明。盖明者无不见,圣者无不闻。今天下之事,昭昭于日月,震震于雷霆,而朝云不见,公云不闻,则元元焉所呼天?公以为是而不言,则过小矣;知而从令,则过大矣。二者于公无可以免,宜乎天下归怨于公矣。朝以远者不服为至念,升以近者不悦为重忧。今动与时戾,事与道反,驰骛覆车之辙,探汤败事之后,②后出益可怪,晚发愈可惧耳。方春岁首,而动发远役,藜藿不充,田荒不耕,谷价腾跃,斛至数千,吏人陷于汤火之中,非国家之人也。如此,则胡、貊守关,青、徐之寇在于帷帐矣。③升有一言,可以解天下倒县,免元元之急,不可书传,愿蒙引见,极陈所怀。"邑虽然其言,而竟不用。升称病乞身,邑不听,令乘传使上党。升遂与汉兵会,因留不还。

　　①《论语》孔子曰:"孝哉闵子骞,人不间于其父母昆弟之言。"间,非也。言子骞之孝,化其父母兄弟,言人无非之者。忠臣事君,有过即谏。在下无有非君者,是忠臣也。

　　②贾谊曰:"前车覆,后车诫。"《论语》曰:"见不善如探汤。"

　　③王莽时,青、徐二部为寇,号"青徐贼"。

　　建武二年,光武征诣怀宫,拜议郎,迁博士,上疏让曰:"臣与博士梁恭、山阳太守吕羌俱修《梁丘易》。二臣年并耆艾,经学深明,而臣不以时退,与恭并立,深知羌学,又不能达,①惭负二老,无颜于世。诵而不行,知而不言,不可开口以为人师,愿推博士以避恭、羌。"帝不许,然由是重之,数诏引见,每有大议,辄见访问。

　　①达,进也。

　　时尚书令韩歆上疏,欲为《费氏易》、《左氏春秋》立博士,①诏下其议。四年正月,朝公卿、大夫、博士,见于云台。帝曰:"范博士可前平说。"升起对曰:"《左氏》不祖孔子,而出于丘明,师徒相传,又无其人,且非先帝所存,无因得立。"遂与韩歆及太中大夫许淑等互相辩难,日中乃罢。升退而奏曰:"臣闻主不稽古,无以承天;臣不述旧,无以奉君。陛下愍学微缺,劳心经艺,情存博闻,故异端竞进。近有司请置《京氏易》博士,群下执事,莫能据正。《京氏》既立,《费氏》怨望,《左氏春秋》复以比类,亦希置立。《京》、《费》已行,次复《高氏》,②《春秋》之家,又有《驺》、《夹》。③如令《左氏》、《费氏》得置博士,《高氏》、《驺》、《夹》、《五经》奇异,并复求立,各有所执,乖戾分争。从之则失道,不从则失人,将恐陛下必有厌倦之听。孔子曰:'博学约之,弗叛矣夫。'④夫学而不约,必叛道也。颜渊曰:'博我以文,约我以礼。'孔子可谓知教,颜渊可谓善学矣。《老子》曰:'学道日损。'损犹约也。又曰:'绝学无忧。'绝,末学也。今《费》、《左》二学,无有本师,而多反异,先帝前世,有疑于此,故《京氏》虽立,辄复见废。疑道不可由,疑事不可行。《诗》、《书》之作,其来已久。孔子尚周流游观,至于知命,自卫反鲁,乃正《雅》、《颂》。⑤今陛下草创天下,纪纲未定,虽设学官,无有弟子,《诗》、《书》不讲,礼乐不修,奏立《左》、《费》,非政急务。孔子曰:'攻乎异端,斯害也已。'⑥传曰:'闻疑传疑,闻信传信,而尧、舜之道存。'⑦愿陛下疑先帝之所疑,信先帝之所信,以示反本,明不专己。天下之事所以异者,以不一本也。《易》曰:'天下之动,贞夫一也。'⑧又曰:'正其本,万事理。'⑨《五经》之本自孔始,谨奏《左氏》之失凡十四事。"时难者以太史公多引《左氏》,升又上太史公违戾《五经》,谬孔子言,及《左氏春秋》不可录三十一事。诏以下博士。

①费直字长翁,善《易》,长于卦筮,见《前书》。

②沛人高相善《易》,与费直同时,见《前书》。

③《前书》曰,《驺氏》无师,《夹氏》未有其书也。

④《论语》孔子之言。弗叛言不违道也。

⑤孔子以鲁哀公十一年自卫还鲁。是时道衰乐废,孔子来还,乃正之,故

《雅》、《颂》各得其所。见《史记》。

⑥攻犹习也。异端谓奇技也。

⑦《谷梁传》曰："信以传信,疑以传疑。"《公羊传》曰:"君子曷为《春秋》?
乐尧、舜之道也。"

⑧《易·下系》之文也。

⑨今《易》无此文也。

后升为出妻所告,坐系,得出,还乡里。永平中,为聊城令,坐事
免,卒于家。

陈元字长孙,苍梧广信人也。①父钦,习《左氏春秋》,事黎阳贾
护,与刘歆同时而别自名家。②王莽从钦受《左氏》学,以钦为厌难
将军。③元少传父业,为之训诂,锐精覃思,至不与乡里通。以父任
为郎。

①广信故城在今梧州苍梧县。

②元父钦,字子佚。以《左氏》授王莽,自名《陈氏春秋》,故曰别也。贾护字
　季君。并见《前书》也。

③厌一叶反。

建武初,元与桓谭、杜林、郑兴俱为学者所宗。时议欲立《左氏
传》博士,范升奏以为《左氏》浅末,不宜立。元闻之,乃诣阙上疏曰:

陛下拨乱反正,文武并用,①深愍经艺谬杂,真伪错乱,每
临朝日,辄延群臣讲论圣道。知丘明至贤,亲受孔子,而《公
羊》、《谷梁》传闻于后世,故诏立《左氏》,博询可否?示不专己,
尽之群下也。今论者沈溺所习,玩守旧闻,固执虚言传受之辞,
以非亲见实事之道。《左氏》孤学少与,②遂为异家之所覆冒。
夫至音不合众听,故伯牙绝弦;③至宝不同众好,故卞和泣
血。④仲尼圣德,而不容于世。⑤况于竹帛余文,其为雷同者所
排,固其宜也。非陛下至明,孰能察之!

①拨,理也。语见《公羊传》。

②与犹党也。

③伯牙善鼓琴,钟子期善听,相与为友。子期死,伯牙破琴绝弦,不复鼓

琴，以时人莫之能听也。见《吕览》。

④卞和得宝玉，献楚武王，王示玉人，曰"石也"，刖其右足。武王薨后，复献之文王，复曰"石也"，刖其左足。至成王时，卞和抱其璞于郊，泣尽以血继之，王乃使玉尹攻之，果得宝玉。事见《韩子》也。

⑤仲尼去鲁，斥齐，逐乎宋、卫，困于陈、蔡之间，见《史记》。

臣元窃见博士范升等所议奏《左氏春秋》不可立，及太史公违戾凡四十五事。案升等所言，前后相违，皆断截小文，媟黩微辞，以年数小差，掇为巨谬，①遗脱纤微，指为大尤，抉瑕擿衅，②掩其弘美，所谓"小辩破言，小言破道"者也。③升等又曰："先帝不以《左氏》为经，故不置博士，后主所宜因袭。"臣愚以为，若先帝所行而后主必行者，则盘庚不当迁于殷，周公不当营洛邑，④陛下不当都山东也。往者，孝武皇帝好《公羊》，卫太子好《谷梁》，有诏诏太子受《公羊》、不得受《谷梁》。孝宣皇帝在人间时，闻卫太子好《谷梁》，于是独学之。及即位，为石渠论而《谷梁》氏兴，⑤至今与《公羊》并存。此先帝后帝各有所立，不必其相因也。孔子曰，纯，俭，吾从众；至于拜下，则违之。⑥夫明者独见，不惑于朱紫；听者独闻，不谬于清浊。故离朱不为巧眩移目，⑦师旷不为新声易耳。⑧方今干戈少弭，戎事略戢，留思圣艺，眷顾儒雅，采孔子拜下之义，卒渊独见之旨，分明白黑，建立《左氏》，解释先圣之积结，洮汰学者之累惑，⑨使基业垂于万世，后进无复狐疑，则天下幸甚！

①媟，狎也；黩，垢浊也。掇，拾也，音丁括反。

②抉音于决反。

③《大戴记·小辩篇》孔子曰："小辩破言，小言破义，小义破道。"

④盘庚都耿，自耿迁于殷。文王都丰，武王都镐，周公辅成王营洛邑。

⑤石渠阁以藏秘书，在未央殿北。宣帝甘露三年，诏诸儒韦玄成、梁丘贺等讲论《五经》于石渠也。

⑥《论语》孔子曰："麻冕，礼也。今也纯，俭，吾从众。拜下，礼也。今拜乎上，泰也。虽违众，吾从下。"何晏注云："麻冕，缁布冠也，古绩麻三十升以为之。纯，丝也。丝易成，故从俭。臣之与君行礼者，下拜然后升。时

臣骄泰,故于上拜。今从下,礼之恭也。"

⑦离朱,黄帝时明目者也,一号离娄。慎子曰:"离朱之明,察毫末于百步
　之外。"

⑧桓谭《新论》曰:"晋师旷善知音。卫灵公将之晋,宿于濮水之上,夜闻新
　声,召师涓告之曰:'为我听写之。'曰:'臣得之矣。'遂之晋。晋平公觞
　之,酒酣,灵公曰:'有新声,愿奏之。'乃令师涓鼓琴。未终,师旷止之
　曰:'此亡国之声也。'"

⑨洮汰犹洗濯也。

　　臣元愚鄙,尝传师言。如得以褐衣召见,俯伏庭下,①诵孔
氏之正道,理丘明之宿冤,若辞不合经,事不稽古,退就重诛,
虽死之日,生之年也。

①褐,织毛为布,贫者之服也。

书奏,下其议,范升复与元相辩难,凡十余上。帝卒立《左氏》学,太
常选博士四人,元为第一。帝以元新忿争,乃用其次司隶从事李封,
于是诸儒以《左氏》之立,论议讙哗,自公卿以下,数廷争之。会封病
卒,左氏复废。

元以才高著名,辟司空李通府。时大司农江冯上言,宜令司隶
校尉督察三公。事下三府。元上疏曰:

　　臣闻师臣者帝,宾臣者霸。①故武王以太公为师,齐桓以
夷吾为仲父。孔子曰:"百官总己听于冢宰。"②近则高帝优相
国之礼,③太宗假宰辅之权。④及亡新王莽,遭汉中衰,专操国
柄,以偷天下,⑤况己自喻,不信群臣。夺公辅之任,损宰相之
威,以刺举为明,徼讦为直。至乃陪仆告其君长,子弟变其父
兄,⑥罔密法峻,大臣无所措手足。然不能禁董忠之谋,身为世
戮。⑦故人君患在自骄,不患骄臣;失在自任,不在任人。是以
文王有日昃之劳,周公执吐握之恭,⑧不闻其崇刺举,务督察
也。方今四方尚扰,天下未一,百姓观听,咸张耳目。陛下宜修
文武之圣典,袭祖宗之遗德,劳心下士,屈节等贤,诚不宜使有
司察公辅之名。

①言以臣为师,以臣为宾也。

②《论语》文也。

③萧何为相国,高帝赐剑履上殿,入朝不趋。

④太宗,孝文也。申屠嘉为丞相,坐府召太中大夫邓通,欲诛之。孝文使持
　节召通,令人谢嘉。故曰"假权"也。

⑤偷,窃也。

⑥王莽时开吏告其将,奴婢告其主。

⑦董忠为王莽大司马,共刘歆等谋诛莽,事发觉死也。

⑧《尚书》曰:"文王自朝至于日中昃,不遑暇食。"《史记》曰,伯禽封鲁,周
　公戒之曰:"我文王之子,武王之弟,成王之叔父,亦不贱矣。我一沐三
　握发,一饭三吐哺,以待士,犹恐失天下之贤人,汝无以国骄人也。"

帝从之,宣下其议。①

①司察犹督察也。

李通罢,元后复辟司徒欧阳歙府,数陈当世便事、郊庙之礼,帝
不能用。以病去,年老,卒于家。子坚卿,有文章。

贾逵字景伯,扶风平陵人也。九世祖谊,文帝时为梁王太傅。①
曾祖父光,为常山太守,宣帝时以吏二千石自洛阳徙焉。父徽,从刘
歆受《左氏春秋》,兼习《国语》、《周官》,又受《古文尚书》于涂恽,②
学《毛诗》于谢曼卿,作《左氏条例》二十一篇。

①为文帝子梁王揖之傅也。

②《风俗通》曰:"涂姓,涂山氏之后。"恽字子真,受《尚书》于胡常,见《前
　书》。

逵悉传父业,弱冠能诵《左氏传》及《五经》本文,以《大夏侯尚
书》教授,虽为古学,兼通五家《谷梁》之说。①自为儿童,常在太学,
不通人间事。身长八尺二寸,诸儒为之语曰:"问事不休贾长头。"性
恺悌,多智思,俶傥有大节。②尤明《左氏传》、《国语》,为之《解诂》
五十一篇,③永平中,上疏献之。显宗重其书,写藏秘馆。

①五家谓尹更始、刘向、周庆、丁姓、王彦等,皆为《谷梁》,见《前书》也。

②恺,乐也。悌,易也。言有和乐简易之德也。俶傥,卓异也。

③《左氏》三十篇，《国语》二十一篇也。

时有神雀集宫殿官府，冠羽有五采色，帝异之，以问临邑侯刘复，①复不能对，荐逵博物多识。帝乃召见逵，问之。对曰："昔武王终父之业，鸑鷟在岐，②宣帝威怀戎、狄，神雀仍集，此胡降之徵也。"③帝敕兰台给笔札，使作《神雀颂》，拜为郎，与班固并校秘书，应对左右。

①临邑，东郡县也。复，齐武王伯升孙，北海王兴子。

②鸑鷟，凤之别名也。周大夫内史过对周惠王曰："周之兴也，鸑鷟鸣于岐山。"事见《国语》也。

③仍，频也。宣帝时神雀再见，改为年号，后匈奴降服，呼韩入朝也。

肃宗立，降意儒术，特好《古文尚书》、《左氏传》。建初元年，诏逵入讲北宫白虎观、南宫云台。帝善逵说，使发出《左氏传》大义长于二传者。逵于是具条奏之曰：

臣谨擿出《左氏》三十事尤著明者，斯皆君臣之正义，父子之纪纲。其余同《公羊》者什有七八，或文简小异，无害大体。至如祭仲、纪季、伍子胥、叔术之属，《左氏》义深于君父，《公羊》多任于权变，①其相殊绝，固以甚远，而冤抑积久，莫肯分明。

①《左传》，宋人执郑祭仲，曰："不立突，将死。"祭仲许之，遂出昭公而立厉公。杜预注云："祭仲之如宋，非会非聘，见诱被拘。废长立少，故书名罪之。"《公羊传》曰："祭仲者何？郑之相也。何以不名？贤也。何贤乎祭仲？以为知权也。其知权奈何？宋人执之，谓之曰：'为我出忽而立突。'祭仲不从其言，则君必死，国必亡；从其言，则君可以生易死，国可以存易亡。"古之有权者，祭仲之权是也。《左传》，纪季以酅入于齐，纪侯大去其国。贾逵以为纪季不能兄弟同心以存国，乃背兄归仇，书以讥之。《公羊传》曰："纪季者何？纪侯之弟也。何以不名？贤也。何贤乎？服罪也。其服罪奈何？请后五庙以存姑姊妹。"《左传》，楚平王将杀伍奢，召伍奢子伍尚、伍员曰："来，吾免而父。"尚谓员曰："闻免父之命，不可以莫之奔，亲戚为戮，不可以莫之报。父不可弃，名不可废。"子胥奔吴，遂以吴师入郢，卒复父仇。《公羊传》曰："父受诛，子复仇，推刃之道也。"《公羊》不许子胥复仇，是不深父也。《左传》曰："冬，邾黑肱以滥

未奔。贱而书名,重地故也。君子曰:'名之不可不慎。'以地叛,虽贱必书。地以名其人,终为不义,不可灭已。是以君子动则思礼,行则思义。"《公羊传》曰:"冬,黑弓以滥来奔,文何以无邾娄?通滥也。曷谓通滥?贤者子孙宜有地。贤者孰谓?谓叔术也。何贤乎叔术?让国也。"

　　臣以永平中上言《左氏》与图谶合者,先帝不遗刍荛,省纳臣言,写其传诂,藏之秘书。建平中,①侍中刘歆欲立《左氏》,不先暴论大义,而轻移太常,恃其义长,诋挫诸儒,诸儒内怀不服,相与排之。②孝哀皇帝重逆众心,故出歆为河内太守。从是攻击《左氏》,遂为重仇。至光武皇帝,奋独见之明,兴立《左氏》、《谷梁》,会二家先师不晓图谶,故令中道而废。凡所以存先王之道者,要在安上理民也。今《左氏》崇君父,卑臣子,强干弱枝,劝善戒恶,至明至切,至直至顺。③且三代异物,损益随时,故先帝博观异家,各有所采。《易》有施、孟,复立梁丘,④《尚书》欧阳,复有大小夏侯,⑤今三传之异亦犹是也。又《五经》家皆无以证图谶明刘氏为尧后者,而《左氏》独有明文。⑥《五经》家皆言颛顼代黄帝,而尧不得为火德,⑦《左氏》以为少昊代黄帝,即图谶所谓帝宣也。⑧如令尧不得为火,则汉不得为赤。其所发明,补益实多。

①建平,哀帝年也。

②排,摈却也。刘歆欲建立《左氏》,哀帝令歆与诸儒讲论其义,诸博士不肯置对,歆乃移书太常以责之,故被排摈。事见《前书》。

③《左传》曰:"翼戴天子,加之以恭。"又曰:"君命,天也,天可仇乎?委质策名,贰乃辟也。父教子贰,何以事君?"又曰:"弃父之命,恶用子矣,以有无父之国则可。"是崇君父,卑臣子也。《左氏》王人虽微,序在诸侯之上。又曰:"五大不在边,五细不在庭,末大必折,尾大不掉。"是强干弱枝也。又曰:"尽而不污,惩恶而劝善,非圣人谁能修之?"《史记》曰,孔子曰:"我欲载之空言,不如见之行事深切著明也。"

④施仇、孟喜、梁丘贺也。

⑤欧阳和伯、大夏侯胜、小夏侯建也。并见《前书》。

⑥《春秋》晋大夫蔡墨曰:"陶唐氏既衰,其后有刘累,学扰龙,事孔甲,范

氏其后也。"范会自秦还晋,其处者为刘氏。明汉承尧后也。

⑦《史记》曰"黄帝崩,其孙昌意之子立,是为帝颛顼。"当时《五经》家同为
此说。若以颛顼代黄帝以土德王,即颛顼当为金德,高辛为水德,尧为
木德。汉承尧后,自然不得为火德也。

⑧《左氏传》曰:"黄帝民以云纪,少昊氏以鸟纪。"是以少昊代黄帝也。《河
图》曰:"大星如虹,下流华渚,女节意感,生白帝朱宣。"宋均注曰:"朱
宣,少昊氏也。"

　　陛下通天然之明,建大圣之本,改元正历,垂万世则,①是
以麟凤百数,嘉瑞杂遝。②犹朝夕恪勤,游情《六艺》,研机综
微,靡不审核。③若复留意废学,以广圣见,庶几无所遗失
矣。④

①改元谓改建初九年为元和元年,正历谓元和二年始用《四分历》也。

②杂遝言多也。章帝时,凤皇见百三十九,骐麟五十二,白虎二十九,黄龙
三十四,神雀、白燕等史官不可胜纪。见《东观记》。

③核,实也。

④废学谓《左氏传》也。

书奏,帝嘉之,赐布五百匹,衣一袭,令逵自选《公羊》严、颜诸生高
才者二十人,教以《左氏》,①与简纸经传各一通。②

①公羊高作《春秋》传,号曰《公羊春秋》。严彭祖、颜安乐俱受《公羊春
秋》,故《公羊》有严、颜之学。见《前书》也。

②竹简及纸也。

　　逵母常有疾,帝欲加赐,以校书例多,特以钱二十万,使颍阳侯
马防与之。谓防曰:"贾逵母病,此子无人事于外,①屡空则从孤竹
之子于首阳山矣。"②

①无人事谓不广交通也。

②屡,数也。空,乏也。《史记》曰,伯夷、叔齐,孤竹君之子也。隐于首阳山,
卒饿死也。

　　逵数为帝言《古文尚书》与经传《尔雅》诂训相应,诏令撰《欧
阳》、《大·小夏侯》《尚书》《古文》同异。逵集为三卷,帝善之。复令
撰、《齐》、《鲁》、《韩诗》与《毛氏》异同,并作《周官解故》。①迁逵为

卫士令。②八年，乃诏诸儒各选高才生，受《左氏》、《谷梁春秋》、《古文尚书》、《毛诗》，由是四经遂行于世。皆拜逵所选弟子及门生为千乘王国郎，③朝夕受业黄门署，学者皆欣欣羡慕焉。

> ①辕固，齐人也，为《齐诗》；申公，鲁人也，为《鲁诗》；韩婴为《韩诗》；毛苌为《毛诗》。故谓事之指意也。
> ②北宫卫士令一人，掌南、北宫，秩比六百石，见《续汉志》也。
> ③千乘王伉，章帝子也。

和帝即位，永元三年，以逵为左中郎将。八年，复为侍中，领骑都尉。内备帷幄，兼领秘书近署，甚见信用。

逵荐东莱司马均、陈国汝郁，帝即征之，并蒙优礼。均字少宾，安贫好学，隐居教授，不应辟命。信诚行乎州里，乡人有所计争，辄令祝少宾，①不直者终无敢言。位至侍中，以老病乞身，帝赐以大夫禄，归乡里。郁字叔异，性仁孝，②及亲殁，遂隐处山泽。后累迁为鲁相，以德教化，百姓称之，流人归者八千户。

> ①祝，诅也。《东观记》曰："争曲直者，辄言'敢祝少宾乎？'心不直者，终不敢祝也。"
> ②《东观记》曰："郁年五岁，母病不能食，郁常抱持啼泣，亦不食。母怜之，强为饭。宗亲共异之，因字曰'异'也。"

逵所著经传义诂及论难百余万言，又作诗、颂、诔、书、连珠、酒令凡九篇，学者宗之，后世称为通儒。①然不修小节，当世以此颇讥焉，故不至大官。永元十三年卒，时年七十二。朝廷愍惜，除两子为太子舍人。

> ①应劭《风俗通义》曰："授先王之制，立当时之事，纲纪国体，原本要化，此通儒也。"

论曰：郑、贾之学，行乎数百年中，遂为诸儒宗，亦徒有以焉尔。①桓谭以不善谶流亡，郑兴以逊辞仅免，贾逵能附会文致，最差贵显。②世主以此论学，悲矣哉！③

> ①言贾、郑虽为儒宗，而不为帝所重，故曰"亦徒有以焉尔"。
> ②贾逵附会文致，谓引《左氏》明汉为尧后也。

③言时主不重经而重讖也。

　　张霸字伯饶，蜀郡成都人也。年数岁而知孝让，虽出入饮食，自
然合礼，乡人号为"张曾子。"七岁通《春秋》，复欲进余经，父母曰
"汝小未能也"，霸曰"我饶为之"，故字曰"饶"焉。①

　　①饶犹益也。

　　后就长水校尉樊鯈受《严氏公羊春秋》，遂博览《五经》。诸生孙
林、刘固、段著等慕之，各市宅其傍，以就学焉。

　　举孝廉，光禄主事，稍迁，①永元中为会稽太守。表用郡人处士
顾奉、公孙松等，奉后为颍川太守，松为司隶校尉，并有名称。其余
有业行者，皆见擢用。郡中争厉志节，习经者以千数，道路但闻诵
声。

　　①光禄勋之主事也，见《汉官》。

　　初，霸以樊鯈删《严氏春秋》犹多繁辞，乃减定为二十万言，更
名《张氏学》。

　　霸始到越，贼未解，郡界不宁，乃移书开购，明用信赏，贼遂束
手归附，不烦士卒之力。童谣曰："弃我戟，捐我矛，盗贼尽，吏皆
休。"视事三年，谓掾史曰："太守起自孤生，致位郡守。盖日中则移，
月满则亏。①老氏有言：'知足不辱。'"遂上病。

　　①《史记》蔡泽之辞也。《易·丰卦》曰"日中则昃，月盈则食"也。

　　后征，四迁为侍中。时皇后兄虎贲中郎将邓骘，当朝贵盛，闻霸
名行，欲与为交，霸逡巡不答，众人笑其不识时务。后当为五更，会
疾卒，年七十。遗敕诸子曰："昔延州使齐，子死嬴、博，因坎路侧，遂
以葬焉。①今蜀道阻远，不宜归茔，可止此葬，足藏发齿而已。务遵
速朽，副我本心。人生一世，但当畏敬于人，若不善加己，直为受
之。"诸子承命，葬于河南梁县，因遂家焉。将作大匠翟酺等与诸儒
门人追录本行，谥曰宪文。中子楷。

　　①嬴、博，二县名，属泰山郡。《礼记》曰："延陵季子适齐，其长子死于嬴、
　　　博之间，因葬焉。"

楷字公超，通《严氏春秋》、《古文尚书》，门徒常百人。宾客慕之，自父党夙儒，偕造门焉，车马填街，徒从无所止。黄门及贵戚之家，皆起舍巷次，以候过客往来之利。楷疾其如此，辄徙避之。家贫无以为业，常乘驴车至县卖药，足给食者，辄还乡里。司隶举茂才，除长陵令，不至官。隐居弘农山中，学者随之，所居成市，后华阴山南遂有公超市。五府连辟，举贤良方正，不就。①

①五府，太傅、太尉、司徒、司空、大将军也。

汉安元年，顺帝特下诏告河南尹曰："故长陵令张楷行慕原宪，操拟夷、齐，①轻贵乐贱，窜迹幽薮，高志确然，独拔群俗。前比征命，盘桓未至，将主者玩习于常，优贤不足，使其难进欤？郡时以礼发遣。"楷复告疾不到。

①原宪，鲁人，字子思，孔子弟子。清约守节，贫而乐道。

性好道术，能作五里雾。时关西人裴优亦能为三里雾，自以不如楷，从学之，楷避不肯见。桓帝即位，优遂行雾作贼，事觉被考，引楷言从学术，楷坐系廷尉诏狱，积二年，恒讽诵经籍，作《尚书注》。后以事无验，见原还家。建和三年，下诏安车备礼聘之。辞以笃疾不行。年七十，终于家。子陵。

陵字处冲，官至尚书。元嘉中，岁首朝贺，大将军梁冀带剑入省，陵呵叱令出，敕羽林、虎贲夺冀剑。冀跪谢，陵不应，即劾奏冀，请廷尉论罪，有诏以一岁俸赎，而百僚肃然。

初，冀弟不疑为河南尹，举陵孝廉。不疑疾陵之奏冀，因谓曰："昔举君，适所以自罚也。"陵对曰："明府不以陵不肖，误见擢序，今申公宪，以报私恩。"不疑有愧色。陵弟玄。

玄字处虚，沈深有才略，以时乱不仕。司空张温数以礼辟，不能致。中平二年，温以车骑将军出征凉州贼边章等，将行，玄自田庐被褐带索，要说温曰："天下寇贼云起，岂不以黄门常侍无道故乎？闻中贵人公卿已下当出祖道于平乐观，明公总天下威重，握六师之要,若于中坐酒酣,鸣金鼓,整行阵,召军正执有罪者诛之,引兵还屯都亭,以次翦除中官,解天下之倒县,报海内之怨毒,然后显用隐逸忠正之士,则边章之徒宛转股掌之上矣。"温闻大震,不能对,良久谓玄曰:"处虚,非不悦子之言,顾吾不能行,如何?"玄乃叹曰:"事行则为福,不行则为贼。今与公长辞矣。"即仰药欲饮之。温前执其手曰:"子忠于我,我不能用,是吾罪也,子何为当然!且出口入耳之言,谁今知之!"①玄遂去,隐居鲁阳山中。②及董卓秉政,闻之,辟以为掾,举侍御史,不就。卓临之以兵,不得已强起,至轮氏,道病终。③

　①《左传》曰:"言出于余口,入于尔耳。"

　②山在今汝州南。

　③轮氏,县,属颍川郡,故城在今洛州洛阳县城西南。

赞曰:中世儒门,贾、郑名学。众驰一介,争礼毡幄。①升、元守经,义偏情较;霸贵知止,辞交戚里。公超善术,所舍成市。

　①一介,单使也。《左传》曰:"君亦不使一介行李告于寡君。"毡幄谓匈奴也。

后汉书卷三七
列传第二七

桓荣 子郁 郁子焉 焉孙典 郁孙鸾 鸾子晔

郁曾孙彬 丁鸿

桓荣字春卿，沛郡龙亢人也。[1]少学长安，习《欧阳尚书》，事博士九江朱普。[2]贫窭无资，[3]常客佣以自给，精力不倦，十五年不窥家园，至王莽篡位乃归。会朱普卒，荣奔丧九江，负土成坟，因留教授，徒众数百人。莽败，天下乱。荣抱其经书，与弟子逃匿山谷，虽常饥困，而讲论不辍。后复客授江、淮间。

[1]《续汉书》曰："荣本齐人，迁于龙亢，至荣六叶。"《东观记》曰："荣本齐桓公后也。桓公作伯，支庶用其谥立族命氏焉。"

[2]朱普字公，受业于平当，为博士，徒众尤盛。见《前书》。

[3]《字林》曰："窭，空也。"

建武十九年，年六十余，始辟大司徒府。时显宗始立为皇太子，选求明经，乃擢荣弟子豫章何汤为虎贲中郎将，以《尚书》授太子。世祖从容问汤[1]本师为谁，汤对曰："事沛国桓荣。"帝即召荣，令说《尚书》，甚善之。[2]拜为议郎，赐钱十万，入使授太子。每朝会，辄令荣于公卿前敷奏经书。帝称善，曰："得生几晚！"会《欧阳》博士缺，帝欲用荣。荣叩头让曰："臣经术浅薄，不如同门生郎中彭闳、扬州从事皋弘。"帝曰："俞，往，女谐。"[3]因拜荣为博士，引闳、弘为议郎。

[1]从音七容反。

②《谢承书》曰:"何汤字仲弓,豫章南昌人也。荣门徒常四百余人,汤为高第,以才明知名。荣年四十无子,汤乃去荣妻为更娶,生三子,荣甚重之。后拜郎中,守开阳门候。上微行夜还,汤闭门不纳,更从中东门入。明旦,召诣太官赐食,诸门候皆夺俸。建武十八年夏旱,公卿皆暴露请雨。洛阳令著车盖出门,汤将卫士钩令车收案,有诏免令官,拜汤虎贲中郎将。上尝叹曰:'赳赳武夫,公侯干城,何汤之谓也。'汤以明经尝授太子,推荐荣,荣拜五更,封关内侯。荣常言曰:'此皆何仲弓之力也。'

③《续汉书》曰:"闵字作明。"俞,然也。然其所举,敕今往,言汝能和谐此官。《谢承书》曰"皋弘字秦卿,吴郡人也。家代为冠族。少有英才,与桓荣相善。子徽,至司徒长史"也。

车驾幸大学,会诸博士论难于前,荣被服儒衣,温恭蕴籍,①辩明经义,每以礼让相厌,不以辞长胜人,儒者莫之及,②特加赏赐。又诏诸生雅吹击磬,尽日乃罢。③后荣入会庭中,诏赐奇果,受者皆怀之,荣独举手捧之以拜。帝笑指之曰:"此真儒生也。"以是愈见敬厚,常令止宿太宫。积五年,荣荐门下生九江胡宪侍讲,乃听得出,且一入而已。荣尝寝病,太子朝夕遣中傅问病,赐以珍羞、帷帐、奴婢,谓曰:"如有不讳,无忧家室也。"④后病愈,复入侍讲。

①蕴籍犹言宽博有余也。蕴音于问反。
②厌,服也。音一叶反。
③吹管奏《雅》、《颂》也。
④不讳谓死也。死者人之常,故言不讳也。

二十八年,大会百官,诏问谁可傅太子者,群臣承望上意,皆言太子舅执金吾原鹿侯阴识可。①博士张佚正色曰:"今陛下立太子,为阴氏乎?为天下乎?即为阴氏,则阴侯可;为天下,则固宜用天下之贤才。"帝称善,曰:"欲置傅者,以辅太子也。今博士不难正朕,况太子乎?"即拜佚为太子太傅,而以荣为少傅,赐以辎车、乘马。荣大会诸生,陈其车马、印绶,曰:"今日所蒙,稽古之力也,可不勉哉!"荣以太子经学成毕,上疏谢曰:"臣幸得侍帷幄,执经连年,而智学浅短,无以补益万分。今皇太子以聪睿之姿,通明经义,观览古今,储君副主莫能专精博学若此者也。斯诚国家福祐,天下幸甚。臣师道已尽，皆在太子，谨使掾臣氾再拜归道。"②太子报书曰："庄以童蒙，学道九载，而典训不明，无所晓识。夫《五经》广大，圣言幽远，非天下之至精，岂能与于此！③况以不才，敢承诲命。昔之先师，谢弟子者有矣，上则通达经旨，分明章句，④下则去家慕乡，求谢师门。⑤今蒙下列，不敢有辞，愿君慎疾加餐，重爱玉体。"⑥

①言可任也。

②《续汉书》曰："三公东西曹掾四百石，余掾比二百石。"归犹谢也。

③此上二句，《周易》之《系辞》。与音预。

④《前书》丁宽受学于田何，学成，何谢宽，宽东归，何谓门人曰："《易》东矣。"是先师谢弟子。

⑤《韩诗外传》曰"孔子行，见皋鱼哭。孔子曰：'子非有丧，何哭悲也？'皋鱼曰：'吾少而好学，周流诸侯，以没吾亲。树欲静而风不止，子欲养而亲不待。往而不可追者年也，去而不见者亲也。'孔子曰：'弟子识之。'于是门人辞归者十有三"也。

⑥《史记》曰："伏闻太后玉体不安。"君子于玉比德，故以言也。

三十年，拜为太常。荣初遭仓卒，与族人桓元卿同饥厄，而荣讲诵不息。元卿嗤荣曰："但自苦气力，何时复施用乎？"荣笑不应。及为太常，元卿叹曰："我农家子，岂意学之为利乃若是哉！"①

①《东观汉记》曰："荣为太常，元卿来候荣，荣诸弟子谓曰：'平生笑尽气力，今何如？'无卿曰：'我安能知此哉！'"

显宗即位，尊以师礼，甚见亲重，拜二子为郎。荣年逾八十，自以衰老，数上书乞身，辄加赏赐。乘舆尝幸太常府，令荣坐东面，设几杖，会百官，骠骑将军东平王苍以下及荣门生数百人，天子亲自执业，每言辄曰"大师在是"。①既罢，悉以太官供具赐太常家。其恩礼若此。

①《东观记》曰"时执经生避位发难，上谦曰'大师在是'也。

永平二年，三雍初成，拜荣为五更。①每大射养老神毕，帝辄引荣及弟子升堂，执经自为下说。②乃封荣为关内侯，食邑五千户。③

①三雍，宫也，谓明堂、灵台、辟雍。《前书音义》曰："皆叶天人雍和之气为之，故谓三雍。"五更，解见《明纪》。

②下说谓下语而讲说之也。

③《东观记》曰:"荣以《尚书》授朕十有余年。《诗》云:'日就月将,示我显
　德行。'乃封之。"

　荣每疾病,帝辄遣使者存问,太官、太医相望于道。及笃,上疏
谢恩,让还爵土。帝幸其家问起居,入街下车,拥经而前,抚荣垂涕,
赐以床茵、帷帐、刀剑、衣被,良久乃去。自是诸侯、将军、大夫问疾
者,不敢复乘车到门,皆拜床下。荣卒,帝亲自变服,临丧送葬,赐冢
茔于首山之阳。①除兄子二人补四百石,都讲生八人补二百石,其
余门徒多至公卿。②子郁嗣。③

①首阳山在今偃师县西北也。

②《华峤书》曰:"荣子弟子丁鸿学最高。"

③《华峤书》曰:"荣长子雍早卒,少子郁嗣。"

　论曰:张佚讦切阴侯,以取高位,危言犯众,义动明后,知其直
有余也。若夫一言纳赏,志士为之怀耻;①受爵不让,风人所以兴
歌。②而佚廷议戚援,自居全德,③意者以廉不足乎?昔乐羊食子,
有功见疑;西巴放麑,以罪作傅。④盖推仁审伪,本乎其情。君人者
能以此察,则真邪几于辨矣。⑤

①秦兵围赵,时鲁仲连在赵,因说令退兵。平原君赵胜乃以千金为仲连
　寿,连笑曰:"所贵于天下之士者,能排患解纷而无取也。即有取者,是
　商贾之事也,而连不忍为也。"遂去,终身不复见。见《史记》也。

②《诗·小雅·角弓篇》曰:"受爵不让,至于己斯亡。"风人犹诗人也。

③佚谏云"当用天下之贤才",而乃自当其任,故曰"自居全德"。全德言无
　玷缺也。《庄子》曰"是谓全德"也。

④并解见《吴汉传》。

⑤几,近也。音钜依反。

　郁字仲恩,少以父任为郎。敦厚笃学,传父业,以《尚书》教授,
门徒常数百人。荣卒,郁当袭爵,上书让于兄子泛,显宗不许,不得
已受封,悉以租入与之。帝以郁先师子,有礼让,甚见亲厚,常居中

论经书,问以政事,稍迁侍中。①帝自制《五家要说章句》,令郁校定于宣明殿,②以侍中监虎贲中郎将。

①《东观记》曰"永平十四年为议郎,迁侍中"也。

②《华峤书》曰"帝自制《五行章句》",此言"五家",即谓五行之家也。宣明殿在德阳殿后。《东观记》曰:"上谓郁曰:'卿经及先师,致复文雅。'其冬,上亲于辟雍,自讲所制《五行章句》,已,复令郁说一篇。上谓郁曰:'我为孔子,卿为子夏,起予者商也。'又问郁曰:'子几人能传学?'郁曰:'臣子皆未能传学,孤兄子一人学方起。'上曰:'努力教之,有起者即白之。'"

永平十五年,入授皇太子经,迁越骑校尉,诏敕太子、诸王各奉贺致礼。郁数进忠言,多见纳录。①肃宗即位,郁以母忧乞身,诏听以侍中行服。②建初二年,迁屯骑校尉。

①《东观记》曰:"皇太子赐郁鞍马、刀剑,郁乃上疏皇太子曰:'伏见太子体性自然,包含今古,谦谦允恭,天下共见。郁父子受恩,无以明益,夙夜惭惧,诚思自竭。愚以为太子上当合圣心,下当卓绝于众,宜思远虑,以光朝廷。'"

②《华峤书》曰"郁上书乞身,天子忧之,有诏公卿议。议者皆以郁身为名儒,学者之宗,可许之,于是诏郁以侍中行服"也。

和帝即位,富于春秋,侍中窦宪自以外戚之重,欲令少主颇涉经学,上疏皇太后曰:"《礼记》云:'天下之命,悬于天子;天子之善,成乎所习。习与智长,则切而不勤;化与心成,则中道若性。昔成王幼小,越在襁保,周公在前,史佚在后,太在左,召公在右。中立听朝,四圣维之。是以虑无遗计,举无过事。'"①孝昭皇帝八岁即位,大臣辅政,亦选名儒韦贤、蔡义、夏侯胜等入授于前,平成圣德。②近建初元年,张酺、魏应、召训亦讲禁中。③臣伏惟皇帝陛下,躬天然之姿,宜渐教学,而独对左右小臣,未闻典义。昔五更桓荣,亲为帝师,子郁,结发敦尚,继传父业,故再以校尉入授先帝。父子给事禁省,更历四世,今白首好礼,经行笃备。又宗正刘方,宗室之表,善为《诗经》,先帝所褒。宜令郁、方并入教授,以崇本朝,光示大化。"由是迁长乐少府,复入侍讲。顷之,转为侍中、奉车都尉。永元四年,代丁鸿为太常。明年,病卒。

①自《礼记》以下,至此以上,皆《大戴礼》之文也。切而不勤,谓习与智长,
则常自切厉而不须勤敕,若性犹自然也。褿,络也;保,小儿被也。"保"
当作"褓",古字通也。史佚,成王时史官,名佚,贤者也。维,持也。遗,
失也。

②韦贤字长孺,鲁国邹人,治《鲁诗》。蔡义,河内温人也,为《韩诗》,给事
中也。夏侯胜,鲁人也,字长公,治《欧阳尚书》。并见《前书》。

③酺等并自有传。

郁经授二帝,恩宠甚笃,赏赐前后数百千万,显于当世。门人杨
震、朱宠,皆至三公。①

①《邓骘传》曰:"朱宠字仲威,京兆人也。笃行好学,从桓荣受《尚书》,位
至太尉。"

初,荣受朱普学章句四十万言,浮辞繁长,多过其实。①及荣入
授显宗,减为二十三万言。郁复删省定成十二万言。由是有桓君大、
小《太常章句》。

①长音直亮反。

子普嗣,传爵至曾孙。郁中子焉,能世传其家学。①孙鸾、曾孙
彬,并知名。

①《华峤书》曰:"郁六子,普、延、焉、俊、酆、良。普嗣侯,传国至曾孙,绝。
酆、良子孙皆博学有才能。"

焉字叔元,少以父任为郎。明经笃行,有名称。永初元年,入授
安帝,三迁为侍中、步兵校尉。永宁中,顺帝立为皇太子,以焉为太
子少傅,月余,迁太傅,以母忧自乞,听以大夫行丧。逾年,诏使者赐
牛酒,夺服,即拜光禄大夫,迁太常。时废皇太子为济阴王,焉与太
仆来历、廷尉张皓谏,不能得,事已具《来历传》。

顺帝即位,拜太傅,与太尉朱宠并录尚书事。焉复入授经禁中,
因宴见,建言宜引三公、尚书入省事,①帝从之。以焉前廷议守正,
封阳平侯,固让不受。视事三年,坐辟召禁锢者为吏免。复拜光禄
大夫。阳嘉二年,代来历为大鸿胪,数日,迁为太常。永和五年,代

王龚为太尉。汉安元年,以日食免。明年,卒于家。

①省犹视也。

弟子传业者数百人,黄琼、杨赐最为显贵。焉孙典。①

①《华峤书》曰:"焉长子衡,早卒。中子顺,顺子典。"

典字公雅,复传其家业,①以尚书教授颍川,门徒数百人。举孝廉为郎。居无几,会国相王吉以罪被诛,②故人亲戚莫敢至者。典独弃官收敛归葬,服丧三年,负土成坟,为立祠堂,尽礼而去。

①《华峤书》曰"典十二丧父母,事叔母如事亲。立廉操,不取于人,门生故吏问遗,一无所受"也。

②沛相。

辟司徒袁隗府,举高第,拜侍御史。是时宦官秉权,典执政无所回避。常乘骢马,京师畏惮,为之语曰:"行行且止,避骢马御史。"及黄巾贼起荥阳,典奉使督军。贼破,还,以忤宦官赏不行。在御史七年不调,①后出为郎。

①《华峤书》作"十年"。

灵帝崩,大将军何进秉政,典与同谋议,三迁羽林中郎将。①

①《华峤书》曰"迁平津都尉、钩盾令、羽林中郎将"也。

献帝即位,三公奏典前与何进谋诛阉官,功虽不遂,忠义炳著。诏拜家一人为郎,赐钱二十万。从西入关,拜御史中丞,赐爵关内侯。车驾都许,迁光禄勋。建安六年,卒官。

鸾字始春,焉弟子也。①少立操行,褞袍糟食,不求盈余。②以世浊,州郡多非其人,耻不肯仕。

①《东观记》曰"鸾父良,龙舒侯相"也。

②《东观记》曰"鸾贞亮之性,著乎幼冲。学览《六经》,莫不贯综。推财孤寡,分赡友朋。泰于待贤,狭于养己。常著大布褞袍,粝食醋餐"也。

年四十余,时太守向苗有名迹,乃举鸾孝廉,迁为胶东令。始到官而苗卒,鸾即去职奔丧,终三年然后归,淮、汝之间高其义。后为巳吾、汲二县令,①甚有名迹。诸公并荐,复征辟拜议郎。上陈五事:

举贤才,审授用,黜佞幸,省苑囿,息役赋。书奏御,悟内竖,故不省。
以病免。中平元年,年七十七,卒于家。子晔。

　①《东观记》曰:"陈留已吾长,旬月间迁河内汲令。"

　　晔字文林,一名严,①尤修志介。姑为司空杨赐夫人。初,鸾卒,
姑归宁赴哀,将至,止于传舍,整饰从者而后入,晔心非之。及姑劳
问,终无所言,号哭而已。赐遣吏奉祠,因县发取祠具,晔拒不受。后
每至京师,未尝舍宿杨氏。其贞忮若此。②宾客从者,皆祗其志行,
一餐不受于人。仕为郡功曹。后举孝谦、有道、方正、茂才,三公并
辟,皆不应。

　①东观记"严"作"矼"。

　②忮,坚也。

　　初平中,天下乱,避地会稽,遂浮海客交阯。①越人化其节,至
闾里不争讼。为凶人所诬,送死于合浦狱。

　①《东观记》曰"矼到吴郡,扬州刺史刘繇振给谷食衣服所乏者,悉不受。
　　后东适会稽,住止山阴县故鲁相钟离意舍,太守王朗饷给粮食、布帛、
　　牛羊,一无所当。临去之际,屋中尺寸之物,悉疏付主人,纤微不漏。移
　　居扬州从事屈豫室中,中庭橘树一株,遇实孰,乃以竹藩树四面,风吹
　　落两实,以绳系著树枝。每当危亡之急,其志弥固,宾客从者皆肃其
　　行"也。

　　彬字彦林,焉之兄孙也。父麟,字元凤,早有才惠。①桓帝初,为
议郎,入侍讲禁中,以直道悟左右,出为许令,②病免。会母终,麟不
胜丧,未祥而卒,年四十一。所著碑、诔、赞、说、书凡二十一篇。③

　①《华峤书》曰"鄑邓生麟"也。

　②许,县名,今许州许昌县也。

　③案挚虞《文章志》,麟文见在者十八篇,有碑九首,诔七首,《七说》一首,
　　《沛相郭府君书》一首。

　　彬少与蔡邕齐名。初举孝廉,拜尚书郎。时中常侍曹节女婿冯
方亦为郎,彬厉志操,与左丞刘歆、右丞杜希同好交善,未尝与方共

酒食之会，方深怨之，遂章言彬等为酒党。事下尚书令刘猛，雅善彬等，不举正其事。节大怒，劾奏猛，以为阿党，请收下诏狱，在朝者为之寒心。猛意气自若，旬日得出，免官禁锢。彬遂以废。光和元年，卒于家，年四十六。诸儒莫不伤之。

所著《七说》及书凡三篇，蔡邕等共论序其志，金以为彬有过人者四：夙智早成，岐嶷也；①学优文丽，至通也；仕不苟禄，绝高也；辞隆从窊，洁操也。②乃共树碑而颂焉。

①夙，早也。岐，行貌也。嶷然有所识也。《诗》曰"克岐克嶷"也。

②窊，下也，音乌瓜反。

刘猛，琅邪人。桓帝时为宗正，直道不容，自免归家。灵帝即位，太傅陈蕃、大将军窦武辅政，复征用之。

论曰：伏氏自东、西京相袭为名儒，以取爵位。①中兴而桓氏尤盛，自荣至典，世宗其道，父子兄弟代作帝师，受其业者皆至卿相，显乎当世。子曰："古之学者为己，今之学者为人。"②为人者，凭誉以显物；为己者，因心以会道。桓荣之累世见宗，岂其为己乎！

①谓伏生已后至伏湛也。

②《论语》文也。

丁鸿字孝公，颍川定陵人也。父綝字幼春，王莽末守颍阳尉。世祖略地颍阳，颍阳城守不下，綝说其宰，遂与俱降。世祖大喜，厚加赏劳，以綝为偏将军，因从征伐。綝将兵先度河，移檄郡国，攻营略地，下河南、陈留、颍川二十一县。

建武元年，拜河南太守。及封功臣，帝令各言所乐，诸将皆占丰邑美县，唯綝愿封本乡。或谓綝曰："人皆欲县，子独求乡，何也？"綝曰："昔孙叔敖敕其子，受封必求硗埆之地，①今綝能薄功微，得乡亭厚矣。"帝从之，封定陵新安乡侯，食邑五千户，后徙封陵阳侯。

①孙叔敖，楚相也。硗埆，瘠薄之地也。叔敖将死，戒其子曰："王封汝，必无居利地也。楚、越之间，有寝丘者，甚恶，可长有以食也。"见《吕氏春秋》

也。

　　鸿年十三，从桓荣受《欧阳尚书》，三年而明章句，善论难，为都讲，遂笃志精锐，布衣荷担，不远千里。

　　初，綝从世祖征伐，鸿独与弟盛居，怜盛幼小而共寒苦。及綝卒，鸿当袭封，上书让国于盛，不报。既葬，乃挂縗绖于冢庐而逃去，留书与盛曰："鸿贪经书，不顾恩义，弱而随师，①生不供养，死不饭唅，皇天先祖，并不祐助，身被大病，不任茅土。②前上疾状，愿辞爵仲公，③章寝不报，迫且当袭封。谨自放弃，逐求良医。如遂不疗，永归沟壑。"鸿初与九江人鲍骏同事桓荣，甚相友善，及鸿亡封，与骏遇于东海，阳狂不识骏。骏乃止而让之曰："昔伯夷、吴札乱世权行，故得申其志耳。④《春秋》之义，不以家事废王事。⑤今子以兄弟私恩而绝父不灭之基，可谓智乎？"鸿感悟，垂涕叹息，乃还就国，开门教授。鲍骏亦上书言鸿经学至行，显宗甚贤之。⑥

　　①弱，少也。

　　②任，堪也。

　　③仲公，盛之字也。

　　④伯夷，孤竹君之子，让其弟叔齐，饿死于首阳之山。吴札，吴王寿梦之季子也，诸兄欲让其国，季子乃舍其室而耕。皆是权时所行，非常之道也。伯夷当纣时，吴札当周之末，故言乱也

　　⑤《春秋》，卫灵公卒，孙辄立，父蒯聩与辄争国。《公羊传》曰："辄者曷为？蒯聩之子。然则曷为不立蒯聩而立辄？蒯聩无道，灵公逐之而立辄。然则辄之义可以乎？曰可。不以父命辞于王命，不以家事辞于王事。"故骏引以为言也。

　　⑥《续汉书》载骏书曰："臣闻武王克殷，封比干之墓，表商容之闾。二人无功，下车先封之，表善显仁，为国之砥砺也。伏见丁鸿经明行修，志节清妙。"由是上贤之也。

　　永平十年诏征，鸿至即召见，说《文侯之命篇》，①赐御衣及绶，禀食公车，②与博士同礼。顷之，拜侍中。十三年，兼射声校尉。建初四年，徙封鲁阳乡侯。③

　　①周平王东迁洛邑，晋文侯仇有辅佐之功，平王赐以车马、弓矢而策命

之,因以名篇,事见《尚书》也。

②禀,给也。公车,署名,公车所在,因以名。诸待诏者,皆居以待命,故令
　给食焉。

③《东观记》曰"鲁阳乡在寻阳郡"也。

　肃宗诏鸿与广平王羡及诸儒楼望、成封、桓郁、贾逵等,论定
《五经》同异于北宫白虎观,①使五官中郎将魏应主承制问难,侍中
淳于恭奏上,帝亲称制临决。鸿以才高,论难最明,诸儒称之,帝数
嗟美焉。时人叹曰:"殿中无双丁孝公。"②数受赏赐,擢徙校书,遂
代成封为少府。门下由是益盛,远方至者千人。彭城刘恺、北海巴
茂、九江朱伥皆至公卿。③元和三年,徙封马亭乡侯。

①广平王羡,明帝子也。《东观记》曰"与太常楼望、少府成封、屯骑校尉桓
　郁、卫士令贾逵等集议"也。白虎,门名。于门立观,因之以名焉。

②《东观记》曰:"上叹嗟其才,号之曰'殿中无双丁孝公',赐钱二十万。"
　《续汉书》亦同。而此书独作"时人叹"也。

③《东观记》曰:"元和二年,车驾东巡狩,鸿以少府从。上奏曰:'臣闻古之
　帝王,统治天下,五载巡狩,至于岱宗,柴祭于天,望秩山川,协时月正
　日,角斗斟权衡,使人不争。陛下尊履蒸蒸,奉承弘业,祀五帝于明堂,
　配以光武,二祖四宗,咸有告祀。瞻望太山,嘉泽降澍,柴祭之日,白气
　上升,与燎烟合,黄鹄群翔,所谓神人以和,答响之休符也。'上善焉。"
　又曰"以庐江郡为六安国",所以徙封为马亭侯。

　和帝即位,迁太常。永元四年,代袁安为司徒。是时窦太后临
政,宪兄弟各擅威权。鸿因日食,上封事曰:

　　臣闻日者阳精,守实不亏,君之象也;月者阴精,盈毁有
常,臣之表也。故日食者,臣乘君,阴陵阳;月满不亏,下骄盈
也。昔周室衰季,皇甫之属专权于外,党类强盛,侵夺主势,则
日月薄食。①故《诗》曰:"十月之交,朔月辛卯,日有食之,亦孔
之丑。"②《春秋》日食三十六,弑君三十二。变不空生,各以类
应。夫威柄不以放下,利器不可假人。③览观往古,近察汉兴,
倾危之祸,靡不由之。是以三桓专鲁,田氏擅齐,六卿分晋;诸
吕握权,统嗣几移;哀、平之末,庙不血食。④故虽有周公之亲,

而无其德，不得行其势也。⑤

①周室衰谓幽王时也。皇甫即幽王后之党也。《诗·小雅》曰："皇甫卿士，
番惟司徒，家伯维宰，仲允膳夫。"其类非一，故言之属也。

②《十月之交》，《诗·小雅》篇名也。孔，甚也。丑，恶也。周之十月，夏之
八月也。八月朔，日月交而日食，阴侵阳，臣侵君之象也。日辰之义，日
为君，辰为臣。辛，金也。卯，木也。又以卯侵金，故甚恶也。

③刘向上书云："弑君三十六。"今据《春秋》与刘向同，而《东观》及《续汉》
范氏诸本皆云"三十二"，盖误也。威柄谓《周礼》之八柄，即爵、禄、生、
置、予、夺、废、诛也。利器谓国之权势。假，借也。《左传》曰"唯器与名，
不可以假人"也。

④三桓谓季孙氏、权孙氏、仲孙氏。三家皆出自鲁桓公，故言三桓。并专权
鲁国。至鲁昭公，遂为季氏所逐，平子乃摄行君事。田氏，陈敬仲之后，
因自陈奔齐，改为田氏，遂执齐政，至田和乃篡齐。六卿谓晋之智氏、中
行氏、范氏、韩氏、赵氏、魏氏，并专晋政，韩、赵、魏卒三分晋国也。诸吕
谓吕产、吕禄也。产领南军，禄领北军，谋危刘氏，故曰"统嗣几移"。

⑤言亲贤兼重，方可执政。《孟子》曰："有伊尹之心则可，无伊尹之心则篡
也。"

今大将军虽欲敕身自约，不敢僭差，然而天下远近皆惶怖
承旨，刺史二千石初除谒辞，求通待报，虽奉符玺，受台敕，不
敢便去，久者至数十日。背王室，向私门，此乃上威损，下权盛
也。人道悖于下，效验见于天，虽有隐谋，神照其情，垂象见戒，
以告人君。间者月满先节，过望不亏，①此臣骄溢背君，专功独
行也。陛下未深觉悟，故天重见戒，诚宜畏惧，以防其祸。
《诗》云："敬天之怒，不敢戏豫。"②若敕政责躬，杜渐防萌，则
凶妖销灭，害除福凑矣。

①易曰"天垂象，见吉凶"，故言见戒也。月满先节未及望而满也。《东观
记》亦作"先节"，俗本作"失节"，字之误也。

②《诗·大雅》也。雷电震耀，天怒也。戏豫犹逸豫也。不敢自逸，所以敬
天也。

夫坏崖破岩之水，源自涓涓；干云蔽日之木，起于葱青。禁
微则易，救末者难，人莫不忽于微细，以致其大。恩不忍诲，义

不忍割,去事之后,未然之明镜也。臣愚以为左官外附之臣,①
依托权门,倾覆谄谀,以求容媚者,宜行一切之诛。间者大将军
再出,威振州郡,莫不赋敛吏人,遣使贡献。大将军虽云不受,
而物不还主,部署之吏无所畏惮,纵行非法,不伏罪辜,故海内
贪猾,竞为奸吏,小民吁嗟,怨气满腹。臣闻天不可以不刚,不
刚则三光不明;②王不可以不强,不强则宰牧从横。宜因大变,
改政匡失,以塞天意。

①《前书》:"左官附益阿党之法设。"左官者,人道尚右,舍天子而事诸侯
　为左官。外附谓背正法而附私家。
②三光,日、月、星也。天道尚刚。《周易》曰:"乾,健也。"《左传》曰:"天为
　刚德。"

书奏十余日,帝以鸿行太尉兼卫尉,屯南、北宫。于是收窦宪大将军
印绶,宪及诸弟皆自杀。

时大郡口五六十万举孝廉二人,小郡口二十万并有蛮夷者亦
举二人,帝以为不均,下公卿会议。鸿与司空刘方上言:"凡口率之
科,宜有阶品,蛮夷错杂,不得为数。自今郡国率二十万口岁举孝廉
一人,四十万二人,六十万三人,八十万四人,百万五人,百二十万
六人;不满二十万二岁一人,不满十万三岁一人。"帝从之

六年,鸿薨,赐赠有加常礼。子湛嗣。卒,子浮嗣。浮卒,子夏
嗣。①

①《东观记》及《续汉书》"夏"字作"羹"也。

论曰:孔子曰:"大伯三以天下让,民无得而称焉。"①孟子曰:
"闻伯夷之风者,贪夫廉,懦夫有立志。"若乃太伯以天下而违周,伯
夷率洁情以去国,并未始有其让也。②故大伯称至德,伯夷称贤人。
后世闻其让而慕其风,徇其名而昧其致,所以激诡行生而取与妄
矣。③至夫邓彪、刘恺,让其弟以取义,使弟受非服而己厚其名,于
义不亦薄乎!④君子立言,非苟显其理,将以启天下之方悟者;立
行,非独善其身,将以训天下之方动者。言行之所开塞,可无慎哉!

原丁鸿之心，主于忠爱乎？何其终悟而从义也！异夫数子，类乎徇名者焉。

①此上《论语》载孔子之言也。郑玄注云："大伯，周大王之长子，次子仲雍，次子季历。大王见季历贤，又生文王，有圣人表，故欲立之，而未有命。大王疾，太伯因适吴、越采药，太王殁而不返，季历为丧主，一让也。季历赴之，不来奔丧，二让也。免丧之后，遂断发文身，三让也。三让之美皆蔽陷不著，故人无得而称焉。"

②违，去也。未始犹未尝也。言太伯、伯夷率性清洁，超然去国，未尝故有求让之名。

③徇，营也。言二子非故立让风以求声誉，故至德称于前古。后代之人直欲营慕其名，而昧其深致，所以激射诡谲之行生，而取与之间多诈妄矣。

④彪让国异母弟荆及凤，恺以国让弟宪，帝皆许焉。弟不当袭爵，故言非服，而彪、恺皆独受美名，而陷弟于不义也。

赞曰：五更待问，应若鸣钟。①庭列辎驾，堂修礼容。穆穆帝则，拥经以从。②丁鸿翼翼，让而不饰。高论白虎，深言日食。③

①《礼记》曰："夙夜强学以待问。"又曰"善待问者如撞钟，扣之以小者则小鸣，扣之以大者则大鸣，待其春容而后尽其声，不善答问者反此"也。

②从，就也。

③《春秋经》书"日有食之"。杜注云："日食者，月掩日。圣人不言月掩日，而以自食为文，阙于所不见也。"

后汉书卷三八
列传第二八

张宗　法雄　滕抚　冯绲
度尚　杨琁

张宗字诸君，南阳鲁阳人也。王莽时，为县阳泉乡佐。①会莽败，义兵起，宗乃率阳泉民三四百人起兵略地，西至长安，更始以宗为偏将军。宗见更始政乱，因将家属客安邑。

　①《续汉书》曰："乡佐，主佐乡收税赋。"

及大司徒邓禹西征，定河东，宗诣禹自归。禹闻宗素多权谋，乃表为偏将军。禹军到枸邑，赤眉大众且至，禹以枸邑不足守，欲引师进就坚城，而众人多畏贼追，惮为后拒。禹乃书诸将名于竹简，署其前后，乱著筩中，令各探之。①宗独不肯探，曰："死生有命，张宗岂辞难就逸乎！"禹叹息谓曰："将军有亲弱在营，奈何不顾？"宗曰："愚闻一卒毕力，百人不当；万夫致死，可以横行。宗今拥兵数千，以承大威，何遽其败乎？"遂留为后拒。诸营既引兵，宗方勒厉军士，坚垒壁，以死当之。禹到前县，议曰："以张将军之众，当百万之师，犹以小雪投沸汤，虽欲戮力，其势不全也。"乃遣步骑二千人反还迎宗。宗引兵始发，而赤眉卒至，宗与战，却之，乃得归营，于是诸将服其勇。及还到长安，宗夜将锐士入城袭赤眉，中矛贯胛，②又转攻诸营保，为流矢所激，皆几至于死。

　①筩，以竹为之。郑玄注《礼记》云："圆曰簞，方曰筩。"
　②胛，背上膊间。

及邓禹征还,光武以宗为京辅尉,①将突骑与征西大将军冯异共击关中诸营保,破之,迁河南都尉。建武六年,都尉官省,拜太中大夫。八年,颍川桑中盗贼群起,宗将兵击定之。后青、冀盗贼屯聚山泽,宗以谒者督诸郡兵讨平之。十六年,琅邪、北海盗贼复起,宗督二郡兵讨之,乃设方略,明购赏,皆悉破散。于是沛、楚、东海、临淮群贼惧其威武,相捕斩者数千人,青、徐震栗。后迁琅邪相,其政好严猛,敢杀伐。永平二年,卒于官。

> ①秦每郡有尉一人,典兵禁,景帝更名都尉。武帝元鼎四年,置京辅都尉,
> 　各一人,二千石,见《前书》也。

　　法雄字文强,扶风郿人也,齐襄王法章之后。秦灭齐,子孙不敢称田姓,故以法为氏。①宣帝时,徙三辅,世为二千石。雄初仕郡功曹,②辟太傅张禹府,举雄高第,除平氏长。③善政事,好发擿奸伏,盗贼稀发,吏人畏爱之。南阳太守鲍得上其理状,迁宛陵令。

> ①法章,齐湣王子也。法章子建立,为秦所灭。见《史记》也。
> ②《续汉志》曰“郡皆置诸曹掾史、功曹史,主选署功劳”也。
> ③平氏,县,属南阳郡,故城今唐州平氏县也。

　　永初三年,海贼张伯路等三千余人,冠赤帻,服绛衣,自称“将军”,寇滨海九郡,杀二千石、令、长。初,遣侍御史庞雄督州郡兵击之,伯路等乞降,寻复屯聚。明年,伯路复与平原刘文河等三百余人称“使者”,攻厌次城,杀长吏,①转入高唐,②烧官寺,出系囚,渠帅皆称“将军”,共朝谒伯路。伯路冠五梁冠,佩印绶,③党众浸盛。乃遣御史中丞王宗持节发幽、冀诸郡兵,合数万人,乃征雄为青州刺史,与王宗并力讨之。连战破贼,斩首溺死者数百人,余皆奔走,收器械财物甚众。会赦诏到,贼犹以军甲未解,不敢归降。于是王宗召刺史太守共议,皆以为当遂击之。雄曰:“不然。兵,凶器;战,危事。④勇不可恃,胜不可必。贼若乘船浮海,深入远岛,攻之未易也。及有赦令,可且罢兵,以慰诱其心,势必解散,然后图之,可不战而定也。”宗善其言,即罢兵。贼闻大喜,乃还所略人。而东莱郡兵独

未解甲,贼复惊恐,遁走辽东,止海岛上。五年春,乏食,复抄东莱间,雄率郡兵击破之,贼逃还辽东,辽东人李久等共斩平之,于是州界清静。

①厌次,今棣州县是也。

②高唐,今博州县。

③《汉官仪》曰"诸侯冠进贤三梁,卿大夫、尚书、二千石冠两梁,千石以下至小吏冠一梁",无五梁制者也。

④《史记》范蠡之词。

雄每行部,录囚徒,察颜色,多得情伪,长吏不奉法者皆解印绶去。

在州四年,迁南郡太守,断狱省少,户口益增。郡滨带江沔,①又有云梦薮泽,②永初中,多虎狼之暴,前太守赏募张捕,反为所害者甚众。雄乃移书属县曰:"凡虎狼之在山林,犹人之居城市。古者至化之世,猛兽不扰。③皆由恩信宽泽,仁及飞走。太守虽不德,敢忘斯义。记到,其毁坏槛阱,不得妄捕山林。"④是后虎害稍息,人以获安。在郡数岁,岁常丰稔。⑤元初中,卒官。

①《水经》曰:"沔水出武都沮县东狼谷中,至江夏沙羡县北,南入于江。"羡音夷。

②云梦泽今在安州。

③《礼记》曰:"大道之行,四灵以为畜。龙以为畜,故鱼鲔不淰;凤以为畜,故鸟不獝,麟以为畜,故兽不狘。"是不扰之也。

④槛谓捕兽之机也。阱谓穿地陷兽也。

⑤稔,熟也。

子真,在《逸人传》。

滕抚字叔辅,北海剧人也。初仕州郡,稍迁为涿令,有文武才用。太守以其能,委任郡职,兼领六县。①风政修明,流爱于人,在事七年,道不拾遗。

①《续汉志》涿郡领七县,除涿以外,有逎、故安、范阳、良乡、北新城、方城六县,使抚兼领之。

　　顺帝末,扬、徐盗贼群起,磐牙连岁。①建康元年,九江范容、周生等相聚反乱,屯据历阳,②为江、淮巨患,遣御史中丞冯绲将兵督扬州刺史尹耀、九江太守邓显讨之。耀、显军败,为贼所杀。又阴陵人徐凤、马勉等复冠郡县,杀略吏人。凤衣绛衣,带黑绶,称"无上将军";勉皮冠黄衣,带玉印,称"黄帝",筑营于当涂山中。③乃建年号,置百官,遣别帅黄虎攻没合肥。④明年,广陵贼张婴等复聚众数千人反,据广陵。朝廷博求将帅,三公举抚有文武才,拜为九江都尉,与中郎将赵序助冯绲合州郡兵数万人共讨之。又广开赏募,钱、邑各有差。梁太后虑群贼屯结,诸将不能制,又议遣太尉李固。未及行,会抚等进击,大破之,斩马勉、范容、周生等千五百级,徐凤遂将余众攻烧东城县。⑤下邳人谢安应募,率其宗亲设伏击凤,斩之,封安为平乡侯,邑三千户。拜抚中郎将,督扬、徐二州事。抚复进击张婴,斩获千余人。赵序坐畏懦不进,诈增首级,征还弃市。又历阳贼华孟自称"黑帝",攻九江,杀郡守。抚乘胜进击,破之,斩孟等三千八百级,虏获七百余人,牛马财物不可胜算。于是东南悉平,振旅而还。以抚为左冯翊,除一子为郎。抚所得赏赐,尽分于麾下。

　　①磐牙,谓相连结。

　　②历阳,今和州县。

　　③当涂县之山也,在今宣州。

　　④合肥故城在今庐州北也。

　　⑤东城县故城在今豪州定远县东南。

　　性方直,不交权势,宦官怀忿。及论功当封,太尉胡广时录尚书事,承旨奏黜抚,天下怨之。卒于家。

　　冯绲字鸿卿,巴郡宕渠人也。①少学《春秋》、《司马兵法》。②父焕,安帝时为幽州刺史,疾忌奸恶,数致其罪。时玄菟太守姚光亦失人和。建光元年,怨者乃诈作玺书谴责焕、光,赐以欧刀。又下辽东都尉庞奋,使速行刑,奋即斩光收焕。焕欲自杀,绲有疑诏文有异,止焕曰:"大人在州,志欲去恶,实无它故,必是凶人妄诈,规肆奸毒。愿以事自上，甘罪无晚。"焕从其言，上书自讼，果诈者所为，征奋抵罪。会焕病死狱中，帝愍之，赐焕、光钱各十万，以子为郎中。绲由是知名。

①宕渠，县，故城在今渠州东北。绲音古本反。
②《谢承书》曰，绲学《公羊春秋》。《史记》曰，司马穰苴者，田完之苗裔也，当景公时，善用兵。至齐威王时，使大夫追论古者《司马兵法》，而附穰苴其中，号曰《司马穰苴》也。

家富好施，赈赴穷急，为州里所归爱。初举孝廉，七迁为广汉属国都尉，征拜御史中丞。顺帝末，以绲持节督扬州诸郡军事，与中郎将滕抚击破群贼，迁陇西太守。后鲜卑寇边，以绲为辽东太守，晓喻降集，虏皆弭散。①征拜京兆尹，转司隶校尉，所在立威刑。迁廷尉、太常。

①弭，止也。

时长沙蛮寇益阳，屯聚积久，至延熹五年众转盛，而零陵蛮贼复反应之，合二万余人，攻烧城郭，杀伤长吏。又武陵蛮夷悉反，寇掠江陵间，荆州刺史刘度、南郡太守李肃并奔走荆南，皆没。于是拜绲为车骑将军，将兵十余万讨之，诏策绲曰："蛮夷猾夏，久不讨摄，①各焚都城，蹈籍官人。州郡将吏，死职之臣，相逐奔窜，曾不反顾，可愧言也。将军素有威猛，是以擢授六师。②前代陈汤、冯、傅之徒，以寡击众，③郅支、夜郎、楼兰之戎，头悬都街，④卫、霍北征，功列金石，是皆将军所究览也。⑤今非将军，谁与修复前迹？进赴之宜，权时之策，将军一之，出郊之事，不复内御。⑥已命有司祖于国门。⑦诗不云乎：'进厥虎臣，阚如虓虎，敷敦淮渍，仍执丑虏。'将军其勉之！"⑧

①猾，乱也。夏，华夏也。摄，持也。《书》曰："蛮夷猾夏。"
②六师犹六军也。《诗》云"整我六师，以修我戎"也。
③陈汤字子公，山阳瑕丘人也。元帝时，为西域副校尉，矫发西域诸国兵四万人，诛斩郅支单于，传首长安，悬于槀街。冯奉世字子明，上党潞人也。宣帝时，以卫尉持节送大宛诸国客到伊修城。时莎车王万年杀汉使者，子明乃以节告诸国王发兵五千人击莎车，杀其王，传首诣长安。傅

介子,北地人。昭帝时,为平乐监。时楼兰国数反覆,霍光白遣介子与士
卒赍金币以赐外国为名,至楼兰,楼兰王与介子饮,乃令壮士二人刺杀
之,持首诣阙。

④夜郎,西南夷之国也。成帝时,夜郎王兴数不从命,牂柯太守陈立行县
　至夜郎,召兴,兴从邑君数十人见立,立数责,因断兴头。案:夜郎王首
　不传京师,杀之者陈立,又非陈汤、冯、傅,此盖泛论诛戮戎夷耳。

⑤卫青、霍去病俱出击匈奴,青至寘颜山,斩首九千级,去病斩首七万余
　级,次到狼居胥山乃还也。

⑥一犹专也,言出郊以外,不复由内制御也。《淮南子》曰"凡命将,主亲授
　钺曰:'从此上至天,将军制之。'将答曰:'国不可从外理,军不可从中
　御'"也。

⑦祖,道祭也。郑玄注《礼记》云:"天子九门:路门也,应门也,雉门也,库
　门也,皋门也,国门也,近郊门也,远郊门也,关门也。"

⑧《诗·大雅》也。当周宣王时,徐方、淮夷反叛,宣王乃进其虎猛之臣,谓
　方叔、召虎之类也。虓虎,怒声也。水涯曰濆。敷,布也。丑,众也。仍,
　因也。言布兵敦逼淮水之涯,因执得众虏。引《诗》诫绳,令其勉也。

时天下饥馑,帑藏虚尽,每出征伐,常减公卿奉禄,假王侯租
赋,前后所遣将帅,宦官辄陷以折耗军资,往往抵罪。绳性烈直,不
行贿赂,惧为所中,乃上疏曰:"势得容奸,伯夷可疑;苟曰无猜,盗
跖可信。①故乐羊陈功,文侯示以谤书。②愿请中常侍一人监军财
费。"尚书朱穆奏绳以财自嫌,失大臣之节。有诏勿劾。

①《庄子》曰,孔子与柳下季为友,弟名曰盗跖,从卒九千人,横行侵暴诸
　侯,驱人马牛,取人妇女,贪虐无亲,万人苦之。

②乐羊,魏将军也。《史记》曰,魏文侯令乐羊将而攻中山,三年而拔之。乐
　羊反而论功,文侯示之谤书一箧。乐羊再拜曰:"此非臣之功也。"

绳军至长沙,贼闻,悉诣营道乞降。①进击武陵蛮夷,斩首四千
余级,受降十余万人,荆州平定。诏书赐钱一亿,固让不受。振旅还
京师,推功于从事中郎应奉,荐以为司隶校尉,而上书乞骸骨,朝廷
不许。监军使者张敞承宦官旨,奏绳将傅婢二人戎服自随,又辄于
江陵刻石纪功,请下吏案理。尚书令黄俊奏议,以为罪无正法,不合
致纠。会长沙贼复起,攻桂阳、武陵,绳以军还盗贼复发,策免。

①营道,今道州县也。

顷之,拜将作大匠,转河南尹。上言"旧典,中官子弟不得为牧人职",帝不纳。复为廷尉。时山阳太守单迁以罪系狱,绲考致其死。迁,故车骑将军单超之弟,中官相党,遂共诽章诬绲,坐与司隶校尉李膺、大司农刘祐俱输左校。应奉上疏理绲等,得免。后拜屯骑校尉,复为廷尉,卒于官。

绲弟允,清白有孝行,能理《尚书》,善推步之术。①拜降虏校尉,终于家。②

①推步谓究日月五星之度,昏旦节气之差。

②《谢承书》曰:"绲子鸾,举孝廉,除郎中。"

度尚字博平,山阳湖陆人也。家贫,不修学行,不为乡里所推举。①积困穷,乃为宦者同郡侯览视田,得为郡上计吏,拜郎中,除上虞长。②为政严峻,明于发擿奸非,吏人谓之神明。③迁文安令,④遇时疾疫,谷贵人饥,尚开仓禀给,营救疾者,百姓蒙其济。时冀州刺史朱穆行部,见尚,甚奇之。

①《续汉书》曰:"尚少丧父,事母至孝,通《京氏易》、《古文尚书》。为吏清洁,有文武才略。"与此不同。

②上虞,县,故城在今越州余姚县西。

③《谢承书》曰:"尚进善爱人,坐以待旦,擢门下书佐朱俊,恒叹述之,以为有不凡之操。俊后官至车骑将军,远近奇尚有知人之鉴。"

④文安,县,故城在今瀛州文安县东北。

延熹五年,长沙、零陵贼合七八千人,自称"将军",入桂阳、苍梧、南海、交阯,交阯刺史及苍梧太守望风逃奔,二郡皆没。遣御史中丞盛修募兵讨之,不能克。豫章艾县人六百余人,应募而不得赏直,怨恚,遂反,焚烧长沙郡县,寇益阳,①杀县令,众渐盛。又遣竭者马睦,督荆州刺史刘度击之,军败,睦、度奔走。桓帝诏公卿举任代刘度者,尚书朱穆举尚,自右校令擢为荆州刺史。尚躬率部曲,与同劳逸,广募杂种诸蛮夷,明设购赏,进击,大破之,降者数万人。桂阳宿贼渠帅卜阳、潘鸿等畏尚威烈,徙入山谷。尚穷追数百里,遂入南海,破其三屯,多获珍宝。而阳、鸿等党众犹盛,尚欲击之,而士卒骄富,莫有斗志。尚计缓之则不战,逼之必逃亡,乃宣言卜阳、藩鸿作贼十年,习于攻守,今兵寡少,未易可进,当须诸郡所发悉至,尔乃并力攻之。申令军中,恣听射猎。兵士喜悦,大小皆相与从禽,尚乃密使亲客潜焚其营,珍积皆尽。猎者来还,莫不泣涕。尚人人慰劳,深自咎责,因曰:"卜阳等财宝足富数世,诸卿但不并力耳。所亡少少,何足介意!"众闻咸愤踊,尚敕令秣马蓐食,明旦,径赴贼屯。阳、鸿等自以深固,不复设备,吏士乘锐,遂大破平之。

　　①益阳,县,在益水之阳,故城在今潭州益阳县东。

　　尚出兵三年,群寇悉定。七年,封右乡侯,迁桂阳太守。明年,征还京师。时荆州兵朱盖等,征戍役久,财赏不赡,忿恚,复作乱,与桂阳贼胡兰等三千余人复攻桂阳,焚烧郡县,太守任胤弃城走,贼众遂至数万。转攻零陵,太守陈球固守拒之。于是以尚为中郎将,将幽、冀、黎阳、乌桓步骑二万六千人救球,又与长沙太守抗徐等发诸郡兵,并势讨击,大破之,斩兰等首三千五百级,余贼走苍梧。诏赐尚钱百万,余人各有差。

　　时抗徐与尚俱为名将,数有功。徐字伯徐,丹阳人,乡邦称其胆智。初试守宣城长,悉移深林远薮椎髻鸟语之人,置于县下,①由是境内无复盗贼。后为中郎将宗资别部司马,击太山贼公孙举等,破平之,斩首三千余级,封乌程东乡侯,五百户。②迁太山都尉,寇盗望风奔亡。及在长沙,宿贼皆平。卒于官。桓帝下诏追增封徐五百户,并前千户。

　　①宣城,县,故城在今宣州南陵县东。椎,独髻也,音直追反。鸟语谓语声
　　　似鸟也。《书》曰:"岛夷卉服。"
　　②乌程,今湖州县。

　　复以尚为荆州刺史。尚见胡兰余党南走苍梧,惧为己负,乃为上言苍梧贼入荆州界,于是征交阯刺史张磐下廷尉。辞状未正,会赦见原。磐不肯出狱,方更牢持械节,狱吏谓磐曰:"天恩旷然而君

不出,何乎?"磐因自列曰:"前长沙贼胡兰作难荆州,余党散入交
阯。磐身婴甲胄,涉危履险,讨击凶患,斩殄渠帅,余尽鸟窜冒遁,还
奔荆州。刺史度尚慎磐先言,怖畏罪戾,①伏奏见诬。磐备位方伯,
为国爪牙,②而为尚所枉,受罪牢狱。夫事有虚实,法有是非。磐实
不辜,赦无所除。如忍以苟免,永受侵辱之耻,生为恶吏,死为敝鬼。
乞传尚诣廷尉,面对曲直,足明真伪。尚不征者,磐埋骨牢槛,终不
虚出,望尘受枉。"廷尉以其状上,诏书征尚到廷尉,辞穷受罪,以先
有功得原。磐字子石,丹阳人,以清白称,终于庐江太守。

①戾亦罪也。

②爪牙,以猛兽为喻,言为国之捍卫也。《诗》曰"折父,予王之爪牙"也。

尚后为辽东太守。数月,鲜卑率兵攻尚,与战,破之,戎狄惮畏。
年五十,延熹九年,卒于官。

杨璇字机平,会稽乌伤人也。高祖父茂,本河东人,从光武征
伐,为威寇将军,封乌伤新阳乡侯。建武中就国,传封三世,有罪国
除,因而家焉。父扶,交阯刺史,有理能名。兄乔,为尚书,容仪伟丽,
数上言政事,桓帝爱其才貌,诏妻以公主,乔固辞不听,遂闭口不
食,七日而死。

璇初举孝廉,稍迁,灵帝时为零陵太守。是时苍梧、桂阳猾贼相
聚,攻郡县,贼众多而璇力弱,吏人忧恐。璇乃特制马车数十乘,以
排囊盛石灰于车上,①系布索于马尾,又为兵车,专毂弓弩,克共会
战。乃令马车居前,顺风鼓灰,贼不得视,因以火烧布,然马惊奔突
贼阵,因使后车弓弩乱发,钲鼓鸣震。群盗波骇破散,追逐伤斩无
数,枭其渠帅,郡境以清。②荆州刺史赵凯,诬奏璇实非身破贼,而
妄有其功。璇与相章奏,凯有党助,遂槛车征璇。防禁严密,无由自
讼,乃啮臂出血,书衣为章,具陈破贼形势,及言凯所诬状,潜令亲
属诣阙通之。诏书原璇,拜议郎,凯反受诬人之罪。

①排囊即今囊袋也。排音蒲拜反。

②枭,悬也。

　　琁三迁为勃海太守,所在有异政,以事免。后尚书令张温特表荐之,征拜尚书仆射。以病乞骸骨,卒于家。

　　论曰:安顺以后,风威稍薄,寇攘浸横,缘隙而生,剽人盗邑者不阕时月,①假署皇王者盖以十数。或托验神道,或矫妄冕服。然其雄渠魁长,未有闻焉,犹至垒盈四郊,奔命首尾。②若夫数将者,并宣力勤虑,以劳定功,③而景风之赏未甄,肤受之言互及。④以此而推,政道难乎以免。⑤

　　①阕,息也。

　　②垒,军壁也。《礼记》曰:"四郊多垒,卿大夫之辱。"奔命谓有命即奔赴之。《左传》曰"余必使尔罢于奔命"也。

　　③宣,布也。《尚书》曰:"宣力四方。"《礼记》曰:"以劳定国则祀之。"

　　④景风至则行赏,解见《和纪》。甄,明也。肤受谓得皮肤之言而受之,不深知其情核者也。孔子曰:"肤受之诉不行焉,可谓明矣。"

　　⑤《论语》孔子曰:"不有祝鮀之佞,难乎免于今之世矣。"

　　赞曰:张宗袒禹,敢殿后拒。①江、淮、海、岱,虔、刘寇阻。②其谁清之? 雄、尚、绲、抚。琁能用谲,亦云振旅。

　　①殿音丁见反。

　　②虔、刘皆杀也。

后汉书卷三九
列传第二九

刘平 王望 王扶　赵孝　淳于恭
江革　刘般 子恺　周磐　赵咨

孔子曰:"夫孝莫大于严父,严父莫大于配天,则周公其人也。"①子路曰:"伤哉贫也! 生无以养,死无以葬。"子曰:"啜菽饮水,孝也。"②夫钟鼓非乐云之本,而器不可去;③三牲非致孝之主,而养不可废。④存器而忘本,乐之遁也;⑤调器以和声,乐之成也。崇养以伤行,孝之累也;⑥修己以致禄,养之大也。故言能大养,则周公之祀,致四海之祭;言以义养,则仲由之菽,甘于东邻之牲。⑦夫患水菽之薄,干禄以求养者,是以耻禄亲也。⑧存诚以尽行,孝积而禄厚者,此能以义养也。

①配天谓宗祀文王于明堂,以配上帝。
②事见《礼记》。啜音昌悦反。广雅曰:"啜,食也。"
③《论语》孔子曰:"乐云乐云,钟鼓云乎哉?"言乐之所贵者,移风易俗也,非谓钟鼓而已,然而不可去钟鼓。去音丘吕反。
④《孝经》曰:"虽日用三牲,犹为不孝。"言孝子者,以和颜悦色为难也,非谓三牲而已,然不可阙甘旨。
⑤遁,失也。言盛饰钟簴之器而忘移风之本,是失乐之意也。
⑥不义而崇养,更为亲忧,是孝之累也。
⑦《易》曰"东邻杀牛,不如西邻之禴祭"也。
⑧干,求也。谓不以道求禄,故可耻也。

中兴，庐江毛义少节，家贫，以孝行称。南阳人张奉慕其名，往候之。坐定而府檄适至，以义守令，①义奉檄而入，喜动颜色。奉者，志尚士也，心贱之，自恨来，固辞而去。及义母死，去官行服。数辟公府，为县令，进退必以礼。后举贤良，公车征，遂不至。张奉叹曰："贤者固不可测。往日之喜，乃为亲屈也。斯盖所谓'家贫亲老，不择官而仕'者也。"②建初中，章帝下诏褒宠义，赐谷千斛，常以八月长吏问起居，加赐羊酒。寿终于家。

①檄，召书也。《东观记》曰"义为安阳尉，府檄到，当守令"也。

②《韩诗外传》曾子曰："任重道远，不择地而息。家贫亲老，不择官而仕。"

安帝时，汝南薛包孟尝，好学笃行，丧母以至孝闻。及父娶后妻而憎包，分出之，包日夜号泣，不能去，至被欧杖。不得已，庐于舍外，旦入而洒扫，父怒，又逐之。乃庐于里门，昏晨不废。积岁余，父母惭而还之。后行六年服，丧过乎哀。既而弟子求分财异居，包不能止，乃中分其财：奴婢引其老者，曰"与我共事久，若不能使也"；田庐取其荒顿者，①曰"吾少时所理，意所恋也"；器物取朽败者，曰"我素所服食，身口所安也"。弟子数破其产，辄得赈给。建光中，公车特征，至，拜侍中。包性恬虚，称疾不起，以死自乞。有诏赐告归，加礼如毛义。②年八十余，以寿终。

①顿犹废也。

②告，请假也。汉制，吏病满三月当免，天子优赐其告，使得带印绶，将官属，归家养病，谓之赐告也。

若二子者，推至诚以为行，行信于心而感于人，以成名受禄致礼，斯可谓能以孝养也。若夫江革、刘般数公者之义行，犹斯志也。撰其行事著于篇。①

①自此已上，并略华峤之词也。

刘平字公子，楚郡彭人也。本名旷，显宗后改为平。王莽时为郡吏，守菑丘长，①政教大行。其后每属县有剧贼，辄令平守之，所至皆理，由是一郡称其能。

　　①蕃丘，县，属彭城国。

　　更始时，天下乱，平弟仲为贼所杀。其后贼复忽然而至，平扶侍其母，奔走逃难。仲遗腹女始一岁，平抱仲女而弃其子。母欲还取之，平不听，曰："力不能两活，仲不可以绝类。"遂去不顾，与母匿野泽中。平朝出求食，逢饿贼，将亨，平叩头曰："今旦为老母求菜，老母待旷为命，愿得先归，食母毕，还就死。"①因涕泣。贼见其至诚，哀而遣之。平还，既食母讫，因白曰："属与贼期，义不可欺。"遂还诣贼。众皆大惊，相谓曰："常闻烈士，乃今见之。子去矣，吾不忍食子。"于是得全。

　　①食音饲。下同。

　　建武初，平狄将军庞萌反于彭城，攻败郡守孙萌。平时复为郡吏，冒白刃伏萌身上，被七创，困顿不知所为，号泣请曰："愿以身代府君。"贼乃敛兵止，曰："此义士也，勿杀。"遂解去。萌伤甚气绝，有顷苏，渴求饮。平倾其创血以饮之。后数日，萌竟死，平乃裹创，扶送萌丧至其本县。

　　后举孝廉，拜济阴郡丞，太守刘育甚重之，任以郡职，上书荐平。会平遭父丧去官。服阕，拜全椒长。①政有恩惠，百姓怀感，人或增赀就赋，或减年从役。刺史、太守行部，狱无系囚，人自以得所，不知所问，②唯班诏书而去。后以病免。

　　①全椒，县，属九江郡也。

　　②"所"或作"何"。

　　显宗初，尚书仆射钟离意上书荐平及琅邪王望、东莱王扶曰："臣窃见琅邪王望、楚国刘旷、东莱王扶，皆年七十，执性恬淡，所居之处，邑里化之，修身行义，应在朝次。臣诚不足知人，窃慕推士进贤之义。"书奏，有诏征平等，特赐办装钱。至皆拜议郎，并数引见。平再迁侍中，永平三年，拜宗正，数荐达名士承宫、郇恁等。①在位八年，以老病上疏乞骸骨，卒于家。

　　①恁字君大，见《黄宪传》。恁音人甚反。

　　王望字慈卿,客授会稽,自议郎迁青州刺史,甚有威名。是时州
郡灾旱,百姓穷荒,望行部,道见饥者,裸行草食,五百余人,愍然哀
之,因以便宜出所在布粟,给其廪粮,为作褐衣。①事毕上言,帝以
望不先表请,章示百官,详议其罪。时公卿皆以为望之专命,法有常
条。钟离意独曰:"昔华元、子反,楚、宋之良臣,不禀君命,擅平二
国,《春秋》之义,以为美谈。②今望怀义忘罪,当仁不让,若绳之以
法,忽其本情,将乖圣朝爱育之旨。"帝嘉意议,赦而不罪。

　　①许慎注《淮南子》曰:"楚人谓袍为短褐。"
　　②《春秋》:"楚子围宋,宋人及楚人平。"《公羊传》曰:"外平不书,此何以
　　书?大其平乎己也。何大其平乎己?庄王围宋,有七日之粮尔,尽此不
　　胜,将去而归尔,于是使司马子反乘堙而窥宋城,宋华元亦乘堙而出见
　　之。子反曰:'子之国何如?'华元曰:'惫矣。'曰:'何如?'曰:'易子而食
　　之,析骸而炊之。'子反曰:'诺。吾军有七日之粮尔。尽此不胜,将去而
　　归尔。'揖而去之,反于庄王。庄王怒曰:'吾使子往视之,子曷为告之!'
　　子反曰:'以区区之宋,犹有不欺人之臣,可以楚而无乎?是以告之。'王
　　曰:'诺。'引师而去之。故君子大其平乎己也。"

　　王扶字子元,掖人也。①少修节行,客居琅邪不其县,所止聚落
化其德。②国相张宗谒请,不应,欲强致之,遂杖策归乡里。连请,固
病不起。太傅邓禹辟,不至。后拜议郎,会见,恂恂似不能言。③然性
沈正,不可干以非义,当世高之。永平中,临邑侯刘复④著《汉德
颂》,盛称扶为名臣云。

　　①掖,今莱州县。
　　②小于乡曰聚。《广雅》曰:"落,居也。"
　　③恂恂,恭顺之貌。
　　④复,光武兄伯升之孙,北海王兴之子也。

　　赵孝字长平,沛国蕲人也。①父普,王莽时为田禾将军,②任孝
为郎。每告归,常白衣步担。尝从长安还,欲止邮亭。亭长先时闻
孝当过,以有长者客,扫洒待之。③孝既至,不自名,④长不肯内,因

问曰："闻田禾将军子当从长安来,何时至乎?"孝曰："寻到矣。"于是遂去。⑤

①蕲音机。

②王莽时置田禾将军,屯田北边。

③素闻孝高名,故以为长者客也。"洒"与"灑"通,音所贾反。

④不称名也。

⑤《华峤书》曰："孝报云三日至矣。"

及天下乱,人相食。孝弟礼为饿贼所得,孝闻之,即自缚诣贼,曰："礼久饿羸瘦,不如孝肥饱。"贼大惊,并放之,谓曰："可且归,更持米糒来。"孝求不能得,复往报贼,愿就亨。众异之,遂不害。乡党服其义。州郡辟召,进退必以礼。举孝廉,不应。

永平中,辟太尉府,显宗素闻其行,诏拜谏议大夫,迁侍中,又迁长乐卫尉。复征弟礼为御史中丞。礼亦恭谦行己,类于孝。帝嘉其兄弟笃行,欲宠异之,诏礼十日一就卫尉府,大官送供具,令共相对尽欢。数年,礼卒,帝令孝从官属送丧归葬。后岁余,复以卫尉赐告归,卒于家。孝无子,拜礼两子为郎。

时汝南有王琳巨尉者,年十余岁丧父母。因遭大乱,百姓奔逃,唯琳兄弟独守冢庐,号泣不绝。弟季,出遇赤眉,将为所哺,①琳自缚,请先季死,贼矜而放遣,由是显名乡邑。后辟司徒府,荐士而退。

①哺,食之也。哺音补胡反。

琅邪魏谭少闲者,时亦为饥寇所获,等辈数十人皆束缚,以次当亨。贼见谭似谨厚,独令主爨,暮辄执缚。贼有夷长公,①特哀念谭,密解其缚,语曰："汝曹皆应就食,急从此去。"对曰："谭为诸君爨,恒得遗余,余人皆茹草菜,不如食我。"长公义之,相晓赦遣,并得俱免。谭永平中为主家令。②

①夷,姓也。

②公主家令也。

又齐国兒萌子明、①梁郡车成子威二人,兄弟并见执于赤眉,将食之,萌、成叩头,乞以身代,贼亦哀而两释焉。

①兒音五兮反。

淳于恭字孟孙，北海淳于人也。①善说《老子》，清静不慕荣名。家有山田果树，人或侵盗，辄助为收采。又见偷刈禾者，恭念其愧，因伏草中，盗去乃起，里落化之。

①淳于，县，故城今在密州安丘县东北，故淳于国也。

王莽末，岁饥兵起，恭兄崇将为盗所亨，恭请代，得俱免。后崇卒，恭养孤幼，教诲学问，有不如法，辄反用杖自箠，以感悟之，儿惭而改过。初遭贼寇，百姓莫事农桑。恭常独力田耕，乡人止之曰："时方淆乱，死生未分，何空自苦为？"恭曰："纵我不得，它人何伤。"垦耨不辍。后州郡连召，不应，遂幽居养志，潜于山泽。举动周旋，必由礼度。建武中，郡举孝廉，司空辟，皆不应，客隐琅邪黔陬山，遂数十年。①

①黔陬县之山也。黔陬故城在今密州诸城县东北也。

建初元年，肃宗下诏美恭素行，告郡赐帛二十匹，遣诣公车，除为议郎。引见极日，访以政事，迁侍中、骑都尉，礼待甚优。其所荐名贤，无不征用。进对陈政，皆本道德，帝与之言，未尝不称善。五年，病笃，使者数存问，卒于官。诏书褒叹，赐谷千斛，刻石表闾，除子孝为太子舍人。

江革字次翁，齐国临淄人也。少失父，独与母居。遭天下乱，盗贼并起，革负母逃难，备经阻险，常采拾以为养。数遇贼，或劫欲将去，革辄涕泣求哀，言有老母，辞气愿款，有足感动人者。①贼以是不忍犯之，或乃指避兵之方，②遂得俱全于难。革转客不邳，穷贫裸跣，行佣以供母，便身之物，莫不必给。

①愿，谨也。款，诚也。

②《华峤书》曰："语以避兵道地。"

建武末年，与母归乡里。每至岁时，县当案此，①革以母老，不欲摇动，自在辕中挽车，不用牛马，由是乡里称之曰"江巨孝"。②太守尝备礼召，革以母老不应。及母终，至性殆灭，尝寝伏冢庐，服竟，不忍除。郡守遣丞掾释服，因请以为吏。

①案验以比之，犹今貌阅也。

②巨，大也。《华峤书》曰"临淄令杨音高之，设特席，显异巨孝于稠人广众中，亲奉钱以助供养"也。

永平初，举孝廉为郎，补楚太仆。月余，自劾去。楚王英驰遣官属追之，遂不肯还。复使中傅赠送，辞不受。后数应三公命，辄去。

建初初，太尉牟融举贤良方正，再迁司空长史。肃宗甚崇礼之，迁五官中郎将。每朝会，帝常使虎贲扶侍，及进拜，恒目礼焉。①时有疾不会，辄太官送醪膳，恩宠有殊。于是京师贵戚卫尉马廖、侍中窦宪慕其行，各奉书致礼，革无所报受。②帝闻而益善之。后上书乞骸骨，转拜谏议大夫，赐告归，因谢病称笃。

①独视之也。

②《华峤书》曰："终不报书，一无所受。"

元和中，天子思革至行，制诏齐相曰："谏议大夫江革，前以病归，今起居何如？夫孝，百行之冠，众善之始也。国家每惟志士，未尝不及革。县以见谷千斛赐'巨孝'，常以八月长吏存问，致羊酒，以终厥身。①如有不幸，祠以中牢。"由是"巨孝"之称，行于天下。及卒，诏复赐谷千斛。

①《华峤书》曰："致羊一头，酒二斛。"

刘般字伯兴，宣帝之玄孙也。宣帝封子嚣于楚，是为孝王。孝王生思王衍，衍生王纡，纡生般。自嚣至般，积累仁义，世有名节，而纡尤慈笃。早失母，同产弟原乡侯平尚幼，纡亲自鞠养，常与共卧起饮食。及成人，未尝离左右。平病卒，纡哭泣欧血，数月亦殁。初，纡袭王封，因值王莽篡位，废为庶人，因家于彭城。

般数岁而孤，独与母居。王莽败，天下乱，太夫人闻更始即位，①乃将般俱奔长安。会更始败，复与般转侧兵革中，西行上陇，遂流至武威。般虽尚少，而笃志修行，讲诵不息。其母及诸舅，以为身寄绝域，死生未必，②不宜苦精若此，数以晓般，般犹不改其业。

①太夫人,般之母也。《前书音义》曰:"列侯之妻称夫人,母称太夫人。"
②"必"或作"分"也。

建武八年,隗嚣败,河西始通,般即将家属东至洛阳,修经学于师门。明年,光武下诏,封般为菑丘侯,奉孝王祀,使就国。后以国属楚王,徙封杼秋侯。①

①杼秋,县,属梁国。杼音是与反。

十九年,行幸沛,诏问郡中诸侯行能。太守荐言般束修至行,为诸侯师。①帝闻而嘉之,乃赐般绶,钱百万,缯二百匹。二十年,复与车驾会沛,因从还洛阳,赐谷什物,留为侍祠侯。

①束修谓谨束修洁也。

永平元年,以国属沛,徙封居巢侯,①复随诸侯就国。数年,杨州刺史观恂荐般在国口无择言,行无怨恶,宜蒙旌显。显宗嘉之。十年,征般行执金吾事,从至南阳,还为朝侯。明年,兼屯骑校尉。时五校官显职闲,而府寺宽敞,舆服光丽,伎巧毕给,故多以宗室肺腑居之。②每行幸郡国,般常将长水胡骑从。

①居巢,县,属庐江郡也。
②肺腑,天子之亲属也。

帝曾欲置常平仓,①公卿议者多以为便。般对以"常平仓外有利民之名,而内实侵刻百姓,豪右因缘为奸,小民不能得其平,置之不便。"帝乃止。是时下令禁民二业,②又以郡国牛疫,通使区种增耕,③而吏下检结,多失其实,百姓患之。般上言:"郡国以官禁二业,至有田者不得渔捕。今滨江湖郡率少蚕桑,民资渔采以助口实,且以冬春闲月,不妨农事。夫渔猎之利,为田除害,有助谷食,无关二业也。又郡国以牛疫、水旱,垦田多减,故诏敕区种,增进顷亩,以为民也。而吏举度田,欲令多前,④至于不种之处,亦通为租。可申敕刺史、二千石,务令实核,其有增加,皆使与夺田同罪。"帝悉从之。⑤

①宣帝时,大司农耿寿昌请令筑仓,以谷贱时增其价而籴之以利农,谷贵时减价而粜之,名曰常平仓。

②谓农者不得商贾也。

③《氾胜之书》曰："上农区田大，区方深各六寸，间相去七寸，一亩三千七
　　百区，丁男女种十亩，至秋收区三升粟，亩得百斛。中农区田法，方七
　　寸，深六寸，间相去二尺，一亩千二十七区，丁男女种十亩，秋收粟亩得
　　五十一石。下农区田法，方九寸，深六寸，间相去三尺，秋收亩得二十八
　　石。旱即以水沃之。"

④多于前岁。

⑤华峤书曰"夺"作"脱"也。

　　肃宗即位，以为长乐少府。建初二年，迁宗正。般妻卒，厚加赗
赠，及赐冢茔地于显节陵下。般在位数言政事。其收恤九族，行义
尤著，时人称之。年六十，建初三年卒。子宪嗣。宪卒，子重嗣。宪
兄恺。

　　恺字伯豫，以当袭般爵，让与弟宪，遁逃避封。久之，章和中，有
司奏请绝恺国，肃宗美其义，特优假之，①恺犹不出。积十余岁，至
永元十年，有司复奏之，侍中贾逵因上书曰："孔子称'能以礼让为
国，于从政乎何有。'②窃见居巢侯刘般嗣子恺，素行孝友，谦逊洁
清，让封弟宪，潜身远迹。有司不原乐善之心，而绳以循常之法，③
惧非长克让之风，成含弘之化。前世扶阳侯韦玄成，④近有陵阳侯
丁鸿、郾侯邓彪，⑤并以高行洁身辞爵，未闻贬削，而皆登三事。今
恺景仰前修，有伯夷之节，⑥宜蒙矜宥，全其先功，以增圣朝尚德之
美。"和帝纳之，下诏曰："故居巢侯刘般嗣子恺，当袭般爵，而称父
遗意，致国弟宪，遁亡七年，所守弥笃。盖王法崇善，成人之美。其
听宪嗣爵。遭事之宜，后不得以为比。"乃征恺，拜为郎，稍迁侍中。

①假，借也。

②《论语》之文也。何有者，言善无有也。

③原，本也。绳，政也。

④玄成字少翁，韦贤薨，让封于兄弘。宣帝高其节，以为河南太守。元帝时
　　为御史大夫，又为丞相。见《前书》也。

⑤鸿让国于弟盛，和帝时为司徒。彪让国于弟荆、凤，明帝时为太尉。郾音

　盲。

　⑥景犹慕也。《诗》云:"景行行止。"前修,前贤也。《楚辞》曰:"蹇吾法夫前
　　修。"

　　恺之入朝,在位者莫不仰其风行。迁步兵校尉。十三年,迁宗
正,免。复拜侍中,迁长水校尉。永初元年,代周章为太常。恺性笃
古,贵处士,每有征举,必先岩穴。论议引正,辞气高雅。永初六年,
代张敏为司空。元初二年,代夏勤为司徒。

　　旧制,公卿、二千石、刺史不得行三年丧,由是内外众职并废丧
礼。元初中,邓太后诏长吏以下不为亲行服者,不得典城选举。时
有上言牧守宜同此制,诏下公卿,议者以为不便。恺独议曰:"诏书
所以为制服之科者,盖崇化厉俗,以弘孝道也。今刺史一州之表,二
千石千里之师,①职在辩章百姓,宣美风俗,②尤宜尊重典礼,以身
先之。而议者不寻其端,至于牧守则云不宜,是犹浊其源而望流清,
曲其形而欲景直,不可得也。"③太后从之。

　①《前书》杜钦曰"即以二千石守千里之地,任兵马之重,不宜去郡"也。
　②《尚书》曰:"九族既睦,辩章百姓。"郑玄注云:"辩,别也。章,明也。"
　③《前书》曰:"今淫僻之化流,而欲黎庶敦朴,犹浊其源而求流清也。"

　　时征西校尉任尚以奸利被征抵罪。尚曾副大将军邓骘,骘党护
之,而太尉马英、司空李郃承望骘旨,不复先请,即独解尚臧锢,恺
不肯与议。后尚书案其事,二府并受谴咎,①朝廷以此称之。

　①二府即马英、李郃。

　　视事五岁,永宁元年,称病上书致仕,有诏优许焉,加赐钱三十
万,以千石禄归养,河南尹常以岁八月致羊、酒。时安帝始亲政事,
朝廷多称恺之德,帝乃遣问起居,厚加赏赐。会马英策罢,尚书陈忠
上疏荐恺曰:"臣闻三公上则台阶,下象山岳,①股肱元首,鼎足居
职,②协和阴阳,调训五品,③考功量才,以序庶僚,遭烈风不迷,遇
迅雨不惑,位莫重焉。④而今上司缺职,未议其人。臣窃差次诸卿,
考合众议,咸称太常朱伥、少府荀迁。臣父宠,前忝司空,伥、迁并为
掾属,具知其能。伥能说经书而用心褊狭,迁严毅刚直而薄于艺文。

伏见前司徒刘恺,沈重渊懿,道德博备,克让爵土,致祚弱弟,躬浮云之志,兼浩然之气,⑤频历二司,举动得礼。⑥以疾致仕,侧身里巷,处约思纯,进退有度,百僚景式,海内归怀。⑦往者孔光、师丹,近世邓彪、张酺,皆去宰相,复序上司。⑧诚宜简练卓异,以厌众望。"书奏,诏引恺,拜太尉。安帝初,清河相叔孙光坐臧抵罪,遂增锢二世,衅及其子。⑨是时居延都尉范邠复犯臧罪,诏下三公、廷尉议。司徒杨震、司空陈褒、廷尉张皓议依光比。⑩恺独以为"《春秋》之义,'善善及子孙,恶恶止其身,'所以进人于善也。⑪《尚书》曰:'上刑挟轻,下刑挟重。'⑫如今使臧吏禁锢子孙,以轻从重,惧及善人,⑬非先王详刑之意也。"⑭有诏:"太尉议是。"

①《前书音义》曰:"泰阶者,天之三阶也。上阶为天子,中阶为诸侯、公卿、大夫,下阶为士、庶人。"《春秋汉含孳》曰:"三公象五岳。"

②《易》曰:"鼎折足,覆公𫗧。"鼎足,三公之象。

③五品,五常之教也。三公变理阴阳,敬敷五教也。

④《尚书》:"纳舜于大麓,烈风雷雨不迷。"《史记》曰"尧使舜入山林川泽,暴风雨,舜行不迷,尧以为圣"也。

⑤孔子曰:"不义而富,于我如浮云。"孟子曰"我善养浩然之气,而无怨害,则塞乎天地之间"也。言恺有仲尼、孟轲之德也。

⑥二司谓为司徒、司空。

⑦景慕以为法式。

⑧孔光,成帝时丞相,哀帝时免,后以日食征诣公车,复为丞相。师丹,哀帝时代王莽为大司马,后为大司空。邓彪,明帝时为太尉,章帝元和元年赐策罢,和帝即位,以彪为太傅、录尚书事。张酺,和帝永元五年为太尉,后策免,十六年复为司徒。

⑨二代谓父子俱禁锢。

⑩比,类也。以邠类叔孙光,亦锢及子也。比音庇。

⑪《公羊传》曰:"曹公孙会自鄸出奔宋,畔也。曷为不言畔?为公子喜时之后也,《春秋》为贤者讳也。何贤乎公子喜时?让国也。君子之善善也长,恶恶也短。恶恶止其身,善善及子孙。贤者子孙,故君子为其讳也。"

⑫今《尚书·吕刑篇》曰:"上刑适轻下服,下刑适重上服。"谓二罪俱发,原其本情,须有亏减,故言适轻适重。此言"挟轻挟重,"意亦不殊,但与

⑬《左传》曰："刑滥则惧及善人。"

⑭《尚书》周穆王曰："有邦有土,告汝详刑。"郑玄注云:"详,审察之也。"

视事三年,以疾乞骸骨,久乃许之,下河南尹礼秩如前。岁余,卒于家。诏使者护丧事,赐东园秘器,钱五十万,布千匹。

少子茂,字叔盛,亦好礼让,历位出纳,①桓帝时为司空。会司隶校尉李膺等抵罪,而南阳太守成瑨、太原太守刘瓆下狱当死,茂与太尉陈蕃、司徒刘矩共上书讼之。帝不悦,有司承旨奏劾三公,茂遂坐免。建宁中,复为太中大夫,卒于官。

①出纳谓尚书,喉舌之官也。出谓受上言宣于下,纳谓听下言传于上。

周磐字坚伯,汝南安成人,征士燮之宗也。①祖父业,建武初为天水太守。磐少游京师,学《古文尚书》、《洪范五行》、《左氏传》,好礼有行,非典谟不言,诸儒宗之。居贫养母,俭薄不充。尝诵《诗》至《汝濆》之卒章,慨然而叹,②乃解韦带,就孝廉之举。③和帝初,拜谒者,除任城长,迁阳夏、重合令,④频历三城,皆有惠政。后思母,弃官还乡里。及母殁,哀至几于毁灭,服终,遂庐于冢侧。教授门徒常千人。

①燮自有传。

②《韩诗》曰:"《汝濆》,辞家也。"其卒章曰:"鲂鱼赪尾,王室如燬,虽则如燬,父母孔迩。"薛君《章句》:"赪,赤也。燬,烈火也。孔,甚也。迩,近也。言鲂鱼劳则尾赤,君子劳苦则颜色变。以王室政教如烈火矣,犹独冒而仕者,以父母甚迫近饥寒之忧,为此禄仕。"

③以韦皮为带,未仕之服也。求仕则服革带,故解之。贾山上书曰"布衣韦带之士"也。

④阳夏属淮南郡。重合属勃海郡。

公府三辟,皆以有道特征,磐语友人曰:"昔方回、支父啬神养和,不以荣利滑其生术。①吾亲以没矣,从物何为?"遂不应。②建光元年,年七十三,岁朝会集诸生,讲论终日,③因令其二子曰:"吾日者梦见先师东里先生,与我讲于阴堂之奥。"④既而长叹:"岂吾齿之尽乎！若命终之日，桐棺足以周身，外椁足以周棺，敛形悬封，濯衣幅巾。⑤编二尺四寸简，写《尧典》一篇，并刀笔各一，以置棺前，示不忘圣道。"其月望日，无病忽终，学者以为知命焉。

①啬，爱惜也。滑，乱也。《列仙传》曰："方回，尧时隐人也。尧聘之，练食云母，隐于五柞山。至夏启末，为人所劫，闭之室中，从求道，回化而去。"《高士传》曰："尧、舜各以天下让支父，支父曰：'予适有劳忧之病，方且疗之，未暇理天下也。'"《庄子》作"支伯"。

②物犹事也。

③岁朝，岁旦。

④东南隅谓之奥，阴堂幽暗之室。又入其奥，死之象也。

⑤敛形谓衣覆其形。悬封谓直下棺，不为埏道了。濯衣，浣衣也，不更新制。幅巾，不加冠也。封音窆。

　　磐同郡蔡顺，字君仲，亦以至孝称。①顺少孤，养母。尝出求薪，有客卒至，②母望顺不还，乃噬其指，③顺即心动，弃薪驰归，跪问其故。母曰："有急客来，吾噬指以悟汝耳。"母年九十，以寿终。未及得葬，里中灾，火将逼其舍，顺抱伏棺枢，号哭叫天，火遂越烧它室，顺独得免。太守韩崇召为东阁祭酒。母平生畏雷，自亡后，每有雷震，顺辄圜冢泣，曰："顺在此。"崇闻之，每雷辄为差车马到墓所。后太守鲍众举孝廉，顺不能远离坟墓，遂不就。年八十，终于家。

①《汝南先贤传》曰："蔡顺事母孝。井桔橰朽，在母生年上，而顺忧，不敢理之。俄而有扶老藤生，绕之，遂坚固焉。"

②卒音千讷反。

③噬，啮也。

　　赵咨字文楚，东郡燕人也。①父畅，为博士。咨少孤，有孝行。州郡召举孝廉，并不就。

①燕故城，今滑州胙城县也，古南燕之国也。

　　延熹元年，大司农陈奇举咨至孝有道，仍迁博士。灵帝初，太傅陈蕃、大将军窦武为宦者所诛，咨乃谢病去。太尉杨赐特辟，使饰巾出入，请与讲议。①举高第，累迁敦煌太守。以病免，还，躬率子孙耕农为养。

①以幅巾为首饰,不加冠冕。

盗尝夜往劫之,咨恐母惊惧,乃先至门迎盗,因请为设食,谢曰:"老母八十,疾病须养,居贫,朝夕无储,乞少置衣粮。"妻子物余,一无所请。盗皆惭叹,跪而辞曰:"所犯无状,干暴贤者。"言毕奔出,咨追以物与之,有及。由此益知名。征拜议郎,辞疾不到,诏书切让,州郡以礼发遣,前后再三,不得已应召。

复拜东海相。之官,道经荥阳,令敦煌曹暠,咨之故孝廉也,①迎路谒候,咨不为留。暠送至亭次,望尘不及,谓主簿曰:"赵君名重,今过界不见,必为天下笑!"即弃印绶,追至东海。谒咨毕,辞归家。其为时人所贵若此。

①咨为敦煌太守时荐暠为孝廉。

咨在官清简,计日受奉,豪党畏其俭节。视事三年,以疾自乞,征拜议郎。抗疾京师,将终,告其故吏朱祇、萧建等,使薄敛素棺,籍以黄壤,①欲令速朽,早归后土,不听子孙改之。乃遗书敕子胤曰:

①棺中置土,以籍其尸也。

　　夫含气之伦,有生必终,盖天地之常期,自然之至数。是以通人达士,鉴兹性命,以存亡为晦明,死生为朝夕,故其生也不为娱,亡也不知戚。夫亡者,元气去体,贞魂游散,反素复始,归于无端。①既已消仆,还合粪土。土为弃物,岂有性情,而欲制其厚薄,调其燥湿邪?但以生者之情,不忍见形之毁,乃有掩骼埋窀之制。《易》曰:"古之葬者,衣以薪,藏之中野,后世圣人易之以棺椁。"②棺椁之造,自黄帝始。③爰自陶唐,逮于虞、夏,犹尚简朴,或瓦或木,及至殷人而有加焉。④周室因之,制兼二代。复重之以墙翣之饰,⑤表以旌铭之仪,⑥招复含敛之礼,⑦殡葬宅兆之期,⑧棺椁周重之制,⑨衣衾称袭之数,⑩其事烦而害实,品物碎而难备。然而秩爵异级,贵贱殊等。自成、康以下,其典稍乖。至于战国,渐至颓陵,⑪法度衰毁,上下僭杂。终使晋侯请隧,⑫秦伯殉葬,⑬陈大夫设参门之木,宋司马造石

樽之奢。⑭爰暨暴秦,违道废德,灭三代之制,兴淫邪之法,国
赀糜于三泉,人力单于郦墓,玩好穷粪土,伎巧费于窀穸。⑮自
生民以来,厚终之敝,未有若此者。虽有仲尼重明周礼,⑯墨子
勉以古道,犹不能御也。⑰是以华夏之士,争相陵尚,违礼之
本,事礼之末,务礼之华,弃礼之实,单家竭财,以相营赴。废事
生而营终亡,替所养而为厚葬,⑱岂云圣人制礼之意乎?记曰:
"丧虽有礼,哀为主矣。"又曰:"丧与其易也宁戚。"今则不然,
并棺合椁,以为孝恺,丰赍重襚,以昭恻隐,⑲吾所不取也。昔
舜葬苍梧,二妃不从。⑳岂有匹配之会,守常之所乎? 圣主明
王,其犹若斯,况于品庶,礼所不及。古人时同即会,㉑时乖则
别,㉒动静应礼,临事合宜。王孙裸葬,㉓墨夷露骸,㉔皆达于
性理,贵于速变。梁伯鸾父没,卷席而葬,身亡不反其尸。㉕彼
数子岂薄至亲之恩,亡忠孝之道邪?况我鄙暗,不德不敏,薄意
内昭,志有所慕,㉖上同古人,下不为咎。果必行之,勿生疑异。
恐尔等目厌所见,耳讳所议,必欲改殡,以乖吾志,故远采古
圣,近揆行事,以悟尔心。但欲制坎,令容棺椁,棺归即葬,㉗平
地无坟。勿卜时日,葬无设奠,勿留墓侧,无起封树。于戏小子,
其勉之哉,吾蔑复有言矣!

①元气,天之气也。贞,正也。复,旋也。端,祭也。太素、太始,天地之初
  也。言人既死,正魂游散,反于太素,旋于太始,无复端际者也。

②《易·系辞》之文也。

③刘向曰:"棺椁之作,自黄帝始。"案:《礼记》曰"殷人棺椁",盖至殷而加
  饰。

④《礼记》:"有虞氏之瓦棺,夏氏之墍周、殷人棺椁。"《古史考》曰:"禹作
  土墍以周棺。"墍音即七反。

⑤《礼记》曰:"周人墙置翣。"卢植曰:"墙,载棺车箱也。"《三礼图》曰"翣,
  以竹为之,高二尺四寸,广三尺,衣以白布,柄长五尺,葬时令人执之于
  枢车傍"也。

⑥《礼记》曰:"铭,明旌也。以死者为不可别,故以其旗识之。"

⑦招复谓招魂复魄也。含,以玉珠实口也。敛,以衣服敛尸也。《礼记》曰:

"凡复,男子称名,妇人称字。"《谷梁传》曰:"贝玉曰含。"《礼记》曰"小
敛于户内,大敛于阼"也。

⑧期谓诸侯五日而殡,五月而葬;大夫三日而殡,三月而葬;士三日而殡,
逾月而葬。宅兆,葬之茔域也。

⑨《礼记》曰:"天子之棺四重。"郑玄注云:"诸公三重,诸侯再重,大夫一
重,士不重。"又曰:"君松椁,大夫柏椁,士杂木椁。"注云"天子七重,诸
公四重,诸侯三重,大夫再重,士一重"也。

⑩凡小敛,诸侯、大夫、士皆用复衾,君锦衾,大夫缟衾,士缁衾。又曰,天
子袭十二称,诸公九称,诸侯七称,大夫五称,士三称。小敛,尊卑同,十
九称。大敛,天子百称,上公九十称,侯伯七十称,大夫五十称,士三十
称。衣单复具曰称。

⑪战国,当春秋时也。颓陵谓颓废陵迟。

⑫隧谓掘地为埏道,王之葬礼也。诸侯则悬柩,故请之也。《左传》,晋文公
朝于襄王,请隧,不许。

⑬《左传》:"秦伯任好卒。"任好,秦缪公名也。以子车氏奄息、仲行、针虎
殉葬,国人哀之,为赋《黄鸟》之诗也。

⑭宋司马,桓魋也。自为石椁,三年不成。孔子曰:"若是其靡也,死不如速
朽之愈也。"见《礼记》。

⑮窀,厚也。穸,夜也。厚夜犹长夜也。秦始皇初即位,营葬骊山,役徒七
十余万人,下锢三泉,宫观、百官、奇器、珍怪莫不毕备。令匠作弩矢,有
所穿近,矢辄射之。以水银为百川江河大海,上具天文。以人鱼为膏烛。
事见《史记》。

⑯谓周公制礼之后,仲尼自卫返鲁,又定之也。

⑰御,止也,言犹不能止其奢侈。《墨子》曰:"古者圣人制为葬埋之法,棺
三寸足以朽体,衣衾三领足以覆恶。尧葬邛之山,满坎无空,舜葬纪市,
禹葬会稽,皆下不及泉,上无遗臭。三王者,岂财用不足哉!"

⑱替,废也。

⑲《谷梁传》曰:"衣衾曰襚。"音遂。

⑳二妃,娥皇、女英也。《礼记》曰:"舜葬于苍梧,盖二妃未之从也。"

㉑谓吕望为太师,死葬于周,其子封于齐,比五代皆反葬于周,此时同则
会也。

㉒谓舜葬于苍梧,二妃不从。

㉓王孙者,杨王孙也。临终令其子曰:"吾死,可为布囊盛尸,入地七尺。既下,从足脱其囊,以身亲土。"遂裸葬。见《前书》。

㉔墨夷谓为墨子之学者名夷。之欲见孟子,孟子曰:"吾闻墨之治丧,以薄为其道也。盖上世尝有不葬其亲者,其亲死,则举而委之于壑。"见《孟子》。

㉕梁伯鸾父让寓于北地而卒,卷席而葬。鸿后出关适吴,及卒,葬于吴要离冢傍。

㉖薄,微也。

㉗归到东郡也。

朱祗、萧建送丧到家,①子胤不忍父体与土并合,欲更改殡,祗、建譬以顾命,②于是奉行,时称咨明达。

①《谢承书》曰:"咨在京师病困,故吏萧建经营之。咨豫自买小素棺,使人取乾黄土细捣筛之,聚二十石。临卒,谓建曰:'亡后自著所有故巾单衣,先置土于棺,内尸其在中以拥其上。'"

②譬,晓也。

　　赞曰:公子、长平,临寇让生。淳于仁悌,"巨孝"以名。居巢好读,遂承家禄。伯豫逡巡,方迹孤竹。文楚薄终,丧朽惟速。周能感亲,啬神养福。①

①感,思也。谓诵《诗》至《汝坟》,思养亲而求仕也。啬神养福谓不应辟召,以寿终也。《左传》曰:"能者养之以福。"

后汉书卷四〇上
列传第三〇上

班彪　子固

　　班彪字叔皮,扶风安陵人也。祖况,成帝时为越骑校尉。父稚,哀帝时为广平太守。①

　　①广平,郡,今洺州永平县也,讳广改焉。

　　彪性沈重好古。年二十余,更始败,三辅大乱。时隗嚣拥众天水,彪乃避难从之。嚣问彪曰:"往者周亡,战国并争,天下分裂,数世然后定。意者从横之事复起于今乎? 将承运迭兴,在于一人也,愿生试论之。"对曰:"周之废兴,与汉殊异。昔周爵五等,诸侯从政,本根既微,枝叶强大,故其末流有从横之事,势数然也。汉承秦制,改立郡县,主有专己之威,臣无百年之柄。至于成帝,假借外家,①哀、平短祚,国嗣三绝,②故王氏擅朝,因窃号位。危自上起,伤不及下,③是以即真之后,天下莫不引领而叹。十余年间,中外搔扰,远近俱发,假号云合,咸称刘氏,不谋同辞。④方今雄桀带州域者,皆无七国世业之资,而百姓讴吟,思仰汉德,已可知矣。"嚣曰:"生言周、汉之势,可也;至于但见愚人习识刘氏姓号之故,而谓汉家复兴,疏矣。昔秦失其鹿,刘季逐而羁之,时人复知汉乎?"⑤彪既疾嚣言,又伤时方艰,乃著《王命论》,以为汉德承尧,有灵命之符。王者兴祚,非诈力所致,欲以感之。而嚣终不寤,遂避地河西。河西大将军窦融以为从事,深敬待之,接以师友之道。

　　①外家谓王凤、王商等,并辅政领尚书事也。

②哀帝在位六年，平帝在位五年，故曰短祚。成、哀、平俱无子，是三绝也。

③成帝威权借于外家，是危自上起也。汉德无害于百姓，是伤不及下也。

④谓王郎、卢芳等并诈称刘氏也。

⑤《太公六韬》曰："取天下如逐鹿，鹿得，天下共分其肉也。"

　　彪乃为融画策事汉，总西河以拒隗嚣。及融征还京师，光武问曰："所上章奏，谁与参之？"融对曰："皆从事班彪所为。"帝雅闻彪才，因召入见，举司隶茂才，拜徐令，以病免。①后数应三公之命，辄去。

①司隶举为茂才也。徐，县，属临淮郡。

　　彪既才高而好述作，遂专心史籍之间。武帝时，司马迁著《史记》，自太初以后，阙而不录，①后好事者颇或缀集时事，然多鄙俗，不足以踵继其书。②彪乃继采前史遗事，傍贯异闻，作后传数十篇，因斟酌前史而讥正得失。其略论曰：

①太初，武帝年号。

②好事者谓杨雄、刘歆、阳城衡、褚少孙、史孝山之徒也。

　　唐虞三代，《诗》、《书》所及，世有史官，以司典籍，①既于诸侯，国自有史，②故《孟子》曰"楚之《梼杌》，晋之《乘》，鲁之《春秋》，其事一也。"③定、哀之间，④鲁君子左丘明论集其文，作《左氏传》三十篇，又撰异同，号曰《国语》，二十一篇，由是《乘》、《梼杌》之事遂暗⑤而《左氏》、《国语》独章。又有记录黄帝以来至春秋时帝王公侯卿大夫，号曰《世本》，一十五篇。春秋之后，七国并争，秦并诸侯，则有《战国策》三十三篇。汉兴定天下，太中大夫陆贾记录时功，作《楚汉春秋》九篇。孝武之世，太史令司马迁采《左氏》、《国语》，删《世本》、《战国策》，据楚、汉列国时事，上自黄帝，下讫获麟，⑥作本纪、世家、列传、书、表凡百三十篇，而十篇缺焉。⑦迁之所记，从汉元至武以绝，则其功也。至于采经摭传，分散百家之事，甚多疏略，不如其本，务欲以多闻广载为功，论议浅而不笃。其论术学，则崇黄老而薄《五经》；⑧序货殖，则轻仁义而羞贫穷；⑨道游侠，则贱守节

而贵俗功。⑩此其大敝伤道,所以遇极刑之咎也。⑪然善述序
事理,辩而不华,质而不野,文质相称,盖良史之才也。诚令迁
依《五经》之法言,同圣人之是非,意亦庶几矣。⑫

①《礼记》曰:"动则左史书之,言则右史书之。"见于史籍者,夏太史终古、
　　殷太史向挚、周太史儋也。见《吕氏春秋》。

②《左传》,鲁季孙召外史掌恶臣。卫史华龙滑"曰我太史"也。楚有左史倚
　　相。

③《乘》者,兴于田赋乘马之事。《梼杌》者,嚚凶之类,兴于记恶之诫。《春
　　秋》以二始举四时,以记万事,遂各因以为名,其记事一也。见赵歧《孟
　　子注》。

④鲁定公、哀公也。

⑤不行于时为暗也。其书今亡。

⑥武帝太始二年,登陇首,获白麟,迁作《史记》,绝笔于此年也。

⑦十篇谓迁殁之后,亡《景纪》、《武纪》、《礼书》、《乐书》、《兵书》、《将相年
　　表》、《日者传》、《三王世家》、《龟策传》、《傅靳列传》。

⑧黄帝、老子,道家也。《五经》,儒家也。迁《序传》曰:"道家使人精神专
　　一,动合无形,赡足万物。"此谓崇黄老也。又曰:"儒者博而寡要,劳而
　　少功。"此为薄《五经》也。

⑨《史记·货殖传·序》曰:"家贫亲老,妻子软弱,岁时无以祭祀,饮食被
　　服不足以自适,如此不惭耻,则无所比矣。无岩处奇士之行,而长贫贱,
　　语仁义,亦足羞也。"

⑩《史记·游侠传·序》曰:"季次、原宪行君子之德,义不苟合当世,当
　　世亦笑之。终身空室蓬户,褐衣疏食不餍。今游侠,其行虽不轨于正义,
　　然其言必信,行必果,已诺必诚,不爱其躯,赴士之厄,盖有足多者。
　　今拘学或抱咫尺之义,久孤于世,岂若卑论齐俗,与世沈浮而取荣名
　　哉!"

⑪极刑谓迁被腐刑也。迁与任安书曰:"最下腐刑,极矣!"

⑫《易》曰:"颜氏之子,其殆庶几乎!"

　　夫百家之书,犹可法也。若《左氏》、《国语》、《世本》、《战国
策》、《楚汉春秋》、《太史公书》,今之所以知古,后之所由观前,
圣人之耳目也。司马迁序帝王则曰本纪,公侯传国则曰世家,

卿士特起则曰列传。又进项羽、陈涉而黜淮南、衡山，①细意委曲，条例不经。若迁之著作，采获古今，贯穿经传，至广博也。一人之精，文重思烦，故其书刊落不尽，尚有盈辞，多不齐一。②若序司马相如，举郡县，著其字，至萧、曹、陈平之属，及董仲舒并时之人，不记其字，或县而不郡者，盖不暇也。③今此后篇，慎核其事，整齐其文，不为世家，唯纪、传而已。传曰："杀史见极，平易正直，《春秋》之义也。"

①谓迁著《项羽本纪》。又陈涉起于垄亩，数月被杀，无子孙相继，著为世家。淮南、衡山，汉室之王胤，当世家而编之列传，言进退之失也。

②刊，削也。谓削落繁芜，仍有不尽。

③《史记》"卫青者，平阳人也"，"张释之，堵阳人"，并不显郡之类也。

彪复辟司徒玉况府。①时东宫初建，诸王国并开，②而官属未备，师保多阙。彪上言曰：

①玉音肃。

②建武二十三年玉况为司徒，十九年建明帝为太子，十七年封诸王。

孔子称"性相近，习相远也。"①贾谊以为"习与善人居，不能无为善，犹生长于齐，不能无齐言也。习与恶人居，不能无恶，犹生长于楚，不能无楚言也。"②是以圣人审所与居，而戒慎所习。昔成王之为孺子，出则周公、邵公、太公史佚，入则大颠、闳夭、南宫括、散宜生，左右前后，礼无违者，③故成王一日即位，天下旷然太平。是以《春秋》"爱子教以义方，不纳于邪。骄奢淫佚，所自邪也。"④《诗》云："诒厥孙谋，以宴翼子。"言武王之谋遗子孙也。⑤

①见《论语》。

②贾谊上疏之辞。

③《左传》曰："自郊劳至于赠贿，礼无违者。"

④《左传》卫大夫石碏谏卫庄公之辞也。

⑤《诗·大雅》也。诒，遗也。宴，安也。翼，敬也。言文王遗其孙以善谋，武王以安敬之道遗其子。子谓成王也。

汉兴，太宗使晁错导太子法术，①贾谊教梁王以《诗》、

《书》。②及至中宗，亦令刘向、王褒、萧望之、周堪之徒，以文章
儒学保训东宫以下，③莫不崇简其人，就成德器。今皇太子诸
王，虽结发学问，修习礼乐，而傅相未值贤才，官属多阙旧典。
宜博选名儒有威重明通政事者，以为太子太傅，东宫及诸王
国，备置官属。又旧制，太子食汤沐十县，设周卫交戟，五日一
朝，因坐东箱，省视膳食，其非朝日，使仆、中允旦旦请问而已，
明不媟黩，广其敬也。④

①文帝时晁错为博士，上言曰："人主所以显功扬名者，以知术数也。今皇
　太子所读书多矣，而未知术数。愿陛下择圣人之术以赐太子。"上善之，
　拜错为太子家令。

②贾谊为梁王太傅。梁王，文帝之少子，名揖，爱而好书，故令谊傅之。

③中宗，宣帝也。时元帝为太子，宣帝使王褒、刘向、张子侨等之太子宫，
　娱侍太子朝夕读诵，萧望之为太傅，周堪为少傅。并见《前书》。

④《汉官仪》曰："皇太子五日一至台，因坐东箱，省视膳食，以法制敕太官
　尚食宰吏，其非朝日，使仆、中允旦旦请问，明不媟黩，所以广敬也。太
　子仆一人，秩千石；中允一人，四百石，主门卫徼巡。"

书奏，帝纳之。

后察司徒廉为望都长，吏民爱之。①建武三十年，年五十二，卒
官。所著赋、论、书、记、奏事合九篇。

①察，举也。司徒荐为廉。

二子固、超。超别有传。

论曰：班彪以通儒上才，倾侧危乱之间，行不逾方，①言不失
正，仕不急进，贞不违人，敷文华以纬国典，守贱薄而无闷容。彼将
以世运未弘，非所谓贱焉耻乎？何其守道恬淡之笃也！②

①《论语》孔子曰："可谓仁之方。"郑玄注云："方犹道也。"

②孔子曰："邦有道，贫且贱焉耻也。"言彪当中兴之初，时运未泰，故不以
　贫贱为耻，何守道清静之固也！恬淡犹清静也。笃，固也。

固字孟坚。年九岁，能属文诵诗赋，及长，遂博贯载籍，九流百
家之言，无不穷究。①所学无常师，不为章句，举大义而已。性宽和
容众，不以才能高人，诸儒以此慕之。②

①九流谓道、儒、墨、名、法、阴阳、农、杂、纵横。

②《谢承书》曰:"固年十三,王充见之,拊其背谓彪曰:'此儿必记汉事。'"

永平初,东平王苍以至戚为骠骑将军辅政,开东阁,延英雄。时固始弱冠,奏记说苍曰:①

①奏,进也。记,书也。《前书》待诏郑朋奏记于萧望之,奏记自朋始也。

将军周、邵之德,立乎本朝,承休明之策,建威灵之号,①昔在周公,今也将军,《诗》、《书》所载,未有三此者也。②传曰:"必有非常之人,然后有非常之事;有非常之事,然后有非常之功。"③固幸得生于清明之世,豫在视听之末,私以蝼蚁,窃观国政,④诚美将军拥千载之任,蹑先圣之踪,⑤体弘懿之姿,据高明之势,博贯庶事,服膺《六艺》,白黑简心,求善无厌,⑥采择狂夫之言,不逆负薪之议。⑦窃见幕府新开,广延群俊,四方之士,颠倒衣裳。⑧将军宜详唐、殷之举,审伊、皋之荐,⑨令远近无偏,幽隐必达,期于总览贤才,收集明智,为国得人,以宁本朝。则将军养志和神,优游庙堂,光名宣于当世,遗烈著于无穷。

①号骠骑将军也。

②唯苍与周公二人而已。

③司马相如喻蜀之辞。

④蝼蚁谓细微也。

⑤千载谓自周公至明帝时千余载也。先圣谓周公也。

⑥《淮南子》曰:"圣人见是非,若白黑之别于目。"《左传》曰"求善不厌"也。

⑦负薪,贱人也。《三略》曰"负薪之诺,廊庙之言"也。

⑧《诗》曰:"东方未明,颠倒衣裳。"言士争归之忽遽也。

⑨尧举皋陶,汤举伊尹。

窃见故司空掾桓梁,宿儒盛名,冠德州里,七十从心,行不逾矩,①盖清庙之光晖,当世之俊彦也。②京兆祭酒晋冯,结发修身,白首无违,好古乐道,玄默自守,古人之美行,时俗所莫及。扶风掾李育,③经明行著,教授百人,客居杜陵,茅室土阶。

京兆、扶风二郡更请，徒以家贫，数辞病去。温故知新，论议通明，廉清修洁，行能纯备，虽前世名儒，国家所器，韦、平、孔、翟，无以加焉。④宜令考绩，以参万事。京兆督邮郭基，孝行著于州里，经学称于师门，政务之绩，有绝异之效。如得及明时，秉事下僚，进有羽翮奋翔之用，退有杞梁一介之死。⑤凉州从事王雍，躬卞严之节，文之以术艺，⑥凉州冠盖，未有宜先雍者也。古者周公一举则三方怨，曰"奚为而后已。"⑦宜及府开，以慰远方。弘农功曹史殷肃，⑧达学洽闻，才能绝伦，诵《诗》三百，奉使专对。此六子者，皆有殊行绝才，德隆当世，如蒙征纳，以辅高明，此山梁之秋，夫子所为叹也。⑨昔卞和献宝，以离断趾，⑩灵均纳忠，终于沈身，⑪而和氏之璧，千载垂光，屈子之篇，万世归善。愿将军隆照微之明，信日昃之听，⑫少屈威神，咨嗟下问，令尘埃之中，永无荆山、汨罗之恨。

① 《论语》孔子曰："七十而纵心所欲，不逾矩。"言恣心之所为，皆暗合于法则。

② 《诗·周颂》曰："于穆清庙，肃雍显相，济济多士，执文之德。"郑玄注曰："显，光也。"言桓梁可参多士，助祭于清庙为光晖也。《尔雅》曰："髦，俊也。"美士为彦。

③ 育字元春，见《儒林传》。

④ 韦贤、平当、孔光、翟方进也。流俗本"平"字作"玄"，误。

⑤ 《说苑》曰："赵简子游于西河而叹曰：'安得贤士而与处焉?'舟人吉桑对曰：'鸿鹄高飞，所恃者六翮也。背上之毛，腹下之毳，加之满把，飞不能为之益高。不知门下左右客千人，亦有六翮之用乎? 将尽毛毳也?'又曰"齐庄公攻莒，杞梁与华周进斗，坏军陷阵，三军不敢当。至莒城下，杀二十七人而死"也。

⑥ 卞严，卞庄子也。《新序》曰："卞庄子好勇，养母，战而三北，交游非之，国君辱之。庄子受命，颜色不变。及母死三年，齐与鲁战，庄子请从。至，见于将军曰：'初独与母处，是以战而三北。今母没矣，请塞责。'遂赴敌而斗，获甲首而献，曰：'夫三北，以养母也。吾闻之，节士不以辱生。'遂杀十人而死。"《论语》孔子曰："卞庄子之勇，冉求之艺，文之以礼乐。"

⑦《孙卿子》曰:"周公东征,西国怨,曰:'何独不来也!'南征而北国怨,曰:'何独后我也!'"

⑧《固集》"殷"作"段"。

⑨秋犹时也。《论语》孔子曰:"山梁雌雉,时哉!"

⑩离,被也。断趾,刖足也。事见《韩子》。

⑪屈原字灵均,纳忠于楚,终不见信,自沈于汨罗之水而死。

⑫信音申。

苍纳之。

父彪卒,归乡里。固以彪所续前史未详,乃潜精研思,欲就其业。既而有人上书显宗,告固私改作国史者,有诏下郡,收固系京兆狱,尽取其家书。先是扶风人苏朗伪言图谶事,下狱死。固弟超恐固为郡所核考,不能自明,乃驰诣阙上书,得召见,具言固所著述意,而郡亦上其书。显宗甚奇之,召诣校书部,①除兰台令史,②与前睢阳令陈宗、长陵令尹敏、司隶从事孟异,共成《世祖本纪》。迁为郎,典校秘书。固又撰功臣、平林、新市、公孙述事,作列传、载记二十八篇,奏之。帝乃复使终成前所著书。

①《前书》固《叙传》曰:"永平中为郎,典校秘书。"

②《汉官仪》曰:"兰台令史六人,秩百石,掌书劾奏。"

固以为汉绍尧运,以建帝业,至于六世,史臣①乃追述功德,私作本纪,编于百王之末,厕于秦、项之列,②太初以后,阙而不录,故探撰前记,缀集所闻,以为《汉书》。起元高祖,终于孝平、王莽之诛,十有二世,二百三十年,③综其行事,傍贯《五经》,上下洽通,为《春秋》考纪、表、志、传凡百篇。④固自永平中始受诏,潜精积思二十余年,至建初中乃成。当世甚重其书,学者莫不讽诵焉。

①六代谓武帝,史臣谓司马迁也。

②《史记》起自黄帝,汉最居其末也。

③高、惠、吕后、文、景、武、昭、宣、元、成、哀、平十二代也。并王莽合二百三十年。

④纪十二,表八,志十,列传七十,合百篇。《前书音义》曰:"《春秋》考纪谓帝纪也。言考核时事,具四时以立言,如《春秋》之经。"

自为郎后,遂见亲近。时京师修起宫室,浚缮城隍,而关中耆老犹望朝廷西顾。固感前世相如、寿王、东方之徒,造构文辞,终以讽劝,①乃上《两都赋》,盛称洛邑制度之美,以折西宾淫侈之论。其辞曰:

①相如作《上林》、《子虚赋》,吾丘寿王作《士大夫论》及《骠骑将军颂》,东方朔作《客难》及《非有先生论》,其辞并以讽喻为主也。

有西都宾问于东都主人曰:①"盖闻皇汉之初经营也,尝有意乎都河洛矣。辍而弗康,实用西迁,作我上都。主人闻其故而睹其制乎?"②主人曰:"未也。愿宾摅怀旧之蓄念,发思古之幽情,③博我以皇道,弘我以汉京。"宾曰:"唯唯。"

①中兴都洛阳,故以东都为主,而谓西都为宾也。

②皇,大也。《尚书》曰:"厥既得吉卜则经营。"高祖五年,刘敬说上都关中,上疑之。左右大臣皆山东人,多劝都洛阳,此为有意都河洛矣。张良曰:"洛阳其中小不过数百里,四面受敌,非用武之国。关中金城千里,天府之国也。"于是上即日西都关中,此为辍而弗康也。辍,止也。康,安也。

③《广雅》曰:摅,舒也。

汉之西都,在于雍州,实曰长安。①左据函谷、二崤之阻,表以泰华、终南之山。②右界褒斜、陇首之险,带以洪河、泾、渭之川。③华实之毛,则九州之上腴焉;防御之阻,则天下之奥区焉。④是故横被六合,三成帝畿。⑤周以龙兴,秦以虎视。及至大汉受命而都之也,⑥仰寤东井之精,俯协《河图》之灵。⑦奉春建策,留侯演成。⑧天人合应,以发皇明。乃眷西顾,实惟作京。⑨于睎秦领,睋北阜,挟酆霸,据龙首。⑩图皇基于亿载,度宏规而大起。肇自高而终平,世增饰以崇丽。历十二之延祚,故穷奢而极侈。⑪建金城其万雉,呀周池而成渊;披三条之广路,立十二之通门。⑫内则街衢洞达,闾阎且千,九市开场,货别隧分,人不得顾,车不得旋。阗城溢郭,傍流百廛。红尘四合,烟云相连。⑬于是既庶且富,娱乐无疆。都人士女,殊异乎五方,游士拟于公侯,列肆侈于姬、姜。⑭乡曲豪俊,游侠之雄,节慕原、尝,名亚春、陵,连交合众,骋骛乎其中。⑮

①《前书音义》曰:"长安本秦之乡名,高祖都焉。"

②函谷,关名也。《左传》曰"崤有二陵,其南陵夏后皋之墓,其北陵文王之所避风雨。"故曰二崤。太华,山也。《山海经》曰,华首之西六十里曰太华。终南,长安南山也。《诗》曰:"终南何有。"注云:"终南,周之名山中南也。"

③褒斜,谷名,南口曰褒,北口曰斜,在今梁州。陇首,山名,在今秦州。洪,大也。

④华实之毛谓草木也。《左传》曰:"食土之毛。"《前书》曰:"秦地九州膏腴。"《尚书》雍州"厥田上上。"防御谓关禁也。杨雄《卫尉箴》曰:"设置山险,尽为防御。"奥,深也。言秦地险固,为天下深奥之区域。

⑤《前书音义》曰:"关西为横。"被犹及也。《吕氏春秋》曰:"神明通于六合。"高诱注云:"四方上下为六合。"《周礼》曰:"方千里曰王畿。"三成谓周、秦、汉并都之也。

⑥龙兴虎视,喻盛强也。孔安国《尚书·序》曰:"汉室龙兴。"《易》曰:"虎视眈眈。"

⑦寤犹晓也。协,合也。高祖至霸上,五星聚于东井。又《河图》曰:"帝刘季,日角戴胜,斗匈龙股,长七尺八寸。昌光出轸,五星聚井。期之兴,天授图,地出道,予张兵钤刘季起。"东井,秦之分野,明汉当代秦都关中。

⑧奉春君,娄敬也。春者,四时之始。娄敬亦始建迁都之策,故以号焉。留侯,张良也。《苍颉篇》曰:"演者,引也。"

⑨天谓五星聚东井也。人谓娄敬等进说也。皇明谓高祖也。西顾谓入关也。《诗》云:"乃眷西顾。"

⑩睎,望也,音希。睋,视也,音蛾。秦领在今蓝田东南。北阜即今三原县北有高阜,东西横亘者是也。丰水出鄠县南山丰谷。霸水出蓝田谷。《三秦记》曰:"龙首山六十里,头入渭水,尾达樊川。"在傍曰挟,在上曰据也。

⑪肇,始也。始自高祖,终于平帝,为十二代也。

⑫金城言坚固也。张良曰:"金城千里。"杜预注《左传》云:"方丈为堵,三堵为雉。"《字林》曰:"呀,大空也。"音火加反。《周礼》:"国方九里,旁三门。"每门有大路,故曰三条。郑玄注《周礼》云"天子城十二门,通十二

子"也。

⑬《字林》曰："间,里门也。阎,里中门也。"且千,言多也。《汉宫阁疏》曰："长安九市,其六在道西,三在道东。"隧,列肆道也。郑玄注《礼记》曰："廛,市物邸舍也。"

⑭《论语》:"子适卫,冉有仆。子曰:'庶矣哉!'冉有曰:'既庶矣,又何加焉?'曰:'富之。'"《诗·周颂》云:"惠我无疆。"疆,境也。《诗·小雅》曰:"彼都人士。"毛苌注云:"城郭之域曰都。"五方谓四方及中央也。《前书》曰:"秦地五方杂错。"郑玄注《周礼》曰:"肆,市中陈物处也。"杜元凯注《左传》云"姬、姜大国之女"也。

⑮豪俊游侠谓朱家、郭解、原涉之类也。原,尝,平原君赵胜、孟尝君田文也,春、陵谓春申君黄歇、信陵君无忌也,并招致宾客,名高天下也。

　　若乃观其四郊,浮游近县,则南望杜、霸,北眺五陵。名都对郭,邑居相承。英俊之域,黻冕所兴。冠盖如云,七相五公。①与乎州郡之豪桀,五都之货殖。三选七迁,充奉陵邑。盖以强干弱枝,隆上都而观万国。②

①浮游谓周流也。杜、霸谓杜陵、霸陵,在城南,故南望也。五陵谓长陵、安陵、阳陵、茂陵、平陵,在渭北,故北眺也。并徙人以置县邑,故云"名都对郭"。《苍颉篇》曰:"黻,绂也。冕,冠也。"其所徙者皆豪右、富赀、吏二千石,故多英俊冠盖之人。如云,言多也。《诗》曰:"出其东门,有女如云。"七相谓丞相车千秋,长陵人;黄霸、王商,并杜陵人也;韦贤、平富、魏相、王嘉,并平陵人也。五公谓田蚡为太尉,长陵人;张安世为大司马,朱博为司空,并杜陵人;平晏为司徒,韦赏为大司马,并平陵人也。

②《前书音义》曰:"五都谓洛阳、邯郸、临淄、宛、成都也。"三选,选三等之人,谓徙吏二千石及高赀富人及豪桀并兼之家于诸陵,盖以强干弱枝,非独为奉山园也。见《前书》。自元帝已后不迁,故唯七焉。《尔雅》曰:"观,指示也。""选"或为"徙",义亦通。

　　封畿之内,厥土千里,逴荦诸夏,兼其所有。①其阳则崇山隐天,幽林穹谷。陆海珍藏,蓝田美玉。商、洛缘其隈,鄠、杜滨其足。②源泉灌注,陂池交属。竹林果园,芳草甘木。郊野之富,号曰近蜀。③其阴则冠以九嵕,陪以甘泉,乃有灵宫起乎其中。秦、汉之所极观,渊、云之所颂叹,于是乎存焉。④下有郑、白之沃,衣食之雷。堤封五万,疆场绮分,沟塍刻镂,原隰龙鳞。决渠降雨,荷臿成云。五谷垂颖,桑麻敷棻。⑤东郊则有通沟大漕,溃渭洞河。泛舟山东,控引淮、湖,与海通波。⑥西郊则有上囿禁苑,林麓薮泽,陂池连乎蜀、汉。缭以周墙,四百余里。离宫别馆,三十六所。神池灵沼,往往而在。⑦其中乃有九真之麟,大宛之马,黄支之犀,条枝之鸟。逾昆仑,越巨海,殊方异类,至三万里。⑧

①《前书》曰:"秦地沃野千里,人以富饶。"遑弅犹超绝也。遑音卓。弅音吕角反。诸夏谓中国也。

②穹谷,深谷。东方朔曰:"汉兴,去三河之地,止灞、浐之西,都泾、渭之南,此谓天下陆海之地也。"《范子计然》曰:"玉出蓝田。"商及上洛皆县名。隈,山曲也。滨犹近也。鄠、杜,二县名,近南山之足。《尔雅》云:"鄠麓,山足也。"

③孔安国注《尚书》曰:"泽障曰陂,停水曰池。"《前书》曰:"巴、蜀土地肥美,有山林、竹树、蔬食、果实之饶。"今南山亦有之,与巴、蜀相类,故曰近蜀。《尔雅》曰:"邑外曰郊,郊外曰野。"

④阴谓北也。九峻山尤高峻,故称冠云。甘泉山在云阳北,秦始皇于上置林光宫,汉又起甘泉宫,益寿、延寿馆,通天台,故云"秦汉之所极观"。王褒字子泉,作《甘泉颂》,杨子云作《甘泉赋》,故云"泉、云颂叹。"

⑤《史记》曰:"韩使水工郑国说秦,令引泾水为渠,傍北山,东注洛,溉田四万余顷,名曰郑国渠。"武帝时,赵中大夫白公奏穿渠引泾水,首起谷口,尾入栎阳,溉田四千余顷,因名白渠。时人歌之曰:"田于何所?池阳谷口。郑国在前,白渠起后。举臿为云,决渠为雨。泾水一石,其泥数斗。且溉且粪,长我禾黍。衣食京师,亿万之口。"《前书》曰:"天子畿方千里,堤封百万井。"《音义》曰:"堤谓积土为封限也,音丁奚反。"《广雅》曰:"场,界也。"音亦。《周礼》曰:"夫间有遂,十夫有沟。"《说文》曰:"塍,田畦也。"塍音绳。刻镂谓交错如镂也。《尔雅》曰:"高平曰原,下湿曰隰。"言如龙鳞之五色也。五谷,黍、稷、菽、麦、稻也。《尔雅》曰:"禾穗谓之颖。"《尔雅》曰:"敷,布也。"棻,茂盛也,音芬。

⑥漕,水运也。《苍颉篇》曰:"溃,傍决也。"《前书》,武帝穿漕渠通渭。《史记》曰:"荥阳下引河东南为鸿沟,以与淮、泗会。"

⑦上圃谓林苑也。《谷梁传》曰："林属于山为麓。"郑玄注《周礼》曰："泽无水曰薮。"缭犹绕也,音了。《三辅黄图》曰:"上林有建章、承光等一十一宫,平乐、茧观等二十五,凡三十六所。"《三秦记》曰:"昆明池中有神池,通白鹿原。"《诗》曰:"王在灵沼。"

⑧宣帝诏曰:"九真郡献奇兽。"晋灼《汉书》注云:"駒形,麟色,牛角。"武帝时,李广利斩大宛王首,获汗血马来。又黄支国自三万里贡生犀。条支国临西海,有大鸟,卵如瓮。条支与安息接,武帝时,安息国发使来献之。又曰:"昆仑山高二千五百里。"并见《前书》。

　　其宫室也,体象乎天地,经纬乎阴阳。据坤灵之正位,放泰紫之圆方。①树中天之华阙,丰冠山之朱堂。因瑰材而究奇,抗应龙之虹梁。列棼橑以布翼,荷栋桴而高骧。②雕玉瑱以居楹,裁金璧以饰珰。发五色之渥采,光焖郎以景彰。③于是左墄右平,重轩三阶。闺房周通,门闼洞开。列钟虡于中庭,立金人于端闱。仍增崖而衡阈,临峻路而启扉。④徇以离殿别寝,承以崇台间馆,焕若列星,紫宫是环。⑤清凉宣温,神仙长年。金华玉堂,白虎麒麟。区宇若兹,不可殚论。⑥增桀业峨,登降炤烂。殊形诡制,每各异观。乘茵步辇,唯所息宴。⑦后宫则有掖庭椒房,后妃之室。合欢增成,安处常宁。茝若椒风,披香发越。兰林蕙草,鸳鸾飞翔之列。⑧昭阳特盛,隆乎孝成。屋不呈材,墙不露形。衰以藻绣,络以纶连。随侯明月,错落其间。金钉衔璧,是为列钱。翡翠火齐,流耀含英。悬黎垂棘,夜光在焉。⑨于是玄墀釦切,玉阶彤庭,硬碱采缀,琳珉青荧,珊瑚碧树,周阿而生。⑩红罗飒缅,绮组缤纷。精曜华烛,俯仰如神。⑪后宫之号,十有四位。窈窕繁华,更盛迭贵。处乎斯列者,盖以百数。⑫左右廷中,朝堂百僚之位。萧、曹、魏、邴,谋谟乎其上。⑬佐命则垂统,辅翼则成化。流大汉之恺悌,荡亡秦之毒螫。⑭故令斯人扬乐和之声,作画一之歌。功德著于祖宗,膏泽洽于黎庶。⑮又有天禄石渠,典籍之府。命夫谆诲故老,名儒师傅。讲论乎《六艺》,稽合乎同异。⑯又有承明、金马,著作之庭。大雅宏达,于兹为群。元元本本,周见洽闻。启发篇章,校理秘文。⑰周以钩陈之位，卫以严更之署。总礼官之甲科，群百郡之廉孝。⑱虎贲赘衣，阉尹阍寺。陛戟百重，各有攸司。⑲周庐千列，徼道绮错。⑳辇路经营，修涂飞阁。㉑自未央而连桂宫，北弥明光而絚长乐。陵墱道而超西墉，混建章而外属。设璧门之凤阙，上柧棱而栖金雀。㉒内则别风之嶕峣，眇丽巧而竦擢。张千门而立万户，顺阴阳以开阖。㉓尔乃正殿崔巍，层构厥高，临乎未央。经骀荡而出馺娑，洞枍诣与天梁。上反宇以盖戴，激日景而纳光。㉔神明郁其特起，遂偃蹇而上跻。轶云雨于太半，虹霓回带于棼楣。虽轻迅与僄狡，犹愕眙而不敢阶。㉕攀井干而未半，目眴转而意迷，舍棂槛而却倚，若颠坠而复稽。魂怳怳以失度，巡回涂而下低。㉖既惩惧于登望，降周流以彷徨。步甬道以萦纡，又杳窱而不见阳。㉗排飞闼而上出，若游目于天表，似无依之洋洋。㉘前唐中而后太液，揽沧海之汤汤。扬波涛于碣石，激神岳之嶈嶈。滥瀛洲与方壶，蓬莱起乎中央。㉙于是灵草冬荣，神木丛生。岩峻崔崒，金石峥嵘。㉚抗仙掌与承露，擢双立之金茎。轶埃壒之混浊，鲜颢气之清英。㉛骋文成之丕诞，驰五利之所刑。庶松乔之群类，时游从乎斯庭。实列仙之攸馆，匪吾人之所宁。㉜

①圆象天，方象地。南北为经，东西为纬。杨雄《司空箴》曰："普彼坤灵，侔天作合。"放，象也。太、紫谓太微、紫宫也。刘向《七略》曰："明堂之制：内有太室，象紫宫；南出明堂，象太微。"《春秋合诚图》曰："太微，其星十二，四方。"《史记·天官书》曰："环之匡卫十二星，藩臣，皆曰紫宫。"是太微方而紫宫圆也。

②《列子》曰："周穆王作中天之台。"《说文》曰："阙，门观也。"《前书》萧何作东阙、北阙。丰，大也。冠山谓在山之上也。《埤苍》曰："瑰玮，珍奇也。"《广雅》曰："有翼曰应龙。"梁作应龙之形，而又曲如虹也。《说文》曰："棼，复屋之栋。"橑，椽也。翼，屋之四阿也。荷，负也。骧，举也。《尔雅》曰："栋谓之桴。"音浮。

③《广雅》曰："磌，硕也。"音田。"瑱"与"磌"通。楹，柱也。雕玉为硕以承柱也。《上林赋》曰："华榱璧珰。"韦昭注曰"珰，榱头也。"渥，光润也。烟

音艳。

④挚虞《决疑要注》曰："城者为阶级,平者以文砖相亚次也。""城"亦作"堿"。言阶级勒堿然,音七则反。王逸《楚辞注》曰："轩,楼板也。"《周礼》夏后氏"世室九阶",郑玄注云"南面三阶,三面各二"也。《尔雅》曰："宫中之门谓之闱,少者谓之闺。"簴以悬钟也。《史记》:"秦始皇收天下兵器,聚之咸阳,销以为金人十二,置宫中。"端闱,宫正门也。《三辅黄图》曰："秦宫殿端门四达,以则紫宫。"仍,因也。衡,横也。阃,门限。

⑤徇犹绕也。崇,高也。闲音闲。焕,明也。言周回宫馆,明若列星之环绕紫宫也。环,协韵音宦。

⑥《三辅黄图》曰："未央宫有清凉殿、宣室殿、中温宝殿、金华殿、大玉堂殿、中白虎殿、麒麟殿,长乐宫有神仙殿。"殚,尽也。

⑦增,重也。樐,屈也。业峨,高也。业音五腊反。峨音我。诡,异也。茵,褥也。驾人曰挚。

⑧《汉官仪》曰："婕妤以下皆居掖庭。"《三辅黄图》曰："长乐宫有椒房殿。"《前书》曰："班婕妤居增成舍。"桓谭《新论》曰："董贤女弟为昭仪,居舍号曰椒风。"《汉宫阁名》长安有披香殿、鸳鸯殿、飞翔殿。余未详。

⑨昭阳殿,成帝赵昭仪所居也。《说文》曰："裛,缠也。"音于业反。纶,纠,青丝绶也。"纶"或作"编"。《淮南子》曰："随侯之珠,和氏之璧。"高诱注云:"随侯行见大蛇伤,以药傅之。后蛇衔珠以报,因曰随侯珠。"《说文》曰："钉,毂铁也。"音江,又音工。谓以黄金为钉,其中衔璧,纳之于璧带,为行列历历如钱也。《前书》曰:"昭阳殿璧带,往往为黄金钉,函蓝田玉璧,明珠翠羽饰之。"《异物志》曰:"翠鸟形如燕,赤而雄曰翡,青而雌曰翠,其羽可以饰帏帐。"《韵集》曰:"火齐,珠也。"《战国策》曰:"应侯谓秦王曰'梁有县黎。'"《左传》曰:"晋荀息请以垂棘之璧假道于虞。"言悬黎、垂棘之玉,并夜有光辉也。

⑩《前书》曰:"昭阳殿中庭彤朱,而殿上髹漆。"髹音休。漆黑故曰玄。墀,殿上地也。又曰:"切皆铜沓,黄金涂,白玉阶。"钉音口。堬、城,琳、珉,并石次玉者。堬音而充反,城音戚,缲缬,其文理密也。青荧,其光色也。《汉武故事》曰:"武帝起神堂,植玉树,葺珊瑚为枝,以碧玉为叶。"《淮南子》曰:"昆仑山有碧树在其北。"高诱注云:"碧,青石也。"谓以珠玉

假为树而植之于殿曲。阿，曲也。

⑪薛综注《西京赋》曰："飒纚，长袖貌。飒音素合反，纚音山绮反。"绮，文缯也。组，绶也。缤纷，盛貌。烛，照也。言精彩华饰照耀也。《战国策》张仪谓秦王曰："彼周、郑之女，粉白黛黑立于衢，非知而见之者以为神也。"

⑫《前书》曰："汉兴，因秦之称号，正嫡称皇后，妾皆称夫人，凡十四等，有昭仪、婕妤、娙娥、傛华、美人、八子、充衣、七子、良人、长使、少使、五官、顺常，是为十三等；又有无涓、共和、娱灵、保林、良使、夜者，秩禄司，共为一等，合十四位也。"窈窕，幽闲也。繁华，美丽也。百数谓以百而数之也。

⑬萧何、曹参并沛人；魏相字弱翁，济阴人；邴吉字少卿，鲁国人；并为丞相。

⑭李陵书曰："其余佐命立功之士。"司马相如曰："垂统理顺易继也。"统，业也。《礼记》曰："保者慎其身以辅翼之。"恺，乐也。悌，易也。杨雄《长杨赋》曰："今朝廷出恺悌，行简易。"王褒《四子讲德论》曰："秦之处位任政者，并施毒螫。"《前书》曰："孝惠、高后之时，海内得离战国之苦，君臣俱欲无为，而天下晏然，衣食滋殖。"又曰："近观汉相，高祖开基，萧、曹为冠。孝宣中兴，丙、魏有声。"是时黜陟有序，众职修理，公卿多称其位，海内兴于礼让也。

⑮《孔丛子》曰："古之帝王，功成作乐，其功善者其乐和。"《前书》曰，萧何薨，曹参代之，百姓歌之曰："萧何为法，较若画一，曹参代之，守而勿失。"祖宗谓高祖、中宗也。

⑯《三辅故事》曰："天禄、石渠并阁名，在未央宫北，以阁秘书。"谆诲谓殷勤教告也。《诗·大雅》曰："诲尔谆谆。"郑玄注云："我教告王，口语谆谆然。"谆音之纯反。《六艺》谓《诗》、《书》、《礼》、《乐》、《易》、《春秋》也。稽，考也。《前书》，甘露中诏诸儒讲《五经》同异，令萧望之平奏其议。

⑰承明，殿前之庐也。金马，署名也。门有铜马，故名金马门，待诏者皆居之。宏亦大也。元，其元；本，其本。秘文，秘书也。《孝经钩命决》曰"丘揔秘文"也。

⑱周，环也。《前书音义》曰："钩陈，紫宫外星也，宫卫之位亦象之。"严更之署，行夜之司也。礼官，奉常也，有博士掌试策，考其优劣，为甲乙之科，即《前书》曰"太常以公孙弘为下第"是也。言百郡，举全数。前书又

曰："兴廉举孝。"

⑲虎贲,宿卫之臣。赘衣,主衣之官。赘,缀也,音之锐反。《尚书》曰:"缀
衣虎贲。"阍尹、阍寺并宦官,《周礼》有阍人、寺人。陛戟,执戟于陛也。
百重,言多也。攸,所也。司,主也,协韵音伺。

⑳庐谓宿卫之庐,周于宫也。千列,言多也。《史记》:"卫令曰周庐,设卒甚
谨。"徼道,徼巡之道。绮错,交错也。《前书》曰"中尉掌徼巡京师"也。

㉑《前书音义》曰:"辇道,阁道也。""涂"亦"塗"也,古字通用。

㉒未央宫在西,长乐宫在东,桂宫、明光宫在北,言飞阁相连也。磴,陛级
也,音丁邓反。墉,城也。混,同也。建章宫在城西。属,连也。《前书》
曰:"建章宫,其东则凤阙门,高二十余丈,其南有璧门之属。"《说文》
曰:"柧棱,殿堂上最高之处也。"柧音孤,棱音力登反。其上栖金雀焉。
《三辅故事》曰"建章宫阙上有铜凤皇",即金雀也。

㉓《三辅故事》曰:"建章宫东有折风阙。"《关中记》曰:"折风一名别风。"
嶕峣,高也。嶕音焦,峣音尧。《前书》曰,建章宫度为千门万户。合谓之
阴,开谓之阳。《易》曰:"阖户谓之坤,辟户谓之乾。"

㉔正殿即前殿也。层,重也。临乎未央,言高之极也。《关中记》,建章宫有
骀荡、駊娑、枌诣殿。天梁亦宫名也。骀音殆,荡音荡。駊音素合反,娑
音素可反。枌音乌计反。《小雅》曰:"盖戴,覆也。"反宇谓飞檐上反也。
激日谓日影激入于殿内也。

㉕神明,台名也。跻,升也。偃蹇,高貌也。轶,过也。《前书音义》曰:"凡
数三分有二为太半。"《说文》曰:"棼,栋也。"《尔雅》曰:"楣谓之梁。"郭
璞云:"门户上横梁也。"《方言》曰:"僄,轻也。"音匹妙反。郑玄注《礼
记》曰:"狡,疾也。"《字书》曰:"愕,惊也。"音五各反。《字林》曰:"眙,惊
貌也。"音丑吏反。

㉖井干,楼名也。《前书》曰:"武帝作井干楼,高五十丈,辇道相属焉。"《苍
颉篇》曰:"眴,视不明也。"音眩。楶槛,楼上栏楯也。楶音零。稽,留也。

㉗《淮南子》曰:"甬道相连。"高诱注云:"甬道,飞阁复道也。"《广雅》曰:
"窈窱,深也。""杳"与"窈"通。窱音它鸟反。阳,明也。既创前之登望,
乃下巡于复道,宫宇深邃,又不见明者。

㉘飞闼,阁上门也。王逸注《楚辞》曰:"洋洋,无所归貌。"

㉙《前书》曰:"建章宫,其西唐中数十里。"《音义》曰:"唐,庭也。"其北太
液池中有蓬莱、方丈、瀛洲、壶梁,象海中神山。汤汤,流貌也。《苍颉

篇》曰："涛,大波也。"碣石,海畔山也。《说文》曰："滥,泛也。"《列子》曰："海中有神山,一曰岱舆,二曰员峤,三曰方壶,四曰瀛洲,五曰蓬莱。"

㉚灵草、神木谓不死药也。《史记》曰："海中神山,仙人不死药在焉。"峥嵘,高峻也。崔音徂回反,峗音才律反。峥音仕耕反,嵘音宏。

㉛《前书》曰,武帝时作铜柱承露仙人掌之属。《三辅故事》云:"建章宫承露槃,高二十丈,大七围,以铜为之。上有仙人掌承露,和玉屑饮之。"金茎即铜柱也。轶,过也。埃壒,尘也。鲜,洁也。《说文》曰:"颢,白貌。"音皓。

㉜丕,大也。诞,欺也。《前书》曰:"齐人李少翁以方士见上,上拜为文成将军。言于上曰:'即欲与神通,宫室被服非象神,神物不至。'乃作甘泉宫,中为台,画天、地、泰一诸鬼神,而置祭具以致天神。"又曰:"胶东人栾大多方略而敢为大言,言曰:'臣常往东海中,见安期、羡门之属。'乃拜为五利将军。"刑,法也。《列仙传》曰:"赤松子者,神农时雨师也,服水玉以教神农。"又曰:"王子乔者,周灵王太子晋,道士浮丘公接以上嵩山。"

　　尔乃盛娱游之壮观,奋大武乎上囿,因兹以威戎夸狄,耀威而讲事。①命荆州使起鸟,诏梁野而驱兽。毛群内阗,飞羽上覆。接翼侧足,集禁林而屯聚。②水衡虞人,理其营表。种别群分,部曲有署。③罘罔连纮,笼山络野。列卒周匝,星罗云布。④于是乘銮舆,备法驾,帅群臣。披飞廉,入苑门。⑤遂绕酆、镐,历上兰。六师发逸,百兽骇殚。震震爚爚,雷奔电激。草木涂地,山渊反覆,蹂躏其十二三,乃拗怒而少息。⑥尔乃期门佽飞,列刃攒镞,要趹追踪。乌惊触丝,兽骇值锋。机不虚掎,弦不再控;矢无单杀,中必叠双。飑飑纷纷,矰缴相缠。风毛雨血,洒野蔽天。⑦平原赤,勇士厉,猿狖失木,豺狼慑窜。⑧尔乃移师趋险,并蹈潜秽。穷虎奔突,狂兕触蹶。⑨许少施巧,秦成力折,掎僄狡,扼猛噬。脱角挫脰,徒搏独杀。⑩挟师豹,拖熊螭;顿犀辇,曳豪黑。超迥壑,越峻崖,蹶巉岩,钜石陨。松柏仆,丛林摧;草木无余,禽兽珍夷。⑪于是天子乃登属玉之馆,历长杨

之榭;览山川之体势,观三军之杀获。原野萧条,目极四裔。禽
相镇厌,兽相枕籍。⑫然后收禽会众,论功赐胙。陈轻骑以行
炰,腾酒车而斟酌。割鲜野食,举燧命爵。⑬飨赐毕,劳逸齐。大
辂鸣鸾,容与裵回。集乎豫章之宇,临乎昆明之池。⑭左牵牛而
右织女,似汉之无崖。茂树荫蔚,芳草被堤。兰茝发色,晔晔猗
猗。若擒锦布绣,烛耀乎其陂。⑮玄鹤白鹭,黄鹄鸧鹤;鸲鹄鸧
鹥,凫鹥鸿雁。朝发河海,夕宿江汉。沈浮往来,云集雾散。⑯于
是后宫乘辂路,登龙舟,张凤盖,建华旗。祛黼帷,镜清流,靡微
风,澹淡浮。⑰棹女讴,鼓吹震;声激越,訇厉天。乌群翔,鱼窥
渊。⑱招白间,下双鹄。揄文竿,出比目。⑲抚鸿幢,御矰缴,方
舟并骛,俯仰极乐。⑳遂风举云摇,浮游普览。前乘秦领,后越
九嵕,㉑东薄河、华,西涉岐、雍。宫馆所历,百有余区,行所朝
夕,储不改供。㉒礼上下而接山川,究休祐之所用。采游童之欢
谣,第从臣之嘉颂。㉓于斯之时,都都相望,邑邑相属。国藉十
世之基,家承百年之业。士食旧德之名氏,农服先畴之畎亩。商
修族世之所鬻,工用高曾之规矩。粲乎隐隐,各得其所。㉔

①大武谓大陈武事也。《月令》"孟冬之月,天子乃命将帅讲武,习射御"
　　也。

②荆州,江、湘之地,其俗习于捕鸟,故使起之。梁野,巴、汉之人,其俗习
　　于逐兽,故使其人驱之。阗音田。聚音才谕反。

③《前书》曰:"上林苑属水衡都尉。虞人,掌山泽之官。"《周礼》曰:"虞人
　　莱所田之野为表。"郑司农曰:"表,所以识正行死也。"《续汉书》"将军
　　领军皆有部,大将军营五部,部校尉一人,部下有曲,曲有军候一人"
　　也。

④郑玄注《礼记》曰:"兽罟曰罘。"音浮。纮,罘之纲。

⑤蔡邕《独断》曰:"天子至尊,不敢渫渎言之,故托于乘舆。天子车驾有大
　　驾、法驾、小驾。大驾则公卿奉引,备千乘万骑。法驾,公不在卤簿中,唯
　　执金吾奉引,侍中骖乘。飞廉,馆名也,武帝所作。《前书音义》曰:"飞
　　廉,神禽,能致风气,身似鹿,头如雀,有角而蛇尾,文如豹文。于馆上作
　　之,因以名焉。"

⑥酆，文王所都，在鄠县东。镐，武王所都，在上林苑中。《三辅黄图》云，上林苑有上兰观。《尚书》曰："司马掌邦政，统六师。"又曰："百兽率舞。"骇殚，言惊惧也。震震爚爚，奔走之貌。爚音跃。涂，污也。反覆犹倾动也。车骑既多，视之眩乱，有似倾动。蹂，践也，音汝九反。躏，轹也，音力刃反。拗犹抑也，音于六反。言且抑六师之怒而少停也。

⑦《前书》曰，武帝与北地良家子期于殿门，故号"期门"。又曰："募伏飞射士。"《音义》："伏飞，本秦在弋官也，武帝改为伏飞官，有一令九丞，在上林中。纺缯缴，弋凫雁，岁万头，以供宗庙。"《苍颉篇》曰："攒，聚也。""镤"与"攒"通。《尔雅》曰："金镞翦羽谓镞。"音侯。《广雅》曰："趹，奔也。"音决。机，弩牙也。《说文》曰："掎，偏引也。"音居绮反。飑飑纷纷，众多也。《说文》曰："飑，古飙字。"郑玄注《周礼》曰："结缴于矢谓之缯。"缯，高也。

⑧郭璞注《山海经》曰："猿似猴而大，臂长，便捷，色黑。"《苍颉书》曰："狖似狸。"音以救反。《淮南子》曰："猿狖颠蹶而失木枝"。慑惧也，音之叶反。窜，走也，协韵音七外反。

⑨潜，深也。秽谓榛芜之林，虎兕之所居也。《尔雅》曰："兕似牛。"郭璞曰："一角，青色，重千斤。"《广雅》曰："蹶，跳也。"音居卫反。

⑩许少、秦成，并未详。儴狡，兽之轻捷者。《说文》曰："搤，捉也。"音厄。"搤"与"扼"通。噬，啮也。挫，折也。肮，颈也。徒，空也，谓空手搏杀之也。《尔雅》曰："暴虎，徒搏也。"杀音所界反。

⑪师，师子也。《说文》曰："拖，曳也"音徒可反。杜预注《左传》云："螭，山神，兽形。"郭璞注《山海经》曰："犀似而猪头，黑色，有三角，一在顶上，一在额上，一在鼻上。犎牛黑色，出西南徼外。"犎音力之反。《尔雅》曰："罴似熊而黄。"巉岩，山石高峻之貌也。殄，尽也。夷犹杀也。

⑫《前书》，宣帝幸黄阳宫属玉观。《音义》曰："属玉，水鸟也，似鸂鶒。于观上作之，因以名焉。"《三辅黄图》曰："上林有长扬宫。"郑玄注《礼记》曰："土高曰台，有木曰榭。"获，协韵音胡卦反。《楚词》曰："山萧条而无兽。"

⑬胙，余肉也。《左传》曰："归胙于公。"《诗·小雅》曰："炰之燔之。"毛苌注曰："以毛曰炰。"音步交反。《子虚赋》曰："割鲜染轮。"孔安国注《尚书》曰："鸟兽新杀曰鲜。"

⑭大辂，玉辂也。《周礼》曰："凡驭辂仪以銮和为节。"郑玄注曰："銮在衡，

和在轼,皆金铃也。"《三辅黄图》曰:"上林苑有豫章观。"

⑮《汉宫阁疏》曰:"昆明池有二石人,牵牛、织女之象也。"云汉,天河也。
郭璞注《尔雅》云:"茝,香草。"音昌改反。晔晔猗猗,美茂之貌。《说文》
曰:"擒,舒也。"

⑯郭璞注《尔雅》云:"鸱似凫,脚近尾,略不能地行,江东谓之鱼鸱。"音火
交反。《说文》曰:"鹳,鹳雀也。"《尔雅》曰:"鸽,麇鸽。"音括。郭璞注曰:
"即鹳鸽也。今关西呼为鸽鹿。"鸨似雁而大,无指。音保。鸱,水鸟也。
《庄子》曰:"白鹢之相视,眸子不运而风化。"李巡注《尔雅》曰:"在野曰
凫,在家曰鹜。"并鸭也。郑玄注《诗》云:"鹭,凫属也。"音一兮反。周处
《风土记》曰:"鹭,鹭軸也,以名自呼,大如鸡,生卵于荷叶上。"毛苌注
《诗》云:"大曰鸿,小曰雁。"

⑰《埤苍》曰:"軨,卧车也。"音仕板反。《淮南子》曰:"龙舟鹢首,浮吹以
虞。"桓谭《新论》曰:"乘车,玉爪、华芝及凤皇三盖。"《上林赋》曰:"乘
法驾,建华旗。"高诱注《淮南子》曰:"祛,举也。"澹,随风之貌也。澹音
徒滥反。淡音徒敢反。

⑱棹,楫也。讴,歌也。震,协韵音真。菶,声也,音火宏反。

⑲招犹举也。弩有黄间之名此言白间,盖弓弩之属。本或作"白鹇",谓鸟
也。《西京杂记》曰:"越王献高帝白鹇、黑鹇各一双。"《说文》曰:"揄,引
也。"音投。文竿,以翠羽为文饰也。《阙子》曰:"鲁人有好钓者,以桂为
饵,锻黄金之钩,错以银碧,垂翡翠之纶。"《尔雅》曰:"东方有比目鱼,
不比不行。"

⑳《广雅》曰:"幢谓之帱。"幢音直江反,即舟中之幢盖也。本或作"罿"。
罿,鸟网也,音冲。矰,弋矢也。缴,以系箭也。方舟,并两舟也。

㉑协韵音综。

㉒薄,迫也。岐,山;雍,县。在扶风。储,积也。供,协韵音九用反。

㉓上下谓天地也。接亦祭也。接亦祭也。究,尽也。用谓牺牲玉帛之物也。
《列子》曰:"尧理天下五十年,不知天下理钦?乱钦?尧乃微服游于康
衢,闻儿童谣曰:'立我蒸人,莫匪尔极,不识不知,顺帝之则。'"言今同
于尧也。《前书》曰:"宣帝颇好神伯,王襃、张子侨等并待诏,所幸宫馆,
辄为歌颂,第其高下,以差赐帛焉。"

㉔十代、百年,并举全数也。《易》曰:"食旧德,贞厉终吉。"《谷梁传》曰:
"古者有士人、商人、农人、工人。"《淮南子》曰"古者至德之时,贾便其

肆,农安其业,大夫安其职,而处士修其道"也。

若臣者,徒观迹乎旧墟,闻之乎故老,什分而未得一端,故不能遍举也。

后汉书卷四○下
列传第三○下

班彪　子固

　　主人喟然而叹曰："痛乎风俗之移人也！子实秦人，矜夸馆室，保界河山，信识昭、襄而知始皇矣，恶睹大汉之云为乎？①夫大汉之开原也，奋布衣以登皇极，繇数期而创万世，盖六籍所不能谈，前圣靡得而言焉。②当此之时，功有横而当天，计有逆而顺人。故娄敬度势而献其说，萧公权宜以拓其制。时岂泰而安之哉？计不得以已也。③吾子曾不是睹，顾耀后嗣之末造，不亦暗乎？④今将语子以建武之理，永平之事。监乎泰清，以变子之或志。⑤

①喟，叹貌也。《前书》曰："人有刚柔缓急，音声不同，系水土之风气，谓之风，好恶取舍，动静无常，随君上之情欲，谓之俗。"保，守也，谓守河山之险以为界。昭、襄，昭王、襄王也。恶，安也，音乌。

②汉高祖曰："吾以布衣，提三尺剑取天下。"高祖起兵五年而即帝位，故云由数期。繇即由也。孔安国注《尚书》云："匝四时曰期。"万代，盛言之也。六籍，《六经》也。

③横音胡孟反。高祖入关，秦王子婴降，而五星聚于东井，此功有横而当天也。逆谓以臣伐君。《前书》陆贾曰："汤武逆取而以顺守之。"及高祖入关，秦人争献牛酒，此为讨有逆而顺人也。娄敬已见上。又曰："萧何修未央宫，上见壮丽，甚怒。何对曰：'天下未定，故可因遂就宫室。且天子以四海为家，非令壮丽，无以重威，且无令后代有以加也。'"时岂奢泰而安之哉？言天下初定，计不得止而都西京也。

④顾,反也。耀,眩耀也。言吾子曾不睹度势权宜之由,而反眩耀后嗣子孙末代之所造,非其盛称武帝、成帝神仙、昭阳之事也。

⑤《淮南子》曰:"太清之化也,和顺以寂漠,质直以素朴。"高诱注曰:"太清,无为之化也。"

　　往者王莽作逆,汉祚中缺。天人致诛,六合相灭。①于时之乱,生民几亡,鬼神泯绝。墼无完柩,郭冈遗室,原野厌人之肉,川谷流人之血。秦、项之灾犹不克半,书契已来未之或纪也。②故下民号而上诉,上帝怀而降鉴,致命于圣皇。③于是圣皇乃握乾符,阐坤珍,披皇图,稽帝文。赫尔发愤,应若兴云,霆发昆阳,凭怒雷震。④遂超大河,跨北岳,立号高邑,建都河洛。⑤绍百王之荒屯,因造化之荡涤。体元立制,继天而作。⑥系唐统,接汉绪。茂育群生,恢复疆宇。勋兼乎在昔,事勤乎三五。⑦岂特方轨并迹,纷纶后辟,理近古之所务,蹈一圣之险易云尔哉?⑧且夫建武之元,天地革命,四海之内,更造夫妇,肇有父子,君臣初建,人伦实始,斯乃伏羲氏之所以基皇德也。⑨分州土,立市朝,作舟车,造器械,斯轩辕氏之所以开帝功也。⑩龚行天罚,应天顺民,斯乃汤武之所以昭王业也。⑪迁都改邑,有殷室中兴之则焉;即土之中,有周成隆平之制焉。⑫不阶尺土一人之柄,同符乎高祖。⑬克己复礼,以奉终始,允恭乎孝文。⑭宪章稽古,封岱勒成,仪炳乎世宗。⑮案《六经》而校德,妙古昔而论功,仁圣之事既该,帝王之道备矣。⑯

①天人谓天意人事共相诛也。

②人者神之主。生人既亡,故鬼神亦绝也。扬子《法言》曰"秦将白起长平之战,坑四十万人,原野厌人之肉,川谷流人之血"也。

③上帝,天也。圣皇,光武也。怀犹愍念也。降,下也。鉴,视也。言上天愍念下人之上诉,故下视四海可以为君者,而致命于光武也。

④乾符、坤珍谓天地符瑞也。皇图、帝文谓图纬之文也。霆,疾雷也。发于昆阳谓破王寻、王邑。凭,盛也。言盛怒如雷之震。协韵音真。

⑤跨,据也。言光武度河据北岳,遂即位于鄗,而改鄗为高邑也。

⑥绍,继也。屯,难也。高诱注《淮南子》云:"造化,天地也。"涤,除也。作,

起也。杜预注《左传》云："凡人君即位，欲体元以居正。"《谷梁传》曰："为天下主者，天也；继天者，君也。"

⑦《尔雅》曰："系，继也。绪，业也。"《前书》曰："汉帝本系出唐帝。"言光武能继唐尧之统业也。恢，大也。三五，三皇五帝也。

⑧轨，辙也。纷纶犹杂蹂也。《尔雅》曰："后辟，君也。"险易犹理乱也。言光武功德勤劳，普于前代百王，非直一圣帝也。

⑨《易》曰："天地革而四时成。"又曰："汤武革命。"《尔雅》曰："九夷、八狄、七戎、六蛮，谓之四海。"基，始也。《帝王纪》曰："庖牺氏，风姓也。制嫁娶之礼，取牧牲以充庖厨，以食天下，故号庖牺。后或谓之伏牺。"言光武更造夫妇如伏牺时也。

⑩黄帝号轩辕氏。《前书》曰："昔在黄帝，画野分州。"《易·系辞》曰："神农氏日中为市。黄帝、尧、舜垂衣掌而天下理。刳木为舟，剡木为楫，服牛乘马，引重致远，以利天下；弦木为弧，剡木为矢，弧矢之利，以威天下。"言光武利人如轩辕也。

⑪《尚书》武王曰："今予惟龚行天之罚。"《易》曰："汤武革命，顺乎天而应乎人。"言光武征伐如汤武者也。

⑫《尚书》曰："盘庚迁于殷。"《史记》曰："帝阳甲之时，殷衰，诸侯莫朝。阳甲崩，弟盘庚立，自河北度河南，居汤之故地，行汤之政，殷道复兴。"《尚书》曰："王来绍上帝，自服于土中。"孔安国曰："洛邑，地势之中也。"《春秋命历序》曰："成康之隆，醴泉涌出。"言都洛阳如殷宗、周成之制也。

⑬《孟子》曰："纣去武丁未久也，尺地莫非其有也，一人莫非其臣也。"又曰："舜、文王相去千有余岁，若合符契。"

⑭《左传》仲尼曰："古有志，克己复礼，仁也。"《孙卿子》曰："生，人之始也；死，人之终也。终始俱善，人道毕矣。"《尚书》："允恭克让。"谓躬自俭约，同于文帝也。

⑮宪章犹法则也。《礼记》曰："仲尼宪章文武。"《尚书》曰："若稽古帝尧。"言法乎考古而封太山，勒石以记成功也。炳，明也，其礼仪明乎武帝也。

⑯《六经》谓《诗》、《书》、《礼》、《乐》、《易》、《春秋》。妙犹美也。或作"眇"。眇，远也。该，备也。

　　至于永平之际，重熙而累洽。盛三雍之上仪，修衮龙之法服。敷洪藻，信景铄。扬世庙，正予乐。人神之和允洽，君臣之序既肃。①乃动大路,遵皇衢。省方巡狩,穷览万国之有无。考声教之所被,散皇明以烛幽。②然后增周旧,修洛邑。翩翩巍巍,显显翼翼。光汉京于诸夏,总八方而为之极。③是以皇城之内,宫室光明,阙庭神丽。奢不可逾,俭不能侈。④外则因原野以作苑,顺流泉而为沼。发蘋藻以潜鱼,丰圃草以毓兽。制同乎梁驺,义合乎灵囿。⑤若乃顺时节而蒐狩,简车徒以讲武。则必临之以《王制》,考之以《风》《雅》。⑥历《驺虞》,览《四骥》。嘉《车攻》,采《吉日》。礼官正仪,乘舆乃出。⑦于是发鲸鱼,铿华钟。登玉辂,乘时龙。凤盖飒洒,和鸾玲珑。天官景从,祲威盛容。⑧山灵护野,属御方神。雨师泛洒,风伯清尘。千乘雷起,万骑纷纭。元戎竟野,戈铤彗云。羽旄扫霓,旌旗拂天。⑨焱焱炎炎,扬光飞文。吐烂生风,吹野燎山。日月为之夺明,丘陵为之摇震。⑩遂集乎中囿,陈师案屯。骈部曲,列校队,勒三军,誓将帅。⑪然后举烽伐鼓,以命三驱。轻车霆发,骁骑电骛。游基发射,范氏施御。弦不失禽,辔不诡遇。飞者未及翔,走者未及去。⑫指顾倏忽,获车已实。乐不极般,杀不尽物。马踠余足,士怒未泄。先驱复路,属车案节。⑬于是荐三牺,效五牲,礼神祇,怀百灵。御明堂,临辟雍。扬缉熙,宣皇风。登灵台,考休征。⑭俯仰乎乾坤,参象乎圣躬。目中夏而布德,瞰四裔而抗棱。⑮西荡河源,东澹海湄;北动幽崖,南趯朱垠。⑯殊方别区,界绝而不邻。自孝武所不能征,孝宣所不能臣,莫不陆詟水栗,奔走而来宾。⑰遂绥哀牢,开永昌。⑱春王三朝,会同汉京。是日也,天子受四海之图籍,膺万国之贡珍。内抚诸夏,外接百蛮。⑲乃盛礼乐,供帐置乎云龙之庭。陈百僚而赞群后,究皇仪而展帝容。⑳于是庭实千品,旨酒万钟。列金罍,班玉觞,嘉珍御,大牢飨。㉑尔乃食举《雍》彻,太师奏乐。陈金石,布丝竹。钟鼓铿鍧,管弦晔煜。㉒抗五声,极六律。歌九功,舞八佾。《韶》《武》备,太古毕。㉓四夷间奏,德广所及,《伶》《休》《兜离》,罔不具集。㉔

万乐备，百礼暨。皇欢浃，群臣醉。降烟煴，调元气。然后撞钟
告罢，百僚遂退。㉕

①熙，光也。洽，浃也。三雍谓明堂、辟雍、灵台也。永平二年正月，宗祀光
武皇帝于明堂，礼毕，登灵台。三月，临辟雍，行大射礼。《周礼》："王之
吉服，享行先王即衮冕。"郑玄注曰："衮，卷龙衣也。"永平二年，帝及公
卿列侯始服服冕冠衣裳。铺，布也。鸿，大也。藻，文藻也。谓明堂礼毕，
登灵台之后，布诏于下曰："建明堂，立辟雍，起灵台，恢弘大道，被之八
极。"此为布鸿藻也。信读曰申。景，大也。铄，美也。扬代庙谓上尊号
光武庙曰代祖。正予乐谓依谶文改大乐为大予乐也。

②大路，玉路也。皇衢，驰道也。《易》曰："先王以省方观人设教。"《尚书》
曰："岁二月东巡狩。"又曰："朔南暨声教。"皇，大也。浊，照也。

③周成王都洛邑，汉又增而修之，故曰增焉。翙翙巍巍，显显翼翼，并宫阙
显盛之貌。《论语》曰："不如诸夏之亡。"《诗·商颂》曰："商邑翼翼，四
方之极。"，极，中也。洛阳，土之中也。

④言奢俭合礼也。

⑤蘋、藻，并水草也。《诗·小雅》曰："鱼在在藻。"《韩诗》曰："东有圃草，
驾言行狩。"《薛君传》曰："圃，博也，有博大之茂草也。"毓亦育也。《鲁
诗传》曰："古有梁邹者，天子之田也。"《诗·大雅》曰："王在灵囿，麀鹿
收伏。"毛苌注云："囿所以域养禽兽也。"此言鱼兽各得其所，如文王之
灵囿也。

⑥《左传》臧僖伯曰："春蒐夏苗，秋狝冬狩，皆于农隙以讲事也。"杜预注
云："各随时之闲也。"《礼记·王制》曰"天子诸侯，无事则岁三田。田不
以礼曰暴天物"也。

⑦《诗·国风·序》曰："《驺虞》，蒐田以时，仁如驺虞。"毛苌注曰："驺虞，
义兽，白虎黑文，不食生物。"又曰："四牡，美襄公也，始命有田狩之
事。"其诗曰："驷驖孔阜。"注曰："驖，骊也。阜，大也。"又《小雅·序》
曰："《车攻》，宣王复古也，修车马，备器械，复会诸侯于东都，因田猎而
选车徒焉"其《诗》曰："我车既攻，我马既同。"注云："攻，坚也。"又《吉
日》诗曰："田车既好，四牡孔阜。"宣帝诏曰"礼官具礼仪"也。

⑧鲸鱼谓刻枸作鲸鱼形也。铿谓击之也，音苦耕反。《尚书大传》曰："天子
将出则撞黄钟，右五钟皆应。"薛综注《西京赋》云："海中有大鱼名鲸，
又有兽名蒲牢。蒲牢素畏鲸鱼，鲸鱼击蒲牢，蒲牢辄大鸣呼。凡钟欲令

其声大者,故作蒲牢于其上,撞钟者名为鲸鱼。钟有篆刻之文,故曰华。《尔雅》曰:"马高八尺以上曰龙。"《月令》:"春驾苍龙。"各随四时之色,故曰时也。玲珑,声也。蔡邕《独断》曰:"百官小吏曰天官。"褛亦盛也。

⑨山灵,山神也。属,连也,音烛。方,四方也。雨师,毕星也。风伯,箕星也。《韩子》师旷谓晋平公曰:"黄帝合鬼神于太山,风伯进扫,雨师洒道。蔡邕《独断》曰:"天子大驾,备千乘万骑。"元戎,戎车也。《诗·小雅》曰:"元戎十乘,以先启行。"毛苌注曰:"元,大也。夏后氏曰钩车,先正也;殷曰寅车,先疾也;周曰元戎,先良也。"《说文》曰:"铤,小矛也。"音市延反。彗,扫也,音似锐反。

⑩焱焱、炎炎,并戈矛车马之光也。《说文》曰"焱,火华也。"音以赡反。震读曰真。

⑪中圊,圊中也。《续汉志》曰:"大将军营五部,部校尉一人。部下有曲,曲下有屯长一人。"骈犹陈列也。杜预注《左传》曰:"百人为队。"郑玄《周礼注》云:"天子六军,三居一偏。"故此言勒三军也。《周礼》曰:"群吏听誓于前,斩牲以徇陈,曰不用命者斩之。"郑玄注云:"群吏,将帅也。"

⑫《谷梁传》曰:"三驱之礼,一为乾豆,二为宾客,三为充君之庖。"霆激,电骛,并言疾也。游基,养由基也。《淮南子》曰:"楚有神白猿,王自射之,则挥而嬉,使养由基射之,始调弓矫矢,未发而猿拥木号矣。"范氏,赵之御人也。《孟子》曰:"赵简子使王良御,终日不获一禽,反曰:'天下贱工也。'王良曰:'吾为范氏驱驰,终日不获一,为之诡遇,一朝而获十。'"赵歧注曰:"范,法也,为法度之御,应礼之射,终日不得一。诡遇,非礼射也,则能获十。"弦不失禽,谓由基也。辔不诡遇,谓范氏也。

⑬《高唐赋》曰:"举功先得,获车已实。"《尔雅》曰:"般,乐也。"《礼记》曰:"乐不可极。"踠犹屈也。《方言》曰:"泄,歇也。"《汉官仪》:"大驾,属车八十一乘。"《子虚赋》曰:"案节未舒。"谓驻节徐行也。

⑭《左传》郑子太叔曰:"为五牲三牺。"杜预注云:"五牲,麋、鹿、麏狼、兔也。三牺,祭天地宗庙之牺也。"郊,祭天也。天神曰神,地神曰祇。百灵,百神也。《诗》曰:"怀柔百神。"觐,朝也。谓朝诸侯于明堂。《诗·大雅》曰:"维清缉熙,文王之典。"郑玄注云:"缉熙,光明也。"《尚书》曰:"休征。"孔安国注云:"叙美行之验。"

⑮《易·系辞》曰:"仰则观象于天,俯则观法于地,近取诸身,远取诸物。"

圣躬谓天子也。中夏,中国也。瞰音苦暂反。四裔,四夷也。棱,威也。《左传》曰"德以柔中国,刑以威四夷"也。

⑯荡,涤也。河源在昆仑山。《前书》曰"威棱澹乎邻国。"《音义》曰:"澹犹动也,音徒滥反。"滑,水涯,音唇。郭璞注《尔雅》曰:"涯上平坦而下水深者为滑。"趨,跃也,音它历反。说文曰:"垠,界也。"音银。

⑰《尔雅》曰:"詟,惧也。"音之涉反。

⑱绥,安也。哀牢,西南夷号。永平十二年,其国王柳貌相率内属,以其地置永昌郡也。

⑲春王犹《左传》云"春王正月"也。三朝,元日也。朝音陟遥反。谓岁之朝,月之朝,日之朝。《前书》谷永曰:"今年正月朔,食于三朝之会。"《周礼》曰:"时见曰会,殷眺曰同。"贾逵注《国语》曰:"庸犹受也。"《诗》曰"因时百蛮"也。

⑳供帐,供设帷帐也。供音九用反。《前书》曰:"三辅长无供帐之劳。"戴延之记曰:"端门东有崇贤门,次外有云龙门。"赞,引也。

㉑庭实,贡献之物也。《左传》孟献子曰:"臣闻聘而献物,于是有庭实旅百。"千品,言多也。《说文》曰:"钟,器也。"《孔丛子》曰:"尧饮千钟。"罍,酒器也。《诗》曰:"我姑酌彼金罍。"珍,八珍也。太牢,牛羊豕也。飨,协韵音香。

㉒食举为当食举乐也。蔡邕《礼乐志》曰:"大予乐,郊祀陵庙殿中诸食举乐也。"《雍》,《诗》篇名也。谓食讫歌《雍》诗以彻也。《论语》曰:"三家者以《雍》彻。"太师,乐官也。《周礼》,太师掌六律、六同,以合阴阳之声也。铿音苦耕反。锵音楚庚反。晔煜,盛貌也。煜音育。

㉓《左传》晏子曰:"五声六律。"杜预注云:"五声,宫、商、角、徵、羽。六律,黄钟、太蔟、姑洗、蕤宾、夷则、无射。"《尚书》曰:"九功惟序,九序惟歌。"九功谓金、木、水、火、土、谷、正德、利用、厚生也。佾,舞行也。《谷梁传》曰:"天子八佾。"《韶》,舜乐名。《武》,武王乐名。泰古,远古也。

㉔间,迭也,音古苋反。《诗·国风》曰"汉广",德广所及也。郑玄注《周礼》云:"四夷之乐,乐方曰《韎》,南方曰《任》,西方曰《株离》,北方曰《禁》。""禁",字书作"佅",音渠禁反。佅音摩葛反。《周礼》"佅"作"禁","佅"作"韎","兜"作"株"也。

㉕万乐、百礼,盛言之也。暨,至也。《易》曰:"天地细缊,万物化醇。"《礼统》曰:"天地者,元气之所生,万物之祖。"《尚书大传》曰:"天子将入,

撞蕤宾之钟,左五钟皆应。"撞音直江反。

　　于是圣上亲万方之欢娱,久沐浴乎膏泽,惧其侈心之将萌,而急于东作也。①乃申旧章,下明诏,命有司,班宪度,昭节俭,示大素。②去后宫之丽饰,损乘舆之服御;除工商之淫业,兴农桑之上务。遂令海内弃末而反本,背伪而归真。女修织纴,男务耕耘。器用陶匏,服尚素玄。耻纤靡而不服,贱奇丽而不珍。捐金于山,沈珠于渊。③于是百姓涤瑕荡秽,而镜至清。形神寂寞,耳目不营。嗜欲之原灭,廉正之心生。莫不优游而自得,玉润而金声。④是以四海之内,学校如林,庠序盈门。献酬交错,俎豆莘莘。下舞上歌,蹈德咏仁。⑤登降饫宴之礼既毕,因相与嗟欢玄德,谠言弘说。咸含和而吐气,颂曰"盛哉乎斯世"!⑥

①《尚书》曰:"平秩东作。"注云:"岁起于春而始就耕。"

②《诗·大雅》曰:"率由旧章。"郑玄注云:"旧典文章。"《左传》臧哀伯曰:"大路越席,大羹不致,昭其俭也。"《列子》曰:"大素者,质之始也。"

③《前书》文帝诏曰:"农,天下之本也,而人或不务本而事末。"《音义》曰:"本,农也。末,贾也。"背伪,去雕饰也。归真,尚质素也。杜预注《左传》曰:"织纴,织缯布也。"《礼记》曰:"器用陶匏。"陶,瓦器也。匏,瓠也。陆贾《新语》曰:"圣人不用珠玉而宝其身,故舜弃黄金于嶄岩之山,捐珠玉于五湖之川,以杜淫邪之欲也。"

④瑕秽犹过恶也。《杨雄集》曰:"涤瑕荡秽。"《淮南子》曰:"形者生之舍,神者生之制也。"又曰:"和顺以寂寞。"《尚书》曰:"弗役耳目,百度惟贞。"《淮南子》曰:"吾所谓有天下者,自得而已。"《礼记》孔子曰:"君子比德于玉焉,温润而泽,仁也。"《孟子》曰孔子"德如金声也。"

⑤《前书》平帝立举学官。郡国曰学,县道邑及侯国曰校,乡曰庠,聚曰序。《诗》曰:"献酬交错。"莘莘,众多也,音所巾反。《礼记》曰:"歌者在上,贵人声也。"又"嗟叹之不足,故手之舞之,足之蹈之。"

⑥《诗》曰:"饮酒之饫。"毛苌注云:"不脱屦屦升堂谓之饫。"饫,私也。《尚书》曰:"玄德升闻。"《字林》曰:"说,美言,音党。"

　　今论者但知诵虞夏之《书》,咏殷周之《诗》,讲羲文之

《易》,论孔氏之《春秋》,罕能精古今之清浊,究汉德之所由。①
唯子颇识旧典,又徒驰骋乎末流。温故知新已难,而知德者鲜
矣!②且夫辟界西戎,险阻四塞,修其防御。孰与处乎土中,平
夷洞达,万方辐凑?③秦领九嶻,泾渭之川,曷若四渎、五岳,带
河溯洛,图书之渊?④建章、甘泉,馆御列仙,孰与灵台、明堂,
统和天人?⑤太液昆明,鸟兽之囿,曷若辟雍海流,道德之
富?⑥游侠逾侈,犯义侵礼,孰与同履法度,翼翼济济也?⑦子
徒习秦阿房之造天,而不知京洛之有制也;识函谷之可关,而
不知王者之无外也。"⑧

①伏羲画八卦,文王作卦辞,孔子作《春秋》。清浊犹善恶也。

②末流犹下流也。谓诸子也。《前书》曰:"不入于道德,放纵于末流。"《论
　语》孔子曰:"温故知新,可以为师矣。"又曰:"由,知德者鲜矣。"

③辟,远也,音匹亦反。《战国策》苏秦说孟尝君曰:"秦,四塞之国也。"高
　诱注云:"四面有山关之固,故曰四塞之国。"防御谓关禁也。辐凑,如辐
　之凑于毂也。《前书》武帝诏吾丘寿王曰"子在朕前之时,知略辐凑"也。

④四渎,江、河、淮、济也。《河图》曰:"天有四表,以布精魄,地有四渎,以
　出图书。"《尔雅》曰:"太山为东岳,衡山为南岳,华山为西岳,恒山为北
　岳,嵩山为中岳。"图书之泉谓河、洛也。《易·系辞》曰"河出图,洛出
　书"也。

⑤馆御谓设台以进御神仙也。《礼含文嘉》曰"礼,天子灵台,以考观天人
　之际,法阴阳之会"也。

⑥《三辅黄图》曰"辟雍,水四周于外,象四海"也。

⑦游侠,即西宾云"乡曲豪俊,游侠之雄。"逾侈谓"列肆侈于姬、姜"等也。
　《尔雅》曰:"翼翼,敬也。"《诗》曰:"济济多士。"毛苌注云:"济济,多威
　仪也。"

⑧《史记》曰,秦始皇作阿房宫。造,至也。《公羊传》曰"王者无外"也。

　　主人之辞未终,西都宾矍然失容,逡巡降阶,慊然意下,捧
手欲辞。主人曰:"复位,今将喻子五篇之诗。"①宾既卒业,乃
称曰:"美哉乎此诗! 义正乎杨雄,事实乎相如,非唯主人之好
学,盖乃遭乎斯时也。②小子狂简,不知所裁。既闻正道,请终

身诵之。"其诗曰：③

①《说文》曰："矍，视遽之貌。"音许缚反。《周书》曰："临摄以威而慄。"慄者，犹恐惧也。音徒颊反。喻，告也。

②杨雄作《长杨》、《羽猎赋》，司马相如作《子虚》、《上林赋》，并文虽藻丽，其事迂诞，不如主人之言义正事实也。

③《论语》孔子曰："吾党之小子狂简，斐然成章，不知所以裁之。"又曰："不忮不求，何用不臧，子路终身诵之。"

明堂诗：　　於昭明堂，明堂孔阳。圣皇宗祀，穆穆煌煌。①上帝宴飨，五位时序。谁其配之，世祖光武。②普天率土，各以其职。犄与缉熙，允怀多福。③

①於音乌，叹美之辞也。《诗·周颂》曰："於昭于天。"孔，甚也。阳，明也。《国风》曰："我朱孔阳。"圣皇帝祀谓祭光武于明堂也。《诗》曰："穆穆煌煌，宜君宜王。"穆穆犹敬也，煌煌犹美也。

②《前书》曰："天神贵者太一，太一佐曰五帝。"五位，五帝也。《河图》曰："苍帝灵威仰，赤帝赤熛怒，黄帝含枢纽，白帝白招矩，黑帝叶光纪。"杨雄《河东赋》曰："灵祇既飨，五位时叙。"谓各依其方而祭之。

③《诗·小雅》曰："溥天之下，莫非王土。率土之宾，莫非王臣。"溥亦普也。《孝经》曰："四海之内，各以其职来助祭。"《诗·商颂》曰："犄欤那欤。"犄，美也。允，信也。怀，来也。《诗·大雅》曰："聿怀多福。"

辟雍诗：　　乃流辟雍，辟雍汤汤。圣皇莅止，造舟为梁。①皤皤国老，乃父乃兄。抑抑威仪，孝友光明。②於赫太上，示我汉行。鸿化惟神；永观厥成。③

①汤汤，水流貌。莅，临也。《诗·小雅》曰："方叔莅止。"《大雅》曰："造舟为梁。"毛苌注云："天子造舟。"造，至也，谓连舟为浮梁也。

②《说文》曰："皤皤，老人貌也。"音步何反。《孝经援神契》曰："天子尊事三老，兄事五更。"抑抑，美也。《诗》曰："威仪抑抑。"《尔雅》曰："善父母为孝，善兄弟为友。"

③於赫，叹美也。太上谓太古立德贤圣之人；并著养老之礼，今我汉家遵行之也。鸿，大也。《文子》曰："执玄德于心，化驰如神。"《诗·周颂》曰："我客戾止，永观厥成。"《尔雅》曰："观，示也。"

灵台诗：　　乃经灵台，灵台既崇。帝勤时登，爰考休征。①三光宣精,五行布序。习习祥风,祁祁甘雨。②百谷溱溱,庶卉蕃芜。屡惟丰年,于皇乐胥。③

①《诗·大雅》曰:"经始灵台。"崇,高也。时登,以时登之。休,美也。征,验也。

②三光,日、月、星也。宣,布也。精,明也。五行,水、火、金、木、土。布序谓各顺其性,无谬沴也。习习,和也。《诗·小雅》曰:"习习谷风。"《礼斗威仪》曰:"君政颂平,则祥风至。"宋均注曰:"即景风也。"祁祁,徐也。《诗·小雅》曰:"兴雨祁祁。"《尚书考灵耀》曰"荧惑顺行,甘雨时"也。

③百,言非一也。《尚书·洪范》曰:"百谷用成。"溱溱,盛貌。《尚书》曰:"庶草蕃芜。"《尔雅》曰:"蕃芜,丰也。"《诗·周颂》曰:"绥万邦,屡丰年。"又曰:"於皇时周。"於音乌。《诗·小雅》曰:"君子乐胥,受天之祜。"注云:"胥,有才智之名。"

宝鼎诗: 岳修贡兮川效珍,吐金景兮歊浮云。宝鼎见兮色纷缊,焕其炳兮被龙文。①登祖庙兮享圣神,昭灵德兮弥亿年。②

①谓永平六年王雒山得宝鼎,庐江太守献之。景,光也。《说文》曰:"歊,气出貌。"音火骄反。《史记》曰:"秦武王与孟悦举龙文之鼎。"

②时明帝诏曰:"其以礿祭之日,陈鼎于庙,以备器用。"弥,终也。万万曰亿。《尚书》曰:"公其以予万亿年敬天之休。"

白雉诗: 启灵篇兮披瑞图,获白雉兮效素乌。①发皓羽兮奋翘英,容洁朗兮于淳精。②章皇德兮侔周成,永延长兮膺天庆。③

①灵篇谓河、洛之书也。《固集》此题篇云"白雉素乌歌",故兼言"效素乌"。

②皓,白也。翘,尾也。《春秋元命包》曰:"乌者阳之精。"

③章,明也。侔,等也。《孝经援神契》曰:"周成王时,越裳献白雉。"庆读曰卿。

及肃宗雅好文章,固愈得幸,数入读书禁中,或连日继夜。每行巡狩,辄献上赋颂。朝廷有大议,使难问公卿,辩论于前,赏赐恩宠甚渥。固自以二世才术,位不过郎,①感东方朔、杨雄自论,以不遭苏、张、范、蔡之时,作《宾戏》以自通焉。②后迁玄武司马。③天子会诸儒讲论《五经》,作《白虎通德论》,令固撰集其事。④

①二代谓彪及固。

②东方朔《答客难》曰:"使苏秦、张仪与仆并生,曾不得掌故,安敢望侍郎乎?"杨雄《解嘲》曰:"范睢,魏之亡命也。蔡泽,山东之匹夫也。有谈范、蔡于许、史之间,则狂矣。"固所作《宾戏》,事见《前书》。

③《续汉志》曰:"宫掖门,每门司马一人,秩比千石。玄武司马,主玄武门。"

④章帝建初四年,诏诸王诸儒会白虎观讲议《五经》同异。

时北单于遣使贡献,求欲和亲,诏问群僚。议者或以为"匈奴变诈之国,无内向之心,徒以畏汉威灵,逼惮南虏,①故希望报命,以安其离叛。今若遣使,恐失南虏亲附之欢,而成北狄猜诈之计。不可。"固议曰:"窃自惟思,汉兴已来,旷世历年,兵缠夷狄,尤事匈奴。绥御之方,其涂不一,或修文以和之,或用武以征之,或卑下以就之,②或臣服而致之。③虽屈申无常,所因时异,然未有拒绝弃放,不与交接者也。故自建武之世,复修旧典,数出重使,前后相继,④至于其末,始乃暂绝。永平八年,复议通之。而廷争连日,异同纷回,多执其难,少言其易。先帝圣德远览,瞻前顾后,遂复出使,事同前世。⑤以此而推,未有一世阙而不修者也。今乌桓就阙,稽首译官,康居、月氏,自远而至,匈奴离析,名王来降。三方归服,不以兵威,此诚国家通于神明自然之征也。臣愚以为宜依故事,复遣使者,上可继五凤、甘露致远人之会,⑥下不失建武、永平羁縻之义。虏使再来,然后一往,既明中国主在忠信,且知圣朝礼义有常,岂同逆诈示猜,孤其善意乎?绝之未知其利,通之不闻其害。设后北虏稍强,能为风尘,⑦方复求为交通,将何所及?不若因今施惠,为策近长。"

①南匈奴也。

②文帝与匈奴通关市,妻以汉女,增厚其赂也。

③宣帝时,匈奴稽首臣服,遣子入侍。

④建武二年,日逐王遣使诣渔阳请和亲,使中郎将李茂报命。二十六年,遣中郎将段郴授南单于印绶。

⑤先帝谓明帝也。永平八年,遣越骑司马郑众报使北匈奴。

⑥宣帝五凤三年,单于名王将众五万余人来降,称臣朝贺。甘露元年,匈奴呼韩邪遣子右贤王入侍。

⑦相侵扰则风尘起。

固又作《典引篇》,述叙汉德。①以为相如《封禅》,靡而不典;②杨雄《美新》,典而不实。③盖自谓得其致焉。其辞曰:

①典谓《尧典》,引犹续也。汉承尧后,故述汉德以续《尧典》。

②文虽靡丽,而体无古典。

③体虽典则,而其事虚伪,谓王莽事不实。

太极之原,两仪始分,烟烟煴煴,有沈而奥,有浮而清。①沈浮交错,庶类混成。②肇命人主,五德初始,同于草昧,玄混之中。③逾绳越契,寂寥而亡诏者,《系》不得而缀也。④厥有氏号,绍天阐绎者,⑤莫不开元于大昊皇初之首,上哉琼乎,其书犹可得而修也。⑥亚斯之世,通变神化,函光而未曜。⑦

①《易·系词》曰:"《易》有太极,是生两仪。"又曰:"天地细缊,万物化醇。"蔡邕曰:"烟缊,阴阳和一相扶貌也。",奥,浊也。《易乾凿度》曰:"清轻者为天,浊沈者为地。"

②庶类,万物也。混犹同也。《老子》曰:"有物混成,先天地生。"

③人主谓天子也。《尚书》曰,成汤简代夏作人主。五德,五行也。初始谓伏牺始以木德王也。木生火,故神农以火德,五行相生,周而复始。草昧谓草创暗昧也。《易》曰:"天地草昧。"幽玄混沌之中,谓三皇初起之时也。

④《易·系辞》曰:"上古结绳而化,后代圣人易之以书契。"逾、越,并过也。诏,诰也。言过绳契以上既无文字,故寂寥而无文诰。《系》谓《易·系辞》也,故《易》系而不得缀连也。

⑤氏号谓太昊号庖牺氏,炎帝号神农氏,黄帝号轩辕氏之类。绍,继也。谓王者继天而作。阐,开也。绎,陈也。

⑥《易》曰:"帝出于《震》。"始以木德王天下,故曰皇初之首。又曰:"古者庖牺氏之王天之下也,仰则观象于天,俯则观法于地。"是其书可得而修也。

⑦亚斯之代谓少昊、颛顼、高辛等。虽通变神化,而《易·系》不载其事,故

曰"函光未曜。"

　　若夫上稽乾则，降承龙翼，而炳诸《典》《谟》，以冠德卓踪者，莫崇乎陶唐。①陶唐舍胤而禅有虞，虞亦命夏后，稷、契熙载，越成汤、武。②股肱既周，天乃归功元首，将授汉刘。③俾其承三季之荒末，值亢龙之灾孽，悬象暗而恒文乖，彝伦致而旧章缺。④故先命玄圣，使缀学立制，宏亮洪业，表相祖宗，赞扬迪哲，备哉灿烂，真神明之式也。⑤虽前皋、夔、衡、旦密勿之辅，比兹遍矣。⑥是以高、光二圣，辰居其域，时至气动，乃龙见渊跃。⑦拊翼而未举，则威灵纷纭，海内云蒸，雷动电燿，胡缢莽分，不莅其诛。⑧然后钦若上下，恭揖群后，正位度宗，有于德不台渊穆之让，靡号师矢敦奋拗之容。⑨盖以膺当天下之正统，受克让之归运，蓄炎上之烈精，蕴孔佐之弘陈云尔。⑩

①稽，考；乾，天也。《论语》孔子曰："唯天为大，唯尧则之。"龙翼谓稷、契等为尧之羽翼。《易·乾·上九》曰："用九，见群龙无首，吉。"郑玄注云："六爻皆体龙，群龙象也，谓禹与稷、契、咎陶之属并在于朝。"炳，明也。《典》、《谟》谓《尧典》、《皋陶谟》也。为道德之冠首，踪迹之卓异者，莫高于陶唐。《尔雅》曰："崇，高也。"

②舍胤谓尧舍其胤子丹朱而禅于舜，舜亦舍其子商均而禅禹。《书》曰："熙帝之载。"孔安国注云："熙，广也。载，事也。"言稷、契并能广立功事于尧、舜之朝。越，于也。于是成其子孙汤、武之业，并得为天子也。汤，契之后。武王，后稷之后。

③股肱谓稷、契。既周谓其子孙并周遍得为天子。元首，尧也。言天更归功于尧，又将授汉以帝位。

④俾，使也。三季，三王之季也。《易·乾·文言》曰："亢龙有悔，穷之灾也。"孽亦灾也。《易》曰："悬象著明，莫大于日月。"乖谓失于常度也。伦，理也。致，败也。尚书曰："彝伦攸致。"旧章缺谓秦燔《诗》《书》。

⑤玄圣谓孔丘也。《春秋演孔图》曰："孔子母征在梦感黑帝而生，故曰玄圣。"《庄子》曰："恬澹玄圣，素王之道。"缀学立制谓为汉家法制也。宏、洪，并大也。亮，信也。表，明也。相，助也。迪，蹈也。哲，智也。言赞扬蹈履哲智之君，谓高祖等也。《尚书》曰："兹四人迪哲。"灿烂，盛明也。式，法也。

⑥皋，皋陶也。夔，舜之典乐者。衡谓阿衡，即伊尹也。旦，周公也。密勿犹黾勉也。兹谓孔子，言皋、夔等比之为遍小矣。

⑦《论语》孔子曰："譬如北辰，居其所而众星共之。"时至气动谓高祖聚彤云于砀山，光武发佳气于白水。《易·乾卦·九二》曰："见龙在田。"《九四》曰："或跃在渊。"并喻汉初起。

⑧拊翼，以鸡为喻，言知将旦则鼓其翼而鸣。《前书》曰："张、陈之交，拊翼俱起。"以喻高祖、光武也。纷纭，盛貌也。如云之蒸，言天下英杰为汉者多也。熛，光也。胡缢谓胡亥缢死也。莽分谓公宾就斩莽也。莅，临也。言天下先为汉诛之，高祖、光武不亲临也。

⑨《尚书》曰："钦若昊天。"钦，敬也。若，顺也。上下谓天地也。《书》曰："格于上下。"群后，诸侯也。《易》曰"君子正位凝命"也。《尚书》曰："延入翼室恤宅宗。"度，居也。宗，尊也。《前书》曰："舜让于德不台。"《音义》曰："台读曰嗣。"言二祖初即位居尊之时，并谦言于德不能嗣成帝功，有此渊深穆敬之让。高祖初即位，曰："寡人闻帝者贤者有也，虚言无实之名，非所取也。"光武即位，固辞至于再三。靡，无也。矢，陈也。敦犹迫逼也。《诗》云："矢于牧野。"又曰："敷敦淮渍。"言汉取天下，无号令陈师，敦迫奋武，挥旄之容。《诗》曰："奋伐荆楚。"《尚书》曰："王秉白旄以麾。"挥亦麾也。言并天人所推，不尚威力。

⑩正统谓汉承周为火德。《尚书·尧典》曰："允恭克让。"谓汉承尧克让之后。归运谓尧归运于汉也。炎上谓火德，烈精言盛也。蕴，藏也。孔佐谓孔丘制作《春秋》及纬书以佐汉也，即《春秋演孔图》曰"卯金刀，名为刘。中国东南出荆州，赤帝后，次代周"是也。谓大陈汉之期运也。

　　洋洋乎若德，帝者之上仪，诰誓所不及已。①铺观二代洪纤之度，其颐可探也。②并开迹于一匮，同受侯甸之所服，奕世勤民，以伯方统牧。③乘其命赐彤弧黄戚之威，用讨韦、顾、黎、崇之不格。④至乎三五华夏，京迁镐、亳，遂自北面，虎离其师，革灭天邑。⑤是故义士伟而不敦，《武》称未尽，《护》有惭德，不其然与？⑥然犹於穆猗那，翕纯皦绎，以崇严祖考，殷荐宗祀配帝，发祥流庆，对越天地者，乌奕乎千载。岂不克自神明哉！⑦诞略有常，审言行于篇籍，光藻朗而不渝耳。⑧

①洋洋，美也。若，如也。仪，法也。谓如此美德，可谓五帝之上法也。《谷

梁传》曰："诰誓不及五帝，盟诅不及三王，交质不及二伯。"上下不相信服，方有诰誓。五帝之时，上下和睦，故誓不及。

②铺，遍也。二代，殷、周也。洪纤犹大小也。度，法度也。赜，幽深也。言遍观殷周大小之法，其幽深可探知之。

③孔子曰："譬如平地，虽覆一篑。"郑玄注云："篑，盛土笼也。"侯服、甸服谓诸侯也。汤为桀之诸侯，文王为纣之诸侯。奕犹重也。自契至汤十四代，后稷至文王十五代，并积勤劳于人也。伯方犹方伯也。谓汤为夏伯，文王为殷伯，并统领州牧。

④《周礼》九命作伯。彤弧，赤弓。黄戚，黄金饰斧也。《礼记》曰："诸侯赐弓矢然后专征伐，赐斧钺然后杀。"韦、顾，并国名，汤灭之。《诗·殷颂》曰："韦、顾既伐。"黎、崇，亦国名。《史记》："文王伐崇。"《尚书》曰："西伯戡黎。"格，来也。

⑤三五，未详。京师，京都也。武王都镐，汤都亳。《诗》云："宅是镐京，武王成之。"《尚书》曰："汤始居亳，从先王居。"自，从也。北面谓臣也。汤、武并以臣伐君。《史记》曰："如虎如罴，如豺如离，于商郊。"《音义》曰："离与螭同。"革，改也。《易》曰："汤武革命。"天邑，天子所都也。《尚书》曰："肆予敢求尔于天邑商。"

⑥《左传》曰："武王克商，迁九鼎于洛邑，义士犹曰薄德。"杜预注曰："伯夷之属也。"《史记》曰，伯夷、叔齐逢武王伐纣，扣马谏曰："以臣弑君，可谓仁乎？"伟犹异也。敦，厚也。《武》，周武王乐也。《论语》孔子曰："谓《武》尽美矣，未尽善也。"《护》，汤乐也。《左传》，延陵季子聘鲁，观乐，见舞《大护》者，曰："圣人之弘也，而犹有惭德。"

⑦於，叹辞也。穆，美也。叹美周家之德。《诗·周颂》曰："於穆清庙。"猗亦叹之辞也。那，多也。叹美汤德之多也。《殷颂》曰："猗欤那欤。"《论语》子语鲁太师乐曰："乐其可知也。始作翕如也，纵之纯如也，皦如也，绎如也，以成。"何晏注曰："翕，盛也。纯，和谐也。皦，其音节明也。"郑玄注云"绎，调达之貌。此言殷周之伐，尚有于穆猗那之颂，播乏于翕纯皦绎之乐，尊祖严父，宗祀配天于明堂之中。《诗·商颂》曰："浚哲惟商，长发其祥。"言发祯祥以流庆于子孙。《周颂》曰："秉文之德，对越在天。"舄奕犹蝉联不绝也。

⑧诞，大也。言殷周二代政化之迹，大略有常也。篇籍谓《诗》《书》也。朗，明也。渝，变也。言光彩文藻朗明而不变耳，其余殊异不能及于汉也。

　　矧夫赫赫圣汉,巍巍唐基,溯测其源,乃先孕虞育夏,甄殷陶周,①然后宣二祖之重光,袭四宗之缉熙。神灵日烛,光被六幽,仁风翔乎海表,威灵行于鬼区,慝亡迥而不泯,微胡琐而不颐。②故夫显定三才昭登之绩,匪尧不兴;铺闻遗策在下之训,匪汉不弘。③厥道至乎经纬乾坤,出入三光,外运混元,内浸豪芒,性类循理,品物咸亨,其已久矣。④

①矧,况也。汉承唐虞之基。逆流曰溯。孕,怀也。育,养也。甄、陶谓造成也。《前书音义》曰:“陶人作瓦器谓之甄。”言虞、夏、殷、周之先祖,并尝为尧臣。

②二祖,高祖、世祖也。尚书曰:“宣重光。”袭,重也。四宗,文帝为大宗,武帝为代宗,宣帝为中宗,明帝为显宗。烛,照也,言如日之照。六幽,六合幽远之地。鬼区,远方之地。《易》曰:“高宗伐鬼方。”慝,恶也。迥,远也。泯,灭也。琐,小也。颐,养也。言凶恶者无远而不灭,微细者何小而不养也。

③三才,天、地、人也。《易》曰:“兼三才而两之。”登,升也。绩,功也。言升天之功,非尧不能兴也。《尚书》曰:“昭升于上。”铺,布也。遗策,尧之余策,谓《尧典》也。在下谓后代子孙也。言《尧典》为子孙之训,非汉不能弘大也。

④经纬天地,言阴阳交泰也。出入三光,言日、月、星得其度也。浑元,天地之总名也。豪芒,纤微也。《老子》曰:“和阴阳,节四时,润乎草木,浸乎金石,毫毛润泽。”性,生也。循,顺也。含生之类,皆顺于理。《尚书》曰:“别生分类,品物万物。”亨,通也。《易》曰:“含弘光大,品物咸亨。”

　　盛哉!皇家帝世,德臣列辟,功君百王,荣镜宇宙,尊无与抗。①乃始虔巩劳让,兢兢业业,贬成抑定,不敢论制作。②至令迁正黜色宾监之事,焕扬宇内;而礼官儒林屯朋笃论之士,而不传祖宗之仿佛。虽云优慎,无乃葸欤!③

①皇家帝代谓汉家历代也。列辟谓古之帝王也。言汉家德可以臣彼列辟,功可以君彼百王。相如《封禅书》曰:“历选列辟。”镜犹光明也。抗犹敌也,读曰康。

②《尔雅》曰:“虔巩,固也。”《易》曰:“劳谦君子有终吉。”言帝固为劳谦

也。兢兢戒慎也。业业,危惧也。《礼记》曰:“王者功成作乐,理定制礼。”今不敢论制礼作乐之事,言谦之甚也。

③迁正,改正朔也。黜色,易服色也。宾谓殷、周二王之后,为汉之宾。监,视也。视殷周之事以为监戒。《论语》孔子曰:“周监于二代。”屯,聚也。朋,群也。不传谓不制作篇籍,以纪功德也。仿佛犹梗概也。《论语》孔子曰:“慎而无礼则葸。”郑玄注云“葸,质悫貌”也。言虽优游谦慎,无乃太质悫也。

于是三事岳牧之僚,佥尔而进曰:陛下仰监唐典,中述祖则,俯蹈宗轨。①躬奉天经,惇睦辩章之化洽。②巡靖黎蒸,怀保鳏寡之惠浃。③燔瘗县沈,肃祇群神之礼备。④是以凤皇来仪集羽族于观魏,肉角驯毛宗于外囿,扰缁文皓质于郊,升黄晖采鳞于沼,甘露宵零于丰草,三足轩翥于茂树。⑤若乃谷嘉灵草,奇兽神禽,应图合谍,穷祥极瑞者,朝夕坰牧,日月邦畿,卓荦方州,羡溢乎要荒。⑥昔姬有素雉、朱乌、玄秬、黄麰之事耳,君臣动色,左右相趋,济济翼翼,峨峨如也。⑦盖用昭明寅畏,承聿怀之福。亦以宠灵文、武,贻燕后昆,覆以懿铄,岂其为身而有颛辞也?⑧若然受之,宜亦勤恁旅力,以充厥道,启恭馆之金縢,御东序之秘宝,以流其占。⑨

①三事,三公也。佥,皆也。

②天经谓孝也。孔子曰:“夫孝,天之经。”谓章帝初即位,四时禘祫,宗祀于明堂也。《尚书》曰:“惇叙九族。”又曰:“九族既睦,辩章百姓。”郑玄云:“辩,别也。章,明也。惇,厚也。睦,亲也。”章帝性笃爱,不忍与诸王乖离,皆留京师也。

③巡,抚也。靖,安也。黎、蒸,皆众也。怀,思也。保,安也。浃,洽也。《尚书》曰:“怀保小人,惠鲜鳏寡。”谓章帝在位凡四巡狩,赐人爵,鳏、寡、孤、独不能自存者粟。

④《尔雅》曰:“祭天曰燔柴,祭地曰瘗埋,祭山曰庪县,祭种曰浮沈。”肃祇,恭敬也。《封禅书》曰:“汤武至尊,不失肃敬。”元和中诏曰:“朕巡狩岱宗,柴望山川。”庪音居毁反。

⑤《尚书》曰:“凤皇来仪。”元和二年诏曰:“乃者凤皇鸾鸟比集七郡。”羽族谓群鸟随之也。观魏,门阙也。肉角谓麟也。伏侯《古今注》曰:“建初

二年,北海得一角兽,大如麕,有角在耳间,端有肉。又元和二年,麒麟
见陈,一角,端如葱叶,色赤黄。"扰,驯也。缁文皓质谓驺虞也。《说文》
曰:"驺虞,白虎,黑文,尾长于身。"《古今注》曰:"元和三年,白虎见彭
城。"黄晖采鳞谓黄龙也。建初五年,有八黄龙见于零陵。《古今注》曰:
"元和二年,甘露降河南,三足乌集沛国。"轩翥谓飞翔上下。

⑥嘉谷,嘉禾。灵草,芝属。《古今注》曰:"元和二年,芝生沛,如人冠大,坐
状。"章和九年诏曰:"嘉谷滋生,芝草之类,岁月不绝。"奇兽神禽谓白
虎、白雉之属也。建初七年,获白鹿。元和元年,日南献生犀、白雉。言
应于瑞图,又合于史谍也。垌牧,郊野也。卓荦,殊绝也。荦音以战反。

⑦《孝经援神契》曰:"周成王时,越裳来献白雉。"朱鸟谓赤鸟也。《尚书中
候》曰:"太子发度孟津,有火自天止于王屋,流为赤鸟。"玄秬,黑黍也。
《诗·大雅》曰:"诞降嘉种,惟秬惟秠。"黄鍪,麦也。谓赤鸟衔牟麦而至
也。《诗·颂》曰:"贻我来牟。"《诗·大雅》曰:"济济多士。"又曰:"惟此
文王,小心翼翼。"又曰:"奉璋峨峨。"

⑧《诗·大雅》曰:"昭明有融。"寅,敬也。《尚书》曰:"严恭寅畏。"聿,述
也。怀,思也。《诗·大雅》曰:"昭事上帝,聿怀多福。"贻,遗也。燕,安
也。后昆,子孙也。言此并以光宠神灵文王、武王之德,遗燕安于子孙
也。《诗·大雅》曰:"贻厥孙谋,以燕翼子。"覆犹重也。懿、铄,并美也。
《诗·大雅》曰:"我求懿德。"又曰:"于铄王师。"言诗人歌颂周之盛德,
当成、康之时。其成王、康王,岂独为身而有自专之辞也,并上宠文武
之业,下遗子孙之基也。言今章帝既获符瑞之应,亦宜同成、康之事
也。

⑨受之谓汉受此符瑞也。《说文》曰:"恁,念也。"音人甚反。旅,陈也。充,
当也。恭肃之馆谓清庙中也。金縢,以金缄匮,藏符瑞之书于其中也。御
犹陈也。东序,东厢也。秘宝谓《河图》之属。《尚书》曰:"天球《河图》在
东序。"孔安国注曰:"《河图》,八卦是也。"言启金縢之书及《河图》之卦
以占之也。流犹遍也。

　　夫图书亮章,天哲也;孔猷先命,圣孚也;体行德本,正性
也;逢吉丁辰,景命也。①顺命以创制,定性以和神,答三灵之
繁祉,展放唐之明文,兹事体大而允,寤寐次于圣心。瞻前顾
后,岂蔑清庙惮敕天乎?②伊考鶱古,乃降戾爰兹,作者七十有

四人，有不俾而假素，罔光度而遗章，今其如台而独阙也。③

①图书，《河图》、《洛书》也。亮，信。章，明。哲，智。言天授图书者，为天子所知也。孔，孔丘也。猷，图也。孚，信也。言孔丘之图，先命汉家当须封禅，此圣人之信也。体行犹躬行也。孔子曰："夫孝，德之本也。"易曰："乾道变化，各正性命。"丁，当也。辰，时也。景，大也。逢休吉之代，当封禅之时，此为天子之大命也。

②命谓符瑞也。答，对也。三灵，天、地、人之神也。繁，多也。祉，福也。展，陈也。放，效也，音甫往反。效唐尧之文，谓封禅也。《尚书琁玑钤》曰："平制礼乐，放唐之文。"兹事谓封禅之事，大而且信。次，止也。痗寐常止于圣心，言不可忘之也。前谓前代帝王，后谓子孙也。蔑，轻也。惮，难也。敕，正也。言封禅之事，皆述祖宗之德，今乃推让，岂轻清庙而难正天命乎？《尚书》曰："敕天之命，惟时惟几。"

③伊，维也。邈古犹远古也。《楚词》曰："邈古之初。"戾，至也。言自远古以来至于此也。作者，诸封禅者。《史记》管仲曰："自古封禅七十二君。"并武帝及光武为七十四君。俾，使也。有天下不使其封禅，而假为竹素之文者，无有光扬法度而弃其文章，不封禅者也。台，我也。今其如我何独阙也。

　　是时圣上固已垂精游神，包举艺文，屡访群儒，谕咨故老，与之乎斟酌道德之渊源，肴覈仁义之林薮，以望元符之臻焉。①既成群后之谠辞，又悉经五繇之硕虑矣。将绁万嗣，炀洪晕，奋景炎，扇遗风，播芳烈，久而愈新，用而不竭，汪汪乎丕天之大律，其畴能亘之哉！唐哉皇哉，皇哉唐哉！②

①圣上谓章帝也。谕，告。咨，谟也。道德仁义，人所常行，故以酒食为谕焉。渊源、林薮，谕深邃也。元，天也。符，瑞也。《诗》曰："肴核》惟旅。"覈亦核也。谓果实之属。

②谠，直言也。繇，兆辞，音胄。《左传》曰："先王卜征五年而岁习其祥，不习则增修其德而改卜。"硕，大也。虑，思也。《广雅》曰："绁，续也，音方萌反。"景，大也。炎，谓火德。汪汪犹深也。《今文尚书·太誓篇》曰："立功立事，可以永年，丕天之大律。"郑玄注云："丕，大也。律，法也。"畴，谁也。亘犹竟也。唐哉谓尧也。皇哉谓汉也。言唯唐与汉，唯汉与唐。

固后以母丧去官。永元初，大将军窦宪出征匈奴，以固为中护军，与参议。北单于闻汉军出，遣使款居延塞，欲修呼韩耶故事，朝见天子，请大使。宪上遣固行中郎将事，将数百骑与虏使俱出居延塞迎之。会南匈奴掩破北庭，①固至私渠海，闻虏中乱，引还。及窦宪败，固先坐免官。

①永元二年，南单于出鸡鹿塞击北匈奴于河云，大破之。

固不教学诸子，诸子多不遵法度，吏人苦之。初，洛阳令种兢尝行，固奴干其车骑，吏椎呼之，奴醉骂，兢大怒，畏宪不敢发，心衔之。及窦氏宾客皆逮考兢因此捕系固，遂死狱中。时年六十一。诏以谴责兢，抵主者吏罪。

固所著《典引》、《宾戏》、《应讥》、诗、赋、铭、诔、颂、书、文、记、论、议、六言，在者凡四十一篇。

论曰：司马迁、班固父子，其言史官载籍之作，大义粲然著矣。议者咸称二子有良史之才。迁文直而事核，固文赡而事详。若固之序事，不激诡，不抑抗，①赡而不秽，详而有体，使读之者亹亹而不厌，信哉其能成名也。②彪、固讥迁，以为是非颇谬于圣人。③然其论议常排死节，否正直，而不叙杀身成仁之为美，④则轻仁义贱守节愈矣。⑤固伤迁博物洽闻，不能以智免极刑，⑥然亦身陷大戮，⑦智及之而不能守之。⑧呜呼，古人所以致论于目睫也！⑨

①激，扬也。诡，毁也。抑，退也。抗，进也。

②《尔雅》曰：亹亹犹勉也。

③言迁所是非皆与圣人乖谬，即崇黄老而薄《五经》，轻仁义而贱守节是也。

④固序《游侠传》曰："剧孟、郭解之徒，驰骛于闾阎，虽其陷于刑辟，自与杀身成名，若季路、仇牧而不悔也。古之正法：五伯，三王之罪人；六国，五伯之罪人；四豪者，又六国之罪人。况于郭解之伦，以匹夫之细，窃杀生之权，其罪不容于诛也。"

⑤愈犹甚也。

⑥谓下蚕室。

⑦此已上略华峤之辞。

⑧《论语》孔子之言也。言有智而不能自守其身。

⑨《史记》齐使者至越,曰:"幸也越之不亡也。吾不贵其智之如目,见豪毛
而不见其睫也。今越王知晋之失计,不自知越人之过,是目论也。"言班
固讥迁被刑,而不知身自遇祸。

　　赞曰:二班怀文,裁成帝坟。①比良迁、董,②兼丽卿、云。③彪
识皇命,固迷世纷。

①沈约《宋书》曰:"初,谢俨作此赞,云'裁成典坟',以示范晔,晔改为'帝
坟。'"

②谓司马迁、董狐也。《左传》曰:"董狐,古之良史也。"

③司马长卿、杨子云。

后汉书卷四一
列传第三一

第五伦 曾孙种　钟离意
宋均 族子意　寒朗

　　第五伦字伯鱼,京兆长陵人也。其先齐诸田,①诸田徙园陵者多,故以次第为氏。

　　①《史记》曰:"陈公子完奔齐,以陈字为田氏。"应劭注云:"始食采于田,改姓田氏。"

　　伦少介然有义行。王莽末,盗贼起,宗族闾里争往附之。伦乃依险固筑营壁,有贼,辄奋厉其众,引强持满以拒之,①铜马、赤眉之属前后数十辈,皆不能下。②伦始以营长诣郡尹鲜于褒,③褒见而异之,署为吏。后褒坐事左转高唐令,④临去,握伦臂诀曰:"恨相知晚。"⑤

　　①引强谓弓弩之多力者控引之。持满,不发也。

　　②《东观记》曰:"时米石万钱,人相食,伦独收养孤兄子、外孙,分粮共食,死生相守,乡里以此贤之。"

　　③《风俗通》曰:"武王封箕子于朝鲜,其子食采于朝鲜,因氏焉。"

　　④高唐,县,属平原郡,故城在今齐州祝阿县西。

　　⑤诀,别也。《东观记》曰:"伦步担往候之,留十余日,将伦上堂,令妻子出相对,以属托焉。"

　　伦后为乡啬夫,平徭赋,理怨结,得人欢心。自以为久宦不达,遂将家属客河东,变名姓,自称王伯齐,载盐往来太原、上党,所过辄为粪除而去，①陌上号为道士，亲友故人莫知其处。

①粪除犹埽除也。

数年，鲜于褒荐之于京兆尹阎兴，兴即召伦为主簿。时长安铸钱多奸巧，乃署伦为督铸钱掾，领长安市。①伦平铨衡，正斗斛，市无阿枉，百姓悦服。每读诏书，常叹息曰："此圣主也，一见决矣。"等辈笑之曰："尔说将尚不下，安能动万乘乎？"②伦曰："未遇知己，道不同故耳。"

①《东观记》曰："时长安市未有秩，又铸钱官奸轻所集，无能整齐理之者。兴署伦督铸钱掾，领长安市。其后小争讼，皆云'第五掾所平，市无奸枉。'"

②《华峤书》曰："盖延代鲜于褒为冯翊，多非法。伦数切谏，延恨之，故滞不得举。"将谓州将。

建武二十七年，举孝廉，补淮阳国医工长，随王之国。光武召见，甚异之。二十九年，从王朝京师，随官属得会见，帝问以政事，伦因此酬对政道，帝大悦。明日，复特召入，与语至夕。帝戏谓伦曰："闻卿为吏箠妇公，不过从兄饭，宁有之邪？"伦对曰："臣三娶妻皆无父。少遭饥乱，实不敢妄过人食。"①帝大笑。伦出，有诏以为扶夷长，②未到官，追拜会稽太守。虽为二千石，躬自斩刍养马，妻执炊爨。受俸裁留一月粮，余皆贱贸与民之贫羸者。会稽俗多淫祀，好卜筮。民常以牛祭神，百姓财产以之困匮，其自食牛肉而不以荐祠者，发病且死先为牛鸣，前后郡将莫敢禁。伦到官，移书属县，晓告百姓。其巫祝有依托鬼神诈怖愚民，皆案论之。有妄屠牛者，吏辄行罚。民初颇恐惧，或祝诅妄言，伦案之愈急，后遂断绝，百姓以安。永平五年，坐法征，老小攀车叩马，啼呼相随，日裁行数里，不得前。伦乃伪止亭舍，阴乘船去。众知，复追之。及诣廷尉，吏民上书守阙者千余人。是时显宗方案梁松事，亦多为松讼者。帝患之，诏公车诸为梁氏及会稽太守上书者勿复受。会帝幸廷尉录囚徒，得免归田里。身自耕种，不交通人物。

①《华峤书》曰："上复曰：'闻卿为市掾，人有遗母一笥饼者，卿从外来见

之,夺母笥,探口中饼。信乎?'伦对曰:'实无此。众人以臣愚蔽,故为生
是语也。'"

②扶夷,县,属零陵郡,故城在今邵州武刚县东北。

　　数岁,拜为宕渠令,①显拔乡佐玄贺,贺后为九江、沛二郡守,
以清洁称,所在化行,终于大司农。

①宕渠,县,故城在今渠州流江县东北。

　　伦在职四年,迁蜀郡太守。蜀地肥饶,人吏富实,掾史家赀多至
千万,皆鲜车怒马,以财货自达。①伦悉简其丰赡者遣还之,更选孤
贫志行之人以处曹任,于是争赇抑绝,②文职修理。所举吏多至九
卿、二千石,时以为知人。

①怒马谓马之肥壮,其气愤怒也。

②以财相货曰赇,音其又反,又音求。

　　视事七岁,肃宗初立,擢自远郡,代牟融为司空。帝以明德太后
故,尊崇舅氏,马廖兄弟并居职任。廖等倾身交结,冠盖之士争赴趣
之。伦以后族过盛,欲令朝廷抑损其权,上疏曰:

　　　臣闻忠不隐讳,直不避害。不胜愚狷,昧死自表。①《书》
曰:"臣无作威作福,其害于而家,凶于而国。"②传曰:"大夫无
境外之交,束修之馈。"③近代光烈皇后,虽友爱天至,而卒使
阴就归国,徙废阴兴宾客;其后梁、窦之家,互有非法,明帝即
位,竟多诛之。自是洛中无复权戚,书记请托一皆断绝。又譬
诸外戚曰:④"苦身待士,不如为国,戴盆望天,事不两施。"⑤
臣常刻著五臧,书诸绅带。⑥而今之议者,复以马氏为言。窃闻
卫尉廖以布三千匹,城门校尉防以钱三百万,私赡三辅衣冠,
知与不知,莫不毕给。又闻腊日亦遗其在洛中者钱各五千,越
骑校尉光腊用羊三百头,米四百斛,肉五千斤。臣愚以为不应
经义,惶恐不敢不以闻。陛下情欲厚之,亦宜所以安之。臣今
言此,诚欲上忠陛下,下全后家,裁蒙省察。⑦

①狷,狂狷也。

②《尚书·洪范》之言。

③《谷梁传》之文也。束,帛也。修,脯也。馈,遗也。

④譬,晓谕也。

⑤司马迁书曰"仆以为戴盆何以望天"也。

⑥刻著五臧,谓铭之于心也。绅谓大带,垂之三尺。《论语》曰"子张书诸绅"也。

⑦"裁"与"才"同。

及马防为车骑将军,当出征西羌,伦又上疏曰:

> 臣愚以为贵戚可封侯以富之,不当职事以任之。何者?绳以法则伤恩,私以亲则违宪。伏闻马防今当西征,臣以太后恩仁,陛下至孝,恐卒有纤介,难为意爱。①闻防请杜笃为从事中郎,多赐财帛。笃为乡里所废,客居美阳,女弟为马氏妻,恃此交通在所,县令苦其不法,收系论之。今来防所,议者咸致疑怪,况乃以为从事,将恐议及朝廷。今宜为选贤能以辅助之,不可复令防自请人,有损事望。②苟有所怀,敢不自闻。

①恐卒然有小过,爱而不罚,则废法也。

②望,物望也。

并不见省用。

伦虽峭直,①然常疾俗吏苛刻。及为三公,值帝长者,屡有善政,乃上疏褒称盛美,因以劝成风德,曰:

①峭,峻也。

> 陛下即位,躬天然之德,体晏晏之姿,以宽弘临下,①出入四年,前岁诛刺史、二千石贪残者六人。②斯皆明圣所鉴,非群下所及。然诏书每下宽和而政急不解,务存节俭而奢侈不止者,咎在俗敝,群下不称故也。光武承王莽之余,颇以严猛为政,后代因之,遂成风化。郡国所举,类多办职俗吏,殊未有宽博之选以应上求也。陈留令刘豫,冠军令驷协,并以刻薄之姿,临人宰邑,专念掠杀,务为严苦,吏民愁怨,莫不疾之;而今之议者反以为能,违天心,失经义,诚不可不慎也。非徒应坐豫、协,亦当宜谴举者。③务进仁贤以任时政,不过数人,则风俗自化矣。臣尝读书记,知秦以酷急亡国,又目见王莽亦以苛法自灭。故勤勤恳恳,实在于此。又闻诸王、主、贵戚,骄奢逾

制,京师尚然,何以示远?故曰:"其身不正,虽令不行。"④以身教者从,以言教者讼。夫阴阳和岁乃丰,君臣同心化乃成也。其刺史、太守以下,拜除京师及道出洛阳者,宜皆召见,可因博问四方,兼以观察其人。诸上书言事有不合者,可但报归田里,不宜过加喜怒,以明在宽。臣愚不足采。

①《尚书考灵耀》曰:"尧文塞晏晏。"《尔雅》曰:"晏晏,温和也。"

②《东观汉记》曰:"去年伏诛者,刺史一人,太守三人,减死罪二人,凡六人。"

③谴,责也。

④《论语》孔子之言。

及诸马得罪归国,而窦氏始贵,伦复上疏曰:

臣得以空虚之质,当辅弼之任。素性驽怯,位尊爵重,拘迫大义,思自策厉。虽曹百死,不敢择地,又况亲遇危言之世哉!①今承百王之敝,人尚文巧,咸趋邪路,莫能守正。伏见虎贲中郎将窦宪,椒房之亲,②典司禁兵,出入省闼,年盛志美,卑谦乐善,此诚其好士交结之方。然诸出入贵戚者,类多瑕衅禁锢之人,尤少守约安贫之节,士大夫无志之徒更相贩卖,云集其门。众煦飘山,聚蚊成雷,③盖骄佚所从生也。三辅论议者,至云贵戚废锢,当复以贵戚浣濯之,犹解酲当以酒。④诐险趣势之徒,诚不可亲近。⑤臣愚愿陛下中宫严敕宪等闭门自守,无妄交通士大夫,防其未萌,虑于无形,令宪永保福禄,君臣交欢,无纤介之隙。此臣之至所愿也。

①《论语》曰:"邦有道,危言危行,邦无道,危行言逊。"郑玄云:"危犹高也。"据时高言高行必见危,故以为谕也。

②后妃以椒涂壁,取其繁衍多子,故曰椒房。

③《前书》中山靖王之言。

④病酒曰酲。

⑤《苍颉篇》曰:"诐,佞谄也。

伦奉公尽节,言事无所依违。诸子或时谏止,辄叱遣之,吏人奏记及便宜者,亦并封上,其无私若此。性质悫,少文采,在位以贞白称,时人方之前朝贡禹。①然少蕴藉,不修威仪,②亦以此见轻。或问伦曰:"公有私乎?"对曰:"昔人有与吾千里马者,吾虽不受,每三公有所选举,心不能忘,而亦终不用也。吾兄子常病,一夜十往,退而安寝;吾子有疾,虽不省视而竟夕不眠。若是者,岂可谓无私乎?"连以老病上疏乞身。元和三年,赐策罢,以二千石奉终其身。加赐钱五十万,公宅一区。后数年卒,时年八十余。诏赐秘器、衣衾、钱布。

①《前书》曰:"贡禹字少翁,琅邪人也,以明经洁行著闻。"

②蕴藉犹宽博也。

少子颉嗣,历桂阳、庐江、南阳太守,所在见称。顺帝之为太子废也,①颉为太中大夫,与太仆来历等共守阙固争。帝即位,擢为将作大匠,卒官。②伦曾孙种。

①樊丰等谮之,废为济阴王。

②《三辅决录注》曰:"颉字子陵,为郡功曹,州从事,公府辟举高第,为侍御史,南顿令,桂阳、南阳、庐江三郡太守,谏议大夫。洛阳无主人,乡里无田宅,客止灵台中,或十日不炊。司隶校尉南阳左雄、太史令张衡、尚书庐江朱建、孟兴皆与颉故旧各致礼饷,颉终不受。"

论曰:第五伦峭核为方,①非夫恺悌之士,省其奏议,惇惇归诸宽厚,②将惩苛切之敝使其然乎?昔人以弦韦为佩,盖犹此矣。③然而君子侈不僭上,俭不逼下,④岂尊临千里而与牧圉等庸乎?讵非矫激,则未可以中和言也。

①峭核谓其性峻急,好穷核事情。

②惇惇,纯厚之貌也,音敦。

③《韩子》曰"西门豹性急,佩韦以自缓;董安于性缓,佩弦以自急"也。

④《礼记》曰:"管仲镂簋而朱纮,旅树而反坫,山节藻棁,贤大夫也,而难为上也。晏平仲祀其先人,豚肩不掩豆,贤大夫也,而难为下也。君子上不僭上,下不逼下。"

种字兴先,少厉志义,为吏,冠名州郡。永寿中,以司徒掾清诏使冀州,廉察灾害,①举奏刺史、二千石以下,所刑免甚众,弃官奔走者数十人。还,以奉使称职,拜高密侯相。是时徐、兖二州盗贼群辈,高密在二州之郊,种乃大储粮稸,勤厉吏士,贼闻皆惮之,桴鼓不鸣,流民归者,岁中至数千家。②以能换为卫相。③

①《风俗通》曰"汝南周勃辟太尉清诏,使荆州",又此言以司徒清诏使冀州,盖三公府有清诏员以承诏使也。廉,察也。

②桴,击鼓杖也,音浮。

③周后卫公也。

迁兖州刺史。中常侍单超兄子匡为济阴太守,负势贪放,种欲收举,未知所使。会闻从事卫羽素抗厉,乃召羽具告之,谓曰:"闻公不畏强御,今欲相委以重事,若何?"对曰:"愿庶几于一割。"①羽出,遂驰至定陶,闭门收匡宾客亲吏四十余人,六七日中,纠发其臧五六千万。种即奏匡,并以劾超。匡窘迫,遣刺客刺羽,羽觉其奸,乃收系客,具得情状。州内震栗,朝廷嗟叹之。

①以铅刀谕。

是时太山贼叔孙无忌等暴横一境,州郡不能讨。羽说种曰:"中国安宁,忘战日久,而太山险阻,寇猾不制。今虽有精兵,难以赴敌,羽请往譬降之。"种敬诺。羽乃往,备说祸福,无忌即帅其党与三千余人降。单超积怀忿恨,遂以事陷种,竟坐徙朔方。超外孙董援为朔方太守,稸怒以待之。初,种为卫相,以门下掾孙斌贤,善遇之。及当徙斥,斌具闻超谋,乃谓其友人同县闾子直及高密甄子然曰:"盖盗憎其主,从来旧矣。第五使君当投裔土,而单超外属为彼郡守。夫危者易仆,可为寒心。吾今方追使君,庶免其难。若奉使君以还,将以付子。"二人曰:"子其行矣,是吾心也。"于是斌将侠客晨夜追种,及之于太原,遮险格杀送吏,因下马与种,斌自步从。一日一夜行四百余里,遂得脱归。

种匿于间、甄氏数年,徐州从事臧旻上书讼之曰:"臣闻士有忍死之辱,必有就事之计,故季布屈节于朱家,①管仲错行于召忽。②此二臣以可死而不死者,非爱身于须臾,贪命于苟活,隐其智力,顾其权略,庶幸逢时有所为耳。卒遭高帝之成业,齐桓之兴伯,遗其亡逃之行,赦其射钩之仇,拔于囚虏之中,信其佐国之谋,③勋效传于百世,君臣载于篇籍。假令二主纪过于纤介,则此二臣同死于犬马,沈名于沟壑,当何由得申其补过之功,建其奇奥之术乎?伏见故兖州刺史第五种,杰然自建,在乡曲无苞苴之嫌,④步朝堂无择言之阙,⑤天性疾恶,公方不曲,故论者说清高以种为上,序直士以种为首。《春秋》之义,选人所长,弃其所短,录其小善,除其大过。种所坐以盗贼公负,筋力未就,⑥罪至征徙,非有大恶。昔虞舜事亲,大杖则走。⑦故种逃亡,苟全性命,冀有朱家之路,以显季布之会。愿陛下无遗须臾之恩,令种有持忠入地之恨。"会赦出,卒于家。

①《前书》曰,季布,楚人,为任侠有名,数窘汉王,高祖购求布千金。布匿濮阳周氏,周氏曰:"汉求将军急,敢进计。"布许之,乃髡钳布,衣褐,并其家僮之鲁朱家所卖之。朱家买置田舍,言之高祖,赦之,后为河东守。

②《说苑》,子路问于孔子曰:"昔者管子欲立公子纠而不能,召忽死之,管仲不死,是无仁也。"孔子曰:"召忽者,人臣之材。不死则三军之虏也,死之则名闻于天下矣,何为不死哉?管子者,天子之佐,诸侯之相也。死之则不免于沟渎之中,不死则功复用于天下,夫何为死之哉?"错犹乖也。

③信音申。

④苞苴,馈遗也。

⑤口无可择之言也。

⑥太山之贼,种不能讨,是力不足以禁之,法当公坐,故云公负也。

⑦《家语》孔子谓曾子之言也。

钟离意字子阿,会稽山阴人也。少为郡督邮。时部县亭长有受人酒礼者,府下记案考之。①意封还记,入言于太守曰:"《春秋》先内后外,②《诗》云'刑于寡妻,以御于家邦',③明政化之本,由近及远。今宜先清府内,且阔略远县细微之愆。"太守甚贤之,遂任以县事。建武十四年,会稽大疫,死者万数,④意独身自隐亲,经给医药,⑤所部多蒙全济。

①记,文符也。案,察之。

②《公羊传》曰:"《春秋》内其国而外诸夏,内诸夏而外夷狄。"

③《诗·大雅》之文。刑,见也。御,治。

④疫,疠气也。

⑤隐亲谓亲自隐恤之。经给谓经营济给之。

举孝廉,再迁,辟大司徒侯霸府。诏部送徒诣河内,时冬寒,徒病不能行。路过弘农,意辄移属县,使作徒衣,县不得已与之,而上书言状,意亦具以闻。光武得奏,以见霸,曰:"君所使掾何乃仁于用心?诚良吏也!"意遂于道解徒桎梏,①恣所欲过,与克期俱至,无或违者。还,以病免。

①在手曰梏,在足曰桎。

后除瑕丘令。①吏有檀建者,盗窃县内,意屏人问状,建叩头服罪,不忍加刑,遣令长休。建父闻之,为建设酒,谓曰:"吾闻无道之君以刃残人,有道之君以义行诛。子罪,命也。"遂令建进药而死。二十五年,迁堂邑令。②人防广为父报仇,系狱,其母病死,广哭泣不食。意怜伤之,乃听德广归家,使得殡敛。丞掾皆争,意曰:"罪自我归,义不累下。"遂遣之。③广敛母讫,果还入狱。意密以状闻,广竟得以减死论。

①瑕丘,今兖州县也。

②堂邑,故城在今博州堂邑县西北。

③言罪归于我,不累于丞掾。

显宗即位,征为尚书。时交阯太守张恢,坐臧千金,征还伏法,以资物簿入大司农。①诏班赐群臣,意得珠玑,悉以委地而不拜赐。帝怪而问其故,对曰:"臣闻孔子忍于盗泉之水,曾参回车于胜母之间,恶其名也。②此臧秽之宝,诚不敢拜。"帝嗟叹曰:"清乎尚书之言!"乃更以库钱三十万赐意。

①簿,文记也。

②《说苑》曰:"邑名胜母,曾子不入;水名盗泉,仲尼不饮,愧其名也。"《尸子》又载其言也。

转为尚书仆射。车驾数幸广成苑,意以为从禽废政,常当车陈谏般乐游田之事,天子即时还宫。永平三年夏旱,而大起北宫,意诣阙免冠上疏曰:"伏见陛下以天时小旱,忧念元元,降避正殿,躬自克责,而比日密云,①遂无大润,岂政有未得应天心者邪?昔成汤遭旱,以六事自责曰:'政不节邪?使人疾邪?宫室荣邪?女谒盛邪?苞苴行邪?谗夫昌邪?'②窃见北宫大作,人失农时,此所谓宫室荣也。自古非苦宫室小狭,但患人不安宁。宜且罢止,以应天心。臣意以匹夫之才,无有行能,久食重禄,擢备近臣,比受厚赐,喜惧相并,不胜愚戆征营,罪当万死。"③帝策诏报曰:"汤引六事,咎在一人。其冠履,勿谢。比上天降旱,密云数会,朕戚然惭惧,思获嘉应,故分布祷请,窥候风云,北祈明堂,南设雩场。④今又敕大匠止作诸宫,减省不急,庶消灾谴。"诏因谢公卿百僚,遂应时澍雨焉。⑤

①《易》曰:"密云不雨,自我西郊。"

②《帝王纪》曰:"成汤大旱七年,斋戒翦发断爪,以己为牺牲,祷于桑林之社,以六事自责。"

③征营,不自安也。

④明堂在洛阳城南,言北祈者,盖时修雩场在明堂之南。

⑤《说文》云"雨所以澍生万物",故曰澍。音注。

时诏赐降胡子缣,尚书案事,误以十为百。帝见司农上簿,大怒,召郎将笞之。意因入叩头曰:"过误之失,常人所容。若以懈慢为愆,则臣位大罪重,郎位小罪轻,咎皆在臣,臣当先坐。"乃解衣就格。①帝意解,使复冠而贳郎。

①格,拘执也。

帝性褊察,好以耳目隐发为明,①故公卿大臣数被诋毁,近臣尚书以下至见提拽。常以事怒郎药崧,以杖撞之。崧走入床下,帝怒甚,疾言曰:"郎出!郎出?"崧曰:"天子穆穆,诸侯煌煌。②未闻人君自起撞郎。"帝赦之。朝廷莫不悚栗,争为严切,以避诛责。唯意独敢谏争,数封还诏书,臣下过失辄救解之。会连有变异,意复上疏曰:

①隐犹私也。

②《曲礼》之文也。穆穆,美也。煌煌,盛也。

伏惟陛下躬行孝道,修明经术,郊祀天地,畏敬鬼神,忧恤黎元,劳心不息。而天气未和,日月不明,[1]水泉涌溢,寒暑违节者,咎在群臣不能宣化理职,而以苛刻为俗。吏杀良人,继踵不绝。百官无相亲之心,吏人无雍雍之志。[2]至于骨肉相残,毒害弥深,感逆和气,以致天灾。百姓可以德胜,难以力服。先王要道,民用和睦,故能致天下和平,灾害不生,祸乱不作。《鹿鸣》之诗必言宴乐者,[3]以人神之心洽,然后天气和也。愿陛下垂圣德,揆万机,诏有司,慎人命,缓刑罚,顺时气,以调阴阳,垂之无极。

[1]《易通卦验》曰:"愚智同位,则日月无光。"

[2]《尔雅》曰:"雍雍,和也。"

[3]《鹿鸣》,《诗·小雅》,宴群臣也。其诗曰:"呦呦鹿鸣,食野之苹,我有嘉宾,鼓瑟吹笙。"

帝虽不能用,然知其至诚。亦以此故不得久留,出为鲁相。[1]后德阳殿成,[2]百官大会。帝思意言,谓公卿曰:"钟离尚书若在,此殿不立。"

[1]意别传曰:"意为鲁相,到官,出私钱万三千文,付户曹孔诉修夫子车,身入庙,拭机席剑履。男子张伯除堂下草,土中得玉璧七枚,伯怀其一,以六枚白意。意令主簿安置几前。孔子教授堂下床首有悬瓮,意召孔诉问:'此何瓮也?'对曰:'夫子瓮也,背有丹书,人莫敢发也。'意曰:'夫子圣人,所以遗瓮,欲以悬示后贤。'因发之,中得素书,文曰:'后世修吾书,董仲舒。护吾车,拭吾履,发吾筒,会稽钟离意。璧有七,张伯藏其一。'意即召问伯,果服焉。"

[2]《汉官殿名》曰北宫有德阳殿。

意视事五年,以爱利为化,[1]人多殷富。以久病卒官。遗言上书陈升平之世,难以急化,宜少宽假。帝感伤其意,下诏嗟叹,赐钱二十万。

[1]《东观记》曰:"意在堂邑,为政爱利,轻刑慎罚,抚循百姓如赤子。初到县,市无屋,意出奉钱帅人作屋。人赍茅竹或持材木,争起趋作,决日而成。功作既毕,为解土,祝曰:'兴功役者令,百姓无事。如有祸祟,令自

当之。'人皆大悦。"

药崧者,河内人。天性朴忠,家贫为郎。常独直台上,无被枕杖,①食糟糠。帝每夜入台,辄见崧,问其故,甚嘉之。自此诏太官赐尚书以下朝夕餐,给帷被皂袍,及侍史二人。②崧官至南阳太守。

①杖音思渍反,谓俎几也。《方言》云:"蜀汉之郊曰杖。"

②蔡质《汉官仪》曰"尚书郎入直台中,官供新青缣白绫被或锦被,昼夜更宿,帷帐画,通中枕,卧旃蓐,冬夏随时改易。太官供食,五日一美食,下天子一等。尚书郎伯使一人,女侍史二人,皆选端正者。伯使从至止车门还,女侍史洁被服,执香炉烧熏,从入台中,给使护衣服"也。

宋均字叔庠,南阳安众人也。父伯,建武初为五官中郎将。均以父任为郎,时年十五。好经书,每休沐日,辄受业博士,通《诗》、《礼》,善论难。至二十余,调补辰阳长。①其俗少学者而信巫鬼,均为立学校,禁绝淫祀,人皆安之。以祖母丧去官,客授颍川。

①辰阳,今辰州辰溪县。

后为谒者。会武陵蛮反,围武威将军刘尚,诏使均乘传发江夏奔命三千人往救之。①既至而尚已没。会伏波将军马援至,诏因令均监军,与诸将俱进,贼拒厄不得前。及马援卒于师,军士多温湿疾病,死者太半。均虑军遂不反,乃与诸将议曰:"今道远士病,不可以战,欲权承制降之。何如?"诸将皆伏地莫敢应。均曰:"夫忠臣出竟,有可以安国家,专之可也。"②乃矫制调伏波司马吕种守沅陵长,命种奉诏书入虏营,告以恩信,因勒兵随其后。蛮夷震怖,即共斩其大帅而降,于是入贼营,散其众遣归本郡,为置长吏而还。均未至,先自劾矫制之罪。光武嘉其功,迎赐以金帛,令过家上冢。其后每有四方异议,数访问焉。

①《前书音义》曰"擢选精勇,闻命奔走,谓之奔命"也。

②《公羊传》曰:"聘礼,大夫受命不受辞,出境有以安社稷全国家者,则专之可也。"

迁上蔡令。时府下记,禁人丧葬不得侈长。①均曰:"夫送终逾制,失之轻者。今有不义之民,尚未循化,而遽罚过礼,非政之先。"

竟不肯施行。

　　①长音直亮反。禁不得奢侈有余。

　　迁九江太守。郡多虎暴，数为民患，常募设槛阱而犹多伤害。①均到，下记属县曰："夫虎豹在山，鼋鼍在水，各有所托。且江、淮之有猛兽，犹北之有鸡豚也。今为民害，咎在残吏，而劳勤张捕，非忧恤之本也。其务退奸贪，思进忠善，可一去槛阱，除削课制。"其后传言虎相与东游度江。中元元年，山阳、楚、沛多蝗，其飞至九江界者，辄东西散去，由是名称远近。浚道县有唐、后二山，民共祠之，②众巫遂取百姓男女以为公姁，③岁岁改易，既而不敢嫁娶，前后守令莫敢禁。均乃下书曰："自今以后，为山娶者皆娶巫家，勿扰良民。"于是遂绝。

　　①槛，为机以捕兽。阱谓穿地陷之。
　　②浚道县属庐江郡，故城在今庐州慎县南。
　　③以男为山公，以女为山姁，犹祭之有尸主也。

　　永平元年，迁东海相。在郡五年，坐法免官，客授颍川。而东海吏民思均恩化，为之作歌，诣阙乞还者数千人。显宗以其能，七年，征拜尚书令。每有驳议，多合上旨。均尝删翦疑事，帝以为有奸，大怒，收郎缚格之。诸尚书惶恐，皆叩头谢罪。均顾厉色曰："盖忠臣执义，无有二心。若畏威失正，均虽死不易志。"小黄门在傍，入具以闻。帝善其不挠，即令贳郎，迁均司隶校尉。数月，出为河内太守，政化大行。

　　均常寝病，百姓耆老为之祷请，旦夕问起居，其为民爱若此。以疾上书乞免，诏除子条为太子舍人。均自扶舆诣阙谢恩，帝使中黄门慰问，因留养疾。司徒缺，帝以均才任宰相，召入视其疾，令两驺扶之。①均拜谢曰："天罚有罪，所苦浸笃，不复奉望帷幄！"因流涕而辞。帝甚伤之，召条扶侍均出，赐钱三十万。

　　①驺，养马者，亦曰驺骑。

　　均性宽和，不喜文法，常以为吏能弘厚，虽贪污放纵，犹无所害；至于苛察之人，身或廉法，而巧黠刻削，毒加百姓，灾害流亡所由而作。及在尚书,恒欲叩头争之,以时方严切,故遂不敢陈。帝后闻其言而追悲之。建初元年,卒于家。族子意。

意字伯志。父京,以《大夏侯尚书》教授,①至辽东太守。意少传父业,显宗时举孝廉,以召对合旨,擢拜阿阳侯相。②建初中,征为尚书。

①夏侯胜也。

②阿阳,县,属天水郡,故城在今秦州陇城县西北。

肃宗性宽仁,而亲亲之恩笃,故叔父济南、中山二王每数入朝,特加恩宠,及诸昆弟并留京师,不遣就国。意以为人臣有节,不宜逾礼过恩,乃上疏谏曰:"陛下至孝蒸蒸,恩爱隆深,以济南王康、中山王焉先帝昆弟,特蒙礼宠,圣情恋恋,不忍远离,比年朝见,久留京师,崇以叔父之尊,同之家人之礼,车入殿门,即席不拜,分甘损膳,赏赐优渥。昔周公怀圣人之德,有致太平之功,然后曰叔父,加以锡币。①今康、焉幸以支庶享食大国,陛下即位,蠲除前过,还所削黜,衍食它县,②男女少长,并受爵邑,恩宠逾制,礼敬过度。《春秋》之义,诸父昆弟无所不臣,所以尊尊卑卑,强干弱枝者也。陛下德业隆盛,当为万世典法,不宜以私恩损上下之序,失君臣之正。又西平王羡等六王,皆妻子成家,官属备具,当早就蕃国,为子孙基址。而室第相望,久磐京邑,③婚姻之盛过于本朝,仆马之众充塞城郭,骄奢僭拟,宠禄隆过。今诸国之封,并皆膏腴,风气平调,道路夷近,朝聘有期,行来不难。宜割情不忍,以义断恩,④发遣康、焉各归蕃国,令羡等速就便时,⑤以塞众望。"帝纳之。

①《诗·鲁颂》曰:"王曰叔父,建尔元子,俾侯于鲁。"《尚书》曰,周公既成洛邑,成王命召公出取币锡周公也。

②衍谓流衍,傍食它县。

③磐谓磐桓不去。

④《礼记》曰:"门内之政恩掩义,门外之政义断恩。"

⑤行日,取便利之时也。

章和二年，鲜卑击破北匈奴，而南单于乘北请兵北伐，因欲还归旧庭。时窦太后临朝，议欲从之。意上疏曰：“夫戎狄之隔远中国，幽处北极，①界之以沙漠，简贱礼义，无有上下，强者为雄，弱即屈服。自汉兴以来，征伐数矣，其所克获，曾不补害。光武皇帝躬服金革之难，深昭天地之明，故因其来降，羁縻畜养，边人得生，劳役休息，于兹四十余年矣。今鲜卑奉顺，斩获万数，中国坐享大功，②而百姓不知其劳，汉兴功烈于斯为盛。所以然者，夷虏相攻，无损汉兵者也。臣察鲜卑侵伐匈奴，正是利其抄掠，及归功圣朝，实由贪得重赏。今若听南虏还都北庭，则不得不禁制鲜卑。鲜卑外失暴掠之愿，内无功劳之赏，豺狼贪婪，必为边患。今北虏西遁，请求和亲，宜因其归附，以为外捍，巍巍之业，无以过此。若引兵费赋，以顺南虏，则坐失上略，去安即危矣。诚不可许。”会南单于竟不北徙。

①《尔雅》曰“东至于泰远，西至于邠国，南至于濮铅，北至于祝栗，谓之四极”也。

②享，受也。

迁司隶校尉。永元初，大将军窦宪兄弟贵盛，步兵校尉邓叠、河南尹王调、故蜀郡太守廉范等群党，出入宪门，负势放纵。意随违举奏，无所回避，由是与窦氏有隙。二年，病卒。

孙俱，灵帝时为司空。①

①《汉官仪》曰“俱字伯俪”也。

寒朗字伯奇，鲁国薛人也。生三日，遭天下乱，弃之荆棘；数日兵解，母往视，犹尚气息，遂收养之。及长，好经学，博通书传，以《尚书》教授。

举孝廉。永平中，以谒者守侍御史，与三府掾属共考案楚狱颜忠、王平等，辞连及隧乡侯耿建、朗陵侯臧信、护泽侯邓鲤、曲成侯刘建。建等辞未尝与忠、平相见。是时显宗怒甚，吏皆惶恐，诸所连及，率一切陷入，无敢以情恕者。朗心伤其冤，试以建等物色独问忠、平，①而二人错愕不能对。②朗知其诈，乃上言建等无奸，专为忠、平所诬，疑天下无辜类多如此。帝乃召朗入，问曰："建等即如是，忠、平何故引之？"朗对曰："忠、平自知所犯不道，故多有虚引，冀以自明。"帝曰："即如是，四侯无事，何不早奏，狱竟而久系至今邪？"朗对曰："臣虽考之无事，然恐海内别有发其奸者，故未敢时上。"③帝怒骂曰："吏持两端，促提下。"左右引去，朗曰："愿一言而死。小臣不敢欺，欲助国耳。"帝问曰："谁与共为章？"对曰："臣自知当必族灭，不敢多污染人，诚冀陛下一觉悟而已。臣见考囚在事者，咸共言妖恶大故，臣子所宜同疾，今出之不如入之，可无后责。是以考一连十，考十连百。又公卿朝会，陛下问以得失，皆长跪言，旧制大罪祸及九族，陛下大恩，裁止于身，天下幸甚。及其归舍，口虽不言，而仰屋窃叹，莫不知其多冤，无敢悟陛下者。臣今所陈，诚死无悔。"帝意解，诏遣朗出。后二日，车驾自幸洛阳狱录囚徒，理出千余人。后平、忠死狱中，朗乃自系。会赦，免官。

①物色谓形状也。

②错愕犹仓卒也。错音七故反。愕音五故反。

③时上犹即上也。上音时掌反。

复举孝廉。建初中，肃宗大会群臣，朗前谢恩，诏以朗纳忠先帝，拜为易长。①岁余，迁济阳令，以母丧去官，百姓追思之。章和元年，上行东巡狩，过济阳，三老吏人上书陈朗前政治状。帝至梁，召见朗，诏三府为辟首，由是辟司徒府。永元中，再迁清河太守，坐法免。

①《易》，今易州县也。

永初三年，太尉张禹荐朗为博士，征诣公车。会卒，时年八十四。

论曰：左丘明有言："仁人之言，其利博哉！"晏子一言，齐侯省刑。①若钟离意之就格请过，寒朗之廷争冤狱，笃矣乎，仁者之情也！夫正直本于忠诚则不诡，②本于谏争则绞切。③彼二子之所本得乎天，故言信而志行也。④

①《左氏传》曰，齐景公谓晏子曰："子之宅近市，识贵贱乎?"于是景公繁
　　于刑，有鬻踊者，故对曰："踊贵而屦贱。"景公为是省于刑。君子曰："仁
　　人之言，其利博哉!"踊谓刖足者屦。

②诡，诈也。

③《论语》孔子曰："直而无礼则绞。"绞，急也。

④言而见信，谏而必从，故曰志行。

　赞曰：伯鱼、子阿，矫急去苛。临官以洁，匡帝以奢。宋均达政，
禁此妖祟。①禽虫畏德，子民请病。②意明尊尊，割恩蕃屏。③慄慄
楚黎，寒君为命。④

①祟，祭也。于命反。

②谓人为之请祷也。

③《谷梁传》曰："为尊者讳敌，为亲者讳败，尊尊亲亲之义也。"意谏令诸
　　王归藩，故云割恩藩屏。音协韵必政反。

④慄慄，惧也。黎众也。

后汉书卷四二
列传第三二

光武十王

东海恭王强　沛献王辅　楚王英
济南安王康　东平宪王苍
子任城孝王尚　**阜陵质王延**
广陵思王荆　临淮怀公衡
中山简王焉　琅邪孝王京

　　光武皇帝十一子：郭皇后生东海恭王强、沛献王辅、济南安王康、阜陵质王延、中山简王焉，许美人生楚王英，光烈皇后生显宗、东平宪王苍、广陵思王荆、临淮怀公衡、琅邪孝王京。

　　东海恭王强。建武二年，立母郭氏为后，强为皇太子。十七年而郭后废，强常戚戚不自安，数因左右及诸王陈其恳诚，愿备蕃国。光武不忍，迟回者数岁，乃许焉。十九年，封为东海王，二十八年，就国。帝以强废不以过，去就有礼，故优以大封，兼食鲁郡，合二十九县。赐虎贲旄头，宫殿设钟虡之县，拟于乘舆。①强临之国，数上书让还东海，又因皇太子固辞。帝不许，深嘉叹之，以强章宣示公卿。初，鲁恭王好宫室，起灵光殿，甚壮丽。是时犹存，②故诏强都鲁。中元元年入朝，从封岱山，因留京师。明年春，帝崩。冬，归国。

①虎贲、旄头、钟虡解见《光武纪》。县音玄。

②恭王名余,景帝之子。殿在今兖州曲阜城中,故基东西二十丈,南北十二丈,高丈余也。

　　永平元年,强病,显宗遣中常侍钩盾令将太医乘驿视疾,诏沛王辅、济南王康、淮阳王延诣鲁。及薨,临命上疏谢曰:"臣蒙恩得备蕃辅,特受二国,宫室、礼乐,事事殊异,巍巍无量,讫无报称。而自修不谨,连年被疾,为朝廷忧念。皇太后、陛下哀怜臣强,感动发中,数遣使者太医令丞方伎道术,络驿不绝。臣伏惟厚恩,不知所言。臣内自省视,气力赢劣,日夜浸困,①终不复望见阙庭,奉承帷幄,孤负重恩,衔恨黄泉。②身既夭命孤弱,复为皇太后、陛下忧虑,诚悲诚惭。息政,小人也,猥当袭臣后,必非所以全利之也。诚愿还东海郡。天恩愍哀,以臣无男之故,③处臣三女小国侯,④此臣宿昔常计。⑤今天下新罹大忧,⑥惟陛下加供养皇太后,数进御餐。臣强困劣,言不能尽意。愿并谢诸王,不意永不复相见也。"天子览书悲恸,从太后出幸津门亭发哀。⑦使大司空持节护丧事,大鸿胪副,宗正、将作大匠亲丧事,赠以殊礼,升龙、旄头、鸾辂、龙旂、虎贲百人。⑧诏楚王英、赵王栩、北海王兴、馆陶公主、比阳公主及京师亲戚四姓夫人、小侯皆会葬。⑨帝追惟强深执谦俭,不欲厚葬以违其意,于是特诏中常侍杜岑及东海傅相曰:"王恭谦好礼,以德自终。遣送之物,务从约省,衣足敛形,茅车瓦器,物减于制,以彰王卓尔独行之志。⑩将作大匠留起陵庙。"

①浸,渐也。

②杜预注《左传》云:"地中之泉,故曰黄泉。"

③无男,无多男也。

④即妇人封侯也,若吕后之妹吕须封为临光侯,萧何夫人封为酂侯之类。

⑤私计天恩,不敢忘也。

⑥光武崩也。

⑦津门,洛阳南面西头门也,一名津阳门。每门皆有亭。

⑧解并见《光武》及《明帝纪》。

⑨四姓小侯,解见《明帝纪》。夫人,盖小侯之母也。

⑩《前书》曰:"卓尔不群者,河间献王近之矣。"

强立十八年,年三十四。子靖王政嗣。政淫欲薄行。后中山简王焉,政诣中山会葬,私取简王姬徐妃,又盗迎掖庭出女。豫州刺史、鲁相奏请诛政,有诏削薛县。

立四十四年薨,子顷王肃嗣。永元十六年,封肃弟二十一人皆为列侯。肃性谦俭,循恭王法度。永初中,以西羌未平,上钱二千万。元初中,复上缣万匹,以助国费,邓太后下诏褒纳焉。

立二十三年薨,子孝王臻嗣。永建二年,封臻二弟敏、俭为乡侯。臻及弟蒸乡侯俭并有笃行,母卒,皆吐血毁眦。①至服练红,兄弟追念初丧父,幼小,哀礼有阙,因复重行丧制。②臻性敦厚有恩,常分租秩赈给诸父昆弟。国相籍褒具以状闻,顺帝美之,制诏大将军、三公、大鸿胪曰:"东海王臻以近蕃之尊,少袭王爵,膺受多福,未知艰难,而能克己率礼,孝敬自然,事亲尽爱,送终竭哀,降仪从士,寝苫三年。③和睦兄弟,恤养孤弱,至孝纯备,仁义兼弘。朕甚嘉焉。夫劝善厉俗,为国所先。曩者东平孝王敞兄弟行孝,丧母如礼,有增户之封。《诗》云:'永世克孝,念兹皇祖。'④今增臻封五千户,俭五百户,光启土宇,以酬厥德。"

①眦或为瘠。

②既祥之后而服练也。《礼记》曰:"练衣黄里缥缘。"缥即红也。缥音七绢反。郑玄注《周礼》曰:"浅绛也。"

③《左氏传》曰:"晏桓子卒,晏婴粗衰斩,苴绖带,杖,菅屦,食粥,居倚庐,寝苫枕草。其家老曰:'非大夫之礼也。'"杜预注云:"时士及大夫,衰服各有不同。"

④《诗·周颂》之文。克,能也。

立三十一年薨,子懿王祇嗣。初平四年,遣子琬至长安奉章,献帝封琬汶阳侯,拜为平原相。

祇立四十四年薨,子羡嗣。二十年,魏受禅,以为崇德侯。

沛献王辅,建武十五年封右冯翊公。十七年,郭后废为中山太后,故徙辅为中山王,并食常山郡。二十年,复徙封沛王。

时禁网尚疏,诸王皆在京师,竞修名誉,争礼四方宾客。寿光侯刘鲤,更始子也,得幸于辅。鲤怨刘盆子害其父,因辅结客,报杀盆子兄故式侯恭,辅坐系诏狱,三日乃得出。自是后,诸王宾客多坐刑罚,各循法度。二十八年,就国。中元二年,封辅子宝为沛侯。永平元年,封宝弟嘉为僮侯。①

①僮,县,属临淮郡,故城在今泗州宿预县西南。

辅矜严有法度,好经书,善说《京氏易》、《孝经》、《论语》传及图谶,作《五经论》,时号之曰《沛王通论》。在国谨节,终始如一,称为贤王。显宗敬重,数加赏赐。

立四十六年薨,子釐王定嗣。①元和二年,封定弟十二人为乡侯。

①釐音僖,下皆同。

定立十一年薨,子节王正嗣。元兴元年,封正弟二人为县侯。

正立十四年薨,子孝王广嗣。有固疾。安帝诏广祖母周领王家事。周明正有法礼,汉安中薨,顺帝下诏曰:"沛王祖母太夫人周,秉心淑慎,导王以仁,使光禄大夫赠以妃印绶。"

广立三十五年薨,子幽王荣嗣。立二十年薨,子孝王琮嗣。薨,子恭王曜嗣。薨,子契嗣;魏受禅,以为崇德侯。

楚王英,以建武十五年封为楚公,十七年进爵为王,二十八年就国。母许氏无宠,故英国最贫小。三十年,以临淮之取虑、须昌二县益楚国。①自显宗为太子时,英常独归附太子,太子特亲爱之。及即位,数受赏赐。永平元年,特封英舅子许昌为龙舒侯。②

①取虑,县,故城在今泗州下邳县西南。案:临淮无须昌,有昌阳县,盖误也。取虑音秋闾。

②龙舒,县,属庐江郡,故城在今庐州庐江县西也。

英少时好游侠,交通宾客,晚节更喜黄老,学为浮屠斋戒祭祀。①八年,诏令天下死罪皆入缣赎。英遣郎中令奉黄缣白纨三十匹诣国相曰:"托在蕃辅,过恶累积,欢喜大恩,奉送缣帛,以赎愆罪。"国相以闻。诏报曰:"楚王诵黄老之微言,尚浮屠之仁祠,洁斋三月,与神为誓,何嫌何疑,当有悔吝? 其还赎,以助伊蒲塞桑门之盛馔。"②因以班示诸国中傅。英后遂大交通方士,作金龟玉鹤,刻文字以为符瑞。

　　①袁宏《汉纪》:"浮屠,佛也,西域天竺国有佛道焉。佛者,汉言觉也,将以觉悟群生也。其教以修善慈心为主,不杀生,专务清静。其精者为沙门。沙门,汉言息也,盖息意去欲而归于无为。又以为人死精神不灭,随复受形,生时善恶皆有报应,故贵行善修道,以练精神,以至无生而得为佛也。佛长丈六尺,黄金色,项中佩日月光,变化无方,无所不入,而大济群生。初,明帝梦见金人长大,项有日月光,以问群臣。或曰:'西方有神,其名曰佛。陛下所梦,得无是乎?'于是遣使天竺,问其道术而图其形像焉。"

　　②伊蒲塞即优婆塞也,中华翻为近住,言受戒行堪近僧住也。桑门即沙门。

　　十三年,男子燕广告英与渔阳王平、颜忠等造作图书,有逆谋,事下案验。有司奏英招聚奸猾,造作图谶,擅相官秩,置诸侯王公将军二千石,大逆不道,请诛之。帝以亲亲不忍,乃废英,徙丹阳泾县,①赐汤沐邑五百户。②遣大鸿胪持节护送,使伎人奴婢妓士鼓吹悉从,得乘辎轿,③持兵弩,行道射猎,极意自娱。男女为侯主者,食邑如故。楚太后勿上玺绶,留住楚宫。

　　①今宣州县也。

　　②汤沐,解见《皇后纪》也。

　　③轿犹屏也,自隐蔽之车。《苍颉篇》曰:"衣车也。"

　　明年,英至丹阳,自杀。立三十三年,国除。诏遣光禄大夫持节吊祠,赠赗如法,加赐列侯印绶,以诸侯礼葬于泾。遣中黄门占护其妻子。①悉出楚官属无辞语者。制诏许太后曰:"国家始闻楚事,幸其不然。既知审实,怀用悼灼,庶欲宥全王身,令保卒天年,而王不念顾太后,竟不自免。此天命也。无可奈何! 太后其保养幼弱,勉强饮食。诸许愿王富贵,人情也。已诏有司,出其谋者,令安田宅。"

　　①占护犹守护也。

于是封燕广为折奸侯。楚狱遂至累年,其辞语相连,自京师亲戚诸侯、州郡豪桀及考案吏,阿附相陷,坐死徙者以千数。

十五年,帝幸彭城,见许太后及英妻子于内殿,悲泣,感动左右。建初二年,肃宗封英子楚侯,种五弟皆为列侯,并不得置相臣吏人。元和三年,许太后薨,复遣光禄大夫持节吊祠,因留护丧事,赙钱五百万。又遣谒者备王官属迎英丧,改葬彭城,加王赤绶羽盖华藻,如嗣王仪,①追爵,谥曰楚厉侯。章和元年,帝幸彭城,见英夫人及六子,厚加赠赐。

①《续汉·舆服志》曰:“诸侯王赤绶四采,长二丈一尺。皇子安车,青盖金华藻。”

种后徙封六侯。①卒,子度嗣。度卒,子拘嗣,传国于后。

①六,县名,属庐江郡。

济南安王康,建武十五年封济南公,十七年进爵为王,二十八年就国。三十年,以平原之祝阿、安德、朝阳、平昌、隰阴、重丘六县益济南国。中元二年,封康子德为东武城侯。①

①东武城属清河郡,今贝州武城县是。

康在国不循法度,交通宾客。其后,人上书告康招来州郡奸猾渔阳颜忠、刘子产等,又多遗其缯帛,案图书,谋议不轨。事下考,有司举奏之,显宗以亲亲故,不忍穷竟其事,但削祝阿、隰阴、东朝阳、安德、西平昌五县。①建初八年,肃宗复还所削地,康遂多殖财货,大修宫室,奴婢至千四百人,厩马千二百匹,私田八百顷,奢侈恣欲,游观无节。

①东朝阳在今齐州临济县东。西平昌,今德州般县也。般音补满反。

永元初,国傅何敞上疏谏康曰:“盖闻诸侯之义,制节谨度,然后能保其社稷,和其民人。①大王以骨肉之亲,享食茅土,当施张政令,明其典法,出入进止,宜有期度,舆马台隶,应为科品。②而今奴婢、厩马皆有千余,增无用之口,以自蚕食。③宫婢闭隔,失其天性,惑乱和气。又多起内第,触犯防禁,费以巨万,④而功犹未半。夫文

繁者质荒，木胜者人亡，⑤皆非所以奉礼承上，传福无穷者也。故楚
作章华以凶，⑥吴兴姑苏而灭，⑦景公千驷，民无称焉。⑧今数游诸
第，晨夜无节，又非所以远防未然，临深履薄之法也。愿大王修恭
俭，遵古制，省奴婢之口，减乘马之数，斥私田之富，节游观之宴，以
礼起居，则敞乃敢安心自保。惟大王深虑愚言。"康素敬重敞，虽无
所嫌悟，然终不能改。

①《孝经·诸侯章》之义也。

②台、隶，贱职也，《左氏传》曰："人有十等，王臣公，公臣卿，卿臣大夫，大
　夫臣士，士臣皂，皂臣舆，舆臣隶，隶臣僚，僚臣仆，仆臣台"也。

③言如蚕之食，渐至衰尽也。

④巨，大也。大万谓万万。

⑤荒，废也。文彩繁多，则质以之废，土木增构，则人弹其力，故云人亡。

⑥《左氏传》，楚灵王成章华之台，后卒被杀。杜预注云"台在今南郡华容
　县"也。

⑦姑苏台一名姑胥台。《越绝书》曰："胥门外有九曲路，阖庐以游姑苏之
　台，以望湖中。"顾夷《吾地记》云："横山北有小山，俗谓姑苏台。"在今
　苏州吴县西。阖庐后被越杀之。

⑧《论语》："齐景公有马千驷，死之日，人无德而称焉。"千驷，四千匹。

立五十九年薨，子简王错嗣。①错为太子时，爱康鼓吹妓女宋
闰，使医张尊招之不得，错怒，自以剑刺杀尊。国相举奏，有诏勿案。
永元十一年，封错弟七人为列侯。

①错音七故反。

错立六年薨，子孝王香嗣。永初二年，封香弟四人为列侯。香
笃行，好经书。初，叔父笃有罪不得封，西平昌侯昱坐法失侯，香乃
上书分爵土封笃子丸、昱子嵩，皆为列侯。

香立二十年薨，无子，国绝。

永建元年，顺帝立错子阜阳侯显为嗣，是为釐王。立三年薨，子
悼王广嗣。永建五年，封广弟文为乐城亭侯。

广立二十五年，永兴元年薨，无子，国除。

东平宪王苍,建武十五年封东平公,十七年进爵为王。

苍少好经书,雅有智思,为人美须髯,要带八围,显宗甚爱重之。及即位,拜为骠骑将军,置长史掾史员四十人,位在三公上。①

①四府掾史皆无四十人,今特置以优之也。

永平元年,封苍子二人为县侯。二年,以东郡之寿张、须昌,山阳之南平阳、稿、湖陵五县益东平国。①

①南平阳,县,故城今兖州邹县是也。稿,县,一名高平,故城在邹县西南。湖陵故城在今兖州防与县东南。

是时中兴三十余年,四方无虞,苍以天下化平,宜修礼乐,乃与公卿共议定南北郊冠冕车服制度,及光武庙登歌八佾舞数,语在《礼乐》、《舆服志》。①

①其志今亡。

帝每巡狩,苍常留镇,侍卫皇太后。四年春,车驾近出,观览城第,①寻闻当遂校猎河内,苍即上书谏曰:“臣闻时令,盛春农事,不聚众兴功。②传曰:‘田猎不宿,食饮不享,出入不节,则木不曲直。’此失春令者也。③臣知车驾今出,事从约省,所过吏人讽诵《甘棠》之德。虽然,动不以礼,非所以示四方也。惟陛下因行田野,循视稼穑,消摇仿佯,弭节而旋。④至秋冬,乃振威灵,整法驾,备周卫,设羽旄。⑤《诗》云:‘抑抑威仪,惟德之隅。’⑥臣不胜愤懑,伏自手书,乞诣行在所,极陈至诚。”帝览奏,即还宫。

①第,宅也。有甲乙之次,故曰第。

②《礼记·月令》曰“孟春之月,无聚大众,无置城郭。仲春之月,无作大事,以妨农事”也。

③《尚书·五行传》曰:“田猎不宿,饮食不享,出入不节,夺人农时,及有奸谋,则木不曲直。”郑玄注云:“木性或曲或直,人所用为器者也。无故生不畅茂,多有折槁,是为不曲直也。”《前书音义》曰:“不宿,不预戒日也。”

④皆游散之意。《诗》曰:“於焉消摇。”《左氏传》曰:“横流而仿佯。”《前书音义》:“弭节犹按节也,言不尽意驰驱也。”

⑤旄谓注旄于竿首。

⑥《诗·大雅》之文也。抑抑，密也。隅，廉也。言人审密于威仪抑抑然者，其德必严正，如宫室之制，内绳直则外有廉隅。

苍在朝数载，多所隆益，而自以至亲辅政，声望日重，意不自安，上疏归职曰："臣苍疲驽，特为陛下慈恩覆护，在家备教导之仁，升朝蒙爵命之首。制书褒美，班之四海，举负薪之才，升君子之器。①凡匹夫一介，尚不忘箪食之惠，②况臣居宰相之位，同气之亲哉！宜当暴骸膏野，为百僚先，而愚顽之质，加以固病，诚羞负乘，辱污辅将之位，将被诗人'三百赤绂'之刺。③今方域晏然，要荒无徼，④将遵上德无为之时也，文官犹可并省，武职尤不宜建。昔象封有鼻，不任以政，⑤诚由爱深，不忍扬其过恶。前事之不忘，来事之师也。自汉兴以来，宗室子弟无得在公卿位者。惟陛下审览虞帝优养母弟，遵承旧典，终卒厚恩。乞上骠骑将军印绶，退就蕃国，愿蒙哀怜。"帝优诏不听。其后数陈，乞辞甚恳切。五年，乃许还国，而不听上将军印绶。以骠骑长史为东平太傅，掾为中大夫，令史为王家郎。⑥加赐钱五千万，布十万匹。

①负薪，喻小人也。《易》曰："负且乘，致寇至。"负也者小人之事，乘也者君子之器，以小人而乘君子之器，则盗思夺之矣。

②箪，竹器也，圆曰箪，方曰笥。《左氏传》曰："晋宣子田于首山，舍于翳桑，见灵辄饿，曰：'不食三日矣。'食之，舍其半。问之，曰：'宦二年矣，未知母之存否，请遗之。'使尽之，而为箪食与之。既而与为公介，倒戟以御公徒而免之。问何故，曰：'翳桑之饿人也。'"

③赤绂，大夫之服也。《诗·曹风》曰："彼己之子，三百赤绂。"刺其无德居位者多也。

④去王畿五百里曰甸服，又五百里曰侯服，又五百里曰绥服，又五百里要服，又五百里荒服。徼，备也，音警。

⑤有鼻，国名，其地在今永州营道县北。《史记》曰，舜弟象封于有鼻也。

⑥《汉官仪》"将军掾属二十九人，中大夫无员，令史四十一人"也。

六年冬，帝幸鲁，征苍从还京师。明年，皇太后崩。既葬，苍乃归国，特赐宫人奴婢五百人，布二十五万匹，及珍宝服御器物。

十一年，苍与诸王朝京师。月余，还国。帝临送归宫，凄然怀思，乃遣使手诏国中傅曰:"辞别之后,独坐不乐,因就车归,伏轼而吟,瞻望永怀,实劳我心,诵及《采菽》,以增叹息。①日者问东平王处家何等最乐,王言为善最乐,其言甚大,副是要腹矣。今送列侯印十九枚,诸王子年五岁已上能趋拜者,皆令带之。"

①《采菽》,《诗·小雅》之章也。其诗曰:"采菽采菽,筐之筥之,君子来朝,何锡与之?"毛苌注云:"菽所以芼大牢而待君子也。"

十五年春,行幸东平,赐苍钱千五百万,布四万匹。帝以所作《光武本纪》示苍,苍因上《光武受命中兴颂》。帝甚善之,以其文典雅,特令校书郎贾逵为之训诂。

肃宗即位,尊重恩礼逾于前世,诸王莫与为比。建初元年,地震,苍上便宜,其事留中。①帝报书曰:"丙寅所上便宜三事,朕亲自览读,反覆数周,心开目明,旷然发矇。②间吏人奏事,亦有此言,但明智浅短,或谓傥是,复虑为非。何者?灾异之降,缘政而见。今改元之后,年饥人流,此朕之不德感应所致。又冬春旱甚,所被尤广,虽内用克责,而不知所定。得王深策,快然意解。《诗》不云乎:'未见君子,忧心忡忡;既见君子,我心则降。'③思惟嘉谋,以次奉行,冀蒙福应。彰报至德,特赐王钱五百万。"

①留禁中也。

②韦昭注《国语》曰:"有眸子而无见曰矇。"

③《诗·国风》也。忡忡犹冲冲。降,下也。

后帝欲为原陵、显陵起县邑,苍闻之,遽上疏谏曰:"伏闻当为二陵起立郭邑,臣前颇谓道路之言,疑不审实,近令从官古霸问涅阳主疾,①使还,乃知诏书已下。窃见光武皇帝躬履俭约之行,深睹始终之分,勤勤恳恳,以葬制为言,故营建陵地,具称古典。诏曰'无为山陵,陂池裁令流水而已。'孝明皇帝大孝无违,奉承贯行。②至于自所营创,尤为俭省,谦德之美,于斯为盛。③臣愚以园邑之兴,始自强秦。古者丘陇不欲其著明,④岂况筑郭邑,建都郓哉!⑤上违先帝圣心,下造无益之功,虚费国用,动摇百姓,非所以致和气,祈丰年也。又以吉凶俗数言之,亦不欲无故缮修丘墓,有所兴起。考之古法则不合，稽之时宜则违人，求之吉凶复未见其福。陛下履有虞之至性，追祖祢之深思，然惧左右过议，以累圣心。臣苍诚伤二帝纯德之美，不畅于无穷也。惟蒙哀览。"帝从而止。自是朝廷每有疑政，辄驿使咨问。苍悉心以对，皆见纳用。

①《风俗通》曰："古姓，周有古公亶父，其后氏焉。"涅阳主，光武女，窦固之妻也。

②贯行谓一皆遵奉也。谷永曰"一以贯行，固执无违"也。

③《易》曰："谦德之柄。"

④《礼记》曰："古者墓而不坟。"故言不欲其著明。

⑤《谷梁传》曰："人之所聚曰都。"杜预注《左传》曰："郛，郭也。"

三年，帝飨卫士于南宫，因从皇太后周行掖庭池阁，乃阅阴太后旧时器服，怆然动容，乃命留五时衣各一袭，①及常所御衣合五十箧，余悉分布诸王、主及子孙在京师者各有差。特赐苍及琅邪王京书曰："中大夫奉使，亲闻动静，嘉之何已！岁月骛过，山陵浸远，孤心凄怆，如何如何？间飨卫士于南宫，因阅视旧时衣物，闻于师曰：'其物存，其人亡，不言哀而哀自至。'信矣。惟王孝友之德，亦岂不然！今送光烈皇后假紒帛巾各一，②及衣一箧，可时奉瞻，以慰《凯风》寒泉之思。③又欲令后生子孙得见先后衣服之制。今鲁国孔氏，尚有仲尼车舆冠履，明德盛者光灵远也。④其光武皇帝器服，中元二年已赋诸国，故不复送。并遗宛马一匹，血从前髆上小孔中出。常闻武帝歌天马，沾赤汗，今亲见其然也。⑤顷反虏尚屯，将帅在外，忧念遑遑，未有闲宁。⑥愿王宝精神，加供养。苦言至戒，望之如渴。"

①五时衣谓春青、夏朱、季夏黄、秋白、冬黑也。衣单复具曰袭。

②《周礼》："追师掌王后之首服为副编。"郑玄云："副，妇人首服，三辅谓之假紒。"《续汉书》"帛"子作"皂"。

③《诗·国风》曰："凯风，美孝也。""凯风自南，吹彼棘心，棘心夭夭，母氏劬劳。爰有寒泉，在浚之下，有子七人，母氏劳苦。"寒泉在今濮州濮阳县。

④孔子庙在鲁曲阜城中。伍缉之《从征记》曰："鲁人藏孔子所乘车于庙

中,是颜路所请者也。献帝时,庙遇火,烧之。"冠履解见《钟离意传》。

⑤《前书·天马歌》曰"太一况,天马下,沾赤汗,沫流赭"也。

⑥閜音闲。

六年冬,苍上疏求朝明年正月,帝许之。特赐装钱千五百万,其余诸王各千万。帝以苍冒涉寒露,遣谒者赐貂裘,①及大官食物珍果,使大鸿胪窦固持节郊迎。帝乃亲自循行邸第,豫设帷床,其钱帛器物无不充备。下诏曰:"伯父归宁乃国,②《诗》云叔父建尔元子,③敬之至也。昔萧相国加以不名,优忠贤也。④况兼亲尊者乎!其沛、济南、东平、中山四王,赞皆勿名。"⑤苍既至,升殿乃拜,天子亲答之。其后,诸王入宫,辄以辇迎,至省閤乃下。苍以受恩过礼,情不自宁,上疏辞曰:"臣闻贵有常尊,贱有等威,⑥卑高列序,上下以理。陛下至德广施,慈爱骨肉,既赐奉朝请,咫尺天仪,而亲屈至尊,降礼下臣,每赐宴见,辄兴席改容,中宫亲拜,事过典故。臣惶怖战栗,诚不自安,每会见,踧踖无所措置。⑦此非所以章示群下,安臣子也。"帝省奏叹息,愈褒贵焉。旧典,诸王女皆封乡主,乃独封苍五女为县公主。

①《说文》曰:"貂,鼠属也,大而黄黑,出丁零国。"

②《仪礼》曰"觐礼,诸侯至于郊,王使皮弁用璧劳,侯氏亦皮弁迎于帷门之外,再拜。天子赐舍曰:'赐伯父舍。'同姓西面,北上;异姓,东面,北上。侯氏裨冕,释币于祢,乘墨车,载龙旂、弧韣,乃朝以瑞玉,有缫。天子负斧扆,曰:'伯父实来,余一人嘉之。'奉束帛匹马,卓上九马随之,奠币再拜。侯氏降,天子辞于侯氏曰:'伯父无事,归宁乃邦。'侯氏再拜稽首而出"也。

③诗鲁颂之文也。叔父谓周公也。建元子谓封伯禽也。

④见《前书·王莽传》。

⑤赞谓赞者不唱其名。

⑥《左传》随武子之辞也。等威,威仪有等差也。

⑦踧踖,谦让貌也。

三月,大鸿胪奏遣诸王归国,帝特留苍,赐以秘书、列仙图、道术秘方。至八月饮酎毕,①有司复奏遣苍,乃许之。手诏赐苍曰:"骨肉天性,诚不以远近为亲疏,然数见颜色,情重昔时。念王久劳,思得还休,欲署大鸿胪奏,不忍下笔,顾授小黄门,中心恋恋,恻然不能言。"②于是车驾祖送,流涕而诀。复赐乘舆服御,珍宝舆马,钱布以亿万计。

①饮酎,解见《章纪》。

②大鸿胪奏王归国,小黄门受诏者。

苍还国,疾病,帝驰遣名医、小黄门侍疾,使者冠盖不绝于道。又置驿马,千里传问起居。明年正月薨,诏告中傅,封上苍自建武以来章奏及所作书、记、赋、颂、七言、别字、歌诗,并集览焉。遣大鸿胪持节,五官中郎将副监丧,及将作使者凡六人,令四姓小侯诸国王主悉会诣东平奔丧,赐钱前一亿,布九万匹。及葬,策曰:"惟建初八年三月己卯,皇帝曰:咨王丕显,勤劳王室,亲受策命,昭于前世。出作蕃辅,克慎明德,率礼不越,①傅闻在下。②昊天不吊,不报上仁,俾屏余一人,夙夜茕茕,靡有所终。③今诏有司加赐鸾辂乘马,龙旂九旒,虎贲百人,奉送王行。匪我宪王,其孰离之!④魂而有灵,保兹宠荣。呜呼哀哉!"

①率,循也。越,违也。

②傅音敷。敷,布也。《书》曰:"克慎明德,敷闻在下。"

③俾,使也。屏,蔽也。《左氏传》曰"昊天不吊,不憖遗一老,俾屏余一人,茕茕余在疚"也。

④离,被也。言非宪王谁更被蒙此恩也。

立四十五年,子怀王忠嗣。明年,帝乃分东平国封忠弟尚为任城王,余五人为列侯。

忠立十一年薨,子孝王敞嗣。元和三年,行东巡守,幸东平宫,帝追感念苍,谓其诸子曰:"思其人,至其乡;其处在,其人亡。"因泣下沾襟,遂幸苍陵,为陈虎贲、鸾辂、龙旂,以章显之。祠以太牢,亲拜祠坐,哭泣尽哀,赐御剑于陵前。①初,苍归国,骠骑时吏丁牧、周栩以苍敬贤下士,不忍去之,遂为王家大夫,数十年事祖及孙。帝闻,皆引见于前,既愍其淹滞,且欲扬苍德美,即皆擢拜议郎。牧至齐相，栩上蔡令。

①陵在今郓州东峗山南。峗音鱼委反。

永元十年，封苍孙梁为矜阳亭侯，敞弟六人为列侯。敞丧母至孝，国相陈珍上其行状。永宁元年，邓太后增邑五千户，又封苍孙二人为亭侯。

敞立四十八年薨，子顷王端嗣。立四十七年薨，子凯嗣。立四十一年，魏受禅，以为崇德侯。

论曰：孔子称"贫而无谄，富而无骄，未若贫而乐，富而好礼者也。"若东平宪王，可谓好礼者也。若其辞至戚，去母后，岂欲苟立名行而忘亲遗义哉！盖位疑则隙生，累近则丧大，①斯盖明哲之所为叹息。呜呼！远隙以全忠，释累以成孝，夫岂宪王之志哉！②东海恭王逊而知废，③"为吴太伯，不亦可乎！"④

①忧累既近，所丧必大。

②言其本志然也。

③逊，让也。

④《左传》曰晋大夫士蒍之辞也。吴太伯，周太王之长子，让其弟季历，因适吴、越采药，大王没而不反。事见《史记》也。

任城孝王尚，元和元年封，食任城、亢父、樊三县。①

①亢父、樊并属东平国。亢父故城在今兖州任城县南。樊故城在今瑕丘县西南也。

立十八年薨，子贞王安嗣。永元十四年，封母弟福为桃乡侯。永初四年，封福弟亢为当涂乡侯。

安性轻易贪吝，数微服出入，游观国中，取官属车马刀剑，下至卫士米肉，皆不与直。元初六年，国相行弘奏请废之。安帝不忍，以一岁租五分之一赎罪。

安立十九年薨，子节王崇嗣。顺帝时，羌虏数反，崇辄上钱帛佐边费。及帝崩，复上钱三百万助山陵用度，朝廷嘉而不受。立三十一年薨，无子，国绝。

延熹四年,桓帝立河间孝王子恭为参户亭侯博为任城王,以奉其祀。①博有孝行,丧母服制如礼,增封三千户。立十三年薨,无子,国绝。

①杜预注《左传》曰:"今丹水县北有三户亭。"故城在今邓州内乡县西南也。

熹平四年,灵帝复立河间贞王逊新昌侯子佗为任城王,奉孝王后。立四十六年,魏受禅,以为崇德侯。

阜陵质王延,建武十五年封淮阳公,十七年进爵为王,二十八年就国。三十年,以汝南之长平、西华、新阳、扶乐四县益淮阳国。①

①长平故城在今陈州宛丘县西北,西华故城在今溵水县西北,新阳故城在今豫州真阳西南,扶乐故城在今陈州太康县北也。

延性骄奢而遇下严烈。永平中,有上书告延与姬兄谢弇及姊馆陶主婿驸马都尉韩光招奸猾,作图谶,祠祭祝诅。事下案验,光、弇被杀,辞所连及,死徙者甚众。有司奏请诛延,显宗以延罪薄于楚王英,故特加恩,徙为阜陵王,食二县。

延既徙封,数怀怨望。建初中,复有告延与子男鲂造逆谋者,有司奏请槛车征诣廷尉诏狱。肃宗下诏曰:"王前犯大逆,罪恶尤深,有同周之管、蔡,汉之淮南。①经有正义,律有明刑。②先帝不忍亲亲之恩,枉屈大法,为王受恶,③群下莫不惑焉。今王曾莫悔悟,悖心不移,逆谋内溃,自子鲂发,诚非本朝之所乐闻。朕恻然伤心,不忍致王于理,今贬爵为阜陵侯,食一县。获斯辜者,侯自取焉。於戏诚哉!"赦鲂等罪勿验,使谒者一人监护延国,不得与吏人通。

①淮南厉王长,高帝子,文帝时反,被迁于蜀而死也。

②《公羊传》曰:"君亲无将,将而必诛。"《前书》曰:"大逆无道,父母、妻子、同产无少长皆弃市。"

③恶,过也。反而不诛,先帝之过,故言为王受过也。

章和元年,行幸九江,赐延书与车驾会寿春。帝见延及妻子,愍然伤之，乃下诏曰："昔周之爵封千有八百，而姬姓居半者，所以桢干王室也。朕南巡，望淮、海，意在阜陵，遂与侯相见。侯志意衰落，形体非故，瞻省怀感，以喜以悲。今复侯为阜陵王，增封四县，并前为五县。"以阜陵下湿，徙都寿春，加赐钱千万，布万匹，安车一乘，夫人诸子赏赐各有差。明年入朝。

立五十一年薨，子殇王冲嗣。永元二年，下诏尽削除前班下延事。

冲立二年薨，无嗣。和帝复封冲兄鲂，是为顷王。永元八年，封鲂弟十二人为乡、亭侯。

鲂立三十年薨，子怀王恢嗣。延光三年，封恢兄弟五人为乡、亭侯。

恢立十年薨，子节王代嗣。阳嘉二年，封代兄便亲为勃遒亭侯。

代立十四年薨，无子，国绝。

建和元年，桓帝立勃遒亭侯便亲为恢嗣，是为恭王。立十三年薨，子孝王统嗣。立八年薨，子王赦立；建安中薨，无子，国除。

广陵思王荆，建武十五年封山阳公，十七年进爵为王。

荆性刻急隐害，①有才能而喜文法。光武崩，大行在前殿，荆哭不哀，而作飞书，封以方底，②令苍头诈称东海王强舅大鸿胪郭况书与强曰："君王无罪，猥被斥废，而兄弟至有束缚入牢狱者。太后失职，别守北宫，③及至年老，远斥居边，④海内深痛，观者鼻酸。及太后尸柩在堂，洛阳吏以次捕斩宾客，至有一家三尸伏堂者，痛甚矣！今天下有丧，弓弩张设甚备。间梁松敕虎贲史曰：'吏以便宜见非，勿有所拘，⑤封侯难再得也。'郎官窃悲之，为王寒心累息。⑥今天下争欲思刻贼王以求功，宁有量邪！若归并二国之众，可聚百万，君王为之主，鼓行无前，功易于太山破鸡子，轻于四马载鸿毛，此汤、武兵也。今年轩辕星有白气，星家及喜事者，⑦皆云白气者丧，轩辕女主之位。又太白前出西方，至午兵当起。⑧又太子星色黑，至辰日辄不变赤。⑨夫黑为病，赤为兵亡，努力卒事。高祖起亭长，陛下兴白水，何况于王陛下长子，故副主哉！上以求天下事必举，下以雪除沈没之耻，报死母之仇。精诚所加，金石为开。⑩当为秋霜，无为槛羊。⑪虽欲为槛羊，又可得乎？窃见诸相工言王贵，天子法也。人主崩亡，闾阎之伍尚为盗贼，欲有所望，何况王邪！夫受命之君，天之所立，不可谋也。今新帝人之所置，强者为右。愿君王为高祖、陛下所志，⑫无为扶苏、将闾叫呼天也。”⑬强得书惶怖，即执其使，封书上之。显宗以荆母弟，秘其事，遣荆出止河南宫。

①隐害谓阴害于人也。

②方底，囊，所以盛书也。《前书》曰：“绿绨方底。”

③太后，郭后也。职，常也。失其常位，别迁北宫。

④封之于鲁。

⑤以便宜之事而有非者，当即行之，勿拘常制也。

⑥累息犹叠息也。

⑦喜事犹好事也。喜音许气反。

⑧《鸿范五行传》曰：“太白，少阴之星，以巳未为界，不得经天而行。太白经天而行为不臣。”今至午，是为经天也。

⑨《天官书》曰：“心前星，太子之位”也。

⑩《韩诗外传》曰：“昔者楚熊渠子夜行，见寝石，以为伏虎，弯弓而射之，没金饮羽。下视，知其石也，因复射之，矢摧无迹。熊渠子见其诚心而金石为开，而况人乎。”

⑪秋霜，肃杀于物。槛羊，受制于人。

⑫陛下即光武也。

⑬扶苏，秦始皇之太子；将闾，庶子也。扶苏以数谏始皇，使与蒙恬守北边。始皇死于沙丘，少子胡亥诈立，赐扶苏死。将闾昆弟三人囚于内宫。胡亥使谓将闾曰：“公子不臣，罪当死。”将闾乃仰天而大呼天者三，曰：“天乎！吾无罪。”昆弟三人皆流涕，伏剑自杀。事见《史记》。

时西羌反，荆不得志，冀天下因羌惊动有变，私迎能为星者与谋议。帝闻之，乃徙封荆广陵王，遣之国。其后荆复呼相工谓曰：“我貌类先帝。先帝三十得天下，我今亦三十，可起兵未？”相者诣吏告之，荆惶恐，自系狱。帝复加恩，不考极其事，下诏不得臣属吏人，唯食租如故，使相、中尉谨宿卫之。荆犹不改，其后使巫祭祀祝诅。

有司举奏,请诛之,荆自杀。立二十九年死。帝怜伤之,赐谥曰思王。

十四年,封荆子元寿为广陵侯,服王玺绶,食荆故国六县;又封元寿弟三人为乡侯。明年,帝东巡狩,征元寿兄弟会东平宫,班赐御服器物,又取皇子舆马,悉以与之。建初七年,肃宗诏元寿兄弟与诸王俱朝京师。

元寿卒,子商嗣。商卒,子条嗣,传国于后。

临淮怀公衡,建武十五年立,未及进爵为王而薨,无子,国除。

中山简王焉,建武十五年封左冯翊公,十七年进爵为王。焉以郭太后少子故,独留京师。三十年,徙封中山王。

永平二年冬,诸王来会辟雍,事毕归蕃,诏焉与俱就国,从以虎贲官骑。①焉上疏辞让,显宗报曰:"凡诸侯出境,必备左右,故夹谷之会,司马以从。②今五国各官骑百人,称娖前行,③皆北军胡骑,便兵善射,弓不空发,中必决眦。④夫有文事必有武备,所以重蕃职也。王其勿辞。"帝以焉郭太后偏爱,特加恩宠,独得往来京师。十五年,焉姬韩序有过,焉缢杀之,国相举奏,坐削安险县。⑤元和中,肃宗复以安险还中山。

①《汉官仪》:"骀骑,王家名官骑。"

②《谷梁传》曰,公会齐侯于颊谷,齐人鼓噪,欲以执鲁君。孔子历阶而上,命司马止之。《左氏传》"颊谷"作"夹谷"

③娖音楚角反。称娖犹齐整也。行音胡郎反。

④司马相如《子虚》之文。

⑤安险属中山郡。

立五十二年,永元二年薨。自中兴至和帝时,皇子始封薨者,皆赙钱三千万,布三万匹;嗣王薨,赙钱千万,布万匹。是时窦太后临朝,窦宪兄弟擅权,太后及宪等,东海出也,①故睦于焉而重于礼,加赙钱一亿。诏济南、东海二王皆会。大为修冢茔,开神道,②平夷吏人冢墓以千数,作者万余人。发常山、钜鹿、涿郡柏黄肠杂木,③

三郡不能备,复调余州郡,工徒及送致者数千人。凡征发摇动六州十八郡,制度余国莫及。

①《尔雅》曰"女子之子为出"也。

②墓前开道,建石柱以为标,谓之神道。

③黄肠,柏木黄心。

子夷王宪嗣。永元四年,封宪弟十一人为列侯。

宪立二十二年薨,子孝王弘嗣。永宁元年,封弘二弟为亭侯。

弘立二十八年薨,子穆王畅嗣。永和六年,封畅弟荆为南乡侯。

畅立三十四年薨,子节王稚嗣,无子,国除。

琅邪孝王京,建武十五年封琅邪公,十七年进爵为王。

京性恭孝,好经学,显宗尤爱幸,赏赐恩宠殊异,莫与为比。永平二年,以太山之盖、南武阳、华、①东莱之昌阳、庐乡、东牟六县益琅邪。②五年,乃就国。光烈皇后崩,帝悉以太后遗金宝财物赐京。京都莒,好修宫室,穷极伎巧,殿馆壁带皆饰以金银。③数上诗赋颂德,帝嘉美,下之史官。京国中有城阳景王祠,吏人奉祠。神数下言宫中多不便利,京上书愿徙宫开阳,以华、盖、南武阳、厚丘、赣榆五县④易东海之开阳、临沂,肃宗许之。立三十一年薨,葬东海即丘广平亭,有诏割亭属开阳。⑤

①盖县故城在今沂州沂水县西北,南武阳县故城在今沂州费县西,又华县故城在费县东北也。

②昌阳,今莱州县也,故城在今闻登县西南。庐乡故城在今昌阳县西北。东牟故城在闻登县西北也。

③壁带,壁中之横木也,以金银为钉饰其上。

④华县、盖县、南武阳属泰山郡,厚丘属东海郡,赣榆属琅邪郡。

⑤开阳,县,属东海郡,故城在今沂州临沂县北。

子夷王宇嗣。建初七年,封宇弟十三人为列侯。元和元年,封孝王孙二人为列侯。

宇立二十年薨,子恭王寿嗣。永初元年,封寿弟八人列侯。

立十七年薨,子贞王尊嗣。延光二年,封尊弟四人为乡侯。

尊立十八年薨,子安王据嗣。永和五年,封据弟三人为乡侯。

据立四十七年薨,子顺王容嗣。初平元年,遣弟邈至长安奉章贡献,帝以邈为九江太守,封阳都侯。①

①阳都,县,属城阳国,故城在今沂州承县南。承音常证反。

容立八年薨,国绝。

初,邈至长安,盛称东郡太守曹操忠诚于帝,操以此德于邈。建安十一年,复立容子熙为王。在位十一年,坐谋欲过江,被诛,国除。

赞曰:光武十子,胙土分王。沛献尊节,楚英流放。①延既怨诅,荆亦觖望。济南阴谋,琅邪骄宕。中山、临淮,无闻夭丧。②东平好善,辞中委相。谦谦恭王,实惟三让。

①尊音祖本反。《礼记》曰:"恭敬撙节。"郑玄注云:"撙,趋也。"
②二王早终,名闻未著也。

后汉书卷四三
列传第三三

朱晖 孙穆　乐恢　何敞

　　朱晖字文季,南阳宛人也。①家世衣冠。晖早孤,有气决。年十三,王莽败,天下乱,与外氏家属从田间奔入宛城。②道遇群贼,白刃劫诸妇女,略夺衣物,昆弟宾客皆惶迫,伏地莫敢动。晖拔剑前曰:"财物皆可取耳,诸母衣不可得。今日朱晖死日也!"贼见其小,壮其志,笑曰:"童子内刀。"遂舍之而去。

　　①《东观记》曰"其先宋微子后也,以国氏姓。周衰,诸侯灭,奔砀,易姓为朱,后徙于宛"也。
　　②《东观记》曰"晖外祖父孔休,以德行称于代"也。

　　初,光武与晖父岑俱学长安,有旧故。及即位,求问岑,时已卒,乃召晖拜为郎。晖寻以病去,卒业于太学。性矜严,进止必以礼,诸儒称其高。

　　永平初,显宗舅新阳侯阴就慕晖贤,自往候之,晖避不见。复遣家丞致礼,①晖遂闭门不受。就闻,叹曰:"志士也,勿夺其节。"后为郡吏,太守阮况尝欲市晖牛,晖不从。②及况卒,晖乃厚赠送其家。人或讥焉,晖曰:"前阮府君有求于我,所以不敢闻命,诚恐以财货污君。今而相送,明吾非有爱也。"骠骑将军东平王苍闻而辟之,甚礼敬焉。正月朔旦,苍当入贺。故事,少府给璧。是时阴就为府卿,贵骄,吏傲不奉法。苍坐朝堂,漏且尽,而求璧不可得,顾谓掾属曰:"若之何?"晖望见少府主簿持璧,即往绐之曰:③"我数闻璧而未尝

见,试请观之。"主簿以授晖,晖顾召令史奉之。④主簿大惊,遽以白
就。就曰:"朱掾义士,勿复求。"更以它璧朝。苍既罢,召晖谓曰:
"属者掾自视孰与蔺相如?"⑤帝闻壮之。及当幸长安,欲严宿卫,故
以晖为卫士令。再迁临淮太守。

①《续汉志》曰:"诸侯家丞,秩三百石。"

②《东观记》曰:"晖为掾督邮,况当归女,欲买晖婢,晖不敢与。后况卒,晖
　送其家金三斤。"

③绐,欺也。

④奉之于苍。

⑤属,向也。与犹如也。《史记》曰,蔺相如,赵人也。赵惠文王时得楚和氏
　璧,秦昭王欲以十五城易之,赵王使相如奉璧入秦。秦王大喜,无意偿
　赵城。相如乃前曰:"璧有瑕,愿指示王。"相如因持璧郄立倚柱,怒发上
　冲冠,曰:"臣观大王无偿赵城色,故臣复取璧。大王必欲急臣,臣今头
　与璧俱碎于柱矣。"相如持其璧睨柱,欲以击柱。秦王恐其璧破,乃谢
　之。

晖好节概,有所拔用,皆厉行士。其诸报怨,以义犯率,皆为求
其理,多得生济。其不义之囚,即时僵仆。①吏人畏爱,为之歌曰:
"强直自遂,南阳朱季。吏畏其威,人怀其惠。"②数年,坐法免。③

①僵,偃;仆,踣也。

②《东观记》"建武十六年,四方牛大疫,临淮独不,邻郡人多牵牛入界。"

③《东观记》曰:"坐考长吏日死狱中,州奏免官。"

晖刚于为吏,见忌于上,所在多被劾。自去临淮,屏居野泽,布
衣蔬食,不与邑里通,乡党讥其介。①建初中,南阳大饥,米石千余,
晖尽散其家资,以分宗里故旧之贫羸者,乡族皆归焉。初,晖同县张
堪素有名称,尝于太学见晖,甚重之,接以友道,乃把晖臂曰:"欲以
妻子托朱生。"晖以堪先达,举手未敢对,自后不复相见。堪卒,晖闻
其妻子贫困,乃自往候视,厚赈赡之。晖少子颉怪而问曰:"大人不
与堪为友,平生未曾相闻,子孙窃怪之。"晖曰:"堪尝有知己之言,
吾以信于心也。"②晖又与同郡陈揖交善,揖早卒,有遗腹子友,晖
常哀之。及司徒桓虞为南阳太守,召晖子骈为吏,晖辞骈而荐友。虞

叹息,遂召之。其义烈若此。元和中,肃宗巡狩,告南阳太守问晖起居,召拜为尚书仆射。岁中迁太山太守。晖上疏乞留中,诏许之。因上便宜,陈密事,深见嘉纳。诏报曰:"补公家之阙,③不累清白之素,斯善美之士也。俗吏苟合,阿意面从,进无謇謇之志,却无退思之念,④患之甚久。惟今所言,适我愿也。生其勉之!"

①介,特也。言不与众同。

②以堪先托妻子,心已许之,故言信于心也。

③《诗》曰:"衮职有阙,仲山甫补之。"

④《易·蹇卦·艮》下《坎》上,《艮》为山,《坎》为水,山上有水,蹇难之象也。《六二爻》上应于五,五为君位,二宜为臣也。居俭难之时,履当其位,不以五在难私身远害,故曰"王臣蹇蹇,匪躬之故。"《孝经》曰:"退思补过。""謇"与"蹇"通。

　　是时谷贵,县官经用不足,①朝廷忧之。尚书张林上言:"谷所以贵,是钱贱故也。可尽封钱,一取布帛为租,以通天下之用。又盐,食之急者,虽贵,人不得不须,官可自鬻。②又宜因交阯、益州上计吏往来市珍宝,收采其利,武帝时所谓均输者也。"③于是诏诸尚书通议。晖奏据林言不可施行,事遂寝。后陈事者复重述林前议,以为于国诚便,帝然之,有召施行。晖复独奏曰:"王制,天子不言有无,诸侯不言多少,禄食之家不与百姓争利。今均输之法与贾贩无异,盐利归官,则下人穷怨,布帛为租,则吏多奸盗,诚非明主所当宜行。"帝卒以林等言为然,得晖重议,因发怒,切责诸尚书。晖等皆自系狱。三日,诏敕出之,曰:"国家乐闻驳议,黄发无愆,诏书过耳,④何故自系?"晖因称病笃,不肯复署议。尚书令以下惶怖,谓晖曰:"今临得谴让,奈何称病,其祸不细!"晖曰:"行年八十,蒙恩得在机密,当以死报。若心知不可而顺旨雷同,负臣子之义。今耳目无所闻见,伏待死命。"遂闭口不复言。诸尚书不知所为,乃共劾奏晖。帝意解,寝其事。后数日,诏使直事郎问晖起居,⑤太医视疾,太官赐食。晖乃起谢,复赐钱十万,布百匹,衣十领。

①经,常也。

②《前书》曰:"因官器作鬻盐。"《音义》曰:"鬻,古'煮'字。"

③武帝作均输法,谓州郡所出租赋,并雇运之直,官总取之,市其土地所
　出之物,官自转输于京,谓之均输。

④黄发,老称。谓朱晖也。

⑤直事郎谓署郎当次直者。

　　后迁为尚书令,以老病乞身,拜骑都尉,赐钱二十万。和帝即
位,窦宪北征匈奴,晖复上疏谏。顷之,病卒。①

①《华峤书》曰"晖年五十失妻,昆弟欲为继室,晖叹曰'时俗希不以后妻
　败家者!'遂不复娶"也。

　　子颉,修儒术,安帝时至陈相。颉子穆。

　　穆字公叔。年五岁,便有孝称。父母有病,辄不饮食,差乃复常。
及壮耽学,锐意讲诵,或时思至,不自知亡失衣冠,颠队坑岸。其父
常以为专愚,几不知数马足。①穆愈更精笃。

①几音近衣反。《前书》曰:"石庆为太仆,上问车中几马?庆以策数马毕,
　举手曰:'六马。'"言穆用心专愚更甚也。

　　初举孝廉。①顺帝末,江、淮盗贼群起,州郡不能禁。或说大将
军梁冀曰:"朱公叔兼资文武,海内奇士,若以为谋主,贼不足平
也。"冀亦素闻穆名,乃辟之,使典兵事,甚见亲任。及桓帝即位,顺
烈太后临朝,穆以冀势地亲重,望有以扶持王室,因推灾异,奏记以
劝戒冀曰:"穆伏念明年丁亥之岁,刑德合于乾位,②《易经》龙战之
会。其文曰:'龙战于野,其道穷也。'③谓阳道将胜而阴道负也。今
年九月天气郁冒,五位四候连失正气,此互相明也。夫善道属阳,恶
道属阴,若修正守阳,摧折恶类,则福从之矣。穆每事不逮,所好唯
学,传受于师,时有可试。愿将军少察愚言,申纳诸儒,④而亲其忠
正,绝其姑息,⑤专心公朝,割除私欲,广求贤能,斥远佞恶。夫人君
不可不学,当以天地顺道渐渍其心。宜为皇帝选置师傅及侍讲者,
得小心忠笃敦礼之士,将军与之俱入,参劝讲授,师贤法古,此犹倚
南山坐平原也。谁能倾之!今年夏,月晕房星,明年当有小厄。宜
急诛奸臣为天下所怨毒者,以塞灾咎。议郎、大夫之位,本以式序儒
术高行之士,今多非其人;九卿之中,亦有乖其任者。惟将军察焉。"

又荐种暠、栾巴等。而明年严鲔谋立清河王蒜，又黄龙二见沛国。冀无术学，遂以穆"龙战"之言为应，于是请暠为从事中郎，荐巴为议郎，举穆高第，为侍御史。⑥

①《谢承书》曰"穆少有英才，学明《五经》。性矜严疾恶，不交非类。年二十为郡督邮，迎新太守，见穆曰：'君年少为督邮，因族势？为有令德？'穆答曰：'郡中瞻望明府谓如仲尼，非颜回不敢以迎孔子？'更问风俗人物。太守甚奇之曰：'仆非仲尼，督邮可谓颜回也。'遂历职股肱，举孝廉"也。

②历法，太岁在丁、壬，岁德在北宫，太岁在亥、卯、未，岁刑亦在北宫，故合于乾位也。

③《易·坤卦·上六·象词》也。以爻居上六，故云其道穷也。王弼注云："阴之为道，卑顺不逆，乃全其美，盛而不已。固阳之地，阳所不堪，故战于野。"

④申，重也。

⑤姑，且也；息，安也。小人之道，苟且取安也。《礼记》曰"君子之爱人也以德，细人之爱人也以姑息"也。

⑥《续汉书》曰："穆举高第，拜侍御史。桓帝临辟雍，行礼毕，公卿出，虎贲置弓阶上，公卿下阶皆避弓。穆过，呵虎贲曰'执天子器，何故投于地！'虎贲怖，即摄弓。穆劾奏虎贲抵罪，公卿皆惭曰：'朱御史可谓临事不惑者也'。"

时同郡赵康叔盛者，隐于武当山，清静不仕，以经传教授。穆时年五十，乃奉书称弟子。及康殁，丧之如师。其尊德重道，为当时所服。

常感时浇薄，慕尚敦笃，乃作《崇厚论》。其辞曰：

夫俗之薄也，有自来矣。故仲尼叹曰："大道之行也，而丘不与焉。"①盖伤之也。夫道者，以天下为一，在彼犹在己也。故行违于道则愧生于心，非畏义也；事违于理则负结于意，非惮礼也。故率性而行谓之道，②得其天性谓之德。③德性失然后贵仁义，④是以仁义起而道德迁，⑤礼法兴而淳朴散。故道德以仁义为薄，淳朴以礼法为贼也。⑥夫中世之所敦，已为上世之所薄，⑦况又薄于此乎！

①《礼记》仲尼叹曰："大道之行，三代之英，丘未之逮也，而有志焉。"郑玄注曰："大道，谓三皇、五帝时也。"

②率，循也。子思曰"天命之谓性，率性之谓道，修道之谓教"也。

③天之所命之谓性，不失天性是为德。

④道德之性失，仁义之迹彰。

⑤迁，徙也。

⑥《老子》曰："失道而后德，失德而后仁，失仁而后义，失义而后礼。夫礼者，忠信之薄而乱之首也。"

⑦中世谓五帝时。

　　故夫天不崇大则覆帱不广，地不深厚则载物不博，①人不敦庞则道数不远。②昔在仲尼不失旧于原壤，③楚严不忍章于绝缨。④由此观之，圣贤之德敦矣。老氏之经曰："大丈夫处其厚不处其薄，居其实不居其华，故去彼取此。"⑤夫时有薄而厚施，行有失而惠用。⑥故覆人之过者，敦之道也；救人之失者，厚之行也。往者，马援深昭此道，可以为德，诫其兄子曰："吾欲汝曹闻人之过如闻父母之名，耳可得闻，口不得言。"斯言要矣。远则圣贤履之上世，⑦近则丙吉、张子孺行之汉廷。⑧故能振英声于百世，播不灭之遗风，不亦美哉！

①帱亦覆。《左传》曰："如天之无不帱，如地之无不载。""帱"与"焘"同。

②敦庞，厚大也。《左传》曰："人生敦庞。"数犹理也。言人不敦厚，不能入道之精理也。

③原壤，孔子之旧也。《礼记》曰："原壤之母死，孔子助之沐椁。原壤登木而歌曰：'狸首之班然，执女手之卷然。'从者曰：'子未可以已乎？'夫子曰：'亲者无失其为亲，故者无失其为故。'"

④《说苑》曰，"楚庄王赐群臣酒，日暮烛灭，乃有人引美人之衣者。美人援绝其冠缨，告王趣火来上，视绝缨者。王曰：'赐人酒，使醉失礼，奈何欲显妇人之节而辱士乎？'乃命左右曰：'与寡人饮，不绝冠缨者不欢。'群臣百余人皆绝去其冠缨，乃上火"也。

⑤此老子《道德经》之词也。顾欢注曰："道德为厚，礼法为薄，清虚为实，声色为华。去彼华薄，取此厚实。"

⑥俗之凋薄，以厚御之；行之有失，以惠待之。即上孔子、楚庄是也。

⑦履，践也。言敦厚之道，孔子、楚庄已践履之。

⑧宣帝时丙吉为丞相，不案吏，曰："夫以三公府案吏，吾窃陋之。"子孺为车骑将军，匿名远权，隐人过失。

　　然而时俗或异，风化不敦，而尚相诽谤，谓之臧否。记短则兼折其长，贬恶则并伐其善。悠悠者皆是，其可称乎！①凡此之类，岂徒乖为君子之道哉，将有危身累家之祸焉。悲夫！行之者不知忧其然，故害兴而莫之及也。斯既然矣，又有异焉。人皆见之而不能自迁。何则？务进者趋前而不顾后，荣贵者矜己而不待人，智不接愚，富不赈贫，贞士孤而不恤，贤者厄而不存。故田蚡以尊显致安国之金，②淳于以贵势引方进之言。③夫以韩、翟之操，为汉之名宰，④然犹不能振一贫贤，荐一孤士，又况其下者乎！此禽息、史鱼所以专名于前，而莫继于后者也。⑤故时敦俗美，则小人守正，利不能诱也；时否俗薄，虽君子为邪，义不能止也。⑥何则？先进者既往而不反，后来者复习俗而追之，是以虚华盛而忠信微，刻薄稠而纯笃稀。斯盖《谷风》有"弃予"之叹，⑦《伐木》有"鸟鸣"之悲矣！⑧

①悠悠，多也。称，举也。

②田蚡，武帝王皇后同产弟，为太尉，亲贵用事。韩安国为梁王太傅，坐法失官，安国以五百金遗蚡，蚡为言太后，即召以为北地都尉也。

③翟方进，成帝时为丞相。淳于长，元后姊子，封定陵侯，以能谋议为九卿，用事。方进独与长交，称荐之也。

④《前书》曰："天子以韩安国为国器，拜御史大夫。"又曰："翟方进智能有余，天子甚重之。"故言名宰也。

⑤《韩诗外传》曰："禽息，秦大夫，荐百里奚不见纳。缪公出，当车以头击阑，脑乃精出，曰：'臣生无补于国，不如死也。'缪公感寤而用百里奚，秦以大化。"礼，大夫殡于正室，士于适室。《韩子》曰，史鱼，卫大夫。卒，委枢后寝。卫君吊而问之。曰："不能进蘧伯玉，退弥子瑕。"以尸谏也。

⑥皆牵于时也。

⑦《诗·小雅》曰："习习谷风，维风及雨。将恐将惧，维予与汝。将安将乐，

汝转弃予。”

⑧《诗·小雅》曰“伐木丁丁,鸟鸣嘤嘤。出自幽谷,迁于乔木。嘤其鸣矣,
求其友声”也。

嗟乎!世士诚躬师孔圣之崇则,嘉楚严之美行,希李老之
雅诲,思马援之所尚,鄙二宰之失度,美韩稜之抗正,①贵丙、
张之弘裕,贱时俗之诽谤,则道丰绩盛,名显身荣,载不刊之
德,②播不灭之声。然知薄者之不足,厚者之有余也。彼与草木
俱朽,③此与金石相倾,④岂得同年而语,并日而谈哉?

①事具《韩稜传》也。

②刊,削也。

③彼谓薄也。

④此谓厚也。《老子》曰:“高下之相倾。”

穆又著《绝交论》,亦矫时之作。①

①《穆集》载论,其略曰:“或曰:‘子绝存问,不见客,亦不答也,何故?’曰:
‘古者,进退趋业,无私游之交,相见以公朝,享会以礼纪,否则朋徒受
习而已。’曰:‘人将疾子,如何?’曰:‘宁受疾。’曰:‘受疾可乎?’曰:‘世
之务交游也久矣,敦千乘不忌于君,犯礼以追之,背公以从之。其愈者,
则孺子之爱也;其甚者,则求蔽过窃誉,以赡其私。事替义退,公轻私
重,居劳于听也。或于道而求其私,赡矣。是故遂往不反,而莫敢止焉。
是川渎并决,而莫之敢塞;游积蹂稼,而莫之禁也。《诗》云:“威仪棣棣,
不可算也。”后生将复何述?而吾不才,焉能规此?实悼无行,子道多阙,
臣事多尤,思复白圭,重考古言,以补往过。时无孔堂,思兼则滞,匪有
废也,则亦焉兴?是以敢受疾也,不亦可乎!’”《文士传》曰:“世无绝
交。”又与刘伯宗绝交书及诗曰:“昔我为丰令,足下不遭母忧乎?亲解
缞绖,来入丰寺。及我为持书御史,足下亲来入台。足下今为二千石,我
下为郎,乃反因计吏以谒相与。足下岂丞尉之徒,我岂足下部,欲以此
谒为荣宠乎?咄!刘伯宗于仁义道何其薄哉!”其诗曰:“北山有鸱,不洁
其翼。飞不正向,寝不定息。饥则木揽,饱则泥伏。饕餮贪污,臭腐是食。
填肠满嗉,嗜欲无极。长鸣呼凤,谓凤无德。凤之所趣,与子异域。永从
此诀,各自努力!”盖因此而著论也。

梁冀骄暴不悛,朝野嗟毒,穆以故吏,惧其衅积招祸,复奏记谏

曰：

古之明君，必有辅德之臣，规谏之官，下至器物，铭书成败，以防遗失。①故君有正道，臣有正路，②从之如升堂，违之如赴壑。今明将军地有申伯之尊，③位为群公之首，④一日行善，天下归仁，⑤终朝为恶，四海倾覆。顷者，官人俱匮，加以水虫为害。⑥京师诸官费用增多，诏书发调或至十倍。各言官无见财，皆当出民，捞掠割剥，强令充足。公赋既重，私敛又深。牧守长吏，多非德选，贪聚无厌，遇人如虏，或绝命于箠楚之下，或自贼于迫切之求。⑦又掠夺百姓，皆托之尊府。遂令将军结怨天下，吏人酸毒，道路叹嗟。昔秦政烦苛，百姓土崩，陈胜奋臂一呼，天下鼎沸，⑧而面谀之臣犹言安耳。⑨讳恶不悛，卒至亡灭。昔永和之末，纲纪少弛，颇失人望。四五岁耳，而财空户散，下有离心。马免之徒乘敝而起，荆、扬之间几成大患。⑩幸赖顺烈皇后初政清静，内外同力，仅乃讨定。今百姓戚戚，困于永和，内非仁爱之心可得容忍，外非守国之计所宜久安也。夫将相大臣，均体元首，共舆而驰，同舟而济，舆倾舟覆，患实共之。岂可以去明即昧，履危自安，⑪主孤时困，而莫之恤乎！宜时易宰守非其人者，减省第宅园池之费，拒绝郡国诸所奉送。内以自明，外解人惑，使挟奸之吏无所依托，司察之臣得尽耳目。宪度既张，远迩清壹，则将军身尊事显，德耀无穷。天道明察，无言不信，惟垂省览。

①黄帝作巾机之法，孔甲有盘盂之诫。《太公阴谋》曰，武王衣之铭曰："桑蚕苦，女工难，得新捐故后必寒。"镜铭曰："以镜自照者见形容，以人自照者见吉凶。"《觞铭》曰"乐极则悲，沈湎致非，社稷为危"也。

②《说苑·君道篇》曰："人君之道，清净无为，务在博爱，趋在任贤，广开耳目，以察万方，不固溺于流俗，不拘系于左右。"《臣术篇》曰"人臣之术，顺从复命，无所敢专，义不苟合，位不苟尊，必有益于国，必有补于君"也。

③申国之伯周宣王之元舅。

④冀绝席于三公。

⑤《论语》曰:"一日克己复礼,天下归仁焉。"

⑥水灾及蝗虫也。

⑦贼,杀也。

⑧《前书》,淮南王谓伍被曰"陈胜、吴广起于大泽,奋臂大呼,天下响应"
也。

⑨秦胡亥时,山东兵大起,叔孙通谓胡亥曰:"鼠窃狗盗,郡县逐捕之,不
足忧。"诸生曰:"何先生言之谀也!"

⑩质帝时,九江贼马免称"黄帝",历阳贼华孟称"黑帝",并九江都尉滕抚
讨斩之。九江、历阳是荆、扬之间也。

⑪即,就也。

冀不纳,而纵放日滋,遂复略遗左右,交通宦者,任其子弟、宾客以
为州郡要职。穆又奏记极谏,冀终不悟。报书云:"如此,仆亦无一
可邪?"穆言虽切,然亦不甚罪也。

　　永兴元年,河溢,漂害人庶数十万户,百姓荒馑,流移道路。冀
州盗贼尤多,故擢穆为冀州刺史。州人有宦者三人为中常侍,并以
檄谒穆。穆疾之,辞不相见。冀部令长闻穆济河,解印绶去者四十
余人。及到,奏劾诸郡,至有自杀者。以威略权宜,尽诛贼渠帅。举
劾权贵,或乃死狱中。有宦者赵忠丧父,归葬安平,①僭为玙璠、玉
匣、偶人。②穆闻之,下郡案验。吏畏其严明,遂发墓剖棺,陈尸出
之,而收其家属。帝闻大怒,征穆诣廷尉,③输作左校。④太学书生
刘陶等数千人诣阙上书,讼穆曰:"伏见施刑徒朱穆,处公忧国,拜
州之日,志清奸恶。诚以常侍贵宠,父兄子弟布在州郡,竞为虎狼,
噬食小人,故穆张理天网,补缀漏目,罗取残祸,以塞天意。由是内
官咸共恚疾,谤讟烦兴,谗隙仍作,极其刑谪,输作左校。天下有识,
皆以穆同勤禹、稷而被共、鲧之戾,若死者有知,则唐帝怒于崇山,
重华忿于苍墓矣。⑤当今中官近习,⑥窃持国柄,⑦手握王爵,口含
天宪,运赏则使饿隶富于季孙,⑧呼嘘则令伊、颜化为桀、跖。⑨而
穆独亢然不顾身害,非恶荣而好辱,恶生则好死也,徒感王纲之不
摄,⑩惧天网之久失,故竭心怀忧,为上深计。臣愿黥首系趾,⑪代
穆校作。"帝览其奏,乃赦之。

①安平，郡，冀州所部。

②玉匣长尺，广二寸半，衣死者自腰以下至足，连以金缕，天子之制也。《左传》曰："阳虎将以玙璠敛。"杜预注云："美玉名，君所佩也。"偶人，明器之属也。

③《谢承书》曰："穆临当就道，冀州从事欲为画像置听事上，穆留板书曰：'勿画吾形，以为重负。忠义之未显，何形象之足纪也！'"

④左校，署名，属将作，掌左工徒。

⑤《尚书》曰："放驩兜于崇山。"孔安国注曰："崇山，南裔也。"《山海经》曰："有讙头之国，帝尧葬焉。"郭璞注云："讙头，驩兜也。"《礼记》曰："舜葬苍梧之野。"

⑥郑玄注《礼记》云："近习，天子所亲幸者。"

⑦《周礼》以八柄诏王驭群臣，谓爵、禄、予、置、生、夺、废、诛也。

⑧运，行也。《论语》曰："季氏富于周公。"

⑨呼噏，吐纳也。伊尹、颜回、夏桀、盗跖也。

⑩摄，持也。

⑪黥首谓凿额涅墨也。系趾谓钛其足也，以铁著足曰钛也。

　　穆居家数年，在朝诸公多有相推荐者，于是征拜尚书。穆既深疾宦官，及在台阁，旦夕共事，志欲除之。乃上疏曰："案汉故事，中常侍参选士人。建武以后，乃悉用宦者。自延平以来，浸益贵盛，假貂珰之饰，处常伯之任，①天朝政事，一更其手，权倾海内，宠贵无极，子弟亲戚，并荷荣任，故放滥骄溢，莫能禁御。凶狡无行之徒，媚以求官；恃势怙宠之辈，渔食百姓。穷破天下，空竭小人。愚臣以为可悉罢省，遵复往初，率由旧章，更选海内清淳之士，明达国体者，以补其处。即陛下可为尧、舜之君，众僚皆为稷、契之臣，兆庶黎萌蒙被圣化矣。"帝不纳。后穆因进见，口复陈曰："臣闻汉家旧典，置侍中、中常侍各一人，省尚书事，②黄门侍郎一人，传发书奏，③皆用姓族。④自和熹太后以女主称制，不接公卿，乃以阉人为常侍，小黄门通命两宫。自此以来，权倾人主，穷困天下。宜皆罢遣，博选耆儒宿德，与参政事。"帝怒不应。穆伏不肯起。左右传出，⑤良久乃趋而去。自此中官数因事称诏诋毁之。

①珰以金为之,珰冠前,附以金蝉也。《汉官仪》曰:"中常侍,秦官也。汉
　　兴,或用士人,银珰左貂。光武已后,专任宦者,右貂金珰。"常伯,侍中。

②省,览也。

③传,通也。

④引用士人有族望者。

⑤传声令出。

　穆素刚,不得意,居无几,愤懑发疽。①延熹六年,卒,时年六十
四。禄仕数十年,蔬食布衣,家无余财。公卿共表穆立节忠清,虔恭
机密,守死善道,宜蒙旌宠。策诏褒述,追赠益州太守。所著论、策、
奏、教、书、诗、记、嘲,凡二十篇。②

①疽,痈也。

②《袁山松书》曰:"穆著论甚美,蔡邕尝至其家自写之。"

　穆前在冀州,所辟用皆清德长者,多至公卿、州郡。

　子野,少有名节,仕至河南尹。①

①野字子辽,见荀爽荐文。

　初,穆父卒,穆与诸儒考依古义,谥曰贞宣先生。①及穆卒,蔡
邕复与门人共述其体行,谥为文忠先生。②

①《谥法》曰:"清白守节曰贞,善闻周达曰宣。"

②《袁山松书》曰:"蔡邕议曰:'鲁季文子,君子以为忠,而谥曰文子。又传
　　曰:"忠,文之实也。"忠以为实,文以彰之。'遂共谥穆。荀爽闻而非之。
　　故张璠论曰:'夫谥者,上之所赠,非下之所造,故颜、闵至德,不闻有
　　谥。朱、蔡各以衰世臧否不立,故私议之。'"

　论曰:朱穆见比周伤义,偏党毁俗,①志抑朋游之私,遂著《绝
交》之论。蔡邕以为穆贞而孤,又作《正交》而广其致焉。②盖孔子称
"上交不谄,下交不黩",③又曰"晏平仲善与人交",子夏之门人亦
问交于子张。④故《易》明"断金"之义,⑤《诗》载"燕朋"之谣。⑥若
夫文会辅仁,直谅多闻之友,时济其益,⑦纻衣倾盖,弹冠结绶之
夫,遂隆其好,⑧斯固交者之方焉。⑨至乃田、窦、卫、霍之游客,⑩
廉颇、翟公之门宾,⑪进由势合,退因衰异。又专诸、荆卿之感激,⑫

侯生、豫子之投身，[13]情为恩使，命缘义轻。皆以利害移心，怀德成节，非夫交照之本，未可语失得之原也。穆徒以友分少全，因绝同志之求；党侠生敝，而忘得朋之义。[14]蔡氏贞孤之言，其为然也！古之善交者详矣。汉兴称王阳、贡禹、陈遵、张竦，[15]中世有廉范、庆鸿、陈重、雷义云。

①《左传》曰："顽嚚不友，是与比周；杜预注云："比，近也；周，密也。"

②邕论略曰："闻之前训曰：'君子以朋友讲习，而正人无有淫朋。'是以古之交者，其义敦以正，其誓信以固。逮至周德始衰，《颂》声即寝，《伐木》有'鸟鸣'之刺，《谷风》有'弃予'之怨，其所由来，政之缺也。自此已降，弥以陵迟，或阙其始终，或强其比周。是以搢绅患其然，而论者谆谆如也。疾浅薄而携贰者有之，恶朋党而绝交游者有之。其论交也，曰富贵则人争趣之，贫贱则人争去之。是以君子慎人所以交己，审己所以交人，富贵则无暴集之客，贫贱则无弃旧之宾乎。故原其所以来，则知其所以去；见其所以始，则睹其所以终。彼贞士者，贫贱不待夫富贵，富贵不骄乎贫贱，故可贵也。盖朋友之道，有义则合，无义则离。善则久要不忘平生之言，恶则忠告善道之，否则止，无自辱焉。故君子不为可弃之行，不患人之遗己也。信有可归之德，不病人之远己也。不幸或然，则躬自厚而薄责于人，怨其远矣；求诸己而不求诸人，咎其稀矣。夫远怨稀咎之机，咸在平躬，莫之能改也。子夏之门人问交于子张，而二子各有闻乎夫子，然则以交诲也。商也宽，故告之以距人，师也褊，故训之以容众，各从其行而矫之。至于仲尼之正教，则泛爱众而亲仁，故非善不喜，非仁不亲，交游以方，会友以文，可无贬矣。谷梁子亦曰：'心志既通。名誉不闻，友之罪也。'今将患其流而塞其源，病其末而刈其本，无乃未若择其正而黜其邪，与其彼农皆黍而独稷焉。夫黍亦神农之嘉谷，与稷并为粢盛也，使交而可废，则黍其怨矣。括二论而言之，则刺薄者博而治，断交者贞而孤。孤有羔羊之节，与其不获已而矫时，走将从失孤焉。"

③《易·系辞》之言也。

④并见《论语》。

⑤《易·系辞》曰："二人同心，其利断金。"

⑥《诗·小雅·伐木序》云："宴朋友故旧也。"其《诗》曰："伐木浒浒，酾酒有茑。"酾音所宜反。茑音序。

⑦《论语》曰："君子以文会友，以友辅仁。"又曰："益者三友，友直，友谅，友多闻，益矣。"

⑧《左传》曰，吴季札以缟带赠子产，子产献纻衣焉。《孔丛子》曰："孔子与程子相遇于涂，倾盖而语。"倾盖谓驻车交盖也。《前书》曰，王阳、贡禹相与为友，朱博与萧育为友，时称"萧、朱结绶，王、贡弹冠"，言其趣舍同，相荐达。

⑨方，道也。

⑩窦婴，孝文皇后从兄子，封魏其侯，游士宾客争归之。武帝时为丞相。田蚡，武帝王皇后同产弟，为太尉。蚡以太后故亲幸，数言事多效，士吏趋势利者皆去婴而归蚡。卫青拜大将军，青姊子霍去病为骠骑将军，皆为大司马。去病秩禄与大将军等，自是后青日衰而去病益贵，青故人门下多去事去病，辄得官爵也。

⑪《史记》曰，廉颇，赵人，封为信平君，假相国。长平之免归也，故客尽去；及复用为将，客又至。廉颇曰："客退矣。"客曰："吁！君何见之晚也？夫以市道交，君有势我即从君，无势即去，此其理也，又何怨焉？"下邽翟公为廷尉，宾客亦填门；及废，门外可设爵罗。后复为廷尉，宾客欲往，翟公大署其门曰"一死一生，乃知交情。一贫一富，乃知交态。一贵一贱，交情乃见"也。

⑫《史记》曰，专诸，堂邑人。吴公子光以嫡嗣未得立，请专诸刺吴王僚。诸曰："王僚可杀也，母老子弱，是其无如我何？"光乃置酒请王僚。酒酣，专诸置匕首鱼炙之中，以刺王僚，立死。又曰，荆轲，卫人也。燕太子丹质于秦，秦王政迁之不善，丹怨亡归，与轲交结，乃尊为上卿，故谓之荆卿。轲入秦，刺始皇，不遂而死也。

⑬《史记》曰，侯嬴，魏隐士，为大梁夷门门者，魏公子无忌请为上客。秦围邯郸，嬴教公子窃兵符北救赵，乃自刭。又曰，豫让，晋人。赵襄子灭智伯，让曰："士为知己者死。"乃变名姓，欲刺襄子，襄子令执之，遂伏剑而死。

⑭《易》曰："西南得朋。"

⑮《前书》曰，陈遵字孟公，杜陵人也。张竦字伯松。竦博学通达，以廉俭自守，而遵放纵不拘。操行虽异，然相亲友也。

乐恢字伯奇，京兆长陵人也。父亲，为县吏，得罪于令，收将杀之。恢年十一,常俯伏寺门,昼夜号泣。令闻而矜之,即解出亲。

恢长好经学,事博士焦永。永为河东太守,恢随之官,闭庐精诵,不交人物。后永以事被考,诸弟子皆以通关被系,[1]恢独白皦然不污于法,[2]遂笃志为名儒。性廉直介立,[3]行不合己者,虽贵不与交。信阳侯阴就数致礼请恢,恢绝不答。

① 为交通关涉也。
② 皦,明也,音公鸟反。或从“白”作“皎”,音亦同。
③ 介,特也。

后仕本郡吏,太守坐法诛,[1]故人莫敢往,恢独奔丧行服,坐以抵罪。归,复为功曹,选举不阿,请托无所容。同郡扬政数众毁恢,后举政子为孝廉,由是乡里归之。辟司空牟融府。会蜀郡太守第五伦代融为司空,恢以与伦同郡,不肯留,荐颍川杜安而退。诸公多其行,连辟之,遂皆不应。[2]

① 《东观记》,京兆尹张恂召恢,署户曹史。
② 《华峤书》曰:“安擢为宛令,以病去。章帝行过颍川,安上书,召拜御史,迁至巴郡太守。而恢在家,安与恢书问,恢告吏口谢,且让之曰:‘为宛令不合志,病去可也。干人主以窥逾,非也。违平生操,故不报。’安亦节士也,年十三入太学,号奇童。洛阳周纡自往侯安,安谢不见。京师贵戚慕其行,或遗之书,安不发,悉壁藏之。及后捕案贵戚宾客,安开壁出书,印封如故。”

后征拜议郎。会车骑将军窦宪出征匈奴,恢数上书谏争,朝廷称其忠。[1]入为尚书仆射。是时河南尹王调、洛阳令李阜与窦宪厚善,纵舍自由。恢劾奏调、阜,并及司隶校尉。诸所刺举,无所回避,贵戚恶之。[2]宪弟夏阳侯瑰欲往候恢,恢谢不与通。宪兄弟放纵,而忿其不附己。妻每谏恢曰:“昔人有容身避害,何必以言取怨?”恢叹曰:“吾何忍素餐立人之朝乎!”遂上疏谏曰:“臣闻百王之失,皆由权移于下。大臣持国,常以势盛为咎。伏念先帝,圣德未永,早弃万国。陛下富于春秋,纂承大业,[3]诸舅不宜干正王室,以示天下之私。经曰:‘天地乖互,众物夭伤。君臣失序,万人受殃。’政失不救,其极不测。方今之宜,上以义自割,下以谦自引。四舅可长保爵土之荣，④皇太后永无惭负宗庙之忧，诚策之上者也。"书奏不省。时窦太后临朝，和帝未亲万机，恢以意不得行，乃称疾乞骸骨。诏赐钱，太医视疾。恢荐任城郭均、成阳高凤，而遂称笃。拜骑都尉，上书辞谢曰："仍受厚恩，无以报效。夫政在大夫，孔子所疾；⑤世卿持权，《春秋》以戒。⑥圣人恳恻，不虚言也。近世外戚富贵，必有骄溢之败。今陛下思慕山陵，未遑政事；诸舅宠盛，权行四方。若不能自损，诛罚必加。臣寿命垂尽，临死竭愚，惟蒙留神。"诏听上印绶，乃归乡里。窦宪因是风厉州郡迫胁，恢遂饮药死。弟子缞绖挽者数百人，⑦众庶痛伤之。

> ①《东观记》载恢所上书谏曰："《春秋》之义，王者不理夷狄。得其地不可垦发，得其人无益于政，故明王之于夷狄，羁縻而已。孔子曰：'远人不服，则修文德以来之。'以汉之盛，不务修舜、禹、周公之术，而无故兴干戈，动兵革，以求无用之物，臣诚惑之！"
>
> ②《决录注》曰："调字叔和，为河南尹。永和二年，坐买洛阳令同郡任棱竹田及上罢城东漕渠免官。"
>
> ③春秋谓年也。言年少，春秋尚多，故称富。
>
> ④四舅谓窦宪、弟笃、景、瑰也。
>
> ⑤《论语》孔子曰："天下有道，政不在大夫。"
>
> ⑥《左传》曰："齐崔氏出奔卫。"《公羊传》曰："崔氏者何？齐大夫。称崔氏者何？贬。曷为贬？讥世卿也。"
>
> ⑦挽，引柩也。

后窦氏诛，帝始亲事，恢门生何融等上书陈恢忠节，除子己为郎中。①

> ①《三辅决录注》曰："己字伯文，为郎非其好也，去官。"

何敞字文高，扶风平陵人也。其先，家于汝阴。六世祖比干，学《尚书》于朝错，①武帝时为廷尉正，与张汤同时。汤持法深，而比干务仁恕，数与汤争，虽不能尽得，然所济活者以千数。后迁丹杨都尉，因徙居平陵。敞父宠，建武中为千乘都尉，以病免，遂隐居不仕。

> ①《何氏家传》："云并祖父比干，字少卿，经明行修，兼通法律。为汝阴县

狱吏决曹掾,平活数千人。后为丹阳都尉,狱无冤囚,淮、汝号曰'何公'。征和三年三月辛亥,天大阴雨,比干在家,日中梦贵客车骑满门,觉以语妻。语未已,而门有老妪可八十余,头白,求寄避雨,雨甚而衣履不沾渍。雨止,送至门,乃谓比干曰:'公有阴德,今天锡君策,以广公之子孙。'因出怀中符策,状如简,长九寸,凡九百九十枚,以授比干,子孙佩印绶者当如此算。比干年五十八,有六男,又生三子。本始元年,自汝阴徙平陵,代为名族。"

敞性公正。自以趣舍不合时务,每请召,常称疾不应。元和中,辟太尉宋由府,由待以殊礼。敞论议高,常引大体,多所匡正。司徒袁安亦深敬重之。是时京师及四方累有奇异鸟兽草木,言事者以为祥瑞。敞通经传,能为天官,意甚恶之。乃言于二公曰:"夫瑞应依德而至,灾异缘政而生。故鸜鹆来巢,昭公有乾侯之厄[1];西狩获麟,孔子有两楹之殡。[2]海鸟避风,臧文祀之,群子讥焉。[3]今异鸟翔于殿屋,怪草生于庭际,不可不察。"由、安惧然不敢答。[4]居无何而肃宗崩。

[1]《春秋》:"有鸜鹆来巢。"《左氏传》鲁大夫师己曰:"文、成之世,童谣有之曰:'鸜鹆之羽,公在外野,往馈之马。鸜鹆跦跦,公在乾侯。'"季平子逐昭公,公逊于乾侯。杜预注:"乾侯在魏郡斥丘县,晋境内邑也。"

[2]《公羊传》曰:"西狩获麟,有以告孔子者曰:'有麕而角者何?'孔子曰:'孰为来哉!孰谓来哉!'反袂拭面,涕下沾袍,曰:'吾道穷矣!'"何氏注:"麟者,太平之符,圣人之类。时得麟而死,此亦天告夫子将没之征也。"《礼记》孔子谓子贡曰:"予畴昔夜梦坐奠于两楹之间焉。殷人殡于两楹之间,丘即殷人也,予殆将死也。"遂寝疾,七日而死。

[3]《国语》曰,海鸟爰居,止于鲁东门之外三日,臧文仲使国人祭之。展禽讥焉,因曰:"今兹海其有风乎?广川之鸟恒知避风。"是岁海多大风,冬暖。文仲闻之,曰:"吾过矣!"

[4]惧音纪具反。

时窦氏专政,外戚奢侈,赏赐过制,仓帑为虚。[1]敞奏记由曰:"敞闻事君之义,进思尽忠,退思补过。历观世主时臣,无不各欲为化,垂之无穷,然而平和之政万无一者,盖以圣主贤臣不能相遭故也。今国家秉聪明之弘道,明公履晏晏之纯德,[2]君臣相合,天下翕

然,洽平之化,有望于今。孔子曰:'如有用我者,三年有成。'今明人
视事,出入再期,宜当克己,以酬四海之心。礼,一谷不升,则损服彻
膳。③天下不足,若己使然。而比年水旱,人不收获,凉州缘边,家被
凶害,④男子疲于战陈,妻女劳于转运,老幼孤寡,叹息相依。又中
州内郡,公私屈竭。此实损膳节用之时。国恩覆载,赏赉过度,但闻
腊赐,自郎官以上,公卿王侯以下,至于空竭帑藏,损耗国资。寻公
家之用,皆百姓之力。明君赐赉,宜有品制,忠臣受赏,亦应有度,⑤
是以夏禹玄圭,周公束帛。⑥今明公位尊任重,责深负大,上当匡正
纲纪,下当济安元元,岂但空空无违而已哉!宜先正己以率群下,还
所得赐,因陈得失,奏王侯就国,除苑囿之禁,节省浮费,赈恤穷孤,
则恩泽下畅,黎庶悦豫,上天聪明,必有立应。使百姓歌诵,史官纪
德,岂但子文逃禄,⑦公仪退食之比哉!"⑧由不能用。

①帑音它朗反。

②晏晏,温和也。

③《礼记》曰:"岁凶,年谷不登,君膳不祭肺。"损服,减损服御。

④时西羌犯边为害也。

⑤腊赐大将军、三公钱各二十万,牛肉二百斤,粳米二百斛,特进、侯十五
万,卿十万,校尉五万,尚书三万,侍中、将、大夫各二万,千石、六百石
各七千,虎贲、羽林郎二人共三千,以为祀门户直。见《汉官仪》也。

⑥《尚书》曰:"召公出取币,入锡周公。"

⑦《国语》:"昔楚斗子文三登令尹,无一日之积。成王闻子文朝不及夕也,
于是乎每朝设脯七束,糗一筐,以羞子文。成王每出子文之禄,必逃,王
止而后复。人谓子文曰:'人生求富,子逃之,何也?'对曰:'从政者,以
庇人也。人多旷者而我取富焉,是勤人以自封也,死无日矣。我逃死,非
逃富也。'"

⑧《史记》:"公仪休相鲁,食茹而美,拔园葵而弃之,见布好而逐出其家
妇,燔其机,云'欲令农士女工安得夺其货乎?'"比音庇。

　　时齐殇王子都乡侯畅奔吊国忧,上书未报,①侍中窦宪遂令人
刺杀畅于城门屯卫之中,②而主名不立。敞又说由曰:"刘畅宗室肺
府,茅土藩臣,来吊大忧,上书须报,③亲在武卫,致此残酷。奉宪之

吏,莫适讨捕,④踪迹不显,主名不立。敞备数股肱,职典贼曹,⑤故欲亲至发所,以纠其变,而二府以为:故事,三公不与贼盗。⑥昔陈平生于征战之世,犹知宰相之分,云'外镇四夷,内抚诸侯,使卿大夫各得其宜。'⑦今二府执事不深惟大义,惑于所闻,公纵奸慝,莫以为咎。惟明公运独见之明,昭然勿疑,敞不胜所见,请独奏案。"由乃许焉。二府闻敞行,皆遣主者随之,⑧于是推举具得事实,京师称其正。

①时章帝崩也。殇王名石,齐武王缜之孙也。

②畅得幸窦太后,故刺杀之。

③须,待也。

④适音的。谓无指的讨捕也。

⑤股肱谓手臂也。公府有贼曹,主知盗贼也。

⑥敞在太尉府,二府谓司徒、司空。丙吉为丞相不案事,遂为故事,见《马防传》也。

⑦陈平为左丞相,对文帝曰:"宰相者,佐天子理阴阳,顺四时,下育万物之宜,外镇抚四夷、诸侯,内亲附百姓,使卿大夫各得任其职焉。"

⑧主者谓主知盗贼之曹也。

以高第拜侍御史。时遂以窦宪为车骑将军,大发军击匈奴,而诏使者为宪弟笃、景并起邸第,兴造劳役,百姓愁苦。敞上疏谏曰:"臣闻匈奴之为桀逆久矣。平城之围,慢书之耻,①此二辱者,臣子所为捐躯而必死,高祖、吕后忍怒还忿,舍而不诛。伏惟皇太后秉文母之操,②陛下履晏晏之姿,匈奴无逆节之罪,汉朝无可惭之耻,而盛春东作,③兴动大役,元元怨恨,咸怀不悦。而猥复为卫尉笃、奉车都尉景缮修馆第,弥街绝里。臣虽斗筲之人,④诚窃怀怪,以为笃、景亲近贵臣,当为百僚表仪。今众军在道,朝廷焦唇,百姓愁苦,县官无用,而遽起大第,崇饰玩好,非所以垂令德,示无穷也。宜且罢工匠,专忧北边,恤人之困。"书奏不省。

①匈奴冒顿以精兵三十万骑,围高帝于白登七日。案:白登在平城东南十余里。高后时,冒顿遗高后书曰:"陛下独立,孤偾独居,两主不乐,无以自娱,愿以所有,易其所无。"孤偾,冒顿自谓。

②文母,文王之妻大姒也。《诗》曰"既有烈考,亦有文母"也。

③岁起于东,人始就耕,故曰东作。

④郑玄注《论语》:"筥,竹器,容斗二升。"

后拜为尚书,复上封事曰:"夫忠臣忧世,犯主严颜,讥刺贵臣,至以杀身灭家而犹为之者,何邪? 君臣义重,有不得已也。臣伏见往事,国之危乱,家之将凶,皆有所由,较然易知。①昔郑武姜之幸叔段,②卫庄公之宠州吁,③爱而不教,终至凶戾。由是观之,爱子若此,犹饥而食之以毒,适所以害之也。④伏见大将军宪,始遭大忧,公卿比奏,欲令典干国事。⑤宪深执谦退,固辞盛位,恳恳勤勤,言之深至,天下闻之,莫不悦喜。今逾年无几,大礼未终,卒然中改,兄弟专朝。宪秉三军之重,笃、景总宫卫之权,而虐用百姓,奢侈僭逼,诛戮无罪,肆心自快。今者论议凶凶,咸谓叔段、州吁复生于汉。臣观公卿怀持两端,不肯极言者,以为宪等若有匡懈之志,则己受吉甫褒申伯之功;⑥如宪等陷于罪辜,则自取陈平、周勃顺吕后之权,⑦终不以宪等吉凶为忧也。臣敞区区,诚欲计策两安,绝其绵绵,塞其涓涓,⑧上不欲令皇太后损文母之号,陛下有誓泉之讥,⑨下使宪等得长保其福祐。然臧获之谋,上安主父,下存主母,犹不免于严怒。⑩臣伏惟累祖蒙恩,至臣八世,⑪复以愚陋,旬年之间,历显位,备机近,每念厚德,忽然忘生。虽知言必夷灭,而冒死自尽者,诚不忍目见其祸而怀默苟全。驸马都尉瑰,虽在弱冠,有不隐之忠,比请退身,愿抑家权。可与参谋,听顺其意,诚宗庙至计,窦氏之福。"

①较,明。

②《左传》,郑武姜爱少子叔段,庄公立,武姜请以京封叔段,谓之京城大叔,后武姜引以袭郑。

③《左传》,卫庄公宠庶子州吁,州吁好兵,公不禁。大夫石碏谏曰:"臣闻爱子,教之以义方,弗纳于邪。"庄公不从。及卒,适子桓公立,州吁乃杀桓公而篡其位。

④《史记》苏秦曰:"饥人之所以饥而不食乌喙,为其愈充腹而与饿死同患也。"

⑤比，频也。干，主也。

⑥申伯，周宣王元舅也，有令德，故尹吉甫作颂以美之。其《诗》曰："维岳降神，生甫及申。申伯之德，柔惠且直。揉此万邦，闻于四国。"

⑦吕后欲封吕禄、吕产为王，王陵谏不许，陈平、周勃顺旨而封之。吕后崩，平、勃合谋，卒诛产、禄也。

⑧《周金人铭》曰"涓涓不壅，终为江河；绵绵不绝，或成网罗"也。

⑨《左传》，郑武姜引大叔段袭庄公，庄公置姜氏于城颍，誓之曰："不及黄泉，无相见也。"

⑩《方言》："臧获，奴婢贱称也。"《史记》曰："苏秦谓燕王曰：'客有远为吏，其妻私人。其夫将来，私者忧之，妻曰："勿忧，吾已为作药酒待之矣。"居三日，其夫果至，妻使妾举药酒而进之。妾欲言酒之药乎，则恐逐其主母也；欲勿言邪，则恐杀其主父。于是佯僵而弃酒。主父怒，笞之。故妾僵而覆酒，上存主父，下存主母，然犹不免于笞。'"

⑪《东观记》曰，何修生成，为汉胶东相；成生果，为太中大夫；果生比干，为丹阳都尉；比干生寿，蜀郡太守；寿生显，京辅都尉；显生鄢，光禄大夫；鄢生宠，济南都尉；宠生敞；八世也。

敞数切谏，言诸窦罪过，宪等深怨之。时济南王康尊贵骄甚，①宪乃白出敞为济南太傅。敞至国，辅康以道义，数引法度谏正之，康敬礼焉。

①康，光武少子也。

岁余迁汝南太守。敞疾文俗吏以苛刻求当时名誉，故在职以宽和为政。立春日，常召督邮还府，①分遣儒术大吏案行属县，显孝悌有义行者。及举冤狱，以《春秋》义断之。是以郡中无怨声，百姓化其恩礼。其出居者，皆归养其父母，追行丧服，②推财相让者二百许人。③置立礼官，不任文吏。又修理鲖阳旧渠，百姓赖其利，④垦田增三万余顷。吏人共刻石，颂敞功德。

①督邮主司察愆过，立春阳气发生，故召归。

②出居谓与父母别居者。其亲先亡者，自恨丧礼不足，追行丧制也。

③《东观记》曰："高谭等百八十五人推财相让。"

④鲖阳，县，属汝南郡，故城在今豫州新蔡县北。《水经注》云："葛陂东出为鲖水，俗谓之三丈陂。"

及窦氏败,有司奏敞子与夏阳侯瑰厚善,坐免官。永元十二年复征,三迁五官中郎将。常忿疾中常侍蔡伦,伦深憾之。元兴元年,敞以祠庙严肃,微疾不斋。后邓皇后上太傅禹冢,敞起随百官会,伦因奏敞诈病,坐抵罪。卒于家。

论曰:永元之际,天子幼弱,太后临朝,窦氏凭盛戚之权,将有吕、霍之变。①幸汉德未衰,大臣方忠,袁、任二公正色立朝,②乐、何之徒抗议柱下,③故能挟幼主断,剿奸回之逼。④不然,国家危矣。夫窦氏之间,唯何敞可以免,而特以子失交之故废黜,不显大位。惜乎,过矣哉!

①吕禄、吕产也。霍光之子禹。

②袁安、任隗也。

③《汉官仪》曰:"侍御史,周官也,为柱下史,冠法冠。"案《礼图注》云:"法冠,执法者服之。"乐恢为司隶,何敞为御史,并弹射纠察之官也。

④剿,绝也。

赞曰:朱生受寄,诚不愆义。公叔辟梁,允纳明刺。绝交面朋,崇厚浮伪。①恢举谤己,敞非祥瑞。永言国逼,甘心强诐。②

①杨雄《法言》曰:"朋而不心,面朋也。友而不心,面友也。"浮伪者,劝之以崇厚也。

②诐,佞谄也。窦宪兄弟奢僭上逼,敞冒死切谏,是甘心于强诐之人也。

后汉书卷四四
列传第三四

邓彪　张禹　徐防　张敏
胡广

　　邓彪字智伯,南阳新野人,[1]太傅禹之宗也。父邯,中兴初以功封鄐侯,[2]仕至勃海太守。彪少励志,修孝行。父卒,让国于异母弟荆凤,[3]显宗高其节,下诏许焉。

①《续汉书》曰:"其先楚人,邓况始居新野,子孙以农桑为业。"
②鄐音莫庚反。
③本或无"荆"。

　　后仕州郡,辟公府,[1]五迁桂阳太守。永平十七年,征入为太仆。数年,丧后母,辞疾乞身,诏以光禄大夫行服。服竟,拜奉车都尉,迁大司农。数月,代鲍昱为太尉。彪在位清白,为百僚式。视事四年,以疾乞骸骨。元年元年,赐策罢,赠钱三十万,在所以二千石奉终其身。又诏太常四时致宗庙之胙,[2]河南尹遣丞存问,常以八月旦奉羊、酒。[3]

①《东观记》曰:"彪与同郡宗武伯、翟敬伯、陈绥伯、张弟伯同志好,齐名,南阳号曰'五伯'。"
②胙,祭庙肉也。礼,凡预祭,异姓则归之胙,同性则留之宴。彪不预祭而赐胙,重之。
③《东观记》曰"赐羊一头,酒二石"也。

　　和帝即位,以彪为太傅,录尚书事,赐爵关中侯。永元初,窦氏专权骄纵,朝廷多有谏争,而虑在位修身而已,不能有所匡正。又尝奏免御史中丞周纡,纡前失窦氏旨,故颇以此致讥。然当时宗其礼让。及窦氏诛,以老病上还枢机职,诏赐养牛、酒而许焉。五年春,薨于位,天子亲临吊临。

　　张禹字伯达,赵国襄国人也。祖父况,族姊为皇祖考夫人,①数往来南顿,见光武。光武为大司马,过邯郸,况为郡吏,谒见光武。光武大喜,曰:"乃今得我大舅乎!"因与俱北,到高邑,以为元氏令。迁涿郡太守。后为常山关长。会赤眉攻关城,况战殁。②父歆,初以报仇逃亡,③后仕为淮阳相,终于汲令。④禹性笃厚节俭。⑤父卒,汲吏人赙送前后数百万,悉无所受。又以田宅推与伯父,身自寄止。

　　①皇祖考,钜鹿都尉回。
　　②关,县,属常山郡,今定州行唐县西北有故关邑城。《东观记》曰:"况迁涿郡太守,时年八十,不任兵马,上疏乞身,诏许之。后诏问起居何如?子歆对曰'如故'。诏曰:'家人居不足赡,且以一县自养。'复以况为常山关长。会赤眉攻关城,况出战死,上甚哀之。"
　　③《东观记》曰:"歆守皋长,有报父仇贼自出,歆召囚诣阁,曰:'欲自受其辞。'既入,解械饮食,便发遣,遂弃官亡命。逢赦出,由是乡里服其高义。"与此不同。
　　④《东观记》曰:"歆为相时,王新归国,宾客放纵,干乱法禁。歆将令尉入宫搜捕,王自上,歆坐左迁为汲令,卒官。"
　　⑤《东观记》曰:"禹好学,习《欧阳尚书》,事太常桓荣,恶衣食。"

　　永平八年,举孝廉,稍迁;建初中,拜杨州刺史。当过江行部,中土民皆以江有子胥之神,难于济涉。①禹将度,使固请不听。禹厉言曰:"子胥如有灵,知吾志在理察枉讼,岂危我哉?"遂鼓楫而过。历行郡邑,深幽之处莫不毕到,亲录囚徒,多所明举,吏民希见使者,民怀喜悦,怨德美恶,莫不自归焉。

　　①郦元《水经注》曰,吴王赐子胥死,浮尸于江。夫差临,与群臣临江设祭,修塘道及坛,吴人因为立庙而祭焉。

　　元和二年,辅兖州刺史,亦有清平称。三年,迁下邳相。徐县北界有蒲阳坡，①傍多良田，而堙废莫修，禹为开水门，通引灌溉，遂成熟田数百顷。劝率吏民，假与种粮，亲自勉劳，遂大收谷实。邻郡贫者归之千余户，室庐相属，其下成市。后岁至垦千余顷，民用温给。②功曹史戴闰，故太尉掾也，权动郡内。有小谴，禹令自致徐狱，然后正其法。③自长史以下，莫不震肃。

①《东观记》曰："坡水广二十里，径且百里，在道西，其东有田可万顷。""坡"与"陂"同。

②《东观记》曰："禹巡行守舍，止大树下，食糒饮水而已。后年，邻国贫人来归之者，茅屋草庐千户，屠酤成市。垦田千余顷，得谷百万余斛。"

③徐，县名也。《东观记》曰"闰当从行县，从书佐假车马什物。禹闻知，令直符责问，闰具以实对。禹以宰士惶恐首实，令自致徐狱"也。

永元六年，入为大司农，拜太尉，和帝甚礼之。十五年，南巡祠园庙，禹以太尉兼卫尉留守。①闻车驾当进幸江陵，以为不宜冒险远，驿马上谏。诏报曰："祠谒既讫，当南礼大江，会得君奏，临汉回舆而旋。"及行还，禹特蒙赏赐。

①《东观记》曰"禹留守北宫，太官朝夕送食，赐阘登具物，除子男盛为郎"也。

延平元年，迁为太傅，录尚书事。邓太后以殇帝初育，①欲令重臣居禁内，乃诏禹舍宫中，给帷帐床褥，太官朝夕进食，五日一归府。每朝见，特赞，与三公绝席。禹上言："方谅闇密静之时，不宜依常有事于苑囿。②其广成、上林空地，宜且以假贫民。"太后从之。及安帝即位，数上疾乞身。诏遣小黄门问疾，赐牛一头、酒十斛，劝令就第。其钱布、刀剑、衣物，前后累至。

①育，生也。

②郑玄注《论语》曰："谅闇谓凶庐也。"《尚书》曰"帝乃徂落，四海遏密八音"也。

永初元年，以定策功封安乡侯，食邑千二百户，与太尉徐防、司空尹勤同日俱封。其秋，以寇贼、水雨策免防、勤，而禹不自安，上书乞骸骨，更拜太尉。四年，新野君病，①皇太后车驾幸其第。禹与司徒夏勤、司空张敏俱上表言："新野君不安，车驾连日宿止，臣等诚窃惶惧。臣闻王者动设先置,止则交戟清道而后行,清室而后御,②离宫不宿,所以重宿卫也。陛下体烝烝之至孝,亲省方药,恩情发中,久处单外,百官露止,议者所不安。宜且还宫,上为宗庙社稷,下为万国子民。"比三上,固争,乃还宫。后连岁灾荒,府臧空虚,禹上疏求入三岁租税,以助郡国禀假。③诏许之。五年,以阴阳不和策免。七年,卒于家。使者吊祭。除小子曜为郎中。长子盛嗣。

①邓太后母阴氏。

②《前书》曰:"旧典,天子行幸,所至必遣静室令先案行,清静殿中,以虞非常。"

③禀,给也;假,贷也。

徐防字谒卿,沛国铚人也。①祖父宣,为讲学大夫,以《易》教授王莽。②父宪,亦传宣业。

①铚故城,今亳州临涣县也。

②王莽置《六经》祭酒各一人,秩上卿。长安国由为讲《易》祭酒,宣为讲学大夫,盖当属于祭酒也。

防少习父祖学。永平中,举孝廉,除为郎。防体貌矜严,占对可观,显宗异之,特补尚书郎。职典枢机,周密畏慎,奉事二帝,未尝有过。和帝时,稍迁司隶校尉,出为魏郡太守。永元十年,迁少府、大司农。防勤晓政事,所在有迹。十四年,拜司空。

防以《五经》久远,圣意难明,宜为章句,以悟后学。上疏曰:"臣闻《诗》、《书》、《礼》、《乐》,定自孔子;发明章句,始于子夏。①其后诸家分析,各有异说。②汉承乱秦,经典废绝,本文略存,或无章句。收拾缺遗,建立明经,博征儒术,开置太学。③孔圣既远,微旨将绝,故立博士十有四家。④设甲乙之科,⑤以勉劝学者,所以示人好恶,改敝就善者也。伏见太学试博士弟子,皆以意说,不修家法,⑥私相容隐,开生奸路。每有策试,辄兴诤讼,论议纷错,互相是非。孔子称'述而不作',⑦又曰'吾犹及史之阙文',⑧疾史有所不知而不肯阙也。今不依章句,妄生穿凿,以遵师为非义,意说为得理,轻侮道

术,浸以成俗,诚非诏书实选本意。改薄从忠,三世常道,⑨专精务
本,儒学所先。臣以为博士及甲乙策试,宜从其家章句,开五十难以
试之。解释多者为上第,引文明者为高说;若不依先师,义有相
伐,⑩皆正以为非。《五经》各取上第六人,《论语》不宜射策。虽所失
或久,差可矫革。"⑪诏书下公卿,皆从防言。

①《史记》,孔子没,子夏居西河,教弟子三百人,为魏文侯师。

②《前书》:"仲尼没而微言绝,七十子丧而大义乖,故《春秋》为五,《诗》分
　为四,《易》有数家之传。"

③武帝时开学官,置博士弟子员也。

④《汉官》曰:"光武中兴,恢弘稽古,《易》有施、孟、梁丘贺、京房,《书》有
　欧阳和伯、夏侯胜、建,《诗》有申公、辕固、韩婴,《春秋》有严彭祖、颜安
　乐,《礼》有戴德、戴圣。凡十四博士。太常差选有聪明威重一人为祭酒,
　总领纲纪也。"

⑤《前书》曰:"岁课甲科四十人为郎中,乙科二十人为太子舍人,丙科四
　十人补文学掌故。"

⑥诸经为业,各自名家。

⑦但述先圣之言,不自制作。

⑧古者史官于书事,有不知则阙,以待能者。孔子言"吾少时犹及见古史
　官之阙文,今则无之",疾时多穿凿也。见《论语》也。

⑨太史公曰:"夏之政忠。忠之敝,小人以野,故殷人承之以敬。敬之敝,小
　人以鬼,故周人承之以文。文之敝,小人以僿,故救僿莫若以忠。三王之
　道若循环,周而复始。"僿音西志反,《史记》"僿"或作"薄"。

⑩伐谓自相攻伐也。

⑪《东观记》防上疏曰:"试《论语》本文章句,但通度,勿以射策。冀令学者
　务本,有所一心,专精师门,思核经意,事得其实,道得其真。于此弘广
　经术,尊重圣业,有益于化。虽从来久,大经衰微,学问浸浅,诚宜反本,
　改矫其失。"

　　十六年,拜为司徒。延平元年,迁太尉,与太傅张禹参录尚书
事。数受赏赐,甚见优宠。安帝即位,以定策封龙乡侯,食邑千一百
户。其年以灾异、寇贼策免,就国。凡三公以灾异策免,始自防
也。①

①《东观记》曰："郡国被水灾,比州湮没,死者以千数。灾异数降,西羌反
　　畔,杀略人吏。京师淫雨,蟊贼伤稼穑。防比上书自陈过咎,遂策免。"

防卒,子衡当嗣,让封于其弟崇。数岁,不得己,乃出就爵云。

张敏字伯达,河间鄚人也。①建初二年,举孝廉,四迁,五年为
尚书。

①鄚,今瀛州县也。音莫。

建初中,有人侮辱人父者,而其子杀之,肃宗贳其死刑而降宥
之,①自后因以为比。是时遂定其议,以为《轻侮法》。敏驳议曰:"夫
《轻侮》之法,先帝一切之恩,不有成科班之律令也。夫死生之决,宜
从上下,犹天之四时,有生有杀。若开相容恕,著为定法者,则是故
设奸萌,生长罪隙。孔子曰:'民可使由之,不可使知之。'②《春秋》
之义,子不报仇,非子也。③而法令不为之减者,以相杀之路不可开
故也。今托义者得减,妄杀者有差,使执宪之吏得设巧诈,非所以导
'在丑不争'之义。④又《轻侮》之比,浸以繁滋,至有四五百科,转相
顾望,弥复增甚,难以垂之万载。臣闻师言:'救文莫如质。'故高帝
去烦苛之法,为三章之约。建初诏书,有改于古者,可下三公、廷尉
蠲除其敝。"议寝不省。敏复上疏曰:"臣敏蒙恩,特见拔擢,愚心所
不晓,迷意所不解,诚不敢苟随众议。臣伏见孔子垂经典,皋陶造法
律,⑤原其本意,皆欲禁民为非也。未晓《轻侮》之法将以何禁?必不
能使不相轻侮,而更开相杀之路,执宪之吏复容其奸枉。议者或曰:
'平法当先论生。'臣愚以为天地之性,唯人为贵,杀人者死,三代通
制。今欲趣生,反开杀路,一人不死,天下受敝。记曰:'利一害百,
人去城郭。'夫春生秋杀,天道之常。春一物枯即为灾,⑥秋一物华
即为异。⑦王者承天地,顺四时,法圣人,从经律。愿陛下留意下民,
考寻利害,广令平议,天下幸甚。"帝从之。

①贳,宽也,音示夜反。
②由,从也。言设政教,可但使人从之,若知其本末,愚者或轻而不行。事
　　见《论语》也。

③《公羊传》曰:"父不受诛,子复仇可也。"注云:"不受诛,罪不当诛也。"

④导,教也。丑,类也。

⑤史游《急就篇》曰"皋陶造狱法律存"也。

⑥《礼记·月令》曰:"孟春行夏令,则风雨不时,草木早落"也。

⑦《月令》曰"仲秋行春令,则秋雨不降,草木生荣,国乃有恐"也。

九年,拜司隶校尉。视事二岁,迁汝南太守。清约不烦,用刑平正,有理能名。坐事免。延平元年,拜议郎,再迁颍川太守。征拜司空,在位奉法而已。视事三岁,以病乞身,不听。六年春,行大射礼,陪位顿仆,乃策罢之。①因病笃,卒于家。

①《东观记》载策曰:"今君所苦未瘳,有司奏君年体衰羸,郊庙礼仪仍有旷废。鼎足之任不可以缺,重以职事留君。其上司空印绶。"

胡广字伯始,南郡华容人也。①六世祖刚,清高有志节。平帝时,大司徒马宫辟之。值王莽居摄,刚解其衣冠,县府门而去,遂亡命交阯,隐于屠肆之间。后莽败,乃归乡里。父贡,交阯都尉。

①华容,县,故城在今荆州东。

广少孤贫,亲执家苦。①长大,随辈入郡为散吏。太守法雄之子真,从家来省其父。真颇知人。会岁终应举,雄敕助求其才。雄因大会诸吏,真自于牖间密占察之,乃指广以白雄,遂察孝廉。既到京师,试以章奏,安帝以广为天下第一。②旬月拜尚书郎,五迁尚书仆射。

①《襄阳耆旧记》,广父名宠,宠妻生广,早卒;宠更娶江陵黄氏,生康,字仲始。

②《谢承书》曰:"广有雅才,学究《五经》,古今术艺皆毕览之。年二十七,举孝廉。"《续汉书》曰:"故事,孝廉高第,三公尚书辄优文,特劳来其举将,于是公府下诏书劳来雄焉。及拜郎,恪勤职事,所掌辩护"也。

顺帝欲立皇后,而贵人有宠者四人,莫知所建,议欲探筹,以神定选。广与尚书郭虔、史敞上疏谏曰:"窃见诏书以立后事大,谦不自专,欲假之筹策,决疑灵神。篇籍所记,祖宗典故,未尝有也。恃神任筮,既不必当贤,就值其人,犹非德选。夫岐嶷形于自然,①倪天必有异表。②宜参良家,简求有德,德同以年,年钧以貌,稽之典经,断之圣虑。③政令犹汗,往而不反。④诏文一下,形之四方。⑤臣职在拾遗,忧深责重,是以焦心,冒昧陈闻。"帝从之,以梁贵人良家子,定立为皇后。

①《诗》云:"克岐克嶷。"郑玄注云:"岐岐然意有所知也。其貌嶷然,有所识别也。"

②伣音苦见反。《说文》曰:"伣,譬谕也。"《诗》云:"文王嘉止,伣天之妹。"文王闻大姒之贤则美之。言大邦有子女,譬天之有女弟,故求为配焉。

③《左传》曰"昔先王之命曰:'王后无嫡,则择立长,年均以德,德钧以卜'"也。

④《易》曰:"涣汗其大号,王居无咎。"刘向曰"汗出而不反"者也。

⑤形,见也。

时尚书令左雄议改察举之制,限年四十以上,儒者试经学,文史试章奏。广复与敞、虞上书驳之,曰:"臣闻君以兼览博照为德,①臣以献可替否为忠。②《书》载稽疑,谋及卿士;③《诗》美先人,询于刍荛。④国有大政,必议之于前训,谘之于故老,⑤是以虑无失策,举无过事。窃见尚书令左雄议郡举孝廉,皆限年四十以上,诸生试章句,文吏试笺奏。⑥明诏既许,复令臣等得与相参。窃惟王命之重,载在篇典,⑦当令县于日月,固于金石,遗则百王,施之万世。《诗》云:'天难谌斯,不易惟王。'可不慎与!⑧盖选举因才,无拘定制。六奇之策,不出经学;⑨郑、阿之政,非必章奏。⑩甘、奇显用,年乖强仕;⑪终、贾扬声,亦在弱冠。⑫汉承周、秦,兼览殷、夏,祖德师经,参杂霸轨,⑬圣主贤臣,世以致理,贡举之制,莫或回革。今以一臣之言,划戾旧章,⑭便利未明,众心不厌。⑮矫枉变常,政之所重,而不访台司,不博卿士,若事下之后,议者剥异,异之则朝失其便,同之则王言已行。臣愚以为可宣下百官,参其同异,然后览择胜否,详采厥衷。敢以瞽言,冒干天禁,⑯惟陛下纳焉。"帝不从。

①即明四目,达四聪也。

②《左传》曰,齐晏子曰:"君所谓可而有否焉,臣献其否,以成其可。君所谓否而有可焉,臣献其可,以去其否。"

③稽,考也。考正疑事,谋及卿士。见《尚书》。

④《诗·大雅》曰:"先人有言,询于刍荛。"注云:"询,谋也。刍荛,薪采者也。言有疑事,当与薪采者谋之也。"

⑤《国语》叔向曰:"国有大事,必顺于典刑,而访于耆老,而后行之。"

⑥周成《杂字》曰:"笺,表也。"《汉杂事》曰:"凡群臣之书,通于天子者四品:一曰章,二曰奏,三曰表,四曰驳议。章者需头,称'稽首上以闻',谢恩陈事,诣阙通者也。奏者,亦需头,其京师官但言'稽首言,下'稽首以闻',其中有所请,若罪法劾案,公府送御史台,卿校送谒者台也。表者,不需头,上言'臣某言',下言'诚惶诚恐,顿首顿首,死罪死死罪',左方下附曰'某官臣甲乙上'。"

⑦《礼记》曰:"动则左史书之,言则右史书之。"《尚书》曰:"王言惟作命,弗言,臣下罔由禀令。"又曰:"令出惟行,不惟反。"

⑧《诗·大雅》也。谌,信也。斯,词也。天之意难信矣,不可改易者天子也。

⑨《前书》陈平设六奇策以佐高祖。

⑩《说苑》曰:"子产相郑,内无国中之乱,外无诸侯之患也。子产从政也,择能而使之。晏子化东阿,三年,景公召而数之,晏子请改道易行。明年上计,景公迎而贺之,晏子对曰:'臣前之化东阿也,属托不行,货赂不至,君反以罪臣。今则反是,而更蒙贺。'景公下席而谢。"

⑪《史记》曰:秦欲与燕共伐赵,以广河间之地。甘罗年十二,使于赵,说赵王立割五城,以广河间,秦乃封罗为上卿。《说苑》曰,子奇年十八,齐君使主东阿,东阿大化。《礼记》曰:"四十强而仕。"

⑫《前书》,终军年十八,为博士弟子,自请愿以长缨必羁南越王而致之阙下。上奇其对,擢为谏大夫,往说越。越听命,天子大悦。贾谊年十八,以诵《诗》属文称于郡中,文帝召为博士。

⑬宣帝曰:"汉家自有制度,本以霸王道杂理之。"

⑭划,削也。戾,乖也。

⑮厌,服也。

⑯瞽,无目者也。不察人君颜色而言,如无目之人也。孔子曰:"未见颜色而言谓之瞽。"干,犯也。

时陈留郡缺职,尚书史敞等荐广,曰:"臣闻德以旌贤,①爵以建事,②'明试以功',《典》《谟》所美,③"五服五章",天秩所祚,④

是以臣竭其忠,君丰其宠,⑤举不失德,下忘其死。窃见尚书仆射胡
广,体真履规,谦虚温雅,博物洽闻,探赜穷理,《六经》典奥,旧章宪
式,无所不览。柔而不犯,文而有礼,⑥忠贞之性,忧公如家。不矜其
能,不伐其劳,翼翼周慎,行靡玷漏。密勿夙夜,⑦十有余年,心不外
顾,志不苟进。臣等窃以为广在尚书,勤劳日久,后母年老,既蒙简
照,宜试职千里,匡宁方国。⑧陈留近郡,今太守任缺。广才略深茂,
堪能拨烦,愿以参选,纪纲颓俗,使束修守善,有所劝仰。"

①旌,明也。《书》曰"德懋懋官"也。

②能建立事则与之爵。

③明白考试之,有功者则授之以官。《舜典》、《咎繇谟》皆有此言,故云
　《典》《谟》所美也。

④五服谓天子、诸侯、卿、大夫、士之服也。五者之有必须章明《尚书·咎
　繇谟》曰:"天秩有礼,自我五礼有庸哉。天命有德,五服五章哉。"秩,序
　也。

⑤丰,厚也。

⑥柔而不犯谓性和柔而不可犯以非义也。

⑦密勿,偑勉。

⑧《诗》曰:"厥德不回,以受方国。"

广典机事十年,出为济阴太守,以举吏不实免。复为汝南太守,
入拜大司农。汉安元年,迁司徒。质帝崩,代李固为太尉,录尚书事。
以定策立桓帝,封育阳安乐乡侯。以病逊位。又拜司空,告老致仕。
寻以特进征拜太常,迁太尉,以日食免。复为太常,拜太尉。

延熹二年,大将军梁冀诛,广与司徒韩缜、司空孙朗坐不卫宫,
皆减死一等,夺爵土,免为庶人。后拜太中大夫、太常。九年,复拜
司徒。

灵帝立,与太傅陈蕃参录尚书事,复封故国。以病自乞。会蕃
被诛,代为太傅,总录如故。

时年已八十,而心力克壮。①继母在堂,朝夕瞻省,傍无几杖,
言不称老。②及母卒,居丧尽哀,率礼无愆。性温柔谨素,常逊言恭
色。③达练事体,明解朝章。虽无謇直之风,屡有补阙之益。故京师

谚曰："万事不理问伯始，天下中庸有胡公。"④及共李固定策，大议不全，⑤又与中常侍丁肃婚姻，以此讥毁于时。

①盛弘之《荆州记》曰"菊水出穰县。芳菊被涯，水极甘香。谷中皆饮此水，上寿百二十，七八十者犹以为夭。太尉胡广所患风疾，休沐南归，恒饮此水，后疾遂廖，年八十二薨"也。

②《礼记》曰："夫为人子者，恒言不称老。"

③逊，顺也。

④庸，常也。中和可常行之德也。孔子曰："中庸之为德，其至矣乎！"

⑤质帝崩，固为太尉，与广及司空赵戒议欲立清河王蒜。梁冀以蒜年长有德，恐为后患，盛意立蠡吾侯志。广、戒等慑惮不能与争，而固与杜乔坚守本议。

自在公台三十余年，历事六帝，①礼任甚优，每逊位辞病，及免退田里，未尝满岁，辄复升进。凡一履司空，再作司徒，三登太尉，又为太傅。其所辟命，皆天下名士。与故吏陈蕃、李咸并为三司。②蕃等每朝会，辄称疾避广，时人荣之。年八十二，熹平元年薨。使五官中郎将持节奉策赠太傅、安乐乡侯印绶，给东园梓器，谒者护丧事，赐冢茔于原陵，谥文恭侯。拜家一人为郎中。故吏自公、卿、大夫、博士、议郎以下数百人，皆缞绖殡位，自终及葬。汉兴以来，人臣之盛，未尝有也。

①广以顺帝汉安元年为司空，至灵帝熹平元年薨，三十一年也。六帝谓安、顺、冲、质、桓、灵也。

②《谢承书》曰："咸字元卓，汝南西平人。孤特自立。家贫母老，常躬耕稼以奉养。学《鲁诗》、《春秋公羊传》、《三礼》。三府并辟，司徒胡广举茂才，除高密令，政多奇异，青州表其状。建宁三年，自大鸿胪拜太尉。自在相位，约身率下，常食脱粟饭、酱菜而已。不与州郡交通。刺史、二千石笺记，非公事不发省。以老乞骸骨，见许，悉还所赐物，乘敝牛车，使子男御。晨发京师，百僚追送盈涂，不能得见。家旧贫狭，庇荫草庐。"

初，杨雄依《虞箴》作《十二州二十五官箴》，①其九箴亡阙，后涿郡崔骃及子瑗又临邑侯刘骐骎增补十六篇，广复继作四篇，文甚典美。乃悉撰次首目，为之解释，名曰《百官箴》，凡四十八篇。其余所著诗、赋、铭、颂、箴、吊及诸解诂,凡二十二篇。

①《杨雄传》曰:"箴莫大于《虞箴》,故遂作《九州箴》。"《左传》曰,昔周辛甲之为太史也,命百官官箴王阙,于《虞人之箴》曰:"芒芒禹迹,画为九州。经启九道,人有寝庙,兽有茂草,各有攸处,德用不扰。在帝夷羿,冒于原兽,忘其国恤,而思其麀牡。武不可重,用不恢于夏家,兽臣司原,敢告仆夫。"

熹平六年,灵帝思感旧德,乃图画广及太尉黄琼于省内,诏议郎蔡邕为其颂云。①

①《谢承书》载其颂曰:"岩岩山岳,配天作辅。降神有周,生申及甫。允兹汉室,诞育二后。日胡日黄,方轨齐武。惟道之渊,惟德之薮。股肱元首,代作心膂。天之烝人,有则有类。我胡我黄,锺厥纯懿。巍巍特进,仍践其位。赫赫三事,七佩其绂。奕奕四牡,沃若六辔。衮职龙章,其文有蔚。参曜乾台,穷宠极贵。功加八荒,群生以遂。超哉邈乎,莫与为二!"

论曰:爵任之于人重矣,全丧之于生大矣。怀禄以图存者,仕子之恒情;审能而就列者,出身之常体。①夫纡于物则非己,直于志则犯俗,②辞其艰则乖义,徇其节则失身。③统之,方轨易因,险涂难御。④故昔人明慎于所受之分,迟迟于岐路之间也。⑤如令志行无牵于物,临生不先其存,后世何贬焉?⑥古人以宴安为戒,岂数公之谓乎?⑦

①列,位也。

②纡,曲也。

③徇,营也。

④统者,总论上事也。方轨谓平路也。若履平路,易可因循;如践险涂,则难免颠覆也。

⑤呈材效职,则受之分明矣。迟迟,疑不前之貌也。明其分,则不可妄进。

⑥守志直道,视死如归,则后之人何从而贬责矣。

⑦《左传》曰:"宴安酖毒,不可怀也。"

赞曰:邓、张作傅,无咎无誉。敏正疑律,防议章句。胡公庸庸,饰情恭貌。朝章虽理,据正或桡。①

①桡，曲也，《易》曰"栋桡凶"也。

后汉书卷四五
列传第三五

袁安 子京 子敞 玄孙阂　　张酺
韩棱　　周荣 孙景

袁安字邵公,汝南汝阳人也。祖父良,习《孟氏易》,①平帝时举明经,为太子舍人;②建武初,至成武令。③

①孟喜字长卿,东海人。明《易》,为丞相掾。见《前书》。

②《续汉志》曰:"太子舍人,秩二百石,无员。"

③成武,今曹州县。

安少传良学。为人严重有威,见敬于州里。初为县功曹,①奉檄诣从事,从事因安致书于令。②安曰:"公事自有邮驿,私请则非功曹所持。"辞不肯受,从事惧然而止。③后举孝廉,④除阴平长、任城令,⑤所在吏人畏而爱之。

①《续汉志》曰:"县功曹史,主选署功劳。"

②《续汉志》曰:"每州刺史皆有从事史。"

③惧音九具反。

④《汝南先贤传》曰"时大雪积地丈余,洛阳令身出案行,见人家皆除雪出,有乞食者。至袁安门,无有行路。谓安已死,令人除雪入户,见安僵卧。问何以不出,安曰:'大雪人皆饿,不宜干人。'令以为贤,举为孝廉"也。

⑤阴平,县,故城在今沂州承县西南。任城,今兖州县也。

永平十三年,楚王英谋为逆,事下郡覆考。明年,三府举安能理剧，拜楚郡太守。是时英辞所连及系者数千人，显宗怒甚，吏案之急，迫痛自诬，死者甚众。安到郡，不入府，先往案狱，理其无明验者，条上出之。府丞掾史皆叩头争，以为阿附反虏，法与同罪，不可。安曰："如有不合，太守自当坐之，不以相及也。"遂分别具奏。帝感悟，即报许，得出者四百余家。岁余，征为河南尹。政号严明，然未曾以臧罪鞠人。常称曰："凡学仕者，高则望宰相，下则希牧守。锢人于圣世，尹所不忍为也。"闻之者皆感激自励。在职十年，京师肃然，名重朝廷。建初八年，迁太仆。

元和二年，武威太守孟云上书："北虏既已和亲，而南部复往抄掠，北单于谓汉欺之，谋欲犯边。宜还其生口，以安慰之。"诏百官议朝堂。公卿皆言夷狄谲诈，求欲无厌，①既得生口，当复妄自夸大，不可开许。安独曰："北虏遣使奉献和亲，有得边生口者辄以归汉，此明其畏威，而非先违约也。云以大臣典边，不宜负信于戎狄，还之足示中国优贷，而使边人得安，诚便。"司徒桓虞改从安。太尉郑弘、司空第五伦皆恨之。弘因大言激励虞曰："诸言当还生口者，皆为不忠。"虞廷叱之，伦及大鸿胪韦彪各作色变容，司隶校尉举奏，安等皆上印绶谢。肃宗诏报曰："久议沈滞，各有所志。盖事以议从，策由众定，闾阎衎衎，得礼之容，②寝嘿抑心，更非朝廷之福。君何尤而深谢？其各冠履。"帝竟从安议。明年，代第五伦为司空。章和元年，代桓虞为司徒。

①谲亦诈也。

②衎衎，忠正貌。衎衎，和乐貌。

和帝即位，窦太后临朝，后兄车骑将军宪北击匈奴，安与太尉宋由、司空任隗及九卿诣朝堂上书谏，以为匈奴不犯边塞，而无故劳师远涉，损费国用，徼功万里，非社稷之计。书连上辄寝。宋由惧，遂不敢复署议，而诸卿稍自引止。唯安独与任隗守正不移，至免冠朝堂固争者十上。太后不听，众皆为之危惧，安正色自若。窦宪既出，而弟卫尉笃、执金吾景各专威权，公于京师使客遮道夺人财物。景又擅使乘驿施檄缘边诸郡，发突骑及善骑射有才力者，渔阳、雁门、上谷三郡各遣吏将送诣景第。有司畏惮，莫敢言者。安乃劾景擅发边兵，惊惑吏人，二千石不待符信而辄承景檄，当伏显诛。又奏司隶校尉、河南尹阿附贵戚，无尽节之义，①请免官案罪。并寝不报。宪、景等日益横，尽树其亲党宾客于名都大郡，②皆赋敛吏人，更相赂遗，其余州郡，亦复望风从之。安与任隗举奏诸二千石，又它所连及贬秩免官者四十余人，窦氏大恨。但安、隗素行高，亦未有以害之。

①《续汉书》曰，安奏司隶郑据、河南尹蔡嵩。

②《袁山松书》曰，河南尹王调，汉阳太守朱敞，南阳太守满殷、高丹等皆其宾客。《前书》曰"十二万户为大郡"也。

时窦宪复出屯武威。明年，北单于为耿夔所破，遁走乌孙，塞北地空，余部不知所属。宪日矜己功，欲结恩北虏，乃上立降者左鹿蠡王阿佟①为北单于，置中郎将领护，如南单于故事。事下公卿议，太尉宋由、太常丁鸿、光禄勋耿秉等十人议可许。安与任隗奏，以为"光武招怀南虏，非谓可永安内地，正以权时之算，可得捍御北狄故也。今朔漠既定，宜令南单于反其北庭，并领降众，无缘复更立阿佟，以增国费。"宗正刘方、大司农尹睦同安议。事奏，未以时定。安惧宪计遂行，乃独上封事曰："臣闻功有难图，不可豫见；事有易断，较然不疑。伏惟光武皇帝本所以立南单于者，欲安南定北之策也，恩德甚备，故匈奴遂分，边境无患。孝明皇帝奉承先意，不敢失坠，赫然命将，爰伐塞北。至乎章和之初，降者十余万人，议者欲置之滨塞，东至辽东，②太尉宋由、光禄勋耿秉皆以为失南单于心，不可。先帝从之。陛下奉承洪业，大开疆宇，大将军远师讨伐，席卷北庭，此诚宣明祖宗，崇立弘勋者也。宜审其终，以成厥初。伏念南单于屯，先父举众归德，自蒙恩以来，四十余年。三帝积累，以遗陛下。陛下深宜遵述先志，成就其业。况屯首唱大谋，空尽北虏，辍而弗图，更立新降，以一朝之计，违三世之规，失信于所养，建立于无功。由、秉实知奋议，而欲背弃先恩。夫言行君子之枢机，③尝罚理国之纲纪。《论语》曰：'言忠信，行笃敬，虽蛮貊行焉。'今若失信于一屯，则百蛮不敢复保誓矣。又乌桓、鲜卑新杀北单于，凡人之情，咸畏仇雠，今立其弟，则二虏怀怨。兵、食可废，信不可去。④且汉故事，供给南单于费直岁一亿九十余万，西域岁七千四百八十万。今北庭弥远，其费过倍，是乃空尽天下，而非建策之要也。"诏下其议。安又与宪更相难折。宪险急负势，言辞骄忓，⑤至诋毁安，称光武诛韩歆、戴涉故事，安终不移。⑥宪竟立匈奴降者右鹿蠡王於除鞬为单于，⑦后遂反叛，卒如安策。

①徒冬反。

②滨，边也。

③《易》曰："言行者，君子之枢机。枢机之发，荣辱之主也。"

④《论语》："孔子曰：'足食足兵，人信之矣。''必不得已而去，于斯三者何先？'曰：'去兵。'曰：'必不得已而去，于斯二者何先？'曰：'去食。自古皆有死人，无信不立。'"

⑤忓谓发扬人之恶。

⑥大司徒歆坐非帝读隗嚣书，自杀。大司徒涉坐杀太仓令，下狱死。

⑦鞬音九言反。

　　安以天子幼弱，外戚擅权，每朝会进见，及与公卿言国家事，未尝不噫呜流涕。①自天子及大臣皆恃赖之。四年春，薨，朝廷痛惜焉。

①噫音医，又乙戒反。呜音一故反。叹伤之貌也。

　　后数月，窦氏败，帝始亲万机，追思前议者邪正之节，乃除安子赏为郎。策免宋由，以尹睦为太尉，刘方为司空。睦，河南人，薨于位。方，平原人，后坐事免归，自杀。

　　初，安父没，母使安访求葬地，道逢三书生，问安何之，安为言其故，生乃提一处，云"葬此地，当世为上公。"须臾不见，安异之。于是遂葬其所占之地，故累世隆盛焉。安子京、敞最知名。

　　京字仲誉。习《孟氏易》，作《难记》三十万言。初拜郎中，稍迁侍中，出为蜀郡太守。

　　子彭，字伯楚。少传父业，历广汉、南阳太守。顺帝初，为光禄勋。行至清,为吏粗袍粝食,终于议郎。尚书胡广等追表其有清洁之美,比前朝贡禹、第五伦。[1]求蒙显赠,当时皆嗟叹之。

[1]贡禹,元帝御史大夫,经明行修,清洁忧国也。

彭弟汤,字仲河,少传家学,诸儒称其节,多历显位。桓帝初为司空,以豫议定策封安国亭侯,食邑五百户。累迁司徒、太尉,以灾异策免。卒,谥曰康侯。[1]

[1]《风俗通》曰:"汤时年八十六,有子十二人。"

汤长子成,左中郎。早卒。次子逢嗣。

逢字周阳,以累世三公子,宽厚笃信,著称于时。灵帝立,逢以太仆豫议,增封三百户。后为司空,卒于执金吾。朝廷以逢尝为三老,特优礼之,赐以珠画特诏秘器,[1]饭含珠玉二十六品,[2]使五官中郎将持节奉策,赠以车骑将军印绶,加号特进,谥曰宣文侯。子基嗣,位至太仆。

[1]《前书》曰,董贤死,以沙画棺。《音义》云:"以朱沙画之也。""珠"与"朱"同。秘器,棺也。

[2]《谷梁传》曰:"贝玉曰含。"

逢弟隗,少历显官,[1]先逢为三公。时中常侍袁赦,隗之宗也,用事于中。以逢、隗世宰相家,推崇以为外援。故袁氏贵宠于世,富奢甚,不与它公族同。献帝初,隗为太傅。

[1]隗字次阳。

成子绍,逢子术,自有传。董卓忿绍、术背己,遂诛隗及术兄基等男女二十余人。

敞字叔平,少传《易经》,教授,以父任为太子舍人。和帝时,历位将军、大夫、侍中,出为东郡太守,征拜太仆、光禄勋。元初三年,代刘恺为司空。明年,坐子与尚书郎张俊交通,漏泄省中语,策免。敞廉劲不阿权贵,失邓氏旨,遂自杀。

张俊者,蜀郡人,有才能,与兄龛并为尚书郎,年少励锋气。郎朱济、丁盛立行不修,后欲举奏之,二人闻,恐,因郎陈重、雷义往请俊，俊不听。因共私赂侍史，使求俊短，得其私书与敞子，遂封上之，皆下狱，当死。俊自狱中占狱吏上书自讼，[①]书奏而俊狱已报。[②]廷尉将出谷门，临行刑，[③]邓太后诏驰骑以减死论。俊假名上书谢曰："臣孤恩负义，自陷重刑，情断意讫，无所复望。廷尉鞫遣，欧[④]刀在前，棺絮在后，魂魄飞扬，形容已枯。陛下圣泽，以臣尝在近密，[⑤]识其状貌，伤其眼目，留心曲虑，特加偏覆。丧车复还，白骨更肉，披棺发椁，起见白日。天地父母能生臣俊，不能使臣俊当死复生。陛下德过天地，恩重父母，诚非臣俊破碎骸骨，举宗腐烂，所报万一。臣俊徒也，不得上书；不胜去死就生，惊喜踊跃，触冒拜章。"当时皆哀其文。

①占谓口授也。《前书》曰"陈遵凭几口占书吏"是也。

②谓奏报论死也。

③谷门，洛阳城北面中门也。

④音一口反。

⑤谓为尚书郎。

朝廷由此薄敞罪而隐其死，以三公礼葬之，复其官。子盱。[①]

①盱，况于反。

盱后至光禄勋。时大将军梁冀擅朝，内外莫不阿附，唯盱与廷尉邯郸义正身自守。及桓帝诛冀，使盱持节收其印绶，事已具《梁冀传》。

阆字夏甫，彭之孙也。少励操行，苦身修节。父贺，为彭城相。[①]阆往省谒，变名姓，徒行无旅。既至府门，连日吏不为通，会阿母出，见阆惊，[②]入白夫人，乃密呼见。既而辞去，贺遣车送之，阆称眩疾不肯乘。反，郡界无知者。及贺卒郡，阆兄弟迎丧，不受赗赠，缞绖扶枢，冒犯寒露，体貌枯毁，手足血流，见者莫不伤之。服阕，累征聘举召，皆不应。居处仄陋，以耕学为业。从父逢、隗并贵盛，数馈之，无所受。

①《风俗通》曰："贺字元服。祖父京，为侍中。安帝始加元服，百僚会贺，临庄垂出而孙适生，喜其嘉会，因名字焉。"

②《谢承书》曰："乳母从内出,见在门侧,面貌省瘦,为其垂泣。闵厚丁宁:
　'此间不知吾,慎勿宣露也。'"

　　闵见时方险乱,而家门富盛,常对兄弟叹曰:"吾先公福祚,后
世不能以德宁之,而竞为骄奢,与乱世争权,此即晋之三郤矣。"①
延熹末,党事将作,闵遂散发绝世,欲投迹深林。以母老不宜远遁,
乃筑土室,四周于庭,不为户,自牖纳饮食而已。且于室中东向拜
母。母思闵,时往就视,母去,便自掩闭,兄弟妻子莫得见也。及母
殁,不为制服设位,时莫能名,或以为狂生。潜身十八年,黄巾贼起,
攻没郡县,百姓惊散,闵诵经不移。贼相约语不入其间,乡人就闵避
难,皆得全免。年五十七,卒于土室。②二弟忠、弘,节操皆亚于闵。

①三郤谓郤锜、郤犨,皆晋卿也。各骄奢,为厉公所杀。事见《左传》。

②《汝南先贤传》曰："闵临卒,敕其子曰:'勿设殡棺,但著裈衫疏布单衣
　　幅巾,亲尸于板床之上,以五百甃为藏。'"

　　忠字正甫,与同郡范滂为友,俱证党事得释,语在《滂传》。初平
中,为沛相,①乘苇车到官,以清亮称。及天下大乱,忠弃官客会稽
上虞。②一见太守王朗徒从整饰,心嫌之,遂称病自绝。③后孙策破
会稽,忠等浮海南投陬。献帝都许,征为卫尉,未到,卒。

①沛王琮相也。琮,光武八代孙也。

②县名,城在今越州余姚县西。

③王朗字景兴,肃之父也,《魏志》有传。《谢承书》曰"忠乘船载笠盖诣朗,
　　见朗左右僮从皆著青绛采衣,非其奢丽,即辞疾发而退"也。

　　弘字邵甫,耻其门族贵势,乃变姓名,徒步师门,不应征辟,终
于家。①

①《谢承书》曰："弘尝入京师太学,其从父逢为太尉,呼弘与相见。遇逢宴
　　会作乐,弘伏称头痛,不听呼声而退,遂不复往。绍、术兄弟亦不与通。"

　　忠子秘,为郡门下议生。黄巾起,秘从太守赵谦击之,军败,秘
与功曹封观等七人以身扞刃,皆死于陈,谦以得免。诏秘等门闾号
曰"七贤"。①

①《谢承书》曰"秘字永宁。封观与主簿陈端、门下督范仲礼、贼曹刘伟德、
　　主记史丁子嗣、记室史张仲然、议生袁秘等七人擢刃突陈,与战并死"

也。

封观者,有志节,当举孝廉,以兄名位未显,耻先受之,遂称风疾,喑不能言。火起观屋,徐出避之,忍而不告。后数年,兄得举,观乃称损而仕郡焉。[1]

[1]《谢承书》曰:"观字孝起,南顿人也。"

论曰:陈平多阴谋,而知其后必废;[1]邴吉有阴德,夏侯胜识其当封及子孙。[2]终陈掌不侯,而邴昌绍国,虽有不类,未可致诘,其大致归然矣。袁公、窦氏之间,乃情帝室,[3]引义雅正,可谓王臣之烈。[4]及其理楚狱,未尝鞫人于臧罪,其仁心足以覃乎后昆。[5]子孙之盛,不亦宜乎?[6]

[1]丞相陈平为高祖谋臣,出六奇,叹曰:"我多阴谋,道家之所禁,吾世即废,以吾多阴谋祸也。"其后曾孙掌以卫氏亲戚贵达,愿得续封,而终不得也。

[2]武帝末,戾太子巫蛊事起,邴吉为廷尉监。时宣帝年二岁,坐太子事系。望气者言长安狱中有天子气,于是上遣使者分条中都官诏狱,系者亡轻重一切皆杀之。内者令郭穰至郡邸狱,吉闭门扞拒曰:"它人无辜犹不可,况亲曾孙乎?"穰不得入,还以闻。上曰:"天使之也。"因大赦天下。曾孙赖吉得立。宣帝立,吉为丞相,未及封而病。上忧吉不起,夏侯胜曰:"此未死也。臣闻有阴德者必飨其乐以及子孙。"后吉病愈,封博阳侯。薨,子显嗣。甘露中,削爵为关内侯。至孙昌,复封博阳侯。传子至孙,王莽败乃绝。

[3]乃情犹竭情也。

[4]《易》曰:"王臣蹇蹇,匪躬之故。"烈,业也。

[5]《尔雅》曰:"覃,延也。"

[6]此论并华峤之词也。

张酺字孟侯,汝南细阳人,赵王张敖之后也。[1]敖子寿,封细阳之池阳乡,后废,因家焉。

[1]敖父耳,自楚降汉,高祖封为赵王。敖嗣,后有罪,废为宣平侯。

酺少从祖父充受《尚书》，能传其业。①又事太常桓荣。勤力不息，聚徒以百数。永平九年，显宗为四姓小侯开学于南宫，②置《五经》师。酺以《尚书》教授，数讲于御前。以论难当意，除为郎，赐车马衣裳，遂令入授皇太子。

①《东观记》曰："充与光武同门学，光武即位，求问充，充已死。"

②小侯，解见《明纪》也。

酺为人质直，守经义，每侍讲间隙，数有匡正之辞，以严见惮。①及肃宗即位，擢酺为侍中、虎贲中郎将。数月，出为东郡太守。酺自以尝经亲近，未悟见出，意不自得，②上疏辞曰："臣愚以经术给事左右，少不更职，不晓文法，猥当剖符典郡，班政千里，必有负恩辱位之咎。臣窃私自分，殊不虑出城阙，冀蒙留恩，托备冗官，群僚所不安，耳目所闻见，不敢避好丑。"诏报曰："经云：'身虽在外，乃心不离王室。'③典城临民，益所在报效也。好丑必上，不在远近。④今赐装钱三十万，其亟之官。"酺虽儒者，而性刚断。下车擢用义勇，搏击豪强。长吏有杀盗徒者，酺辄案之，以为令长受臧，犹不至死，盗徒皆饥寒佣保，何足穷其法乎！

①《东观记》曰："太子家时为奢侈物，未尝不正谏，甚见重焉。"

②悟，晓也。

③《尚书·康王之诰》曰"虽尔身在外，乃心罔不在王室"也。

④好丑谓善恶也。言事之善恶，必以闻上，此即报效，岂拘外内也。

郡吏王青者，①祖父翁，与前太守翟义起兵攻王莽，及义败，余众悉降，翁独守节力战，莽遂燔烧之。父隆，建武初为都尉功曹，青为小史。与父俱从都尉行县，道遇贼，隆以身卫全都尉，遂死于难；青亦被矢贯咽，音声流喝。②前郡守以青身有金夷，竟不能举。③酺见之，叹息曰："岂有一门忠义而爵赏不及乎？"遂擢用极右曹，④乃上疏荐青三世死节，宜蒙显异。奏下三公，由此为司空所辟。⑤

①《谢承书》曰："青字公然，东郡聊城人也。"

②"流"或作"嘶"。喝音一介反。《广苍》曰："声之幽也。"

③夷，伤也。

④《汉官仪》曰："督邮、功曹，郡之极位。"

⑤《东观记》曰"青从此除步兵司马。酺伤青不遂，复举其子孝廉"也。

自酺出后，帝每见诸王师傅，常言："张酺前入侍讲，屡有谏正，间间恻恻，出于诚心，可谓有史鱼之风矣。"①元和二年，东巡狩，幸东郡，引酺及门生并郡县掾史并会庭中。帝生备弟子之仪，使酺讲《尚书》一篇，然后修君臣之礼。②赏赐殊特，莫不洽。

①间间，忠正也。恻恻，恳切也。史鱼，卫大夫，名鳛，字子鱼。孔子曰"直哉史鱼，邦有道如矢，邦无道如矢"也。

②《东观记》曰："时使尚书令王鲔与酺相难，上甚欣悦。"

酺视事十五年，和帝初，迁魏郡太守。郡人郑据时为司隶校尉，奏免执金吾窦景。景后复位，遣掾夏猛私谢酺曰："郑据小人，为所侵冤。闻其儿为吏，放纵狼藉。取是曹子一人，足以惊百。"酺大怒，即收猛系狱，檄言执金吾府，疑猛与据子不平，矫称卿意，以报私仇。会有赎罪令，猛乃得出。①顷之，征入为河南尹。窦景家人复击伤市卒，吏捕得之，景怒，遣缇骑侯海等五百人殴伤市丞。②酺部吏杨章等穷究，正海罪，徙朔方。景忿怨，乃移书辟章等六人为执金吾吏，欲因报之。章等惶恐，入白酺，愿自引臧罪，以辞景命。酺即上言其状。窦太后诏报："自今执金吾辟吏，皆勿遣。"

①《东观记》曰"据字平卿，黎阳人也。为侍御史，转司隶校尉"也。

②《说文》曰："缇，帛丹黄色也。"《汉官仪》曰，执金吾有缇骑。

及窦氏败，酺乃上疏曰："臣实愚蠢，不及大体，①以为窦氏虽伏厥辜，而罪刑未著，后世不见其事，但闻其诛，非所以垂示国典，贻之将来。宜下理官，与天下平之。②方宪等宠贵，群臣阿附唯恐不及，皆言宪受顾命之托，怀伊、吕之忠，③至乃复比邓夫人于文母。④今严威既行，皆言当死，不复顾其前后，考折厥衷。臣伏见夏阳侯瑰，每存忠善，前与臣言，常有尽节之心，检敕宾客，未尝犯法。臣闻王政骨肉之刑，有三宥之义，过厚不过薄。⑤今议者为瑰选严能相，恐其迫切，必不完免，宜裁加贷宥，以崇厚德。"和帝感酺言，徙瑰封，就国而已。

①郑玄注《周礼》云:"蠢愚,疑骇也。"蠢音陟降反。

②平之谓平论其罪也。

③临终之命曰顾命。

④臣贤案:邓夫人即穰侯邓迭母元也。元出入宫掖,共窦宪女婿郭举父子
　同谋杀害,与窦氏同诛,语见《宪传》,故张酺论宪兼及其党。称邓夫人
　者,犹如《前书》霍光妻称霍显,祁太伯母号祁夫人之类也。文母,文王
　之妻也。《诗》曰:"既有烈考,亦有文母。"

⑤《礼记》曰"公族有罪,狱成,有司谳于公曰:'某之罪在大辟。'公曰:'宥
　之。'有司又曰:'在大辟。'公又曰:'宥之。'有司又曰:'在大辟。'公又
　曰:'宥之。'及三宥不对,走出致,刑于甸人。公又使人追之,曰:'虽然,
　必宥之。'有司曰:'无及也。'反命于公,公素服如其伦之丧"也。

　　永元五年,迁酺为太仆。数月,代尹睦为太尉。①数上疏以疾乞
身,荐魏郡太守徐防自代。帝不许,使中黄门问病,加以珍羞,赐钱
三十万。酺遂称笃。时子蕃以郎侍讲,帝因令小门敕蕃曰:"阴阳不
和,万人失所,朝廷望公思惟得失,与国同心,而托病自洁,求去重
任,谁当与吾同忧责者? 非有望于断金也。②司徒固疾,司空年
老,③公其伛偻,勿露所敕。"④酺惶恐诣阙谢,还复视事。酺虽在公
位,而父常居田里,酺每有迁职,辄一诣京师。尝来候酺,适会岁节,
公卿罢朝,俱诣酺府奉酒上寿,极欢卒日,众人皆庆羡之。及父卒,
既葬,诏遣使赍牛酒为释服。

①《汉官仪》曰:"睦字伯师,河南巩人也。"

②断金,解在《皇后纪》。

③时司徒刘方,司空张奋也。

④伛偻言恭敬从命也。《左氏传》曰:"一命而偻,再命而伛,三命而俯。"

　　后以事与司隶校尉晏称会于朝堂,酺从容谓称曰:"三府辟吏,
多非其人。"称归,即奏令三将各实其掾史。酺本以私言,不意称奏
之,甚怀恨。会复共谢阙下,酺因责让于称。称辞语不顺,酺怒,遂
廷叱之,称乃劾奏酺有怨言。天子以酺先帝师,有诏公卿、博士、朝
臣会议。司徒吕盖奏酺位居三司,知公门有仪,不屏气鞠躬以须诏
命,反作色大言,怨让使臣,不可以示四远。①于是策免。

①司隶校尉督大奸猾,无所不察,故曰使臣也。

酺归里舍,谢遣诸生,闭门不通宾客。左中郎将何敞及言事者多讼酺公忠,帝亦雅重之。十五年,复拜为光禄勋。数月,代鲁恭为司徒。月余薨。乘舆缟素临吊,赐冢茔地,赗赠恩宠异于它相。酺病临危,敕其子曰:"显节陵埽地露祭,欲率天下以俭。①吾为三公,既不能宣扬王化,令吏人从制,岂可不务节约乎?其无起祠堂,可作槁盖庑,施祭其下而已。"②

①显节,明帝陵也。明帝遗诏无起寝庙,故言埽地而祭也,故酺遵奉之。

②庑,屋也。

曾孙济,好儒学,①光和中至司空,病罢。及卒,灵帝以旧恩赠车骑将军、关内侯印绶。其年,追济侍讲有劳,封子根为蔡阳乡侯。

①《华峤书》曰:"蕃生磐,磐生济。济字元江。灵帝初,杨赐荐济明习典训,为侍讲。"

济弟喜,初平中为司空。

韩棱字伯师,颍川舞阳人,弓高侯颓当之后也。①世为乡里著姓。父寻,建武中为陇西太守。

①颓当,韩王信之子。见《前书》。

棱四岁而孤,养母弟以孝友称。及壮,推先父余财数百万与从昆弟,乡里益高之。初为郡功曹,太守葛兴中风,病不能听政,棱阴代兴视事,出入二年,令无违者。兴子尝发教欲署吏,棱拒执不从,因令怨者章之。①事下案验,吏以棱掩蔽兴病,专典郡职,遂致禁锢。显宗知其忠,后诏特原之。由是征辟,五迁为尚书令,与仆射郅寿、尚书陈宠,同时俱以才能称。肃宗尝赐诸尚书剑,唯此三人特以宝剑,自手署其名曰:"韩棱楚龙渊,②郅寿蜀汉文,陈宠济南椎成。"③时论者为之说:以棱渊深有谋,故得龙渊;寿明达有文章,故得汉文;宠敦朴,善不见外,故得椎成。

①章谓令上章告言之。

②《晋太康记》曰:"汝南西平县有龙泉水,可淬刀剑,特坚利。"汝南即楚分野。

③椎音直追反。《汉官仪》"椎成"作"锻成"。

和帝即位，侍中窦宪使人刺杀齐殇王子都乡侯畅于上东门，有司畏宪，咸委疑于畅兄弟。诏遣侍御史之齐案其事。棱上疏以为贼在京师，不宜舍近问远，恐为奸臣所笑。窦太后怒，以切责棱，棱固执其议。及事发，果如所言。宪惶恐，白太后求出击北匈奴以赎罪。棱复上疏谏，太后不从。及宪有功，还为大将军，威震天下，复出屯武威。会帝西祠园陵，诏宪与车驾会长安。及宪至，尚书以下议欲拜之，伏称万岁。棱正色曰："夫上交不谄，下交不黩，①礼无人臣称万岁之制。"议者皆惭而止。尚书左丞王龙私奏记上牛酒于宪，棱举奏龙，论为城旦。②棱在朝数荐举良吏应顺、吕章、周纡等，皆有名当时。及窦氏败，棱典案其事，深竟党与，数月不休沐。帝以为忧国忘家，赐布三百匹。

①《易·下系》之辞也。

②《前书音义》曰："城旦，轻刑之名也。昼日司寇虏，夜暮筑长城，故曰城旦。"

迁南阳太守，特听棱得过家上冢，乡里以为荣。棱发擿奸盗，郡中震栗，政号严平。数岁，征入为太仆。九年冬，代张奋为司空。明年薨。

子辅，安帝时至赵相。①

①赵王良孙商之相也。

棱孙演，顺帝时为丹阳太守，政有能名。桓帝时为司徒。①大将军梁冀被诛，演坐阿党抵罪，以减死论，遣归本郡。②后复征拜司隶校尉。

①演字伯南。

②《华峤书》曰"梁皇后崩，梁贵人大幸，将立，大将军冀欲分其宠，谋冒姓为贵人父，演阴许诺，及冀诛事发，演坐抵罪"也。

周荣字平孙，庐江舒人也。肃宗时，举明经，辟司徒袁安府。安数与论议，甚器之。及安举奏窦景及与窦宪争立北单于事，皆荣所具草。窦氏客太尉掾徐齮深恶之，胁荣曰："子为袁公腹心之谋，排

奏窦氏，窦氏悍士刺客满城中，谨备之矣！"荣曰："荣江淮孤生，蒙
先帝大恩，以历宰二城。今复得备宰士，①纵为窦氏所害，诚所甘
心。"故常敕妻子，若卒遇飞祸，无得殡敛，②冀以区区腐身觉悟朝
廷。及窦氏败，荣由此显名。自鄅令擢为尚书令。出为颍川太守，
坐法，当下狱，和帝思荣忠节，左转共令。③岁余，复以为山阳太守。
所历郡县，皆见称纪。以老病乞身，卒于家，诏特赐钱二十万，除子
男兴为郎中。

①荣辟司徒府，故称宰士。
②飞祸言仓卒而死也。
③共，县名，属河内郡，故城在今卫州共城县东，即古共国也。

    兴少有名誉，永宁中，尚书陈忠上疏荐兴曰："臣伏惟古者帝王
有所号令，言必弘雅，辞必温丽，垂于后世，列于典经。故仲尼嘉唐、
虞之文章，从周室之郁郁。①臣窃见光禄郎周兴，②孝友之行，著于
闺门；清厉之志，闻于州里。蕴匵古今，博物多闻，③《三坟》之篇，
《五典》之策，无所不览。④属文著辞，有可观采。尚书出纳帝命，为
王喉舌。⑤臣等既愚暗，而诸郎多文俗吏，鲜有雅才，每为诏文，宣
示内外，转相求请，或以不能而专己自由，辞多鄙固。兴抱奇怀能，
随辈栖迟，诚可叹惜。"诏乃拜兴为尚书郎。卒。兴子景。

①《论语》孔子曰："大哉尧之为君也，焕乎其有文章。"又曰："周监于二
    代，郁郁乎文哉。吾从周。"
②光禄主郎，故曰光禄郎。
③蕴，藏也。匵，匮也。
④伏牺、神农、黄帝之书曰《三坟》；少昊、颛顼、高辛、唐、虞之书曰《五典》
    也。
⑤尚书为王之喉舌官也。李固对策曰："今陛下有尚书，犹天之有北斗也。
    北斗为天之喉舌，尚书亦为陛下之喉舌也。"

    景字仲飨。辟大将军梁冀府，稍迁豫州刺史、河内太守。好贤
爱士，其拔才荐善，常恐不及。每至岁时，延请举吏入上后堂，与共

宴会,如此数四,乃遣之。赠送什物,无不充备。既而选其父兄子弟,事相优异。常称曰:"臣子同贯,若之何不厚!"先是司徒韩演在河内,志在无私,举吏当行,一辞而已,恩亦不及其家。曰:"我举若可矣,岂可令偏积一门!"故当时论者议此二人。

景后征入为将作大匠。及梁冀诛,景以故吏免官禁锢。朝廷以景素著忠正,顷之,复引拜尚书令。[1]迁太仆、卫尉。六年,代刘宠为司空。是时,宦官任人及子弟充塞列位。景初视事,与太尉杨秉举奏诸奸猾,自将军牧守以下,免者五十余人,遂连及中常侍防东侯览、东武阳侯具瑗,皆坐黜。朝廷莫不称之。视事二年,以地震策免。岁余,复代陈蕃为太尉。建宁元年薨。以豫议定策立灵帝,追封安阳乡侯。

[1]蔡质《汉仪》曰:"延熹中,京师游侠有盗发顺帝陵,卖御物于市,市长追捕不得。周景以尺一诏召司隶校尉左雄诣台对诘,雄伏于廷答对,景使虎贲左骏顿头,血出覆面,与三日期,贼便擒也。"

长子崇嗣,至甘陵相。[1]

[1]甘陵王理相也。理即章帝曾孙。

中子忠,少历列位,累迁大司农。[1]忠子晖,前为洛阳令,去官归。兄弟好宾客,雄江淮间,出入从车常百余乘。及帝崩,晖闻京师不安,来候忠,董卓闻而恶之,使兵劫杀其兄弟。忠后代皇甫嵩为太尉,录尚书事,以灾异免。复为卫尉,从献帝东归洛阳。

[1]《吴书》曰,忠字嘉谋,与朱俊共败李傕于曹阳也。

赞曰:袁公持重,诚单所奉。[1]惟德不忘,延世承宠。孟侯经博,侍言帝幕。棱、荣事君,志同鹯雀。[2]

[1]单,尽也。

[2]《左传》曰:"见无礼于其君者诛之,如鹰鹯之逐鸟雀也。"

后汉书卷四六
列传第三六

郭躬 弟子镇　陈宠 子忠

郭躬字仲孙,颍川阳翟人也。家世衣冠。父弘,习《小杜律》。①太守寇恂以弘为决曹掾,断狱至三十年,用法平。诸为弘所决者,退无怨情,郡内比之东海于公。年九十五卒。②

①《前书》,杜周武帝时为廷尉、御史大夫,断狱深刻。少子延年亦明法律,宣帝时又为御史大夫。对父故言小。

②于公,东海人,丞相于定国父也。为郡决曹,决狱平,罗文法者,于公所决皆不恨。见《前书》也。

躬少传父业,讲授徒众常数百人。后为郡吏,辟公府。永平中,奉车都尉窦固出击匈奴,骑都尉秦彭为副。彭在别屯而辄以法斩人,固奏彭专擅,请诛之。显宗乃引公卿朝臣平其罪科。躬以明法律,召入议。议者皆然固奏,躬独曰:“于法,彭得斩之。”帝曰:“军征校尉一统于督。①彭既无斧钺,可得专杀人乎?”躬对曰:“一统于督者,谓在部曲也。②今彭专军别将,有异于此。兵事呼吸,不容先关督帅。且汉制,棨戟即为斧钺,于法不合罪。”③帝从躬议。又有兄弟共杀人者,而罪未有所归。帝以兄不训弟,故报兄重而减弟死。中常侍孙章宣诏,误言两报重,尚书奏章矫制,罪当腰斩。帝复召躬问之,躬对“章应罚金”。帝曰:“章矫诏杀人,何谓罚金?”躬曰:“法令有故、误,章传命之谬,于事为误,误者其文则轻。”帝曰:“章与囚同县,疑其故也。”躬曰:“‘周道如砥,其直如矢’。④‘君子不逆诈。’⑤君王法天,刑不可以委曲生意。”帝曰:“善。”迁躬廷尉正,坐法免。

①督谓大将。

②《前书音义》曰"大将军行有五部,部有曲"也。

③有衣之戟曰棨。

④《诗·小雅》也。如砥,贡赋平。如矢,赏罚中。

⑤《论语》孔子之言。

后三迁,元和三年,拜为廷尉。躬家世掌法,务在宽平,及典理
官,决狱断刑,多依矜恕,乃条诸重文可从轻者四十一事奏之,事皆
施行,著于令。章和元年,赦天下系囚在四月丙子以前减死罪一等,
勿笞,诣金城,而文不及亡命未发觉者。躬上封事曰:"圣恩所以减
死罪使戍边者,重人命也。今死罪亡命无虑万人,①又自赦以来,捕
得甚众,而诏令不及,皆当重论。伏惟天恩莫不荡宥,死罪已下并蒙
更生,而亡命捕得独不沾泽。臣以为赦前犯死罪而系在赦后者,可
皆勿笞诣金城,以全人命,有益于边。"肃宗善之,即下诏赦焉。躬奏
谳法科,多所生全。永元六年,卒官。中子旰,亦明法律,②至南阳太
守,政有名迹。弟子镇。

①《广雅》曰:"无虑,都凡也。"

②旰音质。

镇字桓锺,少修家业。辟太尉府,再迁,延光中为尚书。及中黄
门孙程诛中常侍江京等而立济阴王,镇率羽林士击杀卫尉阎景,以
成大功,事在《宦者传》。再迁尚书令。太傅、三公奏镇冒犯白刃,手
剑贼臣,奸党殄灭,宗庙以宁,功比刘章,①宜显爵土,以励忠贞。乃
封镇为定颍侯,食邑二千户。拜河南尹,转廷尉,免。永建四年,卒
于家。诏赐冢茔地。

①章,齐王肥子也,高帝孙,诛诸吕有功,封朱虚侯也。

长子贺当嗣爵,让与小弟时而逃去。积数年,诏大鸿胪下州郡
追之,贺不得已,乃出受封。累迁,复至廷尉。及贺卒,顺帝追思镇
功,下诏赐镇谥曰昭武侯,贺曰成侯。

贺弟祯,亦以能法律至廷尉。

镇弟子禧,①少明习家业,兼好儒学,有名誉,延熹中亦为廷

尉。建宁二年，代刘宠为太尉。

①许其反。

禧子鸿，至司隶校尉，封城安乡侯。

郭氏自弘后，数世皆传法律，子孙至公者一人，廷尉七人，侯者三人，刺史、二千石、侍中、中郎将者二十余人，侍御史、正、监、平者甚众。

顺帝时，廷尉河南吴雄季高，以明法律，断狱平，起自孤宦，致位司徒。雄少时家贫，丧母，营人所不封土者，择葬其中。丧事趣辨，不问时日，医巫皆言当族灭，而雄不顾。及子䜣孙恭，三世廷尉，为法名家。①

①名为明法之家。

初，肃宗时，司隶校尉下邳赵兴亦不恤讳忌，①每入官舍，辄更缮修馆宇，移穿改筑，故犯妖禁，而家人爵禄，益用丰炽，官至颍川太守。子峻，太傅，以才器称。孙安世，鲁相。三叶皆为司隶，时称其盛。

①恤，忧也。

桓帝时，汝南有陈伯敬者，行必矩步，坐必端膝。呵叱狗马，终不言死；目有所见，不食其肉。行路闻凶，便解驾留止；还触归忌，则寄宿乡亭。①年老寝滞，不过举孝廉。后坐女婿亡吏，太守邵夔怒而杀之。时人罔忌禁者，多谈为证焉。②

①《阴阳书·历法》曰："归忌日，四孟在丑，四仲在寅，四季在子，其日不可远行归家及徙也。"

②罔，无也。

论曰：曾子云："上失其道，民散久矣。如得其情，则哀矜而勿喜。"①夫不喜于得情，则恕心用；恕心用，则可寄枉直矣。夫贤人君子断狱，其必主于此乎？郭躬起自佐史，小大之狱必察焉。②原其平刑审断，庶于勿喜者乎？若乃推己以议物，舍状以贪情，③法家之能庆延于世，盖由此也！

①言人离散犯法,乃自上之所为,非下之过,当哀矜之,勿以得情为喜也。
　见《论语》也。
②《左传》曰:"小大之狱,虽不能察,必以情。"
③秦彭、孙章不死为推己,亡命得减为贪情也。贪与探同也。

　　陈宠字昭公,沛国浚人也。①曾祖父咸,成、哀间以律令为尚
书。平帝时,王莽辅政,多改汉制,咸心非之。及莽因吕宽事诛不附
己者何武、鲍宣等,②咸乃叹曰:"《易》称'君子见几而作,不俟终
日',吾可以逝矣!"③即乞骸骨去职。及莽篡位,召咸以为掌寇大
夫,谢病不肯应。时三子参、丰、钦皆在位,乃悉令解官,父子相与归
乡里,闭门不出入,犹用汉家祖腊。④人问其故,咸曰:"我先人岂知
王氏腊乎?"其后莽复征咸,遂称病笃。于是乃收敛其家律令书文,
皆壁藏之。咸性仁恕,常戒子孙曰:"为人议法,当依于轻,虽有百金
之利,慎无与人重比。"

①浚,县名,故城在今泗州虹县西南。浚音户交反。
②平帝时,王莽辅政,隔绝平帝外家,不得至京师。莽子宇,恐帝长大后
　怨,教帝舅卫宝令帝母上书求入,莽不许。宇与妇兄吕宽谋,以为莽不
　可说而好鬼神,乃夜以血洒莽第门,以惊惧之,事觉,并诛死。何武为前
　将军,王莽先从武求举,武不敢。鲍宣为司隶,免,徙之上党。吕宽事起,
　莽案鞫,并诛不附己者,武与宣在见诬中,皆被诛。并见《前书》。
③几者事之微,吉凶之先见者。逝,往也。
④应劭《风俗通》曰,共工之子好远游,死为祖神。汉家火行盛于午,故以
　午日为祖也。腊者,岁终祭众神之名。腊,接也,新故交接,故大祭以报
　功也。汉火行,衰于戌,故腊用戌日也。

　　建武初,钦子躬为廷尉左监,早卒。
　　躬生宠,明习家业,少为州郡吏,辟司徒鲍昱府。是时三府掾属
专尚交游,以不肯视事为高。宠常非之,独勤心物务,数为昱陈当世
便宜。昱高其能,转为辞曹,掌天下狱讼。①其所平决,无不厌服众
心。时司徒辞讼,久者数十年,事类溷错,易为轻重,不良吏得生因
缘。②宠为昱撰《辞讼比》七卷,决事科条,皆以事类相从。昱奏上

之，其后公府奉以为法。

①《续汉志》曰"三公掾属二十四人，有辞曹主讼事"也。

②因缘谓依附以生轻重也。

三迁，肃宗初，为尚书。是时承永平故事，吏政尚严切，尚书决事率近于重。宠以帝新即位，宜改前世苛俗。乃上疏曰："臣闻先王之政，尝不僭，刑不滥，与其不得已，宁僭不滥。①故唐尧著典，'眚灾肆赦'；②周公作戒，'勿误庶狱'；③伯夷之典，'惟敬五刑，以成三德'。④由此言之，圣贤之政，以刑罚为首。往者断狱严明，所以威惩奸慝，奸慝既平，必宜济之以宽。⑤陛下即位，率由此义，数诏群僚，弘崇晏晏。⑥而有司执事，未悉奉承，典刑用法，犹尚深刻。断狱者急于箠格酷烈之痛，⑦执宪者烦于诋欺放滥之文，或因公行私，逞纵威福。夫为政犹张琴瑟，大弦急者小弦绝。故子贡非臧孙之猛法，而美郑乔之仁政。⑧《诗》云：'不刚不柔，布政优优。'⑨方今圣德充塞，假于上下，⑩宜隆先王之道，荡涤烦苛之法。轻薄箠楚，以济群生；全广至德，以奉天心。"帝敬纳宠言，每事务于宽厚。其后遂诏有司，绝钻钻诸惨酷之科，⑪解妖恶之禁，除文致之请谳五十余事，定著于令。⑫是后人俗和平，屡有嘉瑞。

①事见《左传》蔡大夫声子辞。

②《尚书·舜典》之辞也。眚，过也。灾，害也。肆，缓也。言过误有害，当缓赦也。

③《尚书·立政》之辞也。言文子文孙，从今以往，惟以正道理众狱，勿误也。

④三德，刚、柔、正直。《尚书·吕刑》曰："伯夷降典，折民惟刑，惟敬五刑，以成三德。"

⑤济，益也。

⑥晏晏，温和也。《尚书考灵耀》曰："尧聪明文塞晏晏。"

⑦箠即榜也，古字通用。《声类》曰："笞也。"《说文》曰："格，击也。"

⑧臧孙，鲁大夫，行猛政。子贡非之曰："夫政犹张琴瑟也，大弦急则小弦绝矣。故曰：'罚得则奸邪止，赏得则下欢悦。'子之贼心见矣。独不闻子产之相郑乎？推贤举能，抑恶扬善，有大略者不问其短，有厚德者不非

小疵，家给人足，囹圄空虚。子产卒，国人皆叩心流涕，三月不闻竽琴之
音。其生也见爱，死也可悲。故曰：'德莫大于仁，祸莫大于刻。'今子病
而人贺，子愈而人相惧，曰：'嗟乎！何命之不善，臧孙子又不死？'"臧孙
惭而避位，终身不出。见《新序》。

⑨优优，和也。

⑩假，至也，音格。上下，天地也。

⑪《苍颉篇》曰："钻，持也。"《说文》曰："钻，铁钳也。"其炎反。辄音陟叶
反。钻，膑刑，谓钻去其髌骨也。钻音作唤反。

⑫文致谓前人无罪，文饰致于法中也。

　　汉旧事，断狱报重，常尽三冬之月，①是时帝始改用冬初十月
而已。元和二年，旱，长水校尉贾宗等上言，以为断狱不尽三冬，故
阴气微弱，阳气发泄，招致灾旱，事在于此。帝以其言下公卿议，宠
奏曰："夫冬至之节，阳气始萌，故十一月有兰、射干、芸、荔之应。②
《时令》曰：'诸生荡，安形体。'③天以为正，周以为春。④十二月阳
气上通，雉雊难乳，地以为正，殷以为春。⑤十三月阳气已至，天地
已交，万物皆出，蛰虫始振，人以为正，夏以为春。⑥三微成著，以通
三统。⑦周以天元，殷以地元，夏以人元。若以此时行刑，则殷、周岁
首皆当流血，不合人心，不稽天意。《月令》曰：'孟冬之月，趣狱刑，
无留罪。'⑧明大刑毕在立冬也。又：'孟仲冬之月，身欲宁，事欲
静。'⑨若以降威怒，不可谓宁；若以行大刑，不可谓静。议者咸曰：
'旱之所由，咎在改律。'臣以为殷、周断狱不以三微，而化致康平，
无有灾害。自元和以前，皆用三冬，而水旱之异，往往为患。由此言
之，灾害自为它应，不以改律。秦为虐政，四时行刑，圣汉初兴，改从
简易。萧何草律，季秋论囚，俱避立春之月，⑩而不计天地之正，二
王之春，实颇有违。⑪陛下探幽析微，允执其中，⑫革百载之失，建
永年之功，⑬上有迎承之敬，下有奉微之惠，⑭稽《春秋》之文，当
《月令》之意，⑮圣功美业，不宜中疑。"书奏，帝纳之，遂不复改。

①报，论也。重，死刑也。

②《易通卦验》曰："十一月广莫风至，则兰、夜干生。"《月令》："仲冬日短
至，阴阳争，诸生荡，芸始生，荔挺出。"射音夜，即今之乌扇也。芸，香

草。荔，马薤。

③《时令》，《月令》也。荡，动也。仲冬一阳爻生，草木皆欲萌动也。《礼记
·月令》"仲冬诸生荡，君子斋戒，安形性"也。

④正，春，皆始也。十一月万物微而未著，天以为正，而周以为岁首。

⑤十二月二阳爻生，雁北乡，阳气上通，诸生皆动，始萌牙，地以为正，殷
以为岁首也。《月令》"季冬，雉雊鸡乳"也。

⑥十三月，今正月也，天子迎春东郊，阴阳交合，万物皆出于地，人始初
见，故曰"人以为正，夏以为岁首"也。《月令》"孟春天气下降，地气上
腾，天地和同，草木萌动，东风解冻，蛰虫始振"也。

⑦统者，统一岁之事。王者三正递用，周环无穷，故曰通三统。《三礼义
宗》曰："三微，三正也。言十一月阳气始施，万物动于黄泉之下，微而
未著，其色皆赤，赤者阳气。故周以天正为岁，色尚赤，夜半为朔。十二
月万物始牙，色白，白者阴气。故殷以地正为岁，色尚白，鸡鸣为朔。十
三月万物始达，其色皆黑，人得加功以展其业。夏以人正为岁，色尚
黑，平旦为朔。故曰三微。王者奉而成之，各法其一以改正朔也。"《易
乾凿度》曰："三微而成著，三著而体成。"当此之时，天地交，万物通也。

⑧臣贤案：《月令》及《淮南子》皆言季秋趣狱刑，无留罪，今言孟冬，未详
其故。

⑨《月令》"仲冬，君子斋戒，身欲宁，事欲静，以待阴阳之所定"也。

⑩草谓创造之也。论，决也。

⑪言萧何不论天地之正及殷、周之春，实乖正道。

⑫允，信也。中，正也。言信执中正之道。语见《尚书》。

⑬《尚书》曰："立功立事，可以永年。"

⑭三正之月，不用断狱，敬承天意，奉顺三微也。

⑮《春秋》于春每月书王，所以通三统也。何休注云："二月、三月皆有王
者，二月殷正月，三月夏正月也。"

　　宠性周密，常称人臣之义，苦不畏惧。自在枢机，谢遣门人，拒
绝知友，唯在公家而已。朝廷器之。①皇后弟侍中窦宪，②荐真定令
张林为尚书，帝以问宠，宠对"林虽有才能，而素行贪浊"。宪以此深
恨宠。林卒被用，而以臧污抵罪。及帝崩，宪等秉权，常衔宠，乃白
太后，令典丧事，欲因过中之。黄门侍郎鲍德素敬宠，说宪弟夏阳侯

瑰曰："陈宠奉事先帝，深见纳任，故久留台阁，赏赐有殊。今不蒙忠能之赏，而计几微之故，③诚伤辅政容贷之德。"瑰亦好士，深然之，故得出为太山太守。

　　①器，重也。

　　②臣贤案：《窦后纪》及《宪传》并云宪窦后兄，今诸本皆言弟，盖误也。

　　③几微言微细也。

　　后转广汉太守。西州豪右并兼，吏多奸贪，诉讼日百数。宠到，显用良吏王涣、镡显等，以为腹心，①讼者日减，郡中清肃。先是洛县城南，②每阴雨，常有哭声闻于府中，积数十年。宠闻而疑其故，使吏案行。还言："世衰乱时，此下多死亡者，而骸骨不得葬，傥在于是？"宠怆然矜叹，即敕县尽收敛葬之。自是哭声遂绝。

　　①镡音徒南反。

　　②洛，县名，故城在今益州雒县南也。

　　及窦宪为大将军征匈奴，公卿以下及郡国无不遣吏子弟奉献遗者，而宠与中山相汝南张郴、①东平相应顺②守正不阿。后和帝闻之，擢宠为大司农，郴太仆，顺左冯翊。

　　①光武子中山王焉相也。

　　②东平王苍孙敞之相也。

　　永元六年，宠代郭躬为廷尉。性仁矜。及为理官，数议疑狱，常亲自为奏，每附经典，务从宽恕，帝辄从之，济活者甚众。其深文刻敝，于此少衰。宠又钩校律令条法，溢于《甫刑》者除之。①曰："臣闻礼经三百，威仪三千，②故《甫刑》大辟二百，五刑之属三千。礼之所去，刑之所取，③失礼则入刑，相为表里者也。今律令死刑六百一十，耐罪千六百九十八，④赎罪以下二千六百八十一，溢于《甫刑》者千九百八十九，其四百一十大辟，千五百耐罪，七十九赎罪。《春秋保乾图》曰：'王者三百年一蠲法。'汉兴以来，三百二年，宪令稍增，科条无限。又律有三家，其说各异。宜令三公、廷尉平定律令，应经合义者，可使大辟二百，而耐罪、赎罪二千八百，并为三千，悉删除其余令，与礼相应，以易万人视听，以致刑措之美，传之无穷。"

未及施行，会坐诏狱吏与囚交通抵罪。诏特免刑，拜为尚书。迁大鸿胪。

①钩犹动也。《前书》曰："钩校得其奸贼。"钩音工侯反。溢，出也。孔安国注《尚书》曰："吕侯后为甫侯，故或称《甫刑》也。"

②《礼记》曰："礼经三百，曲礼三千。"郑玄注云："《礼》篇多亡，本数未闻，其中事仪有三千也。"

③去礼之人，刑以加之，故曰取也。

④耐者，轻刑之名也。

宠历二郡三卿，所在有迹，见称当时。十六年，代徐防为司空。宠虽传法律，而兼通经书，奏议温粹，号为任职相。在位三年薨。以太常南阳尹勤代为司空。

勤字叔梁，笃性好学，屏居人外，荆棘生门，时人重其节。后以定策立安帝，封福亭侯，五百户。永初元年，以雨水伤稼策免就国。病卒，无子，国除。

宠子忠。

忠字伯始，永初中辟司徒府，三迁廷尉正，①以才能有声称。司徒刘恺举忠明习法律，宜备机密，于是擢拜尚书，使居三公曹。②忠自以世典刑法，用心务在宽详。初，父宠在廷尉，上除汉法溢于《甫刑》者，未施行，③及宠免后遂寝。而苛法稍繁，人不堪之。忠略依宠意，奏上二十三条，为《决事比》，④以省请谳之敝。又上除蚕室刑；⑤解臧吏三世禁锢；狂易杀人，得减重论；⑥母子兄弟相代死，听，赦所代者。事皆施行。

①正，廷尉属官也，秩千石也。

②成帝置五尚书，三公曹尚书主知断狱也。

③上音时掌反。

④比，例也，必寐反。

⑤蚕室，宫刑名也，或云犗刑也。音奇败反。作窨室畜火如蚕室。《说文》曰："犗，騬牛也。"騬音缯。《汉旧仪》注曰"少府若庐狱有蚕室"也。

⑥狂易谓狂而易性也。

　　及邓太后崩,安帝始亲朝事。忠以为临政之初,宜征聘贤才,以宣助风化,数上荐隐逸及直道之士冯良、周燮、杜根、成翊世之徒。于是公车礼聘良、燮等。后连有灾异,诏举有道,公卿百僚各上封事。忠以诏书既开谏争,虑言事者必多激切,或致不能容,乃上疏豫通广帝意。曰:"臣闻仁君广山薮之大,纳切直之谋;①忠臣尽謇谔之节,不畏逆耳之害。②是以高祖舍周昌桀纣之譬,③孝文嘉爰盎人豕之讥,④武帝纳东方朔宣室之正,⑤元帝容薛广德自刎之切。⑥昔晋平公问于叔向曰:'国家之患孰为大?'对曰:'大臣重禄不极谏,小臣畏罪不敢言,下情不上通,此患之大者。'公曰:'善'。于是下令曰:'吾欲进善,有谒而不通者,罪至死。'⑦今明诏崇高宗之德,⑧推宋景之诚,⑨引咎克躬,诹访群吏。言事者见杜根、成翊世等新蒙表录,显列二台,⑩必承风响应,争为切直。若嘉谋异策,宜辄纳用。如其管穴,妄有讥刺,⑪虽苦口逆耳,不得事实,且优游宽容,以示圣朝无讳之美。若有道之士,对问高者,宜垂省览,特迁一等,以广直言之路。"书御,有诏拜有道高第士沛国施延为侍中,延后位至太尉。⑫

①《左氏传》曰:"川泽纳污,山薮藏疾,瑾瑜匿瑕,国君含垢,天之道也。"

②《史记》曰,赵简子有臣周舍好直谏。周舍死,简子曰:"吾闻千羊之皮,不如一狐之腋;众人之唯唯,不如周舍之谔谔。"《家语》孔子曰"忠言逆耳而利于行"也。

③周昌为御史大夫,尝燕入奏事,高帝方拥戚姬,昌走出,高帝逐得,骑昌项问曰:"我何如主也?"昌仰曰:"陛下桀纣之主也。"上笑,不之罪也。

④文帝幸慎夫人,常与皇后同坐。后幸上林,慎夫人从,盎为中郎将,却慎夫人坐。慎夫人怒,不坐,帝亦起。盎前说曰:"陛下为慎夫人,适所以祸之也。独不见人豕乎?"上大悦。人豕,解见《皇后纪》也。

⑤武帝为馆陶公主私人董偃置酒宣室,东方朔为太中大夫,谏曰:"不可。夫宣室者,先帝之正处也,非法度之正不得入焉。"上曰:"善。"更置酒北宫也。

⑥元帝酎祭宗庙,出便门,欲御楼船。御史大夫薛广德广当车免冠谏曰:"宜从桥。"诏曰:"大夫冠。"广德曰:"陛下不听臣,臣自刎,以血污车

轮。"帝乃从桥。

⑦此已上皆见《新序》。

⑧高宗,殷王武丁也。有雉登鼎耳而雊,惧而修德,位以永年。

⑨《史记》曰:宋景公时荧惑守心星,太史子韦请移之大臣、国人与岁,公皆不听,天感其诚,荧惑为之退三舍也。

⑩谓杜根为侍御史,成翊世为尚书郎也。

⑪管穴言小也。《史记》扁鹊曰:"若以管窥天,以隙视文。"隙即穴也。

⑫《谢承书》曰:"延字君子,蕲县人也。少为诸生,明于《五经》,星官风角,靡有不综。家贫母老,周流佣赁。常避地于庐江临湖县种瓜,后到吴郡海盐,取卒月直,赁作半路亭父以养其母。是时吴、会未分,山阴冯敷为督邮,到县,延持帚往,敷知其贤者,下车谢,使入亭,请与饮食,脱衣与之,饷钱不受。顺帝征拜太尉,年七十六薨。"

常侍江京、李闰等皆为列侯,共秉权任。帝又爱信阿母王圣,封为野王君。宠内怀惧懑而未敢陈谏,乃作《搢绅先生论》以讽,文多故不载。①

①搢,插也。绅,大带也。

自帝即位以后,频遭元二之厄,①百姓流亡,盗贼并起,郡县更相饰匿,莫肯纠发。②宠独以为忧,上疏曰:

①元二,解见《邓骘传》。

②更相文饰,隐匿盗贼也。

臣闻轻者重之端,小者大之源,故堤溃蚁孔,气泄针芒。①是以明者慎微,智者识几。《书》曰:'小不可不杀。'②《诗》云:'无纵诡随,以谨无良。'③盖所以崇本绝末,钩深之虑也。臣窃见元年以来,盗贼连发,攻亭劫掠,多所伤杀。夫穿窬不禁,则致强盗;④强盗不断,则为攻盗;攻盗成群,必生大奸。故亡逃之科,宪令所急,至于通行饮食,罪致大辟。⑤而顷者以来,莫以为忧。州郡督录急慢,长吏防御不肃,皆欲采获虚名,讳以盗贼为负。虽有发觉,不务清澄。至有逞威滥怒,无辜僵仆。或有踦踦比伍,转相赋敛。⑥或随吏追赴,周章道路。是以盗发之家,不敢申告,邻舍比里,共相压迮,⑦或出私财,以偿所亡。其大章著不可掩者,乃肯发露。陵迟之渐,遂且成俗。寇攘诛咎,皆由于此。⑧前年勃海张伯路,可为至戒。覆车之轨,其迹不远。盖失之末流,求之本源。宜纠增旧科,以防来事。自今强盗为上官若它郡县所纠觉,一发,部吏皆正法;⑨尉贬秩一等,令长三月奉赎罪;二发,尉免官,令长贬秩一等;三发以上,令长免官。便可撰立科条,处为诏文,切敕刺史,严加纠罚。冀以猛济宽,惊惧奸慝。顷季夏大暑,而消息不协,⑩寒气错时,水涌为变。天之降异,必有其故。所举有道之士,可策问国典所务,王事过差,令处暖气不效之意。庶有谠言,以承天诫。

①《韩子》曰:"千丈之堤,以蝼蚁之穴而溃。"《黄帝素问》曰:"针头如芒,气出如筐"也。

②《尚书·康诰》曰:"有厥罪,小乃不可不杀。"

③《诗·大雅》也。言诡诳委随之人不可纵,宜即罪之,用谨敕不善之人也。

④《论语》孔子曰:"色厉而内荏,其犹穿窬之盗乎?"

⑤通行饮食,犹今《律》云过致资给,与同罪也。饮音萌。食音寺。

⑥《说文》曰:"蹋,小步也。"言蹋身小步,畏吏之甚也。

⑦连,迫也。

⑧寇,盗;攘,窃也。《尚书》曰"无敢寇攘"也。

⑨上官谓郡府也。若,及也。部吏谓督邮、游徼也。正法,依法也。

⑩《前书音义》曰"息卦曰太阳,消卦曰太阴,其余杂卦曰少阴、少阳"也。

元初三年有诏,大臣得行三年丧,服阕还职。忠因此上言:"孝宣皇帝旧令,人从军屯及给事县官者,大父母死未满三月,皆勿徭,令得葬送。请依此制。"太后从之。至建光中,尚书令祝讽、①尚书孟布等奏,以为"孝文皇帝定约礼之制,②光武皇帝绝告宁之典,③贻则万世,诚不可改。宜复建武故事。"忠上疏曰:"臣闻之《孝经》,始于爱亲,终于哀戚。上自天子,下至庶人,尊卑贵贱,其义一也。夫父母于子,同气异息,一体而分,三年乃免于怀抱。先圣缘人情而著其节,制服二十五月,是以《春秋》臣有大丧,君三年不呼其门,闵子虽要绖服事,以赴公难,退而致位,以究私恩,故称'君使之非也,臣

行之礼也’。④周室陵迟,礼制不序,《蓼莪》之人作诗自伤曰:‘瓶之
罄矣,惟罍之耻。’⑤言己不得终竟子道者,亦上之耻也。高祖受命,
萧何创制,大臣有宁告之科,合于致忧之义。⑥建武之初,新承大
乱,凡诸国政,多趣简易,大臣既不得告宁,而群司营禄念私,鲜循
三年之丧,以报顾复之恩者。礼义之方,实为雕损。大汉之兴,虽承
衰敝,而先王之制,稍以施行。故藉田之耕,起于孝文;⑦孝廉之贡,
发于孝武;⑧郊祀之礼,定于元、成;⑨三雍之序,备于显宗;⑩大臣
终丧,成乎陛下。⑪圣功美业,靡以尚兹。孟子有言:‘老吾老以及人
之老,幼吾幼以及人之幼,天下可运于掌。’⑫臣愿陛下登高北望,
以甘陵之思,揆度臣子之心,则海内咸得其所。”⑬宦竖不便之,竟
寝忠奏而从讽、布议,遂著于令。

①“祝”或作“役”。

②约,俭也。孝文帝崩,遗诏薄葬,以日易月,凡三十六日释服,后以为故
　事。

③《前书音义》曰:“告宁,休谒之名。吉曰告,凶曰宁。古者名吏休假曰告,
　吏二千石有予告、赐告。予告,在官有功,法所当得也。赐告,病三月当
　免,天子优赐其告,使带印绶,将官属归家养疾也。”

④自此已上至“臣有大丧”,并《公羊传》之文也。闵子骞,孔子弟子也,遭
　丧,君使之从军,骞乃要经而服,以从军役,事了退家,致位丧次,极尽
　私恩。故君使之虽非,臣从君命有礼也。

⑤《小雅·蓼莪》之诗也。蓼蓼,长大貌也。莪,萝也。言孝子忧思,中心不
　精,不识莪萝,误以为蒿也。其诗曰:“蓼蓼者莪,匪莪伊蒿。哀哀父母,
　生我劬劳。瓶之罄矣,惟罍之耻。”注云:“瓶小而罍大也。罄,尽也。瓶
　小而尽,罍大而盈。言为罍耻者,刺幽王不使富分贫,众怙寡也。”

⑥《论语》曾子曰:“吾闻夫子,人未有自致者也,必也亲丧乎?”

⑦文帝二年,诏曰“农,天下之本也,其开藉田”也。

⑧武帝元光元年,初令郡国举孝廉。

⑨元帝、成帝时,匡衡、韦玄成定迭毁郊祀之礼也。

⑩三雍,明堂、辟雍、灵台也。雍,和也。解具《明纪》也。

⑪谓安帝诏大臣得行三年丧也。

⑫言敬吾老亦敬人之老,爱吾幼亦爱人之幼,有敬爱之心,则天下归顺之

也。运掌言易也。

⑬甘陵，安帝母陵。陵在清河，故言北望也。

忠以久次，转为仆射。时帝数遣黄门常侍及中使伯荣往来甘陵，①而伯荣负宠骄蹇，所经郡国莫不迎为礼谒。又霖雨积时，河水涌溢，百姓骚动。忠上疏曰：

①伯荣，帝乳母王圣女也。

臣闻位非其人，则庶事不叙；庶事不叙，则政有得失；政有得失，则感动阴阳，妖变为应。陛下每引灾自厚，不责臣司，臣司狃恩，莫以为负。①故天心未得，隔并屡臻，②青、冀之域淫雨漏河，③徐、岱之滨海水盆溢，兖、豫蝗蝓滋生，④荆、杨稻收俭薄，并、凉二州羌戎叛戾。加以百姓不足，府帑虚匮，自西徂东，杼柚将空。⑤臣闻《洪范》五事，一曰貌，貌以恭，恭作肃，貌伤则狂，而致常雨。⑥《春秋》，大水皆为君上威仪不穆，临莅不严，臣下轻慢，贵幸擅权，阴气盛强，阳不能禁，故淫雨。陛下以不得亲奉孝德园庙，⑦比遣中使致敬甘陵，朱轩骈马，相望道路，可谓孝至矣。⑧然臣窃闻使者所过，威权翕赫，震动郡县，王侯二千石至为伯荣独拜车下，仪体上僭，侔于人主。长吏惶怖谴责，或邪谄自媚，发人修道，缮理亭传，多设储跱，征役无度，⑨老弱相随，动有万计，赂遗仆从，人数百匹，顿踣呼嗟，莫不叩心。河间托叔父之属，⑩清河有陵庙之尊，⑪及剖符大臣皆猥为伯荣屈节车下。陛下不问，必以陛下欲其然也。伯荣之威重于陛下，陛下之柄在于臣妾。水灾之发，必起于此。昔韩嫣托副车之乘，受驰视之使；江都误为一拜，而嫣受欧刀之诛。⑫臣愿明主严天元之尊，正乾刚之位，⑬职事巨细，皆任贤能，不宜复令女使干错万机。重察左右，得无石显泄漏之奸；⑭尚书纳言，得无赵昌潘崇之诈；⑮公卿大臣，得无朱博阿傅之援；⑯外属近戚，得无王凤害商之谋。⑰若国政一由帝命，王事每决于己，则下不得逼上，臣不得干君，常雨大水必当霁止，⑱四方众异不能为害。

①狃音女九反。《诗》曰:"将叔无狃。"注云:"狃,习也。"言屡被恩贷,不以
灾变为忧负也。

②隔并谓水旱不节也。《尚书》曰:"一极备凶,一极亡凶。"并音必姓反。

③漏,溢也。

④蝼,蟊贼也。

⑤杼柚谓机也。《小雅·大东诗》曰"小东大东,杼柚其空"也。

⑥《洪范·五行传》辞。

⑦孝德皇,安帝父清河王庆也。

⑧朱轩车,使者所乘軿,并也。

⑨储,积也。峙,具也。

⑩河间王开,安帝叔也。

⑪清河王延平也。陵庙所在,故曰尊。

⑫韩嫣,弓高侯之孙也,得幸于武帝。武帝猎上林中,先使嫣乘副车从数
十百骑驰视兽,江都王望见以为天子,伏谒道傍。嫣驱不见,王怒,为皇
太后泣言,太后衔之。后嫣出入永巷,以奸闻,太后赐死也。

⑬天元犹乾元也。《易》曰"大哉乾元"也。

⑭石显字君房,少时坐法腐刑,为中书令,元帝委以政事,公卿畏之,重足
一迹。显恐天子一旦纳用左右间己,乃取一言为验。上尝命至诸宫征
发,先白上,恐漏尽宫门闭,请诏开门,上许之。显故投夜还,诏开宫门,
后果有上书告显矫诏开宫门,天子闻之笑。显泣曰:"陛下过私小臣,属
任以事,群下无不嫉妒欲陷害者,唯明主能知之。"上以为然而怜之。

⑮郑崇,哀帝时为尚书仆射,数谏争,帝不许。尚书令赵昌佞谄,因奏崇与
宗族通,疑有奸。上怒,下崇狱,死狱中也。

⑯哀帝时博为丞相,承傅太后指,奏免大司马傅喜,哀帝怒,下博狱,自杀
也。

⑰成帝舅王凤为大将军,专权骄僭,王商为丞相,论议不能平,凤阴求
商短,使人上书告商闺门内事,商坐免。王商,宣帝舅乐昌侯王武之子,
非成帝舅成都侯也。

⑱霁亦止也。

书奏不省。

　时三府任轻,机事专委尚书,而灾眚变咎,辄切免公台。①忠以
为非国旧体,上疏谏曰:

①切，责也。

　　臣闻"君使臣以礼，臣事君以忠"。①故三公称曰冢宰，王者待以殊敬，在舆为下，御坐为起，②入则参对而议政事，出则监察而董是非。③汉典旧事，丞相所请，靡有不听。今之三公，虽当其名而无其实，选举诛赏，一由尚书，尚书见任重于三公。陵迟以来，其渐久矣。臣忠心常独不安，是故临事战惧，不敢穴见有所兴造，④又不敢希意同僚，以谬平典，而谤讟日闻，罪足万死。近以地震策免司空陈褒，⑤今者灾异，复欲切让三公。昔孝成皇帝以妖星守心，移咎丞相，使贲丽纳说方进，方进自引，卒不蒙上天之福，⑥徒乖宋景之诚。⑦故知是非之分，较然有归矣。又尚书决事，多违故典，罪法无例，诋欺为先，文惨言丑，有乖章宪。宜责求其意，割而勿听。上顺国典，下防威福，置方员于规矩，审轻重于衡石，⑧诚国家之典，万世之法也。

①《论语》孔子对鲁定公之辞也。

②《汉旧仪》云："皇帝见丞相起，谒者赞称曰'皇帝为丞相起立'，乃坐。皇帝在道，丞相迎，谒者赞称曰'皇帝为丞相下舆立'，乃升车。"

③董，督也。

④穴见言不广也。

⑤褒字伯仁，庐江人也。

⑥成帝时，荧惑守心，议郎李寻奏记丞相翟方进曰："唯君侯尽节转凶。"方进忧，不知所出。有郎贲丽善为星，言大臣宜当之。上乃召见方进，赐养牛、上尊酒，令审处焉。方进即日自杀。贲音肥。

⑦解见前文。言景公有灾，身自引咎，成帝不然，故曰徒也。

⑧衡，秤衡也。三十斤为钧，四钧为石也。

　　忠意常在襃崇大臣，待下以礼。其九卿有疾，使者临问，加赐钱布，皆忠所建奏。顷之，迁尚书令。延光三年，拜司隶校尉。纠正中官外戚宾客，近幸惮之，不欲忠在内。明年，出为江夏太守，复留拜尚书令，会疾卒。

　　初，太尉张禹、司徒徐防欲与忠父宠共奏追封和熹皇后父护羌校尉邓训，宠以先世无奏请故事，争之连日，不能夺，乃从二府议。

及训追加封谥,禹、防复约宠俱遣子奉礼于虎贲中郎将邓骘,宠不从,骘心不平之,故忠不得志于邓氏。及骘等败,众庶多怨之,而忠数上疏陷成其恶,遂诋劾大司农朱宠。顺帝之为太子废也,诸名臣来历、祝讽等守阙固争,时忠为尚书令,与诸尚书复共劾奏之。及帝立,司隶校尉虞诩追奏忠等罪过,当世以此讥焉。

论曰:陈公居理官则议狱缓死,相幼主则正不僭宠,可谓有宰相之器矣。忠能承风,亦庶乎明慎用刑而不留狱。然其听狂易杀人,开父子兄弟得相代死,斯大谬矣。是则不善人多幸,而善人常代其祸,进退无所措也。

赞曰:陈、郭主刑,人赖其平。宠矜枯骴,躬断以情。忠用详密,损益有程。①施于孙子,且公且卿。②

①程,品式也。谓强盗发,贬黜令长,各有科条,故曰程也。

②施,延也。音羊豉反。

后汉书卷四七
列传第三七

班超 子勇　梁慬 何熙

　　班超字仲升，扶风平陵人，徐令彪之少子也。为人有大志，不修细节。然内孝谨，居家常执勤苦，不耻劳辱。有口辩，而涉猎书传。①永平五年，兄固被召诣校书郎，②超与母随至洛阳。家贫，常为官佣书以供养。久劳苦，尝辍业投笔叹曰："大丈夫无它志略，犹当效傅介子、张骞立功异域，以取封侯，安能久事笔研间乎？"③左右皆笑之。超曰："小子安知壮士志哉！"其后行诣相者，曰："祭酒，布衣诸生耳，④而当封侯万里之外。"超问其状。相者指曰："生燕颔虎颈，飞而食肉，此万里侯相也。"久之，显宗问固"卿弟安在"，固对"为官写书，受直以养老母。"帝乃除超为兰台令史。⑤后坐事免官。

　　①涉如涉水，猎如猎兽。言不能周悉，粗窥览之也。《东观记》曰："超持《公羊春秋》，多所窥览。"
　　②校书郎，解见《班固传》。
　　③傅介子，北地人。昭帝时使西域，刺杀楼兰王，封义阳侯。张骞，汉中人，武帝时凿空开西域，封博望侯。《续汉书》作"久弄笔研乎"。《华峤书》作"久事笔耕乎"。研音砚。
　　④一坐所尊，则先祭酒。今称祭酒，相尊敬之词也。
　　⑤《续汉志》曰："兰台令史六人，秩百石，掌书劾奏及印主文书。"

　　十六年，奉车都尉窦固出击匈奴，以超为假司马，将兵别击伊吾，战于蒲类海，多斩首虏而还。①固以为能，遣与从事郭恂俱使西域。

①伊吾，匈奴中地名，在今伊州纳职县界。《前书音义》曰"蒲类，匈奴中海
　名，在敦煌北"也。

　　超到鄯善，①鄯善王广奉超礼敬甚备，后忽更疏懈。超谓其官
属曰："宁觉广礼意薄乎？此必有北虏使来，狐疑未知所从故也。明
者睹未萌，况已著邪。"乃召侍胡，诈之曰："匈奴使来数日，今安在
乎？"侍胡惶恐，具服其状。超乃闭侍胡，悉会其吏士三十六人，与共
饮，酒酣，因激怒之曰："卿曹与我俱在绝域，②欲立大功，以求富
贵。今虏使到裁数日，而王广礼敬即废；如今鄯善收吾属送匈奴，骸
骨长为豺狼食矣。为之奈何？"官属皆曰："今在危亡之地，死生从司
马。"超曰："不入虎穴，不得虎子。当今之计，独有因夜以火攻虏，使
彼不知我多少，必大震怖，可殄尽也。灭此虏，则鄯善破胆，功成事
立矣。"众曰："当与从事议之。"超怒曰："吉凶决于今日。从事文俗
吏，闻此必恐而谋泄，死无所名，非壮士也！"众曰："善。"初夜，遂将
吏士往奔虏营。会天大风，超令十人持鼓藏虏舍后，约曰："见火然，
皆当鸣鼓大呼。"余人悉持兵弩夹门而伏。超乃顺风纵火，前后鼓
噪。虏众惊乱，超手格杀三人，吏兵斩其使及从士三十余级，余众百
许人悉烧死。③明日乃还告郭恂，恂大惊，既而色动。超知其意，举
手曰："掾虽不行，班超何心独擅之乎？"恂乃悦。超于是召鄯善王
广，以虏使首示之，一国震怖。超晓告抚慰，遂纳子为质。还奏于窦
固，固大喜，具上超功效，并求更选使使西域。帝壮超节，诏固曰：
"吏如班超，何故不遣而更选乎？今以超为军司马，令遂前功。"超复
受使，固欲益其兵，超曰："愿将本所从三十余人足矣。如有不虞，多
益为累。"

①鄯善本西域楼兰国也，昭帝元凤四年改为鄯善。去阳关一千六百里，去
　长安六千一百里也。

②曹，辈也。

③《东观记》曰"斩得匈奴节使屋赖带、副使比离支首及节"也。

　　是时于窴王广德新攻破莎车，遂雄张南道，①而匈奴遣使监护
其国。超既西，先至于窴。广德礼意甚疏。且其俗信巫，巫言："神

怒何故欲向汉？汉使有骗马，急求取以祠我。"广德乃遣使就超请
马。②超密知其状，报许之，而令巫自来取马。有顷，巫至，超即斩其
首以送广德，因辞让之。广德素闻超在鄯善诛灭虏使，大惶恐，即攻
杀匈奴使者而降超。超重赐其王以下，因镇抚焉。

①于寘国去长安九千六百七十里，南与婼羌，西与姑墨接。莎车国去长安
　九千九百五十里。西域南北有大山，中央有河，东西六千余里。东至玉
　门、阳关有两道，从鄯善傍南山北波河西行，至莎车，为南道。雄张犹炽
　盛也。张音丁亮反。波，傍也。波音诐。

②《续汉》及《华峤书》"骗"字并作"騩"。《说文》："马浅黑色也。"音京媚
　反。

时龟兹王建为匈奴所立，倚恃虏威，据有北道，攻破疏勒，杀其
王，①而立龟兹人兜题为疏勒王。明年春，超从间道至疏勒，去兜题
所居槃橐城九十里，逆遣吏田虑先往降之。敕虑曰："兜题本非疏勒
种，国人必不用命。若不即降，便可执之。"虑既到，兜题见虑轻弱，
殊无降意。虑因其无备，遂前劫缚兜题。左右出其不意，皆惊惧奔
走。虑驰报超，超即赴之，悉召疏勒将吏，说以龟兹无道之状，因立
其故王兄子忠为王，②国人大悦。忠及官属皆请杀兜题，超不听，欲
示以威信，释而遣之。疏勒由是与龟兹结怨。

①龟兹国居延城，去长安七千四百八十里，南与精绝，东与且末，北与
　乌孙，西与姑墨接。《前书音义》"龟兹音丘慈"。今龟音丘勿反，兹音沮
　惟反，盖急言耳。自车师前王庭随北山波河西行，至疏勒，为北道。疏勒
　国居疏勒城，去长安九千三百五十里也。

②《续汉书》曰"求得故王兄子榆勒立之，更名曰忠"也。

十八年，帝崩。焉耆以中国大丧，①遂攻没都护陈睦。超孤立无
援，而龟兹、姑墨数发兵攻疏勒。②超守盘橐城，与忠为首尾，士吏
单少，拒守岁余。肃宗初即位，以陈睦新没，恐超单危不能自立，下
诏征超。超发还，疏勒举国忧恐。其都尉黎弇曰："汉使弃我，我必
复为龟兹所灭耳。诚不忍见汉使去。"因以刀自刭。超还至于寘，王
侯以下皆号泣曰："依汉使如父母，诚不可去。"互抱超马脚，不得
行。超恐于寘终不听其东，又欲遂本志，乃更还疏勒。疏勒两城自

超去后,复降龟兹,而与尉头连兵。③超捕斩反者,击破尉头,杀六百余人,疏勒复安。

①焉耆国居员渠城,去长安七千三百里,北与乌孙接。

②姑墨国王居南城,去长安八千一百五十里。

③尉头国居尉头谷,去长安八千六百五十里,南与疏勒接。衣服类乌孙也。

建初三年,超率疏勒、康居、于窴、拘弥兵一万人攻姑墨石城,破之,①斩首七百级。超欲因此匡平诸国,②乃上疏请兵。曰:"臣窃见先帝欲开西域,故北击匈奴,西使外国,鄯善、于窴即时向化。今拘弥、莎车、疏勒、月氏、乌孙、康居复愿归附,欲共并力破灭龟兹,平通汉道。若得龟兹,则西域未服者百分之一耳。臣伏自惟念,卒伍小吏,实愿从谷吉效命绝域,庶几张骞弃身旷野。③昔魏绛列国大夫,尚能和辑诸戎,④况臣奉大汉之威,而无铅刀一割之用乎?⑤前世议者皆曰取三十六国,号为断匈奴右臂。⑥今西域诸国,自日之所入,莫不向化,⑦大小欣欣,贡奉不绝,唯焉耆、龟兹独未服从。臣前与官属三十六人奉使绝域,备遭艰厄。自孤守疏勒,于今五载,胡夷情数,臣颇识之。问其城郭小大,皆言'倚汉与依天等'。以是效之,则葱领可通,⑧葱领通则龟兹可伐。今宜拜龟兹侍子白霸为其国王,以步骑数百送之,与诸国连兵,岁月之间,龟兹可禽。以夷狄攻夷狄,计之善者也。⑨臣见莎车、疏勒田地肥广,草牧饶衍,不比敦煌、鄯善间也,⑩兵可不费中国而粮食自足。且姑墨、温宿二王,特为龟兹所置,⑪既非其种,更相厌苦,其势必有降反。若二国来降,则龟兹自破。愿下臣章,参考行事。诚有万分,死复何恨?臣超区区,特蒙神灵,窃冀未便僵仆,目见西域平定,陛下举万年之觞,⑫荐勋祖庙,布大喜于天下。"⑬书奏,帝知其功可成,议欲给兵。平陵人徐干素与超同志,上疏愿奋身佐超。五年,遂以干为假司马,将弛刑及义从千人就超。

①康居国去长安万二千三百里,不属都护。

②匡犹遂也。

③谷吉,长安人,永之父也。元帝时为卫司马,使送郅支单于侍子,为郅支
　所杀。张骞,武帝时为郎,使月氏,为匈奴所闭,留之十余岁,乃亡走大
　宛,穷急即射禽兽给食。

④魏绛,晋大夫。晋悼公时,山戎使孟乐如晋,因魏绛纳虎豹之皮,请和诸
　戎。公悦,使魏绛盟诸戎。事见《左传》。辑亦和也。

⑤贾谊曰:"莫邪为钝兮,铅刀为铦。"《楚词》曰:"捐弃太阿,宝铅刀兮。"

⑥《前书》曰,汉遣公主为乌孙夫人,结为昆弟,则是断匈奴右臂也。哀帝
　时,刘歆上议曰,武帝时立五属国,起朔方,伐朝鲜,起玄菟、乐浪,以断
　匈奴之左臂;西伐大宛,结乌孙,裂匈奴之右臂。南面以西为右也。

⑦《西域传》曰"自条支国乘水西行,可百余日,近日所入"也。

⑧效犹验也。《西河旧事》曰:"葱领山,其上多葱,因以为名。"

⑨《前书》朝错曰:"以蛮夷攻蛮夷,中国之利。"

⑩敦煌,今凉州县。

⑪温宿国王居温宿城,去长安八千三百五十里也。

⑫《诗》曰:"跻彼朝公堂,称彼兕觥,万寿无疆。"《前书·兒宽传》曰:"臣
　宽再拜上千万岁寿。"

⑬荐,进也。勋,功也。《左氏传》曰:"反行饮至,舍爵策勋焉。"

　　先是莎车以为汉兵不出,遂降于龟兹,而疏勒都尉番辰①亦复
反叛。会徐干适至,超遂与干击番辰,大破之,斩首千余级,多获生
口。超既友番辰,欲进攻龟兹。以乌孙兵强,宜因其力,乃上言:"乌孙
大国,控弦十万,故武帝妻以公主,②至孝宣皇帝,卒得其用。③
今可遣使招慰,与共合力。"帝纳之。八年,拜超为将兵长史,假鼓吹
幢麾。④以徐干为军司马,别遣卫候李邑护送乌孙使者,赐大小昆
弥以下锦帛。⑤

①番音潘,下同也。

②乌孙国居赤谷城,去长安八千九百里。武帝元封中,以江都王建女细君
　为公主,以妻乌孙,赠送甚盛,乌孙以为右夫人。

③《西域传》曰,宣帝即位,乌孙遣使上书,言匈奴连发大兵侵击乌孙,欲
　隔绝汉,乌孙愿发国半精兵五万骑,尽力击匈奴,唯天子出兵以救公
　主。汉大发十五万骑,五将军分道并出。乌孙以五万骑从西方入,至右
　谷蠡王庭,获四万余级,马牛羊七十余万。

④将兵长史，解见《和帝纪》。平帝元始二年，使谒者大司马掾持节行边兵，遣执金吾候陈茂假以钲鼓。《古今乐录》曰："横吹，胡乐也。张骞入西域，传其法于长安，唯得《摩诃兜勒》一曲，李延年因之更造新声二十八解，乘舆以为武乐。后汉以给边将，万人将军得之。在俗用者有《黄鹄》、《陇头》、《出关》、《入关》、《出塞》、《入塞》、《折杨柳》、《黄覃子》、《赤之杨》、《望行人》十曲。"刘熙《释名》曰："幢，童也，其貌童童然。"蔡邕《月令章句》曰："羽，鸟翼也，以为旌幢麾也。"横吹、麾幢皆大将所有，超非大将，故言假。

⑤《前书》曰，乌孙国王先号昆莫，名猎骄靡，后书昆弥云。后代取"昆"字，靡弥声相近，音有轻重耳。昆莫既死，子孙争国，汉令立元贵靡为大昆弥，乌就屠为小昆弥，赐印绶，故有大小昆弥之号焉。

李邑始到于窴，而值龟兹攻疏勒，恐惧不敢前，因上书陈西域之功不可成，又盛毁超拥爱妻，抱爱子，安乐外国，无内顾心。超闻之，叹曰："身非曾参而有三至之谗，恐见疑于当时矣。"①遂去其妻。帝知超忠，乃切责邑曰："纵超拥爱妻，抱爱子，思归之士千余人，何能尽与超同心乎？"令邑诣超受节度。诏超："若邑任在外者，便留与从事。"超即遣邑将乌孙侍子还京师。徐干谓超曰："邑前亲毁君，欲败西域，今何不缘诏书留之，更遣它吏送侍子乎？"超曰："是何言之陋也！以邑毁超，故今遣之。内省不疚，何恤人言！②快意留之，非忠臣也。"

①三至，解见《寇荣传》。

②疚，病也。恤，忧也。《论语》孔子曰："内省不疚，夫何忧何惧！"《左氏传》曰："《诗》云'礼义不愆，何恤乎人之言'！"《诗》谓逸《诗》也。

明年，复遣假司马和恭等四人将兵八百诣超，超因发疏勒、于窴兵击莎车。莎车阴通使疏勒王忠，啖以重利，①忠遂反从之，西保乌即城。超乃更立其府丞成大为疏勒王，悉发其不反者以攻忠。积半岁，而康居遣精兵救之，超不能下。是时月氏新与康居婚，相亲，超乃使使多赍锦帛遗月氏王，令晓示康居王，康居王乃罢兵，执忠以归其国，乌即城遂降于超。

①谓多以珍宝诱引之。啖音徒滥反。《前书》曰，高祖令陆贾往说秦将，啗

以利。"唊"与唅同。

后三年,忠说康居王借兵,还据损中,①密与龟兹谋,遣使诈降
于超。超内知其奸而外伪许之。忠大喜,即从轻骑诣超。超密勒兵
待之,为供张设乐。②酒行,乃叱吏缚忠,斩之,因击破其众,杀七百
余人,南道于是遂通。

①损中,未详。《东观记》作"顿中",《续汉》及《华峤书》并作"损中",本或
作"植",未知孰是也。

②供音居用反,张音竹亮反。

明年,超发于窴诸国兵二万五千人,复击莎车。而龟兹王遣左
将军发温宿、姑墨、尉头合五万人救之。超召将校及于窴王议曰:
"今兵少不敌,其计莫若各散去。于窴从是而东,长史亦于此西归,
可须夜鼓声而发。"阴缓所得生口。龟兹王闻之大喜,自以万骑于西
界遮超,温宿王将八千骑于东界徼于窴。超知二虏已出,密召诸部
勒兵,鸡鸣驰赴莎车营,胡大惊乱奔走,追斩五千余级,大获其马畜
财物。莎车遂降,龟兹等因各退散,自是威震西域。

初,月氏尝助汉击车师有功,是岁贡奉珍宝、符拔、师子,①因
求汉公主。超拒还其使,由是怨恨。永元二年,月氏遣其副王谢将
兵七万攻超。超众少,皆大恐。超譬军士曰:"月氏兵虽多,然数千
里逾葱领来,非有运输,何足忧邪? 但当收谷坚守,彼饥穷自降,不
过数十日决矣。"谢遂前攻超,不下,又钞掠无所得。超度其粮将尽,
必从龟兹求救,乃遣兵数百于东界要之。谢果遣骑赍金银珠玉以赂
龟兹,超伏兵遮击,尽杀之,持其使首以示谢。谢大惊,即遣使请罪,
愿得生归。超纵遣之。月氏由是大震,岁奉贡献。

①《续汉书》曰:"符拔,形似麟而无角。"

明年,龟兹、姑墨、温宿皆降,乃以超为都护,徐干为长史。拜白
霸为龟兹王,遣司马姚光送之。超与光共胁龟兹,废其王尤利多而
立白霸,使光将尤利多还诣京师。超居龟兹它乾城,徐干屯疏勒。西
域唯焉耆、危须、尉犁以前没都护怀二心,其余悉定。

六年秋,超遂发龟兹、鄯善等八国兵合七万人,及吏士贾客千

四百人讨焉耆。兵到尉犁界，而遣晓说焉耆、尉犁、危须曰："都护来者，欲镇抚三国。即欲改过向善，宜遣大人来迎，当赏赐王侯已下，①事毕即还。今赐王彩五百匹。"焉耆王广遣其左将北鞬支奉牛酒迎超。②超诘鞬支曰："汝虽匈奴侍子，而今秉国之权。都护自来，王不以时迎，皆汝罪也。"或谓超可便杀之。超曰："非汝所及。此人权重于王，今未入其国而杀之，遂令自疑，设备守险，岂得到其城下哉！"于是赐而遣之。广乃与大人迎超于尉犁，奉献珍物。

　①大人谓其酋豪。
　②鞬音九言反。

　　焉耆国有苇桥之险，广乃绝桥，不欲令汉军入国。超更从它道厉度。①七月晦，到焉耆，去城二十里，正营大泽中。广出不意，大恐，乃欲悉驱其人共入山保。焉耆左侯元孟先尝质京师，密遣使以事告超，超即斩之，示不信用。乃期大会诸国王，因扬声当重加赏赐，于是焉耆王广、尉犁王泛及北鞬支等三十人相率诣超。其国相腹久等十七人惧诛，皆亡入海，②而危须王亦不至。坐定，超怒诘广曰："危须王何故不到？腹久等所缘逃亡？"遂叱吏士收广、泛等于陈睦故城斩之，传首京师。因纵兵钞掠，斩首五千余级，获生口万五千人，马畜牛羊三十余万头，更立元孟为焉耆王。超留焉耆半岁，慰抚之。于是西域五十余国悉皆纳质内属焉。

　①由带以上为厉，由膝以下为揭，见《尔雅》也。
　②"十七"字本或为"七十"。

　　明年，下诏曰："往者匈奴独擅西域，寇盗河西，永平之末，城门昼闭。先帝深愍边萌婴罗寇害，乃命将帅击右地，破白山，临蒲类，①取车师，城郭诸国震慑响应，遂开西域，置都护。而焉耆王舜、舜子忠独谋悖逆，恃其险隘，覆没都护，并及吏士。先帝重元元之命，惮兵役之兴，故使军司马班超安集于窴以西。超遂逾葱领，迄县度，②出入二十二年，莫不宾从。改立其王，而绥其人。不动中国，不烦戎士，得远夷之和，同异俗之心，而致天诛，蠲宿耻，以报将士之仇。③《司马法》曰：'赏不逾月，欲人速睹为善之利也。'其封超为定远侯,邑千户。"④

①《西河旧事》曰:"白山之中有好木,匈奴谓之天山,去蒲类海百里。"郭
　义恭《广志》曰:"西域有白山,通岁有雪,亦名雪山。"破白山见《明纪》
　也。

②迮,至也。县度,山名。县音玄。谓以绳索县缒而过也。其处在皮山国
　以西,罽宾国之东也。

③致犹至也。蠲,除也。

④《东观记》曰:"其以汉中郡南郑之西乡户千封超为定远侯。"故城在今
　洋州西乡县南。

　　超自以久在绝域,年老思土。十二年,上疏曰:"臣闻太公封齐,
五世葬周,狐死首丘,代马依风。①夫周齐同在中土千里之间,况于
远处绝域,小臣能无依风首丘之思哉?蛮夷之俗,畏壮侮老。②臣超
犬马齿歼,常恐年衰,奄忽僵仆,孤魂弃捐。昔苏武留匈奴中尚十九
年,今臣幸得奉节带金银护西域,③如自以寿终屯部,诚无所恨,然
恐后世或名臣为没西域。臣不敢望到酒泉郡,但愿生入玉门关。④
臣老病衰困,冒死瞽言,谨遣子勇随献物入塞。⑤及臣生在,令勇目
见中土。"而超妹同郡曹寿妻昭亦上书请超曰:

①《礼记》曰:"太公封于营丘,比及五世,皆反葬于周。君子曰:'乐乐其所
　生,礼不忘其本。古之人有言曰:狐死正丘首,仁也。'"郑玄注曰:"正
　丘首,丘也。"代,郡名,在赵北。《韩诗外传》曰"代马依北风,飞鸟扬故
　巢"也。

②案《前书》曰,匈奴,其俗壮者食肥美,老者食其余。贵壮健,贱老弱也。

③金银谓印也。金印紫绶,银印青绶也。

④玉门关属敦煌郡,今沙州也,去长安三千六百里。关在敦煌县西北。酒
　泉,今肃州也,去长安二千八百五十里也。

⑤《东观记》曰"时安息遣使献大爵、师子,超遣子勇随入塞"也。

　　　　妾同产兄西域都护定远侯超,幸得以微功特蒙重赏,爵列
通侯,位二千石。天恩殊绝,诚非小臣所当被蒙。超之始出,志
捐躯命,冀立微功,以自陈效。会陈睦之变,道路隔绝,超以一
身转侧绝域,晓譬诸国,因其兵众,每有攻战,辄为先登,身被

金夷，①不避死亡。赖蒙陛下神灵，且得延命沙漠，至今积三十年，骨肉生离，不复相识。所与相随时人士众，皆已物故。超年最长，今且七十。衰老被病，头发无黑，两手不仁，②耳目不聪明，扶杖乃能行。虽欲竭尽其力，以报塞天恩，迫于岁暮，犬马齿索。蛮夷之性，悖逆侮老，而超旦暮入地，久不见代，恐开奸宄之源，生逆乱之心。而卿大夫咸怀一切，莫肯远虑。如有卒暴，超之气力不能从心，便为上损国家累世之功，下弃忠臣竭力之用，诚可痛也。故超万里归诚，自陈苦急，延颈逾望，三年于今，未蒙省录。③

①夷，伤也。

②不仁犹不遂也。

③逾，遥也。高祖逾谓黥布曰："何苦而反？"

　　妾窃闻古者十五受兵，六十还之，①亦有休息不任职也。缘陛下以至孝理天下，得万国之欢心，不遗小国之臣，况超得备侯伯之位，故敢触死为超求哀，匄超余年。②一得生还，复见阙庭，使国永无劳远之虑，西域无仓卒之忧，超得长蒙文王葬骨之恩，子方哀老之惠。③《诗》云："民亦劳止，汔可小康，惠此中国，以绥四方。"④超有书与妾生诀，恐不复相见。妾诚伤超以壮年竭忠孝于沙漠，疲老则便捐死旷野，诚可哀怜。如不蒙救护，超后有一旦之变，冀幸超家得蒙赵母、卫姬先请之贷。⑤妾愚戆不知大义，触犯忌讳。

①《周礼》卿大夫职曰："国中七尺以及六十，野自六尺以及六十有五，皆征之。"征谓赋税从征役也。《韩诗外传》曰"二十行役，六十免役"，与《周礼》国中同，即知与《周礼》七尺同。《礼》国中六十免役，野即六十有五，晚于国中五年。国中七尺从役，野六尺，即是野又早于国中五年。七尺谓二十，六尺即十五也。此言十五受兵，谓据野外为言，六十还之，据国中为说也。

②匄，乞。

③葬骨，解见《明纪》。田子方，魏文侯之师也。见君之老马弃之，曰："少尽其力，老而弃之，非仁也。"于是收而养之。事见《史记》也。

④《诗·大雅》也。汔,其也。康、绥,皆安也。言先施恩惠于中国,然后乃安四方。

⑤赵母谓赵奢之妻,赵括之母也。惧括败,先请,得不坐。事见《史记》。卫姬者,齐桓公之姬。桓公与管仲谋伐卫,桓公入,姬请卫之罪。事见《列女传》也。

书奏,帝感其言,乃征超还。

超在西域三十一岁。十四年八月至洛阳,拜为射声校尉。超素有匈胁疾,既至,病遂加。帝遣中黄门问疾,赐医药。其年九月卒,年七十一。朝廷愍惜焉,使者吊祭,赠赗甚厚。子雄嗣。

初,超被征,以戊己校尉任尚为都护。与超交代,尚谓超曰:"君侯在外国三十余年,而小人猥承君后,任重虑浅,宜有以诲之。"超曰:"年老失智,任君数当大位,岂班超所能及哉!必不得已,愿进愚言。塞外吏士,本非孝子顺孙,皆以罪过徙补边屯。而蛮夷怀鸟兽之心,难养易败。今君性严急,水清无大鱼,察政不得下和。①宜荡佚简易,宽小过,总大纲而已。"超去后,尚私谓所亲曰:"我以班君当有奇策,今所言平平耳。"尚至数年,而西域反乱,以罪被征,如超所戒。

①《家语》孔子曰:"水至清则无鱼,人至察则无徒。"

有三子。长子雄,累迁屯骑校尉。会叛羌寇三辅,诏雄将五营兵屯长安,就拜京兆尹。

雄卒,子始嗣,尚清河孝王女阴城公主。主顺帝之姑,贵骄淫乱,与嬖人居帷中,而召始入,使伏床下。始积怒,永建五年,遂拔刃杀主。帝大怒,腰斩始,同产皆弃市。

超少子勇。勇字宜僚,少有父风。永初元年,西域反叛,以勇为军司马。与兄雄俱出敦煌,迎都护及西域甲卒而还。因罢都护。后西域绝无汉吏十余年。

元初六年,敦煌太守曹宗遣长史索班将千余人屯伊吾,车师前王及鄯善王皆来降班。后数月,北单于与车师后部遂共攻没班,进击走前王,略有北道。鄯善王急,求救于曹宗,宗因此请出兵五千人击匈奴,报索班之耻,因复取西域。邓太后召勇诣朝堂会议。先是公卿多以为宜闭玉门关,遂弃西域。勇上议曰:"昔孝武皇帝患匈奴强盛,兼总百蛮,以逼障塞。于是开通西域,离其党与,论者以为夺匈奴府藏,断其右臂。遭王莽篡盗,征求无厌,胡夷忿毒,遂以背叛。光武中兴,未遑外事,故匈奴负强,驱率诸国。及至永平,再攻敦煌,河西诸郡,城门昼闭。孝明皇帝深惟庙策,[1]乃命虎臣出征西域,[2]故匈奴远遁,边境得安。及至永元,莫不内属。会间者羌乱,西域复绝,北虏遂遣责诸国,备其逋租,高其价直,严以期会。鄯善、车师皆怀愤怨,思乐事汉,其路无从。前所以时有叛者,皆由牧养失宜,还为其害故也。今曹宗徒耻于前负,欲报雪匈奴,而不寻出兵故事,未度当时之宜也。夫要功荒外,万无一成,若兵连祸结,悔无及已。况今府藏未充,师无后继,是示弱于远夷,暴短于海内,臣愚以为不可许也。旧敦煌郡有营兵三百人,今宜复之,复置护西域副校尉,居于敦煌,如永元故事。又宜遣西域长史将五百人屯楼兰,西当焉耆、龟兹径路,南强鄯善、于窴心胆,北捍匈奴,东近敦煌。如此诚便。"

①古者谋事必就祖,故言"庙策"也。

②《毛诗》曰:"进厥虎臣,阚如虓虎。"

尚书问勇曰:"今立副校尉,何以为便?又置长史屯楼兰,利害云何?"勇对曰:"昔永平之末,始通西域,初遣中郎将居敦煌,后置副校尉于车师,既为胡虏节度,又禁汉人不得有所侵扰。故外夷归心,匈奴畏威。今鄯善王尤还,[1]汉人外孙,若匈奴得志,则尤还必死。此等虽同鸟兽,亦知避害。若出屯楼兰,足以招附其心,愚以为便。"长乐卫尉镡显、廷尉綦母参、司隶校尉崔据难曰:"朝廷前所以弃西域者,以其无益于中国而费难供也。今车师已属匈奴,鄯善不可保信,一旦反覆,班将能保北虏不为边害乎?[2]勇对曰:"今中国置州牧者,以禁郡县奸猾盗贼也。若州牧能保盗贼不起者,臣亦愿以要斩保匈奴之不为边害也。今通西域则虏势必弱,虏势必弱则为患微矣。孰与归其府藏,续其断臂哉!今置校尉以捍抚西域,设长史以招怀诸国,若弃而不立,则西域望绝。望绝之后,屈就北虏,缘边之郡将受困害,恐河西城门必复有有昼闭之儆矣。今不廓开朝廷之德,而拘屯戍之费,若北虏遂炽,岂安边久长之策哉!"太尉属毛轸难曰:"今若置校尉,则西域骆驿遣使,求索无厌,与之则费难供,不与则失其心。一旦为匈奴所迫,当复求救,则为役大矣。"勇对曰:"今设以西域归匈奴,而使其恩德大汉,不为钞盗则可矣。如其不然,则因西域租入之饶,兵马之众,以扰动缘边,是为富仇仇之财,增暴夷之势也。置校尉者,宣威布德,以系诸国内向之心,以疑匈奴觊觎之情,而无财费耗国之虑也。且西域之人无它求索,其来入者不过禀食而已。今若拒绝,势归北属,夷虏并力,以寇并、凉,则中国之费不止十亿。置之诚便。"于是从勇议,复敦煌郡营兵三百人,置西域副校尉居敦煌。虽复羁縻西域,然亦未能出屯。其后匈奴果数与车师共入寇钞,河西大被其害。

　　①尤还,王名。

　　②以勇为军司马,故以将言亡。将音子亮反。

　　延光二年夏,复以勇为西域长史,将兵五百人出屯柳中。①明年正月,勇到楼兰,以鄯善归附,特加三绶。而龟兹王白英犹自疑未下,勇开以恩信,白英乃率姑墨、温宿自缚诣勇降。勇因发其兵步骑万余人到车师前王庭,击走匈奴伊蠡王于伊和谷,收得前部五千余人,于是前部始复开通。还,屯田柳中。

　　①柳中,今西州县。

　　四年秋,勇发敦煌、张掖、酒泉六千骑及鄯善、疏勒、车师前部兵,击后部王军就,大破之,①首虏八千余人,马畜五万余头。捕得军就及匈奴持节使者,将至索班没处斩之,以报其耻,传首京师。永建元年,更立后部故王子加特奴为王。勇又使别校诛斩东且弥王,亦更立其种人为王,②于是车师六国悉平。

　　①军就,名也。

　　②且音子余反。

　　其冬,勇发诸国兵击匈奴呼衍王,呼衍王亡走,其众二万余人皆降。捕得单于从兄,勇使加特奴手斩之,以结车师匈奴之隙。北单于自将万余骑入后部,至金且谷,勇使假司马曹俊驰救之。单于引去,俊追斩其贵人骨都侯,于是呼衍王遂徙居枯梧河上。是后车师无复虏踪,城郭皆安。唯焉耆王元孟未降。

二年,勇上请攻元孟,于是遣敦煌太守张朗将河西四郡兵三千人配勇。①因发诸国兵四万余人,分骑为两道击之。勇从南道,朗从北道,约期俱至焉耆。而朗先有罪,欲徼功自赎,遂先期至爵离关,遣司马将兵前战,首虏二千余人。元孟惧诛,逆遣使乞降,张朗径入焉耆受降而还。元孟竟不肯面缚,唯遣子诣阙贡献。朗遂得免诛。勇以后期,征下狱,免。后卒于家。

①河西四郡,金城、敦煌、张掖、酒泉。

梁慬字伯威,①北地弋居人也。②父讽,历州宰。永元元年,车骑将军窦宪出征匈奴,除讽为军司马,令先赍金帛使北单于,宣国威德,其归附者万余人。后坐失宪意,髡输武威,武威太守承旨杀之。窦氏既灭,和帝知其为宪所诬,征慬,除为郎中。

①慬音勤。

②弋居,县名。《郡国志》曰有铁官。

慬有勇气,常慷慨好功名。初为车骑将军邓鸿司马,再迁,延平元年拜西域副校尉。慬行至河西,会西域诸国反叛,攻都护任尚于疏勒。尚上书求救,诏慬将河西四郡羌胡五千骑驰赴之,慬未至而尚已得解。会征尚还,以骑都尉段禧为都护,西域长史赵博为骑都尉。禧、博守它乾城。它乾城小,慬以为不可固,乃谲说龟兹王白霸,欲入共保其城,白霸许之。吏人固谏,白霸不听。慬既入,遣将急迎禧、博,合军八九千人。龟兹吏人并叛其王,而与温宿、姑墨数万兵反,共围城。慬等出战,大破之。连兵数月,胡众败走,乘胜追击,凡斩首万余级,获生口数千人,骆驼畜产数万,龟兹乃定。而道路尚隔,檄书不通。岁余,朝廷忧之。公卿议者以为西域阻远,数有背叛,吏士屯田,其费无已。永初元年,遂罢都护,遣骑都尉王弘发关中兵迎慬、禧、博及伊吾庐、柳中屯田吏士。

二年春,还至敦煌。会众羌反叛,朝廷大发兵西击之,逆诏慬留为诸军援。慬至张掖日勒。①羌诸种万余人攻亭候,杀略吏人。慬进兵击,大破之,乘胜追至昭武,②虏遂散走,其能脱者十二三。及至姑臧,羌大豪三百余人诣慬降,并慰譬还故地,河西四郡复安。

①日勒,县名,属张掖郡,故城下在今甘州删丹县东南。

②县名,属张掖郡,故城在今甘州张掖县西北也。

慬受诏当屯金城,闻羌转寇三辅,迫近园陵,即引兵赴击之,转战武功美阳关。①慬临阵被创,不顾,连破走之,尽还得所掠生口,获马畜财物甚众,羌遂奔散。朝廷嘉之,数玺书劳勉,委以西方事,令为诸军节度。

①美阳,县名,故城在武功县北七里,于其所置关。

三年冬,南单于与乌桓大人俱反。以大司农何熙行车骑将军事,中郎将庞雄为副,将羽林五校营士,及发缘边十郡兵二万余人,①又辽东太守耿夔率将鲜卑种众共击之,诏慬行度辽将军事。庞雄与耿夔共击匈奴奥鞬日逐王,破之。单于乃自将围中郎将耿种于美稷,连战数月,攻之转急,种移檄求救。明年正月,慬将八千余人驰往赴之,至属国故城,与匈奴左将军、乌桓大人战,破斩其渠帅,杀三千余人,虏其妻子,获财物甚众。单于复自将七八千骑迎攻,围慬。慬被甲奔击,所向皆破,虏遂引还虎泽。三月,何熙军到五原曼柏,②暴疾不能进,遣庞雄与慬及耿种步骑万六千人攻虎泽。连营稍前,单于惶怖,遣左奥鞬日逐王诣慬乞降,慬乃大陈兵受之。单于脱帽徒跣,面缚稽颡,纳质。会熙座于师,即拜慬度辽将军。

①缘边十郡谓五原、云中、定襄、雁门、朔方、代郡、上谷、渔阳、辽西、右北平。

②曼柏,县名,属五原郡。

庞雄还,为大鸿胪。雄,巴郡人,有勇略,称为名将。

明年,安定、北地、上郡皆被羌寇,谷贵,人流,不能自立。诏慬发边兵迎三郡太守,使将吏人徙扶风界。慬即遣南单于兄子优孤涂奴将兵迎之。既还，慬以涂奴接其家属有劳，辄授以羌侯印绶，坐专擅，征下狱，抵罪。明年，校书郎马融上书讼慬与护羌校尉庞参，有诏原刑。语在《庞参传》。

会叛羌寇三辅，关中盗贼起，拜慬谒者，将兵击之。至湖县，病卒。

何熙字孟孙，陈国人。少有大志。永元中，为谒者。身长八尺五寸，善为威容，赞拜殿中，音动左右。和帝伟之，擢为御史中丞，历司隶校尉、大司农。及在军临殁，遗言薄葬。三子：临，瑾，阜。临、瑾并有政能。阜俊才早没。临子衡，为尚书，以正直称，坐讼李膺等下狱，免官，废于家。

论曰：时政平则文德用，而武略之士无所奋其力能，故汉世有发愤张胆，争膏身于夷狄以要功名，多矣。祭肜、秋秉启匈奴之权，班超、梁慬奋西域之略，卒能成功立名，享受爵位，荐功祖庙，勒勋于后，亦一时之志士也。

赞曰：定远慷慨，专功西遏。坦步葱、雪，咫尺龙沙。[1]慬亦抗愤，勇乃负荷。[2]

[1]葱领、雪山，白龙堆沙漠也。八寸曰咫。坦步言不以为艰，咫尺言不以为远也。

[2]《左传》曰："其父析薪，其子弗克负荷。"言勇能继超之功业。

后汉书卷四八
列传第三八

杨终　李法　翟酺　应奉
子劭 霍谞　爰延　徐璆

　　杨终字子山，蜀郡成都人也。年十三，为郡小吏，太守奇其才，遣诣京师受业，习《春秋》。①显宗时，征诣兰台，拜校书郎。

　　①《袁山松书》曰："时蜀郡有雷震决曹，终上白记，以为断狱烦苛所致，太守乃令终赋雷电之意，而奇之也。"

　　建初元年，大旱谷贵，终以为广陵、楚、淮阳、济南之狱，徙者万数，又远屯绝域，吏民怨旷，乃上疏曰："臣闻'善善及子孙，恶恶止其身'，百王常典，不易之道也。①秦政酷烈，违牾天心，一人有罪，延及三族。②高祖平乱，约法三章。太宗至仁，除去收帑。③万姓廓然，蒙被更生，泽及昆虫，功垂万世。陛下圣明，德被四表。今以比年久旱，灾疫未息，④躬自菲薄，广访失得，三代之隆，无以加焉。臣窃桉《春秋》水旱之变，皆应暴急，惠不下流。自永平以来，仍连大狱，有司穷考，转相牵引，掠考冤滥，家属徙边。加以北征匈奴，西开三十六国，频年服役，转输烦费。又远屯伊吾、楼兰、车师、戊己，民怀土思，怨结边域。传曰：'安土重居，谓之众庶'。⑤昔殷民近迁洛邑，且犹怨望，⑥何况去中土之肥饶，寄不毛之荒极乎？⑦且南方暑湿，障毒互生。愁困之民，足以感动天地，移变阴阳矣。陛下留念省察，以济元元。"书奏，肃宗下其章。司空第五伦亦同终议。太尉牟融、司徒鲍昱、校书郎班固等难伦，以施行既久，孝子无改父之道，先帝所建,不宜回异。终复上书曰:"秦筑长城,功役繁兴,胡亥不革,卒亡四海。故孝元弃珠崖之郡,光武绝西域之国,不以介鳞易我衣裳。⑧鲁文公毁泉台,《春秋》讥之曰'先祖为之而己毁之,不如勿居而已',以其无妨害于民也。⑨襄公作三军,昭公舍之,君子大其复古,以为不舍则有害于民也。⑩今伊吾之役,楼兰之屯,久而未还,非天意也。"帝从之,听还徙者,悉罢边屯。

①《春秋》:"昭公二十年,曹公孙会自鄸出奔宋。"《公羊传》曰:"畔也。曷为不言畔?为公子喜时之后讳也。《春秋》为贤者讳也。何贤乎公子喜时?让国也。君子善善也长,恶恶也短,恶恶止其身,善善及子孙。贤者子孙,故君子为之讳。"

②《前书音义》曰:"父族、母族、妻族也。"

③太宗,文帝也。《史记》曰:"文帝德至盛也,岂不仁哉!"除去收孥相坐之律也。

④"灾"字或作"牛"。疫,病也。

⑤元帝诏曰"安土重迁,黎人之性"也。

⑥《尚书·盘庚序》曰:"盘庚五迁,将治亳,殷人咨胥怨。"亳,今河南偃师,故曰"近迁洛邑"。

⑦毛,草也。《尔雅》曰:"孤竹、北户、西王母、日下谓之四荒。"又曰:"东至于泰远,西至于邠国,南至于濮铅,北至于祝栗,谓之四极。"言不毛、荒极,直论远耳,非必此地也。

⑧元帝初元三年,珠崖郡反,待诏贾捐之以为宜弃珠崖,救人饥饿,乃罢珠崖郡。光武二十一年,鄯善、车师王等十六国皆遣子入侍,请都护。帝以中国初定,未遑外事,还其侍子,厚加赏赐。介鳞喻远夷,言其人与鱼鳖无异也。衣裳谓中国也。杨雄《法言》曰:"珠崖之绝,捐之之力也,否则鳞介易我衣裳。"

⑨《公羊传》曰:"毁泉台何以书?讥尔。筑之讥,毁之讥,先祖为之而己毁之,勿居而已"也。

⑩《公羊传》曰:"襄公十一年作三军。三军者何?三卿也。"昭公五年传曰:"舍中军。舍中军者何?复古也。"言舍之与留,量时制宜也。

终又言:"宣帝博征群儒,论定《五经》于石渠阁。方今天下少事,学者得成其业,而章句之徒,破坏大体。宜如石渠故事,永为后世则。"于是诏诸儒于白虎观论考同异焉。会终坐事系狱,博士赵博、校书郎班固、贾逵等,以终深晓《春秋》,学多异闻,表请之;终又上书自讼,即日贳出,乃得与于白虎观焉。①后受诏删《太史公书》为十余万言。

①与音预。

时太后兄卫尉马廖,谨笃自守,不训诸子。终与廖交善,以书戒之曰:"终闻尧、舜之民,可比屋而封;桀、纣之民,可比屋而诛。①何者?尧、舜为之堤防,桀、纣示之骄奢故也。《诗》曰:'皎皎练丝,在所染之。'②上智下愚,谓之不移;中庸之流,要在教化。《春秋》杀太子母弟,直称君甚恶之者,坐失教也。③《礼》制,人君之子年八岁,为置少傅,教之书计,以开其明;④十五置太傅,教之经典,以道其志。汉兴,诸侯王不力教诲,多触禁忌,故有亡国之祸,而乏嘉善之称。今君位地尊重,海内所望,岂可不临深履薄,以为至戒!黄门郎年幼,血气方盛,⑤既无长君退让之风,⑥而要结轻狡无行之客,纵而莫诲,视成任性,⑦鉴念前往,可为寒心。君侯诚宜以临深履薄为戒。"廖不纳。子豫后坐县书诽谤,⑧廖以就国。

①事见陆贾《新语》。

②逸《诗》也。皎皎,白貌也。《墨子》曰:"墨子见染丝者叹曰:'染于苍则苍,染于黄则黄,故染不可不慎也。'"

③《公羊传》曰:"晋侯杀其太子申生。曷为直称晋侯?曰以杀其太子母弟,直称君者甚之也。"

④《大戴礼》曰:"古者八岁出就外舍,学小艺焉,履小节焉。"又曰:"为置三少,曰少保、少傅、少师,是与太子宴者也。"《礼记·内则》曰"十年出就外傅,居宿于外学书计"也。

⑤廖子防及光俱为黄门郎。孔子曰"及其壮也,血气方刚,戒之在斗"也。

⑥文帝窦后兄长君,弟广国字少君,此两人所出微,绛、灌等选长者之有节行者与之居,长君、少君由此为退让君子,不敢以富贵骄人也。

⑦《马防传》曰"兄弟贵盛,宾客奔凑,四方毕至,数百余人皆为食客"也。

⑧县音悬。

终兄凤为郡吏,太守廉范为州所考,遣凤候终,终为范游说,坐

徙北地。①帝东巡狩，凤皇黄龙并集，终赞颂嘉瑞，上述祖宗鸿业，
凡十五章，奏上，诏赍还故郡。著《春秋外传》十二篇，改定章句十五
万言。永元十二年，征拜郎中，以病卒。②

①《益部耆旧传》曰"终徙于北地望松县，而母于蜀物故。终自伤被罪充
　边，乃作《晨风》之诗以舒其愤"也。

②《袁山松书》曰"侍中贾逵荐终博达忠直，征拜郎中。及卒，赐钱二十万"
　也。

　　李法字伯度，汉中南郑人也。博通群书，性刚而有节。和帝永
元九年，应贤良方正对策，除博士，迁侍中、光禄大夫。岁余，上疏以
为朝政苛碎，违永平、建初故事，宦官权重，椒房宠盛；又讥史官记
事不实，后世有识，寻功计德，必有明信。坐失旨，下有司，免为庶
人。还乡里，杜门自守。故人儒生时有候之者，言谈之次，问其不合
上意之由，法未尝应对。友人固之，法曰："鄙夫可与事君乎哉？苟
患失之，无所不至。①孟子有言：'夫仁者如射，正己而后发。发而不
中，不怨胜己者，反诸身而已矣。'"②在家八年，征拜议郎、谏议大
夫，正言极辞，无改于旧。出为汝南太守，政有声迹。后归乡里，卒
于家。

①此以上《论语》孔子之言也。郑玄注云："无所不至谓谄佞邪媚，无所不
　为也。"

②《孟子·公孙丑篇》之言也。反诸身而已，言克己自责，不责人也。

　　翟酺字子超，广汉雒人也。①四世传《诗》酺好《老子》，尤善图
纬、天文、历算。以报舅仇，当徙日南，亡于长安，为卜相工，后牧羊
凉州。遇赦还。仕郡，征拜议郎，迁侍中。

①雒属广汉郡，漳山雒水所出，南入湔，故城在今雒县南。湔音子田反。

　　时尚书有缺，诏将大夫六百石以上试对政事、天文、道术，以高
第者补之。酺自恃能高，而忌故太史令孙懿，恐其先用，乃往候懿。
既坐，言无所及，唯涕泣流连。懿怪而问之，酺曰："图书有汉贼孙
登，将以才智为中官所害。观君表相，似当应之。①酺受恩接，凄怆

君之祸耳!"懿忧惧,移病不试。② 由是酺对第一,拜尚书。

①《春秋保乾图》曰"汉贼臣,名孙登,大形小口,长七尺九寸,巧用法,多
　　技方,《诗》、《书》不用,贤人杜口"也。

②移病谓作文移而称病也。

时安帝始亲政事,追感祖母宋贵人,悉封其家。又元舅宝及皇
后兄弟阎显等并用威权。酺上疏谏曰:

　　　　臣闻微子佯狂而去殷,叔孙通背秦而归汉,彼非自疏其
　　君,时不可也。臣荷殊绝之恩,蒙值不讳之政,岂敢雷同受宠,
　　而以戴天履地。① 伏惟陛下应天履祚,历值中兴,当建太平之
　　功,而未闻致化之道。盖远者难明,请以近事征之。昔窦、邓之
　　宠,倾动四方,兼官重绂,盈金积货,至使议弄神器,改更社
　　稷。② 岂不以势尊威广,以致斯患乎? 及其破坏,头颡惰地,愿
　　为孤豚,岂可得哉!③ 夫致贵无渐失必暴,受爵非道狭必疾。今
　　外戚宠幸,功均造化,汉元以来,未有等比。陛下诚仁恩周洽,
　　以亲九族。然禄去公室,政移私门,覆车重寻,宁无摧折。④ 而
　　朝臣在位,莫肯正议,翕翕訾訾,更相佐附。⑤ 臣恐威权外假,
　　归之良难;虎翼一奋,卒不可制。⑥ 故孔子曰"吐珠于泽,谁能
　　不含";⑦ 老子称"国之利器,不可以示人。"⑧ 此最安危戒,社
　　稷之深计也。

①雷之发声,物皆同应,言无是非者谓之雷同。《礼记》曰:"无雷同。"《左
　　传》曰"君履后土而戴皇天"也。

②神器谓天位也。《老子》曰:"天下神器,不可为也。"窦宪出入禁中,得幸
　　太后,图为杀害。帝知其谋,诛之。邓太后崩,宫人告邓悝、邓弘等取废
　　帝故事,谋立平原王得。帝闻,遂免邓氏为庶人也。

③《庄子》曰,或聘庄子,庄子谓其使曰:"子见夫牺牛乎? 衣以文绣,食以
　　刍菽。及其牵而入于太庙,欲为孤犊,其可得乎?"此作"豚",不同也。

④贾谊曰"谚云,前车覆,后车诫"也。

⑤《诗·小雅》曰:"翕翕訾訾,亦孔之哀。"《毛传》曰:"翕翕然患其上,訾
　　訾然不思称职"《尔雅》曰:"翕翕、訾訾,莫供职也。"訾音将徙反。"訿"
　　与"訾"古字通。

⑥《韩诗外传》曰:"无为虎傅翼将飞入邑,择人而食。"夫置不肖之人于
位,是为虎傅翼也。

⑦《春秋保乾图》曰:"臣功大者主威侵,权并族害尸奸行,吐珠于泽,谁能
不含。"谕君之权柄外假,则必窃取以为己利,犹珠出于泽中,谁能不含
取以为己宝也。吐犹出也。

⑧《老子·道经》曰:"鱼不可脱于泉,国之利器不可以示人。"河上公注
曰:"利器谓权道也。理国权道,不可以示执事之臣。"

夫俭德之恭,政存约节。①故文帝爱百金于露台,饰帷帐
于皂囊。②或有讥其俭者,上曰:"朕为天下守财耳,岂得妄用
之哉!"至仓谷腐而不可食,钱贯朽而不可校。今自初政已来,
日月未久,费用赏赐已不可算。敛天之财,积无功之家,帑藏单
尽,民物雕伤,卒有不虞,复当重赋百姓,怨叛既生,危乱可待
也。

①《左氏传》鲁大夫御孙曰"俭,德之恭;侈,恶之大"也。

②文帝常欲作露台,计直百金。"百金,中人十家之产,何以台为?"遂止不
作。又东方朔曰:"文帝集上书囊以为殿帷。"

昔成王之政,周公在前,邵公在后,毕公在左,史佚在右,
四子挟而维之。目见正容,耳闻正言,一日即位,天下旷然,言
其法度素定也。今陛下有成王之尊,而无数子之佐,虽欲崇雍
熙,致太平,其可得乎?

自去年已来,灾谴频数,地坼天崩,高岸为谷。修身恐惧,
则转祸为福;轻慢天戒,则其害弥深。愿陛下视亲自劳恤,研精
致思,勉求忠贞之臣,诛远佞谄之党,损玉堂之盛。尊天爵之
重,①割情欲之欢,罢宴私之好。帝王图籍陈列左右,心存亡国
所以失之,鉴观兴王所以得之,庶灾害可息,丰年可招矣。

①《孟子》曰:"公卿大夫,人爵也。仁义礼智信,天爵也。"

书奏不省,而外戚宠臣咸畏恶之。

延光三年,出为酒泉太守。叛羌千余骑徙敦煌来钞郡界,酺赴
击,斩首九百级,羌众几尽,威名大震。迁京兆尹。顺帝即位,拜光
禄大夫,迁将作大匠。损省经用,岁息四五千万。①屡因灾异,多所

匡正。②由是权贵共诬酺及尚书令高堂芝等交通属托,坐减死归家。复被章云酺前与河南张楷等谋反,逮诣廷尉。及杜真等上书讼之,事得明释。卒于家。③

①经,常也。

②《益部耆旧传》曰:"时诏问酺阴阳失序,水旱隔并,其设销复兴济之本。酺上奏陈图书之意曰:'汉四百年将有弱主闭门听难之祸,数在三百年之间。宜升历改宪,行先王至德要道,奉率时禁,抑损奢侈,宣明质朴,以延四百年之难。'帝从之。"

③《益部耆旧传》曰:"杜真字孟宗,广汉绵竹人也。少有孝行,习《易》、《春秋》,诵百万言,兄事同郡翟酺。酺后被系狱,真上檄章救酺,系狱笞六百,竟免酺难,京师莫不壮之。"

著《援神》、《钩命解诂》十二篇。①

①《援神契》、《钩命决》,皆《孝经纬》篇名也。诂音古。

初,酺之为大匠,上言:"孝文皇帝始置一经博士,①武帝大合天下之书,②而孝宣论《六经》于石渠,学者滋盛,弟子万数。③光武初兴,愍其荒废,起太学博士舍、内外讲堂,诸生横巷,为海内所集。明帝时辟雍始成,欲毁太学,太尉赵熹以为太学、辟雍皆宜兼存,故并传至今。而顷者颓废,至为园采刍牧之处。宜更修缮,诱进后学。"帝从之。酺免后,遂起太学,更开拓房室,学者为酺立碑铭于学云。

①武帝建元五年始置《五经》博士,文帝之时未遑庠序之事,酺之此言,不知何据。

②武帝诏曰:"其令礼官劝学,举遗兴礼。"举遗谓搜求遗逸,是合天下之书也。

③宣帝甘露三年,诏诸儒讲《五经》于殿中,兼平《公羊》、《谷梁》同异,上亲临决焉。时更崇《谷梁传》,故此言"六经"也。石渠,阁名。昭帝时博士弟子员百人,宣帝末增倍之,元帝时诏无置弟子员,以广学者,故言以万数也。

应奉字世叔,汝南南顿人也。曾祖父顺,字华仲,和帝时为河南尹、将作大匠,公廉约己,明达政事。①生十子,皆有才学。中子叠,江夏太守。叠生郴,武陵太守。郴生奉。①

①《华峤书》曰:"华仲少给事郡县,为吏清公,不发私书。举孝廉,尚书郎
转右丞,迁冀州刺史,廉直无私。迁东平相,赏罚必信,吏不敢犯。有梓
树生于厅事室上,事后母至孝,众以为孝感之应。时窦宪出屯河西,刺
史、二千石皆遣子弟奉赂遗宪,宪败后咸被绳黜,顺独不在其中,由是
显名。为将作大匠,视事五年,省费亿万。"《汝南记》曰"华仲妻本是汝
南邓元义前妻也。元义父伯考为尚书仆射,元义还乡里,妻留事姑甚
谨,姑憎之,幽闭空室,节其食饮,羸露日困,妻终无怨言。后伯考怪而
问之。时义子朗年数岁,言母不病,但苦饥耳。伯考流涕曰:'何意亲姑
反为此祸!'因遣归家。更嫁为华仲妻。仲为将作大匠,妻乘朝车出,元
义于路傍观之,谓人曰:此我故妇,非有它过,家夫人遇之实酷,本自
相贵。'其子朗时为郎,母与书皆不答,与衣裳辄烧之。母不以介意,意
欲见之,乃至亲家李氏堂上,令人以它词请朗。朗至,见母,再拜涕泣,
因起出。母追谓之曰:'我几死,自为汝家所弃,我何罪过,乃如此邪?'
因此遂绝"也。

奉少聪明,自为童儿及长,凡所经履,莫不暗记。读书五行并
下。为郡决曹史,行部四十二县,录囚徒数百千人。及还,太守备问
之,奉口说罪系姓名,坐状轻重,无所遗脱,时人奇之。①著《汉书后
序》,多所述载。②大将军梁冀举茂才。

①《谢承书》曰:"奉少为上计吏,许训为计掾,俱到京师。训自发乡里,在
路昼顿暮宿,所见长吏、宾客、亭长、吏卒、奴仆,训皆密疏姓名,欲试
奉。还郡,出疏示奉。奉云:'前食颍川纶氏都亭,亭长胡奴名禄,以饮浆
来,何不在疏?'坐中皆惊。"又云:"奉年二十时,尝诣彭城相袁贺,贺时
出行闭门,造车匠于内开扇出半面视奉,奉即委去。后数十年于路见车
匠,识而呼之。"

②《袁山松书》曰:"奉又删《史记》、《汉书》及《汉记》三百六十余年,自汉
兴至其时,凡十七卷,名曰《汉事》。"

先是武陵蛮詹山等四千余人反叛,执县令,屯结连年。诏下公
卿议,四府举奉才堪将帅。①永兴元年,拜武陵太守。到官慰纳,山
等皆悉降散。于是兴学校,举仄陋,政称变俗。坐公事免。

①四府,解见《皇后纪》。

延熹中,武陵蛮复寇乱荆州,车骑将军冯绲以奉有威恩,为蛮夷所服,上请与俱征。拜从事中郎。[1]奉勤设方略,贼破军罢,绲推功于奉,荐为司隶校尉。纠举奸违,不避豪戚,以严厉为名。

[1]《谢承书》曰:"时诏奉曰:'蛮夷叛逆作难,积恶放恣,镬中之鱼,火炽汤尽,当悉焦烂,以刷国耻。朝廷以奉昔守南土,威名播越,故复式序重任。奉之废兴,期在于今。赐奉钱十万,驳犀方具剑、金错把刀剑、革带各一。奉其勉之!'"

及邓皇后败,而田贵人见幸,桓帝有建立议。奉以田氏微贱,不宜超登后位,上书谏曰:"臣闻周纳狄女,襄王出居于郑;[1]汉立飞燕,成帝胤嗣泯绝。母后之重,兴废所因。宜思《关雎》之所求,远五禁之所忌。"[2]帝纳其言,竟立窦皇后。

[1]《左传》襄王将以狄女为后,富臣谏曰:"不可。狄固贪婪,王又启之。"王不从。狄人伐周,襄王出奔。

[2]《韩诗外传》曰:"妇人有五不娶:丧妇之长女不娶,为其不受命也;世有恶疾不娶,弃于天也;世有刑人不娶,弃于人也;乱家女不娶,类不正也;逆家子不娶,废人伦也。"

及党事起,奉乃慨然以疾自退。追愍屈原,因以自伤,著《感骚》三十篇,数万言。诸公多荐举,会病卒。子勔。

勔字仲远。[1]少笃学,博览多闻。灵帝时举孝廉,辟车骑将军何苗掾。

[1]《谢承书》曰、《应氏谱》并云"字仲远",《续汉书·文士传》作"仲援",《汉官仪》又作"瑗",未知孰是。

中平二年,汉阳贼边章、韩遂与羌胡为寇,东侵三辅。时遣车骑将军皇甫嵩西讨之,嵩请发乌桓三千人。北军中候邹靖上言:"乌桓众弱,宜开募鲜卑。"事下四府,大将军掾韩卓议,以为"乌桓兵寡而与鲜卑世为仇敌,若乌桓被发则鲜卑必袭其家。乌桓闻之,当复弃军还救。非唯无益于实,乃更沮三军之情。邹靖居近边塞,究其态诈。若令靖募鲜卑轻骑五千,必有破敌之效。"勔驳之曰:"鲜卑隔在漠北,犬羊为群,无君长之帅,庐落之居,而天性贪暴,不拘信义,故数犯障塞,且无宁岁。唯至互市,乃来靡服。苟欲中国珍货,非为畏威怀德。计获事足,旋踵为害。是以朝家外而不内,盖为此也。①往者匈奴反叛,度辽将军马续、乌桓校尉王元发鲜卑五千余骑,又武威太守赵冲亦率鲜卑征讨叛羌,斩获丑虏,既不足言,而鲜卑越溢,多为不法。裁以军令,则忿戾作乱;制御小缓,则陆掠残害。劫居人,钞商旅,唉人牛羊,略人兵马。得赏即多,不肯去,复欲以物买铁。边将不听,便取缣帛聚欲烧之。边将恐怖,畏其反叛,辞谢抚顺,无敢拒违。今狡寇未殄,而羌为巨害,如或致悔,其可追乎!臣愚以为可募陇西羌胡守善不叛者,简其精勇,多其牢赏。②太守李参沈静有谋,必能奖厉,得其死力。当思渐消之略,不可仓卒望也。"韩卓复与劭相难反覆。于是诏百官大会朝堂,皆从劭议。

①朝家犹国家也。《公羊传》曰"《春秋》内诸夏而外夷狄"也。

②牢,禀食也。或作"劳"。劳,功也。

三年,举高第,再迁;六年,拜太山太守。初平二年,黄巾三十万众入郡界。劭纠率文武连与贼战,前后斩首数千级,获生口老弱万余人,辎重二千两,贼皆退却,郡内以安。兴平元年,前太尉曹嵩及子德从琅邪入太山,劭遣兵迎之,未到,而徐州牧陶谦素怨嵩子操数击之,乃使轻骑追嵩、德,并杀之于郡界。劭畏操诛,弃郡奔冀州牧袁绍。

初,安帝时河间人尹次、颍川人史玉皆坐杀人当死,次兄初及玉母军并诣官曹求代其命,因缢而物故。尚书陈忠以罪疑从轻,议活次、玉。劭后追驳之,据正典刑,有可存者。其议曰:

《尚书》称:"天秩有礼,五服五章哉。天讨有罪,五刑五用哉。"而孙卿亦云"凡制刑之本,将以禁暴恶,且惩其末也。凡爵列、官秩、赏庆、刑威,皆以类相从,使当其实也。"若德不副位,能不称官,赏不酬功,刑不应罪,不祥莫大焉。杀人者死,伤人者刑,此百王之定制,法之成科。高祖入关,虽尚约法,然杀人者死,亦无宽降。夫时化则刑重,时乱则刑轻。①《书》曰"刑罚时轻时重",此之谓也。

①犯化之罪固重，犯乱之罪为轻。

今次、玉，公以清时释其私憾，阻兵安忍，僵尸道路。①朝恩在宽，幸至冬狱，而初、军愚狷，妄自投毙。昔召忽亲死子纠之难，而孔子曰"经于沟渎，人莫之知。"②朝氏之父非错刻峻，遂能自陨其命，班固亦云"不如赵母指括以全其宗。"③传曰"仆妾感慨而致死者，非能义勇，顾无虑耳。"④夫刑罚威狱，以类天之震耀杀戮也；温慈和惠，以放天之生殖长育也。⑤是故春一草枯则为灾，秋一木华亦为异。今杀无罪之初、军，而活当死之次、玉，其为枯华，不亦然乎？陈忠不祥制刑之本，而信一时之仁，遂广引八议求生之端。夫亲故贤能功贵勤宾，岂有次、玉当罪之科哉？⑥若乃小大以情，原心定罪，⑦此为求生，非谓代死可以生也。败法乱政，悔其可追。

①阻，恃也。《左传》曰，卫州吁"阻兵而安忍。"

②召忽，齐大夫。子纠，齐襄公之庶子也。子纠与小白争国，子纠被杀。召忽其傅也，遂死之。《论语》孔子论召忽曰："岂若匹夫匹妇之为谅也，自经于沟渎而莫之知也。"

③《前书》，晁错为御史大夫，改更律令，诸侯喧哗。错父闻而非之，曰："刘氏安而晁氏危矣。"遂饮药而死。《史记》曰，赵母，赵将马服君赵奢之妻，赵括之母也。奢死，赵欲以括为将，母谓赵王曰："王以为括如其父，父子异心，愿王勿遣。"王曰："吾计决矣。"括母曰："王终将之，即有不称，妾得无随乎？"王许诺。及括败，王以母先言，竟不诛也。而班固引之以为晁错赞词。

④言仆妾之致死者，顾由无计虑耳。语见《史记·栾布传·赞》也。

⑤《左传》郑大夫游吉之词。

⑥《周礼》小司寇职郑司农曰："亲，宗室有罪先请也。故谓旧知也。贤谓有德行者。能谓有道艺者。功谓有大勋也。贵谓若今墨绶，有罪先请也。勤谓憔悴国事。宾谓二王后。"

⑦《左传》曰："小大之狱，虽不能察，必以情。"原心定罪，解见《霍谞传》也。

勰凡为驳议三十篇，皆此类也。

又删定律令为《汉仪》，建安元年乃奏之。曰："夫国之大事，莫

尚载籍。载籍也者，决嫌疑，明是非，①赏刑之宜，允获厥中，俾后之
人永为监焉。故胶东相董仲舒老病致仕，朝廷每有政议，数遣廷尉
张汤亲至陋巷，问其得失。②于是作《春秋决狱》二百三十二事，动
以经对，言之详矣。逆臣董卓，荡覆王室，典宪焚燎，靡有孑遗，开辟
以来，莫或兹酷。③今大驾东迈，巡省许都，拔出险难，其命惟新。臣
累世受恩，荣祚丰衍，窃不自揆，贪少云补，辄撰具《律本章句》、《尚
书旧事》、《廷尉板令》、《诀事比例》、《司徒都目》、《五曹诏书》④及
《春秋断狱》凡二百五十篇。蠲去复重，为之节文。⑤又集驳议三十
篇，以类相从，凡八十二事。其见《汉书》二十五，《汉记》四，⑥皆删
叙润色，以全本体。其二十六，博采古今瑰玮之士，文章焕炳，德义
可观。其二十七，臣所创造。岂緊自谓必合道衷，⑦心焉愤邑，聊以
藉手。⑧昔郑人以干鼠为璞，鬻之于周；宋愚夫亦宝燕石，缇缃十
重。夫睹之者掩口卢胡而笑，斯文之族无乃类旃。⑨《左氏》实云虽
有姬姜丝麻，不弃憔悴菅蒯，盖所以代匮也。⑩是用敢露顽才，厕于
明哲之末。虽未足纲纪国体，宣洽时雍，庶几观察，增阐圣听。惟因
万机之余暇，游意省览焉。"献帝善之。

①《礼记》曰："夫礼者，决嫌疑，明是非。"

②事见《前书》。

③或，有也。

④司徒即丞相也。总领纲纪，佐理万机，故有都目。成帝初置尚书员五人，
　《汉旧仪》有常侍曹、二千石曹、户曹、主客曹、三公曹也。

⑤复音襆，重音直容反。

⑥即《东观记》。

⑦緊音乌兮反。緊犹是也。

⑧藉音自夜反。

⑨《尹文子》曰："郑人谓玉未琢者为璞，周人谓鼠未腊者为璞。周人遇郑
　贾，人曰：'欲买璞乎?'郑贾曰：'欲之。'出璞视之，乃鼠也，因谢不取。'
　《战国策》亦然。今此乃云"郑人以干鼠为璞"，便与二说不同。此云"干
　鼠"，彼云"未腊"，事又差舛。《阙子》曰："宋之愚人得燕石梧台之东，归
　而藏之，以为大宝。周客闻而观之，主人父斋七日，端冕之衣，衅之以特

牲，革匮十重，缇巾十袭。客见之，俯而掩口卢胡而笑曰：'此燕石也，与
瓦甓不殊。'主人父怒曰：'商贾之言，竖匠之心。'藏之愈固，守之弥
谨。"旃，之也。缇音衼。缇，赤色缯也。《楚词》曰："袭英衣兮缇绹。"谓
鲜明之衣。

⑩《左传》曰："诗云：'虽有丝麻，无弃菅蒯。虽有姬、姜，无弃蕉萃。凡百君
子，莫不代匮。'"杜注云："逸《诗》也。姬、姜，大国之女。蕉萃，陋贱之
人。"蕉萃，憔萃，古字通。

二年，诏拜劭为袁绍军谋校尉。时始迁都于许，旧章堙没，书记
罕存。劭慨然叹息，乃缀集所闻，著《汉官礼仪故事》，凡朝廷制度，
百官典式，多劭所立。

初，父奉为司隶时，并下诸官府郡国，各上前人像赞，劭乃连缀
其名，录为《状人纪》。又论当时行事，著《中汉辑序》。撰《风俗通》，
以辩物类名号，释时俗嫌疑。文虽不典，后世服其洽闻。凡所著述
百三十篇。又集解《汉书》，皆传于时。后卒于邺。

弟子玚、璩，并以文才称。①

①《华峤书》曰："劭弟珣，字季瑜，司空掾。珣生玚。"魏志曰"玚字德琏，玚
弟璩字休琏，咸以文章显"也。

中兴初，有应妪者，生四子而寡。见神光照社，试探之，乃得黄
金。自是诸子宦学，并有才名，至玚七世通显。①

①应顺，将作大匠；子叠，江夏太守；叠生郴，武陵太守；郴生奉，从事中
郎；奉生劭，车骑将军掾；劭弟珣，司空掾；珣子玚，曹操辟为丞相掾。

霍谞字叔智，魏郡邺人也。少为诸生，明经。有人诬谞舅宋光
于大将军梁商者，以为妄刊章文，坐系洛阳诏狱，掠考困极。谞时年
十五，奏记于商曰：

将军天覆厚恩，愍舅光冤结，前者温教许为平议，虽未下
吏断决其事，已蒙神明顾省之听。皇天后土，实闻德音。窃独
踊跃，私自庆幸。谞闻《春秋》之义，原情定过，赦事诛意，故许
止虽弑君而不罪，赵盾以纵贼而见书。①此仲尼所以垂王法，
汉世所宜遵前修也。传曰："人心不同，譬若其面。"②斯盖谓大

小窳隆丑美之形,至于鼻目众窍毛发之状,未有不然者也。情之异者,刚柔舒急,倨敬之间。至于趋利避害,畏死乐生,亦复均也。谞与光骨肉,义有相隐,言其冤滥,未必可谅,且以人情平论其理。

①许止,许悼公之子名止也。《公羊传》曰:"冬,葬许悼公。贼未讨何以书葬?不成乎弑也。许悼公是止进药而杀,是以君子加弑焉。葬许悼公是君子之赦止。赦止者,免止罪之辞也。"何休注云:"原止欲愈父之病,无害父之意,故赦之。"是原情定过也。又曰:"晋史书赵盾弑其君。赵盾曰:'天乎无辜,吾不弑君。'太史曰:'尔为仁为义,人杀尔君则不讨贼,此非弑君如何?'"此赦事诛意也。

②《左传》郑子产谓子皮曰:"人心不同,譬如面焉。吾岂敢谓子面如吾面乎?"

　　光衣冠子孙,径路平易,①位极州郡,日望征辟,亦无瑕秽纤介之累,无故刊定诏书,欲以何名?就有所疑,当求其便安,岂有触冒死祸,以解细微?譬犹疗饥于附子,止渴于鸩毒,未入肠胃,已绝咽喉,岂可为哉!②昔东海孝妇见枉不辜,幽灵感革,天应枯旱。③光之所坐,情既可原,守阙连年,而终不见理。呼嗟紫宫之门,泣血两观之下,④伤和致灾,为害滋甚。凡事更赦令,不应复案。夫以罪刑明白,尚蒙天恩,岂有冤谤无征,反不得理?是为刑宥正罪,戮加诬侵也。不偏不党,其若是乎?明将军德盛位尊,人臣无二,言行动天地,举厝移阴阳,诚能留神,沛然晓察,必有于公高门之福,⑤和气立应,天下幸甚。

①谓遵依常辙,无所规求也。

②《史记》苏秦曰:"饥人之所以饥而不食乌喙者,以其愈充腹而与饿死者同患也。"附子、乌喙,根同而状异也。

③《前书》曰,东海有孝妇,少寡无子,养姑甚谨,姑欲嫁之,终不肯。姑告邻人曰:"孝妇养我勤苦,我老,久累丁壮。"乃自经死。姑女告吏曰:"妇杀我母。"吏验之急,孝妇自诬服,具狱上府,太守竟论杀妇。郡中枯旱三年。后太守至,自祭孝妇墓,天立大雨,岁熟。

④天有紫微宫,是上帝之所居也,王者立宫,象而为之。两观谓阙也。

⑤于公,东海人,为郡决曹,决狱平。其闾门坏,父老共修之。于公曰:"少
　高大闾门,令容驷马盖车。我决狱多有阴德,子孙必有兴者。"至子定国
　为丞相,孙永御史大夫。

商高谓才志,即为奏原光罪,由是显名。

　　仕郡,举孝廉,稍迁金城太守。性明达笃厚,能以恩信化诱殊
俗,甚为羌胡所敬服。遭母忧,自上归行丧。服阕,公车征,再迁北
海相,入为尚书仆射。是时大将军梁冀贵戚秉权,自公卿以下莫敢
违忤。谓与尚书令尹勋数奏其事,又因陛见陈闻罪失。及冀诛后,
桓帝嘉其忠节,封邟都亭侯。前后固让,不许。出为河南尹,迁司隶
校尉,转少府、廷尉,卒官。

　　子俊,安定太守。

　　爰延字季平,陈留外黄人也。清苦好学,能通经教授。性质悫,
少言辞。县令陇西牛述好士知人,乃礼请延为廷掾,范丹为功曹,濮
阳潜为主簿,①常共言谈而已。后令史昭以为乡啬夫,仁化大行,人
但闻啬夫,不知郡县。在事二年,州府礼请,不就。桓帝时征博士,
太尉杨秉等举贤良方正,再迁为侍中。

　　①濮阳,姓也。

　　帝游上林苑,从容问延曰:"朕何如主也?"对曰:"陛下为汉中
主。"帝曰:"何以言之?"对曰:"尚书令陈蕃任事则化,中常侍黄门
豫政则乱,是以知陛下可与为善,与与为非。"①帝曰:"昔朱云廷折
栏槛,今侍中面称朕违,敬闻阙矣。"②拜五官中郎将,转长水校尉,
迁魏郡太守,征拜大鸿胪。

　　①《前书》曰:"齐桓公,管仲相之则霸,竖貂辅之则乱。可与为善,可与为
　　　恶,是谓中人。"
　　②朱云字游。成帝时上书求见,曰:"今朝廷大臣,上不能匡主,下无以益
　　　人,臣愿赐尚方斩马剑,断佞臣一人,以励其余。"上问曰:"谁也?"对
　　　曰:"安昌侯张禹。"上大怒曰:"小臣廷辱师傅,罪死不赦。"御史将云
　　　下,云攀殿槛折。云呼曰:"臣得从龙逢、比干游于地下足矣,未知朝廷
　　　如何耳!"上意乃解。及后当修槛,上曰"勿易",因而辑之,以旌直臣。

帝以延儒生，常特宴见。时太史令上言"客星经帝坐"，帝密以问延。延因上封事曰："臣闻天子尊无为上，故天以为子，位临臣庶，威重四海，动静以礼，则星辰顺序；意有邪僻，则暑度错违。陛下以河南尹邓万有龙潜之旧，封为通侯，恩重公卿，惠丰宗室。加顷引见，与之对博，上下缧緤，有亏尊严。臣闻之，帝左右者，所以咨政德也。故周公戒成王曰'其朋其朋'，言慎所与也。① 昔宋闵公与强臣共博，列妇人于侧，积此无礼，以致大灾。② 武帝与幸臣李延年、韩嫣同卧起，尊爵重赐，情欲无厌，遂生骄淫之心，行不义之事，卒延年被戮，嫣伏其辜。③ 夫爱之则不觉其过，恶之则不知其善，所以事多放滥，物情生怨。故王者赏人必酬其功，爵人必甄其德。④ 善人同处，则日闻嘉训；恶人从游，则日生邪情。孔子曰：'益者三友，损者三友。'⑤ 邪臣惑君，乱妾危主，以非所言则悦于耳，以非所行则玩于目，故令人君不能远之。仲尼曰：'唯女子与小人为难养，近之则不逊，远之则怨。'盖圣人之明戒也！昔光武皇帝与严光俱寝，上天之异，其夕即见。⑥ 夫以光武之圣德，严光之高贤，君臣合道，尚降此变，岂况陛下今所亲幸，以贱为贵，以卑为尊哉？惟陛下远谗谀之人，纳謇謇之士，除左右之权，寤宦官之敝。使积善日熙，⑦ 佞恶消殄，则乾灾可除。"帝省其奏。因以病自上，乞骸骨还家。灵帝复特征，不行，病卒。

①《尚书》周公戒成王曰："孺子其朋，孺子其朋，慎其往！"

②《公羊》经书"宋万弒其君捷"。传曰："宋万尝与宋庄公战，获于庄公，归舍诸宫中，数月然后归之。与宋闵公博，妇人在侧，万曰：'甚矣鲁侯之淑，鲁侯之美！天下诸侯宜为君者唯鲁侯尔。'闵公矜此妇人，妒其言，顾曰：'此虏也，鲁侯之美恶乎至？'万怒，搏闵公，绝其脰。"

③李延年，中山人也。身及父母兄弟皆故倡人也。武帝时，延年女弟得幸，号曰李夫人。延年善歌舞，为协律都尉，佩二千石印绶，与上卧起。弟季与中人乱，出入骄恣，上遂诛延年兄弟。韩嫣，韩王信之曾孙也。武帝为王时，与嫣相爱，后位至上大夫，赏赐拟邓通，与上卧起，出入永巷，以奸闻被诛。

④甄，明也。

⑤《论语》孔子曰："友直,友谅,友多闻,益矣。友便僻,友善柔,友便佞,损矣。"

⑥事见《逸人传》。

⑦熙,广也。

　子骥,白马令,亦称善士。①

①《谢承书》曰兴字骥。

　徐璆字孟玉,①广陵海西人也。父淑,度辽将军,有名于边。②璆少博学,辟公府,举高第。③稍迁荆州刺史。时董太后姊子张忠为南阳太守,因势放滥,臧罪数亿。璆临当之部,太后遣中常侍以忠属璆。璆对曰:"臣身为国,不敢闻命。"太后怒,遂征忠为司隶校尉,以相威临。璆到州,举奏忠臧余一亿,使冠军县上簿诣大司农,以彰暴其事。又奏五郡太守及属县有臧污者,悉征案罪,威风大行。中平元年,与中郎将朱俊击黄巾贼于宛,破之。张忠怨璆,与诸阉官构造无端,璆遂以罪征。有破贼功,得免官归家。后再征,迁汝南太守,转东海相,所在化行。

①璆音仇。

②《谢承书》曰:"淑字伯进,宽裕传学,习《孟氏易》、《春秋公羊传》、《礼记》、《周官》。善诵《太公六韬》,交接英雄,常有壮志。"

③《袁山松书》曰:"璆少履清高,立朝正色。称扬后进,惟恐不及。"

　献帝迁许,以廷尉征,当诣京师,道为袁术所劫,授璆以上公之位。璆乃叹曰:"龚胜、鲍宣,独何人哉?守之必死!"①术不敢逼。术死军破,璆得其盗国玺,及还许上之②,并送前所假汝南、东海二郡印绶。司徒赵温谓璆曰:"郡遭大难,犹存此邪?"璆曰:"昔苏武困于匈奴,不队七尺之节,况此云寸印乎?"

①龚胜字君宾,楚人也。好学明经,哀帝时为光禄大夫,乞骸骨。王莽即位,遣使以上卿征,胜不食而死。鲍宣字子都,渤海人也。哀帝时为司隶校尉。王莽辅政,诛汉忠臣不附己者,宣及何武等皆死。

②卫宏曰:"秦以前金、玉、银为方寸玺。秦以来天子独称玺,又以玉,群下莫得用。其玉出蓝田山,题是李斯书,其文曰'受命于天,既寿永昌',号

曰传国玺。汉高祖定三秦，子婴献之，高祖即位乃佩之。王莽篡位，就元后求玺，后乃出以投地，上螭一角缺。及莽败时，仍带玺绂，杜吴杀莽，不知取玺，公宾就斩莽首，并取玺。更始将李松送上更始。赤眉至高陵，更始奉玺上赤眉。建武三年，盆子奉以上光武。孙坚从桂阳入雒讨董卓，军于城南，见井中有五色光，军人莫敢汲，坚乃浚得玺。袁术有僭盗意，乃拘坚妻求之。术得玺，举以向肘。魏武谓之曰：'我在，不听汝乃至此。'"时璆得而献之。

后拜太常，使持节拜曹操为丞相。操以相让璆，璆不敢当。卒于官。

论曰：孙懿以高明见忌，而受欺于阴计；翟酺资谲数取通，而终之以謇谏。岂性智自有周遍，先后之要殊度乎？应氏七世才闻，而奉、劭采章为盛。及撰著篇籍，甄纪异知，虽云小道，亦有可观者焉。延、璆应对辩正，而不可犯陵上之尤，斯固辞之不可以已也。①

①《左氏传》孔子曰："辞之不可以已也如是夫！夫！子产有辞，诸侯赖之。"

赞曰：杨终、李法，华阳有闻。①二应克聪，亦表汝濆。②翟酺诈懿，霍谞请舅。延能讦帝，璆亦悟后。

①益州，古梁州之域。《尚书》曰："华阳黑水惟梁州。"孔安国注曰："北拒华山之阳，南拒黑水。"故常璩叙蜀事而谓之《华阳国志》焉。

②郑玄注《周礼》曰："水涯曰濆。"

后汉书卷四九
列传第三九

王充　王符　仲长统

　　王充字仲任,会稽上虞人也,其先自魏郡元城徙焉。充少孤,乡里称孝。后到京师,受业太学,①师事扶风班彪。好博览而不守章句。家贫无书,常游洛阳市肆,阅所卖书,一见辄能诵忆,遂博通众流百家之言。后归乡里,屏居教授。仕郡为功曹,以数谏争不合去。

　　①《袁山松书》:“充幼聪朗。诣太学,观天子临辟雍,作《六儒论》。”

　　充好论说,始若诡异,终有理实。以为俗儒守文,多失其真,乃闭门潜思,绝庆吊之礼,户牖墙壁,各置刀笔。箸《论衡》八十五篇、二十余万言,①释物类同异,正时俗嫌疑。

　　①《袁山松书》曰:“充所作《论衡》,中土未有传者,蔡邕入吴始得之,恒秘玩以为谈助。其后王朗为会稽太守,又得其书,及还许下,时人称其才进。或曰,不见异人,当得异书。问之,果以《论衡》之益,由是遂见传焉。”《抱朴子》曰:“时人嫌蔡邕得异书,或搜求其帐中隐处,果得《论衡》,抱数卷持去。邕丁宁之曰:‘唯我与尔共之,勿广也。’”

　　刺史董勤辟为从事,转治中,自免还家。友人同郡谢夷吾上书荐充才学,①肃宗特诏公车征,病不行。年渐七十,志力衰耗,乃造《养性书》十六篇,裁节嗜欲,颐神自守。永元中,病卒于家。

　　①《谢承书》曰:“夷吾荐充曰:‘充之天才,非学所加,虽前世孟轲、孙卿,近汉杨雄、刘向、司马迁,不能过也。’”

　　王符字节信,安定临泾人也。少好学,有志操,与马融、窦章、张衡、崔瑗等友善。安定俗鄙庶孽，①而符无外家，为乡人所贱。自和、安之后，世务游宦，当涂者更相荐引，而符独耿介不同于俗，以此遂不得升进。志意蕴愤，乃隐居著书三十余篇，以讥当时失得，不欲章显其名，故号曰《潜夫论》。其指讦时短，讨谪物情，②足以观见当时风政，著其五篇云尔。

①何休注《公羊传》云："孽，贱也。"

②讦，攻也。谪，责也。

《贵忠篇》曰：

夫帝王之所尊敬者天也，皇天之所爱育者人也。今人臣受君之重位，牧天之所爱，焉可以不安而利之，养而济之哉？是以君子任职则思利人，达上则思进贤，故居上而下不怨，在前而后不恨也。《书》称"天工人其代之。"王者法天而建官，①故明主不敢以私授，忠臣不敢以虚受。窃人之财犹谓之盗，况偷天官以私己乎！②以罪犯人，必加诛罚，况乃犯天，得无咎乎？夫五世之臣，以道事君，③泽及草木，仁被率土，是以福祚流衍，本支百世。"④季世之臣，以谄媚主，不思顺天，专杖杀伐。白起、蒙恬，秦以为功，天以为贼；⑤息夫、董贤，主以为忠，天以为盗。⑥《易》曰："德薄而位尊，智小而谋大，鲜不及矣。"⑦是故德不称，其祸必酷；能不称，其殃必大。夫窃位之人，天夺其鉴。⑧虽有明察之资，仁义之志，一旦富贵，则背亲捐旧，丧其本心，疏骨肉而亲便辟，薄知友而厚犬马，宁见朽贯千万，而不忍贷人一钱，情知积粟腐仓，而不忍贷人一斗，骨肉怨望于家，细人谤讟于道。前人以败，后争袭之，诚可伤也。

①《尚书·咎繇谟》曰："亡旷庶官，天工人其代之。"孔安国注云："言人代天理官，不可以天官私非其才也。"又曰："明王奉若天道，建邦设都。"孔安国注云："天有日、月、北斗、五星二十八宿，皆有尊卑相正之法。言明王奉顺此道，以立国设都也。"

②《左传》介之推曰："窃人之财犹谓之盗，况贪天功以为己力乎？"

③五代谓唐、虞、夏、殷、周也。

④《诗·大雅》曰："文王孙子，本支百世。"

⑤《史记》曰,白起为秦将,与赵战于长平,坑赵卒四十五万人。蒙恬为秦将,北逐戎翟,筑长城,起临洮至辽东,延衺万余里。此为虐于人也。

⑥息夫躬字子微,哀帝时,告东平王云事,封宜陵侯。董贤字圣卿,得幸哀帝,为贤起大第于北阙下,封为高安侯。

⑦《易·系辞》之言。

⑧《论语》孔子曰:"臧文仲其窃位者欤?"《左传》晋卜偃曰:"虢必亡矣,天夺之鉴而益其疾也。"杜预注云"鉴,所以自照"也。

历观前政贵人之用心也,与婴儿子其何异哉?婴儿有常病,贵臣有常祸,父母有常失,人君有常过。婴儿常病,伤于饱也;贵臣常祸,伤于宠也。哺乳多则生痫病,富贵盛而致骄疾。爱子而贼之,骄臣而灭之者,非一也。极其罚者,乃有仆死深牢,衔刀都市,①岂非无功于天,有害于人者乎?夫鸟以山为埤而增巢其上,鱼以泉为浅而穿穴其中,卒所以得者饵也。②贵戚愿其宅吉而制为令名,欲其门坚而造作铁枢,卒其所以败者,非苦禁忌少而门枢朽也,常苦崇财货而行骄僭耳。

①赵将李牧为韩仓所谮,赐死。将自诛,臂短不能及,衔刀于柱以自杀。见《战国策》。

②《曾子》之文也。亦见《大戴礼》

不上顺天心,下育人物,而欲任其私智,穷弄君威,反戾天地,欺诬神明。居累卵之危,而图太山之安;为朝露之行,而思传世之功。①岂不惑哉!岂不惑哉!

①朝露言易尽也。苏子曰:"人生一世,若朝露之托于桐叶耳,其兴几何!"

《浮侈篇》曰:

王者以四海为家,兆人为子。一夫不耕,天下受其饥;一妇不织,天下受其寒。①今举俗舍本农,趋商贾,牛马车舆,填塞道路,游手为巧,充盈都邑,②务本者少,浮食者众。'商邑翼翼,四方是极。'③今察洛阳,资末业者什于农夫,虚伪游手什于末业。是则一夫耕,百人食之;一妇桑,百人衣之。以一奉百,孰能供之!天下百郡千县,市邑万数,类皆如此。本末不足相供,则民安得不饥寒?饥寒并至,则民安能无奸轨?奸轨繁多,则吏安能无严酷？严酷数加，则下安能无愁怨？愁怨者多，则咎征并臻。下民无聊，而上天降灾，则国危矣。

①《文子》曰："神农之法曰'丈夫丁壮不耕，天下有受其饥者；妇人当年不织，天下有受其寒者。故其耕不强者，无以养生；其织不力者，无以衣形。'"

②游手为巧谓雕镂之属也。

③《诗·商颂》文也。郑玄注云："极，中也。翼翼然可则效，乃四方之中正也。"

夫贫者于富，弱生于强，乱生于化，危生于安。①是故明王之养民，尤之劳之，教之诲之，慎微防萌，以断其邪。故《易》美"节以制度，不伤财，不害民"；②《七月》之诗，大小教之，终而复始。由此观之，人固不可恣也。③

①富而不节则贫，强而骄人则弱，居理而不修德则乱，恃安而不慎微则危矣。

②"节以制度"以下，并《节卦·象辞》也。郑玄注云："空府臧则伤财，力役繁则害人，二者奢泰之所致。"

③《七月》，《诗·豳风》也。大谓耕桑之法，小谓索绹之类。自春及冬，终而复始也。

今人奢衣服，佟饮食，事口舌而习调欺。或以谋奸合任为业，①或以游博持掩为事。②丁夫不扶犁锄，而怀丸挟弹，携手上山遨游；或好取土作丸卖之，外不足御寇盗，内不足禁鼠雀；或作泥车瓦狗诸戏弄之具，以巧诈小儿。此皆无益也。

①合任谓相合为任侠也。

②博谓六博，掩谓意钱也。《前书·货殖传》曰"又况掘冢搏掩犯奸成富"也。

《诗》刺"不绩其麻，市也婆娑。"①又妇人不修中馈，休其蚕织，②而起学巫祝，鼓舞事神，以欺诬细民，荧惑百姓妻女。羸弱疾病之家，怀尤愤愤，易为恐惧。至使奔走便时，去离正宅，崎岖路侧，风寒所伤，奸人所利，盗贼所中。或增祸重祟，至于死亡，而不知巫所欺误，反恨事神之晚，此妖妄之甚者也。

①《诗·陈风》也。娑娑,舞貌。谓妇人于市中歌舞以事神也。

②《易·家人卦·六二》曰:"在中馈,贞吉。"郑玄注云:"中馈,酒食也。"
《诗·大雅》曰:"妇无公事,休其蚕织。"

　　或刻画好缯,以书祝辞;或虚饰巧言,希致福祚;或糜折金彩,令广分寸;或断截众缕,绕带手腕;或裁切绮縠,缝纵成幡。皆单费百缣,用功千倍,破牢为伪,以易就难,坐食嘉谷,消损白日。①夫山林不能给野火,江海不能实漏卮,皆所宜禁也。

①损或作"捐"。

　　昔孝文皇帝躬衣弋绨,①革舄韦带。而今京师贵戚,衣服饮食,车舆庐第,奢过王制,固亦甚矣。且其徒御仆妾,皆服文组彩牒,②锦绣绮纨,葛子升越,筩中女布。③犀象珠玉,虎魄瑇瑁,石山隐饰,金银错镂,④穷极丽靡,转相夸咤。⑤其嫁娶者,车軿数里,缇帷竟道,⑥骑奴侍童,夹毂并引。富者竞欲相过,贫者耻其不逮,一飨之所费,破终身之业。古者必有命,然后乃得衣缯丝而乘车马。⑦今虽不能复古,宜令细民略用孝文之制。

①《前书音义》曰:"弋,皂也。绨,缯也。"

②牒即今叠布也。

③《说文》曰:"绮,文缯也。"《前书》曰:"齐俗作冰纨。"子,细称也。沈怀远《南越志》曰:"蕉布之品有三,有蕉布,有竹子布,又有葛焉。虽精粗之殊,皆同出而异名。"杨雄《蜀都赋》曰:"布则蜘蛛作丝,不可见风,筩中黄润,一端数金。"盛弘之《荆州记》曰:"秭归县室多幽闲,其女尽织布至数十升。"今永州俗犹呼贡布为女子布也。

④《广雅》曰:"虎魄,珠也。生地中,其上及旁不生草,深者八九尺。初时如桃胶,凝坚乃成。其方人以为枕。出罽宾及大秦国。"《吴录》曰:"瑇瑁似龟而大,出南海。"山石谓隐起为山石之文也。

⑤郭景纯注《子虚赋》曰:"诧,夸也。"咤与诧通也。

⑥《苍颉篇》曰:"軿,衣车。"軿音薄丁反,又步田反。

⑦《尚书大传》曰:"古之帝王者必有命。人能敬长矜孤,取舍好让者,命于其君,得乘饰车軿马,衣文锦。未有命者,不得衣,不得乘,乘衣者有罚。"

　　古之葬者,厚衣之以薪,葬之中野,不封不树,丧期无数。后世圣人易之以棺椁,①桐木为棺,葛采为缄,②下不及泉,上不泄臭。中世以后,转用楸梓槐柏杶樗之属,各因方土,裁用胶漆,使其坚足恃,其用足任,如此而已。今者京师贵戚,必欲江南檽梓豫章之木。③边远下土,亦竞相放效。夫檽梓豫章,所出殊远,伐之高山,引之穷谷,入海乘淮,逆河溯洛,工匠雕刻,连累日月,会众而后动,多牛而后致,重且千斤,功将万夫。而东至乐浪,西达敦煌,费力伤农于万里之地。古者墓而不坟,中世坟而不崇。仲尼丧母,冢高四尺,遇雨而崩,弟子请修之,夫子泣曰:“古不修墓。”④及鲤也死,有棺无椁。文帝葬芷阳,⑤明帝葬洛南,皆不臧珠宝,不起山陵,墓虽卑而德最高。今京师贵戚,郡县豪家,生不极养,死乃崇丧。或至金镂玉匣,檽梓梗楠,多埋珍宝偶人车马,造起大冢,广种松柏,庐舍祠堂,务崇华侈。案郜毕之陵,南城之冢,⑥周公非不忠,曾子非不孝,以为褒君爱父,不在于聚财,扬名显亲,无取于车马。昔晋灵公多赋以雕墙,《春秋》以为非君;⑦华元、乐举厚葬文公,君子以为不臣。⑧况于群司士庶,乃可僭侈主上,过天道乎?⑨

　①《易·系辞》之言也。

　②《尸子》曰:“禹之丧法,死于陵者葬于陵,死于泽者葬于泽,桐棺三寸,制丧三日。《墨子》曰:“舜西教乎七戎,道死,葬南巴之中,衣衾三领,款木之棺,葛以缄之。”采犹蔓也。缄,束也。

　③檽音乃豆反,见《埤苍》。《尔雅》曰:“梂檽。”音而。注云“檽似槲樕而痹小”,恐非棺郭之用。豫章即樟木也。

　④孔子合葬母于防,曰:“吾闻之,古者墓而不坟。”于是封之崇四尺。孔子先反,门人后,雨甚至。孔子曰:“尔来何迟也?”曰:“防墓崩。”孔子泫然流涕曰:“吾闻之,古不修墓。”见《礼记》也。

　⑤县名,属京兆,文帝后改曰霸陵。

　⑥毕,周文王、武王葬地也。司马迁云“在鄠东南杜中”,无坟陇,在今咸阳县西北。孔安国注《尚书》云在长安西北。南城山,曾子父所葬,在今沂州费县西南也。

　⑦《左传》:“晋灵公不君,厚敛以雕墙。”杜预注云:“不君,失君道也。雕,

画也。"

⑧《左传》曰:"宋文公卒,始厚葬,用蜃炭,益车马,始用殉,椁有四阿,棺有翰桧。君子谓华元、乐举于是不臣,是弃君于恶也。"

⑨《前书》禹贡曰:"今大夫僭诸侯,诸侯僭天子,天子过天道,其日久矣。"

《实贡篇》曰:

国以贤兴,以谄衰;君以忠安,以佞危。此古今之常论,而时所共知也。然衰国危君,继踵不绝者,岂时无忠信正直之士哉?诚苦其道不得行耳。夫十步之间,必有茂草;"十室之邑,必有忠信"。①是故乱殷有三仁,小卫多君子。②今以大汉之广土,士民之繁庶,朝廷之清明,上下之修正,而官无善吏,位无良臣。此岂时之无贤,谅由取之乖实。夫志道者少友,逐俗者多畴,是以朋党用私,背实趋华。其贡士者,不复依其质干,准其才行,但虚造声誉,妄生羽毛。略计所举,岁且二百。览察其状,则德侔颜、冉,详核厥能,则鲜及中人,皆总务升官,自相推达。夫士者贵其用也,不必求备。故四友虽美,能不相兼;③三仁齐致,事不一节。高祖佐命,出自亡秦;光武得士,亦资暴莽。况太平之时,而云无士乎!

①《说苑》曰:"十步之泽,必有芳草。"《论语》曰"十室之邑,必有忠信"也。

②乱殷谓纣时也。三仁,箕子、微子、比干也。《左传》,吴季札适卫,悦蘧瑗、史狗、史鳝、公子荆、公叔发、公子朝,曰:"卫多君子,未有患也。"又臧宣叔曰:"卫之于晋,不得为次国。"杜预注云:"春秋之时,以强弱为大小,卫虽侯爵,犹为小国。"

③《尚书大传》孔子曰:"文王得四臣,丘亦得四友。"谓回也为胥附,赐也为奔走,师也为先后,由也为御侮,其能各不同也。

夫明君之诏也若声,忠臣之和也如响。长短大小,清浊疾徐,必相应也。且攻玉以石,洗金以盐,①濯锦以鱼,浣布以灰。夫物固有以贱理贵,以丑化好者矣。智者弃短取长,以致其功。今使贡士必核以实,其有小疵,勿强衣饰,②出处默语,各因其方,则萧、曹、周、韩之伦何足不致,吴、邓、梁、窦之属企踵可待。孔子曰:"未之思也,夫何远之有?"

①《诗·小雅》曰："它山之石,可以攻玉。"今之金工发金色者,皆淬之于
　盐水焉。
②衣饰谓装饰以成其过也。衣音于气反。

《爱日篇》曰:

　　国之所以为国者,以有民也。民之所以为民者,以有谷也。
谷之所以丰殖者,以有民功也。功之所以能建者,以日力也。化
国之日舒以长,故其民闲暇而力有余;乱国之日促以短,故其
民困务而力不足。舒长者,非谓羲和安行,①乃君明民静而力
有余也。促短者,非谓分度损减,②乃上暗下乱,力不足也。孔
子称"既庶则富之,既富乃教之。"是故礼义生于富足,盗窃起
于贫穷;富足生于宽暇,贫穷起于无日。圣人深知力者民之本,
国之基也,故务省徭役,使之爱日。是以尧敕羲和,钦若昊天,
敬授民时。明帝时,公车以反支日不受章奏,③帝闻而怪曰:
"民废农桑,远来诣阙,而复拘以禁忌,岂为政之意乎!"于是遂
蠲其制。令冤民仰希申诉,而令长以神自畜,④百姓废农桑而
趋府廷者,相续道路,非朝铺不得通,非意气不得见。⑤或连日
累月,更相瞻视;或转请邻里,馈粮应对。岁功既亏,天下岂无
受其饥者乎?

①羲和,日也。《山海经》曰:"东南海之外,甘水之间,有羲和之国。有女子
　曰羲和,方浴日于甘泉。羲和者,帝俊之妻,是生十日。"郭璞注曰:"羲
　和盖天地始生日月者也。"
②《洛书甄耀度》曰"凡周天三百六十五度四分度之一,一度为千九百三
　十二里。日一日行一度,月一日行十三度十九分度之一"也。
③凡反支日,用月朔为正。戌、亥朔一日反支,申、酉朔二日反支,午、未朔
　三日反支,辰、巳朔四日反支,寅、卯朔五日反支,子、丑朔六日反支。见
　《阴阳书》也。
④难见如神也。
⑤《说文》曰:"铺谓日加申时也。"今为"晡"字也。

　　孔子曰:"听讼吾犹人也。"从此言之,中才以上,足议曲
直,乡亭部吏,亦有任决断者,而类多枉曲,盖有故焉。夫理直

则恃正而不桡,事曲则诒意以行赇。不桡故无恩于吏,行昧故
见私于法。若事有反覆,吏应坐之,吏以应坐之故,不得不枉之
于庭。以羸民之少党,而与豪吏对讼,其势得无屈乎? 县承吏
言,故与之同。若事有反覆,县亦应坐之,县以应坐之故,而排
之于郡。以一民之轻,而与一县为讼,其理岂得申乎? 事有反
覆,郡亦坐之,郡以共坐之故,而排之于州。以一民之轻,与一
郡为讼,其事岂获胜乎? 既不肯理,故乃远诣公府。公府复不
能察,而当延以日月。贫弱者无以旷旬,强富者可盈千日。理
讼若此,何枉之能理乎? 正士怀怨结而不见信,[1]猾吏崇奸轨
而不被坐,此小民所以易侵苦,而天下所以多困穷也。

[1] 信读曰伸。

　　且除上天感痛致灾,但以人功见事言之。自三府州郡,至
于乡县典司之吏,辞讼之民,官事相连,更相检对者,日可有十
万人。一人有事,二人经营,是为日三十万人废其业也。以中
农率之,则是岁三百万人受其饥者也。然则盗贼何从而销,太
平何由而作乎?《诗》云:"莫肯念乱,谁无父母?"[1]百姓不足,
君谁与足? 可无思哉! 可无思哉!

[1] 《诗·小雅》也。

《述赦篇》曰:

　　凡疗病者,必知脉之虚实,气之所结,然后为之方,故疾可
愈而寿可长也。为国者,必先知民之所苦,祸之所起,然后为之
禁,故奸可塞而国可安也。今日贼良民之甚者,莫大于数赦赎。
赦赎数,则恶人昌而善人伤矣。何以明之哉? 夫谨敕之人,身
不蹈非,又有为吏正直,不避强御,而奸猾之党横加诬言者,皆
知赦之不久故也。善人君子,被侵怨而能至阙庭自明者,万无
数人;数人之中得省问者,百不过一;既对尚书而空遣去者,复
什六七矣。其轻薄奸轨,既陷罪法,怨毒之家冀其辜戮,以解畜
愤,而反一概悉蒙赦释,令恶人高会而夸咤,老盗服臧而过门,
孝子见仇而不得讨,遭盗者睹物而不敢取,痛莫甚焉!

　　夫养稂莠者伤禾稼,惠奸轨者贼良民。①《书》曰:"文王作罚,刑兹无赦。"②先王之制刑法也,非好伤人肌肤,断人寿命也;贵威奸惩恶,除人害也。故经称"天命有德,五服五章哉,天讨有罪,五刑五用哉";《诗》刺"彼宜有罪,汝反脱之。"③古者唯始受命之君,承大乱之极,寇贼奸轨,难为法禁,故不得不有一赦,与之更新,颐育万民,以成大化。非以养奸活罪,放纵天贼也。夫性恶之民,民之豺狼,虽得放宥之泽,终无改悔之心。且脱重梏,夕还令圄,严明令尹,不能使其断绝。何也?凡敢为大奸者,才必有过于众,而能自媚于上者也。多散诞得之财,奉以诌谀之辞,以转相驱,④非有第五公之廉直,孰不为顾哉?⑤论者多曰:"久不赦则奸轨炽,而吏不制,宜数肆眚以解散之。"此未昭政乱之本源,不察祸福之所生也。

①《尔雅》曰:"稂,童粱。"郭璞注云:"莠类也。"《诗》曰:"不稂不莠。"稂音郎。

②《康诰》之言也。

③《诗·大雅》也。"此宜无罪,汝反收之;彼宜有罪,汝反脱之。"毛苌注云:"脱,赦也。"

④诞犹虚也。

⑤谓第五伦也。为司空,性廉直也。

　　后度辽将军皇甫规解官归安定,乡人有以货得雁门太守者,亦去职还家,书刺谒规。规卧不迎,既入而问:"卿前在郡,食雁美乎?"有顷,又白王符在门。规素闻符名,乃惊遽而起,衣不及带,屣履出迎,援符手而还,与同坐,极欢。是人为之语曰:"徒见二千石,不如一缝掖。"①言书生道义之为贵也。符竟不仕,终于家。

①《礼记·儒行》孔子曰:"丘少居鲁,衣逢掖之衣。"郑玄注曰:"逢犹大也。大掖之衣,大袂单衣也。"

　　仲长统字公理,山阳高平人也。少好学,博涉书记,赡于文辞。年二十余,游学青、徐、并、冀之间,与交友者多异之。并州刺史高干,袁绍甥也。素贵有名,招致四方游士,士多归附。统过干,干善待遇,访以当时之事。统谓干曰:"君有雄志而无雄才,好士而不能择人,所以为君深戒也。"干雅自多,不纳其言,统遂去之。无几,干以并州叛,卒至于败。①并、冀之士皆以是异统。②

①《魏志》曰:"高干叛,欲奔南荆州,上洛都尉王琰捕斩之"也。

②异其有知人之鉴也。

　　统性俶傥,敢直言,不矜小节,默语无常,时人或谓之狂生。每州郡命召,辄称疾不就。常以为凡游帝王者,欲以立身扬名耳,而名不常存,人生易灭,优游偃仰,可以自娱。欲卜居旷,以乐其志。论之曰:"使居有良田广宅,背山临流,沟池环匝,竹木周市,场圃筑前,果园树后。舟车足以代步涉之艰,使令足以息四体之役。养亲有兼珍之膳,妻孥无苦身之劳。①良朋萃止,则陈酒肴以娱之;嘉时吉日,则亨羔豚以奉之。蹢躅畦苑,游戏平林,②濯清水,追凉风,钓游鲤,弋高鸿。讽于舞雩之下,咏归高堂之上。③安神闺房,思老氏之玄虚;呼吸精和,求至人之仿佛。④与达者数子,论道讲书,俯仰二仪,错综人物。弹《南风》之雅操,发清商之妙曲。⑤消摇一世之上,睥睨天地之间。不受当时之责,永保性命之期。如是,则可以陵霄汉,出宇宙之外矣。岂羡夫入帝王之门哉!"又作诗二篇,以见其志。辞曰:

①孥读曰奴。

②蹢躅犹踟蹰也。

③雩,祭旱之名也。为坛而儛其上,以祈雨焉。《论语》曾点曰:"春服既成,冠者五六人,童子六七人,浴乎沂,风乎舞雩,咏而归。"

④《老子》曰:"玄之又玄,虚其心,实其腹。"呼吸谓咽气养生也。《庄子》曰:"吹煦呼吸,吐故纳新。"又曰"至人无己"也。

⑤《家语》曰:"舜弹五弦之琴,造《南风》之诗曰:'南风之薰兮,可以解吾人之愠兮。南风之时兮,可以阜吾人之财兮。'"《三礼图》曰:"琴本五弦,曰宫、商、角、徵、羽,文王增二,曰少宫、少商,弦最清也。"

　　飞鸟遗迹,蝉蜕亡壳。腾蛇弃鳞,神龙丧角。①至人能变,达士拔俗。乘云无辔,骋风无足。垂露成帏,张霄成幄。沆瀣当餐,九阳代烛。②恒星艳珠,朝霞润玉。六合之内,恣心所欲。

人事可遗,何为局促?

①王充《论衡》曰:"蛴螬化为复育,复育转为蝉。蝉之去复育,龟之解甲,蛇之脱皮,可谓尸解矣。"蜕音式锐反。《尔雅》曰:"腾蛇有鳞。"《广雅》曰:"有角曰龙。"丧角,解角也。

②霄,摩天赤气也。在旁曰帏,在上曰幄。《陵阳子明经》曰:"沆瀣者,北方夜半气也。"九阳谓日也。《山海经》曰"阳谷上有扶木,九日居下枝,一日居上枝"也。

大道虽夷,见几者寡。任意无非,适物无可。古来绕绕,委曲如琐。百虑何为,至要在我。寄愁天上,埋忧地下。叛散《五经》,灭弃《风》、《雅》。百家杂碎,请用从火。抗志山栖,游心海左。元气为舟,微风为柂。①敖翔太清,纵意容冶。

①柂,船尾也,音徒。

尚书令荀彧闻统名,奇之,举为尚书郎。后参丞相曹操军事。每论说古今及时俗行事,恒发愤发叹息。因著论,名曰《昌言》①凡三十四篇,十余万言。

①昌,当也。《尚书》曰:"汝亦昌言。"

献帝逊位之岁,统卒,时年四十一。友人东海缪袭常称统才章足继西京董、贾、刘、杨。①今简撮其书有益政者,略载之云。

①董仲舒、贾谊、刘向、杨雄也。袭字熙伯,辟御史府,后至尚书、光禄勋。

《理乱篇》曰:

豪杰之当天命者,未始有天下之分者也。无天下之分,故战争者竞起焉。于斯之时,并伪假天威,矫据方国,拥甲兵与我角才智,程勇力与我竞雌雄,不知去就,疑误天下,盖不可数也。角知者皆穷,角力者皆负,形不堪复伉,势不足复校,乃始羁首系颈,就我之衔继耳。①夫或曾为我之尊长矣,或曾与我为等侪矣,或曾臣虏我矣,或曾执囚我矣。彼之蔚蔚,皆匈晋腹诅,幸我之不成,②而以奋其前志,讵肯用此为终死之分邪?

①衔,勒也。继,缰也。

②蔚与郁古字通。

及继体之时,民心定矣。普天之下,赖我而得生育,由我而

得富贵,安居乐业,长养子孙,天下晏然,皆归心于我矣。豪杰
之心既绝,士民之志已定,贵有常家,尊在一人。当此之时,虽
下愚之才居之,犹能使恩同天地,威侔鬼神。暴风疾霆,不足以
方其怒;阳春时雨,不足以喻其泽;周、孔数千,无所复角其圣;
贲、育百万,无所复奋其勇矣。

　　彼后嗣之愚主,见天下莫敢与之违,自谓若天地之不可亡
也,乃奔其私嗜,骋其邪欲,君臣宣淫,上下同恶。①目极角觚
之观,耳穷郑、卫之声。②入则耽于妇人,出则驰于田猎。芒废
庶政,弃亡人物,澶漫弥流,无所底极。③信任亲爱者,尽佞谄
容说之人也;宠贵隆丰者,尽后妃姬妾之家也。使饿狼守庖厨,
饥虎牧牢豚,遂至熬天下之脂膏,斫生人之骨髓。怨毒无聊,祸
乱并起,中国扰攘,四夷侵叛,土崩瓦解,一朝而去。昔之为我
哺乳之子孙者,今尽是我饮血之寇仇也。至于运徙势去,犹不
觉悟者,岂非富贵生不仁,沈溺致愚疾邪?存亡以之迭代,政乱
从此周复,天道常然之大数也。④

①《左传》泄冶谏陈灵公曰:“公卿宣淫,人无效焉。”杜预注云:“宣,示
　也。”

②武帝元封三年,作角觚戏。《音义》云:“两两相当角力,角伎艺射御,故
　名角抵,盖杂乐,以巴俞戏鱼龙蔓延之属也。后更名平乐观。”《礼记》
　曰“郑音好滥淫志,宋音宴安溺志”也。

③澶漫犹纵逸也。澶音徒旦反。《庄子·外篇》曰“澶漫为乐”也。

④《左传》曰:“美恶周必复,天之道也。”

　　又政之为理者,取一切而已,非能斟酌贤愚之分,以开盛
衰之数也。曰不如古,弥以远甚,岂不然邪?汉兴以来,相与同
为编户齐民,而以财力相君长者,世无数焉。而清洁之士,徒自
苦于茨棘之间,无所益损于风俗也。豪人之室,连栋数百,膏田
满野,奴婢千群,徒附万计。①船车贾贩,周于四方;废居积贮,
满于都城。②琦赂宝货,巨室不能容;③马牛羊豕,山谷不能
受。妖童美妾,填乎绮室;倡讴妓乐,列乎深堂。宾客待见而不

敢去,车骑交错而不敢进。三牲之肉,臭而不可食;清醇之酎,败而不可饮。睢盼则人从其目之所视,喜怒则人随其心之所虑。此皆公侯之广乐,君长之厚实也。苟能运智诈者,则得之焉;苟能得之者,人不以为罪焉。源发而横流,路开而四通矣。求士之舍荣乐而居穷苦,④弃放逸而赴束缚,夫谁肯为之者邪!⑤夫乱世长而化世短。乱世则小人贵宠,君子困贱。当君子困贱之时,踊高天,蹐厚地,犹恐有镇厌之祸也。⑥逮至清世,则复入于矫枉过正之检。老者耄矣,不能及宽饶之俗;少者方壮,将复困于衰乱之时。是使奸人擅无穷之福利,而善士挂不赦之罪辜。苟目能辩色,耳能辩声,口能辩味,体能辩寒温者,将皆以修洁为讳恶,设智巧以避之焉,况肯有安而乐之者邪?斯下世人主一切之愆也。

①徒,众也。附,亲也。

②《史记》曰:“转谷百数,废居蓄邑。”注云:“有所废,有所蓄,言其乘时射利也。”

③琦,玮也。《抱朴子》曰“片玉可以琦,奚必俟盈尺”也。

④舍音式者反。

⑤束缚谓自洁清如拘执也。

⑥《诗·小雅》曰:“谓天盖高,不敢不踊;谓地盖厚,不敢不蹐。”毛苌注云:“踊,曲也。蹐,累足也。”

　　昔春秋之时,周氏之乱世也。逮乎战国,则又甚矣。秦政乘并兼之势,放虎狼之心,①屠裂天下,吞食生人,暴虐不已,以招楚汉用兵之苦,甚于战国之时也。汉二百年而遭王莽之乱,②计其残夷灭亡之数,又复倍乎秦、项矣。以及今日,名都空而不居,百里绝而无民者,不可胜数。③此则又甚于亡新之时也。悲夫!不及五百年,大难三起,④中间之乱,尚不数焉。变而弥猜,下而加酷,⑤推此以往,可及于尽矣。嗟乎!不知来世圣人救此之道,将何用也?又不知天若穷此之数,欲何至邪?

①政,始皇名也。

②汉至王莽篡位二百一十四年。云二百者，举全数。

③孝平帝时，凡郡国一百三，县邑一千三百一十四，道三十四，侯国二百
四十一。地东西九千三百二里，南北一万三百六十八里。人户一千二百
二十三万三千六十二，口五千九百五十九万四千九百七十八。此汉家
极盛之时。遭王莽丧乱，暨光武中兴，海内人户，准之于前，十裁二三，
边方萧条，略无孑遗。孝灵遭黄巾之寇，献帝婴董卓之祸，英雄棋峙，白
骨膏野，兵乱相寻三十余年，三方既宁，万不存一也。

④秦三王二帝通在位四十九年，前汉二百三十年，后汉百九十五年，凡四
百七十四年，故云不及五百年也。三起谓秦末及王莽并献帝时也。

⑤下犹后也。

《损益篇》曰：

作有利于时，制有便于物者，可为也。事有乖于数，法有玩
于时者，可改也。故行于古有其迹，用于今无其功者，不可不
变。变而不如前，易而多所败者，亦不可不复也。汉之初兴，分
王子弟，委之以士民之命，假之以杀生之权。于是骄逸自恣，志
意无厌。鱼肉百姓，以盈其欲；报蒸骨血，以快其情。上有篡叛
不轨之奸，下有暴乱残贼之害。虽藉亲属之恩，盖源流形势使
之然也。降爵削土，稍稍割夺，卒至于坐食奉禄而已。然其污
秽之行，淫昏之罪，犹尚多焉。故浅其根本，轻其恩义，犹尚假
一日之尊，收士民之用。况专之于国，擅之于嗣，岂可鞭笞叱
咤，而使唯我所为者乎？时政雕敝，风俗移易，纯朴已去，智惠
已来。①出于礼制之防，放于嗜欲之域久矣，固不可授之以柄，
假之以资者也。是故收其弈世之权，校其从横之势，善者早登，
否者早去，②故下土无壅滞之士，国朝无专贵之人。此变之善，
可遂行者也。

①《老子》曰"智惠出，有大伪"也。

②去音祛莒反。

井田之变，豪人货殖，馆舍布于州郡，田亩连于方国。身无
半通青纶之命，而窃三辰龙章之服；①不为编户一伍之长，而
有千室名邑之役。②荣乐过于封君，势力侔于守令。财赂自营，

犯法不坐。刺客死士,为之投命。至使弱力少智之子,被穿帷败,寄死不敛,免枉穷困,不敢自理。虽亦由网禁疏阔,盖分田无限使之然也。今欲张太平之纪纲,立至化之基趾,齐民财之丰寡,正风俗之奢俭,非井田实莫由也。此变有所败,而宜复者也。

① 《十三州志》曰:"有秩、啬夫,得假半章印。"《续汉·舆服志》曰:"百石,青绀绶,一采,宛转缪织,长丈二尺。"《说文》:"绶,青丝绶也。"郑玄注《礼记》曰:"绶,今有秩、啬夫所佩也。"三辰,日、月、星也。龙章谓山龙之章。皆画于衣也。

② 《周礼·小司徒》职:"五人为伍。"《前书》曰:"五家为伍,伍有长。"《论语》孔子曰:"千室之邑,百乘之家。"言豪强之家,身无品秩,而强富比于公侯也。

　　肉刑之废,轻重无品,下死则得髡钳,下髡钳则得鞭笞。① 死者不可复生,而髡者无伤于人。髡笞不足以惩中罪,安得不至于死哉!② 夫鸡狗之攘窃,男女之淫奔,酒醴之赂遗,谬误之伤害,皆非值于死者也。杀之则甚重,髡之则甚轻。不制中刑以称其罪,则法令安得不参差,杀生安得不过谬乎? 今患刑轻之不足以惩恶,则假臧货以成罪,托疾病以讳杀。③ 科条无所准,名实不相应,恐非帝王之通法,圣人之良制也。

① 下犹减也。

② 言髡笞太轻,不足畏惧,而奸人冒罪,以陷于死。明复古肉刑,则人不陷于死也。

③ 假增臧货,以益其罪。托称疾病,令死于狱也。

　　或曰:过刑恶人,可也;过刑善人,岂可复哉? 曰:若前政以来,未曾枉害善人者,则有罪不死也,① 是为忍于杀人也,而不忍于刑人也。今令五刑有品,轻重有数,科条有序,名实有正,非杀人逆乱鸟兽之行甚重者,皆勿杀。② 嗣周氏之秘典,续吕侯之祥刑,此又宜复之善者也。③

① 言善人有罪,亦当杀之也。

② 鸟兽之行谓蒸报也。

③《周礼·大司寇》职:"掌邦之三典,以佐王刑邦国,诘四方,一曰刑新国
　用轻典,二曰刑平国用中典,三曰刑乱国用重典。"祥,善也。《尚书》曰:
　"教尔祥刑。"

　《易》曰:"阳一君二臣,君子之道也;阴二君一臣,小人之
道也。"①然则寡者,为人上者也;众者,为人下者也。一伍之
长,才足以长一伍者也;一国之君,才足以君一国者也;天下之
王,才足以王天下者也。愚役于智,犹枝之附干,此理天下之常
法也。制国以分人,立政以分事,人远则难绥,事总则难了。今
远州之县,或相去数百千里,虽多山陵洿泽,犹有可居人种谷
者焉。当更制其境界,使远者不过二百里。明版籍以相数阅,
审什伍以相连持,②限夫田以断并兼,定五刑以救死亡,③益
君长以兴政理,急农桑以丰委积,去末作以一本业,敦教学以
移情性,表德行以厉风俗,核才艺以叙官宜,简精悍以习师
田,④修武器以存守战,严禁令以防僭差,信赏罚以验惩劝,纠
游戏以杜奸邪,察苛刻以绝烦暴。审此十六者,以为政务,操之
有常,课之有限,安宁勿懈慢,有事不迫遽,圣人复起,不能易
也。

①《系词》之文也。《阳卦》一阳而二阴,《阴卦》一阴而二阳。阳为君,阴为
　臣。

②《周礼》曰:"凡在版者。"注云:"版,名籍也,以版为之也。"

③《司马法》曰:"步百为亩,亩百为夫,夫三为屋,屋三为井。"并兼谓豪富
　之家以财势并取贫人之田而兼有之。

④《周礼》曰:"凡师田斩牲以左右徇陈。"注云:"示犯誓必杀也。"

　　向者,天下户过千万,除其老弱,但户一丁壮,则千万人
也。遗漏既多,又蛮夷戎狄居汉地者尚不在焉。丁壮十人之中,
必有堪为其什伍之长,推什长已上,则百万人也。又十取之,则
佐史之才已上十万人也。又十取之,则可使在政理之位者万人
也。以筋力用者谓之人,人求丁壮;以才智用者谓之士,士贵者
老。充此制以用天下之人,犹将有储,何嫌乎不足也? 故物有
不求,未有无物之岁也;士有不用,未有少士之世也。夫如此,

然后可以用天性，究人理，兴顿废，属断绝，①网罗遗漏，拱柙天人矣。②

①属犹续也。

②拱，执也。柙，槛也。柙音下甲反。

　　或曰：善为政者，欲除烦去苛，并官省职，为之以无为，事之以无事，何子言之云云也？①曰：若是，三代不足摹，圣人未可师也。②君子用法制而至于化，小人用法制而至于乱。均是一法制也，或以之化，或以之乱，行之不同也。苟使豺狼牧羊豚，盗跖主征税，国家昏乱，吏人放肆，则恶复论损益之间哉！③夫人待君子然后化理，国待蓄积乃无忧患。君子非自农桑以求衣食者也，蓄积非横赋敛以取优饶者也。奉禄诚厚，则割剥贸易之罪乃可绝也；蓄积诚多，则兵寇水旱之灾不足苦也。故由其道而得之，民不以为奢；由其道而取之，民不以为劳。天灾流行，开仓库以禀贷，不亦仁乎？衣食有余，损靡丽以散施，不亦义乎？彼君子居位为士民之长，固宜重肉累帛，朱轮四马。今反谓薄屋者为高，藿食者为清，既失天地之性，又开虚伪之名，使小智居大位，庶绩不咸熙，未必不由此也。得拘洁而失才能，非立功之实也。④以廉举而以贪去，非士君子之志也。⑤夫选用必取善士，善士富者少而贫者多，禄不足以供养，安能不少营私门乎？从而罪之，是设机置阱以待天下之君子也。⑥

①《老子》云"为无为，事无事"也。

②摹，法也。三代皆用肉刑及井田之法，今不用，是不摹之也。

③恶音乌。

④拘洁谓自拘束而洁其身者，即隐逸之人也。

⑤去音欺吕反。

⑥阱，穿地陷兽也。机，弩牙也。

　　盗贼凶荒，九州代作，饥馑暴至，军旅卒发，横税弱人，割夺吏禄，所恃者寡，所取者猥，①万里悬乏，首尾不救，徭役并

起,农桑失业。兆民呼嗟于昊天,贫穷转死于沟壑矣。今通肥
饶之率,计稼穑之入,令亩收三斛,斛取一斗,未为甚多。一岁
之间,则有数年之储,虽兴非法之役,恣奢侈之欲,广爱幸之
赐,犹未能尽也。不循古法,规为轻税,及至一方有警,一面被
灾,未逮三年,校计骞短,坐视战士之蔬食,立望饿殍之满道,
如之何为君行此政也?② 二十税一名之曰貊,况三十税一
乎?③ 夫薄吏禄以丰军用,缘于秦征诸侯,续以四夷。汉承其
业,遂又改更,危国乱家,此之由也。今田无常主,民无常居,吏
食日禀,④ 禄班未定。可为法制,画一定科,租税十一,更赋如
旧。⑤ 今者土广民稀,中地未垦;⑥ 虽然,犹当限以大家,勿令
过制。其地有草者,尽曰官田,力堪农事,乃堪农事,乃听受之。
若听其自取,后必为奸也。

① 猥犹多也。

② 《孟子》曰:"涂有饿莩而不知发。"赵歧注云:"饿死者曰莩。"莩与殍通,
　音皮表反。

③ 《孟子》载白圭曰:"吾欲二十而取一何如?"孟子曰:"子之道貊也。"赵
　歧注云:"貊,夷貊之人在荒者也。貊在北方,其气寒,不生五谷,无中国
　之礼,故可二十取一而足也。"此言欲轻税也。

④ 禀,给也。

⑤ 更赋,已见《光武纪》也。

⑥ 上田已耕,唯中地已下未也。

《法诫篇》曰:

　　《周礼》六典,冢宰贰王而理天下。① 春秋之时,诸侯明德
者,皆一卿为政。爰及战国,亦皆然也。秦兼天下,则置丞相,
而贰之以御史大夫。自高帝逮于孝成,因而不改,多终其身。汉
之隆盛,是惟在焉。夫任一人则政专,任数人则相倚。政专则
和谐,相倚则违戾。和谐则太平之所兴也,违戾则荒乱之所起
也。光武皇帝愠数世之失权,忿强臣之窃命,② 矫枉过直,政不
任下,虽置三公,事归台阁。③ 自此以来,三公之职,备员而已;

然政有不理，犹加谴责。而权移外戚之家，宠被近习之竖，亲其党类，用其私人，内充京师，外布列郡，颠倒贤愚，贸易选举，疲驽守境，贪残牧民，挠扰百姓，忿怒四夷，④招致乖叛，乱离斯瘼。⑤怨气并作，阴阳失和，三光亏缺，怪异数至，虫螟食稼，水旱为灾，此皆戚宦之臣所致然也。反以策让三公，至于死免，乃足为叫呼苍天，号咷泣血者也。又中世之选三公也，务于清悫谨慎，循常习故者。是妇女之检柙，乡曲之常人耳，恶足以居斯位邪？⑥势既如彼，选又如此，而欲望三公勋立于国家，绩加于生民，不亦远乎？昔文帝之于邓通，可谓至爱，而犹展申徒嘉之志。⑦夫见任如此，则何患于左右小臣哉？至如近世，外戚宦竖请托不行，意气不满，立能陷人于不测之祸，恶可得弹正者哉！曩者任之重而责之轻，今者任之轻而责之重。昔贾谊感绛侯之困辱，因陈大臣廉耻之分，开引自裁之端。⑧自此以来，遂以成俗。继世之主生而见之，习其所常，曾莫之悟。呜呼，可悲！夫左手据天下之图，右手刎其喉，愚者犹知难之，况明哲君子哉！⑨光武夺三公之重，至今而加甚，不假后党以权，数世而不行，盖亲疏之势异也。⑩母后之党，左右之人，有此至亲之势，故其贵任万世。常然之败，无世而无之，莫之斯鉴，亦可痛矣。未若置丞相自总之。若委三公，则宜分任责成。夫使为政者，不当与之婚姻；婚姻者，不当使之为政也。如此，在位病人，⑪举用失贤，百姓不安，争讼不息，天地多变，人物多妖，然后可以分此罪矣。

①《尔雅》曰："冢，大也。贰谓副贰也。"《周礼·天官·冢宰》"掌建邦之六典，以佐王理邦国。一曰理典，以理官府；二曰教典，以扰万姓；三曰礼典，以谐万姓；四曰政典，以均万姓；五曰刑典，以纠万姓；六曰事典，以主万姓"也。

②愠犹恨也。数代谓元、成、哀、平。强臣谓王莽。

③台阁谓尚书也。

④挠音火高反。

⑤瘼,病也。

⑥检柙犹规矩也。

⑦展犹申也。文帝时,太中大夫邓通居上傍,有怠慢礼。丞相申屠嘉奏事
　　见之,罢朝召通责之曰:"通小臣,戏殿上,大不敬,当斩。"通顿首,首尽
　　出血。文帝使人召通,谢丞相曰:"此吾弄臣,君其释之。"

⑧文帝时贾谊上书曰:"大臣有罪,不执缚系引而行也。其有大罪者,闻命
　　则北面再拜,跪而自裁之,不使人捽抑而刑之也。"是时丞相绛侯周勃
　　免就国,人有告勃谋反,系长安狱,卒无事,复爵邑,故谊以此讥上。上
　　深纳其言,是后大臣有罪,皆自杀,不受刑也。

⑨言不以重利害其生。事见《庄子》。

⑩言光武夺三公重任,今夺更甚。光武不假后党威权,数代遂不遵行。此
　　为三公疏,后族亲故也。

⑪病人谓万姓困敝也。

　　或曰:政在一人,权甚重也。曰:人实难得,何重之嫌?昔
者霍禹、窦宪、邓骘、梁冀之徒,籍外戚之权,管国家之柄;及其
伏诛,以一言之诏,诘朝而决,何重之畏乎?今夫国家漏神明于
媟近,输权重于妇党,算十世而为之者八九焉。不此之罪而彼
之疑,何其诡邪!①

①此谓后党,彼谓三公也。诡犹违也。

　　论曰:百家之言政者尚矣。①大略归乎宁固根柢,革易时敝也。
夫遭运无恒,意见偏杂,故是非之论,纷然相乖。尝试妄论之,②以
为世非胥、庭,人乖榖饮,化迹万肇,情故萌生。③虽周物之智,不能
研其推变;山川之奥,未足况其纡险。④则应俗适事,难以常条。如
使用审其道,则殊涂同会;才爽其分,则一豪以乖。⑤何以言之?若
夫玄圣御世,则天同极,施舍之道,宜无殊典。⑥而损益异运,文朴
递行。⑦用明居晦,回沈于曩时;兴戈陈俎,参差于上世。⑧及至戴
黄屋,服绨衣,丰薄不齐,而致化则一;⑨亦有宥公族,黥国储,宽惨
巨隔,而防非必同。此其分波而共源,百虑而一致者也。⑩若乃偏情
矫用,则枉直必过。⑪故葛屦履霜,敝由崇俭;⑫楚楚衣服,戒在穷

赊；⑬疏禁厚下，以尾大陵弱；⑭敛威峻罚，以苛薄分崩。⑮斯《曹》、《魏》之刺，所以明乎国风；周、秦末轨，所以彰乎微灭。故用舍之端，兴败资焉。是以繁简唯时，宽猛相济。刑书镂鼎，事有可详；三章在令，取贵能约。⑯太叔致猛政之褒，国子流遗爱之涕，⑰宣孟改冬日之和，平阳循画一之法。斯实弛张之弘致可以征其统乎！⑱数子之言当世失得皆究矣，然多谬通方之到，好申一隅之说。⑲贵清静者，以席上为腐议；束名实者，以柱下为诞辞。⑳或推前王之风，可行于当年；有引救敝之规，宜流于长世。稽之笃论，将为敝矣。如以舟无推陆之分，瑟非常调之音，㉑不限局以疑远，不拘玄以妨素，则化枢各管其极，理略可得而言与？㉒

①尚犹远也。

②谦不敢正言也。

③赫胥氏、大庭氏并古之帝号。《庄子》曰："夫圣人鹑居而鷇饮。"言鹑乌无常居。鷇饮不假物，并淳朴时也。肇，始也。

④《易·系辞》曰："知周乎万物而道济天下。"推，迁也。《庄子》曰"凡人心险于山川，难知于天"也。

⑤用得其人，审其道也。授非其才，爽其分也。《易·系辞》曰："天下同归而殊涂，一致而百虑。"《易纬》曰："差以毫厘，失之千里。"

⑥《庄子》曰："玄圣，素王道也。"极犹致也。言法天之道，同其致也。施舍犹兴废也。

⑦《论语》孔子曰："殷因于夏礼，所损益可知也。"朴，质也。《礼记》曰"文质再而复"也。

⑧回泬犹携互不齐一也。泬音穴。

⑨《前书音义》曰："天子车以黄缯为盖裹，故曰黄屋。"《韩子》曰："尧之王天下也，冬日鹿裘，夏日葛衣。"绨，葛也。

⑩《礼记》曰："公族有死罪，狱成，有司谳于公曰'某之罪在大辟'，公曰'宥之'。有司又曰'在大辟'，公又曰'宥之'。"《史记》曰，秦孝公太子犯法，卫鞅曰"太子君嗣也，不可施刑，刑其傅公子虔，黥其师公孙贾"也。

⑪《孟子》曰："矫枉过直。"矫，正也。枉，曲也。言正曲者过于直，以喻为政者惩奢则太俭，患宽则伤猛，不能折衷也。

⑫《诗·魏风·序》曰:"葛屦,刺褊也。其君俭啬褊急,而无德以将之。"《诗》曰:"纠纠葛屦,可以履霜。"郑玄注云:"葛屦贱,皮屦贵,魏俗至冬犹葛屦,可用履霜,利其贱也。"

⑬《诗·曹风·序》曰:"蜉蝣,刺奢也。"《诗》曰:"蜉蝣之羽,衣裳楚楚。"毛苌注云:"蜉蝣,渠略也。朝生夕死,犹有羽翼以自饰。楚楚,鲜貌也。喻曹朝群臣皆小人也,徒饰其衣裳,不知死亡之无日也。"赊奢同。

⑭疏禁谓防制太宽,厚下谓封建太广。言周室微弱而诸侯强盛,如尾大然。《左传》楚申无宇曰"末大必折,尾大不掉"也。

⑮敛,聚也。言秦酷法,以至分崩也。

⑯《左传》曰:"郑人铸刑书。"杜预注云"铸刑书于鼎,以为国之常法"也。高祖初入关,除秦苛法,约法三章,言其详约不同。

⑰《左传》曰:"郑子产有疾,谓子大叔曰:'我死,子必为政。唯有德者能以宽服人,其次莫如猛。'"又曰:"子产卒,仲尼闻之,出涕曰:'古之遗爱也。'"国子即子产也,郑穆公子国之子,因以为姓也。

⑱宣孟,晋大夫赵盾也。《左传》贾季对酆舒曰:"赵衰,冬日之日也。赵盾,夏日之日也。"注云:"冬日可爱,夏日可畏。"《前书》平阳侯曹参为相国,百姓歌之曰:"萧何为法,讲若画一。曹参代之,守而勿失。载其清静,人以宁一。"

⑲一隅谓一方偏见也。

⑳清静为道家也。席上谓儒也。腐,朽也。《礼记·儒行》曰:"儒有席上之珍。"高祖折随何曰:"安用腐儒哉!"名实,名家也。柱下,老子也。诞,虚也。言志各不同也。

㉑古法不施于今,犹舟不可行之于陆也。今法有合于时,如瑟可移柱而调也。《庄子》曰"是推舟于陆,劳而无功"也。《前书》董仲舒曰:"琴瑟不调,甚者必解而更张之,乃可鼓也。为政不行,甚者必变而更化之,乃可理也。"

㉒音余。

赞曰:管视好偏,群言难一。救朴虽文,矫迟必疾。举端自理,滞隅则失。详观时蠹,成昭政术。①

①滞隅谓偏执一隅也。《淮南子》曰:"非循一踪之路,守一隅之指,而不与俗推移也。"

后汉书卷五〇
列传第四〇

孝明八王

千乘哀王建　陈敬王羡
彭城靖王恭　乐成靖王党
下邳惠王衍　梁节王畅
淮阴顷王昞　济阴悼王长

孝明皇帝九子:贾贵人生章帝;阴贵人生梁节王畅;余七王本书不载母氏。①

①本书谓《东观记》也。

千乘哀王建,永平三年封。明年薨。年少无子,国除。

陈敬王羡,永平三年封广平王。建初三年,有司奏遣羡与钜鹿王恭、乐成王党俱就国,肃宗性笃爱,不忍与诸王乖离,遂皆留京师。明年,案舆地图,令诸国户口皆等,租入岁各八千万。羡博涉经书,有威严,与诸儒讲论于白虎殿。七年,帝以广平在北,多有边费,①乃徙羡为西平王,②分汝南八县为国。及帝崩,遗诏徙封为陈王,食淮阳郡,其年就国。立三十七年薨,子思王钧嗣。

①广平,县,故城在今洺州永年县北。

②西平，县，属汝南郡也。

钧立，多不法，遂行天子大射礼。①性隐贼，喜文法，国相二千石不与相得者，辄阴中之。憎怨敬王夫人李仪等，永元十一年，遂使客隗久②杀仪家属。吏捕得久，系长平狱。③钧欲断绝辞语，复使结客篡杀久。事发觉，有司举奏，钧坐削西华、项、新阳三县。④十二年，封钧六弟为列侯。⑤后钧取掖庭出女李娆为小妻，⑥复坐削圉、宜禄、扶沟三县。⑦

> ①天子将祭，择士而祭，谓之大射。大射之礼，张三侯，虎侯、熊侯、豹侯，示服猛也，皆以其皮方制之。乐用《驺虞》，九节。《谢承书》曰"陈国户曹史高慎谏国相曰：‘诸侯射豕，天子射熊，八舞六樽，礼数不同。昔季氏设朱干玉戚以舞《大夏》。《左传》曰：“唯名与器，不可以假人。”奢僭之渐，不可听也。’于是谏争不合，为王所非，坐司寇罪"也。
>
> ②"久"或作"文"。
>
> ③长平，县，属陈国。
>
> ④西华故城在今陈州溵水县西北。项，今陈州项城县也。新阳故城在今豫州真阳县西南也。
>
> ⑤伏侯《古今注》曰"番为阳都乡侯，千秋为新平侯，参为周亭侯，寿为乐阳亭侯，宝为博平侯，旦为高亭侯"也。
>
> ⑥娆音宁了反。
>
> ⑦圉、扶沟并属陈留郡。宜禄属汝南郡。

永初七年，封敬王孙安国为耕亭侯。

钧立二十一年薨，子怀王竦嗣。立二年薨，无子，国绝。

永宁元年，立敬王子安寿亭侯崇为陈王，是为顷王。立五年薨，子孝王承嗣。

承薨，子愍王宠嗣。熹平二年，国相师迁追奏前相魏愔与宠共祭天神，希幸非冀，罪至不道。有司奏遣使者案验。是时新诛勃海王悝，①灵帝不忍复加法，诏槛车传送愔、迁诣北寺诏狱，使中常侍王酺②与尚书令、侍御史杂考。愔辞与王共祭黄老君，求长生福而已，无它冀幸。酺等奏愔职在匡正，而所为不端，迁诬告其王，罔以不道，皆诛死。有诏赦宠不案。

①灵帝熹平元年,惺被诬谋反自杀也。

②《华峤书》及《宦者传》诸本并作"甫",未详孰是也。

宠善弩射,十发十中,中皆同处。①中平中,黄巾贼起,郡县皆弃城走,宠有强弩数千张,出军都亭。②国人素闻王善射,不敢反叛,故陈独得完,百姓归之者众十余万人。及献帝初,义兵起,宠率众屯阳夏,③自称辅汉大将军。国相会稽骆俊素有威恩,时天下饥荒,邻郡人多归就之,俊倾资赈赡,并得全活。后袁术求粮于陈而俊拒绝之,术忿恚,遣客诈杀俊及宠,陈由是破败。④

①《华峤书》曰:"宠射,其秘法以天覆地载,参连为奇。又有三微、三小。三微为经,三小为纬,经纬相将,万胜之方,然要在机牙。"

②置军营于国之都亭也。

③县名,属淮阳国。夏音公雅反。

④《谢承书》曰:"俊字孝远,乌伤人。察孝廉,补尚书侍郎,擢拜陈国相。人有产子,厚致米肉,达府主意,生男女者,以骆为名。袁术使部曲将张闿阳私行到陈,之俊所,俊往从饮酒,因诈杀俊,一郡吏人哀号如丧父母。"

是时诸国无复租禄,而数见虏夺,并日而食,转死沟壑者甚众。夫人姬妾多为丹阳兵乌桓所略云。

彭城靖王恭,永平九年赐号灵寿王。①十五年,封为钜鹿王。建初三年,徙封江陵王,改南郡为国。元和二年,三公上言江陵在京师正南,不可以封,乃徙为六安王,以庐江郡为国。肃宗崩,遣诏徙封彭城王,食楚郡,其年就国。恭敦厚威重,举动有节度,吏人敬爱之。永初六年,封恭子阿奴为竹邑侯。②

①取其美名也,下重熹王亦同。《东观记》曰"赐号,未有国邑"也。

②竹邑,县,属沛郡,故城在今徐州符离县也。"竹邑"或为"邕"字,转写误也。

元初三年,恭以事怒子酺,酺自杀。①国相赵牧以状上,因诬奏恭祠祀恶言,大逆不道。有司奏请诛之。恭上书自讼。朝廷以其素著行义,令考实,无征,牧坐下狱,会赦免死。②

①《东观记》曰:"恭子男丁前物故,酺侮慢丁小妻,恭怒,闭酺马厩,酺亡,夜诣彭城县欲上书,恭遣从官仓头晓令归,数责之,乃自杀也。"

②《决录注》曰:"牧字仲师,长安人。少知名,以公正称。修《春秋》,事乐恢。恢以直谏死,牧为陈冤得申。高第,为侍御史、会稽太守,皆有称绩。及诬奏恭,安帝疑其侵,乃遣御史母丘歆覆案其事实,下牧廷尉,会赦不诛,终于家。"

恭立四十六年薨,子考王道嗣。元初五年,封道弟三人为乡侯,①恭孙顺为东安亭侯。

①《东观记》曰:"丙为都乡侯,国为安乡侯,丁为鲁阳乡侯。"

道立二十八年薨,子顷王定嗣。本初元年,封定兄弟九人皆为亭侯。①

①《东观记》曰"定兄据卞亭侯,弟光昭阳亭侯,固公梁亭侯,兴蒲亭侯,延昌城亭侯,杞梁父亭侯,坚西安亭侯,代林亭侯"也。

定立四年薨,子孝王和嗣。和性至孝,太夫人薨,行丧陵次,毁瘠过礼。傅相以闻。桓帝诏使奉牛酒迎王还宫。和敬贤乐施,国中爱之。初平中,天下大乱,和为贼昌务所攻,避奔东阿,后得还国。

立六十四年薨,孙祗嗣。立七年,魏受禅,以为崇德侯。

乐成靖王党,永平九年赐号重熹王,十五年封乐成王。党聪惠,善史书,喜正文字。与肃宗同年,尤相亲爱。建初四年,以清河之游、观津,勃海之东光、成平,涿郡之中水、饶阳、安平、南深泽八县益乐成国。①及帝崩,其年就国。党急刻不遵法度。旧禁宫人出嫁,不得适诸国。有故掖庭技人哀置,嫁为男子章诸妻,②党召哀置入宫与通,初欲上书告之,党恐惧,乃密赂哀置姊焦使杀初。事发觉,党乃缢杀内侍三人,以绝口语。又取故中山简王傅婢李羽生为小妻。永元七年,国相举奏之。和帝诏削东光、鄡二县。③

①《前书》及《郡国志》清河无游县。观津故城在今德州蓚县东北,东光在沧州东光县南,成平在景城县南,中水在今瀛州乐寿县西北,南深泽在今定州深泽县东也。

②哀,姓;置,名也。称男子者,无官爵也。

③鄡县属钜鹿郡。鄡音羌尧反。

立二十五年薨,子哀王崇嗣。立二月薨,无子,国绝。

明年,和帝立崇兄修侯巡为乐成王,是为釐王。①立十五年薨,子隐王宾嗣。立八年薨,无子,国绝。

①修县及条县,皆属勃海。"条"字或作"修"。

明年,复立济北惠王子苌为乐成主后。苌到国数月,骄淫不法,愆过累积,冀州刺史与国相举奏苌罪至不道。安帝诏曰:"苌有靦其面,而放逸其心。①知陵庙至重,承继有礼,不惟致敬之节,肃穆之慎,乃敢擅损牺牲,不备苾芬。②慢易大姬,不震厥教。③出入颠覆,风淫于家,娉取人妻,馈遗婢妾。殴击吏人,专己凶暴。愆罪莫大,甚可耻也。朕览八辟之议,不忍致之于理。④其贬苌爵为临湖侯。⑤朕无'则哲'之明,致简统失序,罔以尉承大姬,增怀永叹。"⑥

①靦,勉也。言面姡然无惭。姡音胡八反。

②《诗·小雅》曰:"苾苾芬芬,祀事孔明。"

③大姬即苌所继之母。震,惧也。

④《周礼·司寇》:"以八辟丽邦法:一曰议亲之辟,二曰议故之辟,三曰议贤之辟,四曰议能之辟,五曰议功之辟,六曰议贵之辟,七曰议勤之辟,八曰议宾之辟。"

⑤临湖属庐江郡。

⑥《袁宏纪》曰:"尚书侍郎冷宏议,以为自非圣人,不能无过,故王太子生,为立贤师傅以训导之,是以目不见恶,耳不闻非,能保其社稷,高明令终。苌少长藩国,内无过庭之训,外无师傅之道,血气方刚,卒受荣爵,几微生过,遂陷不义。臣闻《周官》议亲,蠢愚见赦。苌不杀无辜,以谴呵为非,无赫赫大恶,可裁削夺损其租赋,令得改过自新,革心向道。"案《黄香集》,香与宏共奏,此香之辞也。

延光元年,以河间孝王子得嗣靖王后。以乐成比废绝,故改国曰安平,是为安平孝王。

立三十年薨,子续立。中平元年,黄巾贼起,为所劫质,囚于广宗。①贼平,复国。其年秋,坐不道被诛。立三十四年,国除。

①今贝州宗城县也,随室讳改焉。

　　下邳惠王衍,永平十五年封。衍有容貌,肃宗即位,常在左右。
建初初冠,诏赐衍师傅已下官属金帛各有差。四年,以临淮郡及九
江之钟离、当涂、东城、历阳、全椒合十七县益下邳国。[1]帝崩,其年
就国。衍后病荒忽,而太子卬有罪废,诸姬争欲立子为嗣,连上书相
告言。和帝怜之,使彭城靖恭至下邳正其嫡庶,立子成为太子。[2]

> [1]　钟离在今豪州钟离县东,当涂在县西南。东城在定远县东南。历阳,和
> 　　州县也。全椒,今滁州县也。
>
> [2]　《东观记》载赐恭诏曰:"皇帝问彭城王始夏无恙。盖闻尧亲九族,万国
> 　　协和,《书·典》之所美也。下邳王被病沈滞之疾,昏乱不明,家用不宁,
> 　　姬妾适庶,诸子分争,纷纷至今。前太子卬顽凶失道,陷于大辟。是后诸
> 　　子更相诬告,迄今適嗣未知所定,朕其伤之。惟王与下邳王恩义至亲,
> 　　正此国嗣,非王而谁?《礼》重適庶之序,《春秋》之义大居正。孔子曰:
> 　　'惟仁者能好人,能恶人。'贵仁者所好,恶得其中也。太子国之储嗣,可
> 　　不慎欤!王其差次下邳诸子可为太子者上名,将及景风拜授印绶焉。"

　　衍立五十四年薨,子贞王成嗣。永建元年,封成兄二人及惠王
孙二人皆为列侯。

　　成立二年薨,子愍王意嗣。阳嘉元年,封意弟八人为乡、亭侯。
中平元年,意遭黄巾,弃国走。贼平复国,数月薨。立五十七年,年
九十。

　　子哀王宜嗣,数月薨,无子,建安十一年国除。

　　梁节王畅,永平十五年封为汝南王。母阴贵人有宠,畅尤被爱
幸,国土租入倍于诸国。肃宗立,缘先帝之意,赏赐恩宠甚笃。建初
二年,封畅舅阴棠为西陵侯。[1]四年,徙为梁王,以陈留之郾、宁陵、
济阴之薄、单父、己氏、成武,凡六县,益梁国。[2]帝崩,其年就国。

> [1]　西陵,县,属江夏郡。
>
> [2]　郾,今许州郾陵县也。宁陵,今宋州县也。薄故城在今曹州考城县东北。
> 　　单父,今宋州县也。己氏,今宋州楚丘县也。成武,今曹州县也。

　　畅性聪惠,然少贵骄,颇不遵法度。归国后,数有恶梦,从官卜
忌自言能使六丁,善占梦,[1]畅数使卜筮。又畅乳母王礼等,因此自

言能见鬼神事,遂共占气,祠祭求福。忌等谄媚,云神言王当为天子。畅心喜,与相应答。永元五年,豫州刺史梁相举奏畅不道,考讯,辞不服。有司请征畅诣廷尉诏狱,和帝不许。有司重奏除畅国,徙九真,帝不忍,但削成武、单父二县。畅惭惧,上疏辞谢曰:"臣天性狂愚,生在深宫,长养傅母之手,信惑左右之言。及至归国,不知防禁。从官侍史利臣财物,荧惑臣畅。臣畅无所昭见,与相然诺,不自知陷死罪,以至考案。肌栗心悸,自悔无所复及。自谓当即时伏显诛,魂魄去身,分归黄泉。不意陛下圣德,枉法曲平,不听有司,②横贷赦臣。战栗连月,未敢自安。上念以负先帝而令陛下为臣收污天下,③诚无气以息,筋骨不相连。臣畅知大贷不可再得,自誓束身约妻子,不敢复出入失绳墨,不敢复有所横费。租入有余,乞裁食睢阳、谷孰、虞、蒙、宁陵五县,还余所食四县。臣畅小妻三十七人,其无子者愿还本家。自选择谨敕奴婢二百人,其余所受虎贲、官骑及诸工技、鼓吹、仓头、奴婢、兵弩、厩马皆上还本署。臣畅以骨肉近亲,乱圣化,污清流,既得生活,诚无心面目以凶恶复居大宫,食大国,张官属,藏什物。愿陛下加大恩,开臣自悔之门,假臣小善之路,令天下知臣蒙恩,得去死就生,颇能自悔。臣以公卿所奏臣罪恶诏书常置于前,昼夜诵读。臣小人,贪见明时,不能即时自引,惟陛下哀臣,令得喘息漏刻。若不听许,臣实无颜以久生,下入黄泉,无以见先帝。此诚臣至心。臣欲多还所受,恐天恩不听许,节量所留,于臣畅饶足。"诏报曰:"朕惟王至亲之属,淳淑之美,傅相不良,不能防邪,至令有司纷纷有言。今王深思悔过,端自克责,朕恻然伤之。志匪由于,咎在彼小子。④一日克己复礼,天下归仁。王其安心静意,茂率休德。《易》不云乎:'一谦而四益。小有言,终吉。'⑤强食自爱。"畅固让,章数上,卒不许。

①六丁谓六甲中丁神也。若甲子旬中,则丁卯为神,甲寅旬中,则丁巳为神之类也。役使之法先斋戒,然后其神至,可使致远方物及知吉凶也。

②曲平,曲法申恩,平处其罪。

③污,恶也。天下以帝赦王为恶,故言收恶天下也。

④谓由卞忌及王礼等也。

⑤《易·谦卦》曰:"天道亏盈而益谦,地道变盈而流谦,鬼神害盈而福谦,
　人道恶盈而好谦。"为谦是一,而天地神人皆益之,故曰"一谦而四益"。
　《讼卦·初六》曰:"小有言,终吉。"言王虽小有讼言,而终吉也。

立二十七年薨,子恭王坚嗣。永元十六年,封坚弟二人为乡、亭
侯。

坚立二十六年薨,子怀王匡嗣。永建二年,封匡兄弟七人为乡、
亭侯。

匡立十一年薨,无子,顺帝封匡弟孝阳亭侯成为梁王,是为夷
王。

立二十九年薨,子敬王元嗣。

立十六年薨,子弥嗣。立四十年,魏受禅,以为崇德侯。

淮阳顷王昞,永平五年封常山王;建初四年,徙为淮阳王,以汝
南之新安、西华益淮阳国。

立十六年薨,未及立嗣,永元二年,和帝立昞小子侧复为常山
王,奉昞后,是为殇王。

立十三年薨,父子皆未之国,并葬京师。侧无子,其月立兄防子
侯章为常山王。和帝怜章早孤,数加赏赐。延平元年就国。

立二十五年薨,是为靖王。子顷王仪嗣。永建二年,封仪兄二
人为亭侯。

仪立十七年薨,子节王豹嗣。永嘉元年,封豹兄四人为亭侯。

豹立八年薨,子暠嗣。三十二年,遭黄巾贼,弃国走,建安十一
年国除。

济阴悼王长,永平十五年封。建初四年,以东郡之离狐、陈留之
长垣益济阴国。立十三年,薨于京师。无子,国除。

论曰:晏子称"夫人生厚而用利,于是乎正德以幅之,谓之幅

利。"言人情须节以正其德,亦由布帛须幅以成其度焉。[1]明帝封诸子,租岁不过二千万,马后为言而不得也。[2]贤哉!岂徒俭约而已乎!知骄贵之无厌,嗜欲之难极也,故东京诸侯鲜有至于祸败者也。

[1]《左传》云,齐景公与晏子邶殿之邑六十,晏子不受,曰:"夫富如布帛之有幅焉,为之度使无迁也。夫人生厚而用利,于是正德以幅之,谓之幅利。过则为败,吾不敢贪多,所谓幅也。"

[2]《东观·明纪》曰:"皇子之封,皆减旧制。尝案舆地图,皇后在傍,言钜鹿、乐成、广平各数县,租谷百万,帝令满二千万止。诸小王皆当略与楚、淮阳相比,什减三四。'我子不当与先帝子等'者也。"

赞曰:孝明传胤,维城八国。陈敬严重,彭城厚德。下邳婴痾,梁节邪惑。三藩凤龄,[1]党惟荒忒。

[1]谓千乘、淮阳、济阴并早殁也。

后汉书卷五一
列传第四一

李恂　　陈禅　　庞参　　陈龟
桥玄

李恂字叔英,安定临泾人也。少习《韩诗》,①教授诸生常数百人。太守颍川李鸿请署功曹,未及到,而州辟为从事。会鸿卒,恂不应州命,而送鸿丧还乡里。既葬,留起冢坟,持丧三年。

①韩婴所传《诗》也。

辟司徒桓虞府。后拜侍御史,持节使幽州,宣布恩泽,慰抚北狄,所过皆图写山川、屯田、聚落百余卷,悉封奏上,肃宗嘉之。拜兖州刺史。以清约率下,常席羊皮,服布被。迁张掖太守,有威重名。时大将军窦宪将兵屯武威,天下州郡远近莫不修礼遗,恂奉公不阿,为宪所奏免。

后复征拜谒者,使持节领西域副校尉。西域殷富,多珍宝,诸国侍子及督使贾胡①数遗恂奴婢、宛马、金银、香罽之属,一无所受。②北匈奴数断西域车师、伊吾,陇沙以西使命不得通,③恂设购赏,遂斩虏帅,县首军门。自是道路夷清,威恩并行。

①督使,主蕃国之使也。贾胡,胡之商贾也。

②《袁山松书》曰:“西域出诸香、石蜜。”罽,织毛为布者。

③《前书》曰:“车师前国王居交河城。”伊吾故城在今瓜州晋昌县北。《广志》曰:“流沙在玉门关外,东西数百里,有三断名曰三陇也。”

迁武威太守。后坐事免,步归乡里,潜居山泽,结草为庐,独与诸生织席自给。会西羌反畔,恂到田舍,为所执获。羌素闻其名,放遣之。恂因诣洛阳谢。时岁荒,司空张敏、司徒鲁恭等各遣子馈粮,悉无所受。徙居新安关下,拾橡实以自资。① 年九十六卒。

① 橡,栎实也。武帝元鼎三年徙函谷关于新安也。

陈禅字纪山,巴郡安汉人也。仕郡功曹,举善黜恶,为邦内所畏。察孝廉,州辟治中从事。① 时刺史为人所上受纳臧赂,禅当传考,② 无它所赍,但持丧敛之具而已。及至,笞掠无算,五毒毕加,禅神意自若,辞对无变,事遂散释。车骑将军邓骘闻其名而辟焉,举茂才。时汉中蛮夷反畔,以禅为汉中太守。夷贼素闻其声,即时降服。迁左冯翊,入拜谏议大夫。

① 《续汉志》曰,每州有持中从事也。

② 传谓逮捕而考之也。

永宁元年,西南夷掸国王①献乐及幻人,能吐火,自支解,易牛马头。明年元会,作之于庭,安帝与群臣共观,大奇之。禅独离席举手大言曰:“昔齐鲁为夹谷之会,齐作侏儒之乐,仲尼诛之。② 又曰:‘放郑声,远佞人。’③ 帝王之庭,不宜设夷狄之技。”尚书陈忠劾奏禅曰:“古者合欢之乐舞于堂,四夷之乐陈于门,故《诗》云‘以《雅》以《南》,《韎》、《任》、《朱离》。’④ 今掸国越流沙,逾县度,⑤ 万里贡献,非郑卫之声,佞人之比,而禅廷讪朝政,⑥ 请劾禅下狱。”有诏勿收,左转为玄菟候城障尉,⑦ 诏“敢不之官,上妻子从者名。”禅既行,朝廷多讼之。会北匈奴入辽东,追拜禅辽东太守。胡惮其威强,退还数百里。禅不加兵,但使吏卒往晓慰之,单于随使还郡。禅于学行礼,为说道义以感化之。单于怀服,遗以胡中珍货而去。

① 掸音徒丹反。

② 《家语》曰,鲁定公与齐侯会于夹谷,孔子摄相事。齐奏中宫之乐,倡优侏儒戏于前。孔子趋曰:“匹夫而侮诸侯,罪应诛。”于是斩侏儒,手足异处。

③ 《论语》孔子之言。

④ 《诗·小雅·鼓钟》之诗曰:“以《雅》以《南》,以籥不僭。”薛君云:“南夷

之乐曰《南》。四夷之乐唯《南》可以和于《雅》者,以其人声音及篴不僭差也。"《周礼》,鞮鞻氏掌四夷之乐。郑玄注云:"东方曰《韎》,南方曰《任》,西方曰《朱离》,北方曰《禁》。"《毛诗》无"韎任朱离"之文,盖见《齐》、《鲁》之诗也,今亡。韎音昧。《礼记》曰,九夷、八蛮、六戎、五狄来朝,立于明堂四门之外也。

⑤《前书·西域传》曰:"县度者,山名也。溪谷不通,以绳索相引而度,去阳关五千八百八十里。"

⑥讪,谤也。

⑦候城,县,在辽东。

及邓骘诛,废禅以故吏免。复为车骑将军阎显长史。顺帝即位,迁司隶校尉。明年,卒于官。

子澄,有清名,官至汉中太守。

禅曾孙宝,亦刚壮有禅风,为州别驾从事,显名州里。

庞参字仲达,河南缑氏人也。初仕郡,未知名,河南尹庞奋见而奇之,举为孝廉。拜左校令,坐法输作若庐。①

①若庐,狱名。

永初元年,凉州先零种羌反畔,遣车骑将军邓骘讨之。参于徒中使其子俊上书曰:"方今西州流民扰动,而征发不绝,水潦不休,地力不复。①重之以大军,疲之以远戍,农功消于转运,资财竭于征发。田畴不得垦辟,禾稼不得收入,搏手困穷,无望来秋。②百姓力屈,不复堪命。臣愚以为万里运粮,远就羌戎,不若总兵养众,以待其疲。车骑将军骘宜且振旅,留征西校尉任尚使督凉州士民,转居三辅。休徭役以助其时,止烦赋以益其财,令男得耕种,女得织纴,③然后畜精锐,乘懈沮,出其不意,攻其不备,则边人之仇报,奔北之耻雪矣。"书奏,会御史中丞樊准上疏荐参曰:"臣闻鸷鸟累百,不如一鹗。④昔孝文皇帝悟冯唐之言,而赦魏尚之罪,使为边守,匈奴不敢南向。⑤夫以一臣之身,折方面之难者,选用得也。臣伏见故左校令河南庞参,勇谋不测,卓尔奇伟,高才武略,有魏尚之风。前坐微法,输作经时。今羌戎为患,大军西屯,臣以为如参之人,宜在行伍。惟明诏采前世之举,观魏尚之功,免赦参刑,以为军锋,必有成效,宣助国威。"邓太后纳其言,即擢参于徒中,召拜谒者,使西督三辅诸军屯,而征邓骘还。

①言其耗损,不复于旧。

②两手相搏,言无计也。

③纤音如深反。杜预注《左传》云:"织纤,织缯布也。"

④《前书》邹阳谏吴王之辞也。鹗,大雕也。

⑤《前书》冯唐谓文帝曰:"臣闻魏尚为云中守,匈奴远避,不近云中之塞。上功莫府,一言不相应,文吏以法绳之。愚以为陛下法太明而赏太轻。"文帝悦,是日令唐持节赦魏尚,复以为云中守也。

四年,羌寇转盛,兵费日广,且连年不登,谷石万余。参奏记于邓骘曰:"比年羌寇特困陇右,供徭赋役为损日滋,官负人责数十亿万。①今复募发百姓,调取谷帛,衔卖什物,以应吏求。外伤羌虏,内困征赋。②遂乃千里转粮,远给武都西郡。涂路倾阻,难劳百端,疾行则钞暴为害,迟进则谷食稍损,运粮散于旷野,牛马死于山泽。县官不足,辄贷于民。民已穷矣,将从谁求?名救金城,而实困三辅。三辅既困,还复为金城之祸矣。参前数言宜弃西域,乃为西州士大夫所笑。今苟贪不毛之地,营恤不使之民,③暴军伊吾之野,以虑三族之外,④果破凉州,祸乱至今。夫拓境不宁,无益于强;多田不耕,何救饥敝!故善为国者,务怀其内,不求外利;务富其民,不贪广土。三辅山原旷远,民庶稀疏,故县丘城,可居者多。⑤今宜徙边郡不能自存者,入居诸陵,田戍故县。孤城绝郡,以权徙之;转运远费,聚而近之;徭役烦数,休而息之。此善之善者也。"骘及公卿以国用不足,欲从参议,众多不同,乃止。

①责音侧懈反。

②为羌寇所伤也。

③恤,忧也。不使之人,谓戎虏凶犷,不堪为用。

④言劳师救远,以为亲戚之忧虑。

⑤丘,空也。

拜参为汉阳太守。郡人任棠者,有奇节,隐居教授。参到,先候之。棠不与言,但以薤一大本,水一盂,置户屏前,自抱孙儿伏于户下。主簿白以为倨。参思其微意,良久曰:"棠是欲晓太守也。水者,欲吾清也。拔大本薤者,欲吾击强宗也。抱儿当户,欲吾开门恤孤也。"于是叹息而还。参在职,果能抑强助弱,以惠政得民。

　　元初元年,迁护羌校尉,叛羌怀其恩言。明年,烧当羌种号多等皆降,始复得还都令居,通河西路。①时先零羌豪僭号北地,诏参将降羌及湟中义从胡七千人,②与行征西将军司马钧期会北地击之。参于道为羌所败。既已失期,乃称病引兵还,坐以诈疾征下狱。校书郎中马融上书请之曰:"伏见西戎反叛,寇钞五州,陛下愍百姓之伤痍,哀黎元之失业,单竭府库以奉军师。昔周宣猃狁侵镐及方,③孝文匈奴亦略上郡,而宣王立中兴之功,文帝建太宗之号。非惟两主有明睿之姿,抑亦扞城有虓虎之助,④是以南仲赫赫,列在《周诗》,亚夫赳赳,载于汉策。⑤窃见前护羌校尉庞参,文武昭备,智略弘远,既有义勇果毅之节,兼以博雅深谋之姿。又度辽将军梁慬,前统西域,勤苦数年,还留三辅,功效克立,间在北边,单于降服。今皆幽囚,陷于法网。昔荀林父败绩于邲,晋侯使复其位;⑥孟明视丧于崤,秦伯不替其官。⑦故晋景并赤狄之土,秦穆遂霸西戎。⑧宜远览二君,使参、慬得在宽宥之科,诚有益于折冲,毗佐于圣化。"书奏,赦参等。

①令居,县,属金城郡。令音零。
②湟,水名,今在鄯州。
③《诗·小雅·六月》之诗曰:"侵镐及方,至于泾阳。"郑玄注云:"镐、方皆北方地名。"
④《诗》曰:"公侯干城。"又曰:"阚如虓虎。"干,扞也。虓,虎怒貌也。
⑤《诗》曰:"赫赫南仲,薄伐西戎。"周亚夫为汉将。赳赳,武貌。
⑥《左传》曰,晋荀林父及楚师战于邲,晋师败绩。林父请死,晋侯欲许之。士贞子谏曰:"不可。夫其败也,如日月之食,何损于明?"晋侯使复其位。
⑦《左传》曰,晋败秦师于崤,获百里孟明视,后赦而归之。秦伯曰:"孤之罪也。"不替孟明。

⑧《左传》曰,晋荀林父败赤狄,遂灭之。晋侯赏林父狄臣千室,亦赏士贞子瓜衍之县,曰:"吾获狄土,子之功也。"又曰:"秦伯伐晋,遂霸西戎,用孟明也。"

后以参为辽东太守。永建元年,迁度辽将军。四年,入为大鸿胪。尚书仆射虞诩荐参有宰相器能,顺帝时以为太尉,录尚书事。是时三公之中,参名忠直,数为左右所陷毁,以所举用忤帝旨,司隶承风案之。时当会茂才孝廉,参以被奏,称疾不得会。上计掾广汉段恭因会上疏曰:"伏见道路行人,农夫织妇,皆曰'太尉庞参,竭忠尽节,徒以直道,不能曲心,孤立群邪之间,自处中伤之地。'臣犹冀在陛下之世,当蒙安全,而复以谗佞伤毁忠正,此天地之大禁,人主之至诚。昔白起赐死,诸侯酌酒相贺;季子来归,鲁人喜其纾难。①夫国以贤化,君以忠安。今天下咸欣陛下有此忠贤,愿卒宠任,以安社稷。"书奏,诏即遣小黄门视参疾,太医致羊酒。

①纾,缓也。季子,鲁公子季友也。闵公之时,国家多难,以季子忠贤,故请齐侯复之。《公羊传》曰:"季子来归。其言季子何?贤也。言其来归何?喜之也。"

后参夫人疾前妻子,投于井而杀之。参素与洛阳令祝良不平,①良闻之,率吏卒入太尉府案实其事,乃上参罪,遂因灾异策免。有司以良不先闻奏,辄折辱宰相,坐系诏狱。良能得百姓心,洛阳吏人守阙请代其罪者,日有数千万人,诏乃原刑。

①《谢承书》曰"良字邵平,长沙人。聪明博学有才干,以廉平见称"也。

阳嘉四年,复以参为太尉。永和元年,以久病罢,卒于家。

陈龟字叔珍,上党泫氏人也。①家世边将,便习弓马,雄于北州。

①泫氏故城,今泽州高平县也。泫音公玄反。

龟少有志气。永建中,举孝廉,五迁五原太守。永和五年,拜使匈奴中郎将。时南匈奴左部反乱,龟以单于不能制下,外顺内叛,促令自杀,坐征下狱免。后再迁,拜京兆尹。时三辅强豪之族,多侵枉小民。龟到,厉威严,悉平理其怨屈者,郡内大悦。

　　会羌胡寇边,杀长史,驱略百姓。桓帝以龟世谙边俗,拜为度辽将军。龟临行,上疏曰:"臣龟蒙恩累世,驰骋边垂,虽展鹰犬之用,顿毙胡虏之庭,魂骸不返,荐享狐狸,犹无以塞厚责,答万分也。至臣顽驽,器无铅刀一割之用,过受国恩,荣秩兼优,生年死日,永惧不报。臣闻三辰不轨,擢士为相,蛮夷不恭,拔卒为将。臣无文武之才,而忝鹰扬之任,①上惭圣朝,下惧素餐,②虽殁躯体,无所云补。今西州边鄙,土地瘠埆,③鞍马为居,射猎为业,男寡耕稼之利,女乏机杼之饶。守塞候望,悬命锋镝,闻急长驱,去不图反。自顷年以来,匈奴数攻营郡,④残杀长吏,侮略良细。战夫身膏沙漠,居人首系马鞍。或举国掩户,尽种灰灭,孤儿寡妇,号哭空城,野无青草,室如悬磬。⑤虽含生气,实同枯朽。往岁并州水雨,灾螟互生,稼穑荒耗,租更空阙。⑥老者虑不终年,少壮惧于困厄。陛下以百姓为子,品庶以陛下为父,焉可不日昃劳神,⑦垂抚循之恩哉!唐尧亲舍其子以禅虞舜者,是欲民遭圣君,不令遇恶主也。⑧故古公杖策,其民五倍,⑨文王西伯,天下归之。⑩岂复舆金辇宝,以为民惠乎!近孝文皇帝感一女子之言,除肉刑之法,⑪体德行仁,为汉贤主。陛下继中兴之统,承光武之业,临朝听政,而未留圣意。且牧守不良,或出中官,惧逆上旨,取过目前。呼嗟之声,招致灾害,胡虏凶悍,因衰缘隙。而令仓库单于豺狼之口,功业无铢两之效,皆由将帅不忠,聚奸所致。前凉州刺史祝良,初除到州,多所纠罚,太守令长,贬黜将半,政未逾时,功效卓然。实应赏异,以劝功能,改任牧守,去斥奸残。又宜更选匈奴、乌桓、护羌中郎将、校尉,简练文武,授之法令,除并、凉二州今年租更,宽赦罪隶,埽除更始,则善吏知奉公之祐,恶者觉营私之祸,胡马可不窥长城,下无候望之患矣。"帝觉悟,乃更选幽、并刺史,自营郡太守都尉以下,多所革易,下诏"为陈将军除并、凉一年租赋,以赐吏民。"龟既到职,州郡重足震栗,鲜卑不敢近塞,省息经用,岁以亿计。⑫

　　①《诗》曰"惟师尚父,时惟鹰扬"也。

②素,空也。无功受禄为素餐。

③堉音学,又音确,谓薄土也。

④谓郡有屯兵者,即护羌尉屯金城,乌桓校尉屯上谷之类。

⑤《左传》曰:"室如悬磬,野无青草。"言其屋居如磬之悬,下无所有。

⑥更谓卒更钱也。

⑦《书》曰"文王至于日中昃,不遑暇食"也。

⑧《史记》曰"尧知子丹朱不肖,不足授天下,乃推授舜。则天下得其利而丹朱病,授丹朱则天下病而丹朱得其利。尧曰:'终不以天下之病而利一人。'卒授舜以天下"也。

⑨《帝王世纪》曰"古公亶甫,是为太王,为百姓所附。狄人攻之,事之以皮币玉帛,不能免焉。王遂杖策而去,逾梁山,止于岐山之阳,邑于周地。豳人从者如归市,一所成邑,二年成都,三年五倍其初"也。

⑩《帝王世纪》曰,西伯至仁,百姓襁负而至。

⑪女子即太仓令淳于公之女缇萦也。事见《前书》。

⑫经,常也。

　　大将军梁冀与龟素有隙,谮其沮毁国威,挑取功誉,①不为胡虏所畏。坐征还,遂乞骸骨归田里。复征为尚书。冀暴虐日甚,龟上疏言其罪状,请诛之。帝不省。自知必为冀所害,不食七日而死。西域胡夷,并、凉民庶,咸为举哀,吊祭其墓。

①挑取犹独取也。独取其名,如挑战之义。

　　桥玄字公祖,梁国睢阳人也。七世祖仁,从同郡戴德学,著《礼记章句》四十九篇,号曰"桥君学"。成帝时为大鸿胪。祖父基,广陵太守。父肃,东莱太守。

　　玄少为县功曹。时豫州刺史周景行部到梁国,玄谒景,因伏地言陈相羊昌罪恶,乞为部陈从事,①穷案其奸。景壮玄意,署而遣之。玄到,悉收昌宾客,具考臧罪。昌素为大将军冀所厚,冀为驰檄救之。景承旨召玄,玄还檄不发,案之益急。昌坐槛车征,玄由是著名。

①部犹领也。

举孝廉,补洛阳左尉。[1]时梁不疑为河南尹,玄以公事当诣府受对,耻为所辱,弃官还乡里。后四迁为齐相,坐事为城旦。刑竟,征,再迁上谷太守,又为汉阳太守。时上邽令皇甫祯有臧罪,玄收考髡笞,死于冀市,[2]一境皆震。郡人上邽姜岐,守道隐居,名闻西州。玄召以为吏,称疾不就。玄怒,敕督邮尹益逼致之,曰:"岐若不至,趣嫁其母。"[3]益固争不能得,遂晓譬岐。岐坚卧不起。郡内士大夫亦竞往谏,玄乃止。时颇以为讥。后谢病免,复公车征为司徒长史,拜将作大匠。

[1]左部尉也。

[2]冀,县名,属汉阳郡。

[3]趣音促。

桓帝末,鲜卑、南匈奴及高句骊嗣子伯固并叛,为寇钞,四府举玄为度辽将军,假黄钺。玄至镇,休兵养士,然后督诸将守讨击胡虏及伯固等,皆破散退走。在职三年,边境安静。

灵帝初,征入为河南尹,转少府、大鸿胪。建宁三年,迁司空,转司徒。素与南阳太守陈球有隙,及在公位,而荐球为廷尉。玄以国家方弱,自度力无所用,乃称疾上疏,引众灾以自劾。遂策罢。岁余,拜尚书令。时太中大夫盖升与帝有旧恩,前为南阳太守,臧数亿以上。玄奏免升,禁锢,没入财贿。帝不从,而迁升侍中。玄托病免,拜光禄大夫。光和元年,迁太尉。数月,复以疾罢,拜太中大夫,就医里舍。

玄少子十岁,独游门次,卒有三人持杖劫执之,入舍登楼,就玄求货,玄不与。有顷,司隶校尉阳球率河南尹、洛阳令围守玄家。球等恐并杀其子,未欲迫之。玄瞋目呼曰:"奸人无状,玄岂以一子之命而纵国贼乎!"促令兵进。于是攻之,玄子亦死。玄乃诣阙谢罪,乞下天下:"凡有劫质,皆并杀之,不得赎以财宝,开张奸路。"诏收下其章。初自安帝以后,法禁稍弛,京师劫质,不避豪贵,自是遂绝。

玄以光和六年卒,时年七十五。玄性刚急无大体,然谦俭下士,子弟亲宗无在大官者。及卒,家无居业,丧无所殡,当时称之。

初，曹操微时，人莫知者。尝往候玄，玄见而异焉，谓曰："今天下将乱，安生民者其在君乎！"操常感其知己。及后经过玄墓，辄凄怆致祭。自为其文曰："故太尉桥公，懿德高轨，泛爱博容。国念明训，士思令谟。幽灵潜翳，愍哉缅矣！操以幼年，逮升堂室，特以顽质，见纳君子。增荣益观，皆由奖助，犹仲尼称不如颜渊，①李生厚叹贾复。②士死知己，怀此无忘。又承从容约誓之言：'徂没之后，路有经由，不以斗酒只鸡过相沃酹，车过三步，腹痛勿怨。'虽临时戏笑之言，非至亲之笃好，胡肯为此辞哉？怀旧惟顾，念之凄怆。③奉命东征，屯次乡里，北望贵土，乃心陵墓。裁致薄奠，公其享之！"④

①《论语》孔子谓子贡曰："汝与回也孰愈？"子贡曰："赐也何敢望回。"子曰："吾与汝俱不如也。"

②复少好学，师事舞阴李生。李生奇之，曰："贾君国器也。"

③惟，思也。

④《魏志》曰"建安七年，曹公军谯，遂至浚仪，遣使以太牢祀桥玄，进军官度"也。

玄子羽，官至任城相。

论曰：任棠、姜岐，世著其清。结瓮牖而辞三命，①殆汉阳之幽人乎？②庞参躬求贤之礼，故民悦其政；桥玄厉邦君之威，而众失其情。夫岂力不足欤？将有道在焉。③如令其道可忘，则强梁胜矣。语曰："三军可夺帅，匹夫不可夺志。"④子贡曰："宁丧千金，不失士心。"昔段干木逾墙而避文侯之命，⑤泄柳闭门不纳穆公之请。⑥贵必有所屈，贱亦有所申矣。

①结犹构也。《庄子》曰："原宪处鲁，居环堵之室，桑枢而瓮牖。"《周礼》："一命受职，再命受服，三命受位。"谓任、姜辞太守之辟也。

②《易》曰："履道坦坦，幽人贞吉。"

③桥玄之舍姜岐，以道不可违，故不得以威力逼也。

④郑玄注《论语》云："匹夫之守志，重于三军之死将者也。"

⑤《高士传》曰，段干木者，晋人也。守道不仕。魏文侯造其门，段干木逾墙而避之。

⑥泄柳,鲁之贤人也。鲁穆公时,请见之,泄柳闭门而不纳。事见《孟子》。

赞曰:李叟勤身,甘饥辞馈。禅为君隐,之死靡贰。龟习边功,参起徒中。桥公识运,先觉时雄。

后汉书卷五二
列传第四二

崔骃 子瑗　孙寔

　　崔骃字亭伯,涿郡安平人也。高祖父朝,昭帝时为幽州从事,谏刺史无与燕刺王通。及刺王败,擢为侍御史。①生子舒,历四郡太守,所在有能名。

　　①燕刺王旦,武帝子,坐与上官桀等谋乱,自杀。刺,力割反。

　　舒小子篆,王莽时为郡文学,以明经征诣公车。太保甄丰举为步兵校尉,篆辞曰:"吾闻伐国不问仁人,①战阵不访儒士。②此举奚为至哉?"前投劾归。③

　　①《前书》董仲舒曰:"昔在鲁君问柳下惠曰:'吾欲伐齐,如何?'柳下惠曰:'不可。'归而有忧色,曰:'吾闻伐国不问仁人,此言何为至于我哉?'"

　　②《论语》曰:"卫灵公问陈于孔子。孔子对曰:'俎豆之事则尝闻之,军旅之事未之学也。'"

　　③投辞自劾有过,不合应举。

　　莽嫌诸不附己者,多以法中伤之。时篆兄发以佞巧幸于莽,位至大司空。母师氏能通经学、百家之言,莽宠以殊礼,赐号义成夫人,金印紫绶,文轩丹毂,显于新世。

　　后以篆为建新大尹,①篆不得已,乃叹曰:"吾生无妄之世,值浇、羿之君,②上有老母,下有兄弟,安得独洁己而危所生哉?"乃遂单车到官,称疾不视事,三年不行县。③门下掾倪敞谏,篆乃强起班春。④所至之县,狱犴填满。⑤篆垂涕曰:"嗟乎!刑罚不中,乃陷人于阱。此皆何罪,而至于是!"遂平理,所出二千余人。掾吏叩头谏曰:"朝廷初政,州牧峻刻。⑥宥过申枉,诚仁者之心;然独为君子,将有悔乎!"篆曰:"邾文公不以一人易其身,君子谓之知命。⑦如杀一大尹赎二千人,盖所愿也。"遂称疾去。

①莽改千乘郡曰建新,守曰大尹。

②《易》曰:"无妄之行,穷之灾也。"《左传》曰:"昔有夏之方衰也,后羿自鉏迁于穷石,因夏人以代夏政,而淫于原兽。用寒浞,伯明氏之谗子弟也。而虞羿于田,以取其国家。浞因羿室,生浇及豷,恃其谗慝诈伪,而不德于人。"浇音五吊反。豷音许既反。

③《续汉志》曰:"郡国常以春行至县,劝人农桑,振救乏绝。"

④班布春令。

⑤犴音岸。《前书音义》曰:"乡亭之狱曰犴。"

⑥初政谓莽即位。

⑦《左传》曰"邾文公卜迁于绎。史曰:'利于人,不利于君。'邾子曰:'苟利于人,孤之利也。人既利矣,孤必与焉。'遂迁于绎。五月,邾文公卒。君子曰知命"也。

建武初,朝廷多荐言之者,幽州刺史又举篆贤良。篆自以宗门受莽伪宠,惭愧汉朝,遂辞归不仕。客居荥阳,闭门潜思,著《周易林》六十四篇,用决吉凶,多所占验。临终作赋以自悼,名曰《慰志》。其辞曰:

嘉昔人之遘辰兮,①美伊、傅之遒时。②应规矩之淑质兮,过班、倕而裁之。③协准绳之贞度兮,同断金之玄策。④何天衢于盛世兮,超千载而垂绩。⑤岂修德之极致兮,将天祚之攸适?

①过,遇也。辰,时也。

②伊尹干汤,傅说遇高宗。《尔雅》曰:"遘,遇也。"音五故反。

③公输班,鲁人也。倕,舜时为共工之官。皆巧人也。以喻汤及高宗也。

④准,绳也。绳,尺也。贞,正也。《易》曰:"二人同心,其利断金。"玄策犹妙策也。

⑤《易·大畜》卦,《乾》下《艮》上,其《上九》曰:"何天之衢,亨。"郑玄云:"《艮》为手,手也肩也。《乾》为首。首肩之间荷物处。《乾》为天,《艮》为径路,天衢象也。"

　　愍余生之不造兮,①丁汉氏之中微。②氛霓郁服以横厉兮,羲和忽以潜晖。③六柄制于家门兮,王纲漼以陵迟。④黎、共奋以跋扈兮,羿、浞狂以恣睢。⑤睹嫚臧而乘衅兮,窃神器之万机。⑥思辅弼以偷存兮,亦号咷以诹咨。⑦嗟三事之我负兮,乃迫余以天威。⑧岂无熊僚之微介兮? 悼我生之歼夷。⑨庶明哲之末风兮,惧《大雅》之所讥。⑩遂翕翼以委命兮,受符守乎艮维。⑪恨遭闭而不隐兮,违石门之高踪。⑫扬蛾眉于复关兮,犯孔戒之冶容。⑬懿氓蚩之悟悔兮,慕白驹之所从。⑭乃称疾而屡复兮,历三祀而见许。⑮悠轻举以远遁兮,托峻嶒以幽处。⑯竫潜思于至赜兮,骋《六经》之奥府。⑰皇再命而绍恤兮,乃云眷乎建武。⑱运樻枪以电埽兮,清六合之土宇。⑲圣德滂以横被兮,黎庶恺以鼓舞。辟四门以博延兮,彼幽牧之我举。⑳分画定而计决兮,岂云贡乎鄙考,㉑遂悬车以絷马兮,绝时俗之进取。叹暮春之成服兮,阖衡门以归轨。㉒聊优游以永日兮,守性命以尽齿。㉓贵启体之归全兮,庶不忝乎先子。㉔

①造,成也。

②丁,当也。

③氛,祲也。霓,日傍之气。横厉谓气盛而陵于天也。羲和,日也。气盛而日光微,谕王莽篡汉。

④《国语》管仲对齐桓公曰:"昔者圣人之理天下也,而慎用其六柄焉。"韦昭注云:"六柄,生、杀、贫、贱、富、贵也。"漼犹摧落也,音千隗反。

⑤《国语》曰:"昔少皞之衰,九黎乱德,人神杂揉,不可方物。"《淮南子》曰:"昔者共工与颛顼争为帝,怒而触不周之山,天柱折,地维绝。"跋扈,强梁也。恣睢,自用之貌也。恣音訾。睢音许维反。羿、浞,已见上。

⑥《易》曰:"曼藏海盗。"衅,隙也。神器,帝王之位。《老子》曰:"天下神器,不可为也。"《书》云:"兢兢业业,一日二日万机。"

⑦辅弼谓王莽辅政也。偷,苟且也。号咷,哀呼也。《前书》王莽策孺子婴为定安公,莽亲执孺子手,流涕歔欷也。

⑧三事谓三公也。负谓太保甄丰举也。

⑨《左传》曰:"楚白公胜为乱。石乞曰:'市南有熊相宜僚者,若得之,可以

当五百人矣。'从白公而见之。与之言说;告之故,辞;承之以剑,不动。胜曰:'不为利谄,不为威惕,不泄人言以求媚者。'去之。"介,耿介也。我生谓母也。歼,灭也。夷,伤也。言其母老,恐祸及也。

⑩《诗·大雅》曰:"既明且哲,以保其身。"

⑪艮,东北之位。谓篆为千乘太守也。

⑫《易》曰:"天地闭而贤人隐。"《论语》曰:"子路宿于石门。晨门曰:'奚自?'子路曰:'自孔氏也。'曰:'是知其不可而为之者欤?'"

⑬《楚词》曰:"众女皆妒余之蛾眉。"《诗·国风·序》曰:"《氓》,刺时也。淫风大行,男女无别,故序其事以风焉。"其《诗》曰:"乘彼垝垣,以望复关。"毛苌注云:"垝,毁也。复关,君子所近之处也。"《易·系辞》曰:"冶容诲淫。"郑玄云:"谓饰其容而见于外曰冶。"

⑭《诗》曰"氓之蚩蚩,抱布贸丝。匪来贸丝,来即我谋。"注云:"氓,人也。蚩蚩,殷厚之貌。布,币也。即,就也。言此之人,非买丝来,就我为室家也。"又曰:"及尔偕老,老使我怨。"注云:"我欲与汝俱至老,汝反薄我使怨也。"又曰:"皎皎白驹。"谕贤人也。

⑮复犹白也。

⑯峻崿谓山也。崿音鱼委反。

⑰赜,深也。

⑱皇,天也。绍,继也。恤,忧也。言天忧恤眷顾汉家,所以再命光武也。

⑲橖枪,彗也。

⑳开辟四方之门,广求贤也。幽牧谓为幽州刺史所举也。

㉑贲,饰也。《易》曰"束帛戋戋,贲于丘园"也。

㉒《论语》曾点曰:"暮春,春服既成。"衡,横也,谓横木为门。轨,迹也。

㉓齿,年也。

㉔《论语》曰:"曾子有疾,召门弟子曰:'启余足。'"注云:"父母全己生之,亦当全而归之。"忝,辱也。先子谓先人也。《孟子》曾西曰:"吾先子之所畏。"

篆生毅,以疾隐身不仕。

毅生骃,年十三能通《诗》、《易》、《春秋》,博学有伟才,尽通古今训诂百家之言,善属文。少游太学,与班固、傅毅同时齐名。常以典籍为业,未遑仕进之事。时人或讥其太玄静,将以后名失实。骃

拟杨雄《解嘲》,作《达旨》以答焉。①其辞曰:

①《华峤书》曰:"骃讥杨雄,以为范、蔡、邹衍之徒,乘衅相倾,诳曜诸侯者也。而云'彼我异时'。又曰,窃赀卓氏,割炙细君,斯盖士之赘行,而云'不能与此数公者同。'以为失类而改之也。"

　　或说己曰:"《易》称'备物致用','可观而有所合',故能扶阳以出,顺阴而入。①春发其华,秋收其实,有始有极,爰登其质。今子韫椟《六经》,服膺道术,②历世而游,高谈有日,俯钩深于重渊,仰探远乎九乾,③穷至赜于幽微,测潜隐之无源。然下不步卿相之廷,上不登王公之门,进不党以赞己,退不黩于庸人。④独师友道德,合符曩真,抱景特立,与士不群。盖高树靡阴,独木不林,随时之宜,道贵从凡。⑤于时太上运天德以君世,宪王僚而布官;⑥临雍泮以恢儒,疏轩冕以崇贤;⑦率惇德以厉忠孝,扬茂化以砥仁义;⑧选利器于良材,求镆铘于明智。⑨不以此时攀台阶,窥紫闼,⑩据高轩,望朱阙,夫欲千里而咫尺未发,⑪蒙窃惑焉。故英人乘斯时也,⑫犹逸禽之赴深林,虬蚴之趣大沛。⑬胡为嘿嘿而久沈滞也?"

①"备物致用",《易·系辞》之文也。"可观而有所合",《序卦》之文也。郑玄注《易乾凿度》曰:"阳起于子,阴起于午,天数大分。以阳出《离》,以阴入《坎》,《坎》为中男,《离》为中女。太一之行,出从中男,入从中女。因阴阳男女之偶为终始也。"

②韫,匮也。椟,匮也。《论语》曰:"有美玉,韫椟而臧诸。"

③《易》曰:"探赜索隐,钩深致远。"九乾谓天有九重也。《离骚·天问》曰:"圆则九重,孰营度之?"

④赞犹称也。

⑤《华峤书》作"高树不庇。"《易》曰:"随时之义大矣哉!"《老子》曰:"和其光而同其尘。"故言道贵从凡。

⑥太上,明帝也。传曰:"太上立德。"天德,含弘光大也。《易》曰:"乃位乎天德。"《尚书》曰:"唐虞稽古,建官惟百,夏商官倍,亦克用乂。"宪,法也。僚,官也。言法三王而建官也。

⑦天子辟雍,诸侯頖宫。璧雍者,环之以水,圆而如璧也。頖,半也。诸侯

半天子之宫,皆所以立学垂教也。

⑧砥,砺也。

⑨《吴越春秋》曰:"干将,吴人也,造二剑,一曰干将,二曰莫邪。莫邪者,干将之妻名也。干将作剑,采五山之精,合六金之英,百神临观,遂以成剑。"《说苑》曰:"所以尚干将、莫邪者,贵其立断。所以尚骐麟者,贵其立至。必且历日旷久,丝氂犹能契石,驽马亦能致远。是以聪明敏捷,人之美材也。"

⑩三台谓之三阶,三公之象也。

⑪八寸为咫。

⑫《文子》曰:"智过万人谓之英,千人谓之俊。"

⑬蚋,小虫,蚊之类。蚋音芮。《说文》曰:"秦谓之蚋,楚谓之蚊。"《孟子》曰:"污池沛泽。"刘熙曰:"沛,水草相半。"

答曰:"有是言乎?子苟欲勉我以世路,不知其跌而失吾之度也。古者阴阳始分,天地初制,①皇纲云绪,帝纪乃设,传序历数,三代兴灭。昔大庭尚矣,赫胥罔识。②淳朴散离,人物错乖。高辛攸降,厥趣各违。③道无常稽,与时张弛。④失仁为非,得义为是。⑤君子通变,各审所履。故士或掩目而渊潜,⑥或盥耳而山栖;⑦或草耕而仅饱,⑧或木茹而长饥;⑨或重聘而不来,⑩或屡黜而不去;⑪或冒询以干进,或望色而斯举;⑫或以役夫发梦于王公,⑬或以渔父见兆于元龟。⑭若夫纷纭塞路,凶虐播流,⑮人有昏垫之厄,主有畴咨之忧,⑯条垂藟蔓,上下相求。⑰于是乎贤人授手,援世之灾,⑱跋涉赴俗,急斯时也。⑲昔尧咨戚而皋陶谟,高祖叹而子房虑;⑳祸不散而曹、绛奋,㉑结不解而陈平权。㉒及其策合道从,克乱弭冲,乃将镂玄珪,册显功,㉓铭昆吾之冶,㉔勒景、襄之锺。㉕与其有事,则褰裳濡足,冠挂不顾。㉖人溺不拯,则非仁也。当其无事,则蹑缕整襟,规矩其步。㉗德让不修,则非忠也。是以险则救俗,平则守礼,举以公心,不私其体。

①制,协韵之设反。

②大庭、赫胥并古帝王号也。尚,远也。罔,无也。识,记也。

③高辛氏，帝喾也。

④随时弛张，不考之于常道也。

⑤《老子》曰："失道后德，失德后仁，失仁后义，失义后礼。"

⑥《庄子》曰"北人无泽与舜为友，舜以天下让之，无泽乃自投清冷之渊，终身不反"也。

⑦盥，洗也。许由字武仲，隐于沛泽之中。尧闻之，乃致天下而让焉。由以为污，乃临池洗耳。其友巢父饮犊，闻由为尧所让，曰："何以污吾犊口！"牵于上流而饮之。见《庄子》及《高士传》。

⑧伯成子高，唐虞时为诸侯。至禹，去而耕。禹往见之，则耕在野。见《吕氏春秋》。

⑨《说苑》曰："鲍焦衣木皮，食木实。"《韩诗外传》曰"焦弃其蔬，而立槁死于洛滨"也。

⑩狂接舆者，楚人也，耕而食。楚王闻其贤，使使者持金百溢、车二驷聘之，曰："愿烦先生理江南。"接舆笑而不应。使者去而远徙，莫知所之。见《庄子》。

⑪《论语》曰"柳下惠为士师，三黜。人曰：'可以去矣。'曰：'直道而事人，何往而不三黜'"也。

⑫诟，辱也，音火豆反。《新序》曰："伊尹蒙耻辱，负鼎俎以干汤。"《论语》曰："色斯举矣，翔而后集。"举，协韵音据。

⑬高宗梦得说，乃使百工营求诸野，得诸傅岩。孔安国曰："傅氏之岩，在虞、虢之界，通道所经，有涧水坏道，常使胥靡刑人筑护此道。说贤而隐，代胥靡筑之以供食。"事见《尚书》。王公，总而言也。《尔雅》："皇、王、后、辟、公、侯，君也。"

⑭《战国策》曰："吕尚之遇文王也，身为渔父。"《史记》曰："太公以钓干周西伯。西伯将出猎，卜之，曰：'所获非龙非螭，非熊非罴，所获霸王之辅。'于是西伯猎，果遇太公渭水之阳，与语大说。"元，大也。

⑮《方言》云："繷，盛多也。"音奴董反。

⑯《尚书》曰："下人昏垫。"孔安国曰："昏瞀垫溺，皆困水灾也。"又曰："帝曰：咨洪水滔天，浩浩怀山襄陵，有能俾乂。"

⑰藟，藤也。音垒。《诗》曰："南有樛木，葛藟累之。"

⑱《孟子》曰"天下溺则援之以道，嫂溺则援之以手"也。

⑲草行为跋。

⑳谟，谋也。尧遭洪水，咨嗟忧愁，访下人有能理者，皋陶、大禹陈其谋。见《尚书》。《史记》曰，高祖为项羽所败，下马踞鞍而问子房曰："吾欲捐关以东，谁可与共功者?"子房曰："九江王布、彭越、韩信。即欲捐之此三人，楚可破之也。"

㉑曹参及绛侯周勃，皆从高祖征伐，以定天下也。

㉒高祖击匈奴，至白登，被围七日，用陈平计得出。

㉓珪，玉也。《诗含神雾》曰："刻之玉版，臧之金匮。"

㉔《墨子》曰："昔夏后开冶使飞廉析金于山，以铸鼎于昆吾。"蔡邕《铭论》曰"吕尚作周太师，其功铭于昆吾之鼎"也。

㉕《国语》曰："晋魏颗以其身退秦师于辅氏，其勋铭于景鍾。"此兼言襄也。

㉖襄裳，涉水也。《新序》曰："今为濡足之故，不救人溺，可乎?"《淮南子》曰"禹之趋时，冠挂而不顾，履遗而不取"也。

㉗躎音吕涉反。躎，践也。此字宜从"手"。《广雅》云："擸，持也。"言持缨整襟，修其容止。《史记》曰："摄缨整襟。"《华峤书》"躎"作"摄"也。

　　"今圣上之育斯人也，朴以皇质，雕以唐文。①六合恰恰，比屋为仁。壹天下之众异，齐品类之万殊。参差同量，坏冶一陶。②群生得理，庶绩其凝。③家家有以乐和，人人有以自优。威械臧而俎豆布，六典陈而九刑厝。④济兹兆庶，出于平易之路。虽有力牧之略，尚父之厉，⑤伊、皋不论，奚事范、蔡?⑥夫广夏成而茂木畅，远求存而良马絷，⑦阴事终而水宿臧，⑧场功毕而大火入。⑨方斯之际，处士山积，学者川流，衣掌被宇，冠盖云浮。譬犹衡阳之林，岱阴之麓，⑩伐寻抱不为之稀，艺拱把不为之数。⑪悠悠罔极，亦各有得。⑫彼采其毕，我收其实。舍之则臧，已所学也。⑬故进动以道，则不辞执圭而秉柱国;⑭复静以理，则甘糟糠而安藜藿。

①孔子曰："大哉尧之为君也，焕乎其有文章。"故言唐文。

②坏，土器之未烧者。郭璞注《尔雅》曰："坏胎，物之始也。"坏音普才反。

③凝，成也。

④械谓器械甲兵之属也。厝谓置之不用也。《周礼》："太宰之职，掌建邦之六典，以佐王理邦国:一曰理典，二曰教典，三曰礼典，四曰政典，五曰

刑典,六曰事典。"《左传》曰:"周有乱政而作九刑。"杜预注云:"周之衰,为刑书,谓之九刑。"

⑤力牧,黄帝臣也。《史记》,尚父吕望相武王以伐纣。厉谓威容严厉。

⑥伊尹、皋繇、范睢、蔡泽。

⑦广夏既成,不求材,故林木条畅也。远求谓远方珍异之物也。存犹止息也。言所求之物既止,不资良马之力也。

⑧立冬之后,盛德在水,阴气用事,故曰阴事。水宿谓北方七宿,斗、牛、女、虚、危、室、壁、也。《月令》曰,孟冬之月昏危中,仲冬昏东壁中,季冬昏娄中,孟春昏参中,水星伏臧不见也。

⑨《尔雅》曰:"心为大火。"《诗·豳风》曰:"七月流火。"又曰"九月筑场圃"也。

⑩山南曰阳,山北曰阴。《谷梁传》曰:"林属于山曰麓。"

⑪八尺曰寻。艺,殖也。两手曰拱。数犹概也。数音疏角反。

⑫悠悠,众多也。罔极犹无穷也。亦各有得,言皆自以为得也。

⑬彼,彼众人也。《论语》曰:"用之则行,舍之则臧。"

⑭《吕氏春秋》曰:"得伍员者位执珪。"《前书音义》曰:"古爵名也。"又曰:"柱国,楚官,犹秦之相国也。"

"夫君子非不欲仕也,耻夸毗以求举;①非不欲室也,恶登墙而搂处。②叫呼衒鬻,县旌自表,非随和之宝也。暴智耀世,因以干禄,非仲尼之道也。③游不伦党,苟以徇己,④汗血竞时,利合而友。⑤子笑我之沈滞,吾亦病子屑屑而不已也。⑥先人有则而我弗亏,行有枉径而我弗随。⑦臧否在予,唯世所议。固将因天质之自然,诵上哲之高训,咏太平之清风,行天下之至顺。惧吾躬之秽德,勤百亩之不耘。⑧絷余马以安行,俟性命之所存。⑨昔孔子起威于夹谷,⑩晏婴发勇于崔杼;⑪曹刿举节于柯盟;⑫卞严克捷于强御;⑬范蠡错势于会稽,⑭五员树功于柏举;⑮鲁连辩言以退燕,⑯包胥单辞而存楚;⑰唐且华颠以悟秦,⑱甘罗童牙而报赵;⑲原襄见廉于壶飧,⑳宣孟收德于束脯;㉑吴札结信于丘木,㉒展季效贞于门女;㉓颜回明仁于度毂,程婴显义于赵武。㉔仆诚不能编德于数者,窃慕古人之所序。"

①夸毗谓佞人足恭,善为进退。

②《孟子》曰:"逾东家墙搂其处子则得妻,不搂则不得,将搂之乎?"赵岐注云:"搂,牵也。"其字从"手"。"处子,处女也。"

③《华峤书》曰"因"字作"回"。回,邪也。

④伦谓等伦,党谓朋党。徇,营也。言交非其类,苟以营己而已。

⑤汗血谓劳力。竞时谓趋时也。利合而友,不以道义。

⑥屑屑犹区区也。

⑦枉,曲也。径,道也。

⑧《尚书》曰:"秽德彰闻。"《礼记》曰:"夫人情者,圣王之田也。修礼以耕之,陈义以种之,讲学以耨之。"古者夫田百亩。耘,除草也。

⑨安行,不奔驰也。天命之谓性。言隐居以体命。

⑩解见《陈禅传》。

⑪解见《冯衍传》。

⑫曹刿,曹沫也。《史记》曰,曹沫以勇事鲁庄公,为鲁将,与齐战,三败。庄公惧,乃献遂邑地以和,犹以为将。齐桓公与庄公会于柯而盟。桓公与庄公既盟于坛上,曹沫执匕首劫齐桓公,左右莫敢动,乃还鲁之侵地。

⑬《新序》曰"卞庄子养母,战而三北,交游非之,国君辱之。及母死三年,齐与鲁战,庄子请从,遂赴敌而斗,三获甲首。曰:'夫三北,以养母也。今志节小具,而责塞矣。吾闻之,节士不以辱生。'遂反敌,杀十人而死。君子曰:三北已塞,灭世断宗,于孝未终"也。

⑭错,置也,音七故反。势谓谋略也。《史记》曰,吴王败越于夫椒,越王乃以余兵五千人保于会稽。吴师追而围之。越王谓范蠡曰:"奈何?"范蠡对曰:"卑辞厚礼以遗之。"句践乃命大夫种行成于吴。膝行顿首曰:"句践请为臣,妻为妾。"吴王乃赦越王。越王反国,拊循其士。范蠡曰:"可矣。"乃伐吴。吴师败,越复栖吴王姑苏之山也。

⑮伍子胥名员,楚人也。子胥父诛于楚,子胥挟弓矢而干吴王阖闾,阖闾甚勇之,为兴师伐楚,战于柏举,楚师败绩。事见《谷梁传》。

⑯《史记》曰,鲁仲连,齐人也。燕将攻下齐聊城,固保守之,田单攻之不下。鲁仲连乃为书遗燕将。燕将见书,泣三日,乃自杀。遂平聊城。

⑰《左传》曰,楚昭王为吴所败,奔遗,申包胥如秦乞师,曰:"吴为封豕长蛇,以荐食上国,寡君越在草莽,使下臣告急。"立依于庭墙而哭,日夜

不绝声，勺饮不入口，七日，秦师乃出，军败吴而复楚国。

⑱唐且即唐雎也。《战国策》曰："齐、楚伐魏，魏使人请救，不至。魏人有唐雎者，年九十余矣，西见秦王。秦王曰：'丈人忙然乃远至魏此，来者数矣，寡人知魏之急矣。'唐且曰：'夫魏，万乘之国也。称东藩者，以秦之强也。今齐、楚之兵以在魏郊矣，大王之救不至，魏急，且割地而约从。是王亡一万乘之魏，而强二敌之齐、楚。'秦王悟，遽发兵救魏。"《尔雅》曰："颠，顶也。"华颠谓白首也。

⑲甘罗，下蔡人，甘茂孙也。年十二，事秦相吕不韦。秦使张唐往相燕。罗曰："借臣车五乘，请为张唐先报赵。"不韦乃言之于始皇，召见，使甘罗于赵，赵襄王郊迎。事见《史记》。童牙谓幼小也。

⑳昔赵衰为原大夫，故曰原衰。《左传》曰，晋侯问原守于寺人勃鞮，对曰："昔赵衰以壶飧从径，馁而不食，故使处原。"见音胡殿反。

㉑《吕览》曰，昔赵宣孟将之绛，见桑下有饿人，宣孟止车下食而铺之，再咽而能视。宣孟问之曰："汝何为而饿若是？"对曰："臣宦于绛，归而粮绝，羞行乞，故至于此。"宣子与脯三胊，拜而弗敢食。问其故。曰："臣有老母，将以遗之。"宣孟曰："食之，吾更与汝。"乃复与脯二束。

㉒《史记》曰："吴公子季札使过徐，徐君好季札剑，口不敢言。季札知之，为使上国，未献。洎还至徐，徐君已死，于是乃解其宝剑，系之徐君冢树而去。"

㉓展季，柳下惠也。《韩诗外传》曰："鲁有男子独处，夜暴风雨至，妇人趋而托之。男子闭户不纳，曰：'吾闻男子不六十不闲居。'妇人曰：'子何不学柳下惠然？妪不逮门之女，国人不称其乱焉。'"

㉔程婴解见《冯衍传》。度毂，未详。

元和中，肃宗始修古礼，巡狩方岳。骃上《四巡颂》以称汉德，辞甚典美，文多故不载。①帝雅好文章，自见骃颂后，帝常嗟叹之，谓侍中窦宪曰："卿宁知崔骃乎？"对曰："班固数为臣说之，然未见也。"帝曰："公爱班固而忽崔骃，此叶公之好龙也。试请见之。"②骃由此候宪。宪屣履迎门，③笑谓骃曰："亭伯，吾受诏交公，公何得薄哉？"遂揖入为上客。居无几何，帝幸宪第，时骃适在宪所，帝闻而欲召见之。宪谏，以为不宜与白衣会。帝悟曰："吾能令骃朝夕在傍，何必于此！"适欲官之，会帝崩。

①案：《骃集》有东、西、南、北四巡颂，流俗本"四"多作"西"者，误。
②刘向《新序》曰："子张见鲁哀公，七日，哀公不礼焉而去，曰：'君之好士，有似叶公子高好龙。天龙闻而降之，窥头于牖，拖尾于堂，叶公见之，失其魂魄，五色无主。是叶公非好龙也，好夫似龙而非龙者。'"
③屣履谓纳履曳之而行，言忽遽也。屣音山尔反。

　　窦太后临朝，宪以重戚出内诏命。骃献书诫之曰：

　　骃闻交浅而言深者，愚也；在贱而望贵者，惑也；未信而纳忠者，谤也。三者皆所不宜，而或蹈之者，思效其区区，愤盈而不能已也。窃见足下体淳淑之姿，躬高明之量，意美志厉，有上贤之风。骃幸得充下馆，序后陈，①是以竭其拳拳，敢进一言。
①陈，列也。

　　传曰："生而富者骄，生而贵者傲。"生富贵而能不骄傲者，未之有也。今宠禄初隆，百僚观行，当尧、舜之盛世，处光华之显时，①岂可不庶几夙夜，以永众誉，弘申伯之美，致周邵之事乎？②语曰："不患无位，患所以立。"③昔冯野王以外戚居位，称为贤臣；④近阴卫尉克己复礼，终受多福。⑤郑氏之宗，非不尊也；⑥阳侯之族，非不盛也。重侯累将，建天枢，执斗柄。⑦其所以获讥于时，垂愆于后者，何也？盖在满而不抑，位有余而仁不足也。汉兴以后，迄于哀、平，外家二十，保族全身，四人而已。⑧《书》曰："鉴于有殷。"可不慎哉！
①《尚书大传》曰："舜时百工相和为《卿云之歌》曰：'卿云烂兮，礼漫漫兮，日月光华，旦复旦兮。'"
②申伯，周宣王之元舅。周公、邵公皆辅佐周室也。
③《论语》曰孔子之言也。言但患立身不处于仁义也。
④《前书》曰，冯野王字君卿，妹为元帝昭仪，野王为左冯翊。御史大夫缺，上使尚书选第中二千石，而野王行能第一。
⑤阴卫尉，光烈皇后同母弟兴也。以谨敕亲幸焉。
⑥史丹封郑，故云郑氏。《前书》，史丹字君仲，鲁国人也。祖父恭有女弟，武帝时为卫太子良娣。成帝即位，擢丹为长乐卫尉，迁右将军，封为武阳侯，封东海郑之武强聚，以旧恩见褒，赏赐累千金。

⑦王氏九侯五大司马。《春秋运斗枢》曰："北斗七星,第一名天枢,第二至
　第四为魁,第五至第七为杓。杓即柄。《前书》:"斗运中央,制临四海。"
⑧外家,当为后家也。二十者,谓高帝吕后产、禄谋反诛,惠帝张皇后废,
　文帝母薄太后弟昭被杀,孝文帝窦皇后从昆弟子婴诛,景帝薄皇后、武
　帝陈皇后并废,卫皇后自杀,昭帝上官皇后家族诛,宣帝祖母史良娣为
　巫蛊死,宣帝母王夫人弟子商下狱死,霍皇后家破,元帝王皇后弟王莽
　篡位,成帝许皇后赐死,赵皇后废自杀,哀帝祖母傅太后家属徙合浦,
　平帝母卫姬家属诛,昭帝赵太后忧死是也。四人者,哀帝母丁姬,景帝
　王皇后,宣帝许皇后、王皇后,其家族并全。

　　窦氏之兴,肇自孝文。①二君以淳淑守道,成名先日;②安
丰以佐命著德,显自中兴。③内以忠诚自固,外以法度自守,卒
享祚国,垂祉于今。夫谦德之光,《周易》所美;满溢之位,道家
所戒。④故君子福大而愈惧,爵隆而益恭。远察近览,俯仰有
则,铭诸几仗,刻诸盘杆。⑤矜矜业业,无殆无荒。如此,则百福
是荷,庆流无穷矣。

①《前书》曰,窦婴字王孙,孝文皇后从兄子也。孝文时为吴相,孝景时为
　詹事也。
②窦太后之弟长君、少君,退让君子,不敢以富贵骄人,故云淳淑守道也。
③窦融封为安丰侯。
④《易》曰:"谦尊而光,卑而不可逾。"《老子》曰:"富贵而骄,自遗其咎。功
　成名遂而身退,天之道也。"
⑤《太公金匮》曰:"武王曰:'吾欲造起居之诫,随之以身。'几之书曰:'安
　无忘危,存无忘亡,孰惟二者,必后无凶。'杖之书曰:'辅人无苟,扶人
　无容。'"《墨子》曰:"尧、舜、禹、汤书其事于竹帛,琢之盘盂。"杆亦盂
　也。

　　及宪为车骑将军,辟骃为掾。宪府贵重,掾属三十人,皆故刺
史、二千石,唯骃以处士年少,擢在其间。宪擅权骄恣,骃数谏之。及
出击匈奴,道路愈多不法,骃为主簿,前后奏记数十,指切长短。宪
不能容,稍疏之,因察骃高第,出为长岑长。①骃自以远去,不得意,
遂不官而归。永元四年,卒于家。所著诗、赋、铭、颂、书、记、表、《七
依》、《婚礼结言》、《达旨》、《酒警》合二十一篇。中子瑗。

①长岑，县，属乐浪郡，其地在辽东。

瑗字子玉，早孤，锐志好学，尽能传其父业。年十八，至京师，从侍中贾逵质正大义，逵善待之，瑗因留游学，遂明天官、历数、《京房易传》、六日七分。①诸儒宗之。与扶风马融、南阳张衡特相友好。初，瑗兄章为州人所杀，瑗手刃报仇，因亡命。会赦，归家。家贫，兄弟同居数十年，乡邑化之。

①解见《郎𫖮传》。

年四十余，始为郡吏。以事系东郡发干狱。①狱掾善为《礼》，瑗间考讯时，辄问以《礼》说。其专心好学，虽颠沛必于是。后事释归家，为度辽将军邓遵所辟。居无何，遵被诛，瑗免归。

①发干县之狱也。

后复辟纠骑将军阎显府。时阎太后称制，显入参政事。先是安帝废太子为济阴王，而以北乡侯为嗣。瑗以侯立不以正，知显将败，欲说令废立，而显日沈醉，不能得见。乃谓长史陈禅曰："中常侍江京、陈达等，得以嬖宠惑蛊先帝，遂使废黜正统，扶立疏孽。少帝即位，发病庙中，周勃之征，于斯复见。①今欲与长史君共求见，说将军白太后，收京等，废少帝，引立济阴王，必上当天心，下合人望。伊、霍之功，不下席而立，则将军兄弟传祚于无穷。若拒违天意，久旷神器，则将以无罪并辜元恶。②此所谓祸福之会，分功之时。"③禅犹豫未敢从。会北乡侯薨，孙程立济阴王，是为顺帝。阎显兄弟悉伏诛，瑗坐被斥。门生苏祇具知瑗谋，欲上书言状，瑗闻而遽止之。时陈禅为司隶校尉，召瑗谓曰："弟听祇上书，禅请为之证。"④瑗曰："此譬犹儿妾屏语耳，愿使君勿复出口。"遂辞归，不复应州郡命。

①吕后立惠帝宫子为少帝，周勃废之也。

②元，大也。《书》曰："元恶大憝。"

③《史记》蔡泽说范雎曰："君独不观夫博者乎？或欲大投，或欲分功。今君相秦，坐制诸侯，使天下皆畏秦，此亦秦分功之时也。"

④弟，但也。司马相如曰："弟如临邛。"

久之，大将军梁商初开莫府，复首辟瑗，自以再为贵戚吏，不遇被斥，遂以疾固辞。岁中举茂才，迁汲令。[1]在事数言便宜，为人开稻田数百顷。视事七年，百姓歌之。

[1] 汲，县名，属河内。

汉安初，大司农胡广、少府窦章共荐瑗宿德大儒，从政有迹，不宜久在下位，由此迁济北相。时李固为太山太守，美瑗文雅，奉书礼致殷勤。岁余，光禄大夫杜乔为八使，徇行郡国，[1]以臧罪奏瑗，征诣廷尉。瑗上书自讼，得理出。会病卒，年六十六。临终，顾命子寔曰：“夫人禀天地之气以生，及其终也，归精于天，还骨于地。何地不可臧形骸？勿归乡里。其赙赠之物，羊豕之奠，一不得受。”寔奉遗令，遂留葬洛阳。

[1] 八使见《周举传》。

瑗高于文辞，尤善为书、记、箴、铭，所著赋、碑、铭、箴、颂、《七苏》、[1]《南阳文学官志》、《叹辞》、《移社文》、《悔祈》、《草书势》、七言，凡五十七篇。其《南阳文学官志》称于后世，诸能为文者皆自以弗及。瑗爱士，好宾客，盛修肴膳，单极滋味，不问余产。居常蔬食菜羹而已。家无担石储，当世清之。[2]

[1]《瑗集》载其文，即枚乘《七发》之流。

[2]《华峤书》曰“瑗爱士，好宾客，盛修肴膳。或言其太奢。瑗闻之怒，敕妻子曰：‘吾并日而食，以供宾客，而反以获讥，士大夫不足养如此。后勿过菜具，无为诸子所蚩也。’终不能改，奉禄尽于宾飨”也。

寔字子真，一名台，字元始。少沈静，好典籍。父卒，隐居墓侧。服竟，三公并辟，皆不就。

桓帝初，诏公卿郡国举至孝独行之士。寔以郡举，征诣公车，病不对策，除为郎。明于政体，吏才有余，论当世便事数十条，名曰《政论》。指切时要，言辩而确，[1]当世称之。仲长统曰：“凡为人主，宜写一通，置之坐侧。”其辞曰：

[1] 确，坚正也，音口角反。

　　自尧舜之帝，汤武之王，皆赖明哲之佐，博物之臣。故皋陶

陈谟而唐虞以兴,伊、箕作训而殷周用隆。①及继体之君,欲立
中兴之功者,曷尝不赖贤哲之谋乎!凡天下所以不理者,常由
人主承平日久,俗渐敝而不悟,政寖衰而不改,习乱安危,怢不
自睹。②或荒耽嗜欲,不恤万机;或耳蔽箴诲,厌伪忽真;③或
犹豫歧路,莫适所从;或见信之佐,括囊守禄;④或疏远之臣,
言以贱废。是以王纲纵弛于上,智士郁伊于下。⑤悲夫!

①伊尹作《伊训》,箕子作《洪范》。

②怢音他没反。怢,忽忘也。

③厌饫奸伪,轻忽至真。

④《易》曰:"括囊无咎无誉。"括,结也。结囊不言,持禄而已。

⑤郁伊,不申之貌。《楚词》曰"独郁伊而谁语"也。

　　自汉兴以来,三百五十余岁矣。政令垢玩,上下怠懈,①风
俗雕敝,人庶巧伪,百姓嚣然,咸复思中兴之救矣。且济时拯世
之术,岂必体尧蹈舜然后乃理哉?期于补绽决坏,枝柱邪倾,②
随形裁割,要措斯世于安宁之域而已。故圣人执权,遭时定
制,③步骤之差,各有云设。不强人以不能,背急切而慕所闻
也。④盖孔子对叶公以来远,哀公以临人,景公以节礼,非其不
同,所急异务也。⑤是以受命之君,每辄创制;中兴之主,亦匡
时失。昔盘庚愍殷,迁都易民;⑥周穆有阙,甫侯正刑。⑦俗人
拘文牵古,不达权制,奇伟所闻,简忽所见,乌可与论国家之大
事哉!故言事者,虽合圣德,辄见捣夺。⑧何者?其顽士暗于时
权,安习所见,不知乐成,况可虑始,⑨苟云率由旧章而已。其
达者或矜名妒能,耻策非己,舞笔奋辞,以破其义,寡不胜众,
遂见摈弃。虽稷、契复存,犹将困焉。斯贾生之所以排于绛、灌,
屈子之所以摅其幽愤者也。⑩夫以文帝之明,贾生之贤,绛、灌
之忠,而有此患,况其余哉!

①垢,恶也。

②绽音直苋反。《礼记》曰:"衣裳绽裂纫箴请补缀。"柱音陟主反。

③权谓变也。遭遇其时而定法制,不循于旧也。

④背当时之急切,而慕所闻之事,则非济时之要。

⑤《韩子》曰,叶公问政于仲尼,仲尼曰:"政在悦近而来远。"鲁哀公问政于仲尼,仲尼曰:"政在选贤。"齐景公问政于仲尼,仲尼曰:"政在节财。"此云"临人""节礼",文不同也。

⑥盘庚,殷王也。自耿迁于亳邑,作书三篇以告之。

⑦甫侯即吕侯也。为周穆王训畅夏禹用刑之法。并见《尚书》。

⑧搿音居蚁反。贾逵注《国语》曰:"从后牵曰搿。"

⑨《前书》刘歆曰:"夫可与乐成,难与虑始,此乃众庶所为耳。"

⑩孝文帝时,贾谊请更定律,令列侯就国,周勃、灌婴等毁之。屈原为楚三闾大夫,上官靳尚妒害其能,忧愁愤懑,遂作《离骚经》。

故宜量力度德,《春秋》之义。①今既不能纯法八世,故宜参以霸政,②则宜重赏深罚以御之,明著法术以检之。自非上德,严之则理,宽之则乱。何以明其然也?近孝宣皇帝明于君人之道,审于为政之理,故严刑峻法,破奸轨之胆,海内清肃,天下密如。③荐勋祖庙,享号中宗。算计见效,优于孝文。及元帝即位,多行宽政,卒以堕损,④威权始夺,遂为汉室基祸之主。政道得失,于斯可监。昔孔子作《春秋》,褒齐桓,懿晋文,叹管仲之功。夫岂不美文、武之道哉?诚达权救敝之理也。⑤故圣人能与世推移,而俗士苦不知变,⑥以为结绳之约,可复理乱秦之绪;《干戚》之舞,足以解平城之围。⑦

①《左氏传》曰,息侯伐郑,"不度德,不量力。"

②八世谓三皇、五帝也。霸政谓齐桓、晋文也。

③密,静也。

④堕读曰隳。

⑤《左传》,齐桓公伐楚,责以包茅不贡,王祭不供;晋文公召王盟诸侯践土;管仲相公子纠而射桓公;此并权变之道也。

⑥《楚词·渔父》曰"圣人不凝滞于物,而与时推移"也。

⑦《易》曰:"上古结绳而化,后世圣人易之以书契。"干,盾也。戚,钺也。《尚书》曰苗人逆命,禹乃舞《干羽》于两阶,七旬有苗格。《前书》,高祖被匈奴围于平城,用陈平计得解。言《干戚》之舞,非平城之所用也。

夫熊经鸟伸,虽延历之术,非伤寒之理;呼吸吐纳,虽度纪

之道,非续骨之膏。①盖为国之法,有似理身,平则致养,疾则
攻焉。夫刑罚者,治乱之药石也;德教者,兴平之粱肉也。夫以
德教除残,是以粱肉理疾也;以刑罚理平,是以药石供养也。方
今承百王之敝,值厄运之会。自数世以来,政多恩贷,驭委其
辔,马骀其衔,四牡横奔,皇路险倾。②方将柑勒鞭辔以救之,
岂暇鸣和銮,请节奏哉?③昔高祖令萧何作九章之律,有夷三
族之令,黥、劓、斩、趾、断舌、枭首,故谓之具五刑。文帝虽除肉
刑,当劓者笞三百,当斩趾者笞五百,当斩右趾者弃市。右趾者
既殒其命,笞挞者往往至死,虽有轻刑之名,其实杀也。当此之
时,民皆思复肉刑。至景帝元年,乃下诏曰:"笞与重罪无异,幸
而不死,不可为民。"乃定律,减笞轻捶。自是之后,笞者得
全。④以此言之,文帝乃重刑,非轻之也;以严致平,非以宽致
平也。必欲行若言,当大定其本,使从人主师五帝而式三王。⑤
荡亡秦之俗,遵先圣之风,弃苟全之政,蹈稽古之踪,复五等之
爵,立井田之制。⑥然后选稷、契为佐,伊、吕为辅,乐作而凤皇
仪,击石而百兽舞。⑦若不然,则多为累而已。

①《庄子》曰:"吹呴呼吸,吐故纳新,熊经鸟伸,此导引之士,养形之人
也。"《黄帝素问》曰:"人伤于寒而转为热,何也?夫寒盛则生于热也。"
度纪犹延年也。言鸟伸不可疗伤寒,吸气不能续断骨也。

②《家语》曰:"古者天子以德法为衔勒,以百官为辔策。善御马者,正衔
勒,齐辔策,钧马力,和马心,故口无声而极千里。善御人者,一其德法,
正其百官,均齐人物,和安人心,故刑不用而天下化。"《说文》曰:"骀,
马衔脱也。"音达来反。皇路,天路也。

③何休注《公羊传》曰:"柑,以木衔其口也。"柑音巨炎反。勒,马辔。辀,车
辕。鞭犹束也。《说苑》曰:"銮设于镳,和设于轼,马动则銮鸣,銮鸣则
应,行节也。"

④此以上并见《前书·刑法志》。

⑤式,法也。

⑥亩百为夫,九夫为井。

⑦《尚书》曰:"《箫韶》九成,凤皇来仪。"又"夔曰:'于予击石拊石,百兽率

舞.'"

其后辟太尉袁汤、大将军梁冀府,并不应。大司农羊傅、少府何豹上书荐寔才美能高,宜在朝廷。召拜议郎,迁大将军冀司马,与边韶、延笃等著作东观。

出为五原太守。五原土宜麻枲,而俗不知织绩,民冬月无衣,积细草而卧其中,见吏则衣草而出。寔至官,斥卖储峙,为作纺绩、织纴、练缊之具以教之,民得以免寒苦。[①]是时胡虏连入云中、朔方,杀略吏民,一岁至九奔命。寔整厉士马,严烽候,虏不敢犯,常为边最。[②]

①杜预注《左传》曰:"织纴,织布者。"孔安国《论语》注曰:"缊,枲也。"
②最为第一。

以病征,拜议郎,复与诸儒博士共杂定《五经》。会梁冀诛,寔以故吏免官,禁锢数年。

时鲜卑数犯边,诏三公举威武谋略之士,司空黄琼荐寔,拜辽东太守。行道,母刘氏病卒,上疏求归葬行丧。母有母仪淑德,博览书传。初,寔在五原,常训以临民之政,寔之善绩,母有其助焉。服竟,召拜尚书。寔以世方阻乱,称疾不视事,数月免归。

初,寔父卒,剽卖田宅,起冢茔,立碑颂。[①]葬讫,资产竭尽,因穷困,以酤酿贩鬻为业。时人多以讥之,寔终不改。亦取足而已,不致盈余。及仕官,历位边郡,而愈贫薄。建宁中病卒。家徒四壁立,无以殡敛,光禄勋杨赐、太仆袁逢、少府段颎为备棺椁葬具,大鸿胪袁隗树碑颂德。

①《广雅》曰:"剽,削也。音匹妙反。"一作"摽"。

所著碑、论、箴、铭、答、七言、祠、文、表、记、书,凡十五篇。

寔从兄烈,有重名于北州,历位郡守、九卿。灵帝时,开鸿都门榜卖官爵,公卿州郡下至黄绶各有差。其富者则先入钱,贫者到官而后倍输,或因常侍、阿保别自通达。[①]是时段颎、樊陵、张温等虽有功勤名誉,然皆先输货财而后登公位。烈时因傅母入钱五百万,得为司徒。及拜日,天子临轩,百僚毕会。帝顾谓亲幸者曰:"悔不小靳,可至千万。"②程夫人于傍应曰:"崔公冀州名士,岂肯买官?
赖我得是,反不知姝邪!"③烈于是声誉衰减。久之不自安,从容问
其子钧曰:"吾居三公,于议者何如?"钧曰:"大人少有英称,历位卿
守,论者不谓不当为三公;而今登其位,天下失望。"烈曰:"何为然
也?"钧曰:"论者嫌其铜臭。"烈怒,举杖击之。钧时为虎贲中郎将,
服武弁,戴鹖尾,狼狈而走。烈骂曰:"死卒,父挝而走,孝乎?"④钧
曰:"舜之事父,小杖则受,大杖则走,非不孝也。"⑤烈惭而止。烈后
拜太尉。

①阿保谓傅母也。

②靳,固惜之也。靳或作"偁"。《说文》曰:"偁,引为价也。"音一建反。

③姝,美也。言反不知斯事之美也。姝或作"株"。株,根本也。

④以其武官,故骂为卒;或作"孔卒"者,误也。

⑤《家语》曰:"曾子耘瓜,误伤其根。曾晳怒,建大杖以击其首。曾子仆地
不知人,有顷乃苏。孔子闻之怒,谓门弟子曰:'参来勿内也。昔瞽叟有
子曰舜,瞽叟欲使之,未尝不往,则欲杀之,未尝可得。小箠则待,大杖
则逃,不陷父于不义也。'"

钧少交结英豪,有名称,为西河太守。献帝初,钧与袁绍俱起兵
山东,董卓以收烈付郿狱,锢之,锒铛铁锁。①卓既诛,拜烈城门校
尉。及李傕入长安,为乱兵所杀。

①《说文》曰:"锒铛,锁也。"《前书》曰:"人犯铸钱,以铁锁锒铛其颈。"锒
音郎,铛音当。

烈有文才,所著诗、书、教、颂等凡四篇。

论曰:崔氏世有美才,兼以沈沦典籍,遂为儒家文林。骃、瑗虽
先尽心于贵戚,而能终以居正,则其归旨异夫进趣者乎!李固,高洁
之士也,与瑗邻郡,奉贽以结好。①由此知杜乔之劲,殆其过矣。寔
之《政论》,言当世理乱,虽晁错之徒不能过也。

①《仪礼》曰:"士相见之礼,贽冬用雉,夏用腒,奉之曰:'某也欲见无由
达。'"腒,干腒,音渠。

赞曰:崔为文宗,世禅雕龙。①建新耻洁,摧志求容。永矣长岑,

于辽之阴。不有直道，曷取泥沈。瑗不言禄，亦离冤辱。子真持论，感起昏俗。

　①《史记》曰："谈天衍，雕龙奭。"刘向《别录》曰："言邹奭修饰之文若雕龙文也。"禅谓相传授也。

后汉书卷五三
列传第四三

周燮　黄宪　徐稚　姜肱
申屠蟠

《易》曰："君子之道，或出或处，或默或语。"①孔子称"蘧伯玉邦有道则仕，邦无道则可卷而怀也。"②然用舍之端，君子之所以存其诚也。③故其行也，则濡足蒙垢，出身以效时；④及其止也，则穷栖茹菽，臧宝以迷国。⑤

①《上系》之词也。言贤哲所行，其趣异也。

②《论语》蘧伯玉名瑗，卫大夫也。卷而怀谓不预时政，不忤于人者也。

③诚，实也。孔子曰："用之则行，舍之则臧。"《易》曰："闲邪存其诚。"

④《新序》曰："申徒狄非时，将自投河，崔嘉闻而止之曰：'吾闻圣人从事于天地之间，人之父母也。今为濡足之故，不救溺人乎？'"

⑤《尔雅》曰："啜，茹也。"《孙卿子》曰："君子啜菽饮水，非愚也，是节然也。"《论语》曰，阳货谓孔子曰："怀其宝而迷其邦，可谓仁乎？"

太原闵仲叔者，①世称节士，虽周党之洁清，自以弗及也。党见其含菽饮水，遗以生蒜，受而不食。②建武中，应司徒侯霸之辟。既至，霸不及政事，徒劳苦而已。③仲叔恨曰："始蒙嘉命，且喜且惧；今见明公，喜惧皆去。以仲叔为不足问邪，不当辟也。辟而不问，是失人也。"遂辞出，投劾而去。④复以博士征，不至。客居安邑。老病家贫，不能得肉，日买猪肝一片，屠者或不肯与，安邑令闻，敕吏常给焉。仲叔怪而问之，知乃叹曰："闵仲叔岂以口腹累安邑邪？"遂去,客沛。以寿终。

①《谢沈书》曰:"闵贡字仲叔。"

②党与仲叔同郡,亦贞介士也。见《逸人传》。皇甫谧《高士传》曰:"党见仲叔食无菜,遗之生蒜。仲叔曰:'我欲省烦耳,今更作烦邪?'受而不食。"

③劳其勤苦也。劳音力到反。

④案罪曰劾,自投其劾状而去也。投犹下也。今有投辞、投牒之言也。

仲叔同郡荀恁,字君大,①少亦修清节。资财千万,父越卒,悉散与九族。隐居山泽,以求厥志。王莽末,匈奴寇其本县广武,②闻恁名节,相约不入荀氏闾。光武征,以病不至。永平初,东平王苍为骠骑将军,开东阁延贤俊,辟而应焉。及后朝会,显宗戏之曰:"先帝征君不至,骠骑辟君而来,何也?"对曰:"先帝秉德以惠下,故臣可得不来。骠骑执法以检下,③故臣不敢不至。"后月余,罢归,卒于家。

①恁音而甚反。

②广武,县,属太原郡,故城在今代州雁门县也。

③检犹察也。

桓帝时,安阳人魏桓,字仲英,亦数被征。其乡人劝之行。桓曰:"夫干禄求进,所以行其志也。今后宫千数,其可损乎?厩马万匹,其可减乎?左右悉权豪,其可去乎?"皆对曰:"不可。"桓乃慨然欢曰:"使桓生行死归,于诸子何有哉!"①遂隐身不出。

①若忤时强谏,死而后归于诸劝行者复何益也。

若二三子,可谓识去就之概,候时而处。①夫然,岂其枯槁苟而已哉?盖诡时审己,以成其道焉。②余故列其风流,区而载之。③

①概,节也。候时以居,不失去就也。

②诡,违也。亦若违时,志存量己也。

③言其清洁之风,各有条流,故区别而纪之。

周燮字彦祖,汝南安城人,法曹掾燕之后也。①燮生而钦颐折颏,丑状骇人。②其母欲弃之,其父不听,曰:"吾闻贤圣多有异貌。③兴我宗者,乃此儿也。"于是养之。始在髫鬌,而知廉让;④十岁就学,能通《诗》、《论》;及长,专精《礼》、《易》。不读非圣之书,不修贺问之好。有先人草庐结于冈畔,⑤下有陂田,常肆勤以自给。⑥非身所耕渔,则不食也。乡党宗族希得见者。⑦

①燕具《独行篇·周嘉传》。

②颐,颌也。钦颐,曲颔也。《说文》曰:"颐,鼻茎也。"折亦曲也。钦音丘凡反。钦或作"顑",音同。

③伏羲牛首,女娲蛇躯,皋繇鸟喙,孔子牛唇,是圣贤异貌也。又蔡泽亦颔颐麿颊。

④髻,发也。《礼记》曰:"子生三月之末,择日翦发为髻,男角女羁,否则男左女右。"髻音徒果反。

⑤山脊曰冈。

⑥肆,陈也。

⑦《谢承书》曰"燮居家清处,非法不言,兄弟、父子、室家相待如宾,乡曲不善者皆从其教"也。

　　举孝廉、贤良方正,特征,皆以疾辞。延光二年,安帝以玄纁羔币聘燮,①及南阳冯良,二郡各遣丞掾致礼。宗族更劝之曰:"夫修德立行,所以为国。自先世以来,勋宠相承,君独何为守东冈之陂乎?"燮曰:"吾既不能隐处巢穴,追绮季之迹,②而犹显然不远父母之国,斯固以滑泥扬波,同其流矣。③夫修道者,度其时而动。动而不时,焉得亨乎!"④因自载到颍川阳城,遣生送敬,遂辞疾而归。⑤良亦载病到近县,送礼而还。⑥诏书告二郡,岁以羊酒养病。

①《礼》,卿执羔。董仲舒《春秋繁露》曰:"凡贽卿用羔,羔有角而不用,类仁者;执之不鸣,杀之不噭,类死义者;羔饮其母必跪,类知礼者。故以为贽。"

②绮季、东园公、夏黄公、甪里先生,谓之四皓,隐于商山。见《前书》也。

③滑,混也。《楚词》:"何不滑其泥而扬其波。"滑音古没反。

④亨,通也。《书》曰:"虑善以动,动惟厥时。"

⑤送敬犹致谢也。

⑥送礼谓送其所致之礼也。

　　良字君郎。出于孤微,少作县吏。年三十,为尉从佐。①奉檄迎督邮,即路慨然,耻在厮役,②因坏车杀马,毁裂衣冠,乃遁至犍为,从杜抚学。妻子求索,踪迹断绝,后乃见草中有败车死马,衣裳腐朽,谓为虎狼盗贼所害,发丧制服。积十许年,乃还乡里。志行高整,非礼不动,遇妻子如君臣,乡党以为仪表。燮、良年皆七十余终。

①从佐谓随从而已,不主案牍也。

②厮,贱也。

黄宪字叔度,汝南慎阳人也。①

①在慎水之南,因以名县。南阳有顺阳国,而流俗书此或作"顺阳"者,误。

世贫贱,父为牛医。颍川荀淑至慎阳,遇宪于逆旅,①时年十四,淑竦然异之,揖与语,移日不能去。谓宪曰:"子,吾之师表也。"既而前至袁闳所,②未及劳问,逆曰:"子国有颜子,宁识之乎?"③闳曰:"见吾叔度邪?"是时,同郡戴良才高倨傲,而见宪未尝不正容,及归,罔然若有失也。其母问曰:"汝复从牛医儿来邪?"对曰:"良不见叔度,不自以为不及;既睹其人,则瞻之在前,忽焉在后,④固难得而测矣。"同郡陈蕃、周举常相谓曰:"时月之间不见黄生,则鄙吝之萌复存乎心。"⑤及蕃为三公,临朝叹曰:"叔度若在,吾不敢先佩印绶矣。"太守王龚在郡,礼进贤达,多所降致,卒不能屈宪。郭林宗少游汝南,先过袁闳,不宿而退;进往从宪,累日方还。或以问林宗,⑥林宗曰:"奉高之器,譬诸泛滥,虽清而易挹。⑦叔度汪汪若千顷陂,澄之不清,淆之不浊,不可量也。"⑧

①逆旅,客舍。

②一作"闳"。

③颜子,颜回也。

④《论语》颜回慕孔子之言也。

⑤吝,贪也。

⑥《郭泰别传》曰:"时林宗过薛恭祖,恭祖问曰:'闻足下见袁奉高,车不停轨,鸾不辍轭,从叔变乃弥信宿也。'"滥音槛。

⑦奉高,闳字也。《尔雅》曰:"侧出泛泉,正出滥泉。泛音轨。滥音槛。

⑧淆,混也。

宪初举孝廉，又辟公府，友人劝其仕，宪亦不拒之，暂到京师而还，竟无所就。年四十八终，天下号曰"征君。"

论曰：黄宪言论风旨，无所传闻，然士君子见之者，靡不服深远，去玼吝。①将以道周性全，无德而称乎？②余曾祖穆侯③以为宪隤然其处顺，④渊乎其似道，⑤浅深莫臻其分，清浊未议其方。⑥若及门于孔氏，其殆庶乎！⑦故尝著论云。

①玼音此。《说文》曰："鲜色也。"据此文当为"疵"，作"玼"者，古字通也。

②道周备，性全一。无德而称，言其德大无能名焉。

③《晋书》曰："范汪字玄平，安北将军，谥曰穆侯。汪生宁，宁生泰，泰生晔。"

④《易·系词》曰："坤，隤然示人简矣。"隤，柔顺貌。

⑤《老子》曰："道冲而用之，或不盈，渊乎似万物之宗。"言渊深不可知也。

⑥《广雅》曰："方，所也。"

⑦《易·系词》曰："颜氏之子，其殆庶几乎！"殆，近也。

徐稚字孺子，豫章南昌人也。①家贫，常自耕稼，非其力不食。恭俭义让，所居服其德。屡辟公府，不起。

①豫章，郡，今洪州也。南昌，县，即今豫章县也。《谢承书》曰："稚少为诸生，学《严氏春秋》、《京氏易》、《欧阳尚书》，兼综风角、星官、算历、《河图》、《七纬》，推步、变易，异行矫时俗，闾里服其德化。有失物者，县以相还，道无拾遗。四察孝廉，五辟宰府，三举茂才"也。

时陈蕃为太守，以礼请署功曹，稚不免之，既谒而退。蕃在郡不接宾客，唯稚来特设一榻，去则县之。后举有道，家拜太原太守，①皆不就。

①就家而拜之也。

延熹二年，尚书令陈蕃、仆射胡广等上疏荐稚等曰："臣闻善人天地之纪，政之所由也。①《诗》云：'思皇多士，生此王国。'②天挺俊义，为陛下出，当辅弼明时，左右大业者也。③伏见处士豫章徐稚、彭城姜肱、汝南袁闳、④京兆韦著、⑤颍川李昙，德行纯备，著于

人听。若使擢登三事,协亮天工,必能翼宣盛美,增光日月矣。"桓帝
乃以安车玄纁,备礼征之,并不至。帝因问蕃曰:"徐稚、袁闳、韦著
谁为先后?"蕃对曰:"闳生出公族,闻道渐训。著长于三辅,礼义之
俗,所谓不扶自直,不镂自雕。⑥至于稚者,爰自江南卑薄之域,而
角立杰出,宜当为先。"⑦

①《左传》曰,晋三郤害伯宗,谮而杀之,及栾弗忌。韩献子曰"郤氏其不免
乎! 善人天地之纪也,而骤绝之,不亡何待"也。

②《大雅·文王》之诗也。思,愿也。皇,天也。思愿天多生贤人于此王国。

③左右,助也。

④闳见《袁安传》。《谢承书》曰:"闳少修志节,矫俗高厉。"

⑤著见《韦彪传》。《谢承书》曰:"为三辅冠族。著少修节操,持《京氏易》、
《韩诗》,博通术艺。"

⑥《说苑》曰"蓬生枲中,不扶自直"也。

⑦如角之特立也。

稚尝为太尉黄琼所辟,不就。及琼卒归葬,稚乃负粮徒步到江
夏赴之,设鸡酒薄祭,哭毕而去,不告姓名。①时会者四方名士郭林
宗等数十人,闻之,疑其稚也,乃选能言语生茅容轻骑追之。及于
涂,容为设饭,共言稼穑之事。临诀去,谓容曰:"为我谢郭林宗,大
树将颠,非一绳所维,何为栖栖不遑宁处?"②及林宗有母忧,稚往
吊之,置生刍一束于庐前而去。众怪,不知其故。林宗曰:"此必南
州高士徐孺子也。《诗》不云乎:'生刍一束,其人如玉。'③吾无德以
堪之。"

①《谢承书》曰:"稚,诸公所辟虽不就,有死丧负笈赴吊。常于家豫炙鸡一
只,以一两绵絮渍酒中,暴干以裹鸡,径到所起冢隧外,以水渍绵使有
酒气,斗米饭,白茅为藉,以鸡置前,酹酒毕,留谒则去,不见丧主。"

②颠,仆也。维,系也。喻时将衰季,岂一人可能救邪?

③《小雅·白驹诗》。此戒贤者,行所舍,主人之饩虽薄,要就贤主人,其德
如玉然也。

灵帝初,欲蒲轮聘稚,会卒,时年七十二。

子胤,字季登,笃行孝悌,亦隐居不仕。①太守华歆请相见,固

病不诣。②汉末寇贼从横,皆敬胤礼行,转相约敕,不犯其闾。建安中卒。

①《谢承书》曰:"胤少遭父母丧,致哀毁瘁,欧血发病。服阕,隐居林薮,躬耕稼穑,倦则诵经。贫窭困乏,执志弥固,不受惠于人"也。

②《魏志》曰,歆字子鱼,平原人。为豫章太守,为政清净不烦,吏人咸感而爱之。

李昙字云,少孤,继母严酷,昙事之愈谨,①为乡里所称法。养亲行道,终身不仕。

①《谢承书》曰:"昙少丧父,躬事继母。酷烈,昙性纯孝,定省恪勤,妻子恭奉,寒苦执劳,不以为怨。得四时珍玩,先以进母。与徐孺子等海内列名五处士焉。"

姜肱字伯淮,彭城广戚人也。①家世名族。②肱与二弟仲海、季江,俱以孝行著闻。其友爱天至,常共卧起。③及各娶妻,兄弟相恋,不能别寝,以系嗣当立,乃递往就室。

①广戚故城今徐州沛县东。

②《谢承书》曰"祖父豫章太守,父任城相"也。

③《谢承书》曰"肱性笃孝,事继母恪勤。母既年少,又严厉。肱感《恺风》之孝,兄弟同被而寝,不入房室,以慰母心"也。

肱博通《五经》,兼明星纬,士之远来就学者三千余人。诸公争加辟命,皆不就。二弟名声相次,亦不应征聘,时人慕之。

肱尝与季江诣郡,夜于道遇盗,欲杀之。肱兄弟更相争死,贼遂两释焉,①但掠夺衣资而已。既至郡中,见肱无衣服,怪问其故,肱托以它辞,终不言盗。盗闻而感悔,后乃就精庐,②求见征君。肱与相见,皆叩头谢罪,而还所略物。肱不受,劳以酒食而遣之。

①《谢承书》曰"肱与季江俱乘车行适野庐,为贼所劫,取其衣物,欲杀其兄弟。肱谓盗曰:'弟年幼,父母所怜愍,又未娉娶,愿自杀身济弟。'季江言:'兄年德在前,家之珍宝,国之英俊,乞自受戮,以代兄命。'盗戢刃曰:'二君所谓贤人,吾等不良,妄相侵犯。'弃物而去。肱车中尚有数千钱,盗不见也,使从者追以与之,亦复不受。肱以物经历盗手,因以付

亭吏而去”也。

②精庐即精舍也。

后与徐稚俱征，不至。桓帝乃下彭城使画工图其形状。肱卧于幽暗，以被韬面，①言患眩疾，不欲出风。工竟不得见之。

①韬，臧也。

中常侍曹节等专执朝事，新诛太傅陈蕃、大将军窦武，欲借宠贤德，以释众望，乃白征肱为太守。肱得诏，乃私告其友曰："吾以虚获实，遂藉声价。明明在上，犹当固其本志，况今政在阉竖，夫何为哉！"乃隐身遁命，远浮海滨。再出玄纁聘，不就。即拜太中大夫，诏书至门，①肱使家人对云"久病就医"。遂羸服间行，窜伏青州界中，卖卜给食。召命得断，家亦不知其处，历年乃还。年七十七，熹平二年终于家。弟子陈留刘操追慕肱德，共刊石颂之。

①《谢承书》曰："灵帝手笔下诏曰：'肱抗陵云之志，养浩然之气，以朕德薄，未肯降志。昔许由不屈，王道为化；夷、齐不挠，周德不亏。州郡以礼优顺，勿失其意。'"

申屠蟠字子龙，陈留外黄人也。九岁丧父，哀毁过礼。服除，不进酒肉十余年。每忌日，辄三日不食。①

①《海内先贤传》曰："蟠在冢侧致甘露、白雉，以孝称。"

同郡缑氏女玉为父报仇，①杀夫氏之党，吏执玉以告外黄令梁配，②配欲论杀玉。蟠时年十五，为诸生，进谏曰："玉之节义，足以感无耻之孙，激忍辱之子。不遭明时，尚当表旌庐墓，况在清听，而不加哀矜！"配善其言，乃为谳得减死论。③乡人称美之。

①缑，姓也。

②《续汉书》曰"同县大女缑玉为从父报仇，杀夫之从母兄李士，姑执玉以告史"也。

③谳，请也。

家贫，佣为漆工。郭林宗见而奇之。同郡蔡邕深重蟠，及被州辟，乃辞让之曰："申屠蟠禀气玄妙，性敏心通，丧亲尽礼，几于毁灭。至行美义，人所鲜能。安贫乐潜，味道守真，不为燥湿轻重，①不为穷达易节。②方之于邕,以齿则长,以德则贤。"

　　①《律历志》曰:"铜为物至精,不为燥湿寒暑变其节,不为风雨暴露改其
　　　　形,介然有常,似于士君子之行。

　　②《易》曰:"穷则独善其身,达则兼济天下。"

　　后郡召为主簿,不行。①遂隐居精学,博贯《五经》,兼明图纬。始与济阴王子居同在太学,子居临殁,以身托蟠,蟠乃躬推辇车,送丧归乡里。遇司隶从事于河、巩之间,②从事义之,为封传护送,③蟠不肯受,投传于地而去。事毕还学。

　　①《谢承书》曰"蟠前后征辟,文书悉挂于树,初不顾眄"也。

　　②《百官志》曰"司隶从事史十二人,秩百石"也。

　　③传谓符牒,使人监送之。

　　太尉黄琼辟,不就。及琼卒,归葬江夏,四方名豪会帐下者六七千人,①互相谈论,莫有及蟠者。唯南郡一生与相酬对,既别,执蟠手曰:"君非聘则征,如是相见于上京矣。"蟠勃然作色曰:"始吾以子为可与言也,何意乃相拘教乐贵之徒邪?"②因振手而去,不复与言。再举有道,不就。③

　　①帐下,葬处。

　　②乐音五孝反。

　　③《谢承书》曰"诏书令郡以礼发遣,蟠到河南万岁亭,折辕而旋"也。

　　先是京师游士汝南范滂等非讦朝政,自公卿以下皆折节下之。①太学生争慕其风,以为文学将兴,处士复用。蟠独叹曰:"昔战国之世,处士横议,②列国之王,至为拥彗先驱,③卒有坑儒烧书之祸,今之谓矣。"乃绝迹于梁砀之间,④因树为屋,自同佣人。⑤居二年,滂等果罹党锢,或死或刑者数百人,蟠确然免于疑论。后蟠友人陈郡冯雍坐事系狱,豫州牧黄琬杀之。或劝蟠救雍,蟠不肯行,曰:"黄子琰为吾故邪,未必合罪。如不用吾言,虽往何益!"琬闻之,遂免雍罪。

　　①讦谓横议是非也。"讦"或作"评"也。

　　②《孟子》曰:"圣王不作,诸侯恣行,处士横议。"《前书》曰:"秦既称帝,患周之败,以为起于处士横议,诸侯力争。"《音义》曰:"言由横议而败

之。”

③《史记》,邹衍如燕,昭王拥篲先驱,请列弟子之坐而受业。筑碣石宫,身
　亲往师之。

④梁国有砀县。

⑤《谢承书》曰书"居蓬莱之室,依桑树以为栋"也。

大将军何进连征不诣,进必欲致之,使蟠同郡黄忠书劝曰:“前
莫府初开,至如先生,特加殊礼,优而不名,申以手笔,设几杖之坐。
经过二载,而先生抗志弥高,所尚益固。窃论先生高节有余,于时则
未也。今颍川荀爽载病在道,北海郑玄北面受署,彼岂乐羁牵哉,知
时不可逸豫也。昔人之隐,遭时则放声灭迹,巢栖茹薇。①其不遇
也,则裸身大笑,被发狂歌。②今先生处平壤,③游人间,吟典籍,袭
衣裳,事异昔人,而欲远蹈其迹,不亦难乎! 孔氏可师,何必首
阳。”④蟠不答。

①放,弃也。谓弃声名也。巢栖谓巢父也。《说文》:“薇,似藿也。”

②《楚词》曰:“桑扈裸行。”《史记》曰:“箕子被发阳狂。”歌谓楚狂接舆歌
　而过孔子也。

③壤,地也。

④孔子使子路语隐者云:“不仕无义。长幼之节,不可废也;君臣之义如
　之,何其可废也! 欲洁其身而乱大伦。”首阳,夷、齐所隐山也。

中平五年,复与爽、玄及颍川韩融、①陈纪等十四人并博士征,
不至。明年,董卓废立,蟠及爽、融、纪等复俱公车征,②唯蟠不到。
众人咸劝之,蟠笑而不应。居无几,爽等为卓所胁迫,西都长安,京
师扰乱。及大驾西迁,公卿多遇兵饥,室家流散,融等仅以身脱。唯
蟠处乱末,终全高志。年七十四,终于家。

①融字元长,韶之子也。见《韶传》。

②《续汉志》曰,征爽为司空,融为尚书,纪为侍中。

赞曰:琛宝可怀,贞期难对。①道苟违运,理用同废。与其遐栖,
岂若蒙秽?②凄凄硕人,陵阿穷退。③韬伏明姿,甘是堙暧。④

①琛宝喻道德也。贞期谓明时也。对,偶也。

②蒙秽谓仕乱朝。

③硕人谓贤者。凄凄,饥病貌也。言贤者退而穷处。《诗·国风》曰:"考槃
　在阿,硕人之薖。"曲陵曰阿。陵,升也。薖饥也。薖音苦戈反。

④堙,沈也。暧犹翳也。

后汉书卷五四
列传第四四

杨震 子秉 孙赐 曾孙彪 玄孙俏

杨震字伯起,弘农华阴人也。八世祖喜,高祖时有功,封赤泉侯。①高祖敞,昭帝时为丞相,封安平侯。父宝,②习《欧阳尚书》。哀、平之世,隐居教授。居摄二年,与两龚、蒋诩俱征,遂遁逃,不知所处。③光武高其节,建武中,公车特征,老病不到,卒于家。

①《史记》曰,喜追杀项羽,以功封。

②《续齐谐记》曰:"宝年九岁,时至华阴山北,见一黄雀为鸱枭所搏,坠于树下,为蝼蚁所困。宝取之以归,置巾箱中,唯食黄花,百余日毛羽成,乃飞去。其夜有黄衣童子向宝再拜曰:'我西王母使者,君仁爱救拯,实感成济。'以白环四枚与宝:'令君子孙洁白,位登三事,当如此环矣。'"

③龚胜字君宾,龚舍字君倩,蒋诩字元卿,并以高节著名。见《前书》。

震少好学,受《欧阳尚书》于太常桓郁,明经博览,无不穷究。诸儒为之语曰:"关西孔子杨伯起。"常客居于湖,①不答州郡礼命数十年,②众人谓之晚暮,而震志愈笃。后有冠雀衔三鳣鱼,飞集讲堂前,③都讲取鱼进曰:"蛇鳣者,卿大夫服之象也。数三者,法三台也。先生自此升矣。"年五十,乃始仕州郡。

①今湖城县。

②《续汉志》曰"教授二十余年,州请召,数称病不就。少孤贫,独与母居,假地种殖,以给供养。诸生尝有助种蓝者,震辄拔,更以距其后,乡里称孝"也。

③冠音贯,即鹳雀也。鳣音善。《韩子》云:"鳣似蛇。"臣贤案:《续汉》及《谢

承书》"鳣"字皆作"鳝",然则"鳣"、"鳝"古字通也。鳣鱼长者不过三尺,黄地黑文,故都讲云"蛇鳝,卿大夫之服象也。"郭璞云"鱼鳣长二三丈,音知然反。"安有鹳雀能胜二三丈乎? 此为鳣明矣。

大将军邓骘闻其贤而辟之,举茂才,四迁荆州刺史、东莱太守。当之郡,道经昌邑,①故所举荆州茂才王密为昌邑令,谒见,至夜怀金十斤以遗震。震曰:"故人知君,君不知故人,何也?"密曰:"暮夜无知者。"震曰:"天知,神知,我知,子知。何谓无知!"密愧而出。后转涿郡太守。性公廉,不受私谒。子孙常蔬食步行,故旧长者或欲令为开产业,震不肯,曰:"使后世称为清白吏子孙,以此遗之,不亦厚乎!"

①昌邑故城在今兖州金乡县西北也。

元初四年,征入为太仆,迁太常。先是博士选举多不以实,震举荐明经名士陈留杨伦等,①显传学业,诸儒称之。

①伦字仲桓。《谢承书》云:"荐杨仲桓等五人,各从家拜博士。"

永宁元年,代刘恺为司徒。明年,邓太后崩,内宠始横。安帝乳母王圣,因保养之勤,缘恩放恣;圣子女伯荣出入宫掖,传通奸赂。震上疏曰:"臣闻政以得贤为本,理以去秽为务。①是以唐虞俊乂在官,四凶流放,天下咸服,以致雍熙。②方今九德未事,③嬖幸充庭。④阿母王圣出自贱微,得遭千载,奉养圣躬,虽有推燥居湿之勤,⑤前后赏惠,过报劳苦,而无厌之心,不知纪极,⑥外交属托,扰乱天下,损辱清朝,尘点日月。《书》诫牝鸡牡鸡,⑦《诗》刺哲妇丧国。⑧昔郑严公从母氏之欲,恣骄弟之情,几至危国,然后加讨,《春秋》贬之,以为失教。⑨夫女子小人,近之喜,远之怨,实为难养。⑩《易》曰:'无攸遂,在中馈。'⑪言妇人不得与于政事也。宜速出阿母,令居外舍,断绝伯荣,莫使往来,令恩德两隆,上下俱美。惟陛下绝婉娈之私,割不忍之心,⑫留神万机,试慎拜爵,减省献御,损节征发。令野无《鹤鸣》之叹,⑬朝无《小明》之悔,⑭《大东》不兴于今,⑮劳止不怨于下。⑯拟踪往古,比德哲王,岂不休哉!"奏御,帝以示阿母等,内幸皆怀忿恚。而伯荣骄淫尤甚,与故朝阳侯刘护从

兄瑰交通，⑰瑰遂以为妻，得袭护爵，位至侍中。震深疾之，复诣阙
上疏曰："臣闻高祖与群臣约，非功臣不得封。故经制父死子继，兄
亡弟及，以防篡也。⑱伏见诏书封故朝阳侯刘护再从兄瑰袭护爵为
侯。护同产弟威，今犹见在。臣闻天子专封封有功，诸侯专爵爵有
德。今瑰无佗功行，但以配阿母女，一时之间，既位侍中，又至封侯，
不稽旧制，不合经义，行人喧哗，百姓不安。陛下宜览镜既往，顺帝
之则。"书奏不省。

①《墨子》曰："夫尚贤者，政本也。"《左传》曰："为国者，如农夫之务去草
　　焉。"

②《尚书》曰："四罪而天下咸服。"又曰："黎人于变时雍，庶绩咸熙。"雍，
　　和也。熙，广也。

③《尚书·皋繇谟》曰："亦行有九德：宽而栗，柔而立，愿而龚，乱而敬，扰
　　而毅，直而温，简而廉，刚而塞，强而谊。"又曰："九德咸事，俊乂在官。"

④《谥法》曰："贱而得爱曰嬖。"

⑤《孝经援神契》曰"母之于子也，鞠养殷勤，推燥居湿，绝少分甘"也。

⑥《左传》曰，缙云氏有不材子，聚敛积实，不知纪极。

⑦牝，雌也。牡，雄也。《尚书》："古人有言，牝鸡无晨，牝鸡之晨，唯家之
　　索。"

⑧《诗·大雅》曰："哲夫成城，哲妇倾城。"

⑨严公，庄公也，避明帝讳改焉。《左传》，郑庄公杀母弟段，称郑伯，讥失
　　教也。

⑩《论语》曰"唯女子与小人为难养，近之则不逊，远之则怨"也。

⑪《家人卦·六二·爻辞》也。郑玄注曰："二为阴爻，得正于内；五，阳爻
　　也，得正于外。犹妇人自修正于内，丈夫修正于外。无攸遂，言妇人无敢
　　自遂也。爻体《离》，又互体《坎》，火位在下，水在上，饪之象也。馈，食
　　也，故云在中馈也。"

⑫《诗·国风·候人篇序》曰："曹共公远君子而近小人。"其诗曰："婉兮
　　娈兮，季女斯饥。"婉，少貌。娈，好貌也。

⑬《诗·小雅·序》曰："《鹤鸣》，诲宣王也。"郑玄注云："教周宣王求贤人
　　之未仕者。"其诗云："鹤鸣于九皋，声闻于野。言身隐而名著，喻贤者虽
　　隐居，人咸知之。"

⑭《诗·小雅·序》曰:"《小明》,大夫悔仕于乱也。"小明者,言周幽王日
小其明,损其政事,以至于乱。

⑮《诗·小雅·序》:"《大东》,刺乱也。"其诗曰:"小东大东,杼柚其空。"
郑玄注云:"小亦于东,大亦于东,言赋敛多也。"

⑯《诗·大雅·序》曰:"《人劳》,刺厉王也。"其诗曰:"人亦劳止,迄可小
康"也。

⑰护,泗水王歙之从曾孙。

⑱《公羊传》曰:"刘子、单子以王猛入于王城者何?西周也。其言入何?篡
乱也。冬十月,王子猛卒。此未逾年之君,其称王子猛卒何?不予当也。
不予当者,不与当父死子继,兄亡弟及也。"

延光二年,代刘恺为太尉。帝舅大鸿胪耿宝荐中常侍李闰兄于
震,震不从。宝乃自往候震曰:"李常侍国家所重,欲令公辟其兄,宝
唯传上意耳。"①震曰:"如朝廷欲令三府辟召,故宜有尚书敕。"遂
拒不许,宝大恨而去。皇后兄执金吾阎显亦荐所亲厚于震,震又不
从。司空刘授闻之,②即辟此二人,旬日中皆见拔擢。由是震益见
怨。

①言非己本心,传在上之意。
②《汉官仪》:"授字孟春,武原人。"

时诏遣使者大为阿母修第,中常侍樊丰及侍中周广、谢恽等更
相扇动,倾摇朝庭。震复上疏曰:"臣闻古者九年耕必有三年之储,
故尧遭洪水,人无菜色。①臣伏念方今灾害发起,弥弥滋甚,②百姓
空虚,不能自赡。重以蝗蝗,羌虏钞掠,三边震扰,战斗之役,至今未
息,兵甲军粮,不能复给。大司农帑藏匮乏,殆非社稷安宁之时。伏
见诏书为阿母兴起津城门内第舍,③合两为一,连里竟街,④雕修
缮饰,窃极巧伎。今盛夏土王,而攻山采石,其大匠左校别部将作合
数十处,⑤转相迫促,为费巨亿。周广、谢恽兄弟,与国无肺腑枝叶
之属,依倚近幸奸佞之人,与樊丰、王永等分威共权,属托州郡,倾
动大臣。宰司辟召,承望旨意,招来海内贪污之人,受其货赂,至有
臧锢弃世之徒复得显用。⑥白黑溷淆,清浊同源,天下讙哗,咸曰财
货上流,为朝结讥。臣闻师言:'上之所取,财尽则怨,力尽则叛。'怨

叛之人，不可复使，故曰：'百姓不足，君谁与足？'⑦惟陛下度之。"
丰、恽等见震连切谏不从，无所顾忌，遂诈作诏书，调发司农钱谷、
大匠见徒材木，各起家舍、园池、庐观，役费无数。

①言有储蓄，人无食菜之饥色也。

②弥弥犹稍稍也。韦孟诗曰"弥弥其失"也。

③津城门，洛阳南面西头门也。

④合两坊而为一宅。里即坊也。

⑤《续汉志》将作大匠，秩二千石。左校令，秩六百石。

⑥有臧贿禁锢之人也。

⑦《论语》有若对鲁哀公之词。

震因地震，复上疏曰："臣蒙恩备台辅，不能奉宣政化，调和阴
阳，去年十一月四日，京师地动。臣闻师言：'地者阴精，当安静承
阳。而今动摇者，阴道盛也。其日戊辰，三者皆土，位在中宫，①此中
臣近官盛于持权用事之象也。臣伏惟陛下以边境未宁，躬自菲薄，
宫殿垣屋倾倚，枝柱而已，②无所兴造，欲令远近咸知政化之清流，
商邑之翼翼也。③而亲近幸臣，未崇断金，④骄溢逾法，多请徒士，
盛修弟舍，卖弄威福。道路讙哗，众所闻见。地动之变，近在城郭，
殆为此发。又冬无宿雪，春节未雨，百僚焦心，而缮修不止，诚致旱
之征也。《书》曰：'僭恒阳若，臣无作威作福玉食。'⑤唯陛下奋乾刚
之德，⑥弃骄奢之臣，以掩讠夭言之口，奉承皇天之戒，无令威福久移
于下。"

①戊干辰支皆土也，并地动，故言三者。

②倚，邪也。柱音竹主反。

③《诗·商颂》"商邑翼翼，四方之极"也。

④《易·系辞》曰："二人同心，其利断金。"言邪佞之臣，不与上同心。

⑤《尚书·洪范》之词也。僭，差也。若，顺也。君行僭差，则常阳顺之也。
言唯君得专威福，为美食。

⑥《易》曰："大哉乾乎！刚健中正，纯粹精也。"

震前后所上，转有切至，帝既不平之，而樊丰等皆侧目愤怨，俱
以其名儒，未敢加害。寻有河间男子赵腾诣阙上书，指陈得失。帝

发怒,遂收考诏狱,结以罔上不道。震复上疏救之曰:"臣闻尧、舜之世,谏鼓谤木,立之于朝;①殷、周哲王,小人怨詈,则还自敬德。②所以达聪明,开不讳,博采负薪,尽极下情也。今赵腾所坐激讦谤语为罪,与手刃犯法有差。气为亏除,全腾之命,以诱刍荛舆人之言。"③帝不省,腾竟伏尸都市。

①《帝王纪》曰:"尧置敢谏之鼓,舜立诽谤之木。"

②《尚书》曰"自殷王中宗及高宗及祖甲及我周文王,兹四人迪哲。厥或告之曰小人怨女詈女,则皇自敬德"也。

③舆,众也。《诗》曰:"询于刍荛。"《左氏传》曰"听舆人之谋"也。

　　会三年春,东巡岱宗,樊丰等因乘舆在外,竞修第宅。震部掾高舒召大匠令史考校之,①得丰等所诈下诏书,具奏,须行还上之。丰等闻,惶怖,会太史言星变逆行,遂共谮震云:"自赵腾死后,深用怨怼;②且邓氏故吏,有恚恨之心。"③及车驾行还,便时太学,④夜遣使者策收震太尉印绶,于是柴门绝宾客。丰等复恶之,乃请大将军耿宝奏震大臣不服罪,怀恚望,有诏遣归本郡。震行至城西几阳亭,乃慷慨谓其诸子门人曰:⑤"死者士之常分。吾蒙恩居上司,疾奸臣狡猾而不能诛,恶嬖女倾乱而不能禁,何面目复见日月!身死之日,以杂木为棺,布单被裁足盖形,勿归冢次,勿设祭祠。"因饮鸩而卒,时年七十余。弘农太守移良⑥承樊丰等旨,遣吏于陕县留停震丧,露棺道侧,⑦谪震诸子代邮行书,道路皆为陨涕。⑧

①史谓府吏也。

②怼,怨怒也。

③震初邓骘辟之,故曰故吏。

④且于太学待吉时而后入也,故曰便时。《前书》"便时上林延寿门"也。

⑤慷慨,悲叹。

⑥《风俗通》曰:"齐公子雍食菜于移,其后氏焉。"

⑦《谢承书》曰:"震临没,谓诸子以牛车薄箦,载柩还归。"

⑧《说文》:"邮,境上行书舍也。"《广雅》曰:"邮,驿也。"

　　岁余,顺帝即位,樊丰、周广等诛死,震门生虞放、陈翼诣阙追讼震事。朝廷咸称其忠,乃下诏除二子为郎,赠钱百万,以礼改葬于华阴潼亭，①远近毕至。先葬十余日，有大鸟高丈余，集震丧前，俯仰悲鸣，泪下沾地，葬毕乃飞去。郡以状上。②时连有灾异，帝感震之枉，乃下诏策曰："故太尉震，正直是与，俾匡时政，而青蝇点素，同兹在藩。③上天降威，灾眚屡作，尔卜尔筮，惟震之故。朕之不德，用彰厥咎，山崩栋折，我其危哉！④今使太守丞以中牢具祠，魂而有灵，傥其歆享。"于是时人立石鸟象于其墓所。

①墓今在潼关西大道之北，其碑尚存。

②《续汉书》曰："大鸟来止亭树，下地安行至枢前，正立低头泪出。众人更共摩抚抱持，终不惊骇。"《谢承书》曰："其鸟五色，高丈余，两翼长二丈三尺，人莫知其名也。"

③藩，樊也。《诗》云："营营青蝇止于樊，恺悌君子无信谗言。"青蝇，污白使黑，污黑使白，喻佞人变乱善恶也。

④《礼记》曰："孔子将终，歌曰：'泰山其坏乎！梁木其坏乎！'"

震之被谮也，高舒亦得罪，以减死论。及震事显，舒拜侍御史，至荆州刺史。

震五子。长子牧，富波相。①

①富波，县，属汝南郡。

牧孙奇，灵帝时为侍中，帝常从容问奇曰："朕何如桓帝？"对曰："陛下之于桓帝，亦犹虞舜比德唐尧。"帝不悦曰："卿强项，真杨震子孙，①死后必复致大鸟矣。"出为汝南太守。帝崩后，复入为侍中、卫尉，从献帝西迁，有功勤。及李傕胁帝归其营，奇与黄门侍郎钟繇诱傕部曲将宋晔、杨昂令反傕，傕由此孤弱，帝乃得东。②后徙都许，追封奇子亮为阳成亭侯。③

①强项，言不低屈也。光武谓董宣为"强项令"也。

②《魏志》曰，繇为黄门侍郎。傕胁天子，繇与尚书郎韩斌同策谋，天子得出长安，繇有力焉。

③亮旧宅在阌乡县西南。

震少子奉。奉子敷，笃志博闻，议者以为能世其家。敷早卒，子众，亦传先业，以谒者仆射从献帝入关，累迁御史中丞。及帝东还，夜走度河，众率诸官属步从至太阳，拜侍中。①建安二年，追前功封荔亭侯。②

　①大阳,县,属河东郡。

　②《郡国志》桃林县有荔乡。音莫老反。

　　震中子秉。

　　秉字叔节,少传父业,兼明《京氏易》,博通书传,常隐居教授。年四十余,乃应司空辟,拜侍御史。频出为豫、荆、徐、兖四州刺史,迁任城相。自为刺史、二千石,计日受奉,余禄不入私门。故吏赍钱百万遗之,闭门不受。以廉洁称。

　　桓帝即位,以明《尚书》征入劝讲,①拜太中大夫、左中郎将,迁侍中、尚书。帝时微行,私过幸河南尹梁胤府舍。②是日,大风拔树,昼昏,秉因上疏谏曰:"臣闻瑞由德至,灾应事生。传曰:'祸福无门,唯人所召。'③天不言语,以灾异谴告,是以孔子迅雷风烈必有变动。《诗》云:'敬天之威,不敢驱驰。'④王者至尊,出入有常,警跸而行,静室而止,⑤自非郊庙之事,则銮旗不驾。⑥故《诗》称'自郊徂宫',⑦《易》曰'王假有庙,致孝享也'。⑧诸侯如臣之家,《春秋》尚列其诫,⑨况以先王法服而私出槃游!⑩降乱尊卑,等威无序,⑪侍卫守空宫,绂玺委女妾,设有非常之变,任章之谋,⑫上负先帝,下悔靡及。臣奕世受恩,⑬得备纳言,⑭又以薄学,充在讲劝。特蒙哀识,见照日月,恩重命轻,义使士死,敢惮摧折,略陈其愚。"帝不纳。秉以病乞退,出为右扶风。太尉黄琼惜其去朝庭,上秉劝讲帷幄,不宜外迁,留拜光禄大夫。是时大将军梁冀用权,秉称病。六年,冀诛后,乃拜太仆,迁太常。

　①劝讲犹侍讲也。

　②胤,梁冀子也。

　③《左传》闵子马之词。

　④《诗·大雅》曰:"敬天之怒,无敢戏豫,敬天之渝,无敢驰驱。"与此文稍异也。

　⑤跸,止行人也。静室谓先使清宫也。《前书音义》曰,汉有静室令也。

　⑥《汉官仪》曰"前驱有云罕,皮轩銮旗车"也。

⑦《诗·大雅·云汉》之词也。郊，祭天也。

⑧《萃卦》词也。假，至也。假音格。

⑨《左传》，齐庄公如崔杼之家，为杼所杀也。

⑩法服谓天子服，日、月、星、辰、山、龙、华虫、藻、火、粉、米十二章。

⑪等威谓威仪有等差也。《左传》曰"贵有常尊，贱有等威"也。

⑫《前书》曰，代郡太守任宣坐谋反诛，宣子章为公车丞，亡在渭城界中，夜玄服入庙，居郎间，执戟立于庙门，待上至欲为逆，发觉伏诛也。

⑬弈犹重也。

⑭纳言，尚书。

延熹三年，白马令李云以谏受罪，秉争之不能得，坐免官，归田里。①其年冬，复征拜河南尹。先是中常侍单超弟匡为济阴太守，以臧罪为刺史第五种所劾，窘急，乃赂客任方刺兖州从事卫羽。事已见《种传》。及捕得方，囚系洛阳，匡虑秉当穷竟其事，密令方等得突狱亡走。尚书召秉诘责，秉对曰："《春秋》不诛黎比而鲁多盗，②方等无状，衅由单匡。刺执法之吏，害奉公之臣，复令逃窜，宽纵罪身，元恶大憝，终为国害。乞槛车征匡考核其事，则奸慝踪绪，必可立得。"而秉竟坐输作左校，以久旱赦出。

> ①《谢承书》曰："秉免归，雅素清俭，家至贫窭，并日而食。任城故孝廉景虑赍钱百余万，就以饷秉，秉闭门距绝不受。"

> ②《左传》曰："邾庶其以漆闾丘来奔，于是鲁多盗。"臣贤案：黎比，莒国之君，恐别有所据也。

会日食，太山太守皇甫规等讼秉忠正，不宜久抑不用。有诏公车征秉及处士韦著，二人各称疾不至。有司并劾秉、著大不敬，请下所属正其罪。尚书令周景与尚书边韶议奏："秉儒学侍讲，常在谦虚；著隐居行义，以退让为节。俱征不至，诚违侧席之望，然逶迤退食，足抑苟进之风。①夫明王之世，必有不召之臣，②圣朝弘养，宜用优游之礼。可告在所属，喻以朝庭恩意。如遂不至，详议其罚。"于是重征乃到，拜太常。

> ①《诗·国风·羔羊诗》曰："退食自公，委蛇委蛇。"退食谓减膳也。从于公谓正直顺于事也。委蛇，委曲自得之貌。

②尧时许由,禹时伯成子高,汤时务光等。

五年冬,代刘矩为太尉。是时宦官方炽,任人及子弟为官,①布满天下,竞为贪淫,朝野嗟怨。秉与司空周景上言:"内外吏职,多非其人,自顷所征,皆特拜不试,致盗窃纵恣,怨讼纷错。旧典,中臣子弟不得居位秉势,而今枝叶宾客布列职署,或年少庸人,典据守宰,上下忿患,四方愁毒。可遵用旧章,退贪残,塞灾谤。下司隶校尉、中二千石、二千石、城门五营校尉、北军中候,各实核所部,应当斥罢,自以状言,三府廉察有遗漏,续上。"帝从之。于是秉条奏牧守以下匈奴中郎将燕瑗、青州刺史羊亮、辽东太守孙谊等五十余人,或死或免,天下莫不肃然。

①任谓保任。

时郡国计吏多留拜为郎,秉上言三署见郎七百余人,①帑藏空虚,浮食者众,而不良守相欲因国为池,浇濯莃秽。宜绝横拜,以塞凯觊之端。②自此终桓帝世,计吏无复留拜者。

①三署郎,解见《安帝纪》。

②《左传》曰:"下无觊觎。"杜预注曰:"无冀望上位。"

七年,南巡园陵,特诏秉从。南阳太守张彪与帝微时有旧恩,以车驾当至,因傍发调,多以入私。秉闻之,下书责让荆州刺史,以状副言公府。①及行至南阳,左右并通奸利,诏书多所除拜。秉复上疏谏曰:"臣闻先王建国,顺天制官。②太微积星,名为郎位,③入奉宿卫,出牧百姓。皋陶诫虞,在于官人。④顷者,道路拜除,恩加竖隶,爵以货成,化由此败,所以俗夫巷议,白驹远逝,⑤穆穆清朝,远近莫观。宜割不忍之恩,以断求欲之路。"于是诏除乃止。

①南阳郡,荆州所部也。

②《尚书》曰:"明王奉若天道,建邦设都。"孔安国注云:"天有日、月、北斗、五星、二十八宿,皆有尊卑相正之法。明王奉顺此道,建国设都。"

③《史记·天官书》曰,太微宫五帝坐,后聚二十五星蔚然,曰郎位。积,聚也。

④《尚书》皋陶诫舜曰"在知人,在官人"也。

⑤孔子曰:"天下有道,庶人不议。"《诗·小雅》曰:"皎皎白驹,食我场苗,

所谓伊人,于焉逍遥。"言宣王官失其人,贤者乘白驹而去之。

时中常侍侯览弟为益州刺史,累有臧罪,暴虐一州。明年,秉劾奏参,槛车征诣廷尉。参惶恐,道自杀。①秉因奏览及中常侍具瑗曰:"臣案国旧典,宦竖之官,本在给使省闼,司昏守夜,而今猥受过宠,执政操权。其阿谀取容者,则因公褒举,以报私惠;有忤逆于心者,必求事中伤,肆其凶忿。居法王公,富拟国家,饮食极肴膳,仆妾盈纨素。虽季氏专鲁,穰侯擅秦,何以尚兹!②案中常侍侯览弟参,贪残元恶,自取祸灭。览顾知衅重,必有自疑之意,臣愚以为不宜复见亲近。昔懿公刑邴歜之父,夺阎职之妻,而使二人参乘,卒有竹中之难。《春秋》书之,以为至戒。③盖郑詹来而国乱,四佞放而众服。④以此观之,容可近乎?览宜急屏斥,投畀有虎。⑤若斯之人,非恩所宥,请免官,送归本郡。"书奏,尚书召对秉掾属曰:⑥"公府外职,而奏劾近官,经典汉制有故事乎?"秉使对曰:"《春秋》赵鞅以晋阳之甲,逐君侧之恶。⑦传曰:'除君之恶,唯力是视。'⑧邓通懈慢,申屠嘉召通诘责,文帝从而请之。⑨汉世故事,三公之职无所不统。"尚书不能诘。帝不得已,竟免览官,而削瑗国。每朝廷有得失,辄尽忠规谏,多见纳用。

①《谢承书》曰:"秉奏'参取受罪臧累亿。牂柯男子张俶,居为富室,参横加非罪,云造讹言,杀俶家八人,没入庐宅。又与同郡诸王李元之官共饮酒,醉饱之后,戏故相犯,诬言有淫慝之罪,应时捶杀。以人臣之势,行桀纣之态,伤和逆理,痛感天地。宜当纠持,以谢一州'。又曰:'京兆尹袁逢于长安客舍中得参重车三百余乘,金银珍玩,不可称记'。"

②季氏,鲁卿,世专鲁政。孔子曰:"季氏富于周公。"《史记》曰,穰侯魏冉者,秦昭王母宣太后弟也,为秦相国,侈富于王室。尚犹加也。

③《左传》曰"齐懿公之为公子也,与邴歜之父争田弗胜。及即位,乃掘而刖之,而使歜仆。纳阎职之妻,而使职骖乘。夏五月,公游于申池。歜以扑抶职,职怒,歜曰:'人夺汝妻而不怒,一抶汝,庸何伤?'职曰:'与刖其父而弗能病者何如?'乃谋杀懿公,纳诸竹中。归,舍爵而行"也。

④《公羊传》曰:"郑詹自齐逃来,何以书?甚佞也,曰佞人来矣。"后鲁庄公取齐淫女,卒为后败。四佞即四凶也。

⑤畀，与也。《诗·小雅》曰："取彼谮人，投畀豺虎。"

⑥召秉掾属问之。

⑦《公羊传》曰："赵鞅取晋阳之甲，以逐荀寅、士吉射。曷为此？逐君侧之恶人也。"

⑧《左传》曰晋寺人披吉也。

⑨《前书》，邓通，文帝幸臣，为太中大夫，居上傍怠慢。丞相申屠嘉罢朝，坐府中，召通至，不为礼，责曰："通小臣，戏殿上，大不敬，当斩。"通顿首，首尽出血。上使使持节召通而谢丞相："此吾弄臣，君释之。"

秉性不饮酒。又早丧夫人，遂不复娶。所在以淳白称。尝从容言曰："我有三不惑："酒，色，财也。"八年薨，时年七十四，赐茔陪陵。子赐。

赐字伯献。少传家学，笃志博闻。常退居隐约，教授门徒，不答州郡礼命。后辟大将军梁冀府，非其好也。出除陈仓令，因病不行。公车征不至，连辞三公之命。后以司空高弟，再迁侍中、越骑校尉。

建宁初，灵帝当受学，诏太傅、三公选通《尚书》桓君章句宿有重名者，三公举赐，乃侍讲于华光殿中。① 迁少府、光禄勋。

①《洛阳宫殿名》曰："华光殿在崇光殿北。"

熹平元年，青蛇见御坐，帝以问赐，赐上封事曰："臣闻和气致祥，乖气致灾，休征则五福应，① 咎征则六极至。② 夫善不妄来，灾不空发。王者心有所惟，意有所想，虽未形颜色，而五星以之推移，阴阳为其变度。以此而观，天之与人，岂不符哉？《尚书》曰：'天齐乎人，假我一日。'是其明征也。③ 夫皇极不建，则有蛇龙之孽。④《诗》云：'惟虺惟蛇，女子之祥。'⑤ 故《春秋》两蛇斗于郑门，昭公殆以女败；⑥ 康王一朝晏起，《关雎》见几而作。⑦ 夫女谒行则谗夫昌，谗夫昌则苞苴通，故殷汤以之自戒，终济亢旱之灾。⑧ 惟陛下思乾刚之道，别内外之宜，崇帝乙之制，受元吉之祉，⑨ 抑皇甫之权，割艳妻之爱，⑩ 则蛇变可消，祯祥立应。殷戊、宋景，其事甚明。"⑪

①休，美也。征，验也。五福：一曰寿，二曰富，三曰康宁，四曰逌好德，五曰考终命。

②咎，恶也。六极：一曰凶短折，二曰疾，三曰忧，四曰贫，五曰恶，六曰弱。
　　并见《尚书》。

③我谓君也。天意欲整齐于人，必假于君也。今《尚书》文"假"作"俾"。俾，
　　使也，义亦通。

④《洪范五行传》曰：皇，大也。极，中也。建，立也。孽，灾也。君不合大
　　中，是谓不立。蛇龙，阴类也。

⑤《诗·小雅》也。虺蛇，穴居，阴之类，故为女子之祥也。

⑥《洪范五行传》曰："初，郑厉公劫相祭仲而篡兄昭公，立为郑君。后雍纠
　　之难，厉公出奔，郑人立昭公。既立，内蛇与外蛇斗郑南门中，内蛇死。
　　是时傅瑕仕于郑，欲内厉公，故内蛇死者，昭公将败，厉公将胜之象也。
　　是时昭公宜布恩施志，以抚百姓，举贤崇德，以厉群臣，观察左右，以省
　　奸谋，则内变不得生，外谋无由起矣。昭公不觉，果杀于傅瑕，二子死而
　　厉公入，此其效也。《诗》云：'惟虺惟蛇，女子之祥。'郑昭公殆以女子败
　　矣。"

⑦《前书》曰："佩玉晏鸣，《关雎》叹之。"《音义》曰："后夫人，鸡鸣佩玉去
　　君所。周康王后不然，故诗人叹而伤之。此事见《鲁诗》，今亡失也。"

⑧《说苑》曰："汤自伐桀后，大旱七年，洛川竭，使人持三足鼎祝于山川
　　曰：'政不节邪？使人疾邪？苞苴行邪？谗夫昌邪？宫室荣邪？女谒行
　　邪？何不雨之极！'言未已而天大雨。"

⑨《易·泰卦·六五》曰"帝乙归妹，以祉元吉"也。

⑩艳妻，周幽王后褒姒也。皇甫卿士等皆后之党，用后嬖宠而居位也。
　　《诗》曰"皇甫卿士，艳妻煽方处"也。

⑪殷王太戊时，桑谷共生于朝，修德而桑谷死。景公时，荧惑守心，修德而
　　星退舍。并见《史记》。

　　二年，代唐珍为司空，以灾异免。复拜光禄大夫，秩中二千石。
五年，代袁隗为司徒。是时朝廷爵授多不以次，而帝好微行，游幸外
苑。赐复上疏曰："臣闻天生蒸民，不能自理，①故立君长使司牧
之，②是以唐虞兢兢业业，③周文日昃不暇，④明慎庶官，俊乂在
职，三载考绩，⑤以观厥成。而今所序用无佗德，有形势者，旬日累
迁；守真之徒，历载不转。劳逸无别，善恶同流，《北山》之诗，所为训
作。⑥又闻数微行出幸苑囿，观鹰犬之势，极般游之荒，⑦政事日

堕,⑧大化陵迟。陛下不顾二祖之勤止,⑨追慕五宗之美踪,⑩而欲以望太平,是由曲表而欲直景,却行而求及前人也。"⑪宜绝慢敖之戏,念官人之重,割用板之恩,慎贯鱼之次,⑫无令丑女有四殆之叹,⑬遐迩有愤怨之声。臣受恩偏特,忝任师傅,不敢自同凡臣,括囊避咎。⑭谨自手书密上。"

①蒸,众也。

②司,主也。牧,养也。

③兢兢,诫慎。业业,危惧。《尚书·皋陶谟》曰:"兢兢业业,一日二日万机。"

④《尚书》曰:"文王自朝至于日中仄,弗遑暇食。"

⑤《尚书》曰"三载考绩,黜陟幽明"也。

⑥《诗·小雅》曰:"陟彼北山,言采其杞。偕偕士子,朝夕从事。大夫不均,我从事独贤。"

⑦槃,乐也。《诗》曰:"槃于游田。"《书》曰:"内作色荒,外作禽荒。"

⑧许规反。

⑨二祖,高祖、光武也。《诗》曰:"文王既勤止。"

⑩文帝太宗,武帝世宗,宣帝中宗,明帝显宗,章帝肃宗也。

⑪《孙卿子》曰:"犹立枉木而求其影之直也。"《韩诗外传》曰:"夫明镜所以照形也,往古所以知今也。夫知恶往古之恶而不知修今之善,恶往古之所以危亡而不知袭积其所以安存,则无以异乎却行而求逮于前人也。"

⑫板谓诏书也。《易·剥卦》曰:"贯鱼,以宫人宠。"言王者御宫人,如贯鱼之有次序也。

⑬刘向《列女传》曰:"钟离春者,齐无盐邑之女,齐宣王之正后也。其为人也,极丑无双,臼头深目,长壮大节,卬鼻结喉,肥项少发,折腰出匈,皮肤若漆。年四十,行嫁不售,自谒宣王,举手拊膝曰:'殆哉!殆哉!'曰:'今王之国,西有衡秦之患,南有强楚之仇,外有二国之难,一旦山陵崩弛,社稷不安,此一殆也。渐台五重,万人罢极,此二殆也。贤者伏匿于山林,谄谀者强于左右,此三殆也。饮酒沈湎,以夜继昼,外不修诸侯之礼,内不秉国家之政,此四殆也。'"

⑭括,结也。《易》曰:"括囊无咎无誉。"

后坐辟党人免。复光禄大夫。光和元年，有虹蜺昼降于嘉德殿前，①帝恶之，引赐及议郎蔡邕等入金商门崇德署，②使中常侍曹节、王甫问以祥异祸福所在。赐仰天而叹，谓节等曰："吾每读《张禹传》，未尝不愤恚叹息，既不能竭忠尽情，极言其要，而反留意少子，乞还女婿。③朱游欲得尚方斩马剑以理之，固其宜也。④吾以微薄之学，充先师之末，累世见宠，无以报国。猥当大问，死而后已。"乃书对曰："臣闻之经传，或得神以昌，或得神以亡。⑤国家休明，则鉴其德；邪辟昏乱，则视其祸。今殿前之气，应为虹蜺，皆妖邪所生，不正之象，诗人所谓啜唉者也。⑥于《中孚经》曰：'蜺之比，无德以色亲。'⑦方今内多嬖幸，外任小臣，上下并怨，喧哗盈路，是以灾异屡见，前后丁宁。今复投蜺，可谓孰矣。⑧案《春秋谶》曰：'天投蜺，天下怨，海内乱。'⑨加四百之期，亦复垂及。⑩昔虹贯牛山，管仲谏桓公无近妃宫。⑪《易》曰：'天垂象，见吉凶，圣人则之。'⑫今妾媵婢人阉尹之徒，共专国朝，欺罔日月。又鸿都门下，招会群小，造作赋说，以虫篆小技见宠于时，⑬如骓兜、共工更相荐说，⑭旬月之间，并各拔擢，乐松处常伯，任芝居纳言。郤俭、梁鹄俱以便辟之性，佞辩之心，各受丰爵。不次之宠，而令搢绅之徒委伏畎亩，口诵尧舜之言，身蹈绝俗之行，弃捐沟壑，不见逮及。冠履倒易，陵谷代处，⑮从小人之邪意，顺无知之私欲，不念《板》《荡》之作，虺蜴之诫。⑯殆哉之危，莫过于今。⑰幸赖皇天垂象谴告。《周书》曰：'天子见怪则修德，诸侯见怪则修政，卿大夫见怪则修职，士庶人见怪则修身。'惟陛下慎经典之诫，图变复之道，⑱斥远佞巧之臣，速征鹤鸣之士，内亲张仲，外任山甫，⑲断绝尺一，抑止槃游，留思庶政，无敢急遑。冀上天还威，众变可弭。老臣过受师傅之任，数蒙宠异之恩，岂敢爱惜垂没之年，而不尽其惓惓之心哉！"⑳书奏，甚忤曹节等。蔡邕坐直对抵罪，徙朔方。赐以师傅之恩，故得免咎。

①《洛阳记》，殿在九龙门内。郭景纯注《尔雅》曰："双出，色鲜盛者为雄，曰虹；暗者为雌，曰蜺。"

②戴延之《西征记》曰："太极殿西有金商门。"

③张禹，成帝时为丞相，以师傅恩，禹每疾，辄以起居闻，车驾日临问之，拜禹床下。禹顿首谢恩，言"老臣有四男一女，爱女甚于男，远嫁为张掖太守萧咸妻，不胜父子私情，思与女相近。"上即时徙咸为弘农太守。又禹少子未有官，上临候禹，禹数视其少子，上即禹床下拜为黄门给事中也。

④朱云字游。张禹以帝师尊重，云上书求见，公卿在前，云曰："今朝廷大臣不能匡主，臣愿得尚方斩马剑，断佞臣一人头，以厉其余。"上问："谁也?"对曰："安昌侯张禹。"尚方，少府之属官也，作供御器物，故有斩马剑，利可以斩马也。并见《前书》。

⑤《左传》曰："有神降于莘，周内史过曰：'国之将兴，明神降之，监其德也。将亡，神又降之，观其恶也。故有得神以兴，亦有以亡。'《国语》曰"昔夏之兴也，祝融降于崇山；其亡也，回禄信于黔隧。商之兴也，梼杌次于平山；其亡也，夷羊在牧。周之兴也，鸑鷟鸣于岐山；其衰也，杜伯射王于鄗"也。

⑥《韩诗序》曰："《蝃蝀》，刺奔女也。蝃蝀在东，莫之敢指。诗人言蝃蝀在东者，邪色乘阳，人君淫佚之征。臣子为君父隐藏，故言莫之敢指。"蝃音帝。蝀音董。

⑦《易稽览图·中孚经》之文也。比，类也。郑玄注曰："霓，邪气也。阴无德，以好色得亲幸于阳也。"

⑧孰，成也。

⑨《春秋演孔图》曰："霓者，斗之乱精也。失度投霓见。"宋均注曰："投霓，投应也。"

⑩汉终于四百年，解见《献帝纪》。

⑪《春秋文曜钩》曰："白虹贯牛山，管仲谏曰：'无近妃宫，君恐失权。'齐侯大惧，退去色党，更立贤辅，使后出望，上牛山四面听之，以厌神。"宋均注曰："山，君位也。虹霓，阴气也。阴气贯之，君惑于妻党之象也。望谓祭以谢过也。"流俗本"山"作"升"者，误也。

⑫《上系》之词。则，效也。

⑬《法言》曰"赋者，童子雕虫篆刻，壮夫不为"也。

⑭《尚书》驩兜曰："都，共工方鸠僝功。"

⑮《楚词》曰："冠履兮杂处。"《诗》曰"高岸为谷，深谷为陵"也。

⑯《诗·大雅·序》曰："《板》，凡伯刺厉王也。"其《诗》曰："上帝板板，下

人卒瘅。"《荡》,邵穆公伤周室大坏也。"其《诗》曰:"荡荡上帝,下人之
辟。"又云:"哀今之人,胡为虺蜴。"注云:"蜴,蝾螈也。虺蜴之性,见人
则走。哀哉,今之人何为如是!伤时政也。"

⑰无盐之词也,解见上。

⑱谓变改而销复之。

⑲《诗》曰:"张仲孝友。"又曰:"衮职有阙,仲山甫补之。"皆周宣王贤臣
也。

⑳偻偻犹勤勤也。音力侯反。

其冬,行辟雍礼,引赐为三老。复拜少府、光禄勋,代刘郃为司
徒。帝欲造毕圭灵琨苑,赐复上疏谏曰:"窃闻使者并出,规度城南
人田,欲以为苑。昔先王造囿,裁足以修三驱之礼,薪莱刍牧,皆悉
往焉。先帝之制,左开鸿池,右作上林,①不奢不约,以合礼中。今猥
规郊城之地,以为苑囿,坏沃衍,②废田园,驱居人,畜禽兽,殆非所
谓'若保赤子'之义。③今城外之苑已有五六,④可以逞情意,顺四
节也。⑤宜惟夏禹卑宫,⑥太宗露台之意,⑦以尉下民之劳。"书奏,
帝欲止,以问侍中任芝、中常侍乐松。松等曰:"昔文王之囿百里,人
以为小;齐宣五里,人以为大。⑧今与百姓共之,无害于政也。"帝
悦,遂令筑苑。

①鸿池在洛阳东,上林在西。

②杜预注《左传》曰:"衍沃,平美之地也。"

③《书》曰"若保赤子,唯人其康乂"也。

④阳嘉元年起西苑,延熹二年造显阳苑。《洛阳宫殿名》有平乐苑、上林
苑。桓帝延熹元年置鸿德苑也。

⑤逞,快也。四节谓春搜、夏苗、秋狝、冬狩也。

⑥孔子曰"禹恶衣服,卑宫室"也。

⑦文帝欲作露台,召匠计之,直百金。帝曰"百金,中人十家之产。吾奉先
帝宫室,常恐羞之,何以台为"也。

⑧《孟子》齐宣王问曰:"文王之囿方七十里,人犹以为小;寡人之囿方四
十里,人犹以为大。何也?"曰:"文王之囿方七十里,刍荛者往焉,雉兔
者往焉,与人同之,人以为小,不亦宜乎?"此云文王百里,齐宣五里,与
《孟子》不同也。

四年，赐以病罢。居无何，拜太常，诏赐御府衣一袭，①自所服冠帻绶，玉壶革带，金错钩佩。②

①衣单复具曰袭。

②金错，以金间错其文。

五年冬，复拜太尉。中平元年，黄巾贼起，赐被召会议诣省阁，切谏忤旨，因以寇贼免。

先是黄巾帅张角等执左道，称大贤，以诳耀百姓，天下缅负归之。赐时在司徒，召掾刘陶告曰："张角等遭赦不悔，而稍益滋蔓，今若下州郡捕讨，恐更骚扰，速成其患。且欲切敕刺史、二千石，简别流人，各护归本郡，以孤弱其党，然后诛其渠帅，可不劳而定。何如？"陶对曰："此孙子所谓不战而屈人之兵，庙胜之术也。"①赐遂上书言之。会去位，事留中。②后帝徙南宫，阅录故事，得赐所上张角奏及前侍讲注籍，③乃感悟，下诏封赐临晋侯，邑千五百户。④初，赐与太尉刘宽、司空张济⑤并入侍讲，自以不宜独受封赏，上书愿分户邑于宽、济。帝嘉叹，复封宽及济子，拜赐尚书令。数日出为廷尉。赐自以代非法家，言曰："三后成功，惟殷于民，皋陶不与焉，盖吝之也。"⑥遂固辞，以特进就弟。

①《孙子》曰："未战而庙胜，得算多也。未战而庙不胜，得算少也。"

②谓所论事留在禁中，未施用之。

③所注之籍录。

④临晋，县，属冯翊，故城在今同州朝邑县西南。

⑤济字元江，细阳人也，张辅曾孙。

⑥吝，耻也。殷，盛也。《尚书》曰："伯夷降典，折人惟刑；禹平水土，主名山川；稷降播种，农殖嘉谷。三后成功，惟殷于人。"言皋陶不预其数者，盖耻之。

二年九月，复代张温为司空。其月薨。天子素服，三日不临朝，赠东园梓器襚服，赐钱三百万，布五百匹。策曰："故司空临晋侯赐，华岳所挺，九德纯备，①三叶宰相，辅国以忠。朕昔初载，授道帷幄，②遂阶成勋，以陟大猷。师范之功，昭于内外，庶官之务，劳亦勤止。七在卿校，殊位特进，五登衮职，弭难义宁。虽受茅土，未答厥勋,哲人其萎,将谁咨度!朕甚惧焉。③礼设殊等,物有服章。今使左中郎将郭仪持节追位特进,④赠司空、骠骑将军印绶。"及葬,又使侍御史持节送丧,兰台令史十人发羽林骑轻车介士,⑤前后部鼓吹,又敕骠骑将军官属、司空法驾送至旧茔。⑥公卿已下会葬。谥文烈侯。及小祥,又会焉。子彪嗣。⑦

①挺,生也。九德即《皋陶谟》九德。

②《诗·大雅》曰:"文王初载。"毛苌注云:"载,识也。"

③《礼记》曰:"孔子负手曳杖,消摇于门,歌曰:'太山其颓乎,梁木其坏乎,哲人其萎乎!'"

④《前书》,张禹为丞相,以老罢就弟,以列侯朝朔望,位特进,见礼如丞相。《汉杂事》曰:"诸侯功德优盛,朝廷所敬异,赐位特进,在三公下。"

⑤《续汉志》:"轻车,古之战车也,洞朱轮舆,不巾不盖,蓄矛戟幢麾。"蓄音侧事反。蓄谓插也。

⑥《续汉志》"三公、列侯车,倚鹿,伏熊,黑轓,朱班轮,鹿文飞轮,九游降龙。骑吏四人,皆带剑持槃载为前列,三百石长导从,置门下五吏,贼曹功曹皆带剑车道,主簿、主记两车为从"也。

⑦《礼》"期而小祥","又期而大祥"。郑玄注曰:"祥,吉也,言其渐即吉也。"

彪字文先,少传家学。初举孝廉,州举茂才,辟公府,皆不应。熹平中,以博习旧闻,公车征,拜议郎,①迁侍中、京兆尹。光和中,黄门令王甫使门生于郡界辜榷官财物七千余万,②彪发其奸,言之司隶。司隶校尉阳球因此奏诛甫,天下莫不惬心。征还为侍中、五官中郎将,迁颍川、南阳太守。复拜侍中,三迁,永乐少府、太仆、卫尉。

①《华峤书》曰:"与马日磾、卢植、蔡邕等著作东观。"

②《华峤书》曰:"甫使门生王翘辜榷。"解见《灵帝纪》。

中平六年,代董卓为司空;其冬,代黄琬为司徒。明年,关东兵起,董卓惧,欲迁都以违其难。①乃大会公卿议曰:"高祖都关中十有一世,光武宫洛阳,于今亦十世矣。案《石包谶》,宜徙都长安,以应天人之意。"百官无敢言者。彪曰:"移都改制,天下大事,故盘庚

五迁,殷民胥怨。②关中遭王莽变乱,宫室焚荡,民庶涂炭,百不一
在。光武受命,更都洛邑。今天下无虞,③百姓乐安,明公建立圣主,
光隆汉祚,无故捐宗庙,弃园陵,恐百姓惊动,必有糜沸之乱。④《石
包室谶》,妖邪之书,岂可信用?"卓曰:"关中肥饶,故秦得并吞六
国。且陇右材木自出,致之甚易。又杜陵南山下有武帝故瓦陶灶数
千所,并功营之,可使一朝而辨。百姓何足与议!若有前却,我以大
兵驱之,可令诣沧海。"⑤彪曰:"天下动之至易,安之甚难,惟明公
虑焉。"卓作色曰:"公欲沮国计邪?"⑥太尉黄琬曰:"此国之大事,
杨公之言得无可思?"卓不答。司空荀爽见卓意壮,恐害彪等,因从
容言曰:"相国岂乐此邪?山东兵起,非一日可禁,故当迁以图之,此
秦、汉之势也。"卓意小解。爽私谓彪曰:"诸君坚争不止,祸必有归,
故吾不为也。"议罢,卓使司隶校尉宣播以灾异奏免琬、彪等,诣阙
谢,即拜光禄大夫。十余日,迁大鸿胪。从入关,转少府、太常,以病
免。复为京兆尹、光禄勋,再迁光禄大夫。

① 违,避也。
② 盘庚,殷王之名也。胥,相也。迁都于亳,殷人相与怨恨。汤迁亳,仲丁
　迁嚣,河亶甲居相,祖乙居耿,并盘庚五也。
③ 虞,度也。言无可度之事也。《书》曰:"四方无虞。"
④ 如糜粥沸也。《诗》曰:"如沸如羹"。
⑤ 言不敢避险难也。
⑥ 沮,止也。

三年秋,代淳于嘉为司空,以地震免。复拜太常。兴平元年,代
朱俊为太尉,录尚书事。及李傕、郭汜之乱,彪尽节卫主,崎岖危难
之间,几不免于害。语在《董卓传》。及车驾迁洛阳,复守尚书令。

建安元年,从东都许。时天子新迁,大会公卿,兖州刺史曹操上
殿,见彪色不悦,恐于此图之,未得宴设,托疾如厕,因出还营。彪以
疾罢。时袁术僭乱,操托彪与术婚姻,诬以欲图废置,奏收下狱,劾
以大逆。①将作大匠孔融闻之,不及朝服,往见操曰:"杨公四世清
德,海内所瞻。《周书》父子兄弟罪不相及,②况以袁氏归罪杨公。

《易》称'积善余庆',徒欺人耳。"③操曰:"此国家之意。"融曰:"假使成王杀邵公,周公可得言不知邪?今天下缨緌搢绅④所以瞻仰明公者,以公聪明仁智,辅相汉朝,举直厝枉,致之雍熙也。今横杀无辜,则海内观听,谁不解体!⑤孔融鲁国男子,明日便当拂衣而去,不复朝矣。"⑥操不得已,遂理出彪。

①《献帝春秋》曰:"操刑之不滥,君之明也。杨彪获罪,惧者甚众。"

②《左传》曰:"《康诰》曰:'父不慈,子不祗,兄不友,弟不恭,不相及也。'"

③《易·文言》曰:"积善之家,必有余庆。"

④《说文》曰:"缨,冠索也。"郑玄注《礼记》,曰:"緌,冠饰也。绅,带也。搢,插也,插笏于绅也。"或作"缙"者,浅赤,言带之色。

⑤《左传》曰,委文子谓晋韩穿曰:"四方诸侯,谁不解体!"杜预注曰:"言不复肃敬也。"

⑥若以非罪杀彪,融则还为鲁国一男子,不复更来朝也。

四年,复拜太常,十年免。十一年,诸以恩泽为侯者皆夺封。①彪见汉祚将终,遂称脚挛不复行,积十年。后子修为曹操所杀,操见彪问曰:"公何瘦之甚?"对曰:"愧无日䃅先见之明,犹怀老牛舐犊之爱。"②操为之改容。

①彪父赐,以师傅封临晋侯。

②《前书》曰,金日䃅子二人,武帝所爱,以为弄儿。其后弄儿壮大,不谨,自殿下与宫人戏,日䃅适见之,恶其淫乱,遂杀弄儿。

修字德祖,好学,有俊才,为丞相曹操主簿,①用事曹氏。及操自平汉中,欲因讨刘备而不得进,欲守之又难为功,护军不知进止何依。操于是出教,唯曰"鸡肋"而已。外曹莫能晓,修独曰:"夫鸡肋,食之则无所得,弃之则可惜,公归计决矣。"乃令外白稍严,操于此回师。修之几决,多有此类。修又尝出行,筹操有问外事,乃逆为答记,敕守舍儿:"若有令出,依次通之。"既而果然。如是者三,操怪其速,使廉之,知状,②于此忌修。且以袁术之甥,虑为后患,遂因事杀之。③

①《典略》曰:"修,建安中举孝廉,除郎中,丞相请署仓曹属主簿。是时军国多事,修总知内外事,皆称意。自魏太子以下,并争与交好。"

②廉,察也。

③《续汉书》曰:"人有白修与临淄侯曹植饮醉共载,从司马门出,谤讪鄢
陵侯章。太祖闻之大怒,故遂收杀之,时年四十五矣。"

修所著赋、颂、碑、赞、诗、哀辞、表、记、书凡十五篇。

及魏文帝受禅,欲以彪为太尉,先遣使示旨。彪辞曰:"彪备汉
三公,遭世倾乱,不能有所补益。耄年被病,岂可赞惟新之朝?"遂固
辞。乃授光禄大夫,赐几杖衣袍,①因朝会引见,令彪著布单衣、鹿
皮冠,杖而入,待以宾客之礼。年八十四,黄初六年卒于家。

①《续汉书》曰"魏文帝诏曰:'先王制几杖之赐,所以宾礼黄耇。太尉杨
彪,乃祖以来世著名绩,其赐公延年杖。延请之日便使杖入'"也。

自震至彪,四世太尉,德业相继,与袁氏俱为东京名族云。①

①《华峤书》曰:"东京杨氏、袁氏,累世宰相,为汉名族。然袁氏车马衣服
极为奢僭;能守家风,为世所贵,不及杨氏也。"

论曰:孔子称"危而不持,颠而不扶,则将焉用彼相矣。"①诚以
负荷之寄,不可以虚冒,②崇高之位,忧重责深也。延、光之间,震为
上相,抗直方以临权枉,③先公道而后身名,可谓怀王臣之节,④识
所任之体矣。遂累叶载德,⑤继踵宰相。信哉,"积善之家,必有余
庆"。先世韦、平,方之蔑矣。⑥

①《论语》载孔子之言也。相扶工者,论臣当辅君也。

②负荷之寄,周公、霍光之俦。

③《坤·六二》曰"直方大不习无不利"也。

④《易》曰:"王臣謇謇,匪躬之故。"

⑤《易》曰:"德积载。"载,重也。

⑥韦贤、平当父子并相继为丞相。

赞曰:杨氏载德,仍世柱国。①震畏四知,秉去三惑。赐亦无讳,
彪诚匪忒。②修虽才子,渝我淳则。③

①言世为国柱臣也。

②忒,差也。

③渝,变也。

后汉书卷五五
列传第四五

章帝八王

千乘贞王伉　平春悼王全
清河孝王庆　济北惠王寿
河间孝王开　城阳怀王淑
广宗殇王万岁　平原怀王胜
和帝子

　　孝章皇帝八子：荣贵人生清河孝王庆，梁贵人生和帝，申贵人生济北惠王寿、河间孝王开，四王不载母氏。

　　千乘贞王伉，建初四年封。和帝即位，以伉长兄，甚见尊礼。立十五年薨。

　　子宠嗣，一名伏胡。永元七年，改国名乐安。立二十八年薨，是为夷王。父子薨于京师，皆葬洛阳。

　　子鸿嗣。安帝崩，始就国。鸿生质帝。质帝立，梁太后下诏，以乐安国土卑湿，租委鲜薄，改鸿封勃海王。[1]立二十六年薨，是为孝王。无子，太后立桓帝弟蠡吾侯悝为勃海王，奉鸿嗣。[2]延熹八年，悝谋为不道，有司请废之。帝不忍，乃贬为瘿陶王，食一县。

　　①委谓委输也。

②悝，蠡吾侯翼子，河间王开孙也。

悝后因中常侍王甫求复国，许谢钱五千万。帝临崩，遗诏复为勃海王。悝知非甫功，不肯还谢钱。甫怒，阴求其过。初，迎立灵帝，道路流言悝恨不得立，欲钞征书，而中常侍郑飒、①中黄门董腾并任侠通剽轻，数与悝交通。②王甫司察，以为有奸，密告司隶校尉段颎。熹平元年，遂收飒送北寺狱。③使尚书令廉忠诬奏飒等谋迎立悝，大逆不道。遂诏冀州刺史收悝考实，又遣大鸿胪持节与宗正、廷尉之勃海，迫实悝。悝自杀。妃妾十一人，子女七十人，伎女二十四人，皆死狱中。傅、相以下，以辅导王不忠，悉伏诛。悝立二十五年国除。众庶莫不怜之。

①音立。
②剽，疾也。
③北寺，狱名，属黄门署。《前书音义》曰即若卢狱也。

平春悼王全，①以建初四年封。其年薨，葬于京师。无子国除。
①《续汉志》，平春，县，属江夏郡也。

清河孝王庆，母宋贵人。贵人，宋昌八世孙，扶风平陵人也。①父杨，以恭孝称于乡闾，不应州郡之命。杨姑即明德马后之外祖母也。马后闻杨二女皆有才色，迎而训之。永平末，选入太子宫，甚有宠。肃宗即位，并为贵人。建初三年，大贵人生庆，明年立为皇太子，征杨为议郎，褒赐甚渥。贵人长于人事，供奉长乐宫，身执馈馔，太后怜之。太后崩后，窦皇后宠盛，以贵人姊妹并幸，庆为太子，心内恶之，与母比阳主谋陷宋氏。②外令兄弟求其纤过，内使御者侦伺得失。③后于掖庭门邀遮得贵人书，云"病思生菟，令家求之"，因诬言欲作蛊道祝诅，以菟为厌胜之术，日夜毁谮，贵人母子遂渐见疏。

①昌，文帝时为中尉，以代邸功封壮武侯。
②比阳主，东海王强女。
③侦，候也，音丑政反。《广雅》曰："侦，问也。"

庆出居承禄观。数月，窦后讽掖庭令诬奏前事，请加验实。七年,帝遂废太子庆而立皇太子肇。肇,梁贵人子也。乃下诏曰:"皇太子有失惑无常之性,爰自孩乳,至今益章,恐袭其母凶恶之风,不可以奉宗庙,为天下主。大义灭亲,况降退乎![①]今废庆为清河王。皇子肇保育皇后,承训怀衽,导达善性,将成其器。盖庶子慈母,尚有终身之恩,[②]岂若嫡后事正义明哉!今以肇为皇太子。"遂出贵人姊妹置丙舍,使小黄门蔡伦考实之,皆承讽旨傅致其事,[③]乃载送暴室。二贵人同时饮药自杀。[④]帝犹伤之,敕掖庭令葬于樊濯聚。[⑤]于是免杨归本郡。郡县因事复捕系之,杨友人前怀令山阳张峻、左冯翊沛国刘均等奔走解释,得以免罪。杨失志憔悴,卒于家。庆时虽幼,而知避嫌畏祸,言不敢及宋氏。帝更怜之,敕皇后令衣服与太子齐等。太子特亲爱庆,入则共室,出则同舆。及太子即位,是为和帝,待庆尤渥,诸王莫得为比,常共议私事。

> ①《左传》,卫石碏杀其子厚,君子曰:"石碏纯臣也,恶州吁而厚预焉。大义灭亲,其是之谓乎!"
>
> ②《仪礼·丧服》曰:"慈母如母。"谓妾子之无母,父命妾养之,故曰慈母。如母者,贵父之命也。
>
> ③傅读曰附。
>
> ④《续汉志》曰"暴室,署名,主中妇人疾病"也。
>
> ⑤在洛阳城北也。

后庆以长,别居丙舍。永元四年,帝移幸北宫章德殿,讲于白虎观,庆得入省宿止。帝将诛窦氏,欲得《外戚传》,[①]惧左右不敢使,乃令庆私从千乘王求,夜独内之;又令庆传语中常侍郑众求索故事。[②]及大将军窦宪诛,庆出居邸,赐奴婢三百人,舆马、钱帛、帷帐、珍宝、玩好充牣其第,又赐中傅以下至左右钱帛各有差。[③]

> ①《前书·外戚传》也。
>
> ②谓文帝诛薄昭,武帝诛窦婴故事。
>
> ③《前书音义》曰:"中傅,宦者也。"

庆多被病,或时不安,帝朝夕问讯,进膳药,所以垂意甚备。庆小心恭孝,自以废黜,尤畏事慎法。每朝谒陵庙,常夜分严装,衣冠待明;[①]约敕官属,不得与诸王车骑竞驱。常以贵人葬礼有阙,每窃感恨,至四节伏腊,辄祭于私室。窦氏诛后,始使乳母于城北遥祠。及窦太后崩,庆求上冢致哀,帝许之,诏太官四时给祭具。庆垂涕曰:"生虽不获供养,终得奉祭祀,私愿足矣。"欲求作祠堂,恐自同恭怀梁后之嫌,遂不敢言。②常泣向左右,以为没齿之恨。③后上言外祖母王年老,遭忧病,下土无医药,愿乞诣洛阳疗疾。于是诏宋氏悉归京师,除庆舅衍、俊、盖、逞等皆为郎。

①分,半也。

②恭怀梁后,和帝母梁贵人。

③没,终;齿,年也。

　　十五年,有司以日食阴盛,奏遣诸王侯就国。诏曰:"甲子之异,责由一人。诸王幼稚,早离顾复,弱冠相育,①常有《蓼莪》、《凯风》之哀。②选懦之恩,知非国典,且复须留。"③至冬,从祠章陵,诏假诸王羽林骑各四十人。后中傅卫讦私为臧盗千余万,诏使案理之,并责庆不举之状。庆曰:"讦以师傅之尊,选自圣朝,臣愚唯知言从事听,不甚有所纠察。"帝嘉其对,悉以讦臧财赐庆。及帝崩,庆号泣前殿,呕血数升,因以发病。

①《诗·小雅》曰:"父兮生我,母兮鞠我,顾我复我,出入腹我。"

②《诗·小雅》曰:"蓼蓼者莪,匪莪伊蒿。哀哀父母,生我劬劳。"《诗·国风》曰:"凯风自南,吹彼棘心。棘心夭夭,母氏劬劳。"

③选懦,仁弱慈恋不决之意也。懦音仁兖反。《东观记》"须留"作"宿留"。

　　明年,诸王就国,邓太后特听清河王置中尉、内史,赐什物皆取乘舆上御,以宋衍等并为清河中大夫。①庆到国,下令:"寡人生于深宫,长于朝廷,②仰恃明主,垂拱成受。③既以薄祐,早离顾复,属遭大忧,④悲怀感伤。蒙恩大国,职惟藩辅,新去京师,忧心茕茕,夙夜屏营,未知所立。⑤盖闻智不独理,必须明贤。今官属并居爵任,失得是均,庶望上遵策戒,下免悔咎。其纠督非枉,明察典禁,无令孤获怠慢之罪焉。"

①《续汉书》曰:"中大夫,秩六百石,无员,掌奉王使至京师。"

②鲁哀公与孔子言曰:"寡人生于深宫之中,长于妇人之手。"事见《孙卿子》也。

③垂拱言无为也。《尚书》曰:"垂拱仰成。"

④属,近。

⑤茕茕,孤特也。屏营,仿徨也。

　邓太后以伤殇帝襁抱,远虑不虞,①留庆长子祐与嫡母耿姬居清河邸。至秋,帝崩,立祐为嗣,是为安帝。太后使中黄门送耿姬归国。

①襁以缯帛为之,即今之小儿绷也。绷音必衡反。

　帝所生母左姬,字小娥,小娥姊字大娥,犍为人也。初,伯父圣坐妖言伏诛,家属没官。二娥数岁入掖庭,及长,并有才色。小娥善史书,喜辞赋。和帝赐诸王宫人,因入清河第。庆初闻其美,赏傅母以求之。及后幸爱极盛,姬妾莫比。姊妹皆卒,葬于京师。

　庆立凡二十五年,乃归国。其年病笃,谓宋衍等曰:"清河埤薄,①欲乞骸骨于贵人冢傍下棺而已。朝廷大恩,犹当应有祠室,庶母子并食,魂灵有所依庇,死复何恨!"乃上书太后曰:"臣国土下湿,愿乞骸骨,下从贵人于樊濯,虽殁且不朽矣。及今口目尚能言视,冒昧干请。命在呼吸,愿蒙哀怜。"遂薨,年二十九。遣司空持节与宗正奉吊祭;又使长乐谒者仆射、中谒者二人副护丧事;赐龙旂九旒,虎贲百人,仪比东海恭王。②太后使掖庭丞送左姬丧,与王合葬广丘。

①埤音婢。

②旂有九旒,天子制也。恭王强葬,赠以殊礼,升龙、旒头、鸾辂、龙旂,虎贲百人。

　子愍王虎威嗣。永初元年,太后封宋衍为盛乡侯,分清河为二国,封庆少子常保为广川王,子女十一人皆为乡公主,食邑奉。明年,常保薨。无子,国除。

　虎威立三年薨,亦无子。邓太后复立乐安王宠子延平为清河王,是为恭王。①

①宠即千乘王伉之子。

　太后崩,有司上言:"清河孝王至德淳懿,载育明圣,承天奉祚,

为郊庙主。汉兴,高皇帝尊父为太上皇,宣帝号父为皇考,①序昭
穆,置园邑。太宗之义,旧章不忘。②宜上尊号曰孝德皇,皇妣左氏
曰孝德后,孝德皇母宋贵人追谥曰敬隐后。"乃告祠高庙,使司徒持
节与大鸿胪奉策书玺绶清河,追上尊号;又遣中常侍奉太牢祠典,
护礼仪侍中刘珍等及宗室列侯皆往会事。尊陵曰甘陵,庙曰昭庙,
置令、丞,设兵车周卫,比章陵。③复以广川益清河国。尊耿姬为甘
陵大贵人。又封女弟侍男为涅阳长公主,别得为舞阴长公主,久长
为濮阳长公主,直得为平氏长公主。余七主并早卒,故不及进爵。追
赠敬隐后女弟小贵人印绶,追封谥宋杨为当阳穆侯。④杨四子皆为
列侯,食邑各五千户。宋氏为卿、校、侍中、大夫、谒者、郎吏十余人。
孝德后异母次及达生二人,诸子九人,皆为清河国郎中。

> ①宣帝父讳进,武帝时号史皇孙,坐戾太子事遇害。帝即位,追尊皇考,立
> 庙。
> ②太宗谓继嗣也。《左传》季桓子曰"旧章不可忘"也。
> ③皇考南顿君陵。
> ④当阳,今荆州也。

耿贵人者,牟平侯舒之孙也。贵人兄宝,袭封牟平侯。帝以宝
嫡舅,宠遇甚渥,位至大将军,事已见《耿舒传》。

立三十五年薨,子蒜嗣。冲帝崩,征蒜诣京师,将议为嗣。会大
将军梁冀与梁太后立质帝,罢归国。

蒜为人严重,动止有度,朝臣太尉李固等莫不归心焉。初,中常
侍曹腾谒蒜,蒜不为礼,宦者由此恶之。及帝崩,公卿皆正议立蒜,
而曹腾说梁冀不听,遂立桓帝。语在《李固传》。蒜由此得罪。

建和元年,甘陵人刘文与南郡妖贼刘鲔交通,讹言清河王当统
天下,欲共立蒜。事发觉,文等遂劫清河相谢暠,将至王宫司马
门,①曰:"当立王为天子,暠为公。"暠不听,骂之,文因刺杀暠。于
是捕文、鲔,诛之。有司因劾奏蒜,坐贬爵为尉氏侯,徙桂阳,自杀。
立三年,国绝。

> ①帝纪"谢"作射,盖纪传不同。

梁冀恶清河名，明年，乃改为甘陵。梁太后立安平孝王子经侯理为甘陵王，[1]奉孝德皇祀，是为威王。

[1]安平王德，河间王开子。

理立二十五年薨，子贞王定嗣。

定立四年薨，子献王忠嗣。黄巾贼起，忠为国人所执，既而释之。灵帝以亲亲故，诏复忠国。

忠立十三年薨，嗣子为黄巾所害，建安十一年，以无后国除。

济北惠王寿，母申贵人，颖川人也，世吏二千石。贵人年十三入掖庭。寿以永元二年封，分太山郡为国。和帝遵肃宗故事，兄弟皆留京师，恩宠笃密。有司请遣诸王归藩，不忍许之，及帝崩，乃就国。永初元年，邓太后封寿舅申转为新亭侯。寿立三十一年薨。自永初已后，戎狄叛乱，国用不足，始封王薨，减赗钱为千万，布万匹；嗣王薨，五百万，布五千匹。时唯寿最尊亲，特赗钱三千万，布三万匹。

子节王登嗣。永宁元年，封登弟五人为乡侯，皆别食太山邑。

登立十五年薨，子哀王多嗣。

多立三年薨，无子。永和四年，立战乡侯安国为济北王，是为釐王。[1]

[1]釐音僖也。

安国立十年薨，子孝王次嗣。本初元年，封次弟猛为亭侯。次九岁丧父，至孝。建和元年，梁太后下诏曰：“济北王次以幼年守藩，躬履孝道，父没哀恸，焦毁过礼，草庐土席，衰杖在身，头不枇沐，体生疮肿。谅闇已来二十八月，自诸国有忧，未之闻也，朝廷甚嘉焉。《书》不云乎：‘用德章厥善。’[1]《诗》云：‘孝子不匮，永锡尔类。’[2]今增次封五千户，广其土宇，以慰孝子恻隐之劳。”

[1]《尚书·盘庚》之辞也。言以道德明之，使竞为善也。

[2]《诗·大雅》也。匮，竭也。类，善也。永，长也。言孝子之行，无有匮竭，长赐与汝之族类，教道天下。

次立七年薨，子鸾嗣。鸾薨，子政嗣。政薨，无子，建安十一年，国除。

河间孝王开,以永元二年封,分乐成、勃海、涿郡为国。延平元年,就国。开奉遵法度,吏人敬之。永宁元年,邓太后封开子翼为平原王,奉怀王胜祀;①子德为安平王,奉乐成王党祀。②

①胜,和帝子。

②党,明帝子也。

开立四十二年薨,子惠王政嗣。政傲佷,不奉法宪。顺帝以侍御史吴郡沈景有强能称,故擢为河间相。景到国,谒王,王不正服,箕踞殿上。侍郎赞拜,景峙不为礼。①问王所在,虎贲曰:"是非王邪?"景曰:"王不服,常人何别!今相谒王,岂谒无礼者邪!"王惭而更服,景然后拜。出住宫门外,请王傅责之曰:"前发京师,陛下见受诏,以王不恭,使相检督。诸君空受爵禄,而无训导之义。"因奏治罪。诏书让政而诘责傅。景因捕诸奸人上案其罪,②杀戮尤恶者数十人,出冤狱百余人。政遂为改节,悔过自修。阳嘉元年,封政弟十三人皆为亭侯。

①峙,立也。

②上,奏上也。音市丈反。

政立十年薨,子贞王建嗣。建立十年薨,子安王利嗣。利立二十八年薨,子陔嗣。陔立四十一年,魏受禅,以为崇德侯。

蠡吾侯翼。元初六年,邓太后征济北、河间王诸子诣京师,奇翼美仪容,故以为平原怀王后焉。①留在京师。岁余,太后崩。安帝乳母王圣与中常侍江京等谮邓骘兄弟及翼,云与中大夫赵王谋图不轨,窥觎神器,怀大逆心。②贬为都乡侯,遣归河间。翼于是谢宾客,闭门自处。永建五年,父开上书,愿分蠡吾县以封翼,顺帝从之。

①平原王得无子,故立之也。

②神器喻帝位也。《老子》曰:"天下神器,不可为也。"

翼卒,子志嗣;为大将军梁冀所立,是为桓帝。梁太后诏追尊河间孝王为孝穆皇,夫人赵氏曰孝穆后,庙曰清庙,陵曰乐成陵;蠡吾先侯曰孝崇皇,庙曰烈庙,陵曰博陵;皆置令、丞,使司徒持节奉策书、玺绶,祠以太牢。建和二年,更封帝兄都乡侯硕为平原王,留博陵,奉翼后。尊翼夫人马氏为孝崇博园贵人,以涿郡之良乡、故安,河间之蠡吾,三县为汤沐邑。硕嗜酒,多过失,帝令马贵人领王家事。建安十一年,国除。

解渎亭侯淑,以河间孝王子封。淑卒,子长嗣。长卒,子宏嗣;为大将军窦武所立,是为灵帝。建宁元年,窦太后诏追尊皇祖淑为孝元皇,夫人夏氏曰孝元后,陵曰敦陵,庙曰靖庙;皇考长为孝仁皇,夫人董氏为慎园贵人,陵曰慎陵,庙曰奂庙;皆置令、丞,使司徒持节之河间奉策书、玺绶,祠以太牢。常以岁时遣中常侍持节之河间奉祠。

熹平三年,使使拜河间安王利子康为济南王,奉孝仁皇祀。

康薨,子赟嗣,建安十二年,为黄巾贼所害。子开嗣,立十三年,魏受禅,以为崇德侯。

城阳怀王淑,以永元二年分济阴为国。立五年薨,葬于京师。无子,国除,还并济阴。

广宗殇王万岁,以永元五年封,分钜鹿为国。其年薨,葬于京师。无子,国除,还并钜鹿。

平原怀王胜,和帝长子也。不载母氏。少有痼疾,延平元年封。立八年薨,葬于京师。无子,邓太后立乐安夷王宠子得为平原王,奉胜后,是为哀王。

得立六年薨。无子,永宁元年,太后又立河间王开子都乡侯翼为平原王嗣。安帝废之,国除。

论曰:传称吴子夷昧,甚德而度,有吴国者,必其子孙。①章帝长者,事从敦厚,继祀汉室,咸其苗裔,古人之言信哉!

①夷昧,吴君之名。《左传》屈狐庸谓赵文子曰:"若天所启,其在今嗣君
　乎?甚德而度,德不失人,度不失事,有吴国者,必此君之子孙也。"杜预
　注云:"嗣君谓夷昧也。"

　　赞曰:章祚不已,本枝流祉。质惟忧孙,安亦庆子。河间多福,
桓、灵承祀。济北无骄,皇恩宠饶。平原抱痼,三王薨朝。①振振子
孙,或秀或苗。②

①平春王全、广宗王万岁、城阳王淑并薨于京师也。

②振振,仁厚貌也,音之人反。《诗·国风》曰:"宜尔子孙振振兮。"《论语》
　曰:"苗而不秀者有矣夫,秀而不实者有矣夫!"苗谓早夭,秀谓成长也。

后汉书卷五六
列传第四六

张晧 子纲　 王龚 子畅　 种暠
子岱 子拂 拂子劭　 陈球

　　张晧字叔明,犍为武阳人也。六世祖良,高帝时为太子少傅,封留侯。晧少游学京师,初永元中,归仕州郡,辟大将军邓骘府,五迁尚书仆射,职事八年,出为彭城相。①

　　①明帝子彭城王恭之相也。

　　永宁元年,征拜廷尉。晧虽非法家,而留心刑断,数与尚书辩正疑狱,多以详当见从。①时安帝废皇太子为济阴王,晧与太常桓焉、太仆来历廷争之,不能得。事已具《来历传》。退而上疏曰:"昔贼臣江充,造构谗逆,至令戾园兴兵,终及祸难。②后壶关三老一言,上乃觉悟,虽追前失,悔之何逮!③今皇太子春秋方始十岁,未见保傅九德之义,④宜简贤辅,就成圣质。"书奏不省。

　　①详审而平当也。

　　②赵人江充,字次倩。武帝时,为直指绣衣,劾太子家吏行驰道中,恐为太子所诛,见上年老,意多所恶,因言左右皆为巫蛊。上乃使充捕案巫蛊。既知上意太子,乃言宫中有蛊气,遂掘蛊太子宫,得桐木人。时上疾在甘泉宫,太子惧,不能自明,收充斩之,发兵与丞相刘屈氂战,败,亡走湖,自杀。后太子孙宣帝即位,追谥太子曰戾,于湖置园邑奉祠,故曰戾园。

　　③逮,及也。太子死后,壶关三老令狐茂上书讼太子冤,武帝感悟,怜太子

无辜,乃族灭江充,作思子官,为归来望思之台于湖,天下闻而悲之。事见《前书》。

④《尚书·皋繇》陈九德,曰"宽而栗,柔而立,愿而恭,乱而敬,扰而毅,直而温,简而廉,刚而塞,强而谊"也。

及顺帝即位,拜晧司空,在事多所荐达,天下称其推士。时清河赵腾上言灾变,讥刺朝政,章下有司,收腾系考,所引党辈八十余人,皆以诽谤当伏重法。晧上疏谏曰:"臣闻尧、舜立敢谏之鼓,三王树诽谤之木,《春秋》采善书恶,圣主不罪刍荛。①腾等虽干上犯法,所言本欲尽忠正谏。如当诛戮,天下杜口,塞谏争之源,非所以昭德示后也。"帝乃悟,减腾死罪一等,余皆司寇。②四年,以阴阳不和策免。

①《左氏传》曰:"《春秋》之称,微而显,志而晦,惩恶而劝善,非圣人谁能修之。"

②《前书音义》曰:"司寇,二岁刑也。"输作司寇,因以名焉。

阳嘉元年,复为廷尉。其年卒官,时年八十三。遣使者吊祭,赐葬地于河南县。子纲。

纲字文纪。少明经学。虽为公子,而厉布衣之节。举孝廉不就,司徒辟高第为御史。时顺帝委纵宦官,有识危心。纲常感激,慨然叹曰:"秽恶满朝,不能奋身出命扫国家之难,虽生吾不愿也。"退而上书曰:"《诗》曰:'不愆不忘,率由旧章。'①寻大汉初隆及中兴之世,文、明二帝,德化尤盛。观其理为,易循易见,但恭俭守节,约身尚德而已。中官常侍不过两人,近幸赏赐裁满数金,惜费重人,故家给人足。夷狄闻中国优富,任信道德,所以奸谋自消,而和气感应。而顷者以来,不遵旧典,无功小人皆有官爵,富之骄之而复害之,非爱人重器,承天顺道者也。②伏愿陛下少留圣思,割损左右,以奉天心。"书奏不省。

①《诗·大雅》也。愆,过也。率,循也。言成王令德,不过循用旧典之文。

②器谓车服也。言无功小人不可妄授也。《左传》曰"唯器与名不可以假人"也。

汉安元年,选遣八使徇行风俗,皆耆儒知名,多历显位,①唯纲年少,官次最微。余人受命之部,而纲独埋其车轮于洛阳都亭,曰:"豺狼当路,安问狐狸!"②遂奏曰:"大将军冀,河南尹不疑,蒙外戚之援,荷国厚恩,以刍荛之资,居阿衡之任,不能敷扬五教,翼赞日月,而专为封豕长蛇,肆其贪叨,③甘心好货,纵恣无底,多树谄谀,以害忠良。诚天威所不赦,大辟所宜加也。谨条其无君之心十五事,斯皆臣子所切齿者也。"④书御,京师震竦。⑤时冀妹为皇后,内宠方盛,诸梁姻族满朝,帝虽知纲言直,终不忍用。

①《周举传》曰:"诏遣八使巡行风俗,同时俱拜,天下号曰'八俊'。刺史、二千石有臧罪者,驿马上之,墨绶已下便收;其有清勤忠惠宜表异者,状闻。"八使名见《顺帝纪》。

②《前书》京兆督邮侯文之辞。

③《左传》申包胥曰"吴为封豕长蛇,荐食上国"也。

④《左传》曰"有无君之心,而后动于恶"也。《前书》邹阳谓盖侯王长君曰:"太后怫郁泣血,切齿侧目于贵臣矣。"

⑤御,进也。

时广陵贼张婴等众数万人,杀刺史、二千石,寇乱扬、徐间,积十余年,朝廷不能讨。冀乃讽尚书,以纲为广陵太守,因欲以事中之。前遣郡守,率多求兵马,纲独请单车之职。既到,乃将吏卒十余人,径造婴垒,以慰安之,求得与长老相见,申示国恩。婴初大惊,既见纲诚信,乃出拜谒。纲延置上坐,问所疾苦。乃譬之曰:"前后二千石多肆贪暴,①故致公等怀愤相聚。二千石信有罪矣,然为之者又非义也。今主上仁圣,欲以文德服叛,故遣太守,思以爵禄相荣,不愿以刑罚相加,今诚转祸为福之时也。若闻义不服,天子赫然震怒,荆、扬、兖、豫大兵云合,岂不危乎?若不料强弱,非明也;弃善取恶,非智也;去顺效逆,非忠也;身绝血嗣,非孝也;②背正从邪,非直也;见义不为,非勇也。六者成败之几,利害所从,公其深计之。"婴闻泣下,曰:"荒裔愚人,不能自通朝廷,不堪侵枉,遂复相聚偷生,若鱼游釜中,喘息须臾间耳。今闻明府之言,乃婴等更生之晨也。既陷不义,实恐投兵之日,不免孥戮。"纲约之以天地,誓之以日

月,婴深感悟,乃辞还营。明日,将所部万余人与妻子面缚归降。纲
乃单车入婴垒,大会,置酒为乐,散遣部众,任从所之;亲为卜居宅,
相田畴;③子弟欲为吏者,皆引召之。人情悦服,南州晏然。朝廷论
功当封,梁冀遏绝,乃止。天子嘉美,征欲擢用纲,而婴等上书乞留,
乃许之。

①二千石谓太守也。

②凡祭皆用牲,故曰血嗣。

③相,视也。田并畔曰畴。

　　纲在郡一年,年四十六卒。百姓老幼相携,诣府赴哀者不可胜
数。纲自被疾,吏人咸为祠祀祈福,皆言"千秋万岁,何时复见此
君"。张婴等五百余人制服行丧,送到犍为,负土成坟。诏曰:"故广
陵太守张纲,大臣之苗,剖符统务,正身导下,班宣德信,降集剧贼
张婴万人,息干戈之役,济蒸庶之困,未升显爵,不幸早卒。婴等缞
杖,若丧考妣,朕甚愍焉!"拜纲子续为郎中,赐钱百万。

　　王龚字伯宗,山阳高平人也。世为豪族。初举孝廉,稍迁青州
刺史。劾奏贪浊二千石数人,安帝嘉之,征拜尚书。建光元年,擢为
司隶校尉。明年,迁汝南太守。政崇温和,好才爱士,引进郡人黄宪、
陈蕃等。宪虽不屈,蕃遂就吏。蕃性气高明,初到,龚不即召见之,
乃留记谢病去。龚怒,使除其录。功曹袁阆请见,言曰:"闻之传曰
'人臣不见察于君,不敢立于朝'。蕃既以贤见引,不宜退以非礼。"
龚改容谢曰:"是吾过也。"乃复厚遇待之。由是后进知名之士莫不
归心焉。

　　阆字奉高。数辞公府之命,不修异操,而致名当时。

　　永建元年,征龚为太仆,转太常。四年,迁司空,以地震策免。

　　永和元年,拜太尉。在位恭慎,自非公事,不通州郡书记。其所
辟命,皆海内长者。龚深疾宦官专权,志在匡正,乃上书极言其状,
请加放斥。诸黄门恐惧,各使宾客诬奏龚罪,顺帝命亟自实。①前掾
李固时为大将军梁商从事中郎,乃奏记于商曰:"今旦闻下太尉王

公救令自实,未审其事深浅何如?王公束修厉节,敦乐艺文,不求苟得,不为苟行,②但以坚贞之操,违俗失众,横为谗佞所构毁,众人闻知,莫不叹栗。夫三公尊重,承天象极,未有诣理诉冤之义。③纤微感概,辄引分决,是以旧典不有大罪,不至重问。④王公沈静内明,不可加以非理。卒有它变,则朝廷获害贤之名,群臣无救护之节矣。昔绛侯得罪,袁盎解其过;⑤魏尚获戾,冯唐诉其冤。⑥时君善之,列在书传。今将军内倚至尊,外典国柄,言重信著,指扐无违,宜加表救,济王公之艰难。语曰:'善人在患,饥不及餐。'斯其时也。"商即言之于帝,事乃得释。

①亟,急也,音纪力反。

②《前书》曰,杨子云曰:"蜀严湛冥不作苟见,不为苟得。"

③三公承助天子,位象三台,故曰承天象极。哀帝时,丞相王嘉有罪,召诣廷尉诏狱。主簿曰"将相不对理陈冤,相踵以为故事,君侯宜引决"也。

④大臣狱重,故曰重问。成帝时,丞相薛宣、御史大夫翟方进有罪,上使二千石杂问。《音义》云:"大狱重,故以二千石五人同问之。"

⑤文帝时,丞相绛侯周勃免就国,人告以为反,诸公莫敢为言,唯郎中袁盎明绛侯无罪。绛侯得释,盎有力也。

⑥冯唐,安陵人,文帝时为郎署长。上与论将帅,唐曰:"臣闻魏尚为云中守,坐上功首虏差六级,陛下下之吏,削其爵,罚作。臣愚以为陛下法太明,罚太重。"文帝悦,舍尚,复官也。

龚在位五年,以老病乞骸骨,卒于家。子畅。

论曰:张晧、王龚,称为雅士,或其好通汲善,明发升荐,仁人之情也。夫士进则世收其器,贤用即人献其能。能献既已厚其功,器收亦理兼天下。①其利甚博,而人莫之先,岂同折枝于长者,以不为为难乎?②昔柳下惠见抑于臧文,③淳于长受称于方进。④然则立德者以幽陋好遗,显登者以贵涂易引。故晨门有抱关之夫,⑤柱下无朱文之轸也。⑥

①言贤人见用,则人竞献其所能。但有能即献,动必有功,功多赏厚,故言已厚其功。有才器必被收用,用则海内蒙福,故曰理兼天下。

②以不为为难,言不之难也。谓进贤达士,同折枝之易,而不为之。孟子谓齐宣王曰:"今恩足以及禽兽,而不能加于百姓者何?非力不能,是不为也。"王曰:"不能不为,二者谓何也?"孟子曰:"夫挟太山以超北海,王能乎?"王曰:"不能。"为长者折枝,王能乎?曰:"不能也。"孟子曰:"夫挟太山以超海,是实不能,不可强也。为长者折枝甚易,而王不为,非不能。老吾老,以及人之老;幼吾幼,以及人之幼。天下可运诸掌,何为不能加于百姓乎?"刘熙注《孟子》曰:"折枝,若今之案摩也。"

③柳下惠姓展,名禽,字获,食邑于柳下,谥曰惠。臧文仲,鲁大夫,姓臧孙,名辰。《左传》仲尼曰:"臧文仲不仁者三,下展禽,废六关,妾织蒲。"言文仲知柳下惠之贤而使在下位,故曰抑之。

④成帝时,定陵侯淳于长以太后姊子为九卿。翟方进为丞相,独与长交,称荐之。

⑤《论语》:"子路宿于石门。晨门曰:'奚自?'"注云:"石门,鲁城外门也。晨,主守门,晨夜开闭也。"《史记》侯嬴,夷门抱关者也。守门必抱关,故兼言之。

⑥《神仙传》曰:"老子,周宣王时为柱下史。"朱文,画车为文也。轸,车后横木也。言贫贱之人,多被沦弃,所以晨门之下必有抱关之贤,柱下之微永无朱文之辙也。

　　畅字叔茂。少以清实为称,无所交党。初举孝廉,辞病不就。大将军梁商特辟,举茂才,四迁尚书令,出为齐相。①征拜司隶校尉,转渔阳太守。所在以严明为称。坐事免官。是时政事多归尚书,桓帝特诏三公,令高选庸能。②太尉陈蕃荐畅清方公正,有不可犯之色。"③由是复为尚书。

①齐王喜之相。
②庸,功也。
③《礼记》曰:"介胄之士,则有不可犯之色。"

　　寻拜南阳太守。前后二千石逼惧帝乡贵戚,多不称职。畅深疾之,下车奋厉威猛,其豪党有衅秽者,莫不纠发。会赦,事得散。畅追恨之,更为设法,诸受臧二千万以上不自首实者,尽入财物;若其隐伏,使吏发屋伐树,堙井夷灶。豪右大震。功曹张敞奏记谏曰:

"五教在宽,著之经典。汤去三面,八方归仁。①武王入殷,先去炮格之刑。②高祖鉴秦,唯定三章之法。孝文皇帝感一缇萦,蠲除肉刑。③卓茂、文翁、召父之徒,皆疾恶严刻,务崇温厚。④仁贤之政,流闻后世。夫明哲之君,网漏吞舟之鱼,⑤然后三光明于上,人物悦于下。言之若迂,其效甚近。⑥发屋伐树,将为严烈,虽欲惩恶,难以闻远。以明府上智之才,日月之曜,⑦敷仁惠之政,则海内改观,实有折枝之易,而无挟山之难。郡为旧都侯甸之国,园庙出于章陵,⑧三后生自新野,⑨士女沾教化,黔首仰风流,自中兴以来,功臣将相,继世而隆。愚以为恳恳用刑,不如行恩;孳孳求奸,未若礼贤。舜举皋陶,不仁者远。⑩随会为政,晋盗奔秦;⑪虞、芮入境,让心自生。⑫化人在德,不在用刑。"畅深纳敝谏,更崇宽政,慎刑简罚,教化遂行。

①《史记》曰,汤为夏方伯,得专征伐。出见野张四面网,祝曰:"自天下四方,皆入吾网。"汤曰:"嘻,尽之矣!去其三面!"祝曰:"欲左左,欲右右,不用命乃入吾网。"诸侯闻曰:"汤德至禽兽!"于是诸侯毕服。嘻音僖。

②《列女传》:"纣为铜柱,以膏涂之,加于炭之上,使有罪缘焉,足滑跌堕,纣与妲己笑以为乐,名曰炮格之刑。"臣贤案:《史记》及《帝王代纪》皆言文王为西伯,献洛西之地,请除炮格之刑。今云武王,与此不同。

③文帝时,太仓令淳于公有罪当刑。淳于公无男,有五女,骂其女曰:"生女不生男,缓急非有益也。"其少女缇萦自伤悲泣,随父至长安,上书请没官为婢以赎父。文帝悲怜其意,为除肉刑。

④景帝时,文翁为蜀郡守,仁爱教化。宣帝时,召信臣为南阳太守,视人如子,其化大行。

⑤《韩诗外传》曰:"夫吞舟之鱼,不居潜泽。"《前书》曰"高祖约法三章,号为网漏吞舟之鱼"也。

⑥迂,远也。

⑦《庄子》曰"饰智以惊愚,修身以明污,昭昭乎若揭日月而行"也。

⑧五百里甸服,千里侯服。南阳去洛千里,故曰侯甸。南顿君以上四庙在焉。

⑨光烈皇后,和帝阴后、邓后,并新野人。

⑩《论语》子夏之辞也。

⑪《左传》,晋命随会将中军,且为太傅,晋国之盗奔秦也。

⑫《史记》曰,文王为西伯,阴行善化,诸侯皆来决平。于是虞、芮之人有狱
　　不决,乃如周。入界,见耕者让畔,少者让长。虞、芮二人不见西伯,惭而
　　相谓曰:“吾所争,周人所耻,曷为取辱?”遂俱让而还也。

　　郡中豪族多以奢靡相尚,畅常布衣皮褥,车马羸败,以矫其敝。
同郡刘表时年十七,从畅受学。进谏曰:“夫奢不僭上,俭不逼下,①
循道行礼,贵处可否之间。蘧伯玉耻独为君子。府君不希孔圣之明
训,而慕夷、齐之末操,②无乃皎然自贵于世乎?”畅曰:“昔公仪休
在鲁,拔园葵,去织妇;③孙叔敖相楚,其子被裘刈薪。④夫以约失
之鲜矣。⑤闻伯夷之风者,贪夫廉,懦夫有立志。⑥虽以不德,敢慕
遗烈。”

①《礼记》曰“君子上不僭上,下不逼下”也。

②《论语》孔子曰:“奢则不逊,俭则固。”言仲尼得奢俭之中,而夷、齐饥
　　死,是末操也。

③《史记》曰,鲁相公仪休之其家,见织帛,怒而出其妇,食于舍而茹葵,愠
　　而拔其葵,曰:“吾已食禄,又夺园夫女子利乎?”

④《史记》曰,孙叔敖为楚相,且死,属其子曰:“我死,汝贫困,往见优孟,
　　言孙叔敖子也。”居数年,其子贫,负薪逢优孟。优孟言之于王,封之寝
　　丘四百户也。

⑤《论语》孔子之辞也。言俭则无失。

⑥《孟子》之辞。

　　后征为长乐卫尉。建宁元年,迁司空,数月,以水灾策免。明年,
卒于家。

　　子谦,为大将军何进长史。谦子粲,以文才知名。①

①粲字仲宣。蔡邕见而奇之。时邕才学显著,贵重朝廷,车骑填门,宾客盈
　　坐。闻粲在门,倒屣迎之。既至,年幼,容状短小,一座尽惊。邕曰:“王
　　公之孙,有异才,吾不如也。”太祖辟粲为丞相掾,后为侍中。博物多识,
　　问无不对。尝与人行,读道边碑,人问“卿能暗记乎”?因使背而诵之,一
　　文不失。观人围棋,粲为覆之,棋者不信,以帊盖之,更以它局为之,不
　　误一道。年四十卒。《魏志》有传。

种暠字景伯,河南洛阳人,仲山甫之后也。父为定陶令,有财三千万。父卒,暠悉以赈恤宗族及邑里之贫者。其有进趣名利,皆不与交通。始为县门下史。时河南尹田歆外甥王谌,名知人。[1]歆谓之曰:"今当举六孝廉,多得贵戚书命,不宜相违,欲自用一名士以报国家,尔助我求之。"明日,谌送客于大阳郭,遥见暠,异之。还白歆曰:"为尹得孝廉矣,近洛阳门下史也。"歆笑曰:"当得山泽隐滞,近洛阳吏邪?"谌曰:"山泽不必有异士,异士不必在山泽。"歆即召暠于庭,辩诘职事。暠辞对有序,歆甚知之,召署主簿,遂举孝廉。辟太尉府,举高第。

[1] 有知人之名也。

顺帝末,为侍御史。时所遣八使光禄大夫杜乔、周举等,多所纠奏,而大将军梁冀及诸宦官互为请救,事皆被寝遏。暠自以职主刺举,志案奸违,乃复劾诸为八使所举蜀郡太守刘宣等罪恶章露,宜伏欧刀。又奏请救四府,条举近臣父兄及知亲为刺史二千石尤残秽不胜任者,免遣案罪。帝乃从之。擢暠监太子于承光宫。中常侍高梵从中单驾出迎太子,时太傅杜乔等疑不欲从,惶惑不知所为。暠乃手剑当车,曰:"太子国之储副,人命所系。今常侍来无诏信,何以知非奸邪?今日有死而已。"梵辞屈,不敢对,驰命奏之。诏报,太子乃得去。乔退而叹息,愧暠临事不惑。帝亦嘉其持重,称善者良久。

出为益州刺史。暠素慷慨,好立功立事。在职三年,宣恩远夷,开晓殊俗,岷山杂落皆怀服汉德。其白狼、槃木、唐菆、邛、僰诸国,[1]自前刺史朱辅卒后遂绝;暠至,乃复举种向化。时永昌太守冶铸黄金为文蛇,以献梁冀,暠纠发逮捕,驰传上言,而二府畏懦,不敢案之,冀由是衔怒于暠。会巴郡人服直聚党数百人,自称"天王",[2]暠与太守应承讨捕不克,吏人多被伤害。冀因此陷之,传逮暠、承。太尉李固上疏救曰:"臣伏闻讨捕所伤,本非暠、承之意,实由县吏惧法畏罪,迫逐深苦,致此不详。比盗贼群起,处处未绝。暠、承以首举大奸,而相随受罪,臣恐沮伤州县纠发之意,更共饰匿,莫复尽心。"③梁太后省奏,乃赦暠、承罪,免官而已。

①菆音侧留反。

②"直"或作"宜"

③言各饰伪辞,隐匿真状也。

后凉州羌动,以暠为凉州刺史,甚得百姓欢心。被征当迁,吏人诣阙请留之,太后叹曰:"未闻刺史得人心若是。"乃许之。暠复留一年,迁汉阳太守,戎夷男女送到汉阳界,暠与相揖谢,千里不得乘车。及到郡,化行羌胡,禁止侵掠。迁使匈奴中郎将。时辽东乌桓反叛,复转辽东太守,乌桓望风率服,迎拜于界上。坐事免归。

后司隶校尉举暠贤良方正,不应。征拜议郎,迁南郡太守,入为尚书。会匈奴寇并、凉二州,桓帝擢暠为度辽将军。暠到营所,先宣恩信,诱降诸胡,其有不服,然后加讨。羌虏先时有生见获质于郡县者,悉遣还之。诚心怀抚,信赏分明,由是羌胡、龟兹、莎车、乌孙等皆来顺服。暠乃去烽燧,除候望,①边方晏然无警。

①昼举烽,夜燔燧。解见《光武纪》。

入为大司农。延熹四年,迁司徒。推达名臣桥玄、皇甫规等,为称职相。在位三年,年六十一薨。并、凉边人咸为发哀。匈奴闻暠卒,举国伤惜。单于每入朝驾,望见坟墓,辄哭泣祭祀。二子:岱、拂。

岱字公祖。好学养志。举孝廉、茂才,辟公府,皆不就。公车特征,病卒。

初,岱与李固子燮同征议郎,燮闻岱卒,痛惜甚,乃上书求加礼于岱。曰:"臣闻仁义兴则道德昌,道德昌则政化明,政化明而万姓宁。伏见故处士种岱,淳和达理,耽悦《诗》、《书》,富贵不能回其虑,万物不能扰其心。禀命不永,奄然殂殒。若不槃桓难进,等辈皆已公卿矣。①昔先贤既没,有加赠之典,②《周礼》盛德,有铭诔之文,③而岱生无印绶之荣,卒无官谥号。虽未建忠效用,而为圣恩所拔,遐迩具瞻,宜有异赏。"朝廷竟不能从。

①《易·屯卦》曰:"槃桓,利居贞。"

②《春秋》隐公五年,臧僖伯卒,隐公葬之加一等。杜预曰:"加命服之一
等。

③《周礼·司勋》曰:"凡有功者,铭书于王之太常。"又曰"卿大夫之丧,赐
谥诔"也。

拂字颖伯。初为司隶从事,拜宛令。时南阳郡史,好因休沐,游
戏市里,为百姓所患。拂出逢之,必下车公谒,以愧其心,自是莫敢
出者。政有能名,累迁光禄大夫。初平元年,代荀爽为司空。明年,
以地震策免,复为太常。

李傕、郭汜之乱,长安城溃,百官多避兵冲。拂挥剑而出曰:"为
国大臣,不能止戈除暴,致使凶贼兵刃向宫,去欲何之!"遂战而死。
子劭。

劭字申甫。少知名。中平末,为谏议大夫。

大将军何进将诛宦官,召并州牧董卓,至渑池,而进意更狐疑,
遣劭宣诏止之。卓不受,遂前至河南。劭迎劳之,因譬令还军。卓
疑有变,使其军士以兵胁劭。劭怒,称诏大呼叱之,军士皆披,①遂
前质责卓。卓辞屈,乃还军夕阳亭。②

①披音芳靡反。

②夕阳亭在河南城西。

及进败,献帝即位,拜劭为侍中。卓既擅权,而恶劭强力,遂左
转议郎,出为益、凉二州刺史。会父拂战死,竟不之职。服终,征为
少府、大鸿胪,皆辞不受。曰:"昔我先父以身徇国,吾为臣子,不能
除残复怨,何面目朝觐明主哉!"遂与马腾、韩遂及左中郎刘范、谏
议大夫马宇共攻李傕、郭汜,以报其仇。与汜战于长平观下,①军
败,劭等皆死。腾遂还凉州。

①长平,阪名也。有观,长安西十五里也。

陈球字伯真,下邳淮浦人也。历世著名。①父覃,广汉太守。②

球少涉儒学,善律令。阳嘉中,举孝廉,稍迁繁阳令。③时魏郡太守讽县求纳货贿,球不与之,太守怒而挝督邮,欲令逐球。④督邮不肯,曰:"魏郡十五城,独繁阳有异政,今受命逐之,将致议于天下矣。"太守乃止。

①《谢承书》曰:"祖父屯,有令名。"

②釐音尾。

③繁阳,魏郡县。

④挝,击也。

复辟公府,举高第,拜侍御史。是时,桂阳黠贼李研等群聚寇钞,陆梁荆部,州郡懦弱,不能禁,太尉杨秉表球为零陵太守。球到,设方略,期月间,贼虏消散。而州兵朱盖等反,与桂阳贼胡兰数万人转攻零陵。零陵下湿,编木为城,不可守备,郡中惶恐。掾史白遣家避难,球怒曰:"太守分国虎符,受任一邦,①岂顾妻孥而沮国威重乎?复言者斩!"乃悉内吏人老弱,与共城守,弦大木为弓,羽矛为矢,引机发之,远射千余步,多所杀伤。贼复激流灌城,球辄于内因地势反决水淹贼。相拒十余日,不能下。会中郎将度尚将救兵至,球募士卒,与尚共破斩朱盖等。赐钱五十万,拜子一人为郎。迁魏郡太守。

①文帝初,与郡守分铜虎符。

征拜将作大匠,作桓帝陵园,所省巨万以上。迁南阳太守,以纠举豪右,为势家所谤,征诣廷尉抵罪。会赦,归家。

复拜廷尉。熹平元年,窦太后崩。太后本迁南宫云台,①宦者积怨窦氏,遂以衣车载后尸,置城南市舍数日。中常侍曹节、王甫欲用贵人礼殡,帝曰:"太后亲立朕躬,统承大业。《诗》云:'无德不报,无言不酬。'②岂宜以贵人终乎?"于是发丧成礼。及将葬,节等复欲别葬太后,而以冯贵人配祔。③诏公卿大会朝堂,令中常侍赵忠监议。太尉李咸时病,乃扶舆而起,捣椒自随,谓妻子曰:"若皇太后不得配食桓帝,吾不生还矣。"既议,坐者数百人,各瞻望中官,良久莫肯先言。赵忠曰:"议当时定。"怪公卿以下各相顾望。球曰:"皇太后以盛德良家,母临天下,宜配先帝,是无所疑。"忠笑而言曰:"陈廷尉宜便操笔。"球即下议曰:"皇太后自在椒房,有聪明母仪之德。遭时不造,援立圣明,承继宗庙,功烈至重。先帝晏驾,因遇大狱,迁居空宫,不幸早世,家虽获罪,事非太后。今若别葬,诚失天下之望。且冯贵人冢墓被发,骸骨暴露,与贼并尸,魂灵污染,④且无功于国,何宜上配至尊?"忠省球议,作色俯仰,蚩球曰:"陈廷尉建此议甚健!"球曰:"陈、窦既冤,皇太后无故幽闭,臣常痛心,天下愤叹。今日言之,退而受罪,宿昔之愿。"公卿以下,皆从球议。李咸始不敢先发,见球辞正,然大言曰:"臣本谓宜尔,诚与臣意合。"会者皆为之愧。曹节、王甫复争,以为梁后家犯恶逆,别葬懿陵;武帝黜废卫后,而以李夫人配食。⑤今窦氏罪深,岂得合葬先帝乎?李咸乃诣阙上疏曰:"臣伏惟章德窦后虐害恭怀,安思阎后家犯恶逆,而和帝无异葬之议,顺朝无贬降之文。至于卫后,孝武皇帝身所废弃,不可以为比。今长乐太后尊号在身,亲尝称制,坤育天下,⑥且援立圣明,光隆皇祚。太后以陛下为子,陛下岂得不以太后为母?子无黜母,臣无贬君,宜合葬宣陵,一如旧制。"帝省奏,谓曹节等曰:"窦氏虽为不道,而太后有德于朕,不宜降黜。"节等无复言,于是议者乃定。

①太后父窦武与陈蕃谋诛宦官,反为中常侍曹节矫诏杀武、蕃,迁太后焉。

②《大雅·抑》诗也。

③祔谓新死之主祔于先死者之庙,妇祔于其夫,所祔之妃妾祔于妾祖姑也。

④段颎为河南尹,坐盗发冯贵人冢,左迁谏议大夫。

⑤戾太子卫皇后共太子斩江充,自杀。武帝崩,霍光缘上雅意,以李夫人配食也。

⑥《周易》曰:"坤为母。"

咸字元贞,汝南人。累经州郡,以廉干知名;在朝清忠,权幸惮之。

六年,迁球司空,以地震免。拜光禄大夫,复为廷尉、太常。光和元年,迁太尉,数月,以日食免。复拜光禄大夫。明年,为永乐少府，①乃潜与司徒河间刘郃谋诛宦官。

①桓帝母孝崇皇后宫曰永乐，置太仆，少府。

初，郃兄侍中儵，与大将军窦武同谋俱死，故郃与球相结。事未及发，球复以书劝郃曰："公出自宗室，位登台鼎，天下瞻望，社稷镇卫，岂得雷同容容无违而已？今曹节等放纵为害，而久在左右，又公兄侍中受害节等，永乐太后所亲知也。今可表徙卫尉阳球为司隶校尉，以次收节等诛之。政出圣主，天下太平，可翘足而待也。"又尚书刘纳以正直忤宦官，出为步兵校尉，亦深劝于郃。郃曰："凶竖多耳目，恐事未会，先受其祸。"纳曰："公为国栋梁，倾危不持，焉用彼相邪？"①郃许诺，亦结谋阳球。

①《论语》孔子之辞也。

球小妻，程璜之女。璜用事宫中，所谓程大人也。节等颇得闻知，乃重赂于璜，且胁之。璜惧迫，以球谋告节，节因共白帝曰："郃等常与藩国交通，有恶意。数称永乐声势，受取狼籍。步兵校尉刘纳及永乐少府陈球、卫尉阳球交通书疏，谋议不轨。"帝大怒，策免郃，郃与球及刘纳、阳球皆下获死。球时年六十二。

子禹，吴郡太守；禹弟琮，汝阴太守；弟子珪，沛相；珪子登，广陵太守；并知名。①

①《谢承书》曰："禹举孝廉，辟公府，洛阳市长。后辟太尉府，未到。永汉元年，就拜议郎，迁吴郡太守，不之官。球兄子珪，字汉瑜。举孝廉，剧令，去官；举茂才，济北相。珪子登，字元龙。学通古今，处身循礼，非法不行，性兼文武，有雄姿异略，一领广陵太守。"《魏志》曰：登在广陵，有威名，有功加伏波将军，年三十九卒。后许汜与刘备并在荆州牧刘表坐，备共论天下人，汜曰："陈元龙淮海之士，豪气不除。"备问汜曰："君言豪，宁有事邪？"汜曰："昔遭乱过下邳，见元龙无客主之意，不相与语，自上大床卧，使客卧下床。"备曰："君有国士之名。今天下大乱，帝王失所，君须忧国忘家，有救世之意。乃求田问舍，言无可采，是元龙所讳也，何缘当与君语？如我自卧百尺楼上，卧君于地下，何但上下床之间哉！"表大笑也。

赞曰:安储遭潜,张卿有请。①龚纠便佞,以直为眚。②二子过正,埋车堙井。③种公自微,临官以威。陈球专议,桓思国归。

①张晧为廷尉,故曰卿。

②眚生,过也。

③张纲埋轮,王龚堙井。《孟子》曰:"矫枉过正。"

后汉书卷五七
列传第四七

杜根　栾巴　刘陶　李云
刘瑜　谢弼

杜根字伯坚，颍川定陵人也。父安，字伯夷，少有志节，年十三入太学，号奇童。京师贵戚慕其名，或遗之书，安不发，悉壁藏之。及后捕案贵戚宾客，安开壁出书，印封如故，竟不离其患，时人贵之。①位至巴郡太守，政甚有声。

①离，被也。

根性方实，好绞直。①永初元年，举孝廉，为郎中。时和熹邓后临朝，权在外戚。根以安帝年长，宜亲政事，乃与同时郎上书直谏。太后大怒，收执根等，令盛以缣囊，于殿上扑杀之。执法者以根知名，私语行事人使不加力，既而载出城外，根得苏。太后使人检视，根遂诈死，三日，目中生蛆，因得逃窜，为宜城山中酒家保。②积十五年，酒家知其贤，厚敬待之。

①绞，急也。

②宜城，县，故城在今襄州率道县南，其地出美酒。《广雅》云："保，使也。"言为人佣力保任而使也。

及邓氏诛，左右皆言根等之忠。帝谓根已死，乃下诏布告天下，录其子孙。根方归乡里，征诣公车，拜侍御史。初，平原郡吏成翊世亦谏太后归政，坐抵罪，与根俱征，擢为尚书郎，并见纳用。或问根曰："往者遇祸，天下同义，知故不少，何至自苦如此？"根曰："周旋民间，非绝迹之处，邂逅发露，祸及知亲，故不为也。"顺帝时，稍迁济阴太守。去官还家，年七十八卒。

翊世字季明，少好学，深明道术。延光中，中常侍樊丰、帝乳母王圣共谮皇太子，废为济阴王。翊世连上书讼之，又言樊丰、王圣诬罔之状。帝既不从，而丰等陷以重罪，下狱当死，有诏免官归本郡。及济阴王立，是为顺帝。司空张皓辟之，皓以翊世前讼太子之废，荐为议郎。翊世自以其功不显，耻于受位，自劾归。三公比辟，不应。①尚书仆射虞诩雅重之，欲引与共参朝政，乃上书荐之，征拜议郎。后尚书令左雄、仆射郭虔复举为尚书。在朝正色，百僚敬之。

①比犹频也。

栾巴字叔元，魏郡内黄人也。①顺帝世，以宦者给事掖庭，补黄门令，非其好也。性质直，学览经典，虽在中官，不与诸常侍交接。后阳气通畅，白上乞退，擢拜郎中，四迁桂杨太守。以郡处南垂，不闲典训，为吏人定婚姻丧纪之礼，兴立校学，以奖进之。虽干吏卑末，皆课令习读，程试殿最，随能升授。②政事明察。视事七年，以病乞骸骨。

①《神仙传》云："巴，蜀郡人也。少而学道，不修俗事。"
②干，府吏之类也。《晋令》诸郡国不满五千以下，置干吏二人。郡县皆有干。干犹主也。

荆州刺史李固荐巴治迹，征拜议郎，守光禄大夫，与杜乔、周举等八人徇行州郡。

巴使徐州还，再迁豫章太守。郡土多山川鬼怪，小人常破赀产以祈祷。巴素有道术，能役鬼神，乃悉毁坏房祀，剪理奸巫，①于是妖异自消。百姓始颇为惧，终皆安之。②迁沛相。所在有绩，征拜尚书。③会帝崩，营起宪陵。陵左右或有小人坟冢，主者欲有所侵毁，巴连上书苦谏。时梁太后临朝，诏诘巴曰："大行皇帝晏驾有日，卜择陵园，务从省约，茔域所极，裁二十顷，而巴虚言主者坏人冢墓。

事既非实,寝不报下,巴犹固遂其愚,复上诽谤。苟肆狂瞽,益不可长。"巴坐下狱,抵罪,禁锢还家。

①房谓为房堂而祀者。

②《神仙传》曰"时庐山庙有神,于帐中与人言语,饮酒投杯,能令宫亭湖中分风,船行者举帆相逢。巴未到十数日,庙中神不复作声。郡中常患黄父鬼为百姓害,巴到,皆不知所在,郡内无复疾疫"也。

③《神仙传》曰:"巴为尚书,正朝大会,巴独后到,又饮酒西南噀之。有司奏巴不敬。有诏问巴,巴顿首谢曰:'臣本县成都市失火,臣故因酒为雨以灭火。臣不敢不敬。'诏即以驿书问成都,成都答言:'正旦大失火,食时有雨从东北来,火乃息,雨皆酒臭。'后忽一旦大风,天雾晦暝,对坐皆不相见,失巴所在。寻问之,云其日还成都,与亲故别也"

二十余年,灵帝即位,大将军窦武、太傅陈蕃辅政,征拜议郎。蕃、武被诛,巴以其党,复谪为永昌太守。以功自劾,辞病不行,上书极谏,理陈、窦之冤。帝怒,下诏切责,收付廷尉。巴自杀。子贺,官至云中太守。

刘陶字子奇,一名伟,颍川颍阴人,济北贞王勃之后。陶为人居简,不修小节。所与交友,必也同志。好尚或殊,富贵不求合;情趣苟同,贫贱不易意。同宗刘恺,以雅德知名,独深器陶。

时大将军梁冀专朝,而桓帝无子,连岁荒饥,灾异数见。陶时游太学,乃上疏陈事曰:

臣闻人非天地无以为生,天地非人无以为灵,①是故帝非人不立,人非帝不宁。夫天之与帝,帝之与人,犹头之与足,相须而行也。伏惟陛下年隆德茂,中天称号,②袭常存之庆,循不易之制,目不视鸣条之事,耳不闻檀车之声,③天灾不有痛于肌肤,震食不即损于圣体,故蔑三光之谬,轻上天之怒。伏念高祖之起始自布衣,④拾暴秦之敝,追亡周之鹿,⑤合散扶伤,克成帝业。功既显矣,勤亦至矣。流福遗祚,至于陛下。陛下既不能增明烈考之轨,而忽高祖之勤,妄假利器,委授国柄,使群丑刑隶,芟刈小民,雕敝诸夏,虐流远近,⑥故天降众异,以戒陛下。陛下不悟,而竟令虎豹窟于麑场,豺狼乳于春囿。⑦斯岂唐咨禹、稷,益典朕虞,议物赋土蒸民之意哉?又令牧守长吏,上下交竞;封豕长蛇,蚕食天下。贷殖者为穷冤之魂,贫馁者作饥寒之鬼。高门获东观之辜,丰室罗妖叛之罪。⑧死者悲于窀穸,生者戚于朝野,⑨是愚臣所为咨嗟长怀叹息者也。且秦之将亡,正谏者诛,谀进者赏,⑩嘉言结于忠舌,国命出于谗口,擅阎乐于咸阳,授赵高以车府。⑪权去己而不知,威离身而不顾。古今一揆,成败同势。愿陛下远览强秦之倾,近察哀、平之变,得失昭然,祸福可见。

①《书》曰"惟天地万物父母,惟人万物之灵"也。

②中谓当天之中也。

③鸣条,地名,在安邑之西。《尚书》曰:"伊尹相汤伐桀,遂与桀战于鸣条之野。"檀车,兵车也。《诗》曰:檀车啴啴,四牡痯痯,征夫不远。"啴音昌善反。痯音管。

④高祖曰:"吾以布衣提三尺以取天下。"

⑤《前书》蒯通曰:"秦失其鹿,天下共逐之。"《音义》云:"以鹿喻帝位也。"

⑥利器谓威权也。《周礼》"太宰以八柄诏王驭群臣",谓爵、禄、与、置、生、夺、废、诛也。刑隶谓阉人也。

⑦鹿子曰麑。乳,产也。

⑧《说苑》曰"孔子为鲁司寇,七日而诛少正卯于东观之下"也。

⑨杜元凯注《左传》曰:"窀,厚也。穸,夜也。厚夜犹长夜也。"

⑩《前书》贾山上书曰"秦始皇进谀谄之人,杀直谏之士"也。

⑪赵高为车府令,与婿咸阳令阎乐谋杀胡亥。事见《史记》也。

臣又闻危非仁不扶,乱非智不救,故武丁得傅说,以消鼎雉之灾,①周宣用申、甫,以济夷、厉之荒。②窃见故冀州刺史南阳朱穆,前乌桓校尉臣同郡李膺,皆履正清平,贞高绝俗。穆前在冀州,奉宪操平,摧破奸党;扫清万里。膺历典牧守,正身率下,及掌戎马,威扬朔北。斯实中兴之良佐,国家之柱臣也。宜还本朝,挟辅王室,上齐七耀,下镇万国。臣敢吐不时之义于讳言之朝,③犹冰霜见日,必至消灭。臣始悲天下之可悲,今天下亦悲臣之愚惑也。

①武丁，殷王高宗也。《尚书》曰，高宗得傅说为相，殷复兴焉。高宗时，有雉登鼎耳而雊，武丁惧而修德，位以永宁。

②申伯、仲山甫，周宣王之臣也。《诗》曰："惟申及甫，惟周之翰。"《史记》曰，周孝王之子燮，是为夷王。夷王崩，子厉王胡立，行暴虐，死于彘也。

③不时谓不合于时也。讳言谓拒谏也。

书奏不省。

时有上书言人以货轻钱薄，故致贫困，宜改铸大钱。事下四府群僚及太学能言之士。陶上议曰：

圣王承天制物，与人行止，建功则众悦其事，兴戎而师乐其旅。是故灵台有子来之人，武旅有凫藻之士，①皆举合时宜，动顺人道也。臣伏读铸钱之诏，平轻重之议，访覃幽微，不遗穷贱，是以藿食之人，谬延逮及。②

①《诗·大雅》曰："经始灵台，经之营之，不日成之。经始勿亟，庶人子来。"武旅，周武王之旅。凫得水藻，言喜悦也。

②《说苑》曰："有东郭祖朝者，上书于晋献公曰：'愿请闻国家之计。'献公使人告之曰：'肉食者已虑之矣，藿食者尚何预焉？'祖朝曰：'肉食者一旦失计于庙堂之上，若臣等藿食宁得无肝胆涂地于中原之野？其祸亦及臣之身，安得无预国家之计乎！'"

盖以为当今之忧，不在于货，在乎民饥。夫生养之道，先食后民。是以先王观象育物，敬授民时，①使男不逾亩，女不下机。故君臣之道行，王路之教通。由是言之，食者乃有国之所宝，生民之至贵也。窃见比年已来，良苗尽于蝗螟之口，杼柚空于公私之求，②所急朝夕之餐，所患靡监之事，岂谓钱货之厚薄，铢两之轻重哉？就使当今沙砾化为南金，瓦石变为和玉，③使百姓渴无所饮，饥无所食，虽皇、羲之纯德，唐、虞之文明，犹不能以保萧墙之内也。盖民可百年无货，不可一朝有饥，故食为至急也。议者不达农殖之本，多言铸冶之便，或欲因缘行诈，以贾国利。国利将尽，取者争竞，造铸之端于是乎生。盖万人铸之，一人夺之，犹不能给；况今一人铸之，则万人夺之乎？虽以阴阳为炭,万物为铜,④役不食之民,使不饥之士,犹不能足无厌之求也。夫欲民殷财阜,要在止役禁夺,则百姓不劳而足。陛下圣德,愍海内之忧戚,伤天下之艰难,欲铸钱齐货以救其敝,此犹养鱼沸鼎之中,栖鸟烈火之上。水木本鱼鸟之所生也,用之不时,必至焦烂。愿陛下宽锲薄之禁,后冶铸之议,⑤听民庶之谣吟,问路叟之所忧,⑥瞰三光之文耀,视山河之分流。⑦天下之心,国家大事,粲然皆见,无有遗惑者矣。

①象,天象也。《尚书》曰:"钦若昊天,敬授人时。"

②《诗》曰:"小东大东,杼柚其空。"

③《诗》曰:"大路南金。"和玉,卞和之玉也。

④贾谊之言。

⑤锲,刻也,口音结反。

⑥《列子》曰:"昔尧理天下五十年,不知天下理乱。尧乃微服游于康衢。儿童谣曰:'立我蒸人,莫不尔极,不识不知,师帝之则。'"《说苑》曰:"孔子行游中路,闻哭者声,其音甚悲。孔子避车而问之曰:'夫子非有丧也,何哭之悲?'虞丘子对曰:'吾有三失:吾少好学,周遍天下,还后吾亲亡,一失也;事君奢骄不遂,是二失也;厚交友而后绝,是三失也。'"

⑦三光,日、月、星也。分谓山,流谓河。言日月有谪食之灾,星辰有错行之变,故视其文耀也。山崩川竭,皆亡之征也。

臣尝诵《诗》,至于鸿雁于野之劳,哀勤百堵之事,每喟尔长怀,中篇而叹。①近听征夫饥劳之声,甚于斯歌。是以追悟匹妇吟鲁之忧,始于此乎?②见白驹之意,屏营傍徨,不能监寐。③伏念当今地广而不得耕,民众而无所食。群小竞进,秉国之位,鹰扬天下,鸟钞求饱,吞肌及骨,并噬无厌。诚恐卒有役夫穷匠,起于板筑之间,④投斤攘臂,登高远呼,使愁怨之民,向应云合,八方分崩,中夏鱼溃。⑤虽方尺之钱,何能有救!其危犹举函牛之鼎,绠纤枯之末,⑥诗人所以眷然顾之,潸焉出涕者也。⑦

①《诗·小雅·鸿雁》之篇曰:"鸿雁于飞,肃肃其羽。之子于征,劬劳于野。鸿雁于飞,集于中泽。之子于垣,百堵皆作。"郑玄注云:"坏灭之国,

征人起屋舍,筑墙壁,百堵同时而起,言趋事也。"

②《列女传》曰:"鲁漆室邑之女,过时未适人。当穆公之时,君老,太子幼,女倚柱而啼。傍人闻之,心莫不惨惨者。邻妇从之游,谓曰:'何哭之悲?子欲嫁乎?吾为子求偶。'漆室女曰:'嗟乎,始吾以子为知,今反无识也。岂为嫁之故不乐而悲哉,吾忧鲁君老而太子少也。'"

③《诗》曰:"皎皎白驹,食我场苗。絷之维之,以永今朝。"白驹谕贤人也。监寐犹寤寐也。

④役夫谓陈涉起蕲也。穷匠谓骊山之徒也。并见《史记》也。

⑤《公羊传》曰:"其言梁亡何?鱼烂而亡也。"何休曰:"鱼烂,从中发溃烂也。"

⑥函牛之鼎谓大鼎也。《淮南子》曰:"函牛之鼎沸,则蝇不得置一足焉。"絓,挂也,音胡卖反。

⑦《诗·小雅·大东》之文也。潸,涕下貌。郑玄注云:"伤今不如古也。"

　　臣东野狂暗,不达大义,缘广及之时,对过所问,知必以身脂鼎镬,为天下笑。

帝竟不铸钱。

　　后陶举孝廉,除顺阳长。县多奸猾,陶到官,宣募吏民有气力勇猛,能以死易生者,不拘亡命奸臧,于是剽轻剑客之徒过晏等十余人,①皆来应募。陶责其先过,要以后效,使各结所厚少年,得数百人,皆严兵待命。于是覆案奸轨,所发若神。以病免,吏民思而歌之曰:"邑然不乐,思我刘君。何时复来,安此下民。"

①过,姓也,过国之后。见《左传》。

　　陶明《尚书》、《春秋》,为之训诂。推三家《尚书》①及古文,是正文字七百余事,名曰《中文尚书》。

①三家谓夏侯建、夏侯胜、欧阳和伯也。

　　顷之,拜侍御史。灵帝宿闻其名,数引纳之。时巨鹿张角伪托大道,妖惑小民,陶与奉车都尉乐松、议郎袁贡连名上疏言之,曰:"圣王以天下耳目为视听,故能无不闻见。今张角支党不可胜计。前司徒杨赐奏下诏书,切敕州郡,护送流民,会赐去位,不复捕录。虽会赦令,而谋不解散。四方私言,云角等窃入京师,觇视朝政,鸟声兽心，私共鸣呼。州郡忌讳，不欲闻之，但更相告语，莫肯公文。宜下明诏，重募角等，赏以国土。有敢回避，与之同罪。"帝殊不悟，方诏陶次第《春秋》条例。明年，张角反乱，海内鼎沸，帝思陶言，封中陵乡侯，三迁尚书令。以所举将为尚书，难与齐列，乞从冗散，拜侍中。以数切谏，为权臣所惮，徒为京兆尹。到职，当出修宫钱直千万，①陶既清贫，而耻以钱买职，称疾不听政。帝宿重陶才，原其罪，征拜谏议大夫。

①时拜职，名当出买官之钱，谓之修宫钱也。

是时天下日危，寇贼方炽，陶忧致崩乱，复上疏曰："臣闻事之急者不能安言，心之痛者不能缓声。窃见天下前遇张角之乱，后遭边章之寇，每闻羽书告急之声，心灼内热，四体惊竦。今西羌逆类，私署将帅，皆多段颎时吏，晓习战陈，识知山川，变诈万端。臣常惧其轻出河东、冯翊，钞西军之后，东之函谷，据厄高望。今果已攻河东，恐遂转更豕突上京。如是，则南道断绝，车骑之军孤立，①关东破胆，四方动摇，威之不来，叫之不应，虽有田单、陈平之策，计无所用。臣前驿马上便宜，急绝诸郡赋调，冀尚可安。事付主者，留连至今，莫肯求问。今三郡之民皆以奔亡，南出武关，比徙壶谷，②冰解风散，唯恐在后。今其存者，尚十三四，军吏士民悲愁相守，民有百走退死之心，而无一前斗生之计。西寇浸前，去营咫尺，胡骑分布，已至诸陵。将军张温，天性精勇，而主者旦夕迫促，军无后殿，假令失利，其败不救。臣自知言数见厌，而言不自裁者，以为国安则臣蒙其庆，国危则臣亦先亡也。谨复陈当今要急八事，气须臾之间，深垂纳省。"其八事，大较言天下大乱，皆由宦官。宦官事急，共谗陶曰："前张角事发，诏书示以威恩，自此以来，各各改悔。今者四方安静，而陶疾害圣政，专言妖孽。州郡不上，陶何缘知？疑陶与贼通情。"于是收陶，下黄门北寺狱，掠按日急。陶自知必死，对使者曰："朝廷前封臣云何？今反受邪谮。恨不与伊、吕同畴，而以三仁为辈。"③遂闭气而死，天下莫不痛之。

①时湟中义从胡北宫伯玉等叛，遣左车骑将军皇甫嵩讨之不克也。

②三郡，河东、冯诩、京兆也。壶谷，壶关之谷，在上党也。

③《论语》曰："殷有三仁焉，微子去之，箕子为之奴，比干谏而死。"

陶著书数十万言，又作《七曜论》、《匡老子》、《反韩非》、《复孟轲》，及上书言当世便事、条教、赋、奏、书、记、辩疑，凡百余篇。

时司徒东海陈耽，亦以非罪与陶俱死。耽以忠正称，历位三司。光和五年，诏公卿以谣言举刺史、二千石①为民蠹害者。时太尉许馘、司空张济承望内官，受取货赂，其宦者子弟宾客，虽贪污秽浊皆不敢问，而虚纠边远小郡清修有惠化者二十六人。吏人诣阙陈诉，耽与议郎曹操上言："公卿所举，率党其私，所谓放鸱枭而囚鸾凤。"其言忠切，帝以让馘、济，由是诸坐谣言征者悉拜议郎。宦官怨之，遂诬陷耽死狱中。

①谣言谓听百姓风谣善恶而黜陟之也。

李云字行祖，甘陵人也。性好学，善阴阳。初举孝廉，再迁白马令。

桓帝延熹二年，诛大将军梁冀，而中常侍单超等五人皆以诛冀功并封列侯，专权选举。又立掖庭民女亳氏为皇后，数月间，后家封者四人，赏赐巨万。①是时地数震裂，众灾频降。云素刚，忧国将危，心不能忍，乃露布上书，移副三府，②曰："臣闻皇后天下母，德配坤灵，得其人则五氏来备，不得其人则地动摇宫。③比年灾异，可谓多矣；皇天之戒，可谓至矣。高祖受命，至今三百六十四岁，君期一周，当有黄精代见，姓陈、项、虞、田、许氏，不可令此人居太尉、太傅典兵之官。④举厝至重，不可不慎。班功行赏，宜应其实。梁冀虽持权专擅，虐流天下，今以罪行诛，犹召家臣扼杀之耳。而猥封谋臣万户以上，高祖闻之，得无见非？西北列将，得无解体？⑤孔子曰：'帝者，谛也。'⑥今官位错乱，小人谄进，财货公行，政化日损，尺一拜用，不经御省。⑦是帝欲不谛乎？"帝得奏震怒，下有司逮云，诏尚书都护剑戟送黄门北寺狱，使中常侍管霸与御史廷尉杂考之。时弘农五官掾杜众伤云以忠谏获罪，上书愿与云同日死。帝愈怒，遂并下廷尉。大鸿胪陈蕃上疏救云曰:"李云所言,虽不识禁忌,干上逆旨,其意归于忠国而已。或高祖忍周昌不讳之谏,成帝赦朱云腰领之诛。⑧今日杀云,臣恐剖心之讥复议于世矣。⑨故敢触龙鳞,冒昧以请。"⑩太常杨秉、洛阳市长沐茂、郎中上官资并上疏请云。帝愈甚,有司奏以为大不敬。诏切责蕃、秉,免归田里,茂、资贬秩二等。时帝在濯龙池,管霸奏云等事。霸跪言曰:"李云野泽愚儒,杜众郡中小吏,出于狂戆,不足加罪。"帝谓霸曰:"帝欲不谛,是何等语,而常侍欲原之邪?"顾使小黄门可其奏,云、众皆死狱中。后冀州刺史贾琮使行部,过祠云墓,刻石表之。

①时封后兄康为比阳侯,弟统昆阳侯,统从兄会安阳侯,统弟秉为济阳侯。

②露布谓不封之也,并以副本上三公府也。

③史曰:"庶征:‘曰雨,曰旸,曰燠,曰风,曰寒。五者来备,各以其序,庶草繁庑。'"“是”与“氏”,古字通耳。《春秋汉含孳》曰:"女主盛,臣制命,则地动。"

④黄精谓魏氏将兴也。陈、项、虞、田并舜之后。舜土德,亦尚黄,故忌也。

⑤列将谓皇甫规、段颎等。

⑥《春秋运斗枢》曰:"五帝修名立功,修德成化,统调阴阳,招类使神,故称帝。帝之言谛也。"郑玄注云:"审谛于物也。"

⑦尺一之板谓诏策也。见《汉官仪》也。

⑧周昌,解在《陈忠传》。朱云上书曰:"臣愿赐尚方斩马剑,断佞臣一人,以厉其余。上问:‘谁也?'对曰:‘安昌侯张禹。'上大怒曰:‘小臣居下讪上,廷辱师傅,罪死不赦。'御史将云去。左将军辛庆忌以死争,上意解,然后得已。事并见《前书》"

⑨比干以死谏纣,纣怒曰:"吾闻圣人心有九窍。"乃剖比干而观其心。事见《史记》。

⑩《韩子》曰:"夫龙之为虫也,可狎而驯也。然喉下有逆鳞,婴之则杀人。人主有逆鳞,说者婴之,则亦几矣。"

论曰:礼有五谏,讽为上。①若夫托物见情,因文载旨,使言之

者无罪,闻之者足以自戒,②贵在于意达言从,理归乎正。曷其绞讦
摩上,以衒沽成名哉?③李云草茅之生,不识失身之义,④遂乃露布
帝者,班檄三公,至于诛死而不顾,斯岂古之狂也!⑤夫未信而谏则
以为谤己,⑥故说者识其难焉。⑦

①五谏谓讽谏、顺谏、窥谏、指谏、陷谏也。讽谏者,知患祸之萌而讽告也。

　顺谏者,出辞逊顺,不逆君心也。窥谏者,视君颜色而谏也。指谏者,质

　指其事而谏也。陷谏者,言国之害忘生为君也。是《大戴礼》。

②卜商《诗序》之文也。

③绞,直也。讦,正也。沽,卖之。

④《仪礼》曰:"凡自称于君,宅在邦者曰市井之臣,在野则曰草茅之臣,庶

　人则曰刺草之臣。"《易》曰:"臣不密,则失身。"

⑤《论语》曰:"古之狂也直,今之狂也诈而已矣。"

⑥《论语》曰:"事君信而后谏,其君未信,则以为谤己。"

⑦《韩非》有《说难篇》

刘瑜字季节,广陵人也。高祖父广陵靖王。父辩,清河太守。①
瑜少好经学,尤善图谶、天文、历算之术。州郡礼请,不就。

①《谢承书》云:"父祥,为清河太守。"

延熹八年,太尉杨秉举贤良方正,及到京师,上书陈事曰:

　　臣瑜自念东国鄙陋,得以丰、沛枝胤,被蒙复除,不给卒
伍。故太尉杨秉知臣窃窥典籍,猥见显举,诚冀臣愚直,有补万
一。而秉忠谟不遂,命先朝露。臣在下土,听闻歌谣,骄臣虐政
之事,远近呼嗟之音,窃为辛楚,泣血连如。幸得引录,备答圣
问,泄写至情,不敢庸回。①诚愿陛下且以须臾之虑,览今往之
事,人何为咨嗟,天曷为动变。

①庸,用也。回,邪也。

　　盖诸侯之位,上法四七,垂文炳耀,关之盛衰者也。①今中
官邪孽,比肩裂土,皆竞立胤嗣,继体传爵,或乞于疏属,或买
儿市道,殆乖开国承家之义。

①四七,二十八宿也。诸侯为天子守四方,犹天之有二十八宿。《汉官仪》

曰"天子建侯，上法四七"也。

古者天子一娶九女，①娣侄有序，《河图》授嗣，正在九房。今女嬖令色，充积闺帷，皆当盛其玩饰，冗食空宫，劳散精神，生长六疾。②此国之费也，生之伤也。且天地之性，阴阳正纪，隔绝其道，则水旱为并。《诗》云："五日为期，六日不詹。"③怨旷作歌，仲尼所录。④况从幼至长，幽藏殁身。又常侍、黄门，亦广妻娶。怨毒之气，结成妖眚。行路之言，官发略人女，取而复置，转相惊惧。孰不悉然，无缘空生此谤。邹衍匹夫，杞氏匹妇，尚有城崩霜陨之异，况乃群辈咨怨，能无感乎!⑤

①《公羊传》曰，诸侯一聘三女，天子一娶九女。夏、殷制也。

②《左传》曰"天有六气，淫生六疾。六气曰阴、阳、风、雨、晦、明，过则为灾。阴淫寒疾，阳淫热疾，风淫末疾，雨淫腹疾，晦淫惑疾，明淫心疾。女阳物而晦时，淫则生内热惑盅之疾"也。

③《诗·小雅》曰："终朝采蓝，不盈一襜。五日为期，六日不詹。"注云："詹，至也。妇人过时而怨旷，期至五日而归，今六日不至，是以忧也。"

④谓仲尼删《诗》编录也。

⑤《淮南子》曰："邹衍事燕惠王尽忠，左右谮之，王系之，仰天而哭，五月天为之下霜。"《列女传》曰"齐人杞梁袭莒，战死。其妻无所归，乃就夫尸于城下而哭之，七日城崩"也。

昔秦作阿房，国多刑人。今第舍增多，穷极奇巧，掘山攻石，不避时令。①促以严刑，威以法正。民无罪而覆入之，民有田而覆夺之。州郡官府，各自考事，奸情赇赂，皆为吏饵。民愁郁结，起入贼党，官辄兴兵，诛讨其罪。贫困之民，或有卖其首级以要酬赏，父兄相代残身，妻孥相见分裂。穷之如彼，伐之如此，岂不痛哉!

①《礼记·月令》曰"孟夏之月，无有坏堕，无起土功，无发大众"也。

又陛下以北辰之尊，神器之宝，而微行近习之家，私幸宦者之舍，①宾客市买，熏灼道路，因此暴踪，无所不容。今三公在位，皆博达道艺，而各正诸己，莫或匡益者，非不智也，畏死罚也。惟陛下设置七臣，以广谏道，②及开东序金縢史官之书，从尧、舜、禹、汤、文、武致兴之道,③远佞邪之人,放郑、卫之声,则政致和平,德感祥风矣。④臣悾悾推情,言不足采,⑤惧以触忤,征营慑悸。

①近习谓亲近狎者。

②《孝经》曰:"古者天子有争臣十人。"郑玄注云:"七人谓三公及前疑、后承、左辅、右弼。"

③《尔雅》曰:"东西厢谓之序。"《书》曰:"天球河图在东序。"滕,缄也。以金缄之,不欲人开也。

④《孝经援神契》曰:"德至八方则祥风至。"

⑤悾悾,诚恳之貌。

于是特诏召瑜问灾咎之征,指事案经谶以对。执政者欲令瑜依违其辞,而更策以它事。瑜复悉心以对,八千余言,有切于前,帝竟不能用。拜为议郎。

及帝崩,大将军窦武欲大诛宦官,乃引瑜为侍中;又以侍中尹勋为尚书令,共同谋画。及武败,瑜、勋并被诛。事在《武传》。

勋字伯元,河南人。从祖睦为太尉,睦孙颂为司徒。勋为人刚毅直方。少时每读书,得忠臣义士之事,未尝不投书而仰叹。自以行不合于当时,不应州郡公府礼命。桓帝时,以有道征,四迁尚书令。延熹中,诛大将军梁冀,帝召勋部分众职,甚有方略,封宜阳乡侯。仆射霍谞,尚书张敬、欧阳参、李伟、虞放、周永,并封亭侯。勋后再迁至九卿,以病免,拜为侍中。八年,中常侍具瑗、左悺等有罪免,夺封邑,因黜勋等爵。

瑜诛后,宦官悉焚其上书,以为讹言。

子琬,传瑜学,明占候,能著灾异。举方正,不行。

谢弼字辅宣,东郡武阳人也。①中直方正,②为乡邑所宗师。建宁二年,诏举有道之士,弼与东海陈敦、玄菟公孙度俱对策,皆除郎中。

①《谢承书》曰:"弼字辅鸾,东郡濮阳人也。"与此不同。

②犹言中正方直也。

时青蛇见前殿,大风拔木,诏公卿以下陈得失。弼上封事曰:

　　臣闻和气应于有德,妖异生乎失政。上天告谴,则王者思
其愆。政道或亏,则奸臣当其罚。夫蛇者,阴气所生;鳞者,甲
兵之符也。①《鸿范传》曰:"厥极弱,时则有蛇龙之孽。"②又荧
惑守亢,裴回不去,法有近臣谋乱,发于左右。不知陛下所与从
容帷幄之内,亲信者为谁。宜急斥黜,以消天戒。臣又闻"惟虺
惟蛇,女子之祥"。③伏惟皇太后定策宫闼,援立圣明,《书》云:
"父子兄弟,罪不相及。"窦氏之诛,岂宜咎延太后? 幽隔空宫,
愁感天心,如有雾露之疾,陛下当何面目以见天下?④昔周襄
王不能敬事其母,戎狄遂至交侵。⑤孝和皇帝不绝窦后之恩,
前世以为美谈。⑥《礼》,为人后者为之子。今以桓帝为父,岂得
不以太后为母哉?《援神契》曰:"天子行孝,四夷和平。"方今边
境日蹙,兵革蜂起,自非孝道,何以济之!愿陛下仰慕有虞蒸蒸
之化,俯思《凯风》慰母之念。⑦

①《谢承曰》曰:"蛇者,阴之所生,龙之类也。龙有鳞,甲兵之符也。"

②《前书》曰"皇之不极,是谓不建,厥极弱时,则有下伐上之痾,龙蛇之
　孽"也。

③《诗·小雅》之文也。郑玄注云:"虺、蛇穴处,阴之祥也,故为生女。"

④文帝徙淮南王长于蜀,袁盎曰:"淮南王为人刚,今暴摧折之,臣恐其逢
　雾露病死,陛下有杀弟之名也。"

⑤《史记》曰,周襄王母早死,后母曰惠后,生叔带,有宠。带与戎翟谋伐襄
　王。

⑥窦太后崩,张酺等奏云:"不宜合葬先帝。"和帝手诏曰:"臣子无贬尊上
　之文,恩不忍离。"于是合葬。见《皇后纪》也。

⑦《尚书·舜典》曰:"蒸蒸乂,不格奸。"孔安国注云:"蒸蒸犹进进也。言
　舜进于善道。"《诗·凯风》曰:"有子七人,莫慰母心。"

　　臣又闻爵赏之设,必酬庸勋;开国承家,小人勿用。①今功
臣久外,未蒙爵秩,阿母宠私,乃享大封。大风雨雹,亦由于兹。
又故太傅陈蕃,辅相陛下,勤身王室,夙夜匪懈,而见陷群邪,
一旦诛灭。其为酷滥,骇动天下,而门生故吏,并离徙锢。蕃身

已往,人百何赎!②宜还其家属,解除禁网。夫台宰重器,国命所继。今之四公,唯司空刘宠断断守善,余皆素餐致寇之人,③必有折足覆𫗧之凶。可因灾异,并加罢黜。④征故司空王畅,长乐少府李膺,并居政事,庶灾变可消,国祚惟永。臣山薮顽暗,未达国典。策曰"无有所隐",敢不尽愚,用忘讳忌。伏惟陛下裁其诛罚。

①《易·师卦·上六爻》词也。

②《诗·国风》曰:"如可赎兮,人百其身。"

③四公谓刘矩为太尉,许训为司徒,胡广为太傅及宠也。《书》曰:"如有一介臣,断断猗,无它伎。"孔安国注云:"断断猗然专一之臣也。"素,空也。无德而食其禄曰素餐。《易》曰"负且乘,致寇至"也。

④《易》曰:"鼎折足,覆公𫗧。"鼎以喻三公。𫗧,鼎实也。折足覆𫗧,言不胜其任。

左右恶其言,出为广陵府丞。去官归家。

中常侍曹节从子绍为东郡太守,忿疾于弼,遂以它罪收考掠按,死狱中,时人悼伤焉。初平二年,司隶校尉赵谦论弼忠节,求报其怨,乃收绍斩之。

赞曰:郑不明辟,①梁不损陵。慊慊栾、杜,讽辞以兴。黄寇方炽,子奇有识。②武谋允臧,瑜亦协志。弼忤宦情,云犯时忌。成仁丧己,同方殊事。

①《尚书》曰:"朕复子明辟。"孔安国注云:"复还明君之政于成王也。"言邓后临朝,不还政于安帝也。

②识,协韵式侍反。

后汉书卷五八
列传第四八

虞诩　傅燮　盖勋　臧洪

　　虞诩字升卿，陈国武平人也。①祖父经，为郡县狱吏，案法平允，务存宽恕，每冬月止其状，恒流涕随之。尝称曰："东海于公高为里门，而其子定国卒至丞相。②吾决狱六十年矣，虽不及于公，其庶几乎！子孙何必不为九卿邪？"故字诩曰升卿。

　　①武平故城在今亳州鹿邑县东北。郦元《水经注》云，武平城西南七里有《汉尚书令虞诩碑》，题云"君讳诩，字定安，虞仲之后"。定安盖诩之别字也。

　　②《前书》，于定国字曼倩，东海人。其父于公为县狱吏、郡决曹，所决皆不恨，为之生立祠。其门闾坏，父老方共修之，于公曰："少高大闾门，令容驷马高盖车。我决狱多阴德，未尝有所冤，子孙必有兴者。"至定国为丞相，孙永为御史大夫也。

　　诩年十二，能通《尚书》。早孤，孝养祖母。县举顺孙，国相奇之，欲以为吏。诩辞曰："祖母九十，非诩不养。"相乃止。后祖母终，服阕，辟太尉李修府，拜郎中。①

　　①《汉官仪》曰："修字伯游，襄城人也。"

　　永初四年，羌胡反乱，残破并、凉，大将军邓骘以军役方费，事不相赡，欲弃凉州，并力北边，乃会公卿集议。骘曰："譬若衣败，坏一以相补，犹有所完。若不如此，将两无所保。"议者咸同。诩闻之，乃说李修曰："窃闻公卿定策当弃凉州，求之愚心，未见其便。先帝开拓土宇，勤劳后定，而今惮小费，举而弃之。凉州既弃，即以三辅为塞;三辅为塞,则园陵单外。此不可之甚也。嗟曰:'关西出将,关东出相。'①观其习兵壮勇,实过余州。今羌胡所以不敢入据三辅,为心腹之害者,以凉州在后故也。其土人所以推锋执锐,无反顾之心者,为臣属于汉故也。若弃其境域,徙其人庶,安土重迁,必生异志。如使豪雄相聚,席卷而东,②虽贲、育为卒,太公为将,犹恐不足当御。议者喻以补衣独有所完,诩恐其疽食侵淫而无限极。弃之非计。"③修曰:"吾意不及此。微子之言,几败国事。然则计当安出?"诩曰:"今凉土扰动,人情不安,窃忧卒然有非常之变。诚宜令四府九卿,④各辟彼州数人,其牧守令长子弟皆除为冗官,⑤外以劝厉,答其功勤,内以拘致,防其邪计。"修善其言,更集四府,皆从诩议。于是辟西州豪桀为掾属,拜牧守长吏子弟为郎,以安慰之。

> ①《说文》曰:"嗟,传言也。"《前书》曰:"秦、汉以来,山东出相,山西出将。"秦时郿白起,频阳王翦;汉兴,义渠公孙贺、傅介子,成纪李广、李蔡,上邽赵充国,狄道辛武贤,皆名将也。丞相则萧、曹、魏、丙、韦、平、孔、翟之类也。

> ②席卷言无余也。《前书》曰"云彻席卷,后无余灾"也。

> ③疽,痈疮也。

> ④四府谓太傅、太尉、司徒、司空之府也。九卿谓太常、光禄、卫尉、廷尉、太仆、大鸿胪、宗正、大司农、少府等也。

> ⑤冗,散也,音人勇反。

邓骘兄弟以诩异其议,因此不平,欲以吏法中伤诩。后朝歌贼甯季等数千人攻杀长吏,屯聚连年,州郡不能禁,乃以诩为朝歌长。故旧皆吊诩曰:"得朝歌何衰!"诩笑曰:"志不求易,事不避难,臣之职也。不遇槃根错节,何以别利器乎?"始到,谒河内太守马棱。①棱勉之曰:"君儒者,当谋谟庙堂,反在朝歌邪?"诩曰:"初除之日,士大夫皆见吊勉。以诩谋之,知其无能为也。②朝歌者,韩、魏之郊,③背太行,临黄河,去敖仓百里,④而青、冀之人流亡万数。贼不知开仓招众,劫库兵,守城皋,断天下右臂,⑤此不足忧也。今其众新盛,难与争锋。兵不厌权,愿宽假箠策,勿令有所拘阂而已。"⑥及到官,设令三科以募求壮士,自掾史以下各举所知,其攻劫者为上,伤人偷盗者次之，带丧服而不事家业为下。收得百余人，诩为飨会，悉贳其罪，使入贼中，诱令劫掠，乃伏兵以待之，遂杀贼数百人。又潜遣贫人能缝者，佣作贼衣，以采綖缝其裾为帜，⑦有出市里者，吏辄禽之。贼由是骇散，咸称神明。迁怀令。

①棱字伯威，援族孙也。
②诪当作"筹"也。
③韩界上党，魏界河内，相接犬牙，故云郊也。
④敖仓在荥阳，解具《安纪》也。
⑤右臂，喻要便也。
⑥阂与"碍"同。
⑦帜，记也。《续汉书》曰"以绛缕缝其裾"也。

后羌寇武都，邓太后以诩有将帅之略，迁武都太守，引见嘉德殿，厚加赏赐。羌乃率众数千，遮诩于陈仓、崤谷，诩即停军不进，而宣言上书请兵，须到当发。羌闻之，乃分钞傍县，诩因其兵散，日夜进道，兼行百余里。令吏士各作两灶，日增倍之，羌不敢逼。或问曰："孙膑减灶而君增之。①兵法日行不过三十里，以戒不虞，②而今日且二百里。何也？"诩曰："虏众多，吾兵少，徐行则易为所及，速进则彼所不测，虏见吾灶日增，必谓郡兵来迎，众多行速，必惮追我。孙膑见弱，吾今示强，势有不同故也。"

①孙膑为齐军将，与魏庞涓战，使齐军入魏地，为十万灶，明日为五万灶，明日为二万灶。庞涓行三日，大喜曰："我固知齐卒怯。入吾地三日，士卒亡过半矣。"事见《史记》。
②《前书》王吉上疏曰："古者师行三十里，吉行五十里。"

既到郡，兵不满三千，而羌众万余，攻围赤亭数十日。①诩乃令军中，使强弩勿发，而潜发小弩。羌以为矢力弱，不能至，并兵急攻。诩于是使二十强弩共射一人，发无不中，羌大震，退。诩因出城奋击，多所伤杀。明日，悉陈其兵众，令从东郭门出，北②郭门入，贸易衣服，回转数周。羌不知其数，更相恐动。诩计贼当退，乃潜遣五百余人于浅水设伏，候其走路。虏果大奔，因掩击，大破之，斩获甚众，贼由是败散，南入益州。诩乃占相地势，筑营壁百八十所，招还流亡,假赈贫人,郡遂以安。

　　①赤亭故城在今渭州襄武县东南,有赤亭水也。

　　②一作"西"。

　　先是运道艰险,舟车不通,驴马负载,僦五致一。①诩乃自将吏士,案行川谷,自沮至下辩②数十里中,皆烧石翦木,开漕船道,③以人僦直雇借佣者,于是水运通利,岁省四千余万。诩始到郡,户裁盈万。及绥聚荒余,招还流散,二三年间,遂增至四万余户。盐米丰贱,十倍于前。④坐法免。

　　①《广雅》曰:"僦,赁也。"音子救反。僦五致一谓用五石赁而致一石也。

　　②沮及下辩并县名。沮,今兴州顺政县也。下辩,今成州同谷县也。沮音七余反。

　　③《续汉书》曰"下辩东三十余里有峡,中当泉水,生大石,障塞水流,每至春夏,辄溢没秋稼,坏败营郭。诩乃使人烧石,以水灌之,石皆坼裂,因镌去石,遂无氾溺之患"也。

　　④《续汉书》曰:"诩始到,谷石千,盐石八千,见户万三千。视事三岁,米石八十,盐石四百,流人还归,郡户数万,人足家给,一郡无事。"

　　永建元年,代陈禅为司隶校尉。数月间,奏太傅冯石、太尉刘熹、中常侍程璜、陈秉、孟生、李闰等,百官侧目,号为苛刻。三公劾奏诩盛夏多拘系无辜,为吏人患。诩上书自讼曰:"法禁者,俗之堤防;刑罚者,人之衔辔。①今州曰任郡,郡曰任县,更相委远,百姓怨穷,以苟容为贤,尽节为愚。臣所发举,臧罪非一,二府恐为臣所奏,遂加诬罪。臣将从史鱼死,即以尸谏耳。"②顺帝省其章,乃为免司空陶敦。③

　　①《礼记》曰:"夫礼,禁乱之所由生,犹坊止水之所来也。故以旧防为无用坏之者,必有水败。"《尸子》曰:"刑罚者,人之鞭策也。"

　　②《韩诗外传》曰"昔者卫大夫史鱼病且死,谓其子曰:'我数言蘧伯玉之贤而不能进,弥子瑕不肖不能退。为人臣生不能进贤而退不肖,死不当理丧正堂,殡我于室足矣。'卫君问其故,子以父言闻,君乃立召蘧伯玉而贵之,弥子瑕而退之,徙殡于正堂,成礼而后去"也。

　　③《汉官仪》曰:"敦字文理,京兆人也。"

时中常侍张防特用权势,每请托受取,诩辄案之,而屡寝不报。诩不胜其愤,乃自系廷尉,奏言曰:"昔孝安皇帝任用樊丰,遂交乱嫡统,几亡社稷。今者张防复弄威柄,国家之祸将重至矣。臣不忍与防同朝,谨自系以闻,无令臣袭杨震之迹。"①书奏,防流涕诉帝,诩坐论输左校。防必欲害之,二日之中,传考四狱。狱吏劝诩自引,诩曰:"宁伏欧刀以示远近。"②宦者孙程、张贤等知诩以忠获罪,乃相率奏乞见。程曰:"陛下始与臣等造事之时,③常疾奸臣,知其倾国。今者即位而复自为,何以非先帝乎?司隶校尉虞诩为陛下尽忠,而更被拘系;常侍张防臧罪明正,反构忠良。今客星守羽林,其占宫中有奸臣。④宜急收防送狱,以塞天变。下诏出诩,还假印绶。"时防立在帝后,程乃叱防曰:"奸臣张防,何不下殿!"防不得已,趋就东箱。⑤程曰:"陛下急收防,无令从阿母求请。"⑥帝问诸尚书,尚书贾朗素与防善,证诩之罪。帝疑焉,谓程曰:"且出,吾方思之。"于是诩子颛与门生百余人,举幡候中常侍高梵车,叩头流血,诉言枉状。梵乃入言之,防坐徙边,贾朗等六人或死或黜,即日赦出诩。程复上书陈诩有大功,语甚切激。帝感悟,复征拜议郎。数日,迁尚书仆射。

①震为樊丰所谮而死。

②欧刀,刑人之刀也。

③谓顺帝为太子,被江京等废为济阴王,程等谋立之时也。

④《史记·天官书》曰"虚、危南有众星,曰羽林"也。

⑤《埤苍》云:"箱,序也。"字或作"厢"。

⑥阿母,宋娥也。

是时,长吏、二千石听百姓谪罚者输赎,号为"义钱",托为贫人储,而守令因以聚敛。诩上疏曰:"元年以来,贫百姓章言长吏受取百万以上者,匈匈不绝,谪罚吏人至数千万,而三公、刺史少所举奏。寻永平、章和中,州郡以走卒钱给贷贫人,①司空劾案,州及郡县皆坐免黜。今宜遵前典,蠲除权制。"于是诏书下诩章,切责州郡,谪罚输赎自此而止。

①走卒,伍伯之类也。《续汉志》曰:"伍伯,公八人,中二千石六人,千石、

六百石皆四人,自百石以下至二百石皆二人。黄绶。武官伍伯,文官辟
车。铃下、侍阁、门兰、部署、街走卒,皆有程品,多少随所典领,率皆赤
帻缝褠。"即今行鞭杖者也。此言钱者,令其出资钱,不役其身也。

先是宁阳主簿诣阙,诉其县令之枉,①积六七岁不省。主簿乃
上书曰:"臣为陛下子,陛下为臣父。臣章百上,终不见省,臣岂可北
诣单于以告怨乎?"帝大怒,持章示尚书,尚书遂劾以大逆。诩驳之
曰:"主簿所讼,乃君父之怨;百上不达,是有司之过。愚蠢之人,不
足多诛。"帝纳诩言,笞之而已。诩因谓诸尚书曰:"小人有怨,不远
千里,断发刻肌,诣阙告诉,而不为理,岂臣下之义?君与浊长吏何
亲,而与怨人何仇乎?"闻者皆惭。诩又上言:"台郎显职,仕之通阶。
今或一郡七八,或一州无人。宜令均平,以厌天下之望。"及诸奏议,
多见从用。

①宁阳,县,属东平国,故城在今兖州龚丘县南也。

诩好刺举,无所回容,①数以此忤权戚,遂九见谴考,三遭刑
罚,而刚正之性,终老不屈。永和初,迁尚书令,以公事去官。朝廷
思其忠,复征之,会卒。临终,谓其子恭曰:"吾事君直道,行己无愧,
所悔者为朝歌长时杀贼数百人,其中何能不有冤者。自此二十余
年,家门不增一口,斯获罪于天也。"

①回,曲也。

恭有俊才,官至上党太守。

傅燮字南容,北地灵州人也。①本字幼起,慕南容三复白珪,乃
易字焉。②身长八尺,有威容。少师事太尉刘宽。再举孝廉,闻所举
郡将丧,乃弃官行服。后为护军司马,与左中郎皇甫嵩俱讨贼张角

①灵州,县也。

②《家语》子贡对卫文子曰:"一日三复白珪之玷,是南官绍之行也。"王肃
　注曰:"玷,缺也。《诗》云:'白珪之玷,尚可磨也。斯言之玷,不可为也。'
　一日三复,慎之至也。"

燮素疾中官,既行,因上疏曰:"臣闻天下之祸,不由于外,皆兴
于内。是故虞舜升朝,先除四凶,然后用十六相。①明恶人不去,则

善人无由进也。今张角起于赵、魏，黄巾乱于六州。②此皆衅发萧墙，而祸延四海者也。臣受戎任，奉辞伐罪，始到颍川，战无不克。黄巾虽盛，不足为庙堂忧也。臣之所惧，在于治水不自其源，末流弥增其广耳。陛下仁德宽容，多所不忍，故阉竖弄权，忠臣不进。诚使张角枭夷，黄巾变服，臣之所忧，甫益深耳。③何者？夫邪正之人不宜共国，亦犹冰炭不可同器。④彼知正人之功显，而危亡之兆见，皆将巧辞饰说，共长虚伪。夫孝子疑于屡至，⑤市虎成于三夫。⑥若不详察真伪，忠臣将复有杜邮之戮矣。⑦陛下宜思虞舜四罪之举，速行谗佞放殛之诛，⑧则善人思进，奸凶自息。臣闻忠臣之事君，犹孝子之事父也。子之事父，焉得不尽其情？使臣身备铁钺之戮，陛下少用其言，国之福也。”书奏，宦者赵忠见而忿恶。及破张角，燮功多当封，忠诉谮之，⑨灵帝犹识燮言，⑩得不加罪，竟亦不封，以为安定都尉。以疾免。

①《左传》曰，昔高阳氏有才子八人，苍舒、隤敳、梼戜、大临、尨降、庭坚、仲容、叔达，谓之八恺。高辛氏有才子八人，伯奋、仲堪、叔献、季仲、伯虎、仲熊、叔豹、季狸，谓之八元也。

②《皇甫嵩传》曰："连结郡国，自青、徐、幽、冀、荆、杨、豫八州之人，莫不毕应。"此云"六州"，盖初起时也。

③甫，始也。

④《韩子》曰"冰炭不同器而久，寒暑不同时而至"也。

⑤甘茂对秦武王曰："昔曾参之居费，鲁人有与曾参同姓名者杀人，人告其母曰'曾参杀人'，其母织自若也。又告之，其母自若也。又告之，其母投杼下机，逾墙而走。夫以曾参之贤与其母之信也，三人疑之，其母惧焉。"见《史记》也。

⑥解见《马援传》。

⑦白起与应侯有隙，构之秦昭王，免起为士伍，迁之阴密。行出咸阳西门十里，至杜邮，使赐剑自裁。见《史记》。案：杜邮，今咸阳城是其地。郦元注《水经》云渭水北有杜邮亭也。

⑧殛音纪力反。殛亦诛也。

⑨《续汉书》曰："燮军斩贼三帅卜巳、张伯、梁仲宁等，功高为封首。"

⑩识,记也,音志。

　　后拜议郎。会西羌反,边章、韩遂作乱陇右,征发天下,役赋无已。司徒崔烈以为宜弃凉州。诏会公卿百官,烈坚执先议。燮厉言曰:"斩司徒,天下乃安。"尚书郎杨赞奏燮廷辱大臣。帝以问燮,燮对曰:"昔冒顿至逆也,樊哙为上将,愿得十万众横行匈奴中,愤激思奋未失人臣之节,顾计当从与不耳,季布犹曰'哙可斩也'。①今凉州天下要冲,国家藩卫。高祖初兴,使郦商别定陇右;②世宗拓境,列置四郡,议者以为断匈奴右臂。③今牧御失和,使一州叛逆,海内为之骚动,陛下卧不安寝。烈为宰相,不念为国思所以弭之之策,乃欲割弃一方万里之土,臣窃惑之。若使左衽之虏得居此地,④士劲甲坚,因以为乱,此天下之至虑,社稷之深忧也。若烈不知之,是极蔽也;知而故言,是不忠也。"帝从燮议。由是朝廷重其方格,⑤每公卿有缺,为众议所归。

　　①冒顿,匈奴单于名也。《前书》曰,季布为中郎将,单于为书嫚吕太后,吕太后怒,召诸将议之。将军樊哙曰:"愿得十万众,横行匈奴中。"诸将皆阿太后,以哙言为然。布曰:"樊哙可斩也!夫以高帝兵三十万困于平城,哙时亦在其中。今奈何以十万众横行匈奴中!"

　　②《前书》,汉王赐郦商爵信成君,以将军为陇西都尉,别定北地。

　　③《前书》,武帝分武威、酒泉,置张掖、敦煌,谓之四郡。刘歆等议曰:"孝武帝北攘匈奴,降昆邪十万之众,置五属国,起朔方,以夺其肥饶之地。东伐朝鲜,起玄菟、乐浪,以断匈奴之左臂。西伐大宛,并六国,结乌孙,起敦煌、酒泉、张掖,以高媷羌,裂匈奴之右臂。"媷音而遮反。

　　④《说文》曰:"衽,衣衿也。"

　　⑤方,正也。格犹标准也。

　　顷之,赵忠为车骑将军,诏忠论讨黄巾之功,执金吾甄举等谓忠曰:"傅南容前在东军,有功不侯,故天下失望。今将军亲当重任,宜进贤理屈,以副众心。"忠纳其言,遣弟城门校尉延致殷勤。延谓燮曰:"南容少答我常侍,万户侯不足得也。"燮正色拒之曰:"遇与不遇,命也;有功不论,时也。傅燮岂求私赏哉!"忠愈怀恨,然惮其名,不敢害。权贵亦多疾之,是以不得留,①出为汉阳太守。

①一作"封"。

初，郡将范津明知人，举燮孝廉。及津为汉阳，与燮交代，合符而去，乡邦荣之。津字文渊，南阳人。燮善恤人，叛羌怀其恩化，并来降附，乃广开屯田，列置四十余营。

时刺史耿鄙委任治中程球，球为通奸利，士人怨之。①中平四年，鄙率六郡兵讨金城贼王国、韩遂等。燮知鄙失众，必败，谏曰："使君统政日浅，人未知教。孔子曰：'不教人战，是谓弃之。'今率不习之人，越大陇之阻，将十举十危，而贼闻大军将至，必万人一心。边兵多勇，其锋难当，而新合之众，上下未和，万一内变，虽悔无及。不若息军养德，明赏必罚。贼得宽挺，②必谓我怯，群恶争势，其离可必。然后率已教之人，讨已离之贼，其功可坐而待也。今不为万全之福，而就必危之祸，窃为使君不取。"鄙不从。行至狄道，果有反者，先杀程球，次害鄙，贼遂进围汉阳。城中兵少粮尽，燮犹固守。

①《汉官》曰，司隶功曹从事，即持中也。

②挺，解也。

时北胡骑数千随贼攻郡，皆凤怀燮恩，共于城外叩头，求送燮归乡里。子干年十三，从在官舍，知燮性刚有高义，恐不能屈志以免，进谏曰："国家昏乱，遂令大人不容于朝。今天下已叛，而兵不足自守，乡里羌胡①先被恩德，欲令弃郡而归，愿必许之。徐至乡里，率厉义徒，见有道而辅之，以济天下。"言未终，燮慨然而叹，呼干小字曰："别成，②汝知吾必死邪？盖'圣达节，次守节'。③且殷纣之暴，伯夷不食周粟而死，仲尼称其贤。④今朝廷不甚殷纣，吾德亦岂绝伯夷？世乱不能养皓然之志，⑤食禄又欲避其难乎？⑥吾行何之，必死于此。汝有才智，勉之勉之！主簿杨会，吾之程婴也。"⑦干哽咽不能复言，左右皆泣下。王国使故酒泉太守黄衍说燮曰："成败之事，已可知矣。先起，上有霸王之业，下成伊、吕之勋。天下非复汉有，府君宁有意为吾属师乎？"⑧燮案剑叱衍曰："若剖符之臣，反为贼说邪！"遂麾左右进兵，临阵战殁。谥曰壮节侯。

①燮，北地人，故云乡里也。

②《干集》曰:"干字彦林。"

③《左传》曰,曹公子臧曰:"前志有之,圣达节,次守节,下失节。"

④《史记》曰,伯夷,孤竹君之子也。武王载文王木主伐纣,殷既平,伯夷耻之,义不食周粟,遂饿死。《论语》曰,子贡问曰:"伯夷、叔齐何人也?"孔子曰:"古之贤人也。"

⑤《孟子》曰:"养吾皓然之气。"赵歧注曰:"浩然,天气也。"

⑥《左传》曰,子路曰"食焉不避其难"也。

⑦程婴,解见《冯衍传》也。

⑧师即君也。《尚书》曰"作之君,作之师"也。

干知名,位至扶风太守。

　　盖勋字元固,敦煌广至人也。①家世二千石。②初举孝廉,为汉阳长史。时武威太守倚恃权势,恣行贪横,从事武都苏正和案致其罪。凉州刺史梁鹄畏惧贵戚,欲杀正和以免其负,乃访之于勋。勋素与正和有仇,或劝勋可因此报隙。勋曰:"不可。谋事杀良,非忠也;乘之危,非仁也。"乃谏鹄曰:"夫绁食膺鸢欲杀其鸷,③鸷而亨之,将何用哉?"鹄从其言。正和喜于得免,而诣勋求谢。勋不见,曰:"吾为梁使君谋,不为苏正和也。"怨之如初。④

①广至,县名,故城在今瓜州常乐县东,今谓之县泉堡是也。

②《续汉书》曰:"曾祖父进,汉阳太守。祖父彪,大司农。"《谢丞书》曰:"父字思齐,官至安定属国都尉。"

③绁,系也。《广雅》曰:"鸷,执也。"《苍颉解诂》曰:"鸢,鸱也。"食音嗣。

④《续汉书》,中平元年,黄巾贼起,故武威太守酒泉黄俊被征,失期。梁鹄欲奏诛俊,勋为言得免,俊以黄金二十斤谢勋,勋谓俊曰:"吾以子罪在八议,故为子言。吾岂卖评哉!"终辞不受。

　　中平元年,北地羌胡与边章等寇乱陇右,刺史左昌因军兴断盗数千万。①勋固谏,昌怒,乃使勋别屯阿阳以拒贼锋,欲因军事罪之,而勋数有战功。边章等遂攻金城,杀郡守陈懿,勋劝昌救之,不从。边章等进围昌于冀,昌惧而召勋。勋初与从事辛曾、孔常俱屯阿阳,及昌檄到,曾等疑不肯赴。勋怒曰:"昔庄贾后期,穰苴奋剑。②今之从事，岂重于古之监军哉!"曾等惧而从之，勋即率兵救昌。到，乃诮让章等，责以背叛之罪。皆曰："左使君若早从君言，以兵临我，庶可自改。今罪已重，不得降也。"乃解围而去。昌坐断盗征，以扶风宋枭代之。③枭患多寇叛，谓勋曰："凉州寡于学术，故屡致反暴。今欲多写《孝经》，今家家习之，庶或使人知义。"勋谏曰："昔太公封齐，崔杼杀君;伯禽侯鲁，庆父篡位。④此二国岂乏学者?今不急静难之术，遽为非常之事，既足结怨一州，又当取笑朝廷，勋不知其可也。"枭不从，遂奏行之。果被诏书诘责，坐以虚慢征。

①阿阳，县，属天水郡。

②齐景公时，燕、晋侵齐，景公以司马穰苴为将捍之，仍令宠臣庄贾监军。与穰苴期旦日会，贾素骄贵，夕时至，穰苴召军正问曰："军法期而后者云何?"对曰："当斩。"遂斩贾以徇三军。

③《续汉书》"枭"字作"泉"也。

④崔杼，齐大夫。齐庄公先通其妻，杼杀之。庆父，鲁庄公弟。庄公子开立，是为湣公，庆父袭杀湣公。并见《史记》。

时叛羌围护羌校尉夏育于畜官，①勋与州郡合兵救育，至狐槃，为羌所破。勋收余众百余人，为鱼丽之陈。②羌精骑来攻之急，士卒多死。勋被三创，坚不动，乃指木表③曰："必尸我于此。"句就种羌滇吾④素为勋所厚，以兵捍众曰："盖长史贤人，汝曹杀之者为负天。"勋仰骂曰："死反虏，汝何知，促来杀我!"众相视而惊。滇吾下马与勋，勋不肯上，遂为贼所执。羌戎服其义勇，不敢加害，送还汉阳。后刺史扬雍即表勋领汉阳太守。时人饥，相渔食，勋调谷禀之。⑤先出家粮以率众，存活者千余人。后去官。

①《前书·尹翁归传》曰："有论罪输掌畜官。"《音义》曰："右扶风畜牧所在，有苑师之属，故曰畜官。畜音许救反。

②丽音离。《左传》曰："王以诸侯伐郑，郑原繁、高渠弥奉公为鱼丽之陈，先偏后伍，五承弥缝。"杜预注曰："此鱼丽陈法也。"

③表，标也。

④句就，羌别种也。句音古侯反。

⑤调犹发也。

征拜讨虏校尉。灵帝召见，问："天下何苦而反乱如此?"勋曰："幸臣子弟扰之。"时宦者上军校尉蹇硕在坐，帝顾问硕，硕惧，不知所对，而以此恨勋。帝又谓勋曰："吾已陈师于平乐观，多出中藏财物以饵士，何如?"[1]勋曰："臣闻'先王耀德不观兵。'[2]今寇在远而设近陈，不足昭果毅，只黩武耳。"[3]帝曰："善。恨见君晚，群臣初无是言也。"

①中藏谓内藏也。

②《国语》曰："穆王将征犬戎，祭公谋父谏曰:'不可。先王耀德不观兵'。"韦昭注曰:"耀，明也。观，示也。"

③《左传》曰"戎昭果毅以听之之谓武，杀敌为果，致果曰毅"也。

勋时与宗正刘虞、佐军校尉袁绍同典禁兵。勋谓虞、绍曰："吾仍见上，上甚聪明，但拥蔽于左右耳。若共并力诛嬖幸，然后征拔英俊，以兴汉室，功遂身退，岂不快乎!"虞、绍亦素有谋，因相连结。未及发，而司隶校尉张温举勋为京兆尹。帝方欲延接勋，而蹇硕等心惮之，并劝从温奏，遂拜京兆尹。

时长安令杨党，父为中常侍，恃势贪放，勋案得其臧千余万。贵戚咸为之请，勋不听，具以事闻，并连党父。有诏穷案，威震京师。时小黄门京兆高望为尚药监，幸于皇太子，太子因蹇硕属望子进为孝廉，勋不肯用。或曰："皇太子，副主;望，其所爱。硕，帝之宠臣。而子违之，所谓三怨成府者也。"[1]勋曰："选贤所以报国也。非贤不举，死亦何悔!"勋虽在外，每军国密事，帝常手诏问之。[2]数加赏赐，甚见亲信，在朝臣右。

①府，聚也。

②《续汉书》曰："是时，汉阳叛人王国，众十余万，攻陈仓，三辅震动。勋领郡兵五千人，自请满万人。因表用处士扶风孙瑞为鹰鹞都尉，桂阳魏杰为破敌都尉，应该兆杜楷为威虏都尉，弘农杨儒为鸟击都尉，长陵弟五俊为清寇都尉，凡五都尉，皆素有名，悉领属勋。每有密事，灵帝手诏问之。"

及帝崩，董卓废少帝，杀何太后。勋与书曰："昔伊尹、霍光权以立功，犹可寒心;足下小丑，何以终此?贺者在门，吊者在庐，可不慎

哉!"①卓得书,意甚惮之。征为议郎。时左将军皇甫嵩精兵三万屯
持风,勋密相要结,将以讨卓。会嵩亦被征,勋以众弱不能独立,遂
并还京师。自公卿以下,莫不卑下于卓,唯勋长揖争礼,见者皆为失
色。卓问司徒王允曰:"欲得快司隶校尉,谁可作者?"允曰:"唯有盖
京兆耳。"卓曰:"此人明智有余,然不可假以雄职。"乃以为越骑校
尉。卓又不欲令久典禁兵,复出为颍川太守。未及至郡,征还京师。
时河南尹朱俊为卓陈军事。卓折俊曰:"我百战百胜,决之于心,卿
勿妄说,且污我刀。"勋曰:"或武丁之明,犹求箴谏,②况如卿者而
欲杜人之口乎?"卓曰:"戏之耳。"勋曰:"不闻怒言可以为戏。"卓乃
谢俊。勋虽强直不屈,而内厌于卓,不得意,疽发背卒,时年五十一。
遗令勿受卓赙赠。卓欲外示宽容,表赐东园秘器赗襚,送之如礼。葬
于安陵。

①《孙卿子》曰"庆者在堂,吊者在闾,福与祸邻,莫知其门"也。
②武丁,殷王高宗也。谓傅说曰:"启乃心,沃朕心。"说复于王曰:"惟木从
　绳则正,后从谏则圣。"见《尚书》。

子顺,官至永阳太守。

　　臧洪字子源,广陵射阳人也。①父旻有干事才。②熹平元年,会
稽妖贼许昭起兵句章,③自称"大将军",立其父生为越王,攻破城
邑,众以万数。拜旻扬州刺史。旻率丹扬太守陈寅击昭,破之。昭
遂复更屯结,大为人患。旻等进兵,连战三年,破平之,获昭父子,斩
首数千级。迁旻为使匈妨中郎将。

①射阳故城在今楚州安宜县东也。
②《谢承书》曰:"旻达于从政,为汉良吏,迁匈奴中郎将。迁京师,太尉袁
　逢问其西域诸国土地风俗人物种数,旻具答言西域本三十六国,后分
　为五十五,稍散至百余国。大小,道里近远,人数多少,风俗燥湿,山川
　草木,鸟兽异物,名种不与中国同者,口陈其状,手画地形。逢奇其才,
　叹息言:'虽班固作《西域传》,何以加此乎?'"
③句章县故城在今越鄞县西。《十三州志》云:"勾践之地,南至句无,其后
　并吴,因大城句,章伯功以示子孙,故曰句章。"

　　洪年十五，以父功拜童子郎，①知名太学。洪体貌魁梧，有异
姿。②举孝廉，补即丘长。③

　　①汉法，孝廉试经者拜为郎。洪以年幼才俊，故拜童子郎也。《续汉书》曰
　　　"左雄奏征海内名儒为博士，使公卿子弟为诸生，有志操者加其俸禄。
　　　及汝南谢廉、河南赵建章年始十二，各能通经，雄并奏拜童子郎。于是
　　　负书来学，云集京师"也。

　　②魁梧，壮大之貌也。梧音吾。

　　③即丘，县，属琅邪国，故城在今沂州临沂县东南，即春秋之祝丘也。

　　中平末，弃官还家，太守张超请为功曹。时董卓杀帝，图危社
稷。洪说超曰："明府历世受恩，兄弟并据大郡。①今王室将危，贼臣
虎视，此诚义士效命之秋也。今郡境尚全，吏人殷富，若动枹鼓，可
得二万人。以此诛除国贼，为天下唱义，不亦宜乎！"超然其言，与洪
西至陈留，见兄邈计事。邈先谓超曰："闻弟为郡，委政臧洪，洪者何
如人？"超曰"臧洪海内奇士，才略智数不比于超矣。"邈即引洪与
语，大异之。乃使诣兖州刺史刘岱、②豫州刺史孔伷，③遂皆相善。
邈既先有谋约，会超至，定议，乃与诸牧守大会酸枣。设坛场，将盟，
既而更相辞让，莫敢先登，咸共推洪。洪乃摄衣升坛，操血而盟曰：
"汉室不幸，皇纲失统。贼臣董卓，乘衅纵害，祸加至尊，毒流百姓。
大惧沦丧社稷，翦覆四海。兖州刺史岱、豫州刺史伷、陈留太守邈、
东郡太守瑁、④广陵太守超等，纠合义兵，并赴国难。⑤凡我同盟，
齐心一力，以致臣节，陨首丧元，必无二志。有渝此盟，俾坠其命，无
克遗育。⑥皇天后土，祖宗明灵，实皆鉴之。"洪辞气慷慨，闻其言者
无不激扬。自是之后，诸军各怀迟疑，莫适先进，遂使粮储单竭，兵
众乖散。

　　①谓超为广陵，兄邈为陈留也。

　　②岱字公山。

　　③伷字公绪。

　　④桥瑁也。

　　⑤纠，收也。

　　⑥《左传》曰，王子虎盟诸侯于王廷，要言曰"皆奖王室，无相害也。有渝此

盟,明神殛之,俾坠其师,无克祚国"也。

时讨虏校尉公孙瓒与大司马刘虞有隙,超乃遣洪诣虞,共谋其难。行至河间而值幽、冀交兵,行涂阻绝,因寓于袁绍。绍见洪,甚奇之,与结友好,以洪领青州刺史。前刺史焦和,好立虚誉,能清谈。时黄巾群盗处处飚起,而青部殷实,军革尚众。和欲与诸同盟西赴京师,未及得行,而贼已屠城邑。和不理戎警,但坐列巫史,崇祷群神。① 又恐贼乘冻而过,命多作陷冰丸,以投于河。众遂溃散,和亦病卒。洪收抚离叛,百姓复安。

① 巫,女巫也。史,祝史也。崇谓营攒用币,以禳风雨霜雪水旱厉疫于日月
　星辰山川也。祷谓告事求福也。

在事二年,袁绍惮其能,徙为东郡太守,都东武阳。时曹操围张超于雍丘,甚危急。超谓军吏曰:"今日之事,唯有臧洪必来救我。"或曰:"袁、曹方穆,而洪为绍所用,恐不能败好远来,违福取祸。"超曰:"子源天下义士,终非背本者也。或见制强力,不相及耳。"洪始闻超围,乃徒跣号泣,并勒所领,将赴其难。自以众弱,从绍请兵,而绍竟不听之。超城遂陷,张氏族灭。洪由是怨绍,绝不与通。绍兴兵围之,历年不下,使洪邑人陈琳以书譬洪,示其祸福,责以恩义。① 洪答曰:

① 《献帝春秋》曰"绍使琳为书八条,责以恩义,告喻使降"也。

隔阔相思,发于寤寐。相去步武,① 而趋舍异规,其为怆恨,胡可胜言!前日不遗,比辱雅况,② 述叙祸福,公私切至。以子之才,穷该典籍,岂将暗于大道,不达余趣哉?是以捐弃翰墨,一无所酬,亦冀遥忖褊心,粗识鄙性。重获来命,援引纷纭,虽欲无对,而义笃其言。

① 《尔雅》曰:"武,迹也。"
② 比,频也。

仆小人也,本乏志用,中因行役,特蒙倾盖,① 恩深分厚,遂窃大州,宁乐今日自还接刃乎?每登城临兵,观主人之旗鼓,② 瞻望帐幄,感故友之周旋,抚弦搦矢,③ 不觉涕流之覆面

也。何者？自以辅佐主人，无以为悔；主人相接，过绝等伦。受
任之初，志同大事，埽清寇逆，共尊王室。岂悟本州被侵，郡将
遘厄，请师见拒，辞行被拘，使洪故君，遂至沦灭。区区微节，无
所获申，岂得复全交友之道，重亏忠孝之名乎？所以忍悲挥戈，
收泪告绝。若使主人少垂古人忠恕之情，来者侧席，去者克
己，④则仆抗季札之志，不为今日之战矣。⑤

①《家语》，孔子之郯，与程子相遇于涂，倾盖而语也。

②洪常寓于绍，故谓之主人也。

③搁，捉也，音女卓反。

④来者侧席而待之，去者克己自责，不责人也。

⑤吴王余眛卒，欲授弟季札，季札逃去。见《史记》也。

　　昔张景明登坛喢血，奉辞奔走，卒使韩牧让印，主人得地。
后但以拜章朝主，赐爵获传之故，不蒙观过之贷，而受夷灭之
祸。①吕奉先讨卓来奔，请兵不获，告去何罪，复见斫刺。②刘
子璜奉使逾时，辞不获命，畏君怀亲，以诈求归，可谓有志忠
孝，无损霸道，亦复僵尸麾下，不蒙亏除。慕进者蒙荣，违意者
被戮，此乃主人之利，非游士之愿也。是以鉴戒前人，守死穷
城，亦以君子之违，不适敌国故也。③

①《英雄记》云，袁绍使张景明、郭公则、高元才等说韩馥，使让冀州与绍。
　然则馥之让位，景明亦有其功。其余未详也。

②《魏志·吕布传》曰："布破张燕军而求益兵，众将士钞掠，绍患忌之。布
　觉其意，从绍求去。"《英雄记》："布求还洛，绍假布领司隶校尉，外言当
　遣，内欲杀布。明日当发，绍遣甲士三十人，辞以送布，止于帐侧。布伪
　使人于帐中鼓筝，绍兵卧，无何，出帐去而兵不觉。夜半兵起，乱斫布床
　被，谓已死。明旦，绍讯问，知布尚在，乃闭城门，布遂引去。"

③《左传》云，公山不狃曰："君子违不适仇国。"杜预注云："违，奔亡也。"

　　足下当见久围不解，救兵未至，感婚姻之义，推平生之好，
以为屈节而苟生，胜守义而倾覆。昔晏婴不降志于白刃，南
史不曲笔以求存，①故身传图象，名垂后世。况仆据金城之固，
驱士之力，散三年之畜以为一年之资，匡困补乏，以悦天下，何

图筑室反耕哉?②但惧秋风扬尘,伯珪马首南向,③张扬、飞燕旅力作难,④北鄙将告倒悬之急,股肱奏乞归之记耳。⑤主人当鉴戒曹辈,反旆退师,何宜久辱盛怒,暴威于吾城之下哉!

①崔杼杀齐庄公,欲劫晏子与盟,以戟拘其颈,剑承其心。晏子曰:“劫吾以刃而失其意,非勇也。”崔杼遂释之。事见《晏子》。《左传》曰“太史书曰‘崔杼弑其君’,崔子杀之。其弟嗣书,而死者二人,其弟又书,乃舍之。南史氏闻太史尽死,执简以往,闻既书矣,乃还”也。

②《左传》曰:“楚子围宋,筑室反耕。”杜预注曰:“筑室于宋,反兵耕田,示无还意也。”

③伯珪,公孙瓒字。

④《魏志》曰,张扬字稚叔,云中人也,以武勇给并州,为从事。何进令于本州募兵,得千余人,因留上党击山贼。进败,扬遂以所将兵攻上党,仍略诸县,众至数千,又与袁绍合。张燕,常山人,本姓褚。黄巾起,燕合聚少年为群盗,众万人。博陵张牛角立起,众次瘿陶,牛角为飞矢所中,且死,告其众曰:“必以燕为帅。”角死,众奉燕,故改姓张。燕僄悍,捷速过人,军中号为“飞燕”。众至百万,号曰“黑山”。后助公孙瓒,与绍争冀州也。

⑤股肱犹手足也。言北边有仓卒之急,股肱之臣将告归自救耳。

足下讥吾恃黑山以为救,独不念黄巾之合从邪?昔高祖取彭越于巨野,①光武创基兆于绿林,卒能龙飞受命,中兴帝业。苟可辅主兴化,夫何嫌哉!况仆亲奉玺书,与之从事!

①《前书》,彭越将其众居巨野中,无所属,汉王乃使人赐越将军印,使下济阴以击楚也。

行矣孔璋!足下徼利于境外,臧洪投命于君亲;吾子托身于盟主,①臧洪策名于长安。子谓余身死而名灭,仆亦笑子生死而无闻焉。本同末离,努力努力,夫复何言!

①盟主谓袁绍也。

绍见洪书,知无降意,增兵急攻。城中粮尽,外无援救,洪自度不免,呼吏士谓曰:“袁绍无道,所图不轨,且不救洪郡将,洪于大义,不得不死。念诸君无事,空与此祸,①可先城未破,将妻子出。”将吏皆垂泣曰:“明府之于袁氏,本无怨隙,今为郡将之故,自致危

困,吏人何忍当舍明府去也?"初尚屈鼠,煮筋角,后无所复食,主簿
启内厨米三斗,请稍为饘粥,②洪曰:"何能独甘此邪?"使为薄糜,
遍班士众。又杀其爱妾,以食兵将。兵将咸流涕,无能仰视。男女
七八十人相枕而死,莫有离叛。

　　①与音预。
　　②杜预注《左传》曰:"饘,糜也。"音之延反。

　　城陷,生执洪。绍盛帷幔,大会诸将。见洪,谓曰:"臧洪何相负
若是!今日服未?"洪据地瞋目曰:"诸袁事汉,四世五公,可谓受恩。
今王室衰弱,无扶翼之意,而欲因际会,觖望非冀,①多杀忠良,以
立奸威。洪亲见将军呼张陈留为兄,则洪府君亦宜为弟,而不能同
心戮力,为国除害,坐拥兵众,观人屠灭。惜洪力劣,不能推刃为天
下报仇,②何谓服乎?"绍本爱洪,意欲屈服赦之。见其辞切,知终不
为用,乃命杀焉。

　　①《前书音义》曰:"觖犹冀也。"觖音羌恚反。
　　②《公羊传》曰:"事君犹事父也,父受诛,子复仇,推刃之道。"

　　洪邑人陈容,少为诸生,亲慕于洪,随为东郡丞。先城未败,洪
使归绍。时容在坐,见洪当死,起谓绍曰:"将军举大事,欲为天下除
暴,而专先诛忠义,岂合天意? 臧洪发举为郡将,奈何杀之!"绍惭,
使人牵出,谓曰:"汝非臧洪畴,空复尔为?"容顾曰:"夫仁义岂有常
所,蹈之则君子,背之则小人。今日宁与臧洪同日死,不与将军同日
生也。"遂复见杀。在绍坐者,无不叹息,窃相谓曰:"如何一日戮二
烈士!"

　　先是洪遣司马二人出,求救于吕布。比还,城已陷,皆赴敌死。

　　论曰:雍丘之围,臧洪之感愤壮矣! 想其行跐且号,束甲请举,
诚足怜也。夫豪雄之所趣舍,其与守义之心异乎? 若乃缔谋连衡,
怀诈算以相尚者,盖惟利势所在而已。况偏城既危,曹、袁方穆,洪
徒指外敌之衡,以纾倒县之会。忿悁之师,兵家所忌。①可谓怀哭秦
之节,存荆则未闻也。②

①《前书》魏相上书曰："救乱诛暴，谓之义兵，兵义者王。敌加于己，不得已而起者，谓之应兵，兵应者胜。争恨小故，不胜愤怒者，谓之忿兵，兵忿者败。利人土地货宝者，谓之贪兵，兵贪者破。恃国家之大，矜其人众，欲见威于敌者，谓之骄兵，兵骄者灭。此非但人事，乃天道也。"

②吴破楚，申包胥如秦乞师，立依于庭墙而哭，日夜不绝声，勺饮不入口，七日秦师乃出，以车五百乘救楚，败吴兵于稷。事见《左传》及《史记》。言臧洪徒守节致死，不能如包胥之存楚也。

　　赞曰：先零扰疆，邓、崔弃凉。诩、燮令图，再全金方。盖勋抗董，终然允刚。洪怀偏节，力屈志扬。

后汉书卷五九
列传第四九

张　衡

　　张衡字平子,南阳西鄂人也。①世为著姓。祖父堪,蜀郡太守。衡少善属文,游于三辅,因入京师,观太学,遂通《五经》,贯六艺。虽才高于世,而无骄尚之情。常从容淡静,不好交接俗人。永元中,举孝廉不行,连辟公府不就。时天下承平日久,自王侯以下,莫不逾侈。衡乃拟班固《两都》,作《二京赋》,因以讽谏。精思傅会,十年乃成,文多故不载。大将军邓骘奇其才,累召不应。

　　①西鄂,县,故城在今邓州向城县南,有平子墓及碑在焉,崔瑗之文也。

　　衡善机巧,尤致思于天文、阴阳、历算。常耽好《玄经》,①谓崔瑗曰:“吾观《太玄》,方知子云妙极道数,乃与《五经》相拟,非徒传记之属,使人难论阴阳之事,汉家得天下二百岁之书也。②复二百岁,殆将终乎?③所以作者之数,必显一世常然之符也。汉四百岁,玄其兴矣。”④安帝雅闻衡善术学,公车特征拜郎中,再迁为太史令。⑤遂乃研核阴阳,妙尽璇机之正,作浑天仪,著《灵宪》、《算罔论》,言甚详明。⑥

　　①桓谭《新论》曰:“扬雄作《玄书》,以为玄者,天也,道也。言圣贤制法作事,皆引天道以为本统,而因附续万类、王政、人事、法度,故宓羲氏谓之《易》,老子谓之道,孔子谓之元,而扬雄谓之玄。《玄经》三篇,以纪天地人之道,立三体有上中下,如《禹贡》之陈三品。三三而九,因以九九八十一,故为八十一卦。以四为数,数从一至四,重累变易,竟八十一而遍,不可损益。以三十五蓍揲之。《玄经》五千余言,而传十二篇也。”

②子云当哀帝时著《太玄经》，自汉初至哀帝二百岁也。

③自中兴至献帝，一百八十九年也。

④自此已上，并衡与崔瑗书之文也。

⑤《汉官仪》"太史令属太常，秩六百石"也。

⑥《汉名臣奏》曰，蔡邕曰："言天体者有三家：一曰周髀，二曰宣夜，三曰浑天。宣夜之学绝，无师法。周髀术数具存，考验天状多所违失，故史官不用。唯浑天者，近得其情，今史官所用候台铜仪，则其法也。"《灵宪序》曰："昔在先王，将步天路，用定灵轨。寻绪本元，先准之于浑体，是为正仪，故《灵宪》作兴。"《衡集》无《算罔论》，盖网络天地而算之，因名焉。

顺帝初，再转，复为太史令。衡不慕当世，所居之官，辄积年不徙。自去史职，五载复还，乃设客问，作《应间》以见其志云：①

①间，非也。《衡集》云："观者，观余去史官五载而复还，非进取之势也。唯衡内识利钝，操心不改。或不我知者，以为失志矣。用为间余。余应之以时有遇否，性命难求，因兹以露余诚焉，名之《应间》云。"

有间余者曰：盖闻前哲首务，务于下学上达，佐国理民，有云为也。①朝有所闻则夕行之，立功立事，式昭德音。②是故伊尹思使君为尧、舜，而民处唐、虞，彼岂虚言而已哉，必旌厥素尔。③咎单、巫咸实守王家，④申伯、樊仲实干周邦，服衮而朝，介圭作瑞。⑤厥迹不朽，垂烈后昆，不亦丕欤！且学非以要利，而富贵萃之。贵以行令，富以施惠，惠施令行，故《易》称以"大业"。⑥质以文美，实由华兴，器赖雕饰为好，人以舆服为荣。吾子性德体道，笃信安仁，约己博艺，无坚不钻，以思世路，斯何远矣！⑦曩滞日官，今又原之。⑧虽老氏曲全，进道若退，然行亦以需。⑨必也学非所用，术有所仰，故临川将济，而舟楫不存焉。徒经思天衢，内昭独智，固合理民之式也？故尝见谤于鄙儒。⑩深厉浅揭，随时为义，曾何贪于支离，而习其孤技邪？⑪参⑫轮可使自转，木雕犹能独飞，已垂翅而还故栖，盍亦调其机而铦诸？⑬昔有文王，自求多福。⑭人生在勤，不索何获。⑮曷若卑体屈己，美言以相克？⑯鸣于乔木，乃金声而玉振之。⑰

用后勋，雪前吝，婞很不柔，以意谁靳也。⑱

①《论语》曰，孔子曰："下学而上达。"注云："下学人事，上知天命也。"

②《尚书》曰："立功立事，可以永年。"《逸诗》曰："祈招之愔愔，式昭德音。"式，用也。昭，明也。

③《尚书》伊尹曰："予弗克俾厥后，惟尧、舜其心，愧耻若挞于市。"旌，明也。素犹志也。

④咎单、巫咸，并殷贤臣也。《尚书》曰："咎单作《明居》。"又曰"巫咸乂王家"也。

⑤申伯，中国之伯也；樊仲，仲山甫也，为樊侯，并周宣王之卿士。《诗·大雅》曰："维申及甫，维周之翰。"注："翰，干也。服衮谓申伯为冢宰，服衮冕之服也。"又曰："锡尔介圭，以作尔宝。"注云"宝，瑞也。圭长尺二寸谓之介"也。

⑥《易·系词》曰"盛德大业，至矣哉！富有之谓大业，日新之谓盛德"也。

⑦《论语》曰："笃信好学。"又曰："仁者安仁。"又曰："钻之弥坚。""博我以文，约我以礼。"

⑧日官，史官也。《左传》曰："天子有日官。"《尔雅》曰："原，再也。"

⑨《老子》曰："曲则全，枉则正。"又曰："夷道若类，进道若退。"《易·杂卦》曰："需，不进也。"

⑩天衢，天道也。言徒锐思作《灵宪》、浑天仪等也。

⑪揭，褰衣也，音丘例反。《诗·邶风》曰："深则厉，浅则揭。"《尔雅》曰："由带以上为厉，由膝以下为揭。"言遭时制宜，遇深水则厉，浅则揭也。《易·随卦》："随时之义大矣哉！"《庄子》曰："朱泙曼学屠龙于支离益，单千金之家，三年技成而无所用。"技音渠绮反。责衡何独妙思于机巧者也。

⑫音三。

⑬垂翅故栖，谓再为史官也。盍，何不也。铦，利也。诸，之也。间者言衡作三轮木雕，尚能飞转，已乃垂翅故栖，何不调其机关使利而高飞邪？《傅子》曰"张衡能令三轮独转"也。

⑭《诗·大雅·文王篇》曰"永言配命，自求多福"也。

⑮《左传》曰："人生在勤，勤则不匮。"又曰："不索何获，吾欲求之。"

⑯克，胜也。《衡集》作"美言以市"也。

⑰《诗·小雅》曰："伐木丁丁，鸟鸣嘤嘤，出自幽谷，迁于乔木。"喻求仕迁

于高位,振扬德音,如金玉之声。《孟子》曰:"金声而玉振。"

⑱吝,耻也。《左传》曰:"宋公靳之。"杜预注云:"戏而相愧曰靳。"

应之曰:是何观同而见异也?君子不患位之不尊,而患德之不崇;不耻禄之不夥,而耻智之不博。①是故艺可学,而行可力也。天爵高悬,得之在命,②或不速而自怀,或羡旒而不臻,③求之无益,故智者面而不思。④阽身以徼幸,固贪夫之所为,未得而豫丧也。⑤枉尺直寻,议者讥之,盈欲亏志,孰云非羞?⑥于心有猜,则簋飱餽饷犹不屑餐,旌瞀以之;⑦意之无疑,则兼金盈百而不嫌辞,孟轲以之。⑧士或解短褐而袭黼黻,或委衡筑而据文轩者,度德拜爵,量绩受禄也。⑨输力致庸,受必有阶。⑩

①《方言》曰:"凡物盛而多,齐、宋之郊谓之夥。"音和果反。

②《孟子》曰:"仁义忠信,乐善不倦,此天爵也。公卿大夫,此人爵也。"案:此谓天子高县爵位,得者在命也。

③速,召也。怀,来也。旒,之也。

④面,俏也。

⑤阽,危也。

⑥《孟子》,陈代问孟子曰:"枉尺而直寻,若可为也?"孟子曰:"昔齐景公田,招虞人以旌,不到,将杀之。志士不忘在沟壑,如不待招而往,何哉?且夫枉尺而直寻者,以利言也。如以利,则枉寻直尺而利,亦可为欤?"赵歧注云:"志士,守义者也。君子困穷,故虞人不得其招尚不往,如何君子不得其招而妄见也。尺小寻大,不可枉大就小,而以要利也。"

⑦猜,嫌也。簋,食器也。飱音孙。《诗》云:"有蒙簋飱。"餽音仕卷反,饷音补故反,并谓食也。屑犹介也。以,用也。爰旌瞀,饿人也。一作"爰精目。"《列子》曰:"东元有人焉,曰爰旌目,将有适也,而饿于道。狐丘之盗曰丘,见而下壶飱以饷之。爰旌目三饷而后能视,曰:'子何为者也?''我狐父之人丘也。'爰旌目曰:"嘻,汝非盗邪?吾义不食子之食也。'两手据地而欧之,不出,喀喀而死。"

⑧《孟子》:"陈臻问曰:'前于齐,王馈兼金一百而不受;于宋,馈七十镒而受。前日之不受,则今日受之非也。'孟子曰:'皆是也。当在宋也,予将远行,远行者必以赆,予何为不受?若于齐,则未有处也,无处而馈之,是货之也。焉有君子而可以货取乎?'"赵歧注云:"兼金,好金也。价

兼倍于恶者,故日兼金。一百,百锱也。二十两为锱。赆,送行者赠贿之
礼也。在齐时无事,于义未有所处也。义无所处而馈之,则以货贿所取
我,欲使我怀惠也。"

⑨解短褐谓宵戚也。委虵筑谓傅说也。短音常主反。《方言》曰"自关而西,
　谓襜褕短者谓之裋"也。

⑩受"或作"爱"。

　　浑元初基,灵轨未纪,吉凶纷错,人用膧朦。①黄帝为斯深惨。
有风后者,是焉亮之,察三辰于上,迹祸福乎下,经纬历数,然后天
步有常,则风后之为也。②当少昊清阳之末,实或乱德,人神杂扰,
不可方物。重黎又相颛顼而申理之,日月即次,则重黎之为也。③人
各有能,因艺授任,鸟师别名,四叔三正,官无二业,事不并济。④昼
长则宵短,日南则景北。⑤天且不堪兼,况以人该之。⑥夫玄龙,迎
夏则陵云而奋鳞,乐时也;涉冬则湎泥而潜蟠,避害也。⑦公旦道
行,故制典礼以尹天下,惧教诲之不从,有人不理。⑧仲尼不遇,故
论《六经》以俟来辟,⑨耻一物之不知,有事之无范。所考不齐,如何
可一?⑩

①膧朦言未晤也。

②《史记》曰:"黄帝迎日推策,举风后、力牧以理人,顺天地之纪,幽明之
　占。"又曰:"旁罗日月星辰。"《春秋内事》曰:"黄帝师于风后,风后善于
　伏羲氏之道,故推演阴阳之事。"《艺文志》阴阳流有《风后》十三篇也。

③《帝王纪》曰:"少昊字清阳。"《国语》楚观射父曰:"少暤之衰也,九黎乱
　德,人神杂糅,不可方物。颛顼承之,乃命南正重司天以属神,命火正黎
　司地以属人。"重,少昊氏之子。黎,颛顼氏之子。

④《左传》郯子曰:"少暤鸟师而鸟名。凤鸟氏历正也,玄鸟氏司分也,伯赵
　氏司至也,青鸟氏司启也,丹鸟氏司闭也。"又晋蔡墨曰:"少暤氏有四
　叔,曰重,曰该,曰修,曰熙,实能金木及水,使重为句芒,该为蓐收,修
　及熙为玄冥。"四叔分主三正,言其不兼业也。

⑤夏至日北极而影短,昼六十刻,夜四十刻。冬至日南极而影长,夜六十
　刻,昼四十刻也。《易通卦验》曰:"冬至,晷长丈三尺。夏至,晷长尺五
　寸。"谓立八尺表之阴也。

⑥该,备也。

⑦《说文》曰："龙,鳞虫之长,能幽能明,能小能巨,能短能长,春分而登天,秋分而入川。"言出入有时也。贾逵注《国语》曰："滑,乱也。"滑音骨。

⑧尹,正也。道行言道得申也。流俗本作"行道"者,非也。

⑨辟,君也。《公羊传》曰,孔子制《春秋》,以俟后圣也。

⑩《衡集》"考"字作"丁"。丁,当也。

夫战国交争,戎车竞驱,君若缀旒,人无所丽。①烛武县缒,而秦伯退师;②鲁连系箭,而聊城弛柝。③从往则合,横来则离,安危无常,要在说夫。④咸以得人为枭,失士为尤。⑤故樊哙披帷,入见高祖;⑥高祖踞洗,以对郦生。⑦当此之会,乃鼋鸣而鳖应也。⑧故能同心戮力,勤恤人隐,⑨奄受区夏,遂定帝位,皆谋臣之由也。故一介之策,各有攸建,子长谍之,烂然有第。⑩夫女魃北而应龙翔,洪鼎声而军容息;⑪溽暑至而鹑火栖,塞冰冱而鼋鼍蛰。⑫今也,皇泽宣洽,海外混同,万方亿丑,并质共剂,若修成之不暇,尚何功之可立!⑬立事有三,言为下列;下列且不可庶矣,奚异其二哉!⑭

①丽,附也。《公羊传》曰:"君若赘旒然。"旒,旍旒也。言为下所执持西东也。

②烛之武,郑大夫也。缒,县绳于城而下也。《左传》曰,秦伯围郑,郑伯使烛之武夜缒而出,说秦,秦伯为之退师。

③鲁仲连,齐人也。时燕将守聊城,仲连为书系箭射聊城中,燕将自杀。见《史记》。弛,废也。柝,行夜木也。

④张仪说诸侯连和事秦为横,苏秦说诸侯连兵拒秦为从。苏秦往则从合,张仪来则从离。

⑤枭犹胜也,犹六博得枭则胜。

⑥《前书》曰,樊哙,沛人也,封舞阳侯。高帝尝病,恶见人,卧禁中,诏户者无得入。哙乃排闼直入,流涕曰:"独不见赵高之事乎?"帝笑而起也。

⑦《前书》曰,沛公方踞床,令两女子洗足,而见郦食其,食其曰:"必欲聚徒合义兵,诛无道,不宜踞见长者。"于是沛公辍洗谢之。

⑧喻君臣相感也。焦赣《易林》曰"鼋鸣歧野,鳖应于泉"也。

⑨隐,病也。《国语》曰"勤恤人隐,而除其害"也。

⑩《前书音义》曰:"谍,谱第也。"与"牒"通。司马迁字子长,作《史记》著功

臣等传，烂然各有第序也。

⑪女魃，旱神也。北犹退也。应龙，能兴云雨者也。《山海经》曰："蚩尤作
兵伐黄帝，黄帝乃令应龙攻之冀州之野。应龙蓄水，蚩尤请风伯、雨师
从，大风雨。黄帝乃下天女曰妖，而止，遂杀蚩尤。妖不得复上，所居不
雨。"妖亦魃也，音步末反。"声"或作"磬"，"容"或作"客"，《衡集》"容"
作"害"，并未详也。

⑫栖，息也。《礼记·月令》曰："季夏土润溽暑。"鹑火，午之宿也。三月在
午，六月在酉。言当季夏之时，鹑火退于酉。沍，凝也。

⑬质、剂犹今分支契也。并、共犹言交通也。《周礼》曰："凡卖买者质剂焉，
大市以质，小市以剂。"郑玄注云："两书一札，同而别之，长曰质，短曰
剂。"剂音子随反。

⑭《左传》鲁叔孙豹曰："太上有立德，其次有立功，其次有立言。"杜预注
云："立德，黄帝、尧、舜也。立功，禹、稷也。立言，史佚、周任、臧文仲。"

　　于兹搢绅如云，儒士成林，及津者风摅，失涂者幽僻，遭遇难
要，趋偶为幸。世易俗异，事势舛殊，不能通其变，而一度以揆之，①
斯契船而求剑，守株而伺兔也。②冒愧逞愿，必无仁以继之，有道者
所不履也。越王句践事此，故厥绪不永。③捷径邪至，我不忍以投
步；干进苟容，我不忍以歙肩。④虽有犀舟劲楫，犹人涉卬否，有须
者也。⑤姑亦奉顺敦笃，守以忠信，得之不休，不获不吝。⑥不见是
而不惕，居下位而不忧，允上德之常服焉。⑦方将师天老而友地典，
与之乎高眠而大谈，孔甲且不足慕，焉称殷彭及周聃！⑧与世殊技，
固孤是求。⑨子忧朱泙曼之无所用，吾恨轮扁之无所教也。⑩子睹
木雕独飞，愍我垂翅故栖，吾感去蛙附鸥，悲尔先笑而后号也。⑪

①《易·系词》曰"通其变，使人不倦"也。

②契犹刻也。《吕氏春秋》曰："楚人有涉江者，其创自舟中坠于水，遽契其
　舟，曰'是吾剑所从坠也'。舟已行而剑不行，若此求剑，不亦惑乎！"《韩
　子》曰'宋人有耕者，田中有株，兔走触之，折颈而死，因释耕守株，冀复
　得兔，为宋国笑"也。

③《史记》曰，越王句践先吴兴师，吴王闻之，悉发精兵击越，败之于夫椒。
　越王乃以余兵五千人保栖于会稽。此为冒愧逞愿，自取败也。

④捷，疾也。歙，敛也，音翕。《孟子》曰："阿意事贵，胁肩所尊，俗之情也。"

歆亦胁也。

⑤《前书》曰："羌戎弓矛之兵器不犀利。"《音义》曰："今俗谓刀兵利为犀。
犀,坚也。"《诗·卫风》曰："招招舟子,人涉卬否。人涉卬否,卬须我
友。"卬,我也。须,待也。郑玄注云:"人皆涉,我友未至,我独待而不涉。
言室家之道,非得所适贞女不行,非得礼义婚姻不成。喻仕当以道,不
求妄进也。"

⑥姑,且也。休,美也。咎,耻也。

⑦惛犹闷也。《易》曰:"不见是而无闷,乐则行之,忧则违之。"又曰"居上
位而不骄,在下位而不忧"也。

⑧《帝王纪》曰:"黄帝以风后配上台,天老配中台,五圣配下台,谓之三
公。其余知天、规纪、地典、力牧、常先、封胡、孔甲等,或以为师,或以
为将。"《艺文志》阴阳有《地典》六篇。殷彭即老彭,殷贤人也。睨,视
也。高视大谈,言不同流俗。《衡集》作"矢谈",矢亦直也,义亦通也。

⑨技,巧也,音伎。本或作"拔",误也。

⑩轮扁谓为轮者名扁也。扁音皮殄反。《庄子》曰:"轮扁对齐桓公曰:'斫
轮之法,徐则甘而不固,疾则苦而不入。不疾不徐,得之于手而应之于
心,口不能言也。臣不能以喻臣之子,臣子亦不能受之于臣。'"言泙曼
屠龙既无所用,轮扁斫轮亦不能教人也。泙音匹萌反。

⑪蛙,是虾蟆也,音胡娲反。《周易·旅·上九》曰:"先笑而后号咷。"

斐豹以毙督燔书,礼至以掖国作铭;①弦高以牛饩退敌,墨翟
以索带全城;②贯高以端辞显义,苏武以秃节效贞;③蒲且以飞矰
逞巧,詹何以沈钩致精;④弈秋以棋局取誉,王豹以清讴流声。⑤仆
进不能参名于二立,退又不能群彼数子。⑥愍《三坟》之既颓,惜《八
索》之不理。⑦庶前训之可钻,聊朝隐乎柱史。⑧且韫椟以待价,踵
颜氏以行止。⑨曾不慊夫晋、楚,敢告诚于知己。⑩

①《左传》曰,晋栾盈复入于晋,栾氏之力臣曰督戎,国人惧之。斐豹谓范
宣子曰:"苟焚丹书,我杀督戎。"宣子曰:"而杀之,所不请于君焚丹书
者有如日。"乃杀之。杜注曰:"盖豹犯罪,没为官奴,以丹书其罪。"《左
传》,卫伐邢,礼至与国子巡城,掖以赴外,杀之。礼至自为铭曰:"余掖
杀国子,莫余敢止。"国子,邢正卿。礼至本卫人,仕邢为大夫。掖谓挟之
而投于城外也。《衡集》"豹"字作"隶"也。

②《左传》曰，秦师袭郑及滑。郑商人玄高将市于周，遇之，以牛十二犒师。曰："寡君闻吾子将出于弊邑，敢犒从者。"秦孟明曰："郑有备矣。"灭滑而还。《墨子》曰："公输般为云梯以攻宋，墨子解带以城，以牒为械，公输般九攻，墨子九拒。公输之攻尽，墨子之守有余。楚王曰：'善哉，吾请无攻宋矣。'"

③贯高，赵相也。端犹正也。独正言赵王不反，高帝贤而赦之。苏武使匈奴中，杖节卧起，节毛尽落。并见《前书》。

④《列子》曰："蒲且子之弋，弱弓纤缴，乘风振之，连双鸧于青云之际。"又曰："詹何以独茧丝为纶，芒针为钩，荆条为竿，剖粒为饵，引盈车之鱼。"《周礼》曰："矰矢用弋射。"郑玄注云："结缴于矢谓之矰。矰，高也。"

⑤弈，围局也。棋，即所执之子。秋，名也。《孟子》曰："弈秋，通国之善弈者。"又曰"王豹处于淇而河西善讴"也。

⑥二立谓太上立德，其次立功也。上云"立事有三，言为下列，下列且不可庶，况其二哉"，故言不能参名于二立也。世贤案：古本作"二立"，流俗本及《衡集》"立"字多作"匹"，非也。数子谓斐豹以下也。

⑦《左传》曰，楚左史倚相能读《三坟》、《五典》、《八索》、《九丘》。孔安国以为《三坟》、《五典》三皇之书，《八卦》之说谓之《八索》。此以下言不能立德立功，唯欲立言而已。

⑧《前书》东方朔曰："首阳为拙，柱下为工。"应劭曰："老子为周柱下史，朝隐终身无患，是为上也。"

⑨《论语》子贡曰："有美玉于斯，韫椟而藏诸，求善贾而沽诸？"子曰："我待价者也。"又子谓颜回曰："用之则行，舍之则藏，唯我与尔有是夫。"

⑩《孟子》，曾子曰："晋、楚之富，不可及也。彼以其富，我以吾仁，彼以其爵，我以吾义，吾何慊乎？"慊犹羡也，音苦簟反。

阳嘉元年，复造候风地动仪。以精铜铸成，员径八尺，合盖隆起，形似酒尊，饰以篆文、山龟、鸟兽之形。中有都柱，傍行八道，施关发机；外有八龙，首衔铜丸，下有蟾蜍，张口承之。①其牙机巧制，皆隐在尊中，覆盖周密无际。如有地动，尊则振龙机发吐丸，而蟾蜍衔之。振声激扬，伺者因此觉知。虽一龙发机，而七首不动，寻其方面，乃知震之所在。验之以事，合契若神，自书典所记，未之有也。尝一龙机发而地不觉动,京师学者咸怪其无征,后数日驿至,果地震陇西,于是皆服其妙。自此以后,乃令史官记地动所从方起。

①蟾蜍,是虾蟆也。蟾音时占反,蜍音时诸反。

时政事渐损,权移于下,衡因上疏陈事曰:"伏惟陛下宣哲克明,继体承天,中遭倾覆,龙德泥蟠。①今乘云高跻,磐桓天位,诚所谓将隆大位,必先倥偬之也。②亲履艰难者知下情,备经险易者达物伪。③故能一贯万机,靡所疑惑,百揆允当,庶绩咸熙。宜获福祉神祇,受誉黎庶。而阴阳未和,灾眚屡见,神明幽远,冥鉴在兹。福仁祸淫,景响而应,因德降休,乘失致咎。天道虽远,吉凶可见,近世郑、蔡、江、樊、周广、王圣,皆为效矣。④故恭俭畏忌,必蒙祉祚,奢淫谄慢,鲜不夷戮。前事不忘,后事之师也。夫情胜其性,流遁忘反,⑤岂唯不肖,中才皆然。苟非大贤,不能见得思义,故积恶成衅,罪不可解也。向使能瞻前顾后,援镜自戒,则何陷于凶患乎!⑥贵宠之臣,众所属仰,其有愆尤,上下知之。褒美讥恶,有心皆同,故怨讟之溢乎四海,神明降其祸辟也。⑦顷年雨常不足,思求所失,则《洪范》所谓'僭恒阳若'者也。⑧惧群臣奢侈,昏逾典式,自下逼上,用速咎征。又前年京师地震土裂,⑨裂者威分,震者人扰也。君以静唱,臣以动和,威自上出,不趣于下,礼之政也。窃惧圣恩厌倦,制不专己,恩不忍割,与众共威。威不可分,德不可共。《洪范》曰:'臣有作威作福玉食,害于而家,凶于而国。'天鉴孔明,虽疏不失。灾异示人,前后数矣,而未见所革,以复往悔。⑩自非圣人,不能无过。愿陛下思惟所以稽古率旧,勿令刑德八柄不由天子。⑪若恩从上下,事依礼制,礼制修则奢僭息,事合宜则无凶咎。然后神望允塞,灾消不至矣。"

①倾覆谓顺帝为太子时废为济阴王。蟠音薄寒反。《广雅》曰:"蟠,曲也。"扬雄《方言》曰:"未升天龙谓之蟠。"

②倥音口弄反,偬音子弄反。《埤苍》曰:"倥偬,穷困也。"亦谓顺帝被废时也。

③《左传》曰:"晋侯在外十九年矣,险阻艰难备尝之矣,人之情伪尽知之

矣。"

④事具《宦者传》。

⑤性者生之质,情者性之欲。性善情恶,情胜则荒淫也。

⑥《楚辞》曰:"瞻前而顾后兮,援镜自戒。"谓引前事以为镜而自戒敕也。《韩诗外传》曰:"明镜所以照形,往古所以知今。"

⑦辟,罪也,音频亦反。

⑧恒,常也。若,顺也。孔安国注《洪范》云:"君行僭差则常阳顺之,常阳则多旱也。"

⑨顺帝永建三年正月,京师地震也。

⑩革,改也。复,反也。

⑪《周礼》,太宰以八柄诏王驭群臣,一曰爵,二曰禄,三曰予,四曰置,五曰生,六曰夺,七曰废,八曰诛。

初,光武善谶,及显宗、肃宗,因祖述焉。自中兴之后,儒者争学图纬,兼复附以妖言。衡以图纬虚妄,非圣人之法,乃上疏曰:"臣闻圣人明审律历以定吉凶,重之以卜筮,杂之以九宫,①经天验道本尽于此。或观星辰逆顺、寒燠所由,或察龟策之占、巫觋之言,②其所因者,非一术也。立言于前,有征于后,故智者贵焉,谓之谶书。谶书始出,盖知之者寡。自汉取秦,用兵力战,功成业遂,可谓大事。当此之时,莫或称谶。若夏侯胜、眭孟之徒,以道术立名,其所述著,无谶一言。刘向父子领校秘书,阅定九流,亦无谶录。成、哀之后,乃始闻之。③《尚书》尧使鲧理洪水,九载绩用不成,鲧则殛死,禹乃嗣兴。④而《春秋谶》云'共工理作'。凡谶者皆云黄帝伐蚩尤,而《诗谶》独以为'蚩尤败,然后尧受命。'《春秋元命包》中有公输班与墨翟,事见战国,非春秋时也。⑤又言'别有益州'。益州之置,在于汉世。⑥其名三辅诸陵,世数可知至,于图中讫于成帝。一卷之书,互异数事,圣人之言,势无若是,殆必虚伪之徒,以要世取资。往者侍中贾逵摘谶互异三十余事,诸言谶者皆不能说。至于王莽篡位,汉世大祸,八十篇何为不戒?则知图谶成于哀、平之际也。且《河洛》、《六艺》,篇录已定,后人皮傅,无所容篡。⑦永元中,清河宋景遂以历纪推言水灾,而伪称洞视玉版。⑧或者至于弃家业入山林,后皆无效,而复采前世成事,以为证验。至于永建复统,则不能知。⑨此皆欺世罔俗,以昧势位,情伪较然,莫之纠禁。且律历、卦候、九宫、风角,数有征效,世莫肯学,而竞称不占之书。⑩譬犹画工,恶图犬马而好作鬼魅,诚以实事难形,而虚伪不穷也。⑪宜收藏图谶,一禁绝之,则朱紫无所眩,典籍无瑕玷矣。"

①《易乾凿度》曰:"太一取其数以行九宫。"郑玄注云:"太一者,北辰神名也。下行八卦之宫,每四乃还于中央。中央者,地神之所居,故谓之九宫。天数大分,以阳出,以阴入。阳起于子,阴起于午,是以太一下九宫从坎宫始,自此而从于坤宫,又自此而从于震宫,又自此而从于巽宫,所以从半矣,还息于中央之宫。既又自此而从于乾宫,又自此而从于兑宫,又自此而从于艮宫,又自此而从于离宫,行则周矣,上游息于太一之星而反紫宫。行起从坎宫始,终于离宫也。"

②《前书》曰:"齐肃聪明者,神或降之。"在男曰觋,在女曰巫。觋音胡历反。

③眭弘字孟,鲁国蕃人也。昭帝时,以明经为议郎。夏侯胜字长公,东平人;好《洪范五行传》说,宣帝时为太子太傅。又成、哀时,有诏使刘向及子歆于秘书校定经、传、诸子等。九流谓儒家、道家、阴阳家、法家、名家、墨家、纵横家、杂家、农家,见《艺文志》,并无谶说也。

④殛,诛死也。

⑤《衡集》云"班与墨翟并当子思时,出仲尼后"也。

⑥《前书》武帝始置益州。

⑦《衡集》上事云:"《河洛》五九,《六艺》四九,谓八十一篇也。"傅音附。臣贤案:《衡集》云:"后人皮傅,无所容窜。"扬雄《方言》曰:"秦、晋言非其事谓之皮傅。"谓不深得其情核,皮肤浅近,强相傅会也。后人不达皮肤之意,流俗本多作"颇传"者,误也。无所容窜谓不容妄有加增也。《庄子》曰:"窜句籍辞。"《续汉书》亦作"窜"。本作"篡",义亦通也。

⑧《遁甲开山图》曰:"禹游于东海,得玉珪,碧色,长一尺二寸,圆如日月,以自照,自达幽冥。"言宋景历纪推知水灾,非洞视玉版所见也。

⑨永建,顺帝即位年也。复统谓废而复立,言谶家不论也。

⑩谓竞称谶书也。

⑪《韩子》曰"客为齐王画者。问:'画孰难?'对曰:'狗马最难。''孰易?'

'鬼魅最易。'狗马，人所知也，故难；鬼魅，无形，故易"也。

后迁侍中，帝引在帷幄，讽议左右。尝问衡天下所疾恶者。宦官惧其毁己，皆共目之，衡乃诡对而出。阉竖恐终为其患，遂共谗之。

衡常思图身之事，以为吉凶倚伏，幽微难明，乃作《思玄赋》，①以宣寄情志。其辞曰：

①玄，道也，德也。《老子》曰："玄之又玄，众妙之门。"

仰先哲之玄训兮，虽弥高其弗违。①匪仁里其焉宅兮，匪义迹其焉追？②潜服膺以永靓兮，绵日月而不衰。③伊中情之信修兮，慕古人之贞节。④竦余身而顺止兮，遵绳墨而不跌。⑤志团团以应悬兮，诚心固其如结。⑥旌性行以制佩兮，佩夜光与琼枝。⑦缡幽兰之秋华兮，又缀以江蓠。⑧美襞积以酷裂兮，允尘邈而难亏。⑨既姱丽而鲜双兮，非是时之攸珍。⑩奋余荣而莫见兮，播余香而莫闻。幽独守此仄陋兮，敢怠皇而舍勤。⑪幸二八之遻虞兮，喜傅说之生殷；尚前良之遗风兮，恫后辰而无及。⑫何孤行之茕茕兮，孑不群而介立？感鸾鹥之特栖兮，悲淑人之稀合。⑬

①玄训，道德之训也。《论语》颜回曰："仰之弥高。"

②《论语》孔子曰："里仁为美，宅不处仁，焉得知？"里、宅，皆居也。

③《说文》曰："膺，匈也。"《礼记》曰："服膺拳拳而不息。"靓音才性反。《前书音义》曰："靓与静同。"

④修谓自修为善也。《楚辞》曰："苟中情其好修兮。"

⑤竦，企立也。《礼记》曰："为人臣止于恭，为人子止于孝，为人父止于慈，与国人交止于信。"跌，蹉也，音徒结反。绳墨谕礼法也。《楚辞》曰："遵绳墨而不颇。"

⑥团团，垂貌也。《诗》曰："心之忧矣，如或结之。"

⑦旌，明也。夜光，美玉。琼枝，玉树。以谕坚贞也。《楚辞》曰"折琼枝以继佩"也。

⑧案：缡音租缓反。《字书》亦"纂"字也。纂，系也。诸家音并户珪反，误也。江蓠，香草也。《本草经》曰："蘼芜，一名江蓠。"即芎䓖苗也。《楚辞》曰：

"扈江蓠与薜芷兮,纫秋兰以为佩。"皆取芬芳以象德也。

⑨袭积,褶衣也。酷裂,香气盛也。司马相如曰:"酷裂淑郁。"又曰:"袭积褰敛。"允,信也。尘,久也。邈,远也。亏犹歇也。衣服芬芳,久而不歇,以喻道德著美,幽而不屈也。

⑩姱音口瓜反。王逸注《楚词》曰:"姱,好也。"攸,所也。言德虽美好,而时人不珍也。

⑪怠,惰也。皇,暇也。舍,废也。

⑫二八,八元、八恺也。遻,遇也,音五故反。虞,虞舜也。尚,慕也。恫,痛也,音通。辰,时也。痛已后时而不及之也。

⑬《山海经》曰,女床山有鸟,五采,名曰鸾,见则天下安宁。又曰,九疑山有九采之鸟,名鷩。淑,善也。特,独也。言灵鸟既独栖,善人亦少合也。

　　彼无合其何伤兮,患介伪之冒真。且获谮于群弟兮,启《金縢》而乃信。①览蒸民之多僻兮,畏立辟以危身。②曾烦毒以迷或兮,羌孰可与言己?③私湛忧而深怀兮,思缤纷而不理。④愿竭力以守义兮,虽贫穷而不改。执雕虎而试象兮,阽佳原而跟止。⑤庶斯奉以周旋兮,要既死而后已。⑥俗迁渝而事化兮,泯规矩之圜方。⑦珍萧艾于重笥兮,谓蕙芷之不香。⑧斥西施而弗御兮,羁要袅以服箱。⑨行陂僻而获志兮,循法度而离殃。⑩惟天地之无穷兮,何遭遇之无常!

①旦,周公也。谮,谤也。信音申。成王立,周公摄政,其弟管叔、蔡叔等谤言,云公将不利于孺子,周公乃诛二叔。秋大孰未获,天大雷电以风,禾尽偃。成王与大夫启金縢之书,乃得周公所自以为功代武王之策,方信周公忠于国家也。事见《尚书》。

②蒸,众也。僻,邪也。辟,法也。《诗》曰"人之多僻,无自立辟"也。

③曾,重也。羌,发语辞也。言己之志,无可为言之也。

④湛音沈。缤纷,乱貌也。

⑤雕虎,有文也。阽,临也。焦原,原名也。跟,足踵也。《尸子》曰:"中黄伯曰:'我左执太行之獶,右执雕虎,唯象之未试,吾或焉。有力者则又愿为牛与象,自谓天下之义人也。恶乎试之?曰,夫贫穷,太行之獶也;迹贱者,义之雕虎也。吾日试之矣。'"又曰:"莒国有名焦原者,广寻,长五十步,临百刃之溪,莒国莫敢近也。有以勇见莒子者,独却行剌踵焉,

此所以服莒国也。夫义之为焦原也高矣,此义所以服一世也。"衡言躬履仁义,不避险难,亦足以服一代之人也。

⑥《左传》史克曰:"奉以周旋,不敢失坠。"《论语》孔子曰:"死而后已,不亦远乎?"

⑦化,变也。泯,灭也。

⑧萧,蒿也。笥,箧也。蕙、芷,并香草也。贵萧艾,喻任小人。谓蕙芷为不香,喻弃贤人也。

⑨斥,远也。西施,越之美女也。要音于皎反。袤音奴了反。《吕氏春秋》曰:"要袤,古之骏马也。"服,驾也。箱,车也。言疏远美女,又骏马驾车,并喻不能用贤也。

⑩陂,不正也。离,被也。

　　不抑操而苟容兮,譬临河而无航。①欲巧笑以干媚兮,非余心之所尝。龚温恭之黻衣兮,披礼义之绣裳。②辬贞亮以为鞶兮,杂技艺以为珩。③昭采藻与雕琢兮,璜声远而弥长。④淹栖迟以恣欲兮,耀灵忽其西藏。⑤恃己知而华予兮,鹈鴂鸣而不芳。⑥冀一年之三秀兮,道白露之为霜。⑦时瞀瞀而代序兮,畴可与乎比伉?⑧咨妒嫣之难并兮,想依韩以流亡,⑨恐渐冉而无成兮,留则蔽而不章。

①航,船也。《孙卿子》曰:"偷合苟容以持禄。"《周书阴符》曰:"四辅不存,若济河无舟矣。"

②黻,重也。《周礼》黑与青谓之黻,五色备曰绣。

③《说文》曰:"辬,交织也。"音蒲殄反。《礼记》曰:"男鞶革,革鞶丝。"郑玄注云:"鞶,小囊,盛帨巾也。"珩,佩玉也。

④璜,佩玉也。《尔雅》曰:"半璧曰璜。"言佩服之美,喻道德之盛也。

⑤淹,久也。栖迟,游息也。耀灵,日也。《楚辞》曰:"耀灵安藏。"言年岁之蹉跎也。

⑥己知犹知己也。华,荣也。予,衡自谓也。鹈鴂,鸟名,喻谗人也。《广雅》曰:"鹈鴂,布谷也。"《楚辞》曰:"恐鹈鴂之先鸣兮,使夫百草为之不芳。"王逸注云:"以喻谗言先至,使忠直之士被罪也。"言恃知己以相荣,反遇谗而见害也。

⑦三秀,芝草也。《楚辞》曰:"采三秀于山间。"《说文》曰:"道,迫也。"方秀

遇霜，喻以贤被谗也。

⑧亹亹，进貌也。谓四时更进而代序。畴，谁也。伉，偶也。伉，协韵音苦郎反。

⑨咨，叹也。妒，忌也。嫮，美也，音胡故反。《楚辞》曰："嫮目宜笑。"言嫉妒者，憎恶美人，故难与并也。韩谓齐仙人韩终也。为王采药，王不肯服，终自服之，遂得仙。《楚辞》曰："羡韩众之得一。"流亡谓流遁亡去也。

心犹与而狐疑兮，即歧阯而摅情。①文君为我端蓍兮，利飞遁以保名。②历众山以周流兮，翼迅风以扬声。③二女感于崇岳兮，或冰折而不营。④天盖高而为泽兮，谁云路之不平！⑤勔自强而不息兮，蹈玉阶之峣峥。⑥惧筮氏之长短兮，钻东龟以观祯。⑦遇九皋之介鸟兮，怨素意之不逞。⑧游尘外而瞥天兮，据冥翳而哀鸣。⑨雕鹗竞于贪婪兮，我修洁以益荣。⑩子有故于玄鸟兮，归母氏而后宁。⑪

①歧阯，山足也。周文王所居也。

②文君，文王也。端，正也。《楚辞》曰："詹尹端策拂龟。"《周易·遁卦·上九》曰："肥遁无不利。"《淮南九·师道训》曰："遁而能飞，吉孰大焉？"

③《遁卦·艮》下《乾》上，《艮》为山，故曰历众山。从二至四为《巽》，《巽》为风，故曰翼迅风也。

④《遁·上九》变而为《咸》。咸，感也。《咸卦·艮》下《兑》上，从二至四为《巽》，与《兑》为二女也。崇岳谓《艮》也。从三至五为《乾》。《易·说卦》曰："《乾》为冰，《兑》为毁折。"阳不求阴，故曰冰折而不营也。

⑤《乾》变为《兑》，《乾》为天，《兑》为泽，故曰夫为泽。言天高尚为泽，谁云路之不平？言可行也。

⑥勔，勉也。《乾》为金玉，故曰玉阶。峣峥，高峻貌。峣音尧。峥音士耕反。

⑦《左传》晋卜人曰："筮短龟长，不如从长。"言筮之未尽，复以龟卜之也。《周礼》"龟人掌六龟之属，东龟曰果属，其色青"也。

⑧《诗·小雅》曰："鹤鸣九皋。"注云："皋，泽中溢水出所为也。自外数至九，喻深远也。"介，耿介也。《龟经》有栖鹤兆也。言卜得鹤兆也。逞，快也，协韵音丑贞反。

⑨瞥，视也，音普列反。冥翳，高远也。

⑩雕、鹗,鸷鸟也,以喻谗佞也。

⑪子谓衡也。有故于玄鸟谓卜得鹤兆也。《易》曰:"鸣鹤在阴,其子和之。
　我有好爵,吾与汝縻之。"言子归母氏然后得宁,犹臣遇贤君方享爵禄。
　劝衡求圣君以仕之也。

　　占既吉而无悔兮,简元辰而俶装。①旦余沐于清原兮,晞
余发于朝阳。②漱飞泉之沥液兮,咀石菌之流英。③翾鸟举而
鱼跃兮,将往走乎八荒。④过少皞之穷野兮,问三丘乎句芒。⑤
何道真之淳粹兮,去秽累而票轻。⑥登蓬莱而容与兮,鳌虽抃
而不倾。⑦留瀛洲而采芝兮,聊且以乎长生。⑧凭归云而遐逝
兮,夕余宿乎扶桑。⑨噏青岑之玉醴兮,餐沆瀣以为粮;⑩发昔
梦于木禾兮,谷昆仑之高冈。⑪朝吾行于汤谷兮,从伯禹于稽
山。⑫集梦群神之执玉兮,疾防风之食言。⑬

①悔,恶也。元辰,吉辰也。俶,整也。

②晞,干也。朝阳,日也。《尔雅》曰:"山东曰朝阳。"《楚辞》曰"朝濯发于阳
　谷,夕晞身乎九阳"也。

③沥液,微流也。咀,嚼也。石菌,芝也。英,华也。

④翾,飞也,音许缘反。走犹赴也,音奏。八荒,八方荒远地也。《淮南子》
　曰:"登太山,履石封,以望八荒。"

⑤《帝王纪》曰:"少昊邑于穷桑,都曲阜,故或谓之穷桑帝。"地在鲁城北。
　衡欲往东方,故先过穷桑之野。三丘,东海中三山也,谓蓬莱、方丈、瀛
　洲。句芒、木正,东方之神也。

⑥道真谓道德之真。班固《幽通赋》曰:"劋沈躬于道真。"不浇曰淳,不杂
　曰粹。票音匹妙反,犹飘飘也。

⑦鳌,大龟也。《列子》曰:"勃海之东有大壑焉,其中有五山:一曰岱舆,二
　曰员峤,三曰方壶,四曰瀛洲,五曰蓬莱。随波上下往还,不得暂峙。仙
　圣诉于帝,使巨鳌十五举首而戴之,迭为三番,六万岁一交焉,五山始
　不动。"抃音皮媛反。《楚辞》曰:"鳌戴山抃。"《说文》:"抃,拊手也。"

⑧东方朔《十洲记》曰"瀛洲,在东海之东,上生神芝仙草,有玉石膏出泉
　如酒味,名之为玉酒,饮之令人长生"也。

⑨扶桑,日所出,在汤谷中,其桑相扶而生。见《淮南子》。

⑩《尔雅》曰:"山小而高曰岑。"郭璞注曰:"言岑崟也。"楚辞曰:"餐六气

而饮沆瀣。"王逸注云："沆瀣,夜半气也。"粮"或用"粻"。

⑪《山海经》曰："昆仑墟在西北,方八百里,高万仞,上有木禾,长五寻,大五围。"昔,夜也。谷,生也。衡此夜梦禾生于昆仑山之上,即下文云"捫巫咸作占梦,含嘉秀以为敷"是也。《衡集》注及近代注解皆云"昔日梦至木禾,今亲往见焉,是为发昔梦也。"臣贤案:衡之此赋,将往走乎八荒以后,即先往东方,次往南方,乃适西方,此时正在汤谷、扶桑之地,昆仑乃西方之山,安得已往昆仑见木禾乎? 良由寻究不精,致斯谬耳。

⑫汤谷,日所出也。孔安国注《尚书》曰："禹代鲧为崇伯,故称伯。"《吴越春秋》曰："禹登茅山,大会计理国之道,故更名其山曰会稽"也。

⑬《左传》曰："禹合诸侯于涂山,执玉帛者万国。"《国语》仲尼曰："昔禹致群神于会稽之山,防风氏后至,禹杀而戮之。"客曰："敢问谁为神?"仲尼曰："山川之守,足以纪纲天下者,其守为神。"食言谓后至也。《尔雅》曰："食,伪也。"

指长沙以邪径兮,存重华乎南邻。①哀二妃之未从兮,翩傸处彼湘濒。②流目覩夫衡阿兮,睹有黎之圮坟。痛火正之无怀兮,托山陵以孤魂。③愁尉蔚以慕远兮,越邛州而愉敖。④跻日中于昆吾兮,憩炎天之所陶。⑤扬芒熛而绛天兮,水泫沄而涌涛。⑥温风翕其增热兮,怒郁邑其以难聊。⑦颙鞿旋而无友兮,余安能乎留兹?

①长沙,今潭州也。从稽山西南向长沙,故云邪径。存独问也。重华,舜名,葬于苍梧,在长沙南,故云"南邻"也。

②二妃,舜妻尧女娥皇、女英。翩,连翩也。傸,弃也。濒,水涯也。刘向《列女传》曰："舜陟方,死于苍梧,二妃死于江湘之间,俗谓之湘君、湘夫人也。"《礼记》云"舜葬苍梧,二妃不从"也。

③衡阿,衡山之曲也。黎,颛顼之子祝融也,为高辛氏之火正,葬于衡山。圮,毁也。盛弘之《荆州记》云："衡山南有南正重黎墓。楚灵王时,山崩,毁其坟,得营丘九头图焉。"

④《河图》曰："天有九部八纪,地有九州八柱。东南神州曰晨土,正南邛州曰深土,西南戎州曰滔土,正西弇州曰开土,正中冀州曰白土,西北柱州曰肥土,北方玄州曰成土,东北咸州曰隐土,正东扬州曰信土。"愉,乐也。敖,游也。

⑤《淮南子》曰:"日至于昆吾,是谓正中。"高诱注云:"昆吾,丘名,在南方。"憇,息也。东方朔《神异经》曰:"南方有火山,长四十里,广四五里,昼夜火然。"陶犹炎炽也。

⑥芒,光芒也。《字林》曰:"熛,飞火也。"音必遥反。法音胡犬反,沄音户昆反,并水流貌也。

⑦温风,炎风也。《淮南子》曰:"南方之极,自北户之外,南至委火、炎风之野,二万二千里。"怒音奴觐反。《尔雅》曰:"怒,思也。"

顾金天而叹息兮,吾欲往乎西嬉。①前祝融使举麾兮,缅朱鸟以承旗。②躔建木于广都兮,拓若华而踌躇。③超轩辕于西海兮,跨汪氏之龙鱼。闻此国之千岁兮,曾焉足以娱余?④

①金天氏,西方之帝,少暤也。嬉,戏也。

②缅,系也,音山绮反。朱鸟,凤也。《楚辞》曰"凤皇翼其承旗"也。

③躔,次也。拓犹折也。《淮南子》曰:"建木在广都,若木在建木西,末有十日,其华照地。"《山海经》曰,广都之野,后稷葬焉。《楚辞》曰:"折若木以拂日"也。踌躇犹俳回也。踌音直流反,躇音直余反。

④《山海经》曰:"轩辕之国,在穷山之际,其不寿者八百岁。龙鱼在其北,一曰虾鱼,有神共乘此以行九野。一曰鳖鱼,在汪野北,其为鱼也如鲤鱼。白人之国在龙鱼北"也。

思九土之殊风兮,从蓐收而遂徂。①欻神化而蝉蜕兮,朋精粹而为徒。②蹶白门而东驰兮,云台行乎中野。③乱弱水之潨溠兮,逗华阴之湍渚。④号冯夷俾清津兮,棹龙舟以济予。⑤会帝轩之未归兮,怅相佯而延伫。⑥呵河林之蓁蓁兮,伟《关雎》之戒女。⑦

①九土,九州也。蓐收,西方神也。徂,往也。欲还中土也。

②欻,疾貌也,音许勿反。蜕音税。《说文》曰:"蝉蛇蜕所解皮也。"言去故就新,若蝉之蜕也。朋犹侣也。粹,美也。

③蹶音厥。郑玄注《礼记》云:"蹶,行处之貌也。"《淮南子》曰:"自东北曰方土之山,曰苍门;东方曰东极之山,开明之门;东南方曰波母之山,曰阳门;南方南极之山,曰暑门;西南方曰编驹之山,曰白门;西方曰西极之山,曰阊阖之门;西北方曰不周之山,曰幽都之门;北方曰北极之山,曰寒门。凡八极之云,是雨天下八门之风,是节寒暑。"《尔雅》曰:

"台,我也。"野,协韵音神渚反。

④ 正绝流曰乱。《山海经》曰:"昆仑之丘,其下有弱水之川环之。"注云:"其水不胜鸟毛。"潨淡,流貌也。逗,止也。华阴,华山之北也。临河,故云"湍渚"。

⑤ 号,呼也。《圣贤冢墓记》曰:"冯夷者,弘农华阴潼乡堤首里人,服八石,得水仙,为河伯。"《龙鱼河图》曰:"河伯姓吕名公子,夫人姓冯名夷。"俾,使也。清,静也。津,济度处。静之使无波涛也。棹,楫也。《淮南子》曰:"龙舟,鹢首,浮吹以虞。"予,我也。

⑥ 帝轩,黄帝也。铸鼎于湖,在今湖城县,与河、华相近。未归谓黄帝得仙升天,神灵未归。相伴独俳回也。

⑦ 呬音许吏反。《尔雅》曰:"呬,息也。"蓁蓁,茂盛貌。《山海经》云"北望河林,其状如蒨。"伟,美也。《诗·国风》曰:"关关雎鸠,在河之洲。窈窕淑友,君子好仇。"衡睹河洲而思之也。

　　黄灵詹而访命兮,摎天道其焉如。① 曰近信而远疑兮,六籍阙而不书。② 神迷昧其难覆兮,畴克谟而从诸?③ 牛哀病而成虎兮,虽逢昆其必噬。④ 鳖令殪而尸亡兮,取蜀禅而引世。⑤ 死生错而不齐兮,虽司命其不晰。⑥ 窦号行于代路兮,后膺祚而繁庑。⑦ 王肆侈于汉庭兮,卒衔恤而绝绪。⑧ 尉尨眉而郎潜兮,逮三叶而遘武。⑨ 董弱冠而司衮兮,设王隧而弗处。⑩ 夫吉凶之相仍兮,恒反侧而靡所。

① 黄灵,黄帝神也。《尔雅》曰:"詹,至也。访,谋也。摎,求也。"

② 曰,黄帝答言也。六籍,《六经》也。

③ 迷,道也。《尔雅》曰:"覆,审也。畴,谁也。谟,谋也。"

④ 昆,兄也。《淮南子》曰:"昔公牛哀病七日,化而为虎。其兄觇之,虎搏而杀之,不知其兄也。"

⑤ 鳖令,蜀王名也。令音灵。殪,死也。禅,传位也。引,长也。扬雄《蜀王本纪》曰"荆人鳖令死,其尸流亡,随江水上至成都,见蜀王杜宇,杜宇立以为相。杜宇号望帝,自以德不如鳖令,以其国禅之,号开明帝。下至五代,有开明尚,始去帝号,复称王"也。

⑥ 错,交错也。司命,天神也。《春秋佐助期》曰:"司命,神,名为灭党,长八尺,小鼻,望羊,多髭,癯瘦,通于命运期度。"晰,明也,协韵音之逝反。

⑦窦谓孝文窦皇后也。繁庑,茂盛也。吕太后时,出宫人以赐诸王,窦姬家在清河,愿如赵近家,遗宦者吏,必置我赵伍中。宦者忘之,误置代伍中,姬涕泣不欲往,相强乃行。至代,代王独幸窦姬,生景帝,后立为皇后。景帝生十四子,后至光武中兴也。

⑧王谓孝平王皇后,莽之女也。《前书》,聘以黄金二万斤,遣刘歆奉乘舆法驾,迎后于第。及莽篡位,后常称疾不朝。会莽诛,后自投火中而死。恤,忧也。《诗·小雅》曰:"出则衔恤。"绝绪言无后也。

⑨尉谓都尉颜驷也。龙,苍杂色也。遭,遇也。《汉武故事》曰"上至郎署,见一老郎,鬓眉皓白,问:'何时为郎?何其老也?'对曰:'臣姓颜,名驷,以文帝时为郎。文帝好文而臣好武,景帝好老而臣尚少,陛下好少而臣已老,是以三叶不遇也。'上感其言,擢为会稽都尉"也。

⑩董贤字圣卿,哀帝时为大司马,年二十二。衮,三公服也。时哀帝令为贤起冢,至尊无以加。及帝崩,王莽杀贤于狱中。《左传》曰,晋侯请隧,曰"王章也。"《礼记》曰"二十曰弱冠"也。

穆负天以悦牛兮,竖乱叔而幽主。①文断袪而忌伯兮,阉谒贼而宁后。②通人暗于好恶兮,岂爰惑之能剖?③嬴擿讖而戒胡兮,备诸外而发内。④或辇贿而违车兮,孕行产而为对。⑤慎灶显于言天兮,占水火而妄讳。⑥梁叟患夫黎丘兮,丁厥子而事刃。亲所睇而弗识兮,矧幽冥之可信。⑦母绵挛以滓己兮,思百忧以自疚。⑧

①穆,鲁大夫叔孙豹也。谥曰穆。牛谓竖牛,豹之子也。幽,闭也。大夫称主。《左传》曰,叔孙豹奔齐,宿于庚宗,遇妇人而私焉。至齐,梦天压己,弗胜,顾而见人,号之曰"牛,助余",乃胜之。及后还鲁,庚宗之妇人献以雉,曰:"余子长矣。"召而见之,则所梦也。遂使为竖,有宠。及穆子遇疾,竖牛欲乱其室,曰"夫子疾病,不欲见人。"牛不进食,穆子遂饿而死。

②文,晋文公也。袪,袂也。忌,怨也。伯谓伯楚也。谒,告也。贼谓吕甥、冀芮等。宁,安也。后,文公也。初,晋献公使寺人勃鞮伐公于蒲城,公逾垣,勃鞮斩其袪。及公入国,吕生、冀芮谋作乱,伯楚知之,以告公。公会秦伯于王城,杀吕、郤。伯楚,勃鞮字也。事见《国语》也。

③通人谓穆子、文公等。暗于好恶谓初悦竖牛,后以饿死;始怨勃鞮,终能

告贼。剖，分也。言通人尚暗于好恶，况爱宠昏惑者岂能分之？

④嬴，秦姓也。擿犹发也。谓始皇发谶，云“亡秦者胡”，乃使蒙恬北筑长城，以为外备，而不知胡亥竟为赵高所杀，秦氏遂亡，是发内。

⑤辇，运也。违，避也。车谓张车子也。有夫妇夜田者，天帝见而矜之，问司命曰：“此可富乎？”司命曰：“命当贫，有张车子财可以借而与之期。日车子生，急还之。”田者稍富，及期，夫妇辇其赂以逃。同宿有妇人，夜生子，问名于其父，父曰：“生车间，名车子。”其家自此之后遂大贫散。见《搜神记》。

⑥《尔雅》曰：“谇，告也。”《左传》曰：“日有食之。梓慎曰：‘将水。’叔孙昭子曰：‘旱也。’后果大旱。”又曰“宋、卫、陈、郑将火，郑大夫裨灶请瓘斝，玉钻禳火，子产弗予。灶曰：‘不用吾言，郑又将火。’子产曰：‘天道远，人道迩，非尔所及。’遂不与，亦不复火”也。

⑦梁叟，梁国之老人也。丁，当也。睇，视也。矧，况也。《吕氏春秋》曰：‘梁北有黎丘乡，乡有丈人往市，醉而归者，黎丘奇鬼效其子之状而道苦之。丈人醒，谓其子曰：‘吾为而父，我醉，女道苦我，何故？’其子泣曰：‘必奇鬼也。’丈人明日之市，醉，其真子迎之，丈人拔剑而刺之。”事音侧利反。《前书音义》曰“江东人以物插地中为事”也。

⑧绵挛犹牵制也。挛音胡鼎反。《衡集》注云：“挛，引也。言勿牵制于俗，引忧于己。”《诗》曰：“无思百忧，只自重兮。”

彼天监之孔明兮，用棐忱而佑仁。①汤蠲体以祷祈兮，蒙庬禔以拯人。②景三虑以营国兮，荧惑次于它辰。③魏颗亮以从理兮，鬼亢回以敝秦。④咎繇迈而种德兮，德树茂乎英六。⑤桑末寄夫根生兮，卉既雕而已毓。⑥有无言而不仇兮，又何往而不复？⑦盍远迹以飞声兮，孰谓时之可蓄？⑧

①监，视也。孔，甚也。棐，辅也。忱，诚也。佑，助也。言天之视人甚明，唯辅诚信而助仁德也。《尚书》曰：“天监厥德。”又曰：“天威棐忱。”

②蠲，洁也。祈，求也。《尔雅》曰：“庬，大也。禔，福也。”《帝王纪》曰：“汤时大旱七年，殷史卜曰：‘当以人祷。’汤曰：‘必以人祷，吾请自当。’遂斋戒，翦发断爪，以己为牲，祷于桑林之社，果大雨。”言蒙天大福以拯救人。《衡集》“祈”字作“祊”。祊，祭也。禔音斯。

③景，宋景公也。三虑谓三善言也。景公有疾，司马子韦曰：“荧惑守心。

心,宋之分野。君当祭之,可移于相。"公曰:"相,股肱也。除心腹之疾而寘之股肱,可乎?"曰:"可移于民。"公曰:"民所以为国,无民何以为君?"曰:"可移于岁。"公曰:"岁,所以养人也。岁不登,何以畜人乎?"子韦曰:"君善言三,荧惑必退三舍。见《吕氏春秋》也。"

④魏颗,魏武子之子也。亮,信也。《左传》曰,晋魏颗败秦师于辅氏,获杜回。杜回,秦之力人也。初,魏武子有嬖妾,武子疾,命颗曰:"必嫁是妾。"疾病,则曰:"必以为殉。"及卒,颗嫁之,曰:"疾病则乱,吾从其治也。"辅氏之役,颗见老人结草以亢杜回,踬而颠,故获之。夜梦之曰:"余,而所嫁妇人之父也。尔用先人治命,余是以报也。"

⑤《尚书》曰:"咎繇迈种德。"注云:"迈,行也。种,布也。英、六,并国名。咎繇能行布道德,子孙茂盛,封于英、六。《帝王纪》:"皋陶卒,葬之于六,禹封其少子于六,以奉其祀。"六故城在今寿州安丰县南也。

⑥根生谓寄生也。言百草至寒皆雕落,唯寄生独荣于桑之末。《本草经》:"桑上寄生,一名寄屑,一名寓木,一名宛童。"以喻咎繇封于英、六,余国先灭,英、六独存也。

⑦言咎繇布德行仁,庆流后裔,《诗》曰:"无言不仇。"《易》曰:"无往不复"也。

⑧盍,何不也。蓄独待。言何不远游以飞声誉,谁谓时之可待?言易逝也。

　　仰矫首以遥望兮,魂懱惘而无畴。①逼区中之隘陋兮,将北度而宣游。②行积冰之硙硙兮,清泉沍而不流。③寒风凄而永至兮,拂穹岫之骚骚。玄武缩于壳中兮,腾蛇蜿而自纠。④鱼矜鳞而并凌兮,鸟登木而失条。⑤坐太阴之屏室兮,慨含欷而增愁。⑥怨高阳之相寓兮,偭颛顼而宅幽。⑦庸织络于四裔兮,斯与彼其何瘳?⑧望寒门之绝垠兮,纵余缫乎不周。⑨迅飚潚其媵我兮,鹜翩飘而不禁。⑩趋爓峒之洞穴兮,摽通渊之碄碄。⑪经重阴乎寂寞兮,慜坟羊之潜深。⑫

①懱惘犹敝悦也。

②逼,迫也。宣,遍也。

③《淮南子》曰:"北方之极,自九泽穷大海之极,有冻寒积水雪雹群冰之野。"硙音牛哀反。《世本》云:"公输作石硙。"《说文》曰:"硙硙,霜雪之貌。"盖古字硙与"皑"通。沍音胡故反。杜预注《左传》云:"沍,闭也。"

④玄武谓龟、蛇也。《曲礼》曰："前朱爵而后玄武。"殼，龟甲也。《尔雅》曰：
　　"螣，螣蛇。"蜿，屈也。纠，缠结也。骚骚，协韵音修。纠音古由反。

⑤矜，辣也。并犹聚也。凌，冰也，音力澄反。失条言寒也。

⑥太阴，北方极阴之地也。《楚词》曰"选鬼神于太阴。"

⑦高阳氏帝颛顼也。《山海经》曰："东北海之外，附禺之山，帝颛顼与九嫔
　　葬焉。"相，视也。寓，居也。佝，屈也，音乞凤反。宅幽谓居北方幽都之
　　地。《尚书》曰："宅朔方曰幽都。"

⑧庸，劳也。织络犹经纬往来也。瘳，愈也。言劳于往来四方，经积冰炎火
　　之地，彼此亦何差也。"织"或作"识"。"络"或作"骆"。

⑨《淮南子》曰："北极之山，曰寒门。"《楚辞》曰："蹠绝垠乎寒门。"垠音五
　　巾反。《广雅》曰："垠，咢也。"缧，马缰也，音思列反。不周，西北方山也。
　　"垠"或作"限"也。

⑩飚，风也。潚，疾也，音肃。媵，送也。翩翩亦疾貌也。禁，协韵音金。

⑪餶峒，深貌也。餶音呼舍反。峒音呼加反。沆音林，亦深貌也。既游四
　　方，又入地下。

⑫重阴，地中也。《国语》曰："鲁季桓子穿井，获土缶，中有虫若羊焉，使问
　　仲尼。仲尼对曰：'土之怪曰坟羊。'"

　　追慌忽于地底兮，轶无形而上浮。①出右密之暗野兮，不
蹊之所由。②速烛龙令执炬兮，过钟山而中休。③瞰瑶溪之赤
岸兮，吊祖江之见刘。④聘王母于银台兮，羞玉芝以疗饥。⑤戴
胜愁其既欢兮，又诮余之行迟。⑥载太华之玉女兮，召洛浦之
宓妃。⑦咸姣丽以蛊媚兮，增嫮眼而娥眉。⑧舒妙婧之纤腰兮，
扬杂错之袿徽。⑨杂朱唇而微笑兮，颜的砺以遗光。⑩献环琨
与琬璃兮，申厥好以玄黄。⑪虽色艳而赂美兮，志浩荡而不
嘉。⑫双材悲于不纳兮，并咏诗而清歌。⑬歌曰：天地烟煴，百
卉含蘤。鸣鹤交颈，雎鸠相和。处子怀春，精魂回移。⑭如何淑
明，忘我实多。⑮

①慌忽，无形貌也。

②右谓西方也。密，山名也。《山海经》曰，西北曰密山。黄帝取密山之玉
　　策，投之钟山之阴。暗，幽隐也。蹊，路也。

③速，召也。烛龙，北方之神也。《山海经》曰："西北海之外有神，人面蛇

身,而赤其眼,及晦视乃明,不食不寝,是烛九阴,是谓烛龙。"炬,可以照明。

④瑶溪,瑶岸也。《山海经》曰:"钟山之东曰瑶岸。"又曰:"钟山,其子曰鼓。其状人面而龙身,是与钦𬶠杀祖江于昆仑之阳。"𬶠音邛。《尔雅》曰:"刘,杀也。

⑤王母,西王母也。银台,仙人所居也。差,进也。《本草经》曰:"白芝,一名玉芝。"

⑥《山海经》曰:"昆仑之丘,有人戴胜虎齿,有尾,穴处,名曰西王母。"憨,相传音宜觐反。杜预注《左传》:"憨,发语之音也。"臣贤案:张揖《字诂》,憨,笑貌也,嗚之别体,音许近反,与此义合也。

⑦《诗含神雾》曰:"太华之山,上有明星玉女,主持玉浆,服之神仙。"宓妃,洛水神也。

⑧姣,好也,音古巧反,盅音野,谓妖丽也。嫣音胡故反,好貌也。《楚辞》曰"嫣目宜笑"也。

⑨婧音财性反,谓妍婧也。袿音圭,妇人之上服。《尔雅》曰:"妇人之徽谓之褵。"郭璞注云:"即今之香缨也。"

⑩的砾,明也。遗光言光彩射人也。

⑪环、琨,并玉佩也。《白虎通》曰"修道无穷即佩环,能本道德即佩琨"也。玄黄谓缯绮也。《尚书》曰:"厥篚玄黄。"言玉女、宓妃等既献环佩,又赠以缯绮也。

⑫"赂"或作"贻"。浩荡,广大也。言不以玉女及赠遗为美也。《楚辞》曰:"怨灵修之浩荡。"

⑬双材谓玉女、宓妃也,即上文所谓"二女感于崇岳"也。

⑭烟煴,气也。《易·系辞》曰:"天地烟煴。"张揖《字诂》曰:"蒕,古花字也。"处子,处女也。怀,思也。《庄子》曰:"绰约若处子。"《诗》曰:"有女怀春。"

⑮淑,善也。《诗》曰:"如何如何,忘我实多。"

　　将答赋而不暇兮,爰整驾而匢行。①瞻昆仑之巍巍兮,临萦河之洋洋。伏灵龟以负坁兮,亘螭龙之飞梁。②登阆风之曾城兮,构不死而为床。③屑瑶蘂以为糇兮,斟白水以为浆。④抨巫咸以占梦兮,乃贞吉之元符。⑤滋令德于正中兮,合嘉秀以为敷。⑥既垂颖而顾本兮，尔要思乎故居。⑦安和静而随时兮，姑纯懿之所庐。⑧

①赋谓玉女所歌诗也。亟，疾也，音纪力反。即上谓"冰折不营"也。

②《山海经》曰："河出昆仑西北隅。"萦，曲也。《尔雅》曰："小沚曰坻。"谓水中高地，以龟负之，可以驾桥也。亘犹横度也。《广雅》曰"无角曰螭龙"也。

③阆，风山名，在昆仑山上。《楚词》曰："登阆风而绁马。"《淮南子》曰："昆仑山有曾城九重，高万一千里，上有不死树在其四。"今以不死木为床也。

④瑶，琼也。《楚辞》曰："屑琼蘂以为粻。"粮，粮也。酾音居于反谓酌也。《河图》曰："昆山出五色流水，其白水东南流入中国，名为河"也。

⑤抨，使也，音普耕反，又补耕反。巫咸，神巫也。《山海经》曰，大荒之中有灵山，巫咸，巫彭、巫谢等十巫。衡既梦木禾，今故令巫咸占之也。元，善也。

⑥滋，茂也。《淮南子》曰："昏张中则务种谷。"《说文》曰："禾，嘉谷也。至二月始生，八月而孰，得时之中，故谓之禾。"

⑦颖，穟也。本，禾本也。言禾既垂穟顾本，人亦当思故居也。《淮南子》曰："孔子见禾三变，始于粟，生于苗，成于穟，乃叹曰：'我其首禾乎？'"高诱注云："禾穟向根，君子不忘本也。"

⑧姑，且也。懿，美也。庐犹居也。

　　戒庶寮以夙会兮，轪恭职而并迓。①丰隆轪其震霆兮，列缺晔其照夜。②云师㴲以交集兮，冻雨沛其洒涂。③轪璥舆而树葩兮，扰应龙以服辂。④百神森其备从兮，屯骑罗而星布。⑤

①金，皆也。迓，迎也。

②丰隆，雷也。轪，声也，音普耕反。震霆，霹雳也。霆音庭。列缺，电也。晔，光也。

③云师，屏翳也。㴲，阴貌，音徒感反。《尔雅》曰："暴雨谓之冻。"沛，雨貌也。涂，协韵音徒故反。《楚辞》曰："使冻雨兮洒尘。"

④轪音鱼绮反。《尔雅》曰："载辔谓之轪。"郭璞注云："轪，轭上环也，辔所贯也。"璥，以玉饰车也。树，立也。葩，华也，于车上建华盖。扰，驯也。《广雅》曰"有翼曰应龙"也。

⑤《周颂》曰:"怀柔百神。"森,众貌也。屯,聚也。

　　振余袚而就车兮,修剑揭以低昂。①冠嵲嵲其映盖兮,佩
緜緟以辉煌。②仆夫俨其正策兮,八乘摅而超骧。③氛旄溶以
天旋兮,蜺旌飘而飞扬。④抚轮軹而还眄兮,心灼药其如汤。⑤
羡上都之赫戏兮,何迷故而不忘。⑥左青珦以揵芝兮,右素威
以司钲。⑦前长离使拂羽兮,委水衡乎玄冥。⑧属箕伯以函风
兮,澄洊涩而为清。⑨曳云旗之离离兮,鸣玉鸾之譻譻。⑩涉清
霄而各升遐兮,浮蔑蒙而上征。⑪纷翼翼以徐戾兮,焱回回其
扬灵。⑫叫帝阍使辟扉兮,觌天皇于琼宫。⑬聆广乐之九奏兮,
展泄泄以肜肜;⑭考理乱于律钧兮,意建始而思终。⑮惟盘逸
之无敩兮,惧乐往而哀来。⑯素抚弦而余音兮,大容吟曰念
哉。⑰既防溢而静志兮,迨我暇以翱翔。⑱

①修,长也。揭,低昂貌也。

②嵲音五各反,一作"岌",并冠高貌也。映盖谓冠与车盖相映也。緜音林,
　緟音离,盛貌也。辉音胡本反,光貌也。

③八乘,八龙也。《楚辞》曰:"驾八龙之蜿蜿。"摅犹腾也。

④氛,天气也。旄,羽旄也。溶音勇。王逸注《楚辞》曰:"溶,广大貌也。"蜺,
　雌虹也。

⑤轮音零。《说文》曰:"车辐间横木也。"《楚辞》曰:"倚结轮兮太息。"軹音
　之是反。杜子春注《周礼》云:"軹,两辖也。"《说文》云:"车轮小穿也。"
　还眄,顾瞻也。药音铄,热貌也。言顾瞻乡国而心热也。

⑥上都谓天上也。赫戏,盛貌也。衡既遍历四海,方欲游于天上,故云何不
　忘其故居,而苦迷惑思之。

⑦青珦,青文龙也。揵,坚也,音巨偃反。芝,盖也。素威,白武也。《礼
　记》曰:"左青龙而右白武。"《说文》曰"钲,铙也,似铃"也。

⑧长离,即凤也。水衡,官名,主水官也。玄冥,水神也。司马相如《大人
　赋》曰"前长离而后矞皇"也。

⑨箕伯,风师也。函独舍也。澄,清也。洊音它典反。涩音乃典反。《楚
　辞》曰:"切洊涩之流俗。"王逸注曰:"洊涩,垢浊也。"

⑩鸾,铃也,在镳。譻,声也,音嘤。《楚辞》曰"鸣玉鸾之啾啾"也。

⑪霄,云也。蔑蒙,气也。蒙音莫孔反。上征,上于天也。扬雄《甘泉赋》曰:

"浮蔑蒙而撒天。"

⑫翼翼，飞貌。戾，至也。回回，光貌。《楚辞》曰"皇剡剡其扬灵。"王逸注
　云："扬其光灵也。"

⑬阍，主门者。天皇，天帝也。扬雄《甘泉赋》曰："选巫咸兮叫帝阍。"

⑭《史记》曰，赵简子曰："我之所所甚乐，与百神游于钧天。《广乐》九奏。"
　《左传》郑庄公赋"大队之中，其乐也融融。"姜出，赋"大队之外，其乐也
　泄泄。"彤"与"融"同也。

⑮《诗·序》曰："太平之音安以乐，其政和。乱世之音怨以怒，其政乖。"
　律，十二律也。《乐叶图征》曰："圣人承天以立均。"宋均注曰："均长八
　尺，施弦以调六律也。"建，立也。衡言听九奏之乐，考政化之得失，而思
　其终始也。

⑯盘，乐也。逸，纵也。斁，厌也，音亦，又音徒故反，古"度"字也。《庄子》
　曰："乐未毕也，哀又继之。"

⑰素，素女也。《史记》曰："太帝使素女鼓五十弦琴。"大容，黄帝乐师也。
　念哉，戒逸乐也。

⑱溢，满也。迨，及也。翱翔，将远逝也。

　　出紫宫之肃肃兮，集大微之阆阆。①命王良掌策驷兮，逾
高阁之锵锵。②建罔车之幕幕兮，猎青林之芒芒。③弯威弧之
拨剌兮，射嶓冢之封狼。④观壁垒于北落兮，伐河鼓之磅硪。⑤
乘天潢之泛泛兮，浮云汉之汤汤。⑥倚招摇摄提以低回剹流
兮，察二纪五纬之绸缪遹皇。⑦偃蹇夭矫娬以连卷兮，杂沓丛
领飒以方骧。⑧鹹汨飂戾沛以罔象兮，烂漫丽靡藐以迭逿。⑨
凌惊雷之硫礚兮，弄狂电之淫裔。⑩逾厐洶于宕冥兮，贯倒景
而高厉。⑪廓荡荡其无涯兮，乃今穷乎天外。

①紫宫、太微，并星名也。肃肃，清也。阆阆，明大也。

②《史记》曰："天驷旁一星曰王良。"高阁，阁道星也。《史记》曰："绝汉抵
　营室曰阁道。"锵锵，高貌也。

③罔车，毕星也。幕幕，罔貌。青林，天苑也。

④弧，星名也。《易》曰："弧矢之利以威天下。"拨音方割反。剌音力达反。
　拨剌，张弓貌也。嶓冢，山也。封，大也。狼，星名。《河图》曰："嶓冢之
　精，上为狼星。"

⑤壁，东壁也。《史记》曰，羽林天军西为壁垒，旁大星为北落。牵牛北为河鼓。磅硠，声也。磅音普郎反。硠音郎。

⑥《史记》曰，王良旁有八星绝汉曰天潢，云汉曰天河也。

⑦招摇、摄提，星名也。剹音居流反。低回剹流，回转之貌。二纪，日月也。五纬，五星也。绸缪，相次之貌也。遹皇，行貌也。

⑧婏音孚万反，卷音拳，并翱翔自恣之貌也。

⑨緎音一六反，汩音于笔反，飋音辽，沛音普盖反，并疾貌也。藐，小也。藐音亡小反。砀，徒郎反。

⑩硠磕，电声也。硠音康。磕音苦盖反。淫裔，电貌也。狂，疾也。

⑪庬音亡孔反。澒，胡孔反。《孝经援神契》曰“天度濛澒。”宋均注云：“濛澒，未分之象也。”《说文》曰：“宕，过也。”冥，幽冥也。贯，穿也。《前书》谷永上书曰：“登遐倒景。”《音义》曰：“在日月之上，日月反从下照，故其景倒也。”厉，陵厉也。

据开阳而頫眄兮，临旧乡之暗蔼。①悲离居之劳心兮，情悁悁而思归。②魂眷眷而屡顾兮，马倚辀而俳回。③虽遨游以婾乐兮，岂愁慕之可怀。④出阊阖兮降天涂，秉飚忽兮驰虚无。⑤云霏霏兮绕余轮，风眇眇兮震余旟。缤联翩兮纷暗暧，倏眩眃兮反常闾。⑥

①《春秋运斗枢》曰：“北斗弟六星为开阳。”頫音俯。暗蔼，远貌也。暗音乌感反。

②《说文》曰：“悁悁，忧也。”音于缘反。《诗·国风》曰“劳心悁悁”也。

③辀，辕也。

④婾音通侯反。怀，安也。

⑤阊阖，天门。

⑥倏，忽也。眩音县，眃音混，疾貌也。常闾，故里。

收畴昔之逸豫兮，卷淫放之遐心。①修初服之娑娑兮，长余珮之参参。②文章焕以粲烂兮，美纷纭以从风。御六艺之珍驾兮，游道德之平林。③结典籍而为罟兮，敺儒墨而为禽。④玩阴阳之变化兮，咏《雅》、《颂》之徽音。嘉曾氏之《归耕》兮，慕历陵之钦崟。⑤共夙昔而不贰兮，固终始之所服也。夕惕若厉以省愆兮，惧余身之未敕也。⑥苟中情之端直兮，莫吾知而不

恧。⑦墨无为以凝志兮，与仁义乎消摇。⑧不出户而知天下兮，
何必历远以劬劳。⑨

① 谓初游于四方天地之间以自淫放，今改悔也。

② 《楚辞》曰："退将复修吾初服。"王逸注云："修吾初始清洁之服也。"娑
娑，衣貌。参参，长貌。

③ 以六艺为车而驾之也。以道德为林而游之也。

④ 罟，网也，音古。儒家，子思、孟轲、孙卿等。墨家谓墨翟、胡非、尹佚等。

⑤ 《琴操》曰："《归耕》者，曾子之所作也。曾子事孔子十余年，晨觉，眷然
念二亲年衰，养之不备，于是援琴鼓之曰：'往而不反者年也，不可得而
再事者亲也。歔歔归耕来日！安所耕历山盘乎'！"钦崟，山貌。崟音吟。

⑥ 共音恭。《易》曰："君子终日乾乾，夕惕若厉。"惕，惧也。厉，病也。敕，
整也。

⑦ 恧，惭也，音女六反。

⑧ 《老子》曰："上德无为。"

⑨ 《老子》曰："不出户而知天下。"

　　系曰：天长地久岁不留，俟河之清祗怀忧。①愿得远度以
自娱，上下无常穷六区。②超逾腾跃绝世俗，飘飖神举逞所欲。
天不可阶仙夫希，柏舟悄悄吝不飞。③松乔高跱孰能离，结精
远游使心携。④回志揭来从玄谋，⑤获我所求夫何思！

① 系，繫也。《老子》曰："天长地久。"《左氏传》曰"俟河之清，寿几何"也。

② 六区谓四方上下也。

③ 阶，升也。《论语》曰："夫子之不可及，犹天之不可阶而升。"仙夫，仙人
也。《诗·邶风》曰："《柏舟》言仁而不遇也。"其诗曰："泛彼柏舟，亦泛
其流。忧心悄悄，愠于群小。静言思之，不能奋飞。"郑玄注云："舟，载度
物者也。今不用，而与众物泛泛然俱流水中，谕仁人不用，而与群小并
列。"悄悄，忧貌也。臣不遇于君，犹不忍奋翼而飞去。吝，惜也。衡亦不
遇其时，而为宦者所谮，故引以自谕也。

④ 松，赤松子也。乔，王子乔也。《列仙传》曰："赤松子，神农时雨师，服水
玉，教神农，能入火自烧。至昆仑山上，常止西王母石室，随风上下。王
子乔，周灵王太子晋也。好吹笙作凤鸣，游伊、洛间。道士浮丘公接上嵩
高山，三十余年。后来于山上见桓良曰：'告我家，七月七日待我缑氏山

头。'果乘白鹄住山颠,望之不得到,举手谢时人,数日去。"《字林》曰:"峙,踞也。"谓得仙高踞也。难,附也。携,离也。

⑤揭,去也,音丘列反,"谍"或作"谋",谍亦谋也,音基,字从"其。"

永和初,出为河间相。①时国王骄奢,不遵典宪。又多豪右,共为不轨。衡下车,治威严,整法度,阴知奸党名姓,一时收禽,上下肃然,称为政理。视事三年,上书乞骸骨,征拜尚书。年六十二,永和四年卒。

①河间王名政。

著《周官训诂》,崔瑗以为不能有异于诸儒也。又欲继孔子《易》说《彖》、《象》残缺者,竟不能就。所著诗、赋、铭、七言、《灵宪》、《应间》、《七辩》、《巡诰》、《悬图》凡三十二篇。①

①《衡集》作《玄图》,盖玄与悬通。

永初中,谒者仆射刘珍、校书郎刘騊駼等著作东观,撰集《汉记》。因定汉家礼仪,上言请衡参论其事,会并卒,而衡常叹息,欲终成之。及为侍中,上疏请得专事东观,收捡遗文,毕力补缀。①又条上司马迁、班固所叙与典籍不合者十余事。②又以为王莽本传,但应载篡事而已,至于编年月,纪灾样,宜为元后本纪。又更始居位,人无异望,光武初为其将,然后即真,宜以更始之号建于光武之初。书数上,竟不听。及后之著述,多不详典,时人追恨之。

①衡表曰"臣仰干史职,敢徼官守,窃贪成训,自忘顽愚,愿得专于东观,毕力于纪记,竭思于补阙,俾有汉休烈,比久长于天地,并光明于日月,炤示万嗣,永永不朽"也。

②《衡集》,其略曰:"《易》称宓戏氏王天下,宓戏氏没,神农氏作,神农氏没,黄帝、尧、舜氏作。史迁独载五帝,不记三皇,今宜并录。"又一事曰:"《帝系》,黄帝产青阳、昌意。《周书》曰:'乃命少皞清。'清即清阳也,今宜实定之。"

论曰:崔瑗之称平子曰"数术穷天地,制作侔造化。"①斯致可得而言欤!推其围范两仪,天地无所蕴其灵;②运情机物,有生不能参其智。③故智思引渊微,人之上术。记曰:"德成而上,艺成而下。"④量斯思也,岂夫艺而已哉? 何德之损乎!⑤

①瑗撰平子碑文也。

②《易·系辞》曰:"范围天地之化。"王弼注云:"拟范天地而周备其理
也。"谓作浑天仪也。

③机物谓作候地动仪等。

④《礼记》文也。

⑤损,减也。言艺不减于德一也。

赞曰:三才理通,人灵多蔽。①近推形算,远抽深滞。不有玄虑,
孰能昭晰?②

①三才,天、地、人。言人虽与天地通为三才,而性灵多蔽,罕能知天道也。

②玄犹深也。晰音制。

后汉书卷六○上
列传第五○上

马　融

　　马融字季长,扶风茂陵人也,①将作大匠严之子。②为人美辞貌,有俊才。初,京兆挚恂以儒术教授,隐于南山,不应征聘,名重关西。③融从其游学,博通经籍。恂奇融才,以女妻之。

　　①《融集》云:"茂陵成欢里人也。"

　　②严,援兄余之子。

　　③《三辅决录注》曰:"恂字季直,好学善属文,隐于南山之阴。"

　　永初二年,大将军邓骘闻融名,召为舍人,非其好也,遂不应命,客于凉州武都、汉阳界中。会羌虏飙起,边方扰乱,米谷踊贵,自关以西,道殣相望。①融既饥困,乃悔而叹息,谓其友人曰:"古人有言:'左手据天下之图,右手刎其喉,愚夫不为。'②所以然者,生贵于天下也。今以曲俗咫尺之羞,灭无赀之躯,殆非老庄所谓也。"故往应骘召。

　　①《左传》曰,叔向云:"道殣相望。"杜注云"饿死为殣"也。音觐。

　　②《庄子》曰。言不以名害其生者。

　　四年,拜为校书郎中,①诣东观典校秘书。是时,邓太后临朝,骘兄弟辅政。而俗儒世士以为文德可兴,武功宜废,遂寝蒐狩之礼,息战陈之法,故猾贼从横,乘此无备。融乃感激,以为文武之道,圣贤不坠,五才之用,无或可废。②元初二年,上《广成颂》以讽谏。其辞曰:③

　　①《谢承书》及《续汉书》并云为校书郎,又拜郎中也。

②五才,金、木、水、火、土也。《左传》曰,宋子罕曰"天生五材,人并用之,
　废一不可,谁能去兵"也。
③广成,苑,在今汝州梁县西。

　　臣闻孔子曰:"奢则不逊,俭则固。"奢俭之中,以礼为
界。①是以《蟋蟀》、《山枢》之人,并刺国君,讽以太康驰驱之
节。②夫乐而不荒,忧而不困,③先王所以平和府藏,颐养精
神,致之无疆。④故戛击鸣球,载于《虞谟》;吉日车攻,序于《周
诗》。⑤圣主贤君,以增盛美,岂徒为奢淫而已哉!伏见元年已
来,遭值厄运,⑥陛下戒惧灾异,躬自非薄,荒弃禁苑,废弛乐
悬,勤忧潜思,十有余年;以过礼数。重以皇太后体唐尧亲九族
笃睦之德,陛下履有虞烝烝之孝,外舍诸家,每有忧疾,圣恩普
劳,遣使交错,稀有旷绝。时时宁息,又无以自娱乐,殆非所以
逢迎太和,裨助万福也。臣愚以为虽尚颇有蝗虫,今年五月以
来,雨露时澍,祥应将至。方涉冬节,农事间隙,宜幸广成,览原
隰,观宿麦,收藏,因讲武校猎,使寮庶百姓,复睹羽旄之美,闻
钟鼓之音,欢嬉喜乐,鼓舞疆畔,⑦以迎和气,招致休庆。小臣
蝼蚁,不胜区区。职在书籍,谨依旧文,重述蒐狩之义,作颂一
篇,并封上。浅陋鄙薄,不足观省。

①界犹限也。
②《诗·国风·序》曰:"《蟋蟀》,刺晋僖公也。俭不中礼。"其《诗》曰:"无
　已太康,职思其居。"毛苌注云:"已,甚也。"郑笺云:"君虽当自乐,亦无
　甚太乐,欲其用礼以为节也。"又《序》曰:"《山有枢》,刺晋昭公也。有才
　不能用。"其《诗》曰:"子有车马,弗驰弗驱。宛其死矣,佗人是愉。"言僖
　公以太康贻戒,昭公以不能驰驱被讥,言文武之道须折衷也。枢音讴。
③《左传》曰,吴季扎聘于鲁,鲁为之歌《颂》,季扎曰:"乐而不荒。"为之歌
　《卫》,曰:"忧而不困。"
④《韩诗外传》曰:"人有五藏六府。何谓五藏?精藏于肾,神藏于心,魂藏
　于肝,魄藏于肺,志藏于脾,此之谓五藏也。何谓六府?喉咽者,量肠之
　府也;胃者,五谷之府也;大肠者,转输之府也;小肠者,受成之府也;胆
　者,积精之府也;旁光者,奏液之府也。"《诗》曰:"天生蒸民,有物有

则。"

⑤戛,敔也,音古八反。形如伏兽,背上有二十七刻,以木长尺栎之,所以止乐。敔,柷也,象桶,中有椎柄,连底摇之,所以作乐。见《三礼图》。球,玉磬也。《虞谟》,《舜典》也。《诗·小雅》曰:"吉日维戊,既伯既祷。田车既好,四牡孔阜。"又曰:"我车既攻,我马既同。"

⑥元年谓安帝即位年也。厄运谓地震、大水、雨雹之类。

⑦孟子对齐宣王曰:"今王颇鼓乐于此,百姓闻王钟鼓之声,举欣欣然有喜色而相告曰:'吾王庶几无疾病欤?何以能鼓乐也!'今王田猎于此,百姓见羽旄之美,欣欣有喜色而相告曰:'吾王庶几无疾病欤?何以能田猎也!'此无佗,与人同乐也。"

　　臣闻昔命师于鞬櫜,偃伯于灵台,或人嘉而称焉。①彼固未识夫雷霆之为天常,金革之作昏明也。②自黄、炎之前,传道罔记;三、五以来,越可略闻。且区区之酆郊,犹廓七十里之囿,盛春秋之苗。③《诗》咏囿草,乐奏《驺虞》。④是以大汉之初基也,宅兹天邑,总风雨之会,交阴阳之和。⑤揆厥灵囿,营于南郊。⑥徒观其堮场区宇,烋胎旷荡,豗复勿罔,寒豁郁泱,⑦骋望千里,天与地莽。于是周陆环渎,右眷三涂,左概嵩岳,⑧面据衡阴,箕背王屋,浸以波、溠,窦以荥、洛。⑨金山、石林,殷起乎其中,峨峨硱硱,锵锵嵯嵯,隆穹槃回,崵峞错崔。⑩神泉侧出,丹水、涅池,怪石林浮磬,耀焜于其陂。⑪其土毛则樶牧荐草,芳菇甘荼,⑫茈萁、芸蒩、昌本、深蒱,⑬芝荋、菫、荁、蘘荷、芋渠,⑭桂荏、凫葵,格、菲、菭、于。⑮其植物则玄林包竹,藩陵蔽京,珍林嘉树,建木丛生,⑯椿、梧、栝、柏、柜、柳、枫、杨,⑰丰彤对蔚,崟颎椮爽。⑱翕习春风,含津吐荣,铺于布濩,蒦扈蘦荄,恶可殚形。⑲

①鞬以藏箭,櫜以藏弓。鞬音纪言反。櫜音高。《礼记》孔子曰:"武王克殷,倒载干戈,包以兽皮,名之曰建櫜。"郑注云"建读为键",音其蹇反,谓藏闭之也,此马、郑异义。《司马法》曰:"古者武军三年不兴,则凯乐凯歌,偃伯灵台,答人之劳,告不兴也。"偃,休也。伯谓师节也。灵台,望气之台也。

②《左传》郑子太叔曰:"为刑罚威狱,以类天之震耀杀戮。"杜注曰:"雷霆震耀,天之威也。圣人作刑狱以象类之。"又宋子罕曰:"兵之设久矣,所以威不轨而昭文德也。圣人以兴,乱人以废,废兴存亡昏明之术,皆兵之由也。"

③酆,周文王所都。《孟子》曰:"文王之囿方七十里。"《尔雅》曰:"春猎为蒐,夏曰苗,秋曰狝,冬曰狩。"

④《韩诗》曰:"东有圃草,驾言行狩。"《毛诗》曰:"彼茁者葭,一发五豝,于嗟乎驺虞。"毛苌注云:"驺虞,义兽也,白虎黑文,不食生物。有至信之德则应之。"《周礼·大司乐》:"王大射则奏《驺虞》。"

⑤《周礼》曰:"风雨之所会也,阴阳之所和也,乃建王国焉。"天邑谓洛阳也。

⑥揆,度也。《诗·大雅》曰:"王在灵囿。"言作广成苑以比之。

⑦蓣音眇,泱音乌朗反,并广大貌。

⑧陕音欺于反。《上林赋》曰:"江河为陕。"郭璞注曰:"因山谷遮禽兽曰陕。"《广雅》曰:"睿,视也。"音马板反。三涂,山名,在陆浑县西南。

⑨衡阴,衡山之北。《山海经》曰:"雉山,澧水出焉。东曰衡山,多青腹。"《地里志》云:"雉县衡山,澧水所出。"在今邓州向城县北。王屋,山,在今王屋县北。《周礼》曰:"豫州,其浸波、溠,其川荥、洛。"《水经注》云"溠水出黄山"。在今随州枣阳县东北。又云"波水同歇马岭",即应劭所谓孤山波水所出者。在今汝州鲁山西北。荥水在荥阳县东是也。

⑩金山,金门山也。《水经注》云在渑池县南。石林,大石山也,一名万安山,在河南郡境,《薄》云"洛阳县南大石山中有杂树木,有祠名大石祠,山高二百丈"也。殷音于谨反,硠音五来反,崅音徂回反,嵑音隅,峮音鱼轨反,并高峻貌。

⑪《尔雅》曰"汎泉穴出。穴出,侧出也。"丹水、涅水在今邓州。怪石,怪异好石似玉者。浮磬,若泗水中石,可以为磬也。耀昆,光也。

⑫毛,草也。《左传》云楚芊尹无字曰:"食土之毛,谁非君臣?"榷,相传音角。榷牧,未详。《庄子》曰:"麋鹿食荐。"一曰,草稠曰荐。茹,菜也。《尔雅》曰:"荼,苦菜也。"《诗》曰:"堇荼如饴。"饴亦甘也。

⑬茈音紫。萁音其。《尔雅》曰:"蒤,月尔。"郭璞注云:"即紫藄也,似蕨可食。"芸,香草也。《说文》云:"似苜蓿。"蒩音资都反。《尔雅》曰:"蕺,蒩也。其根似茅根,可食。"昌本,昌蒲根也。深蒲谓蒲白生深水之中。

⑭芝藭，草也。《礼记》曰："芝栭菱椇。"藭音而。堇，菜，花紫，叶可食而滑。苣音户官反。《礼记》曰："堇苣枌榆。"郑注云："苣，堇类也。"蘘荷，苗似姜，根色红紫似芙蓉，可食。芋渠即芋魁也，一名蹲鸱，大叶，根可食也。

⑮《尔雅》曰："苏，桂荏。"《方言》曰："苏亦荏也。"《尔雅》曰："苑，凫葵。"叶团似荇，生水中，今俗名水葵。《尔雅》曰："茖，山葱。"格与茖古字通。菹音子间反，即巴苴，一名芭蕉。于，轩于也，一名蕗，生于水中矣。

⑯玄犹幽也。包，丛生也。《尔雅》曰："大阜曰陵，绝高曰京。"藩亦蔽也。建木，长木也。

⑰并木名也。柜音矩。杨，叶韵音以征反。

⑱并林木貌也。对音徒对反。崟音吟。槮音所金反。爽，叶韵音生。

⑲铺音敷。蓕音以揆反。郭璞注《尔雅》云："草木花初出为笋。"与蓕通，其字从"唯"，本作从"荏"者，误也。扈音户。蘁音胡瓦反，字从"圭"，并花叶貌。本或作蘤。《说文》云："蘤，黄花也。"《广雅》曰："好色也。"荧，光也。恶，何也，音乌。

　　至于阳月，阴慝害作，百草毕落，林衡戒田，焚莱柞木。①然后举天网，顿八纮，揪敛九薮之动物，缳橐四野之飞征。②鸠之乎兹圈之中，山敦云移，群鸣胶胶，鄙骏噪讙，子野听耸，离朱目眩，隶首策乱，陈子筹昏。③于时营围炜廓，充斥川谷，罘置罗罜，弥纶坑泽，皋牢陵山。④校队案部，前后有屯，甲乙相伍，戊己为坚。⑤

①《尔雅》曰："十月为阳。"孙炎注曰："纯阴用事，嫌于无阳，故以名云。"《左传》曰："唯正月之朔，慝未作。"杜注云："慝，阴气也。害作言阴气肃杀，害于百草也。"《周礼》曰："林衡掌巡林麓之禁令。"又曰："牧师掌牧地，凡田事赞焚莱。"除草也。柞音士雅反，邪斫木也。《周礼》："柞氏掌攻草木及林麓。"

②揪，聚也，音子由反。《周礼·职方氏》掌九薮：扬州具区，荆州云梦，豫州圃田，青州孟诸，兖州大野，雍州弦蒲，幽州貕养，冀州杨纡，并州昭余祁。郑玄注云："泽无水曰薮。"动物谓禽兽也。缳音胡犬反，又胡串反。《说文》曰："缳，落也。"《国语》曰："缳于山有罕。"贾逵注云："缳，还也。"橐，囊也，音托。四野，四方之野。飞征，飞走也。

③鸠，聚也。敦音屯，亦积聚也。鄙骏，兽奋迅貌也。鄙音普美反，骏音俊。

《韩诗》曰:"驱驱俟俟,或群或友。"眩,乱也,叶韵音玄。隶首,黄帝时善
算者也。陈子,陈平,善于筹策也。昏,乱也。言禽兽多不可算计。

④罦音浮,雉网也。罝,兔罟也。罜,麂网也,音力官反。并见《尔雅》。坑
音苦庚反。《苍颉篇》曰:"坑,壑也。"皋牢犹牢笼也。《孙卿子》曰"皋牢
天下而制之,若制子孙"也。诸本有作牢栅者,非也。

⑤《周礼·司马》职曰:"前后有屯。"甲乙谓相次也。伍,伍长也。戊己居中
为中坚也。

乘舆乃以吉月之阳朔,登于疏镂之金路,六骢骒之玄龙,
建雄虹之旌夏,揭鸣鸢之修橦。①曳长庚之飞髾,载日月之太
常,栖招摇与玄弋,注枉矢于天狼。②羽毛纷其影鬸,扬金戣而
扡玉瓖。③屯田车于平原,播同徒于高冈,旟荫掺其如林,错五
色以摛光。④清氛埃,埽野场,誓六师,搜俊良。⑤司徒勒卒,司
马平行,车攻马同,教达戒通。⑥伐咎鼓,撞华钟,猎徒纵,赴榛
丛。⑦徽婳霍弈,别鹜分奔,骚扰丰皇,往来交舛,纷纷回回,南
北东西。⑧风行云转,匈礚隐訇,黄尘勃滃,暗若雾昏。⑨日月
为之笼光,列宿为之翳昧,僄狡课才,劲勇程气。⑩狗马角遂,
鹰鹯竞鸷,骁骑旁佐,轻车横厉,相与陆梁,聿后于中原。绢猚
蹄,钶特肩,胆完羝,挩介鲜,散毛族,梏羽群。⑪然后飞铤电
激,流矢雨坠,各指所质,不期俱殪,窜伏扴轮,发作梧辖。⑫殳
殳狂击,头陷颅碎,兽不得毅,禽不得瞥。⑬或夷由未殊,颠狈
顿踬,蝡蝡蟫蟫,充衢塞隧,葩华骈布,不可胜计。⑭

①阳朔,十月朔也。疏镂谓雕镂也。周迁《舆服杂记》曰:"玉路,重较也。金
路、玉路形制如一。六,驾六马也。《续汉志》曰:"天子五路,驾六马。"
骢骒,马名。《左传》云,唐成公有两骢骒马。《周礼》曰:"马高八尺曰
龙。"《礼记》曰:"孟冬,乘玄辂,驾铁骊。"今此亦顺冬气而乘玄也。郭璞
注《尔雅》云:"虹双出色鲜盛者为雄。"《左传》云:"舞师题以旌夏。"杜
预注云:"旌夏,大旌也。"揭,举也,音渠列反。《礼记》曰:"前有尘埃,则
载鸣鸢。"鸢,鸱也,音缘。鸣则风动,故画之于旌旗以候埃尘也。橦者,
旗之竿也,音直江反。

②长庚即太白星。髾音所交反,即旌旗所垂之羽毛也。太常,天子所建大

旗也,画之日月。《周礼》云:“日月为常。”招摇、玄弋、天狼,并星名也。枉矢,妖星,蛇行有尾目,赤画于旌旗也。

③彯鲉,羽旌飞扬貌也。彯音必由反。鲉音羊救反。蔡邕《独断》曰:“金夔者,马冠也,高广各四寸,在马鬐前。”夔音无犯反,一音子公反。瓖,马带以玉饰之,音襄。

④《诗·小雅》曰:“我车既好。”又曰:“射夫既同。”言徒众齐同也。旌亦斿也,音古会反。《左传》曰:“旌动而鼓。”掺音所金,又与“森”字同。

⑤野场谓除其草莱,令得驱驰也。《左传》曰:“天子六军。”俊良,马之善者。

⑥《周礼》曰:“司徒若将有军旅、会同、田役之戒,则受法于司马,以作其众。”又曰:“司马狩田,以旌为左右和之门。前后有屯,百步有司,巡其前后。”郑注云:“正其士之行列。”《诗·小雅》曰:“我车既攻,我马既同。”毛苌注曰:“攻,坚也。同,齐也。戎事齐力,尚强也。田猎齐足,尚疾也。”

⑦鼛鼓,大鼓也,音公刀反。《周礼》:“鼛鼓长寻有四尺。”

⑧姻音呼获反,并奔驰貌。

⑨磕音苦盖反,訇音火宏反,并声也。潡音乌董反。

⑩僄狡,勇捷。僄音匹妙反。

⑪绢,系也,与罥通,音工犬反。猦蹄,野马也。《尔雅》曰:“猦蹄斯,善升颠。”猦音昆。䟆犹撞也。杨雄《方言》曰:“吴、楚之间,或谓矛为䟆。”音楚江反。《韩诗·齐风》曰:“并驱从两肩兮。”薛君传曰:“兽三岁曰肩。”䏶,颈也,谓中其颈也。䏶音豆。完羝,野羊也。臣贤案:《字书》作“羱”,音户官反,与“完”通。㨋,诸家并古酷反。案《字书》“㨋”从“手”,即古文“搅”字,谓搅扰也。

⑫鋋,矛也,音市延反。《周礼》曰:“王弓以授射甲革、椹质者。”郑注云:“质,正也。”正音征。扔音人证反。《声类》曰:“扔,摧也。”言为轮所摧也。梧,支梧也,音悟。谓支著车也。辖,车轴头也,音卫,谓车轴辖而杀之。

⑬投亦殳也,音丁外反。颅,额也,音卢。猭,走也,音丑恋反。瞥,视也,叶韵音疋例反。殳音殊。

⑭夷由,不行也。《楚词》曰:“君不行兮夷由。”未殊谓未死。蜾音而充反。《说文》曰:“动也。”蝉音似林反,亦动貌也。

　　若夫鸷兽毅虫，倨牙黔口，大匈哨后，缊巡苍欧纤，负隅依阻，莫敢婴御。①乃使郑叔、晋妇之徒，暌孤刲刺，裸裎袒裼。②冒槜柘，槎棘枳，穷浚谷，底幽嶰，暴斥虎，搏狂兕，狱觢熊，拔封豨。③或轻诊趫悍，廋疏嵝领，犯历嵩峦。陵乔松，履修樀，踔夐枝，秒标端，尾苍蜼，掎玄猿，木产尽，寓属单。④罕罔合部，罾弋同曲，类行并驱，星布丽属，曹伍相保，各有分局。⑤矰磻飞流，纤罗络缤，游雉群惊，晨凫辈作，翚然云起，雪尔雹落。⑥

①《尔雅》曰："驳如马，倨牙食虎豹。"黔，黑也。《周礼·考工记》曰："大匈，燿后，有力而不能走。"郑玄注曰："燿读曰哨。"哨，小也，音稍。缊巡，并行貌也。缊音于粉反。《孟子》曰："有众逐虎，虎负隅，莫之敢撄。"撄，迫也。御，捍也。

②郑叔，郑庄公弟太叔段也，《诗·郑风》曰："太叔于田，乘乘马，襢裼暴虎，献于公所。"《孟子》曰："晋人有冯妇者，善搏虎，攘臂下车，众皆悦之。"暌，离也。孤，独也。谓挺身刺兽。刲亦刺也，音苦圭反。《尔雅》曰："袒裼，肉袒也。"《孟子》曰："袒裼裸裎于我侧。"《说文》曰："裎，袒也。"其字从"衣"。

③《尔雅》曰："槜，山桑也。"音一染反。槎，斫也，音仕雅反。嶰谓山涧也。《苍颉篇》曰："斥，大也。"觢亦狂也，音吉曳反。《说文》曰："兕，似野牛而青色。"拔音劫，古字通。封，大也。豨，猪也，虚起反。

④诊，轻捷也，音初稍反。趫音丘昭反。《说文》曰："趫，行轻貌。"廋疏犹搜索也。廋音所由反。《字林》曰："嵝，山颠也"，音力干反。《尔雅》曰："山大而高曰嵩，山小而高锐曰岑。"樀音莫寒反。踔，跳也，音敕教反。夐音寻，谓长枝也。秒音亡小反，标音必摇反，并木末也。蜼音以蕊反。《尔雅》曰："蜼鼻而长尾。"郭璞注曰："似猕猴而大，黄黑色，尾长数尺，末有两歧，雨则自悬于树，以尾塞鼻。"零陵、南康人呼之音"余"，建平人呼之音"相赠遗"之"遗"也，又音余救反，皆土俗轻重不同耳。掎音居蚁反。《说文》曰："偏引一足也。"木产谓巢栖之类也。寓属谓穴居之属也。

⑤罕亦网也。相如《上林赋》曰："戴云罕。"《续汉志》曰："将军有部，部下有曲。"罾，鱼网也，音增。弋，缴射也。分音扶问反。

⑥矰，弋矢也。磻与碆同，音补何反，又补佐反。《说文》曰："以石著缴也。"络缤，张罗貌也。缤与幕通。翚，飞也，音挥。雹音素洽反。《广

雅》曰:"霄,雨也。"言鸟中缴如霄之落。

尔乃巀观高蹈,改乘回辕,溯恢方,抚冯夷,策句芒,超荒忽,出重阳,厉云汉,横天潢。①导鬼区,径神场,诏灵保,召方相,驱厉疫,走蜮祥。②捎罔两,拂游光,柳天狗,缲坟羊。③然后缓节舒容,裴回安步,降集波篽,川衡泽虞,矢鱼陈罟。④兹飞、宿沙、田开、古蛊,⑤翚终葵,扬关斧,刊重冰,拨蛰户,测潜鳞,踵介旅。⑥逆猎湍濑,渀薄汾桡,沦灭潭渊,左挈夔龙,右提蛟鼍,春献王鲔,夏荐鳖鼋。⑦于是流览遍照,殚变极态,上下究竟,山谷萧条,原野嵺愀,上无飞鸟,下无走兽,虞人植旗,猎者效具,车弊田罢,旋入禁圃。⑧栖迟乎昭明之观,休息乎高光之榭,以临乎宏池。⑨镇以瑶台,纯以金堤,树以蒲柳,被以绿莎,沲濊沆漭,错缤槃委,天地虹洞,固无端涯,大明生东,月朔西陂。⑩乃命壶涿,驱水蛊,逐罔、螭,灭短狐,簎鲸、鲵。⑪然后方余皇,连舼舟,张云帆,施蜺帱,靡飓风,陵迅流,发棹歌,纵水讴,淫鱼出,菁蔡浮,湘灵下,汉女游。⑫水禽鸿鹄、鸳鸯、鸥、鹥、鸧鸹、鸨、鹔、鹭、雁、鹣鹑,乃安斯寝,戢翮其涯。⑬鲂、鲔、鳟、鳊、鳏、鲤、鳝、魦,乐我纯德,腾踊相随,虽灵沼之白鸟,孟津之跃鱼,方斯蔑矣。⑭然犹咏歌于伶萧,载陈于方策,岂不哀哉!⑮

①巀,远也。音名小反。田猎既罢,故改乘回辕也。《左传》曰:"改乘辕而北之。"溯,上也。恢,大也。冯夷,河伯也。句芒,东方之神也。荒忽,幽远也。重阳,天也。云汉,天河也。天潢,星也。

②灵保,神巫也。《楚辞·九歌》曰"思灵保兮贤姱。"《周礼》:"方相氏掌执戈扬楯,帅百隶以欧疫。"《洪范五行传》曰:"蜮,射人,生于南越,谓之短狐。"《诗·蛊鱼疏》曰"一名射景,如鳖三足,今俗谓之水弩"也。

③捎音所交反。郑玄注《周礼》曰:"捎,除也。"《国语》曰:"木石之怪曰夔、罔两。"游光,神也,兄弟八人。天狗,星名也。《春秋元命包》曰:"天狗主守财。"缲,系也,音息列反。坟羊,土之怪,其形似羊。见《家语》。

④波篽,池篽也。《前书音义》曰:"篽,在池中作室,可用栖鸟,入则捕之。"又曰"折竹以绳绵连,禁御使人不得往来"也。《周礼》"川衡,掌川泽之

禁令。泽虞,掌国泽之政令"也。《左传》曰:"鲁隐公矢鱼于棠。"矢亦陈也。《国语》曰:"鲁宣公夏滥罟于泗川,里革断其罟而弃之,曰:'古者大寒降,水虞于是登川禽而尝之于庙,行诸国助宣气也。今鱼方孕,又行罟,贪无艺也。'公曰:'吾之过也。'籫音围。"

⑤音冶。

⑥兹飞即汰飞也。《吕氏春秋》曰:"荆人汰飞,涉江中流,两蛟绕其船。汰飞拔剑赴江,刺蛟杀之。"《鲁连子》曰:"古善渔者宿沙渠子,使渔山侧,虽十宿沙子不得鱼焉。宿沙非暗于渔道也,彼山者非鱼之所生也。"《晏子春秋》曰:"公孙捷、田开强、古冶子事景公以勇,晏子劝景公馈之二桃,曰:'计功而食之。'公孙捷'持楯而再搏乳虎,若捷之功,可以食桃。'田开强曰'吾伏兵而御三军者再,可以食桃。'古冶子曰'吾尝济河,鼋衔左骖以入砥柱之流,吾逆而百步,顺流九里,得鼋头,鹤跃而出,可以食桃矣。'二子皆反其桃,契领而死。古冶子曰:"二子死之,吾独生,不仁。'亦契领而死。""盅"与"冶"通。翚亦挥也。《广雅》曰:"终葵,椎也。"关斧,斧名也。刊,除也。踵犹寻也。介谓鳞虫之属也。旅,众也。

⑦泲音蒲艮反;桡,奴教反;并入冰貌也。沦灭谓没于水中也。鼋音坛。鲔,鳣属也,大者为王鲔,小者为叔鲔。《礼记》"季春之月,天子始乘舟,荐鲔于寝庙。季夏之月,令渔师取鼋"也。

⑧流览谓周流观览也。《周礼》曰:"植虞旌以属禽。"郑注曰:"植犹树也。曰上树旗,令获者皆致其禽也。"又曰:"车弊献禽以享礿。"注曰:"车弊,车止也。嵺音力救反,愀音七救反,亦萧条貌也。

⑨宏,大也。

⑩纯,缘也,音之丑反。蒲亦柳也。浐音胡广反,漾音养,沆音胡朗反,漭音莽,并水貌也。错纷,交结也。纷音之忍反。委音于危反。虹洞,相连也。虹音胡贡反。朔,生也。《礼记》曰:"大明生于东,月生于西。"郑注曰:"大明,日也。"言池水广大,日月出于其中也。

⑪《周礼》:"壶涿氏掌除水蛊。"涿音丁角反。蛊音公户反。罔谓罔两也。蜧,龙也。短狐即蜮也。籫音七亦反。《说文》曰:"刺也。"《周礼》:"鳖人掌以时籫鱼鳖龟蜃。"郑众注云:"籫谓以杖刺泥中搏取之。"

⑫方犹并也。余皇,吴之船名也。见《左传》。艅,小舟也,音渠恭反。《淮南子》曰:"越艓,蜀艇,不能无水而浮。"帆音凡。帱,帐也,音直田反。

飔，疾风也，音楚疑反。武帝《秋风词》曰："萧鼓鸣兮发棹歌。"刘向《列女传》曰："津吏之女，中流奏河激之歌。"《韩诗外传》曰："瓠巴鼓琴，淫鱼出听。"《淮南子》曰："上有丛著，下有伏龟。"《论语》曰："臧文仲居蔡。"注云："龟出蔡地，故以为名也。"湘灵，舜妃，溺于湘水为湘夫人也。见《楚词》。汉女，汉水之神。《诗》云："汉有游女。"

⑬鸳鸯，匹鸟也。鸥，白鸥也。鹥，凫属也。《尔雅》曰"鸧，麋鸹"。今谓之鸧鹿也。鸹音括。鸬，鸬鹚也。杨孚《异物志》云："能没于深水，取鱼而食之，不生卵而孕雏于池泽间，既胎而又吐生，多者生八九，少生五六，相连而出，若丝绪焉。水鸟而巢高树之上。"鹢，白鹢也。鹭，白鹭也。鹛音步历反。鹈音梯。杨雄《方言》曰："白鸟也，甚小，好没水中，膏可以莹刀剑。"寝，宿也。《诗》曰："乃安斯寝。"涯，水滨也。

⑭鲔音绪，似鲔而弱鳞。鳣音徐林反，口在颔下，大者长七八尺。鳊音卑连反，鲂之类也。鲤音匮，今鳏额白鱼鲤。鳝音尝，《诗·鱼虫疏》曰"今黄颊鱼"也。鲨音沙，或作"鲨"。郭义恭《广志》曰："吹沙鱼，大如指，沙中行。"《诗·大雅》曰："王在灵沼，于牣鱼跃。"郑玄注云："灵沼之水，鱼盈满其中也，皆以跳跃。"又曰："白鸟翯翯。"翯，肥泽也。翯音学。言并得其所也。《尚书·中候》曰"武王度孟津，白鱼跃入于王舟中"也。

⑮伶，乐官也。《诗·国风·序》曰："卫之贤者，仕于伶官。"《礼记》曰："文武之道，布在方策。"又曰："百名以上，书之于策，不满百名，书之于方。"郑注云："方，板也。"

于是宗庙既享，庖厨既充，车徒既简，器械既攻。①然后摆牲班禽，淤赐犒功，群师叠伍，伯校千重，山罍常满，房俎无空。②酒正案队，膳夫巡行，清醪车凑，燔炙骑将，鼓骇举爵，钟鸣既觞。③若乃《阳阿》衰斐之晋制，闽蛙华羽之南音，④所以洞荡匈臆，发明耳目，疏越蕴愲，骇恫底伏，⑤锽锽铳铳，奏于农郊大路之衢，与百姓乐之。⑥是以明德曜乎中夏，威灵畅乎四荒，东邻浮巨海而入享，西旅越葱领而来王，南徼因九译而致贡，朔狄属象胥而同文。⑦盖安不忘危，治不忘乱，道在乎兹，斯固帝王之所以曜神武而折遐冲者也。⑧

①《礼记》曰："天子岁三田，一为干豆，二为宾客，三为充君之庖。"

②《广雅》曰："捭，开也。"《字书》："摆亦捭字也，音捕买反。"班固《西都

赋》曰："置互摆牲。"班，布也。淤与"饫"同。《左传》曰："加善则饫赐。"犞，劳也。山罍，画为山文。《礼记》曰："山罍，夏后氏之樽也。"又曰："周以房俎。"郑玄注云："房谓足下跗也，有似于堂房矣。"

③《周礼》"酒正，中士，辩五齐之名，三酒之物。膳夫，上士，掌王之食饮膳羞"。《说文》曰："醪，汁滓酒也。"《大雅》曰："或燔或炙。"将，行也。既，尽也。流俗本"爵"字作"爝"，"既"字作"暨"，皆误也。

④《淮南子》曰："歌《采菱》，发《阳阿》。"《礼记》曰："啴谐慢易之音作而人康乐。"《鹖冠子》曰："南方万物华羽焉，故以调羽也。"

⑤越，散也。蕴愔犹积聚也。愔与畜通。恫音洞。底伏犹滞伏也。《吕氏春秋》曰："昔阴康氏之始，阴多滞伏湛积，故作为舞以宣导之。"此言作乐，亦以疏散滞伏之象。

⑥锽锽铳铳，钟鼓之声也。锽音横。铳音测庚反。孟子谓齐王曰："今王与百姓同其乐则王矣。"农郊，田野也。

⑦入享谓来助祭也。孔安国注《尚书》曰："西旅，西戎远国也。"葱岭，西域山也。《西河旧事》曰："岭上多葱，因以名焉。"徼，塞之道也。九译谓九重译语而通中国也。《尚书大传》曰："周成王时，越裳氏重九译而贡白雉。"朔狄，北狄也。《周礼》："象胥掌蛮、夷、戎、翟之国，使传王之言而谕说焉，以和亲之。"郑注云："通夷狄之言者曰象胥，其有才智者也。此类之本名，东方曰寄，南方曰象，西方曰狄鞮，北方曰译。此官正为象者，周始有南越重译来贡献，是以名通言语之官为象胥。"胥音谞。

⑧《晏子春秋》曰："晋平公欲攻齐，使范昭观焉。景公觞之。范昭曰：'愿请君之弃酌。'景公曰：'诺。'范昭已饮，晏子命彻尊更之。范昭归，以报晋平公曰：'齐未可伐也，吾欲惭其君而晏子知之。'仲尼闻之曰：'起于尊俎之间，而折冲千里之外。'"

　　方今大汉收功于道德之林，致获于仁义之渊，忽蒐狩之礼，阙櫜虞之佃。①暗昧不睹日月之光，聋昏不闻雷霆之震，于今十二年，为日久矣。亦方将刊禁台之秘藏，发天府之官常，由质要之故业，率典刑之旧章。②采清原，嘉歧阳，登俊杰。命贤良，举淹滞，拔幽荒。③察淫侈之华誉，顾介特之实功，聘畎亩之群雅，察重渊之潜龙。④乃储精山薮，历思河泽，目眂鼎俎，耳听康衢，营傅说于胥靡，求伊尹于庖厨，索胶鬲于鱼盐，听宁

戚于大车。⑤俾之昌言而宏议,轶越三家,驰骋五帝,悉览休
祥,总括群瑞。⑥遂栖凤皇于高梧,宿凤皇于西园,纳僬侥之珍
羽,受王母之白环。⑦永逍摇乎宇内,与二仪乎无疆,贰造化于
后土,参神施于昊乾,超特达而无俦,焕巍巍而无原。⑧丰千亿
之子孙,历万载而永延。⑨礼乐既阕,北辕反旆,至自新城,背
伊阙,反洛京。⑩

①媐,乐也。虞与娱同。

②《周礼》八法,四曰官常,以听官理。天府掌祖庙之守藏,与其禁令,察群
　吏之理。《左传》云:"晋赵盾为国,政由质要。"杜预注曰:"由,用也。质
　要,契券也。"刊音苦寒反。

③清原,地在河东闻喜县北。《左传》曰:"晋蒐于清原,作五军。"又楚椒举
　曰:"周武有孟津之誓,成有歧阳之蒐。"《礼记·月令》:"孟夏,命太尉
　赞杰俊,遂贤良。"《左传》楚平王"诘奸慝,举淹滞"。杜预注云:"淹滞,
　有才德而未叙者也。"

④华誉,虚誉也。介特谓孤介特立也。畎亩人谓隐于陇亩之中也。司马相
　如《上林赋》曰:"掩群雅。"《音义》云:"谓《大雅》、《小雅》之人也。"潜
　龙,喻贤人隐也。

⑤晞,视也,音所解反。鼎俎谓伊尹负鼎以干汤也。《墨子》曰:"汤举伊尹
　于庖厨之中。"康衢谓宁戚也。《说苑》曰:"宁戚饭牛于康衢,击车辐而
　歌《硕鼠》。"传说代胥靡刑人筑于傅严之野,高宗梦得之。《孟子》曰"胶
　鬲举于鱼盐"也。

⑥俾,使也。昌,当也。宏,大也。《前书》杨雄曰:"宏言崇议。"轶,过也。三
　家,三皇也。

⑦《韩诗外传》曰:"黄帝时凤皇止帝东园,集帝梧桐,食帝竹实。"《尚书中
　候》曰:"黄帝时麒麟在园。"《帝王纪》曰"尧时僬侥氏来贡没羽。西王母
　慕舜之德,来献白环"也。

⑧《论语》孔子曰:"尧之为君,焕乎其有文章,巍巍乎其有成功。"

⑨《诗·大雅》曰"天锡百禄,子孙千亿"也。

⑩阕,止也,音苦穴反。新城,县,属河南郡,今伊阙县。

　　颂奏,忤邓氏,滞于东观十年不得调。因兄子丧自劾归。①太后
闻之怒,谓融羞薄诏除,欲仕州郡,遂令禁锢之。②

①《融集》云，时兄伉子在融舍物故，融因是自劾而归。

②《融集》云，时左将奏融道兄子丧，自劾而归，离署当免官。制曰："融典校秘书，不推忠尽节，而羞薄诏除，希望欲仕州郡，免官勿罪。"禁锢六年矣。

太后崩，安帝亲政，召还郎署，复在讲部。出为河间王厩长史。时车驾东巡岱宗，①融上《东巡颂》，帝奇其文，召拜郎中。及北乡侯即位，融移病去，为郡功曹。

①延光三年。

阳嘉二年，诏举敦朴，城门校尉岑起举融，征诣公车，对策，拜议郎。①大将军梁商表为从事中郎，转武都太守。时西羌反叛，征西将军马贤与护羌校尉胡畴征之，而稽久不进。融知其将败，上疏乞自效，曰："今杂种诸羌转相钞盗，宜及其未并，亟遣深入，破其支党，而马贤等处处留滞。羌胡百里望尘，千里听声，今逃匿避回，漏出其后，则必侵寇三辅，为民大害。臣愿请贤所不可用关东兵五千，裁假部队之号，尽力率厉，埋根行首，以先吏士，②三旬之中，必克破之。臣少习学艺，不更武职，猥陈此言，必受诬罔之辜。昔毛遂厮养，为众所蚩，终以一言，克定从要。③臣惧贤等专守一城，言攻于西而羌出于东，且其将士必有高克溃叛之变。"④朝廷不能用。又陈："星孛参、毕，参西方之宿，毕为边兵，至于分野，并州是也。⑤西戎北狄，殆将起乎！宜备二方。"寻而陇西羌反，乌桓寇上郡，皆卒如融言。

①《续汉书》曰，融对策于北宫端门。

②埋根言不退。

③毛遂，赵平原君赵胜客也。居门下三年。时平原将与楚合从，以毛遂备二十人数，其十九人相与笑之。比至楚，毛遂果按剑与楚定从，楚立发兵救赵。事见《史记》。厮养，贱人也。

④《左传》曰，郑使高克率师次于河上，久而不召，师溃而归，高克奔陈。

⑤参在申，为晋分，并州之地。

三迁，桓帝时为南郡太守。先是融有事忤大将军梁冀旨，冀讽有司奏融在郡贪浊，免官，髡徙朔方。自刺不殊，得赦还，复拜议郎，重在东观著述,以病去官。

　　融才高博洽,为世通儒,教养诸生,常有千数。涿郡卢植,北海郑玄,皆其徒也。善鼓琴,好吹笛,达生任性,不拘儒者之节。居宇器服,多存侈饰。常坐高堂,施绛纱帐,前授生徒,后列女乐,弟子以次相传,鲜有入其室者。尝欲训《左氏春秋》,及见贾逵、郑众注,乃曰:"贾君精而不博,郑君博而不精。既精既博,吾何加焉!"但著《三传异同说》,注《孝经》、《论语》、《诗》、《易》、《三礼》、《尚书》、《列女传》、《老子》、《淮南子》、《离骚》,所著赋、颂、碑、诔、书、记、表、奏、七言、琴歌、对策、遗令,凡二十一篇。

　　初,融惩于邓氏,不敢复违忤势家,遂为梁冀草奏李固,又作大将军《西第颂》。以此颇为正直所羞。年八十八,延熹九年卒于家。遗令薄葬。族孙日磾,献帝时位至太傅。①

　　①《三辅决录注》:"日磾字翁叔。"

　　论曰:观马融辞命邓氏,逡巡陇、汉之间,将有意于居贞乎?①既而羞曲士之节,惜不赀之躯,②终以奢乐恣性,党附成讥,固知识能匡欲者鲜矣。③夫事苦,则矜全之情薄;生厚,故安存之虑深。④登高不惧者,胥靡之人也;⑤坐不垂堂者,千金之子也。⑥原其大略,归于所安而已矣。物我异观,亦更相笑也。

　　①陇、汉之间谓客于汉阳时。《易·屯卦·初九》曰:"磐桓利居贞。"
　　②《庄子》曰:"曲士不可语于道者,束于教也。"
　　③识,性也。匡,正也。
　　④《老子》曰:"人之轻死者,以其求生。生之厚也,是以轻死。"
　　⑤《前书音义》曰:"胥,相也。靡,随也。谓相随受刑之人也。"《庄子》曰:"胥靡登高也不惧,遗死生也。"此为矜全之情薄也。
　　⑥《前书》晁错曰:"千金之子,坐不垂堂。"此为安存之虑深也。

后汉书卷六○下
列传第五○下

蔡　邕

　　蔡邕字伯喈,陈留圉人也。①六世祖勋,②好黄老,平帝时为郿令。王莽初,授以厌戎连率。③勋对印绶仰天叹曰:"吾策名汉室,死归其正。昔曾子不受季孙之赐,况可事二姓哉?"④遂携将家属,逃入深山,与鲍宣、卓茂等同不仕新室。父棱,亦有清白行,谥曰贞定公。⑤

　　①圉,县,故城在今汴州陈留县东南。

　　②《谢承书》曰:"勋字君严。"

　　③王莽改陇西郡曰厌戎郡,守曰连率。

　　④《礼记》曰:"曾子有疾,童子曰:'华而睆,大夫之箦欤?'曾子曰:'然。斯季孙之赐也,我未之能易也。元起易箦。'曾元曰:'幸而至于旦,请敬易之。'曾子曰:'尔之爱我也不如彼也。君子爱人也以德,细人之爱人也以姑息。吾何求哉?吾得正而毙焉,斯已矣。'举扶而易之,反席未安而没。"言虽临死不失正道也。

　　⑤邕祖携碑云:"携字叔业,有周之胄。昔蔡叔没,成王命其子仲使践诸侯之位,以国氏姓,君其后也。君曾祖父勋,哀帝时以孝廉为长安邰长。及君之身,增修厥德,顺帝时以司空高弟迁新蔡长,年七十九卒。长子棱,字伯直,处俗孤党,不协于时,垂翼华发,人爵不升,年五十三卒。"《谥法》曰:"清白守节曰贞,纯行不差曰定。"

　　邕性笃孝,母常滞病三年,邕自非寒暑节变,未尝解襟带,不寝寐者七旬。母卒,庐于冢侧,动静以礼。有菟驯扰其室傍,又木生连理,远近奇之,多往观焉。与叔父从弟同居,三世不分财,乡党高其议。少博学,师事太傅胡厂。好辞章、数术、天文,妙操音律。

桓帝时,中常侍徐璜、左悺等五侯擅恣,闻邕善鼓琴,遂白天子,敕陈留太守督促发遣。邕不得已,行到偃师,称疾而归。闲居玩古,不交当世。感东方《客难》及杨雄、班固、崔骃之徒设疑以自通,①及斟酌群言,趋其是而矫其非,②作《释诲》以戒厉云尔。

① 杨雄作《解嘲》,班固作《答宾戏》,崔骃作《达旨》。
② 趋亦是也。

有务世公子诲于华颠胡老曰:①“盖闻圣人之大宝曰位,故以仁守位,以财聚人。②然则有位斯贵,有财斯富,行义达道,士之司也。故伊挚有负鼎之衒,仲尼设执鞭之言,③甯子有清商之歌,百里有豢牛之事。④夫如是,则圣哲之通趣,古人之明志也。夫子生清穆之世,禀醇和之灵,覃思典籍,韫椟《六经》,安贫乐贱,与世无营,沈精重渊,抗志高冥,包括无外,综析无形,其已久矣。曾不能枝萃出群,扬芳飞文,⑤登天庭,序彝伦,埽六合之秽慝,清宇宙之埃尘,连光芒于白日,属炎气于景云。⑥时逝岁暮,默而无闻,小子惑焉,是以有云。方今圣上宽明,辅弼贤知,崇英逸伟,不坠于地,德弘者建宰相而裂土,才羡者荷荣禄而蒙赐。⑦盍亦回涂要至,俯仰取容,⑧辑当世之利,定不拔之功,荣家宗于此时,遗不灭之令踪。⑨夫独未之思邪,何为守彼而不通此?”⑩

① 颠,顶也。华顶谓白首也。《新序》齐宣王对闾丘卬曰:“士亦华发堕颠而后可用耳。”《左传》宋司马子鱼曰:“虽及胡耉,获即取之。”杜预注曰:“胡耉,元老之称。”
② 《易》曰“圣人之大宝曰位。何以守位?曰仁。何以聚人?曰财”也。
③ 挚,伊尹名也。《史记》曰,伊尹欲干汤而无由,乃为有莘媵臣,负鼎俎以滋味说汤,致于王道。衒,自媒衒也。《论语》孔子曰:“行义以达其道。”又曰:“富而可求,虽执鞭之士吾亦为之。”《周礼》涤狼氏下士八人,执鞭以辟道也。
④ 《淮南子》曰:“宁戚欲干齐桓公,穷困无以自达,于是为商旅,将车以适

于齐，暮宿于郭门，饭牛车下，望见桓公，乃击牛角而商歌。桓公闻之曰：‘异哉！歌者非常人也。’命后车载之。”《三齐记》载其歌曰：“南山矸，白石烂，生不遭尧与舜禅，短布单衣适至骭，从昏饭牛薄夜半，长夜漫漫何时旦！”公悦之，以为大夫。矸音岸。骭音户谏反。百里奚，虞大夫也。《史记》赵良曰：“百里奚自鬻于秦，衣褐食牛，期年而后穆公知之，举之牛口之下。”《说文》曰：“鬻，养也。”

⑤《孟子》曰：“若仲尼者，拔乎其萃，出乎其类。”

⑥《瑞应图》曰“景云者太平之应也，一曰庆云”也。

⑦羡音以战反，本或作“美”。

⑧回，曲也。要音一遥反。言履直道，则不能有所至也。

⑨遗犹留也。

⑩彼谓贫贱，此谓荣禄。

　　胡老慨然而笑曰：“若公子，所谓睹暧昧之利，而忘昭晢之害；专必成之功，而忽蹉跌之败者已。”公子谡尔敛袂而兴曰：“胡为其然也？”①胡老曰：“居，吾将释汝。②昔自太极，君臣始基，③有羲皇之洪宁，唐虞之至时。④三代之隆，亦有缉熙，五伯扶微，勤而抚之。于斯已降，天网纵，人纮弛，王涂坏，太极陁，⑤君臣土崩，上下瓦解。⑥于是智者骋诈，辩者驰说，武夫奋略，战士讲锐。⑦电骇风驰，雾散云披，变诈乖诡，以合时宜。或画一策而绾万金，或谈崇朝而锡珪。⑧连衡者六印磊落，合从者骈组流离。⑨隆贵矞习，积富无崖，据巧蹈机，以忘其危。夫华离蒂而萎，条去干而枯，女冶容而淫，士背道而辜。人毁其满，神疾其邪，利端始萌，害渐亦牙。速速方毂，夭夭是加，⑩欲丰其屋，乃蔀其家。⑪是故天地否闭，圣哲潜形，⑫石门守晨，沮溺耦耕，⑬颜歇抱璞，蘧瑗保生，⑭齐人归乐，孔子斯征，雍渠骖乘，逝而遗轻。⑮夫岂傲主而背国乎？道不可以倾也。

①谡然，矞敛之貌，音所六反。

②居犹坐也。释，解也。

③太极，天地之始也。《易》曰：“《易》有太极，是生两仪。”

④洪，大也。

⑤贾逵注《国语》曰:"小崩曰陁。"

⑥《淮南子》口:"武王伐纣,左操黄钺,右执白旄而麾之,则瓦解而走,遂土崩而下。"

⑦讲,习也。

⑧《战国策》曰,秦昭王见顿弱,顿弱曰:"韩,天下之喉咽也;魏,天下之匈臆也。王资臣万金而游之,天下可图也。"秦王曰:"善。"乃资万金,使东游韩、魏,入其将相;北游燕、赵,而杀李牧。齐王入朝,四国毕从,顿子说之也。《史记》曰:"虞卿说赵孝成王,一见赐黄金百溢,再见赐白璧一双。"

⑨连衡谓张仪,合从谓苏秦,并佩六国之印。骈,并也。组,绶也。流离,光县貌卓。

⑩《诗·小雅》曰:"速速方谷,夭夭是椓。"毛苌注云:"速速,陋也。"郑玄注云:"谷,禄也。"言鄙陋小人,将贵而得禄也。夭,杀也。椓,破之也。《韩诗》亦同。此作"毂"者,盖谓小人乘宠,方毂而行。方犹并也。

⑪《易·丰卦·上六》曰:"丰其屋,蔀其家。"王弼注云:"蔀,覆也。屋厚覆,暗之甚也。"蔀音部。

⑫《易·文言》曰:"天地闭,贤人隐。"

⑬《论语》曰:"子路宿于石门。晨门曰:'奚自?'子路曰:'自孔氏。'郑玄注云:"石门,鲁城外门也。晨门,主晨夜开闭者。"又曰:"长沮、桀溺耦而耕。"并隐遁人也。

⑭《战国策》齐宣王谓颜歜曰:"愿先生与寡人游。"歜辞曰:"玉生于山,制则毁焉,非不宝也,然失璞不完。士生鄙野,选而禄焉,非不贵也,而形神不全。歜愿得晚食以当肉,安步以当车,无罪以当贵,清静以自娱,知足矣。归反于朴,则终身不辱。"《论语》孔子曰:"蘧伯玉邦有道则仕,邦无道则可卷而怀之。"此为保其生也。

⑮《论语》曰:"齐人馈女乐,季桓子受之,三日不朝。孔子行。"《史记》曰:"卫灵公与夫人同车,宦者雍渠参乘。孔子曰:'吾未见好德如好色者也。'于是丑之,去卫适曹。"遗轻谓若弃轻细之物而去,言恶之甚也。

"且我闻之,日南至则黄钟应,融风动而鱼上冰,蕤宾统则微阴萌,兼葭苍而白露凝。①寒暑相推,阴阳代兴,运极则化,理乱相承。今大汉结陶唐之洪烈,荡四海之残灾,隆隐天之高,拆垣地之基。②皇道惟融,帝猷显丕,汦汦庶类,含甘吮滋。③
检六合之群品,济之乎雍熙,群僚恭己于职司,圣主垂拱乎两
楹。君臣穆穆,守之以平;济济多士,端委缙绅;④鸿渐盈阶,振
鹭充庭。⑤譬犹钟山之玉,泗滨之石,累珪璧不为之盈,探浮磬
不为之索。⑥曩者,洪源辟而四隩集,武功定而干戈戢,猃狁攘
而吉甫宴,城濮捷而晋凯入。⑦故当其有事也,则襄笠并载,擐
甲扬锋,不给于务;⑧当其无事也,则舒绅缓佩,鸣玉以步,绰
有余裕。

①《月令》:"仲冬,律中黄钟。"融风,艮之风也。《月令》:"孟春,东风解冻,
　鱼上冰。"又:"仲夏之月,律中蕤宾。"微阴谓一阴爻生也。《诗·秦风》
　曰:"蒹葭苍苍,白露为霜。"《尔雅》曰:"蒹,薕也。葭,芦也。"

②垣音古邓反。垣与亘同。

③汦汦,齐貌。

④端委,礼衣也。《左传》曰:"太伯端委以持周礼。"《说文》曰:"缙,赤白色
　也。"绅,系绶也,音它丁反。

⑤《易》曰:"鸿渐于陆,鸿,水鸟也。渐出于陆,喻君子仕进于朝。《诗》曰:
　"振振鹭,鹭于下。"注云:"鹭,白鸟也。喻洁白之士,群集君之朝也。"

⑥《山海经》曰:"黄帝取密山之玉策,投之钟山之阳。"《尚书》曰:"泗滨浮
　磬。"注云:"水中见石,可以为磬。"言钟山多玉,泗水多石,喻汉多贤
　人。索,尽也,音所格反。

⑦辟,开也,音频亦反。谓禹理洪水而开道之。《尚书》曰:"四隩既宅。"隩,
　居也,音于反。武功定谓武王伐纣。《诗·周颂》曰:"载戢干戈。"《诗
　·小雅》曰:"薄伐猃狁,至于大原,吉甫燕喜,既多受祉。"郑玄注曰:
　"吉甫既伐猃狁而归,天子以燕礼乐之也。"《左传》,晋与楚战于城濮,
　楚师败绩,故晋凯乐而归也。

⑧襄音素和反。《诗·小雅》曰:"荷襄荷笠。"毛苌注云:"荷,揭也。襄所以
　备雨。笠所以御暑。"擐,贯也。

　　"夫世臣、门子,蛰御之族,①天隆其祜,主丰其禄。抱膺从
容,爵位自从,摄须理髯,余官委贵。其取进也,顺倾转圆,不足
以喻其便;逶巡放屣,不足以况其易。夫有逸群之才,人人有优
赡之智。童子不问疑于老成,瞳朦不稽谋于先生。心恬澹于守

高,意无为于持盈。②粲乎煌煌,莫非华荣。明哲泊焉,不失所
宁。③狂淫振荡,乃乱其情。贪夫殉财,夸者死权。④瞻仰此事,
体躁心烦。暗谦盈之效,迷损益之数。⑤骋骛骀于修路,慕骐骥
而增驱,卑俯乎外戚之门,气助乎近贵之誉。荣显未副,从而颠
踣,⑥下获熏胥之辜,高受灭家之诛。⑦前车已覆,袭轨而弩,
曾不鉴祸,以知畏惧。予惟悼哉,害其若是!⑧天高地厚,跼而
蹐之。⑨怨岂在明,患生不思。战战兢兢,必慎厥尤。

①《诗·小雅》曰:"曾我暬御。"毛苌注云:"暬御,侍御也。"

②《老子》曰:"持而盈之,不如其已。"河上公注云:"持满必倾,不如止
也。"

③泊犹静也。

④贾谊《鵩鸟赋》之文也。言夸华者必死于权势也。

⑤《易》曰:"天道亏盈而益谦。"又曰:"损益盈虚,与时偕行。"王弼注云:
"自然之质,各定其分,短者不为不足,长者不为有余,损益将何加
焉?"

⑥踣音步北反,协韵音赴。

⑦《诗·小雅》曰:"若此无罪,勋胥以痡。"勋,帅也。胥,相也。痡,病也。言
此无罪之人,而使有罪者相帅而病之,是其大甚。见《韩诗》。《前书》曰:
"史迁薰胥以刑。"《音义》云:"谓相薰蒸得罪也。"诛,协韵音丁注反。

⑧害,何也,音曷。

⑨《诗·小雅》曰:"谓天盖高,不敢不跼。谓地盖厚,不敢不蹐"。

　　"且用之则行,圣训也;舍之则藏,至顺也。①夫九河盈溢,
非一块所防;②带甲百万,非一勇所抗。③今子责匹夫以清宇
宙,庸可以水旱而累尧、汤乎?惧烟炎之毁熸,何光芒之敢扬
哉!④且夫地将震而枢星直,井无景则日阴食,⑤元首宽则望
舒朓,侯王肃则月侧匿。⑥是以君子推微达著,寻端见绪,履霜
知冰,践露知暑。时行则行,时止则止,消息盈冲,取诸天纪。⑦
利用遭泰,可与处否,乐天知命,持神任己。群车方奔乎险路,
安能与之齐轨?思危难而自豫,故在贱而不耻。方将骋驰乎典
籍之崇涂,休息乎仁义之渊薮,⑧槃旋乎周、孔之庭宇,揖儒、

墨而与为友。舒之足以光四表,收之则莫能知其所有。若乃丁
千载之运,应神灵之符,闿阊阖,乘天衢,拥华盖而奉皇枢,⑨
纳玄策于圣德,宣太平于中区。计合谋从,己之图也;勋绩不
立,予之辜也。龟凤山翳,雾露不除,踊跃草莱,祇见其愚。不
我知者,将谓之迁。⑩修业思真,弃此焉如?静以俟命,不敢不
渝。⑪'百岁之后,归乎其居。'⑫幸其获称,天所诱也。⑬罕漫
而已,非己咎也。⑭昔伯翳综声于鸟语,葛卢辩音于鸣牛,董父
受氏于豢龙,奚仲供德于衡轴,⑮倕氏兴政于巧工,造父登御
于骅骝,非子享土于善圉,狼瞫取右以禽囚,⑯弓父毕精于筋
角,佽非明勇于赴流,寿王创基于格五,东方要幸于谈优,⑰上
官效力于执盖,弘羊据相于运筹。仆不能参迹于若人,故抱璞
而优游。"⑱

①《论语》孔子曰:"用则行,舍则藏。"故言圣训也。

②九河谓河水分为九道。《尔雅》曰,徒骇、太史、马颊、覆鬴、胡苏、简、洁、
　钩般、鬲津,是谓九河也。

③协韵音苦郎反。

④烟炎,烟火之微细者。言常惧微细以致毁灭。杜预注《左传》曰:"吴、楚
　之间谓火灭为熸。"音子廉反。炎音焰。

⑤晏子见伯常骞,问曰:"昔吾见维星绝,枢星散,地其动乎?"见《晏子春
　秋》。阴食谓不显食也。凡日阴食则井无影也。

⑥望舒,月也。《尚书大传》曰:"晦而月见西方,谓之朓。朔而月见东方,谓
　之侧匿。侧匿则侯王肃,朓则侯王舒。"注:"肃,急也。舒,缓也。"

⑦《易·坤·文言》曰:"履霜坚冰至。"《艮卦》曰:"时行则行,时止则止。"
　《丰卦》曰:"天地盈虚,与时消息。"

⑧《前书》司马相如曰:"游于六艺之园,驰骛乎仁义之涂。"班固曰"希核
　仁义之林薮"也。

⑨《古今注》曰:"华盖,黄帝所作也。与蚩尤战于涿鹿之野,常有五色云
　气,金枝玉叶,因而作华盖。"

⑩龟凤喻贤人,雾露喻昏暗也。迁,曲也。

⑪敢,厌也。渝,变也。

⑫《诗·晋风》也。毛苌注云:"居,坟墓也。"

⑬谓小人妄得称举者,天之所诱,后必遇害也。

⑭罕漫犹无所知闻也,非君子之咎也。

⑮伯翳即秦之先伯益也,能与鸟语。见《史记》。葛卢,车夷介国之君也。介
葛卢聘于鲁,闻牛鸣,曰:"是生三牺,皆用之矣。"问之,如其言。晋太史
蔡墨曰:"昔有董父,实甚好龙,能求嗜欲以饮食之,以服事帝舜。帝赐
姓曰董,氏曰豢龙。"并见《左传》。奚仲,薛之祖也。《世本》曰:"奚仲作
车。"衡,轭也。轫,辕也。

⑯倕,舜之巧人也。见《尚书》。造父者,秦之先也,为周穆王御骅骝、骤耳
之乘。非子亦秦之先,善养马。周孝王使主马于汧、渭之间,马大蕃息,
分土为附庸,邑之于秦。并见《史记》。圉,养马人也,见《周礼》。《左
传》曰:"战于郫,晋襄公缚秦囚,使莱驹以戈斩之。囚呼,莱驹失戈,狼
瞫取戈斩之,遂以为车右。"瞫音舒任反。

⑰弓父,弓工也。《阙子》曰:"宋景公使弓工为弓,九年,来见公。公曰:'为
弓亦迟矣。'对曰:'臣精尽于弓矣。'献弓而归,三日而死。公张弓东向
而射,矢逾西霜之山,集彭城之东,其余力逸劲,饮羽于石梁。"《吕氏春
秋》曰,荆人佽飞入江斩蛟。《前书》,武帝时,吾丘寿王字子赣,以善格
五待制。格五,今之簺也。东方朔以善谈笑俳优得幸。班固曰:"朔应谐
似优。"杜预注《左传》曰:"优,调戏也。"

⑱《前书》,上官桀,武帝时为期门郎,从上甘泉,大风,车不得行,解盖授
桀,虽底,盖常属车。桑弘羊,洛阳贾人也,以能心计为侍中。

于是公子仰首隆阶,忸怩而避。①胡老乃扬衡含笑,援琴
而歌。②歌曰:"练余心兮浸太清,涤秽浊兮存正灵。和液畅兮
神气宁,情志泊兮心亭亭,嗜欲息兮无由生。踔宇宙而遗俗兮,
眇翩翩而独征。"③

①忸怩,心惭也。忸音女六反。怩音尼。

②衡,眉目之间也。

③太清谓天也。和液谓和气灵液也。亭亭,孤峻之貌。踔犹越也,音丑教
反。

建宁三年,辟司徒桥玄府,玄甚敬待之。出补河平长。召拜郎
中,校书东观。迁议郎。邕以经籍去圣久远,文字多谬,俗儒穿凿,

疑误后学。熹平四年，乃与五官中郎将堂溪典、光禄大夫杨赐、谏议大夫马日磾、议郎张驯、韩说，太史令单飏等，①奏求正定《六经》文字。灵帝许之。邕乃自书册于碑，使工镌刻，立于太学门外。②于是后儒晚学，咸取正焉。及碑始立，其观礼及摹写者，车乘日千余两，填塞街陌。

①堂溪，姓也。《先贤行状》曰："典字子度，颍川人，为西鄂长。"

②《洛阳记》曰："太学在洛城南开阳门外，讲堂长十丈，广二丈。堂前《石经》四部。本碑凡四十六枚：西行，《尚书》、《周易》、《公羊传》十六碑存，十二碑毁；南行，《礼记》十五碑悉崩坏；东行，《论语》三碑，二碑毁。《礼记》碑上有谏议大夫马日磾、议郎蔡邕名。"

　初，朝议以州郡相党，人情比周，乃制婚姻之家及两州人士不得对相监临。至是复有三互法，①禁忌转密，选用艰难。幽、冀二州，久缺不补。邕上疏曰："伏见幽、冀旧坏，铠马所出，②比年兵饥，渐至空耗。今者百姓虚县，万里萧条，③阙职经时，吏人延属，而三府选举，逾月不定。臣经怪其事，而论者云'避三互'。十一州有禁，当取二州而已。又二州之士，或复限以岁月，狐疑迟淹，以失事会。愚以为三互之禁，禁之薄者，今但申以威灵，明其宪令，在任之人岂不戒惧，而当坐设三互，自生留阂邪？昔韩安国起自徒中，朱买臣出于幽贱，并以才宜，还守本邦。④又张敞亡命，擢授剧州。岂复顾循三互，继以末制乎？⑤三公明知二州之要，所宜速定，当越禁取能，以救时敝。而不顾争臣之义，苟避轻微之科，选用稽滞，以失其人。臣愿陛下上则先帝，蠲除近禁，其诸州刺史器用可换者，无拘日月三互，以差阙中。"书奏不省。

①三互谓婚姻之家及两州人不得交互为官也。《谢承书》曰"史弼迁山阳太守，其妻巨野薛氏女，以三互自上，转拜平原相"是也。

②铠，甲也。《周礼·考工记》曰："燕无函。"函亦甲也，言幽、燕之地，家家皆能为函，故无函匠也。《左传》曰："冀之北土，马之所生。"

③县音玄。

④《前书》，安国字长孺，梁人。坐法抵罪。居无几，天子使使者拜安国为梁内史，起徒中为二千石。买臣字翁子，吴人。家贫，负薪卖以给食，歌讴

道中，后拜会稽太守。

⑤《前书》，敞字子高，河东人也。为京兆尹，坐与杨恽厚善，制免为庶人，从阙下亡命。数月，冀州部有大贼，天子思敞功，使使者召拜为冀州刺史。

　　初，帝好学，自造《皇羲篇》五十章，因引诸生能为文赋者。本颇以经学相招，后诸为尺牍及工书鸟篆者，皆加引召，遂至数十人。①侍中祭酒乐松、贾护，多引无行趣势之徒，并待制鸿都门下，憙陈方俗闾里小事，帝甚悦之，待以不次之位。又市贾小民，为宣陵孝子者，复数十人，悉除为郎中、太子舍人。时频有雷霆疾风，伤树拔木，地震、陨雹、蝗虫之害。又鲜卑犯境，役赋及民。六年七月，制书引咎，诏群臣各陈政要所当施行。邕上封事曰：

①《说文》曰："牍，书板也，长一尺。"《艺文志》曰："六体者，古文、奇字、篆书、隶书、缪篆、虫书。"《音义》曰："古文谓孔子壁中书也。奇字即古文而异者也。篆书谓小篆，盖秦始皇使程邈所作也。隶书亦程邈所献，主于徒隶，从简易也。缪篆谓其文屈曲缠绕，所以摹印章也。虫书谓为虫鸟之形，所以书幡信也。"

　　臣伏读圣旨，虽周成遇风，讯诸执事，宣王遭旱，密勿祗畏，无以或加。①臣闻天降灾异，缘象而至。辟历数发，②殄刑诛繁多之所生也。风者天之号令，所以教人也。③夫昭事上帝，则自怀多福；④宗庙致敬，则鬼神以著。国之大事，实先祀典，⑤天子圣躬所当恭事。臣自在宰府，及备朱衣，⑥迎气五郊，而车驾稀出，四时至敬，屡委有司，虽有解除，犹为疏废。⑦故皇天不悦，显此诸异。《鸿范传》曰："政悖德隐，厥风发屋折木。"《坤》为地道，《易》称安贞。⑧阴气愤盛，则当静反动，法为下叛。夫权不在上，则雹伤物；政有苛暴，则虎狼食人；贪利伤民，则蝗虫损稼。去六月二十八日，太白与月相迫，兵事恶之。鲜卑犯塞，所从来远，今之出师，未见其利。上违天文，下逆人事。诚当博览众议，从其安者。臣不胜愤满，谨条宜所施行七事表左：⑨

①《尚书·金縢》曰："秋大孰未获，天大雷电以风，王乃问诸史百执事。"

《诗·大雅·云汉篇·序》曰:"宣王遇旱,侧身修行,欲消去之,故大夫仍叔作《云汉》之诗以美之。"密勿祗畏言勤劳戒惧也。

②辟音普历反。《史记》曰"霹雳,阳气之动"也。

③《翼氏风角》曰:"风者天之号令,所以谴告人君者。"

④《诗·大雅》曰:"昭事上帝,聿怀多福。"聿,遂也。怀,来也。

⑤《左传》曰:"国之大事,在祀与戎。"

⑥宰府谓司徒桥玄府也。朱衣谓祭官也。《汉官仪》曰:"汉家赤行,齐者绛绔袜。"袜音文伐反。

⑦解除谓谢过也。

⑧《易·坤·文言》曰:"地道也,妻道也。"其《象》曰:"安贞之吉,应地无疆。"

⑨表左谓陈之于表左也,犹今云"如左"、"如右"。

　　一事:明堂月令,天子以四立及季夏之节,迎五帝于郊,①所以导致神气,祈福丰年。清庙祭祀,追往孝敬,养老辟雍,示人礼化,皆帝者之大业,祖宗所祗奉也。而有司数以蕃国疏丧,宫内产生,及吏卒小污,屡生忌故。②窃见南郊斋戒,未尝有废,至于它祀,辄兴异议。岂南郊卑而它祀尊哉?孝元皇帝策书曰:"礼之至敬,莫重于祭,所以竭心亲奉,以致肃祗者也。"又元和故事,复申先典。③前后制书,推心恳恻。而近者以来,更任太史,忘礼敬之大,任禁忌之书,拘信小故,以亏大典。《礼》,妻妾产者,斋则不入侧室之门,无废祭之文也。④所谓宫中有卒,三月不祭者,谓士庶人数堵之室,共处其中耳,⑤岂谓皇居之旷,臣妾之众哉?自今斋制宜如故典,庶答风霆灾妖之异。

①天子居明堂,各依其月布政,故云"明堂月令"。四立谓立春、立夏、立秋、立冬。各以其日,天子亲迎气于其方,并祭其方之帝。季夏之末,祭中央帝也。

②小污谓病及死也。

③章帝元和二年,制曰:"山川百神应典礼者,尚未咸秩,其议修群祀,以祈丰年。"又宗祀五帝于汶上明堂。三年,望祀华、霍,东柴岱宗,为人祈福。

④《礼记》曰"妻将生子,及月辰,居侧室,夫使人日再问之。夫斋,则不入侧室之门"也。

⑤《仪礼》曰:"有死于宫中者,则为之三月不举祭。"

二事:臣闻国之将兴,至言数闻,内知己政,外见民情。是故先帝虽有圣明之姿,而犹广求得失。又因灾异,援引幽隐,重贤良、方正、敦朴、有道之选,危言极谏,不绝于朝。陛下亲政以来,频年灾异,而未闻特举博选之旨。诚当思省述修旧事,使抱忠之臣展其狂直,以解《易传》"政悖德隐"之言。

三事:夫求贤之道,未必一涂,或以德显,或以言扬。顷者,立朝之士,曾不以忠信见赏,恒被谤讪之诛,遂使群下结口,莫图正辞。郎中张文,前独尽狂言,圣听纳受,以责三司。臣子旷然,众庶解悦。①臣愚以为宜擢文右职,以劝忠謇,②宣声海内,博开政路。

①《汉名臣奏》张文上疏,其略曰:"《春秋》义曰:蝗者贪扰之气所生,天意若曰:贪狼之人,蚕食百姓,若蝗食禾稼而扰万民。兽啮人者,象暴政若兽而啮人。'京房《易传》曰:'小人不义而反尊荣,则虎食人,辟历杀人,亦象暴政,妄有喜怒。'政以贿成,刑放于宠,推类叙意,探指求原,皆象群下贪狼,威教妄施,或苦蝗虫。宜敕正众邪,清审选举,退屏贪暴。鲁僖公小国诸侯,敕政修己,斥退邪臣,尚获其报,六月甚雨之应。岂况万乘之主,修善求贤?宜举敦朴,以辅善政。陛下体尧、舜之圣,秉独见之明,恢太平之业,敦经好学,流布远近,可留须臾神虑,则可致太平,招休征矣。"制曰:"下太尉、司徒、司空:夫瑞不虚年,灾必有缘。朕以不德,秉统未明,以招祅伪,将何以昭显宪法哉?三司任政者也,所当夙夜,而各拱默,讫未有闻,将何以奉答天意,救宁我人?其各悉心思所崇改,务消复之术,称朕意焉。"

②右,用事之便,谓枢要之官。

四事:夫司隶校尉、诸州刺史,所以督察奸枉,分别白黑者也。伏见幽州刺史杨憙、益州刺史庞芝、凉州刺史刘虔,各有奉公疾奸之心,憙等所纠,其效尤多。余皆枉桡,不能称职。或有抱罪怀瑕,与下同疾,纲网弛纵,莫相举察,公府台阁亦复默然。五年制书,议遣八使,又令三公谣言奏事。①是时奉公者欣然得志,邪枉者忧悸失色。未详斯议,所因寝息。昔刘向奏曰:"夫执狐疑之计者,闻群枉之门;养不断之虑者,来逆邪之口。"②今始闻善政,旋复变易,足令海内测度朝政。宜追定八使,纠举非法,更选忠清,平章赏罚。③三公岁尽,盖其殿最,使吏知奉公之福,营私之祸,则众灾之原庶可塞矣。

①《汉官仪》曰:"三公听采长吏臧否,人所疾苦,条奏之。"是为举谣言者也。

②语见《前书》

③平,和也。章,明也。

　　五事:臣闻古者取士,必使诸侯岁贡。①孝武之世,郡举孝廉,又有贤良、文学之选,于是名臣辈出,文武并兴。汉之得人,数路而已。②夫书画辞赋,才之小者,匡国理政,未有其能。陛下即位之初,先涉经术,听政余日,观省篇章,聊以游意,当代博弈,非以教化取士之本。而诸生竞利,作者鼎沸。其高者,颇引经训风喻之言;下则连偶俗语,有类俳优;或窃成文,虚冒名氏。臣每受诏于盛化门,差次录第,其未及者,亦复随辈,皆见拜擢。既加之恩,难复收改,但守奉禄,于义已弘,不可复使理人及仕州郡。昔孝宣会诸儒于石渠,章帝集学士于白虎,通经释义,其事优大,文武之道,所宜从之。若乃小能小善,虽有可观,孔子以为"致远则泥",君子故当志其大者。③

①《尚书大传》曰:"古者诸侯之于天子,三年一贡士。一适谓之攸好德,再适谓之贤贤,三适谓之有功。"注云:"适犹得也。"

②数路谓孝廉、贤良、文学之类也。

③《论语》子夏曰:"虽小道必有可观者焉,致远恐泥。"郑玄注云:"小道,如今诸子书也。泥谓滞陷不通。"此邕以为孔子之言,当别有所据也。

　　六事:墨绶长吏,职典理人,①皆当以惠利为绩,日月为劳。褒责之科,所宜分明。而今在任无复能省,及其还者,多召拜议郎、郎中。若器用优美,不宜处之冗散。如有衅故,自当极其刑诛。岂有伏罪惧考,反求迁转,更相放效,臧否无章?先帝旧典，未常有此。可皆断绝，以核真伪。

①《汉官仪》曰"秩六百石，铜章墨绶"也。

　　七事：伏见前一切以宣陵孝子者为太子舍人。臣闻孝文皇
帝制丧服三十六日，虽继体之君，父子至亲，公卿列臣，受恩之
重，皆屈情从制，不敢逾越。今虚伪小人，本非骨肉，既无幸私
之恩，又无禄仕之实，恻隐思慕，情何缘生？而群聚山陵，假名
称孝，行不隐心，义无所依，至有奸轨之人，通容其中。恒思皇
后祖载之时，①东郡有盗人妻者亡在孝中，本县追捕，乃伏其
辜。虚伪杂秽，难得胜言。又前至得拜，后辈被遗；或经年陵次，
以暂归见漏；或以人自代，亦蒙宠荣。争讼怨恨，凶凶道路。太
子官属，宜搜选令德，岂有但取丘墓凶丑之人？其为不祥，莫与
大焉。宜遣归田里，以明诈伪。

①《周礼》曰："丧祝堂大丧，及祖饰棺及载，遂御之。"郑玄注云："祖谓将
　葬祖祭于庭，载谓升柩于车也。"

　　书奏，帝乃亲迎气北郊，及行辟雍之礼。又诏宣陵孝子为舍人
者，悉改为丞尉焉。光和元年，遂置鸿都门学，画孔子及七十二弟子
像。其诸生皆敕州郡、三公举用辟召，或出为刺史、太守，入为尚书、
侍中，乃有封侯赐爵者，士君子皆耻与为列焉。

　　时妖异数见，人相惊扰。其年七月，诏召邕与光禄大夫杨赐、谏
议大夫马日磾、议郎张华、太史令单飏诣金商门，引入崇德殿，①使
中常侍曹节、王甫就问灾异及消改变故所宜施行。邕悉心以对，事
在《五行》、《天文志》。②又特诏问曰："比灾变互生，未知厥咎，朝廷
焦心，载怀恐惧。每访群公卿士，庶闻忠言，而各存括囊，莫肯尽
心。③以邕经学深奥，故密特稽问，宜披露失得，指陈政要，勿有依
违，自生疑讳。具对经术，以皂囊封上。"④邕对曰："臣伏惟陛下圣
德允明，深悼灾咎，褒臣末学，特垂访及，非臣蝼蚁所能堪副。斯诚
输写肝胆出命之秋，岂可以顾患避害，使陛下不闻至戒哉！臣伏思
诸异，皆亡国之怪也。天于大汉，殷勤不已，故屡出祅变，以当谴责，
欲令人君感悟，改危即安。今灾眚之发，不于它所，远则门垣，近在

寺署,其为监戒,可谓至切。霓堕鸡化,皆妇人干政之所致也。前者
乳母赵娆,贵重天下,⑤生则赀藏侔于天府,死则丘墓逾于园陵,两
子受封,兄弟典郡。续以永乐门史霍玉,依阻城社,又为奸邪。今者
道路纷纷,复云有程大人者,察其风声,将为国患。宜高为堤防,明
设禁令,深惟赵、霍,以为至戒。⑥今圣意勤勤,思明邪正。而闻太尉
张颢,为玉所进;光禄勋姓璋,⑦有名贪浊;又长水校尉赵玹、⑧屯
骑校尉盖升,并叨时幸,荣富优足。宜念小人在位之咎,退思引身避
贤之福。⑨伏见廷尉郭禧,纯厚老成;光禄大夫桥玄,聪达方直;故
太尉刘宠,忠实守正,并宜为谋主,数见访门。夫宰相大臣,君之四
体,⑩委任责成,优劣已分,不宜听纳小吏,雕琢大臣也。⑪又尚方
工技之作,鸿都篇赋之文,可且消息,以示惟忧。《诗》云:'畏天之
怒,不敢戏豫。'天戒诚不可戏也。宰府孝廉,士之高选,近者以辟召
不慎,切责三公。而今并以小文超取选举,开请托之门,违明王之
典,众心不厌,莫之敢言。⑫臣愿陛下忍而绝之,思惟万机,以答天
望。圣朝既自约厉,左右近臣亦宜从化。人自抑损,以塞咎戒,则天
道亏满,鬼神福谦矣。臣以愚赣,感激忘身,敢触忌讳,手书具对。夫
君臣不密,上有漏言之戒,下有失身之祸。⑬愿寝臣表,无使尽忠之
吏受怨奸仇。"章奏,帝览而叹息,因起更衣,曹节于后窃视之,悉宣
语左右,事遂漏露。其为邕所裁黜者,皆侧目思报。

①《洛阳记》曰"南宫有崇德殿、太极殿、太极殿,西有金商门"也。

②其志今亡。《续汉志》曰,光和元年,诏问曰:"连年蝗虫,其咎焉在?"邕
对曰:"《易传》云'大作不时天降灾,厥咎蝗虫来。'《河图秘征篇》曰:
"帝贪则政暴,吏酷则诛惨。生蝗虫,贪苛之所致也。'"又南宫侍中寺,
雌鸡欲化为雄,一身毛皆似雄,但头冠尚未变。诏以问邕。对曰:"貌之
不恭,则有鸡祸。宣帝黄龙元年,未央宫雌鸡化为雄,不鸣无距。是岁元
帝初即位,将立王皇后。至初元元年,丞相史家雌鸡化为雄,距而鸣将。
是后父禁为平阳侯,女立为后。至哀帝晏驾,后摄政,王莽以后兄子为
大司马,由是为乱。臣窃推之,头为元首,人君之象。今鸡一身已变,未
至于头而止,是将有其事而不遂成之象也。若应之不精,政无所改,头
冠或成,为患滋大也。"

③括囊喻闭口而不言。《易》曰:"括囊无咎。"王弼注云:"括,结也。"

④《汉官仪》曰"凡章表皆启封,其言密事得皂囊"也。

⑤烧音奴鸟反。

⑥赵烧及霍玉也。

⑦姓,姓;璋,名也。汉有姓伟。

⑧音玄。《蔡邕集》"玹"作"玄"。

⑨《尚书》曰:"君子在野,小人在位。"

⑩谓肱股也。

⑪雕琢犹镌削以成其罪也。

⑫厌,伏也,音一叶反。

⑬《易》曰:"君不密则失臣,臣不密则失身。"

初,邕与司徒刘郃素不相平,叔父卫尉质①又与将作大匠杨球
有隙。球即中常侍程璜女夫也,璜遂使人飞章,言邕、质数以私事请
托于郃,郃不听,邕含隐切,志欲相中。②于是诏下尚书,召邕诘状。
邕上书自陈曰:"臣被召,问以大鸿胪刘郃前为济阴太守,臣属吏张
宛长休百日;③郃为司隶,又托河内郡吏李奇为州书佐;④及营护
故河南尹羊陟、侍御史胡母班,郃不为用致怨之状。⑤臣征营怖悸,
肝胆涂地,不知死命所在。窃自寻案,实属宛、奇,不及陟、班。凡休
假小吏,非结恨之本。与陟姻家,岂敢申助私党?如臣父子欲相伤
陷,当明言台阁,具陈恨状所缘。内无寸事,而谤书外发,宜以臣对
与郃参验。臣得以学问特蒙褒异,执事秘馆,操管御前,姓名貌状,
微简圣心。今年七月,召诣金商门,问以灾异,霭诏申旨,诱臣使
言。⑥臣实愚赣,唯识忠尽,出命忘躯,不顾后害,遂讥刺公卿,内及
宠臣。实欲以上对圣问,救消灾异,规为陛下建康宁之计。陛下不
念忠臣直言,宜加掩蔽,诽谤卒至,便用疑怪。尽心之吏,岂得容哉?
诏书每下,百官各上封事,欲以改政思谴,除凶致吉,而言者不蒙延
纳之福,旋被陷破之祸。今皆杜口结舌,以臣为戒,谁敢为陛下尽忠
孝乎?臣季父质,连见拔擢,位在上列。臣被蒙恩渥,数见访逮。言
事者因此欲陷臣父子,破臣门户,非复发纠奸伏,补益国家者也。臣
年四十有六,孤特一身,得托名忠臣,死有余荣,恐陛下于此不复闻

至言矣。臣之愚冗，职当咎患，但前者所对，质不及闻，⑦而衰老白首，横见引逮，随臣摧没，并入坑陷，诚冤诚痛。臣一入牢狱，当为楚毒所迫，趣以饮章，辞情何缘复闻？⑧死期垂至，冒昧自陈。愿身当辜戮，匄质不并坐，⑨则身死之日，更生之年也。惟陛下加餐，为万姓自爱。"于是下邕、质于洛阳狱，劾以仇怨奉公，议害大臣，大不敬，弃市。事奏，中常侍吕强愍邕无罪，请之。帝亦更思其章，有诏减死一等，与家属髡钳徙朔方，不得以赦令除。杨球使客追路刺邕，客感其义，皆莫为用。球又赂其部主使加毒害，所赂者反以其情戒邕，故每得免焉。居五原安阳县。⑩

①质字子文，著《汉职仪》。

②中，伤也。

③休，假也。《前书音义》曰"吏病满百日当免"也。

④《续汉志》曰："书佐，主干文书。"

⑤《邕集》其奏曰："邕属张宛长休百日，邰假宛五日；复属河南李奇为书佐，邰不为召；大山党魁羊陟与邕季父卫尉质对门九族，质为尚书，营护阿拥，令文书不觉，邰被诏书考胡母班等，辞与陟为党，质及邕频诣邰问班所及，邰不应，遂怀怨恨，欲必中伤邰。"制曰："下司隶校尉正处上。"《邕集》作"綦母班"也。

⑥霣犹特也，与赍通。

⑦前在金商门对事之时，质为下邳相，故不闻也。

⑧趣音促。饮犹隐邰告人姓名，无可对问。章者，今之表也。《邕集》曰："光和元年，都官从事张恽，以辛卯诏书，收邕送雒阳诏狱。考吏张静谓邕曰：'省君章云欲仇怨未有所施，法令无此，以诏书又刊章家姓名，不得对相旨斥考事，君学多所见，古今如此，岂一事乎？'答曰：'晓是'。吏遂饮章为文书。"臣贤案：俗本有不解"饮"字，或改为"报"，或改为"款"，并非也。

⑨匄，乞也。

⑩即西安阳县也，故城在今胜州银城县。

邕前在东观，与卢植、韩说等撰补《后汉记》，会遭事流离，不及得成，因上书自陈，奏其所著十意，①分别首目，连置章左。帝嘉其才高，会明年大赦，乃宥邕还本郡。邕自徙及归，凡九月焉。将就还

路,五原太守王智饯之。酒酣,智起舞属邕,邕不为报。②智进,中常
侍王甫弟也,素贵骄,惭于宾客,诟邕曰:"徒敢轻我!"邕拂衣而去。
智衔之,密告邕怨于囚放,谤讪朝廷。内宠恶之。邕虑卒不免,乃亡
命江海,远迹吴、会。③往来依太山羊氏,积十二年,在吴。

①犹《前书》十志也。《邕别传》曰:"邕昔作《汉记》十意,未及奏上,遭事流
　离,因上书自陈曰:"臣既到徙所,乘塞守烽,职在候望,忧怖焦灼,无心
　能复操笔成草,致章阙廷。诚知圣朝不责臣谢,但怀愚心有所不竟。臣
　自在布衣,常以为《汉书》十志下尽王莽而止,光武已来唯记纪传,无续
　志者。臣所事师故太傅胡广,知臣颇识其门户,略以所有旧事与臣。虽
　未备悉,粗见首尾,积累思惟二十余年。不在其位,非外史庶人所得擅
　述。天诱其衷,得备著作,即建言十志皆当撰录。会臣被罪,遂放边野,
　恐所怀随躯朽腐,抱恨黄泉,遂不设施,谨先颠踣,科条诸志,臣欲删定
　者一,所当接续者四,《前志》所无臣欲著者五,及经典群书所宜据摭,
　本奏诏书所当依据,分别首目,并书章左,惟陛下留神省察。臣谨因临
　戎长霍圉封上。'有《律历意》第一,《礼意》第二,《乐意》第三,《郊祀意》
　第四,《天文意》第五,《车服意》第六。"

②属犹劝也,音烛。

③张骘《文士传》曰:"邕告吴人曰:'吾昔尝经会稽高迁亭,见屋椽竹东间
　第十六可以为笛。'取用,果有异声。"伏滔《长笛赋·序》云:"柯亭之
　观,以竹为椽,邕取为笛,奇声独绝"也。

　吴人有烧桐以爨者,邕闻火烈之声,知其良木,因请而裁为琴,
果有美音,而其尾犹焦,故时人名曰"焦尾琴"焉。①初,邕在陈留
也,其邻人有以酒食召邕者,比往而酒以酣焉。客有弹琴于屏,邕至
门试潜听之,曰:"嘻!②以乐召我,而有杀心,何也?"遂反。将命者
告主人曰:"蔡君向来,至门而去。"邕素为邦乡所宗,主人遽自追而
问其故,邕具以告,莫不怃然。③弹琴者曰:"我向鼓弦,见螳螂方向
鸣蝉,蝉将去而未飞,螳螂为之一前一郤。吾心耸然,惟恐螳螂之失
之也,此岂为杀心而形于声者乎?"邕莞然而笑曰:④"此足以当之
矣。"

①傅玄《琴赋·序》曰:"齐桓公有鸣琴曰'号钟',楚庄有鸣琴曰'绕梁',

司马相如'绿绮',蔡邕有'焦尾',皆名器也。"

②叹声也,音僖。

③忔犹怪也,音武。

④莞,笑貌也,音胡板反。

中平六年,灵帝崩,董卓为司空,闻邕名高,辟之。称疾不就,卓大怒,詈曰:"我力能族人,蔡邕遂偃蹇者,不旋踵矣。"又切敕州郡举邕诣府,邕不得已,到,署祭酒,甚见敬重。举高第,补侍御史,又转持书御史,迁尚书。三日之间,周历三台。迁巴郡太守,复留为侍中。初平元年,拜左中郎将,从献帝迁都长安,封高阳乡侯。

董卓宾客部曲议欲尊卓比太公,称尚父。卓谋之于邕,邕曰:"太公辅周,受命翦商,故特为其号。今明公威德,诚为巍巍,然比之尚父,愚意以为未可。宜须关东平定,车驾还反旧京,然后议之。"卓从其言。

初平二年六月,地震。卓以问邕,邕对曰:"地动者,阴盛侵阳,臣下逾制之所致也。前春郊天,公奉引车驾,乘金华青盖,爪画两轓,远近以为非宜。"①卓于是改乘皂盖车。②

①《续汉志》曰:"乘舆大驾,公卿奉引,皇太子、皇子皆安车,朱轮,青盖,金华爪,画轓。"广雅:"轓,箱也。"

②《续汉志》曰:"中二千石、二千石皆皂盖,朱两轓。"

卓重邕才学,厚相遇待,每集宴,辄令邕鼓琴赞事。邕亦每存匡益。然卓多自恨用,邕恨其言少从,谓从弟谷曰:"董公性刚而遂非,终难济也。吾欲东奔兖州,若道远难达,且遁逃山东以待之,何如?"谷曰:"君状异恒人,每行观者盈集。以此自匿,不亦难乎?"邕乃止。

及卓被诛,邕在司徒王允坐,殊不意言而叹,有动于色。允勃然叱之曰:"董卓国之大贼,几倾汉室。君为王臣,所宜同忿,而怀其私遇,以忘大节!今天诛有罪,而反相伤痛,岂不共为逆哉?"即收付廷尉治罪。邕陈辞谢,乞黥首刖足,继成汉史。士大夫多矜救之,不能得。太尉马日磾驰往谓允曰:"伯喈旷世逸才,多识汉事,当续成后史,为一代大典。且忠孝素著,而所坐无名,诛之无乃失人望乎?"允曰:"昔武帝不杀司马迁,使作谤书,流于后世。①方今国祚中衰,神器不固,不可令佞臣执笔在幼主左右。既无益圣德,复使吾党蒙其讪议。"日磾退而告人曰:"王公其不长世乎?善人,国之纪也;制作,国之典也。灭纪废典,其能久乎!"邕遂死狱中。允悔,欲止而不及。时年六十一。搢绅诸儒莫不流涕。北海郑玄闻而叹曰:"汉世之事,谁与正之!"兖州、陈留闻皆画像而颂焉。

　①凡史官记事,善恶必书。谓迁所著《史记》,但是汉家不善之事,皆为谤
　　也。非独指武帝之身,即高祖善家令之言,武帝算缗、榷酤之类是也。
　　《班固集》云:"司马迁著书,成一家之言。至以身陷刑,故微文刺讥,贬
　　损当世,非谊士也。"

　其撰集汉事,未见录以继后史。适作《灵纪》及十意,又补诸列传四十二篇,因李傕之乱,湮没多不存。所著诗、赋、碑、诔、铭、赞、连珠、箴、吊、论议、《独断》、《劝学》、《释诲》、《叙乐》、《女训》、《篆势》、祝文、章表、书记,凡百四篇,传于世。

　论曰:意气之感,士所不能忘也。流极之运,有生所共深悲也。①当伯喈抱钳扭,徙幽裔,仰日月而不见照烛,临风尘而不得经过,②其意岂及语平日幸全人哉!及解刑衣,窜欧越,潜舟江壑,不知其远;捷步深林,尚苦不密。但愿北首旧丘,归骸先垄,又可得乎?董卓一旦入朝,辟书先下,分明枉结,信宿三迁。③匡导既申,狂僭屡革,资《同人》之先号,得北叟之后福。④属其庆者,夫岂无怀?⑤君子断刑,尚或为之不举,⑥况国宪仓卒,虑不先图,矜情变容,而罚同邪党?执政乃追怨子长谤书流后,⑦放此为戮,⑧未或闻之典刑。

　①流、极,皆放也。极音纪力反。
　②谓迫促之,今不得避风尘也。
　③谓三日之间,位历三台也。
　④《易·同人卦》曰:"先号咷而后笑。"北叟,塞上叟也。其马亡入胡中,人
　　皆吊之。叟曰:"何知非福?"居数月,其马引胡骏马而归,人皆贺之。叟

曰:"何知非祸?"及家富马良,其子好骑,堕而折髀,人皆吊之。叟曰:"何知非福?"居一年,胡夷大入,丁壮皆战死者十九,其子独以跛之故,子父相保。见《淮南子》也。

⑤庆谓恩遇也。怀,思也。荷恩遇者,岂不思之乎?

⑥《左传》郑伯见虢叔曰:"夫司寇行戮,君为之不举。"杜注云:"不举盛馔也。"

⑦执政谓王允也。

⑧放音甫往反。

赞曰:季长戚氏,才通情侈。苑囿典文,流悦音伎。①邕实慕静,心精辞绮。斥言金商,南徂北徙。②籍梁怀董,名浇身毁。③

①侈谓纱帐、女乐之类。音技谓鼓琴吹笛之属也。

②谓对事于金商门,指斥而言,无隐讳也。

③籍梁谓融因籍梁冀贵幸,为作《西第颂》。怀董谓邕读董卓之恩也。浇,薄也。

后汉书卷六一
列传第五一

左雄　周举 子勰　黄琼 孙琬

　　左雄字伯豪,南郡涅阳人也。安帝时,举孝廉,稍迁冀州刺史。州部多豪族,好请托,雄常闭门不与交通。奏案贪猾二千石,无所回忌。

　　永建初,公车征拜议郎。时顺帝新立,大臣懈怠,朝多阙政,雄数言事,其辞深切。尚书仆射虞诩以雄有忠公节,上疏荐之曰:"臣见方今公卿以下,类多拱默,以树恩为贤,尽节为愚,至相戒曰:'白璧不可为,容容多后福。'①伏见议郎左雄,数上封事,至引陛下身遭难厄,以为警戒。实有王臣蹇蹇之节,周公谟成王之风。②宜擢在喉舌之官,必有匡弼之益。"由是拜雄尚书,再迁尚书令。上疏陈事曰:

　　①容容犹和同也。言不可独为白玉之清洁,当与众人和同。
　　②谟,谋也。即《尚书·立政》、《无逸篇》之类也。

　　　臣闻柔远和迩,莫大宁人;宁人之务,莫重用贤;用贤之道,必存考黜。是以皋陶对禹,贵在知人。"安人则惠,黎民怀之。"①分伯建侯,代位亲民,民用和穆,礼让以兴。故《诗》云:"有渰凄凄,兴雨祁祁。雨我公田,遂及我私。"②及幽、厉昏乱,不自为政,③褒艳用权,七子党进,贤愚错绪,深谷为陵。故其《诗》云:"四国无政,不用其良。"又曰:"哀今之人,胡为虺蜴?"言人畏吏如虺蜴也。④宗周既灭,六国并秦,坑儒泯典,刬革五等,更立郡县,⑤县设令长,郡置守尉,什伍相司,封豕其民。⑥大汉受命,虽未复古,然克慎庶官,蠲苛救敝,悦以济难,抚而循之。至于文、景,天下康乂。诚由玄靖宽柔,克慎官人故也。降及宣帝,兴于仄陋,综核名实,知时所病,刺史守相,辄亲引见,考察言行,信赏必罚。帝乃叹曰:"民所以安而无怨者,政平吏良也。与我有共此者,其唯良二千石乎!"以为吏数变易,则下不安业;久于其事,则民服教化。其有政理者,辄以玺书勉励,增秩赐金,或爵至关内侯,公卿缺则以次用之。是以吏称其职,人安其业。汉世良吏,于兹为盛,故能降来仪之瑞,建中兴之功。⑦

①《尚书·皋陶谟》之词也。惠,爱也。黎,众也。

②《诗·小雅》也。渰,阴云也。凄凄,云兴貌。祁,徐也。言阴阳和,风雨时,先雨公田,乃及私田。

③《诗·小雅》刺幽王曰:"不自为政,卒劳百姓。"

④褒艳谓褒姒也。艳,色美也。七子皆褒姒之亲党,谓皇甫为卿士,仲允为膳夫,家伯为宰,番为司徒,蹶为趣马,聚子为内史,楀为师氏也。厉王淫于色,七子皆用,言妻党盛也。四国,四方之国也。虺蜴之性,见人则走,哀今之人皆如是,伤时政事。见《诗·小雅》。番音方元反。聚音侧流反。楀音记禹反。

⑤划,削也。五等谓诸侯。

⑥《史记》,商鞅为秦定变法之令,令人什伍而相牧司,犯禁相连坐,不告奸者腰斩。杨雄《长杨赋》曰"秦窦窳其士,封豕其人"也

⑦宣帝时凤皇五至,因以纪年。

汉初至今三百余载,俗浸雕敝,巧伪滋萌,下饰其诈,上肆其残。典城百里,转动无常,各怀一切,莫虑长久。谓杀害不辜为威风,聚敛整辨为贤能,以理己安民为劣弱,以奉法循理为不化。髡钳之戮,生于睚眦;覆尸之祸,成于喜怒。视民如寇仇,税之如豺虎。①监司项背相望,②与同疾疢,见非不举,闻恶不察,观政于亭传,责成于期月,③言善不称德,论功不据实,虚诞者获誉,拘检者离毁。④或因罪而引高,或色斯以求名。⑤州

宰不覆,竞共辟召,踊跃升腾,超等逾匹。或考奏捕案,而亡不受罪,会赦行赂,复见洗涤。朱紫同色,清浊不分。故使奸猾枉滥,轻忽去就,拜除如流,缺动百数。乡官部吏,职斯禄薄,⑥车马衣服,一出于民,廉者取足,贪者充家,特选横调,⑦纷纷不绝,送迎烦费,损政伤民。和气未洽,灾眚不消,咎皆在此。今之墨绶,犹古之诸侯,⑧拜爵王庭,舆服有庸,⑨而齐于匹竖,叛命避负,非所以崇宪明理,惠育元元也。臣愚以为守相长吏,惠和有显效者,可就增秩,勿使移徙,非父母丧不得去官。其不从法禁,不式王命,锢之终身,⑩虽会赦令,不得齿列。若被劾奏,亡不就法者,徙家边郡,以惩其后。乡部亲民之吏,皆用儒生清白任从政者,⑪宽其负算,⑫增其秩禄,吏职满岁,宰府州郡乃得辟举。如此,威福之路塞,虚伪之端绝,送迎之役损,赋敛之源息。循理之吏,得成其化;率土之民,各宁其所。追配文、宣中兴之轨,⑬流光垂祚,永世不刊。

①《国语》曰:“斗丹廷见令尹子常,与之语,问畜货聚焉。归以语其弟曰:‘楚其亡乎?吾见令尹如饿兽豺虎焉,殆必亡者也。’”
②项背相望谓前后相顾也。背音辈。
③期,匝也,谓一岁。
④离,遭也。
⑤因罪潜遁,以求高尚之名也。《论语》曰:“色斯举矣。”言观前人之颜色也。
⑥斯,贱也。
⑦调,征也。
⑧墨绶谓令长,即古子男之国也。
⑨庸,常也。
⑩式,用也。
⑪任,堪也,音人林反。
⑫负,欠也。算,口钱也。儒生未有品秩,故宽之。
⑬文帝、宣帝也。文帝遭吕氏难,故亦云中兴。

帝感其言,申下有司,考其真伪,详所施行。雄之所言,皆明达政体,而宦竖擅权终不能用。自是选代交互,令长月易,迎新送旧,劳扰无已,或官寺空旷,无人案事,每选部剧,乃至逃亡。

永建三年,京师、汉阳地皆震裂,水泉涌出。四年,司、冀复有大水。雄推较灾异,以为下人有逆上之征。[1]又上疏言:"宜密为备,以俟不虞。"寻而青、冀、杨州盗贼连发,数年之间,海内扰乱。其后,天下大赦,贼虽颇解,而官犹无备,流叛之余,数月复起。雄与仆射郭虔共上疏,以为"寇贼连年,死亡太半,一人犯法,举宗群亡。宜及其尚微,开令改悔。若告党与者,听除其罪;能诛斩者,明加其赏。"书奏,并不省。

[1]《天镜经》曰:"大水自平地出,破山杀人,其国有兵。"

又上言:"宜崇经术,缮修太学。"帝从之。阳嘉元年,太学新成,诏试明经者补弟子,增甲乙之科,员各十人。除京师及郡国耆儒年六十以上为郎、舍人,诸王国郎者百三十八人。

雄又上言:"郡国孝廉,古之贡士,出则宰民,宣协风教。若其面墙,则无所施用。孔子曰'四十不惑',《礼》称'强仕'。请自今孝廉年不满四十,不得察举,皆先诣公府,诸生试家法,[1]文吏课笺,奏副之端门,练其虚实,以观异能,以美风俗。有不承科令者,正其罪法。若有茂才异行,自可不拘年齿。"帝从之,于是班下郡国。明年,有广陵孝廉徐淑,[2]年未及举,台郎疑而诘之。对曰:"诏书曰'有如颜回、子奇,不拘年齿',[3]是故本郡以臣充选。"郎不能屈。雄诘之曰:"昔颜回闻一知十,孝廉闻一知几邪?"淑无以对,乃遣却郡。于是济阴太守胡广等十人皆坐谬举免黜,唯汝南陈蕃、颖川李膺、下邳陈球等三十余人得拜郎中。自是牧守畏栗,莫敢轻举。迄于永嘉,察选清平,多得其人。

[1]儒有一家之学,故称家。

[2]《谢承书》曰"淑字伯进,广陵海西人也。宽裕博雅,好学乐道。随父慎在京师,钻《孟氏易》、《春秋》、《公羊》、《礼记》、《周官》。善诵《太公六韬》,交接英雄,常有壮志。举茂才,除勃海修令,迁琅邪都尉"也。

[3]解见《顺帝纪》。

雄又奏征海内名儒为博士，使公卿子弟为诸生。有志操者，加其俸禄。及汝南谢廉、河南赵建，年始十二，各能通经，雄并奏拜童子郎。于是负书来学，云集京师。

初，帝废为济阴王，乳母宋娥与黄门孙程等共议立帝，帝后以娥前有谋，遂封为山阳君，邑五千户。又封大将军梁商子冀襄邑侯。雄上封事曰："夫裂土封侯，王制所重。高皇帝约，非刘氏不王，非有功不侯。孝安皇帝封江京、王圣等，遂致地震之异。永建二年，封阴谋之功，又有日食之变。数术之士，咸归咎于封爵。今青州饥虚，盗贼未息，民有乏绝，上求禀贷。陛下乾乾劳思，以济民为务。宜循古法，宁静无为，以求天意，以消灾异。诚不宜追录小恩，亏失大典。"帝不听。雄复谏曰："臣闻人君莫不好忠正而恶谗谀，然而历世之患，莫不以忠正得罪，谗谀蒙幸者，盖听忠难，从谀易也。夫刑罪，人情之所甚恶；贵宠，人情之所甚欲。是以时俗为忠者少，而习谀者多。故令人主数闻其美，稀知其过，迷而不悟，至于危亡。臣伏见诏书顾念阿母旧德宿恩，欲特加显赏。案尚书故事，无乳母爵邑之制，唯先帝时阿母王圣为野王君。圣造生谗贼废立之祸，生为天下所咀嚼，死为海内所欢快。桀纣贵为天子，而庸仆羞与为比者，以其无义也。夷、齐贱为匹夫，而王侯争与为伍者，以其有德也。今阿母躬蹈约俭，以身率下，群僚蒸庶，莫不向风，而与王圣并同爵号，惧违本操，失其常愿。臣愚以为凡人之心，理不相远，其所不安，古今一也。百姓深惩王圣倾覆之祸，民萌之命，危于累卵，常惧时世复有此类。怵惕之念，未离于心；恐惧之言，未绝乎口。乞如前议，岁以千万给奉阿母，内足以尽恩爱之欢，外可不为吏民所怪。梁冀之封，事非机急，宜过灾厄之运，然后平议可否。"会复有地震、缑氏山崩之异，雄复上疏谏曰："先帝封野王君，汉阳地震；今封山阳君，而京城复震。专政在阴，其灾尤大。臣前后瞽言封爵至重，王者可私人以财，不可以官，宜远阿母之封，以塞灾异。今冀已高让，山阳君亦宜崇其本节。"雄言数切至，娥亦畏惧辞让，而帝恋恋不能已，卒封之。后阿母遂以交遘失爵。

是时大司农刘据以职事被谴,召诣尚书,傅呼促步,又加以捶扑。雄上言:"九卿位亚三事,班在大臣,行有佩玉之节,动有庠序之仪。[1]孝明皇帝始有扑罚,皆非古典。"帝从而改之,其后九卿无复捶扑者。自雄掌纳言,多所匡肃,每有章表奏议,台阁以为故事。迁司隶校尉。

[1]《礼记》曰:"公侯佩山玄玉而朱组绶,大夫佩水苍玉而缊组绶。"

初,雄荐周举为尚书,举既称职,议者咸称焉。及在司隶,又举故冀州刺史冯直以为将帅,而直尝坐臧受罪,举以此劾奏雄。雄悦曰:"吾尝事冯直之父而又与直善,今宣光以此奏吾,乃是韩厥之举也。"由是天下服焉。[1]明年,坐法免。后复为尚书。永和三年卒。

[1]韩厥,韩献子也。《国语》曰:"赵宣子举献子于灵公,以为司马。河曲之役,宣子使人以其乘车干行,献子执而戮之。宣子皆告诸大夫曰:'可贺我矣。吾举厥也而中吾,乃今知免于罪矣。'"

周举字宣光,汝南汝阳人,陈留太守防之子。防在《儒林传》。举姿貌短陋,而博学洽闻,为儒者所宗,故京师为之语曰:"五经从横周宣光。"

延熹四年,辟司徒李郃府。时宦者孙程等既立顺帝,诛灭诸阎,议郎陈禅以为阎太后与帝无母子恩,宜徙别馆,绝朝见。群臣议者咸以为宜,举谓郃曰:"昔郑武姜谋杀严公,严公誓之黄泉;秦始皇怨母失行,久而隔绝,后感颍考叔、茅焦之言,循复子道。书传美之。[1]今诸阎新诛,太后幽在离宫,若悲愁生疾,一旦不虞,主上将何以令于天下?如从禅议,后世归咎明公。宜密表朝廷,令奉太后,率厉群臣,朝觐如旧,以厌天心,以答人望。"郃上疏陈之。明年正月,帝乃朝于东宫,太后由此以安。

[1]郑武姜生庄公及共叔段,爱叔段,谋杀庄公。公誓之曰:"不及黄泉,无相见也。"既而悔之。颍考叔为颍谷封人,曰:"若掘地及泉,隧而相见,其谁曰不然!"公从之,遂为母子如初。事见《左传》。茅焦事,解见《苏竟传》也。

后长乐少府朱伥①代郃为司徒,举犹为吏。时孙程等坐怀表上殿争功,帝怒,悉徙封远县,敕洛阳令促期发遣。举说朱伥曰:"朝廷在西钟下时,非孙程等岂立?②虽韩、彭、吴、贾之功何以加诸!③今忘其大德,录其小过,如道路夭折,帝有杀功臣之讥。及今未去,宜急表之。"伥曰:"今诏怒,二尚书已奏其事,吾独表此,必致罪谴。"举曰:"明公年过八十,位为台辅,不于今时竭忠报国,惜身安宠,欲以何求?禄位虽全,必陷佞邪之讥;谏而获罪,犹有忠贞之名。若举言不足采,请从此辞。"伥乃表谏,帝果从之。

①音丑良反。

②朝廷谓顺帝也。孙程与王康等十八人谋于西钟下,共立济阴王为顺帝也。

③韩信、彭越、吴汉、贾复也。

举后举茂才,为平丘令。①上书言当世得失,辞甚切正。尚书郭虔、应贺等见之叹息,共上疏称举忠直,欲帝置章御坐,以为规诫。②

①平丘,县,属陈留郡。

②章谓所上之书。

举稍迁并州刺史。太原一郡,旧俗以介子推焚骸,有龙忌之禁。①至其亡月,咸言神灵不乐举火,由是士民每冬中辄一月寒食,莫敢烟爨,老小不堪,岁多死者。举既到州,乃作吊书以置子推之庙,言盛冬去火,残损民命,非贤者之意,以宣示愚民,使还温食。②于是众惑稍解,风俗颇革。

①《新序》曰:"晋文公反国,介子推无爵,遂去而之介山之上。文公求之不得,乃焚其山,推遂不出而焚死。"事具《耿恭传》。龙,星,木之位也,春见东方。心为大火,惧火之盛,故为之禁火。俗传云子推以此日被焚而禁火。

②其事见桓谭《新论》及《汝南先贤传》也。

转冀州刺史。阳嘉三年,司隶校尉左雄荐举,征拜尚书。举与仆射黄琼同心辅政,名重朝廷,左右惮之。是岁,河南、三辅大旱,五谷灾伤,天子亲自露坐德阳殿东厢请雨,又下司隶、河南祷祀河神、名山、大泽。诏书以举才学优深,特下策问曰:"朕以不德,仰承三统,①夙兴夜寐,思协大中。②顷年以来,旱灾屡应,稼穑焦枯,民食困乏。五品不训,王泽未流,③群司素餐,据非其位。审所贬黜,变复之征,厥效何由?分别具对,勿有所讳。"举对曰:"臣闻《易》称'天尊地卑,乾坤以定'。二仪交构,乃生万物,万物之中,以人为贵。故圣人养之以君,成之以化,顺四节之宜,适阴阳之和,使男女婚娶不过其时。包之以仁恩,导之以德教,示之以灾异,训之以嘉祥。此先圣承乾养物之始也。夫阴阳闭隔,则二气否塞;二气否塞,则人物不昌;人物不昌,则风雨不时;风雨不时,则水旱成灾。陛下处唐虞之位,未行尧舜之政,近废文帝、光武之法,而循亡秦奢侈之欲,内积怨女,外有旷夫。今皇嗣不兴,东宫未立,伤和逆理,断绝人伦之所致也。非但陛下行此而已,竖宦之人,亦复虚以形势,威侮良家,取女闭之,至有白首殁无配偶,逆于天心。④昔武王入殷,出倾宫之女;⑤成汤遭灾,以六事克己;⑥鲁僖遇旱,而自责祈雨,⑦皆以精诚转祸为福。自枯旱以来,弥历年岁,未闻陛下改过之效,徒劳至尊,露风尘,诚无益也。又下州郡祈神致请。昔齐有大旱,景公欲祀河伯,晏子谏曰:'不可。夫河伯以水为城国,鱼鳖为民庶。水尽鱼枯,岂不欲雨?自是不能致也。'⑧陛下所行,但务其华,不寻其实,犹缘木希鱼,却行求前。⑨诚宜推信革政,崇道变惑,出后宫不御之女,理天下冤枉之狱,除太官重膳之费。夫五品不训,责在司徒,有非其位,宜急黜斥。臣自藩外擢典纳言,学薄智浅,不足以对。《易传》曰:'阳感天,不旋日。'⑩惟陛下留神裁察。"因召见举及尚书令成翊世、仆射黄琼,问以得失。举等并对,以为宜慎官人,去斥贪污,离远佞邪,循文帝之俭,尊孝明之教,则时雨必应。帝曰:"百官贪污佞邪者为谁乎?"举独对曰:"臣从下州超备机密,不足以别群臣。⑪然公卿大臣数有直言者,忠贞也;阿谀苟容者,佞邪也。司徒视事六年,未闻有忠言异谋,愚心在此。"其后以事免司徒刘崎。迁举司隶校尉。

　　①天统、地统、人统谓之三统。事见《白武通》。

②《尚书·洪范》曰:"建用皇极。"孔安国注云:"皇,大也。极,中也。言立
　　大中之道而行之也。"

③五品,五常之教也。《书》曰:"五品不逊,汝作司徒,敬敷五教在宽。"训
　　亦逊之义。

④殄,终也。

⑤《帝王纪》曰:"武王入殷,命召公释箕子之囚,表商容之闾,出倾宫之女
　　于诸侯。"

⑥《帝王纪》曰:"汤伐桀,后大旱七年,洛川竭,使人持三足鼎祝于山川
　　曰:'政不节邪?使人疾邪?苞苴行邪?谗夫昌邪?宫室荣邪?女谒行
　　邪?何不雨之极也!'"

⑦解见《杨厚传》。

⑧《晏子春秋》之文。

⑨缘木求鱼,见《孟子》之文。《韩诗外传》曰:"夫明镜所以照形,往古所以
　　知今。夫恶知往古之所以危亡,无异却行而求逮于前人也。"

⑩《易稽览图》之文也。解见《郎𫖮传》也。

⑪别音彼列反。

　　永和元年,灾异数见,省内恶之,诏召公、卿、中二千石、尚书诣
显亲殿,问曰:"言事者多云,昔周公摄天子事,及薨,成王欲以公礼
葬之,天为动变。及更葬以天子之礼,即有反风之应。①北乡侯亲为
天子而葬以王礼,故数有灾异。宜加尊谥,列于昭穆。"群臣议者多
谓宜如诏旨,举独对曰:"昔周公有请命之应,隆太平之功,故皇天
动威,以章圣德。北乡侯本非正统,奸臣所立,立不逾岁,年号未改,
皇天不祐,大命夭昏。②《春秋》王子猛不称崩,鲁子野不书葬。③今
北乡侯无它功德,以王礼葬之,于事已崇,不宜称谥。灾眚之来,弗
由此也。"于是司徒黄尚、太常桓焉等七十人同举议,帝从之。

①《尚书·洪范五行传》曰:"周公死,成王不图大礼,故天大雷雨,禾偃,
　　大木拔。及成王寤《金縢》之策,改周公之葬,尊以王礼,申命鲁郊,而天
　　立复风雨,禾稼尽起。"

②杜预注《左传》曰:"短折曰夭,未名曰昏。"

③子猛,周景王之子。子野,鲁襄公之子。《春秋经》书"王子猛卒"。杜元
　　凯注云:"未即位,故不言崩。"又曰:"秋九月癸巳,子野卒。"注曰:"不

书葬，未成君也。"

尚字伯河，南郡人也。少历显位，亦以政事称。

举出为蜀郡太守，坐事免。大将军梁商表为从事中郎，其敬重焉。六年三月上巳日，商大会宾客，宴乎洛水，①举时称疾不往。商与亲昵酣饮极欢，及酒阑倡罢，继以《薤露》之歌，坐中闻者，皆为掩涕。②太仆张种时亦在焉，会还，以事告举。举叹曰："此所谓哀乐失时，非其所也。殃将及乎！"③商至秋果薨。商疾笃，帝亲临幸，问以遗言。对曰："人之将死，其言善也。臣从事中郎周举，清高忠正，可重任也。"由是拜举谏议大夫。

> ①《周官》曰："女巫掌岁时以除衅涉。"郑玄云："如今三月上巳，水上之类也。"司马彪《续汉书》曰"三月上巳，官人皆洁于东流水上，自洗濯祓除为大洁"也。
> ②《纂文》曰："薤露，今之挽歌也。"崔豹《古今注·薤露歌》曰："薤上露何易晞！露晞明朝还复落，人死一去何时归？"
> ③《左传》曰，叔孙昭子与宋公语，相泣。乐祁退而告人曰："君与叔孙其皆死乎？吾闻之，哀乐而乐哀，皆丧心也。心之精爽，是谓魂魄。魂魄去之，何以能久也！"

时连有灾异，帝思商言，召举于显亲殿，问以灾眚。举对曰："陛下初立，遵修旧典，兴化致政，远近肃然。顷年以来，稍违于前，朝多宠幸，禄不序德。观天察人，准今方古，诚可危惧。《书》曰：'僭恒旸若旸。'①夫僭差无度，则言不从而下不正；阳无以制，则上扰下竭。宜密严敕州郡，察强宗大奸，以时禽讨。"其后，江淮猾贼周生、徐凤等，处处并起，如举所陈。

> ①《尚书·洪范》之文也。孔安国注曰："君行僭差，则常旸顺之也。"

时诏遣八使巡行风俗，皆选素有威名者。乃拜举为侍中，与侍中杜乔、守光禄大夫周栩、前青州刺史冯羡、尚书栾巴、侍御史张纲、兖州刺史郭遵、太尉长史刘班，并守光禄大夫，分行天下。其有刺史、二千石有臧罪显明者，驿马上之；墨绶以下，便辄收举。其有清忠惠利，为百姓所安，宜表异者，皆以状上。于是八使同时俱拜，天下号曰："八俊"。举于是劾奏贪猾，表荐公清，朝廷称之。迁河内太守,征为大鸿胪。

及梁太后临朝,诏以殇帝幼崩,庙次宜在顺帝下。太常马访奏宜如诏书,谏议大夫吕勃以为应依昭穆之序,先殇帝,后顺帝。诏下公卿。举议曰:"《春秋》鲁闵公无子,庶兄僖公代立,其子文公遂跻僖于闵上。孔子讥之,书曰:'有事于太庙,跻僖公。'《传》曰:'逆祀也。'①及定公正其序,经曰:'从祀先公',为万世法也。②今殇帝在先,于秩为父;顺帝在后,于亲为子;先后之义不可改,昭穆之序不可乱。吕勃议是也。"太后下诏从之。迁光禄勋,会遭母忧去职,后拜光禄大夫。

①事见《左氏传》。

②《左氏传》:"从祀先公。"杜预云:"从,顺也。先公,闵公、僖公也。将正二
　公之位,亲尽,故通言先公也。"

建和三年卒。朝廷以举清公亮直,方欲以为宰相,深痛惜之。乃诏告光禄勋、汝南太守曰:"昔在前世,求贤如渴,封墓轼间,以光贤哲。①故公叔见诔,翁归蒙述,所以昭忠厉俗,作范后昆。②故光禄大夫周举,性侔夷、鱼,③忠俞随、管,④前授牧守,及还纳言,出入京辇,有钦哉之绩,⑤在禁闱有密静之风。予录乃勋,用登九列。方欲式序百官,亮协三事,不永夙终,用乘远图。朝廷愍悼,良为怆然。《诗》不云乎:'肇敏戎功,用锡尔祉。'⑥其令将大夫以下到丧发日复会吊。加赐钱十万,以旌委蛇素丝之节焉。"⑦子勰。⑧

①《尚书》曰,武王入殷,封比干墓,轼商容闾。

②公叔文子,卫大夫也。文子卒,其子戍请谥于君。君曰:"昔者卫国凶饥,
　夫子为粥与国之饿者,不亦惠乎!卫国有难,夫子以其死卫寡人,不亦
　贞乎!夫子听卫国之政,修其班制,不亦文乎!谓夫子'贞惠文子'。事
　见《礼记》。尹翁归为右扶风,宣帝下诏褒扬,赐金百斤。班固曰:"翁归
　承风,帝扬厥声。"故曰蒙述也。

③伯夷、史鱼也。

④随会、管仲。

⑤《史记》、《尧典》曰:"咨十有二牧,钦哉!"

⑥《诗·大雅》也。肇,谋也。敏,疾也。戎,汝也。锡,赐也。祉,福也。

⑦《诗·国风·羔羊》诗:"羔羊之皮,素丝五纯。退食自公,逶蛇逶蛇。"
⑧音叶。

飖字巨胜。少尚玄虚,以父任为郎,自免归家。父故吏河南召
夔为郡将,卑身降礼,致教于飖。飖耻交报之,因杜门自绝。后太守
举孝廉,复以疾去。时梁冀贵盛,被其征命者,莫敢不应,唯飖前后
三辟,竟不能屈。后举贤良方正,不应。又公车征,玄纁备礼,固辞
废疾。常隐处窜身,慕老聃清静,杜绝人事,巷生荆棘,十有余岁。至
延熹二年,乃开门延宾,游谈宴乐,及秋而梁冀诛,年终而飖卒,时
年五十。蔡邕以为知命。自飖曾祖父扬至飖孙恂,六世一身,皆知
名云。

黄琼字世英,江夏安陆人,魏郡太守香之子也。香在《文苑传》。
琼初以父任为太子舍人,辞病不就。遭父忧,服阕,五府俱辟,连年
不应。

永建中,公卿多荐琼者,于是与会稽贺纯、广汉杨厚俱公车征。
琼至纶氏,称疾不进。①有司劾不敬,诏下县以礼慰遣,遂不得已。
先是征聘处士多不称望,李固素慕于琼,乃以书逆遗之曰:"闻已度
伊、洛,近在万岁亭,岂即事有渐,将顺王命乎?②盖君子谓伯夷隘,
柳下惠不恭,故传曰:'不夷不专,可否之间。'③盖圣贤居身之所珍
也。诚遂欲枕山栖谷,拟迹巢、由,斯则可矣;若当辅政济民,今其时
也。自生民以来,善政少而乱俗多,必待尧舜之君,此为志士终无时
矣。常闻语曰:'峣峣者易缺,皦皦者易污。'《阳春》之曲,和者必寡,
盛名之下,其实难副。④近鲁阳樊君被征初至,朝廷设坛席,犹待神
明。⑤虽无大异,而言行所守无缺。而毁谤布流,应时折减者,岂非
观听望深,声名太盛乎?自顷征聘之士,胡元安、薛孟尝、朱仲昭、顾
季鸿等,其功业皆所采,是故俗论皆言处士纯盗虚声。愿先生弘此
远谟,令众人叹服,一雪此言耳。"琼至,即拜议郎,稍迁尚书仆射。

①纶氏即夏之纶国,少康之邑也。《竹书纪年》云:"楚及秦伐郑纶氏。"今

洛州故嵩阳县城是也。

②万岁亭在今洛州故嵩阳县西北。武帝元封元年，幸缑氏，登太室，闻山上呼万岁声者三，因以名焉。

③《论语》孔子曰，伯夷、叔齐不降其志，不辱其身。谓柳下惠、少连降志辱身。我则异于是，无可无不可。郑玄注云：不为夷、齐之清，不为惠、连之屈，故曰异于是也。

④宋玉对楚襄王问曰："客有歌于郢中者，为《下里巴人》，国中属而和者数千人；为《阳春白雪》，属而和者不过数百人。是其曲弥高，其和弥寡。"

⑤樊君，樊英也。事具《英传》。

初，琼随父在台阁，习见故事。及后居职，达练官曹，争议朝堂，莫能抗夺。时连有灾异，琼上疏顺帝曰："间者以来，卦位错谬，①寒燠相干，蒙气数兴，日暗月散。②原之天意，殆不虚然。陛下宜开石室，案《河》、《洛》，③外命史官，悉条上永建以前至汉初灾异，与永建以后讫于今日，孰为多少。又使近臣儒者参考政事，数见公卿，察问得失。诸无功德者，宜皆斥黜。臣前颇陈灾眚，并荐光禄大夫樊英、太中大夫薛包及会稽贺纯、广汉杨厚，未蒙御省。伏见处士巴郡黄错、汉阳任棠，年皆耆耋，有作者七人之志。④宜更见引致，助崇大化。"于是有诏公车征错等。

①《易乾凿度》曰："求卦主岁术常以太岁为岁纪岁，七十六为一纪，二十纪为一蔀首。即置积蔀首岁数，加所入纪岁数，以三十二除之，不足除者以乾坤始数二卦而得一岁，未算即主岁之卦也。"

②蒙，阴暗也。散谓不精明。

③石室，藏书之府。《河》、《洛》，图书之文也。

④《论语》曰："作者七人。"注云："谓伯夷、叔齐、虞仲、夷逸、朱张、柳下惠、少连。"

三年，大旱，琼复上疏曰："昔鲁僖遇旱，以六事自让，躬节俭，闭女谒，放谗佞者十三人，诛税民受货者九人，①退舍南郊，天立大雨。今亦宜顾省政事，有所损阙，务存质俭，以易民听。尚方御府，息除烦费。明敕近臣，使遵法度，如有不移，示以好恶。数见公卿，引纳儒士,访以政化,使陈得失。又囚徒尚积,多致死亡,亦足以感伤和气,招降灾旱。若改敝从善,择用嘉谋,则灾消福至矣。"书奏,引见德阳殿,使中常侍以琼奏书属主者施行。

①《春秋考异邮》曰:"喜公之时,雨泽不澍,比于九月,大大惊惧,率群臣祷山川,以六过自让,绌女谒,放下谗佞郭都之等十三人,诛领人之吏受货赂赵祝等九人。曰:'辜在寡人。方今天旱,野无生稼,寡人当死,百姓何谤,请以身塞无状'"也。

自帝即位以后,不行籍田之礼。琼以国之大典不宜久废,上疏奏曰:"自古圣帝哲王,莫不敬恭明祀,增致福祥,故必躬郊庙之礼,亲籍田之勤,以先群萌,率劝农功。昔周宣王不籍千亩,虢文公以为大讥,卒有姜戎之难,终损中兴之名。①窃见陛下遵稽古之鸿业,体虔肃以应天,顺时奉元,怀柔百神,朝夕触尘埃于道路,昼暮聆庶政以恤人。虽《诗》咏成汤之不怠遑,《书》美文王之不暇食,诚不能加。②今庙祀适阕,而祈谷洁斋之事,近在明日。臣恐左右之心,不欲屡动圣躬,以为亲耕之礼,可得而废。臣闻先王制典,籍田有日,司徒咸戒,司空除坛。先时五日,有协风之应,王即斋宫,飨醴载耒,诚重之也。自癸巳以来,仍西北风,甘泽不集,寒凉尚结。③迎春东郊,既不躬亲,先农之礼,所宜自勉,以逆和气,以致时风。④《易》曰:'君子自强不息'。斯其道也。"⑤书奏,帝从之。

①《国语》曰,宣王即位,不籍千亩。虢文公谏曰:"夫人之大事在农,上帝之粢盛于是乎出,故稷为太官。古者太史顺时觋土,农祥晨正日月,底于天庙。先时九日,太史告稷曰:'阳气俱蒸,土膏其动。'稷以告王,王即斋宫,百官御事。王耕一坡,班三之,庶人终于千亩。"王弗听,后师败绩于姜氏之戎。坡音扶发反。

②《诗·商颂》曰:"不僭不滥,不敢怠遑。"《书》曰"文王至于日中昃,不遑暇食"也。

③西北风曰不周风,亦曰厉风,见《吕氏春秋》也。

④《五经·通义》曰:"八风者,八卦之气。八风以时至,则阴阳变化之道成,万物得以时育生之。"

⑤《乾卦·象》曰"天行健,君子以自强不息"也。

颇之,迁尚书令。琼以前左雄所上孝廉之选,专用儒学文吏,于取士之义,犹有所遗,乃奏增孝悌及能从政者为四科,事竟施行。又雄前议举吏先试之于公府,又覆之于端门,后尚书张盛奏除此科。琼复上言:"覆试之作,将以澄洗清浊,覆实虚滥,不宜改革。"帝乃止。出为魏郡太守,稍迁太常。和平中,以选入侍讲禁中。

元嘉元年,迁司空。桓帝欲褒崇大将军梁冀,使中朝二千石以上会议其礼。特进胡广、太常羊溥、司隶校尉祝恬、太中大夫边韶等,咸称冀之勋德,其制度赉赏,以宜比周公,锡之山川、土田、附庸。①琼独建议曰:"冀前以亲迎之劳,增邑三千,又其子胤亦加封赏。昔周公辅相成王,制礼作乐,化致太平,是以大启土宇,开地七百。②今诸侯以户邑为制,不以里数为限。萧何识高祖于泗水,霍光定倾危以兴国,皆益户增封,以显其功。③冀可比邓禹,合食四县,赏赐之差,同于霍光,使天下知赏必当功,爵不越德。"朝廷从之。冀意以为恨。会以地动策免。复为太仆。

①《诗·鲁颂》曰:"王曰叔父,建尔元子,俾侯于鲁,启尔土宇,为周室辅。乃命鲁公,俾侯于东,锡之山川,土田附庸。"注云:"王,成王也。叔父,周公也。"

②《礼记明堂位》曰:"周公相武王以伐纣。武王崩,成王幼弱,周公践天子位,以理天下。七年,致政于成王。成王以周公有勋劳于天下,是以封周公于曲阜,地方七百里,革车千乘,命鲁公世世祀周公以天子之礼乐"也。

③高祖为泗上亭长,萧何佐之,后拜何为相国,益封五千户。霍光废昌邑王,立宣帝,后益封光万七千户。

永兴元年,迁司徒,转太尉。梁冀前后所托辟召,一无所用。虽有善人而为冀所饰举者,亦不加命。延熹元年,以日食免。复为大司农。明年,梁冀被诛,太尉胡广、司徒韩缜、司空孙朗皆坐阿附免废,复拜琼为太尉。以师傅之恩,而不阿梁氏,乃封为邟乡侯,①邑千户。琼辞疾让封六七上,言旨恳恻,乃许之。梁冀既诛,琼首居公位,举奏州郡素行贪污至死徙者十余人,海内由是翕然望之。寻而五侯擅权，倾动内外，自度力不能匡，乃称疾不起。②四年，以寇贼免。其年复为司空。秋，以地震免。

①《说文》云："郮，颍川县"也。汉颍川有周承休侯国，元始二年更名曰郮，音亢。

②五侯谓左悺、徐璜等。

七年，疾笃，上疏谏曰："臣闻天者务刚其气，君者务强其政。是以王者处高自持，不可不安；履危任力，不可不据。夫自持不安则颠，任力不据则危。故圣人升高据上，则以德义为首；涉危蹈倾，则以贤者为力。唐尧以德化为冠冕，以稷、契为筋力。高而益崇，动而愈据，此先圣所以长守万国，保其社稷者也。昔高皇帝应天顺民，奋剑而王，扫除秦、项，革命创制，降德流祚。至于哀、平，而帝道不纲，秕政日乱，遂使奸佞擅朝，外戚专恣。所冠不以仁义为冕，所蹈不以贤佐为力，终至颠蹶，灭绝汉祚。天维陵弛，民鬼惨怆，赖皇乾眷命，炎德复辉。光武以圣武天挺，继统兴业，创基冰泮之上，立足枳棘之林。①擢贤于众愚之中，画功于无形之世。②崇礼义于交争，循道化于乱离。是自历高而不倾，任力而不跌，兴复洪祚，开建中兴，光被八极，垂名无穷。至于中叶，盛业渐衰。陛下初从藩国，爰升帝位，天下拭目，谓见太平。而即位以来，未有胜政。诸梁秉权，竖宦充朝，重封累职，倾动朝廷，卿校牧守之选，皆出其门，羽毛齿革、明珠南金之宝，殷满其室，③富拟王府，势回天地。言之者必族，附之者必荣。忠臣惧死而杜口，万夫怖祸而木舌，④塞陛下耳目之明，更为聋瞽之主。故太尉李固、杜乔，忠以直言，德以辅政，念国亡身，陨殁为报，而坐陈国议，遂见残灭。⑤贤愚切痛，海内伤惧。又前白马令李云，指言宦官罪秽宜诛，皆因众人之心，以救积薪之敝。⑥弘农杜众，知云所言宜行，惧云以忠获罪，故上书陈理之，乞同日而死，所以感悟国家，庶云获免。而云既不幸，众又并坐，天下尤痛，益以怨结，故朝野之人，以忠为讳。昔赵杀鸣犊，孔子临河而反。夫覆巢破卵，则凤皇不翔；刳牲夭胎，则麒麟不臻。诚物类相感，理使其然。⑦尚书周永，昔为沛令，素事梁冀，幸其威势，坐事当罪，越拜令职。见冀将衰，乃阳毁示忠，遂因奸计，亦取封侯。又黄门协邪，群辈相党，自冀兴盛，腹背相亲，朝夕图谋，共构奸轨。临冀当诛，无可设巧，复记其恶，以要爵赏。陛下不加清澄，审别真伪，复兴忠臣并时显封，使朱紫共色，粉墨杂糅，所谓抵金玉于沙砾，[8]碎珪璧于泥涂。四方闻之，莫不愤叹。昔曾子大孝，慈母投杼；[9]伯奇至贤，终于流放。[10]夫谗谀所举，无高而不可升；相抑，无深而不可沦。可不察欤？臣至顽驽，世荷国恩，身轻位重，勤不补过，然惧于永殁，负衅益深。敢以垂绝之日，陈不讳之言，庶有万分，无恨三泉。"[11]其年卒，时年七十九。赠车骑将军，谥曰忠侯。孙琬。

①泮冰谕危陷。枳棘谕艰难。

②形，兆也。言未有天下之兆。"画"或作"书"也。

③殷，盛也。

④《法言》曰"金口木舌"也。

⑤坐音才卧反。

⑥贾谊上疏曰"夫抱火厝之积薪之下而寝其上，火未及然，因谓之安。方今之政，何以异此"也。

⑦《史记》曰，孔子将西见赵简子，至于河而闻窦鸣犊、舜华之死也，临河而叹曰："美哉洋洋，丘之不济此，命也夫！窦鸣犊、舜华，晋之贤大夫也。赵简子未得志之时，须此两人而后从政，及其得志而杀之。丘闻刳胎杀夭，则麒麟不至郊薮；涸泽而渔，则蛟龙不合阴阳；覆巢毁卵，则凤皇不翔。何则？君子讳伤其类也。"事亦见《孔子家语》文也。

⑧抵，投也，音纸。

⑨解见《寇荣传》。

⑩《说苑》曰"王国子前母子伯奇，后母子伯封。后母欲其子立为太子，说王曰：'伯奇好妾。'王不信，其母曰：'令伯奇于后园，妾过其旁，王上台视之，即可知。'王如其言，伯奇入园，后母阴取蜂十数置单衣中，过伯奇边曰：'蜂螫我。'伯奇就衣中取蜂杀之，王遥见之，乃逐伯奇"也。

⑪三者数之极。一生二，二生三，三生万物，天地人之极数。故以三为名者，取其深之极也。

　　琬字子琰。少失父，早而辩慧。祖父琼，初为魏郡太守。建和元年正月日食，京师不见，而琼以状闻。太后诏问所食多少，琼思其对而未知所况。琬年七岁，在傍曰："何不言日食之余，如月之初？"琼大惊，即以其言应诏，而深奇爱之。后琼为司徒，琬以公孙拜童子郎，辞病不就，知名京师。时司空盛允有疾，琼遣琬候问，会江夏士蛮贼事副府，①允发书视毕，微戏琬曰："江夏大邦，而蛮多士少。"琬奉手对曰："蛮夷猾夏，责在司空。"因拂衣辞去。允甚奇之。

①副本诣公府也。

稍迁五官中郎将。时陈蕃为光禄勋，深相敬待，数与议事。旧制，光禄举三署郎，以高功、久次、才、德尤异者为茂才四行。①时权富子弟多以人事得举，而贫约守志者以穷退见遗，京师为之谣曰："欲得不能，光禄茂才。"②于是琬、蕃同心，显用志士，平原刘醇、河东朱山、蜀郡殷参等并以才行蒙举。蕃、琬遂为权富郎所见中伤，事下御史丞王畅、侍御史刁韪。韪、畅素重蕃、琬，不举其事，而左右复陷以朋党。畅坐左转议郎，而免蕃官，琬、韪俱禁锢。

①久次谓久居官次也。

②能音乃来反。

韪字子荣，彭城人。后陈蕃被征，而言事者多讼韪，复拜议郎，迁尚书。在朝有鲠直节，出为鲁、东海二郡相。性抗厉，有明略，所在称神。常以法度自整，家人莫见堕容焉。

琬被废弃几二十年。至光和末，太尉杨赐上书荐琬有拨乱之才，由是征拜议郎，擢为青州刺史，迁侍中。中平初，出为右扶风，征拜将作大匠、少府、太仆。又为豫州牧。时寇贼陆梁，州境雕残，琬讨击平之，威声大震。政绩为天下表，封关内侯。

及董卓秉政，以琬名臣，征为司徒，迁太尉，更封阳泉乡侯。卓议迁都长安，琬与司徒杨彪同谏不从。琬退而驳议之曰："昔周公营洛邑以宁姬，光武卜东都以隆汉，天之所启，神之所安。大业既定，岂宜妄有迁动，以亏四海之望？"时人惧卓暴怒，琬必及害，固谏之。琬对曰："昔白公作乱于楚，屈庐冒刃而前；①崔杼弑君于齐，晏婴不惧其盟。②吾虽不德，诚慕古人之节。"琬竟坐免。卓犹敬其名德旧族，不敢害。后与杨彪同拜光禄大夫。及徙西都，转司隶校尉，与司徒王允同谋诛卓。及卓将李傕、郭汜攻破长安，遂收琬下狱死，时年五十二。

①《新序》曰："白公胜杀楚惠王，王出亡，令尹、司马皆死。胜拔剑而属之于屈庐曰：'子与我，将舍子；不我与，将杀子。'屈庐曰：《诗》有之曰："莫莫葛藟，延于条枚。恺悌君子，求福不回。"今子杀子叔父而福求于庐也，可乎？且吾闻之，知命之士，见利不动，临死则死，是谓人臣之礼。故上知天命，下知臣道。其有可劫乎？子胡不推之！'白公胜乃入其剑焉。"

②解见《冯衍传》。

论曰：古者诸侯岁贡士，进贤受上赏，非贤贬爵土。升之司马，辩论其才，论定然后官之，任官然后禄之。①故王者得其人，进仕劝其行，经邦弘务，所由久矣。汉初诏举贤良、方正，州郡察孝廉、秀才，斯亦贡士之方也。中兴以后，复增敦朴、有道、仁贤能、直言、独行、高节、质直、清白、敦厚之属，荣路既广，觖望难裁。自是窃名伪服，浸以流竞；权门贵仕，请谒繁兴。自左雄任事，限年试才，虽颇有不密，固亦因识时宜。而黄琼、胡广、张衡、崔瑗之徒，泥滞旧方，互相诡驳，循名者屈其短，算实者挺其效。故雄在尚书，天下不敢妄选，十余年间称为得人，斯亦实之征乎？顺帝始以童弱反政，而号令自出，知能任使，故士得用情，天下喁喁仰其风采。遂乃备玄纁玉帛，以聘南阳樊英，天子降寝殿，设坛席，尚书奉引，延问失得。急登贤之举，虚降己之礼，于是处士鄙生，忘其拘儒，②拂巾衽褐，以企旌车之招矣。至乃英能承风，俊乂咸事，若李固、周举之渊谟弘深，左雄、黄琼之政事贞固，桓焉、杨厚以儒学进，崔瑗、马融以文章显，吴祐、苏章、种暠、栾巴牧民之良干，庞参、虞诩将帅之宏规，王龚、张皓虚心以推士，张纲、杜乔直道以纠违，郎顗阴阳详密，张衡机术特妙，东京之士于兹盛焉。向使庙堂纳其高谋，疆场宣其智力，帷幄容其謇辞，举厝禀其成式，则武、宣之轨，岂其远而？③《诗》云："靡

不有初,鲜克有终。"可为恨哉！及孝桓之时,硕德继兴,④陈蕃、杨
秉处称贤宰,皇甫、张、段出号名将,王畅、李膺弥缝衮阙,⑤朱穆、
刘陶献替匡时,郭有道奖鉴人伦,陈仲弓弘道下邑。其余宏儒远智,
高心洁行,激扬风流者,不可胜言。而斯道莫振,文武陵队,在朝者
以正议婴戮,谢事者以党锢致灾。往车虽折,而来轸方遒。⑥所以倾
而未颠,决而未溃,岂非仁人君子心力之为乎？呜呼！

①《尚书大传》曰:"古者诸侯之于天子,三年一贡士。一适谓之好德,再适
谓之贤贤,三适谓之有功。有功者,天子赐以车服弓矢,号曰命。诸侯有
不贡士谓之不率正,一不适谓之过,再不适谓之傲,三不适谓之诬。诬
者,天子绌之,一绌以爵,再绌以地,三绌而爵地毕"也。

②拘儒犹褊狭也。

③而,语辞也。《论语》曰:"岂不尔思,室是远而。"

④硕,大也。

⑤弥缝犹补合也。《诗》曰:"衮职有阙,惟仲山甫补之。"

⑥《广雅》曰:"遒,急也"

赞曰:雄作纳言,古之八元。举升以汇,越自下蕃。①登朝理政,
并纾灾昏。②琼名夙知,累章国疵。③琬亦早秀,位及志差。④

①汇,类也。易曰:"以其汇征吉。"汇音谓。

②纾,解也,音式余反。

③疵,病也。

④志意差舛,不能遂也。差音楚宜反。

后汉书卷六二
列传第五二

荀淑　子爽　孙悦　　韩韶　钟皓
陈寔　子纪

　　荀淑字季和,颍川颍阴人也,荀卿十一世孙也。①少有高行,博学而不好章句,多为俗儒所非,而州里称其知人。

　　①卿名况,赵人也。为楚兰陵令。著书二十二篇,号《荀卿子》。避宣帝讳,
　　　故改曰"孙"也。

　　安帝时,征拜郎中,后再迁当涂长。①去职还乡里。当世名贤李固、李膺等皆师宗之。及梁太后临朝,有日食地震之变,诏公卿举贤良方正,光禄勋杜乔、少府房植举淑,对策,讥刺贵幸,为大将军梁冀所忌,出补朗陵侯相。②莅事明理,称为神君。顷之,弃官归,闲居养志。产业每增,辄以赡宗族知友。年六十七,建和三年卒。李膺时为尚书,自表师丧。③二县皆为立祠。

　　①当涂,县名,故城在今宣州。
　　②《续汉书》曰,淑对策讥刺梁氏,故出也。
　　③《礼记》曰"事师无犯无隐,左右就养无方,服勤至死,心丧三年"也。

　　有子八人:俭、绲、靖、焘、汪、爽、肃、专,并有名称,时人谓"八龙"。①初,荀氏旧里名西豪,②颍阴令勃海苑康以为昔高阳氏有才子八人,③今荀氏亦有八子,故改其里曰高阳里。

　　①绲音昆。焘音道。汪音乌光反。《说文》云:"汪,深广也。"俗本改作
　　　"注",非。"专",本或作"敷"。

②今许州城内西南有荀淑故宅,相传云即旧西豪里也。

③《左传》曰:"昔高阳氏有才子八人:苍舒、隤敳、梼戁、大临、尨降、庭坚、仲容、叔达。"

靖有至行,不仕,年五十而终,号曰玄行先生。①

①皇甫谧《高士传》曰"靖字叔慈,少有俊才,动止以礼。靖弟爽亦以才显于当时。或问汝南许章曰:'爽与靖孰贤?'章曰:'皆玉也。慈明外朗,叔慈内润。'及卒,学士惜之,谥靖者二十六人。颍阴令丘祯追号靖曰玄行先生"也。

淑兄子昱字伯条,昙字元智。昱为沛相,昙为广陵太守。兄弟皆正身疾恶,志除阉宦,其支党宾客有在二郡者,纤罪必诛。昱后共大将军窦武谋诛中官,与李膺俱死,昙亦禁锢终身。

爽字慈明,一名谞。①幼而好学,年十二能通《春秋》、《论语》。太尉杜乔见而称之,曰:"可为人师。"爽遂耽思经书,庆吊不行,征命不应。颍用为之语曰:"荀氏八龙,慈明无双。"

①音息汝反。

延熹九年,太常赵典举爽至孝,拜郎中。对策陈便宜曰:

臣闻之于师曰:"汉为火德,火生于木,木盛于火,故其德为孝,①其象在《周易》之《离》。"夫在地为火,在天为日。②在天者用其精,在地者用其形。夏则火王,其精在天,温暖之气,养生百木,是其孝也。冬时则废,其形在地,酷烈之气,焚烧山林,是其不孝也。故汉制,使天下诵《孝经》,选吏举孝廉。③夫丧亲自尽,孝之终也。④今之公卿及二千石,三年之丧,不得即去,殆非所以增崇孝道而克称火德者也。往者孝文劳谦,行过乎俭,⑤故有遗诏以日易月。此当时之宜,不可贯之万世。古今之制虽有损益,而谅暗之礼未常改移,以示天下莫遗其亲。⑥今公卿群寮皆政教所瞻,而父母之丧不得奔赴。夫仁义之行,自上而始;敦厚之俗,以应乎下。传曰:"丧祭之礼阙,则人臣之恩薄,背死忘生者众矣。"曾子曰:"人未有自致者,必也亲丧乎!"⑦《春秋传》曰:"上之所为,民之归也。"⑧夫上所不为而

民或为之,故加刑罚;若上之所为,民亦为之,又何诛焉? 昔丞
相翟方进以自备宰相,而不敢逾制,至遭母忧,三十六日而
除。⑨夫失礼之源,自上而始。古者大丧三年不呼其门,⑩所以
崇国厚俗笃化之道也。事失宜正,过勿惮改。⑪天下通丧,可如
旧礼。⑫

①火,木之子;夏,火之位。木至夏而盛,故为孝。

②《易·说卦》曰:“离为火,为日”也。

③平帝时,王莽作书八篇戒子孙,令学官以教授,吏能诵者比《孝经》。《音
　义》云:“言用之得选举之也。”

④尽谓尽其哀戚也。

⑤《易·谦卦·九三·爻》:“劳谦君子,有终吉。”

⑥遗,忘也。

⑦事见《论语》。致犹尽也、极也。

⑧《左氏传》臧武仲之言。

⑨《前书》翟方进为丞相,遭后母忧,行服三十六日起视事,曰:“不敢逾国
　制也。”

⑩《公羊传》之文也。何休注云:“重夺孝子之恩。”

⑪惮,难也。

⑫《礼记》曰:“三年之丧,天下之通丧也。”

　　臣闻有夫妇然后有父子,有父子然后有君臣,有君臣然后
有上下,有上下然后有礼义。礼义备,则人知所厝矣。①夫妇人
伦之始,王化之端,故文王作《易》,上经首《乾》、《坤》,下经首
《咸》、《恒》。②孔子曰:“天尊地卑,乾坤定矣。”③夫妇之道,所
谓顺也。《尧典》曰:“釐降二女于妫汭,嫔于虞。”降者下也,嫔
者妇也。言虽帝尧之女,下嫁于虞,犹屈体降下,勤修妇道。
《易》曰:“帝乙归妹,以祉元吉。”④妇人谓嫁曰归,言汤以娶礼
归其妹于诸侯也。《春秋》之义,王姬嫁齐,使鲁主之,不以天子
之尊加于诸侯也。⑤今汉承秦法,设尚主之仪,以妻制夫,以卑
临尊,违乾坤之道,失阳唱之义。⑥孔子曰:“昔圣人之作《易》
也,仰则观象于天,俯则察法于地,睹鸟兽之文,与地之宜。近

取诸身,远取诸物,以通神明之德,以类万物之情。"⑦今观法于天,则北极至尊,四星妃后。⑧察法于地,则昆山象夫,卑泽象妻。⑨睹鸟兽之文,鸟则雄者鸣鸲,雌能顺服;兽则牡为唱导,牝乃相从。近取诸身,则乾为人首,坤为人腹。⑩远取诸物,则木实属天,根荄属地。⑪阳尊阴卑,盖乃天性。且《诗》初篇实首《关雎》;《礼》始《冠》、《婚》,先正夫妇。⑫天地《六经》,其旨一揆。宜改尚主之制,以称乾坤之性。遵法尧、汤,式是周、孔。⑬合之天地而不谬,质之鬼神而不疑。人事如此,则嘉瑞降天,吉符出地,五韪咸备,各以其叙矣。⑭

①语见《易·序卦》也。

②《易》、《乾》、《坤》至《离》为上经,《咸》、《恒》至《未》、《济》为下经。

③《易·系辞》也。

④《易·泰卦·六五·爻辞》也。王辅嗣注云:"妇人谓嫁曰归。《泰》者,阴阳交通之时,女处尊位,履中居顺,降身应二,帝乙归妹,诚合斯义也。"案《史记》纣父名帝乙,此文以帝乙为汤,汤名天乙也。

⑤《公羊传》曰:"夏单伯逆王姬。单伯者何?吾大夫之命于天子者。何以不称使?天子召而使逆之。逆之者何?使我主之也。曷为使我主之?天子嫁女于诸侯,必使同姓诸侯主之。"何休注云:"不自为主,尊卑不敌也。"

⑥《易纬》曰"阳唱而阴和"也。

⑦皆《易·系》之文也。

⑧北极,北辰也。轩辕四星,女主之象也。

⑨昆犹高也。《易·艮》下《兑》上为《咸》。《艮》为山,夫象也;《兑》为泽,妻象也。《咸》,感也。山泽通气,夫妇之相感也。

⑩《易·说卦》之文也。

⑪荄音该。

⑫《仪礼·士冠礼》为始,《士婚礼》次之。

⑬式,法也。

⑭韪,是也。《史记》曰:"休征:曰肃,时雨若;曰乂,时阳若;曰哲,时燠若;曰谋,时寒若;曰圣,时风若。"五是来备,各以其叙也。

昔者圣人建天地之中而谓之礼。礼者,所以兴福祥之本,而止祸乱之源也。人能枉欲从礼者,则福归之;顺情废礼者,则祸归之。推祸福之所以应,知兴废之所由来也。众礼之中,婚礼为首。故天子娶十二,天之数也;诸侯以下各有等,差事之降也。①阳性纯而能施,阴体顺而能化,以礼济乐,节宣其气。②故能丰子孙之祥,致老寿之福。及三代之季,淫而无节。瑶台、倾宫,陈妾数百。③阳竭于上,阴隔于下。故周公之戒曰:"不知稼穑之艰难,不闻小人之劳,惟耽乐之从,时亦罔或克寿。"是其明戒。④后世之人,好福不务其本,恶祸不易其轨。传曰:"截趾适履,敦云其愚?何与斯人,追欲丧躯?"诚可痛也。⑤臣窃闻后宫采女五六千人,从官侍使复在其外。冬夏衣服,朝夕禀粮,耗费缣帛,空竭府藏,征调增倍,十而税一,空赋不辜之民,以供无用之女,百姓穷困于外,阴阳隔塞于内。故感动和气,灾异屡臻。臣愚以为诸非礼聘未曾幸御者,一皆遣出,使成妃合。一曰通怨旷,和阴阳;二曰省财用,实府藏;三曰修礼制,绥眉寿;四曰配阳施,祈螽斯;⑥五曰宽役赋,安黎民。此诚国家之弘利,天人之大福也。

① 《白武通》曰:"天子娶十二,法天,则有十二月,百物毕生也。"又曰"诸侯娶九女"也。

② 《左传》曰,昔晋侯有疾,医和视之,曰:"疾不可为也。是为近女室,疾如蛊,非鬼非食,惑以丧志。"公曰:"女不可近乎?"对曰:"节之。先王之乐,所以节百事也。天有六气,过则为灾。"于是乎节宣其气也。

③ 《列女传》曰,夏桀为琼室、瑶台,以临云雨。纣为倾宫,解见《桓帝纪》也。

④ 事见《尚书·无逸篇》,其词与此微有不同也。

⑤ 适犹从也。言丧身之愚,甚于截趾也。

⑥ 螽斯,蚣蝑也,其性不妒,故能子孙众多。《诗》曰:"螽斯羽,诜诜兮。宜尔子孙,振振兮。"

　　夫寒热晦明,所以为岁;尊卑奢俭,所以为礼。故以晦明寒暑之气,尊卑侈约之礼,为其节也。《易》曰:"天地节而四时成。"①《春秋传》曰:"唯器与名不可以假人。"②《孝经》曰:"安

上治民,莫善于礼。"礼者,尊卑之差,上下之制也。昔季氏八佾
舞于庭,非有伤害困于人物,而孔子犹曰:"是可忍也,孰不可
忍。"《洪范》曰:"惟辟作威,惟辟作福,惟辟玉食。"凡此三者,
君所独行而臣不得同也。今臣僭君服,下食上珍,所谓害于而
家,凶于而国者也。宜略依古礼尊卑之差,及董仲舒制度之
别,③严笃有司,必行其命。此则禁乱善俗足用之要。

①《节卦·象辞》文也。

②杜预注《左氏》云:"器谓车服,名谓爵号。"

③《前书》董仲舒曰:"王者正法度之宜,别上下之序,以防欲也。"

奏闻,即弃官去。

后遭党锢,隐于海上,又南遁汉滨,积十余年,以著述为事,遂
称为硕儒。党禁解,五府并辟,司空袁逢举有道,不应。及逢卒,爽
制服三年,当世往往化以为俗。时人多不行妻服,虽在亲忧犹有吊
丧疾者,又私谥其君父及诸名士,爽皆引据大义,正之经典,虽不悉
变,亦颇有改。①

①《丧服》曰:":夫为妻齐缞杖期。"《礼记》曰:"曾子问:'三年之丧吊乎?'
孔子曰:'礼以饰情。三年之丧而吊哭,不亦虚乎!'"

后公车征为大将军何进从事中郎。进恐其不至,迎荐为侍中,
及进败而诏命中绝。献帝即位,董卓辅政,复征之。爽欲遁命,吏持
之急,不得去,因复就拜平原相。行至宛陵,复追为光禄勋。视事三
日,进拜司空。爽自被征命及登台司,九十五日,因从迁都长安。

爽见董卓忍暴滋甚,必危社稷,其所辟举皆取才略之士,将共
图之,亦与司徒王允及卓长史何颙等为内谋。会病薨,年六十三。

著《礼》、《易传》、《诗传》、《尚书正经》、《春秋条例》;又集汉事
成败可为鉴戒者,谓之《汉语》;又作《公羊问》及《辩谶》,并它所论
叙,题为《新书》。凡百余篇,今多所亡缺。

兄子悦、彧并知名。彧自有传。

论曰:荀爽、郑玄、申屠蟠俱以儒行为处士,累征并谢病不诣。

及董卓当朝,复备礼召之。蟠、玄竟不屈,以全其高。爽已黄发矣,独至焉,未十旬而取卿相。意者疑其乖趣舍,余窃商其情,以为出处君子之大致也,平运则弘道以求志,陵夷则濡迹以匡时。①荀公之急急自励,其濡迹乎?不然,何为违贞吉而履虎尾焉?②观其逊言迁都之议,以救杨、黄之祸。③及后潜图董氏,几振国命,所谓"大直若屈",道固逶迤也。④

①濡迹,解见《崔骃传》。

②《易·履卦》曰:"履道坦坦,幽人贞吉。"又曰:"履虎尾,不咥人亨。"王辅嗣注云:"履虎尾者,言其危也。"

③杨彪、黄琬也。

④《老子》云:"大直若屈,大巧若拙。"逶迤,曲也。

　　悦字仲豫,俭之子也。俭早卒。悦年十二,能说《春秋》。家贫无书,每之人闲,所见篇牍一览多能诵记。性沈静,美姿容,尤好著述。灵帝时阉官用权,士多退身穷处。悦乃托疾隐居,时人莫之识,惟从弟彧特称敬焉。初辟镇东将军曹操府,迁黄门侍郎。献帝颇好文学,悦与彧及少府孔融侍讲禁中,且夕谈论。累迁秘书监、侍中。

　　时政移曹氏,天子恭己而已。悦志在献替,而谋无所用,乃作《申鉴》五篇。其所论辩,通见政体,既成而奏之。其大略曰:

　　　　夫道之本,仁义而已矣。①五典以经之,群籍以纬之,咏之歌之,弦之舞之,前监既明,后复申之。故古之圣王,其于仁义也,申重而已。

①《易》曰:"立人之道曰仁与义。"

　　　　致政之术,先屏四患,乃崇五政。

　　　　一曰伪,二曰私,三曰放,四曰奢。伪乱俗,私坏法,放越轨,奢败制,四者不除,则政末由行矣。夫俗乱则道荒,虽天地不得保其性矣;法坏则世倾,虽人主不得守其度矣;轨越则礼亡,虽圣人不得全其道矣;制败则欲肆,虽四表不得充其求矣。①是谓四患。

①肆，放也。

　　兴农桑以养其性，审好恶以正其俗，宣文教以章其化，立武备以秉其威，明赏罚以统其法。是谓五政。

　　人不畏死，不可以惧罪。人不乐生，不可劝以善。虽使契布五教，皋陶作士，政不行焉。①故在上者，先丰人财，以定其志。帝耕籍田，后桑蚕宫，②国无游人，野无荒业，财不贾用，③力不妄加，以周人事。是谓养生。④

①《尚书》舜谓契曰：“汝作司徒，敬敷五教在宽。”谓皋陶曰：“汝作士，明于五刑。”

②籍田事，解见《明纪》。《礼记》曰：“季春之月，后妃斋戒，亲东向桑，以劝蚕事。”古者天子诸侯必有公桑蚕室，近川而为之，宫仞有三尺也。

③言自足也。

④周，给也。

　　君子之所以动天地，应神明，正万物而成王化者，必乎真定而已。故在上者，审定好丑焉。善恶要乎功罪，毁誉效于准验。听言责事，举名察实，无惑诈伪，以荡众心。故事无不核，物无不功，善无不显，恶无不章，俗无奸怪，民无淫风。百姓上下睹利害之存乎己也，故肃恭其心，慎修其行，内不回惑，外无异望，则民志平矣。是谓正俗。

　　君子以情用，小人以刑用。荣辱者，赏罚之精华也。故礼教荣辱，以加君子，化其情也；桎梏鞭扑，以加小人，化其刑也。君子不犯辱，况于刑乎！小人不忌刑，况于辱乎！若教化之废，推中人而坠于小人之域；教化之行，引中人而纳于君子之涂。是谓章化。①小人之情，缓则骄，骄则恣，恣则怨，怨则叛。危则谋乱，安则思欲，非威强无以惩之。故在上者，必有武备，以戒不虞，以遏寇虐。安居则寄之内政，有事则用之军旅。②是谓秉威。

①章，明也。

②《国语》齐桓公问管仲曰：“国安可乎？”管仲曰：“未可。君若正卒伍，修甲兵，则大国亦将修之，小国设备，可作内政而寄军令焉。”注云：“正，

国政也。言修国政而寄军令,邻国不知。"

　　赏罚,政之柄也。①明赏必罚,审信慎令,赏以劝善,罚以
惩恶。人主不妄赏,非徒爱其财也,赏妄行则善不劝矣。不妄
罚,非矜其人也,罚妄行则恶不惩矣。赏不劝谓之止善,罚不惩
谓之纵恶。在上者能不止下为善,不纵下为恶,则国法立矣。是
谓统法。

①《韩子》曰:"二柄者刑、德也。杀戮之谓刑,庆赏之谓德。"

　　四患既蠲,五政又立,行之以诚,守之以固,简而不怠,疏
而不失,无为为之,使自施之,无事事之,使自交之。①不肃而
成,不严而化,垂拱揖让,而海内平矣。是谓为政之方。

①《老子》曰:"为无为,事无事。"又曰"故德交归"也。

又言:

　　尚主之制非古。釐降二女,陶唐之典;归妹元吉,帝乙之
训;王姬归齐,宗周之礼。以阴乘阳违天,以妇陵夫违人。违天
不祥,违人不义。又古者天子诸侯有事,必告于庙。朝有二史,
左史记言,右史书事。①事为《春秋》,言为《尚书》。君举必记,
善恶成败,无不存焉。下及士庶,苟有茂异,咸在载籍。或欲显
而不得,或欲隐而名章。得失一朝,而荣辱千载。善人劝焉,淫
人惧焉。②宜于今者备置史官,掌其典文,纪其行事。每于岁
尽,举之尚书。以助赏罚,以弘法教。

①《礼记》曰"天子朝日于东门之外,听朔于南门之外,闰月则阖门左扉,
立于其中,动则左史书之,言则右史书之"也。

②淫,过也。《左氏传》曰:"或求名而不得,或欲盖而名章,书齐豹盗三叛
人名,以惩不义"也。

帝览而善之。帝好典籍,常以班固《汉书》文繁难省,乃令悦依《左氏
传》体以为《汉纪》,三十篇,诏尚书给笔札。辞约事详,论辨多美。其
序之曰:"昔在上圣,惟建皇极,经纬天地,观象立法,乃作书契,以
通宇宙扬于王庭,厥用大焉。先王光演大业,肆于时夏。①亦惟厥
后,永世作典。夫立典有五志焉:一曰达道义,二曰章法式,三曰通

古今,四曰著功勋,五曰表贤能。于是天人之际,事物之宜,粲然显著,罔不备矣。世济其轨,不陨其业。损益盈虚,与时消息。臧否不同,其揆一也。汉四百有六载,拨乱反正,统武兴文,永惟祖宗之洪业,思光启乎万嗣。圣上穆然,惟文之恤,瞻前顾后,是绍是继,阐崇大猷,命立国典。于是缀叙旧书,以述《汉记》。中兴以前,明主贤臣,得夫之轨,亦足以观矣。"

①《诗·周颂》曰:"我求懿德,肆于时夏。"郑玄注曰:"懿,美也。肆,陈也。我,武王也。求美德之士而任用之,故陈于是夏而歌之也。"

又著《崇德》、《正论》及诸论数十篇。年六十二,建安十四年卒。

韩韶字仲黄,颍川舞阳人也。少仕郡,辟司徒府。时太山贼公孙举伪号历年,守令不能破散,多为坐法。尚书选三府掾能理剧者,乃以韶为嬴长。①贼闻其贤,相戒不入嬴境。余县多被寇盗,废耕桑,其流入县界求索衣粮者甚众。韶愍其饥困,乃开仓赈之,所禀赡万余户。主者争谓不可,韶曰:"长活沟壑之人,而以此伏罪,含笑入地矣。"太守素知韶名德,竟无所坐。以病卒官。同郡李膺、陈寔、杜密、荀淑等为立碑颂焉。

①嬴,县,故城在今兖州博城县东北。

子融,字元长。少能辩理而不为章句学。声名甚盛,五府并辟。献帝初,至太仆。年七十卒。

钟皓字季明,颍川长社人也。为郡著姓,世善刑律。皓少以笃行称,公府连辟,为二兄未仕,避隐密山,①以《诗》、律教授门徒千余人。同郡陈寔,年不及皓,皓引与为友。皓为郡功曹,会辟司徒府,临辞,太守问:"谁可代卿者?"皓曰:"明府欲必得其人,西门亭长陈寔可。"寔闻之,曰:"钟君似不察人,不知何独识我?"皓顷之自劾去。前后九辟公府,征为廷尉正、博士、林虑长,皆不就。时皓及荀淑并为士大夫所归慕。李膺常叹曰:"荀君清识难尚,钟君至德可师。"

①密县山也。

皓兄子瑾母,膺之姑也。瑾好学慕古,有退让风,与膺同年,俱有声名。膺祖太尉修,常言:"瑾似我家性,邦有道不废,邦无道免于刑戮。"复以膺妹妻之。瑾辟州府,未常屈志。膺谓之曰:《孟子》以为'人无是非之心,非人也'。①弟何期不与孟轲同邪?"瑾常以膺言白皓。皓曰:"昔国武子好昭人过,以致怨本。②卒保身全家,尔道为贵。"其体训所安,多此类也。

①孟子曰:"人无恻隐之心,非人也。无羞恶之心,非人也。无辞让之心,非人也。无是非之心,非人也。"

②国武子,齐大夫。齐庆克通于齐君之母,国武子知之而责庆克,夫人遂谮武子而逐之。事见《左传》。

年六十九,终于家。诸儒颂之曰:"林虑懿德,非礼不处。悦此《诗》、《书》,弦琴乐古。五就州招,九应台辅。逡巡王命,卒岁容与。"皓孙繇,建安中为司隶校尉。①

①《海内先贤传》曰:"繇字元常,郡主簿迪之子也。"《魏志》曰:"举孝廉为尚书郎,辟三府为廷尉正、黄门侍郎。"

陈寔字仲弓,颍川许人也。出于单微。自为儿童,虽在戏弄,为等类所归。少作县吏,常给事厮役,后为都亭刺佐。而有志好学,坐立诵读。县令邓邵试与语,奇之,听受业太学。后令复召为吏,乃避隐阳城山中。时有杀人者,同县杨吏以疑寔,县遂逮击,考掠无实,而后得出。及为督邮,乃密托许令,礼召杨吏。远近闻者,咸叹服之。

家贫,复为郡西门亭长,寻转功曹。时中常侍侯览托太守高伦用吏,伦教署为文学掾。寔知非其人,怀檄请见。①言曰:"此人不宜用,而侯常侍不可违。寔乞从外署,不足以尘明德。"伦从之。②于是乡论怪其非举,寔终无所言。伦后被征为尚书,郡中士大夫送至轮氏传舍。③伦谓众人言曰:"吾前为侯常侍用吏,陈君密持教还,而于外白署。比闻议者以此少之,此咎由故人畏惮强御,陈君可谓善则称君,过则称己者也。"寔固自引愆,闻者方叹息,由是天下服其德。

①檄，板书。谓以高伦之教书之于檄而怀之者，惧泄事也。

②请从外署之举，不欲陷伦于请托也。

③轮氏，县名，属颍川郡，今故高阳县是。

司空黄琼辟选理剧，补闻喜长，旬月以期丧去官。复再迁除太丘长。①修德清静，百姓以安。邻县人户归附者，寔辄训导譬解，发遣各令还本司官行部。②吏虑有讼者，白欲禁之。寔曰："讼以求直，禁之理将何申？其勿有所拘。"司官闻而叹息曰："陈君所言若是，岂有怨于人乎？"亦竟无讼者。以沛相赋敛违法，乃解印绶去，吏人追思之。

①太丘，县，属沛国，故城在今亳州永城县西北也。

②司官谓主司之官也。

及后逮捕党人，事亦连寔。余人多逃避求免，寔曰："吾不就狱，众无所恃。"乃请囚焉。遇赦得出。灵帝初，大将军窦武辟以为掾属。时中常侍张让权倾天下。让父死，归葬颍川，虽一郡毕至，而名士无往者，让甚耻之，寔乃独吊焉。及后复诛党人，让感寔，故多所全宥。

寔在乡间，平心率物。其有争讼，辄求判正，晓譬曲直，退无怨者。至乃叹曰："宁为刑罚所加，不为陈君所短。"时岁荒民俭，有盗夜入其室，止于梁上。寔阴见，乃起自整拂，呼命子孙，正色训之曰："夫人不可不自勉。不善之人，未必本恶，习以性成，遂至于此。梁上君子者是矣。"盗大惊，自投于地，稽颡归罪。寔徐譬之曰："视君状貌不似恶人，宜深克己反善。然此当由贫困。"令遗绢二匹。自是一县无复盗窃。

太尉杨赐、司徒陈耽，每拜公卿，群僚毕贺，赐等常叹寔大位未登，愧于先之。及党禁始解，大将军何进、司徒袁隗遣人敦①寔，欲特表以不次之位。寔乃谢使者曰："寔久绝人事，饰巾待终而已。"时三公每缺，议者归之。累见征命，遂不起，闭门悬车，栖迟养老。中平四年，年八十四，卒于家。何进遣使吊祭，海内赴者三万余人，制衰麻者以百数。共刊石立碑，谥为文范先生。②

①敦,劝也。

②《先贤行状》曰:"将军何进遣官属吊祠为谥。"

　有六子,纪、谌最贤。

　　纪字元方,亦以至德称。兄弟孝养,闺门雍和,后进之士,皆推慕其风。及遭党锢,发愤著书数万言,号曰《陈子》。党禁解,四府并命,无所屈就。遭父忧,每哀至辄欧血绝气,虽衰服已除,而积毁消瘠,殆将灭性。豫州刺史嘉其至行,表上尚书,图象百城,以厉风俗。董卓入洛阳,乃使就家拜五官中郎将,不得已,到京师,迁侍中。出为平原相,往谒卓,时欲徙都长安,乃谓纪曰:"三辅平敞,四面险固,土地肥美,号为陆海。①今关东兵起,恐洛阳不可久居。长安犹有宫室,今欲西迁何如?"纪曰:"天下有道,守在四夷。②宜修德政,以怀不附。迁移至尊,诚计之末者。愚以公宜事委公卿,专精外任。其有违命,则威之以武。今关东兵起,民不堪命。若谦远朝政,率师讨伐,则涂炭之民,庶几可全。若欲徙万乘以自安,将有累卵之危,峥嵘之险也。"③卓意甚忤,而敬纪名行,无所复言。时议欲以为司徒,纪见祸乱方作,不复辨严,④即时之郡。玺书追拜太仆,又征为尚书令。建安初,袁绍为太尉,让于纪;纪不受,拜大鸿胪。年七十一,卒于官。

①《前书》曰,东方朔曰:"三辅之地,南有江、淮,北有河、渭,泾、陇以东,商、洛以西,厥壤肥饶,此所谓天府陆海之地。"

②《左传》曰,楚沈尹戌曰"古者天子守在四夷。天子卑,守在诸侯"也。

③累卵,解见《皇后纪》。峥音士耕反。

④严读曰装也。

　　子群,为魏司空。①天下以为公惭卿,卿惭长。

①群字长文。《魏志》曰"鲁国孔融才高倨傲,年在群、纪之间,先与群交,更为纪拜,由是显名"也。

　　弟谌,字季方。与纪齐德同行。父子并著高名,时号三君。每宰府辟召,常同时旌命,羔雁成群,①当世者靡不荣之。谌早终。②

①古者诸侯朝天子,卿执羔,大夫执雁,士执雉。成群言众多也。

②《先贤行状》曰:"豫州百城皆图画寔、纪、谌形像焉。"

论曰:汉自中世以下,阉竖擅恣,故俗遂以遁身矫洁放言为高。①士有不谈此者,则芸夫牧竖已叫呼之矣。②故时政弥呧,而其风愈往。唯陈先生进退之节,必可度也。据于德故物不犯,安于仁故不离群,行成乎身而道训天下,故凶邪不能以权夺,王公不能以贵骄,所以声教废于上,而风俗清乎下也。

①放肆其言,不拘节制也。《论语》曰:"隐居放言。"

②叫呼,讥笑之也。芸,除草也。

赞曰:二李师淑,陈君友皓。韩韶就吏,赢寇怀道。大丘奥广,模我彝伦。曾是渊轨,薄夫以淳。①庆基既启,有蔚颍滨,二方承则,八慈继尘。②

①曾之言则也。

②二方,元方、季方也。荀淑八子,皆以慈为字,见《荀氏家传》也。

后汉书卷六三
列传第五三

李固 子燮　杜乔

　　李固字子坚,汉中南郑人,司徒郃之子也。郃在《方术传》。固貌状有奇表,鼎角匿犀,足履龟文。①少好学,常步行寻师,不远千里。②遂究览坟籍,结交英贤。四方有志之士,多慕其风而来学。京师咸叹曰:"是复为李公矣。"③司隶、益州并命郡举孝廉,辟司空掾,皆不就。④

　　①鼎角者,顶有骨如鼎足也。匿犀,伏犀也。谓骨当额上入发际隐起也。足履龟文者二千石,见《相书》。
　　②《谢承书》曰:"固改易姓名,杖策驱驴,负笈追师三辅,学《五经》,积十余年。博览古今,明于风角、星算、《河图》、谶纬,仰察俯占,窃神知变。每到大学,密入公府,定省父母,不令同业诸生知是郃子。"
　　③言复继其父为公也。
　　④《谢承书》曰:"五察孝廉,益州再举茂才,不应。五府连辟,皆辞以疾。"

　　阳嘉二年,有地动、山崩、火灾之异,公卿举固对策,①诏又特问当世之敝,为政所宜。固对曰:

　　①《续汉书》曰:"阳嘉二年,诏公卿举敦朴之士,卫尉贾建举固"也。

　　　臣闻王者父天母地,①宝有山川。②王道得则阴阳和穆,政化乖则崩震为灾。斯皆关之天心,效于成事者也。夫化以职成,官由能理。古之进者,有德有命;③今之进者,唯财与力。伏闻诏书务求宽博,疾恶严暴。而今长吏多杀伐致声名者,必加迁赏其存宽和无党援者,辄见斥逐。是以淳厚之风不宣,雕薄之俗未革。虽繁刑重禁,何能有益?前考安皇帝变乱旧典,封爵阿母,④因造妖孽,使樊丰之徒乘权放恣,侵夺主威,改乱嫡嗣,⑤至令圣躬狼狈,亲遇其艰。既拔自困殆,⑥龙兴即位,天下喁喁,属望风政。积敝之后,易致中兴,诚当沛然思惟善道;⑦而论者犹云,方今之事,复同于前。臣伏从山草,痛心伤臆。实以汉兴以来,三百余年,贤圣相继,十有八主。岂无阿乳之恩?岂忘贵爵之宠?然上畏天威,俯案经典,知义不可,故不封也。今宋阿母⑧虽有大功勤谨之德,但加赏赐,足以酬其劳苦;至于裂土开国,实乖旧典。闻阿母体性谦虚,必有逊让,陛下宜许其辞国之高,使成万安之福。

①《春秋感精符》曰:"人主日月同明,四时合信,故父天母地,兄日姊月。"宋均注曰:"父天于圜丘之祀也,母地于方泽之祭也,兄日于东郊,姊月于西郊。"

②《史记》曰:"魏武侯浮西河而下,中河顾而谓吴起曰'美哉乎河山之固,此魏之宝也。'吴起对曰:'在德不在险。'"

③命,爵命也。言有德者乃可加爵命也。

④阿母王圣。

⑤谓顺帝为太子时,废为济阴王。

⑥殆,危也。

⑦沛然,宽广之意。

⑧谓宋娥也。

　　夫妃后之家所以少完全者,岂天性当然?但以爵位尊显,专总权柄,天道恶盈,不知自损,故至颠仆。先帝宠遇阎氏,位号太疾,故其受祸,曾不旋时。老子曰:"其进锐,其退速也。"①今梁氏戚为椒房,礼所不臣,②尊以高爵,尚可然也。而子弟群从,荣显兼加,永平、建初故事,殆不如此。宜令步兵校尉冀及诸侍中还居黄门之官,使权去外戚,政归国家,岂不休乎!

①案:《孟子》有此文。《谢承书》亦云《孟子》,而《续汉书》复云《老子》。

②《公羊传》曰:"宋杀其大夫,何以不名?宋三世无大夫,三世内娶也。"何休注云:"内娶,娶大夫女也。言无大夫者三世,礼不臣妻之父母,国内

皆臣,无娶道,故绝去大夫名,正其义也。"椒房者,皇后所居,以椒泥涂也。

　　又诏书所以禁侍中尚书中臣子弟不得为吏察孝廉者,以其秉威权,容请托故也。而中常侍在日月之侧,声势振天下,子弟禄仕,曾无限极。虽外托谦默,不干州郡,而谄伪之徒,望风进举。今可为设常禁,同之中臣。

　　昔馆陶公主为子求郎,①明帝不许,赐钱千万。所以轻厚赐,重薄位者,为官人失才,害及百姓也。窃闻长水司马武宣、②开阳城门候羊迪等,③无它功德,初拜便真。此虽小失,而渐坏旧章。④先圣法度,所宜坚守,政教一跌,百年不复。《诗》云:"上帝板板,下民卒瘅。"刺周王变祖法度,故使下民将尽病也。⑤

①馆陶公主,光武第三女也。

②《续汉志》"长水校尉一人,比二千石,司马一人,千石,掌宿卫"也。

③《续汉志》曰:"城门每门候一人,六百石。"

④《续汉书》曰:"中都官,千石、六百石,故事先守一岁,然后补真。"

⑤板,反也。卒,尽也。瘅,病也。《诗·大雅》,凡伯刺周历王反先王之道,下人尽病也。

　　今陛下之有尚书,犹天之有北斗也。斗为天喉舌,尚书亦为陛下喉舌。①斗斟酌元气,运平四时。②尚书出纳王命,赋政四海,③权尊势重,责之所归。若不平心,灾眚必至。诚宜审择其人,以毗圣政。今与陛下共理天下者,外则公卿尚书,内则常侍黄门,譬犹一门之内,一家之事,安则共其福庆,危则通其祸败。刺史、二千石,外统职事,内受法则。夫表曲者景必邪,源清者流必洁,犹叩树本,百枝皆动也。《周颂》曰:"薄言振之,莫不震叠。"④此言动之于内,而应于外者也。犹此言之,本朝号令,岂可蹉跌?间隙一开,则邪人动心;利竞暂启,则仁义道塞。刑罚不能复禁,化导以之寝坏。此天下之纪纲,当今之急务。陛下宜开石室,陈图书,⑤招会群儒,引问失得,指擿变象,以求天意。其言有中理，即时施行，显拔其人，以表能者。则圣听日有所闻，忠臣尽其所知。又宜罢退宦官，去其权重，裁置常侍二人，方直有德者，省事左右；小黄门五人，才智闲雅者，给事殿中。如此，则论者厌塞，升平可致也。臣所以敢陈愚瞽，冒昧自闻者，傥或皇天欲令微臣觉悟陛下。陛下宜熟察臣言，怜赦臣死。

①《春秋合诚图》曰："天理在斗中，司三公，如人喉在咽，以理舌语。"宋均注曰："斗为天之舌口，主出政教。三公主道宣君命，喻于人，则宜如人喉在咽，以理舌口，使言有条理。"

②《春秋保乾图》曰："天皇于是斟元陈枢，以五易威。"宋均注曰："威，则也，法也。天皇斟元气，陈列枢机，受行次之当得也。"

③赋，布也。

④《韩诗·薛君传》曰："薄，辞也。振，奋也。莫，无也。震，动也。叠，应也。美成王能奋舒文武之道而行之，则天下无不动而应其政教。"

⑤《前书》曰："司马迁为太史令，绌史记石室金匮之书。"绌音抽。

顺帝览其对，多所纳用，即时出阿母还弟舍，诸常侍悉叩头谢罪，朝廷肃然。以固为议郎。而阿母宦者疾固言直，因诈飞章以陷其罪，事从中下。大司农黄尚等请之于大将军梁商，又仆射黄琼救明固事，久乃得拜议郎。

出为广汉洛令，至白水关，解印绶，还汉中，①杜门不交人事。岁中，梁商请为从事中郎。商以后父辅政，而柔和自守，不能有所整裁，灾异数见，下权日重。固欲令商先正风化，退辞高满，乃奏记曰："《春秋》褒仪父以开义路，②贬无骇以闭利门。③夫义路闭则利门开，利门开则义路闭也。前孝安皇帝内任伯荣、樊丰之属，④外委周广、谢恽之徒，开门受赂，署用非次，天下纷然，怨声满道。朝廷初立，颇存清静，未能数年，稍复堕损。左右党进者，日有迁拜，守死善道者，常涸穷路，⑤而未有改敝立德之方。又即位以来，十有余年，圣嗣未立，群下继望。可令中宫博简嫔媵，兼采微贱宜子之人，进御至尊，顺助天意。若有皇子，母自乳养，无委保妾医巫，以致飞燕之祸。⑥明将军望尊位显，当以天下为忧，崇尚谦省，垂则万方。而新营祠堂,费功亿计,非以昭明令德,崇示清俭。自数年以来,灾怪屡见,比无雨润,而沉阴郁泱。⑦宫省之内,容有阴谋。孔子曰:'智者见变思刑,愚者睹怪讳名。'天道无亲,可为祗畏。⑧加近者月食既于端门之侧。⑨月者,大臣之体也。⑩夫穷高则危,大满则溢,月盈则缺,日中则移。⑪凡此四者,自然之数也。天地之心,福谦忌盛,⑫是以贤达功遂身退,⑬全名养寿,无有怵迫之忧。⑭诚令王纲一整,道行忠立,明公蹑伯成之高,全不朽之誉,⑮岂与此外戚凡辈耽荣好位者同日而论哉!固狂夫下愚,不达大体,窃感古人一饭之报,⑯况受顾遇而容不尽乎!"商不能用。

① 《梁州记》曰:"关城西南百八十里有白水关,昔李固解印绶处也。"故关城今在梁州金牛县西。

② 隐公元年三月,公及邾仪父盟于昧。《公羊传》曰:"仪父者何?邾娄之君也。何以称字?褒之也。曷为褒之?为其与盟也。"何休注云:"《春秋》王鲁,托隐公为受命王,因仪父先与隐公盟,假以见褒赏义。"

③ 《春秋》隐公二年,经书"无骇帅师入极。"《公羊传》曰:"无骇者何?展无骇也。何以不氏?贬。曷为贬?疾始灭也。"

④ 伯荣,王圣女也。

⑤ 守死善道,《论语》文。滞涸穷路,以鱼为谕也。

⑥ 赵飞燕,成帝皇后。妹为昭仪,专宠。成帝贵人曹伟能等生皇子,皆杀之。

⑦ 云起貌。

⑧ 祗,敬也。言天无亲疏,惟善是与,可敬威也。《书》曰:"皇天无亲。"

⑨ 既,尽也。端门,太微宫南门也。

⑩ 《前书》李寻上疏曰:"月者众阴之长,妃后、大臣、诸侯之象也。"

⑪ 《易·丰卦》曰:"日中则昃,月盈则食,天地盈虚,与时消息。"《史记》蔡泽谓范睢曰:"日中则移,月满则亏"也。

⑫ 《易》曰:"鬼神害盈而福谦,人道恶盈而好谦。"又曰:"见天地之心。"

⑬ 《老子》曰:"功成名遂身退,天之道也。"

⑭ 为利所诱,怵迫于忧勤也。怵音息律反,或音黜。

⑮ 《庄子》曰:"伯成子高,唐虞时为诸侯,至禹,去而耕。禹往见之,则耕在野。禹问曰:'昔尧化天下,吾子立为诸侯,尧授舜,舜授予,子去而耕,

其故何也?'子高曰:'昔尧化天下,至公无私,不赏而人自劝,不罚而人自畏。今子赏而不劝,罚而不威,德自此衰,刑自此作。夫子盍行,无留吾事。'俋俋然,耕不顾。"亦见《吕氏春秋》。

⑯谓灵辄也。

永和中,荆州盗贼起,弥年不定,乃以固为荆州刺史。固到,遣吏劳问境内,赦寇盗前衅,与之更始。于是贼帅夏密等敛其魁党六百余人,自缚归首。固皆原之,遣还,使自相招集,开示威法。半岁间,余类悉降,州内清平。

上奏南阳太守高赐等臧秽。赐等惧罪,遂共重赂大将军梁冀,冀为千里移檄,①而固持之愈急。冀遂令徙固为太山太守。时太山盗贼屯聚历年,郡兵常千人,追讨不能制。固到,悉罢遣归农,但选留任战者百余人,以恩信招诱之。未满岁,贼皆弭散。

①言移一日行千里,救之急也。

迁将作大匠。上疏陈事曰:"臣闻气之清者为神,人之清者为贤。养身者以练神为宝,安国者以积贤为道。昔秦欲谋楚,王孙圉设坛西门,陈列名臣,秦使惧然,遂为侵兵。①魏文侯师卜子夏,友田子方,轼段干木,故群俊竞至,名过齐桓,秦人不敢窥兵于西河,斯盖积贤人之符也。②陛下拨乱龙飞,初登大位,聘南阳樊英、江夏黄琼、广汉杨厚、会稽贺纯,③策书嗟叹,待以大夫之位。是以严穴幽人,智术之士,弹冠振衣,乐欲为用,四海欣然,归服圣德。厚等在职,虽无奇卓,然夕惕孳孳,志在忧国。臣前在荆州,闻厚、纯等以病免归,诚以怅然,为时惜之。一日朝会,见诸侍中并皆年少,无一宿儒大人可顾问者,诚可叹息。宜征还厚等,以副群望。琼久处议郎,已且十年,众人皆怪始隆崇,今更滞也。④光禄大夫周举,才谟高正,宜在常伯,访以言议。侍中杜乔,学深行直,当世良臣,久托疾病,可敕令起。"又荐陈留杨伦、⑤河南尹存、东平王恽、陈国何临、⑥清河房植等。⑦是日有诏征用伦、厚等,而迁琼、举,以固为大司农。

①秦欲伐楚,使使者往观楚之宝器。昭奚恤乃为坛,使客东面,自居西面

之坛,称曰:"理百姓,宝仓廪,子西在此;奉圭璋,使诸侯,子方在此;守
封疆,谨境界,叶公子高在此;理师旅,正兵戎,司马子反在此;怀霸王
之余义,犹治乱之遗风,昭奚恤在此;惟大国所观。"使反,言于秦君曰:
"楚多贤臣,未可谋也。"事见《新序》。《国语》曰,楚王孙围聘于晋,赵简
子鸣玉以相,问围曰:"楚之白珩犹在乎,其为宝也几何?"对曰:"未尝
为宝也。楚人有观射父,能作训辞以行诸侯,有左史倚相,道训典以序
百物,此楚国之宝也。若夫古玉、白珩,先王之所玩也,何宝焉!"与此所
引不同也。

②魏文侯受经于子夏,过段干木间,未尝不轼也。李克曰:"文侯东得卜子
　夏、田子方、段干木此三人者,君皆师之。"又秦欲伐魏,或曰:"魏君贤
　人是礼,国人称仁,上下和合,未可图也。"事见《史记》也。

③《谢承书》曰:"纯字仲真,会稽山阴人。少为诸生,博极群艺。十辟公府,
　三举贤良方正,五征博士,四公车征,皆不就。后征拜议郎,数陈灾异,
　上便宜数百事,多见省纳。迁江夏太守。"

④隆,高也。崇,重也。

⑤伦见《儒林传》。

⑥临字子陵,熙之子,为平原太守,见《百家谱》也。

⑦植见《党人篇》也。

先是周举等八使案察天下,多所劾奏,其中并是宦者亲属,辄
为请乞,诏遂令勿考。又旧任三府选令史,光禄试尚书郎,时皆特
拜,不复选试。固乃与廷尉吴雄上疏,以为八使所纠,宜急诛罚,选
举署置,可归有司。帝感其言,乃更下免八使所举刺史、二千石,自
是稀复特拜,切责三公,明加考察,朝廷称善。乃复与光禄勋刘宣上
言:"自顷选举牧守,多非其人,至行无道,侵害百姓。又宜止盘游,
专心庶政。"帝纳其言,于是下诏诸州劾奏守令以下,政有乖枉,遇
人无惠者,免所居官;其奸秽重罪,收付诏狱。

及冲帝即位,以固为太尉,与梁冀参录尚书事。明年帝崩,梁太
后以杨、徐盗贼盛强,恐惊扰致乱,使中常侍诏固等,欲须所征诸王
侯到乃发丧。固对曰:"帝虽幼少,犹天下之父。今日崩亡,人神感
动,岂有臣子反共掩匿乎?昔秦皇亡于沙丘,①胡亥、赵高隐而不

发,卒害扶苏,以至亡国。②近北乡侯薨,阎后兄弟及江京等亦共掩秘,遂有孙程手刃之事。③此天下大忌,不可之甚者也。"太后从之,即暮发丧。

①《史记》曰:始皇东巡道病,崩于沙丘。徐广曰:赵有沙丘宫,在巨鹿也。

②承相李斯为始皇崩在外,恐诸公子及天下有变,乃秘之不发丧。独胡亥、赵高等知阴谋,破去始皇所封书,赐公子扶苏死,而立胡亥为太子。胡亥元年,楚、汉并起。

③江京、刘安等坐省门下,孙程与王康等就斩京、安等,立顺帝也。

固以清河王蒜年长有德,欲立之,谓梁冀曰:"今当立帝,宜择长年高明有德,任亲政事者,愿将军审详大计,察周、霍之立文、宣,①戒邓、阎之利幼弱。"②冀不从,乃立乐安王子缵,年八岁,是为质帝。时冲帝将北卜山陵,固乃议曰:"今处处寇贼,军兴用费加倍,新创宪陵,赋发非一。帝尚幼小,可起陵于宪陵茔内,依康陵制度,③其于役费三分减一。"乃从固议。时太后以比遭不造,委任宰辅,固所匡正,每辄从用,其黄门宦者一皆斥遣,天下咸望遂平,而梁冀猜专,每相忌疾。

①周勃立文帝,霍光立宣帝也。

②谓邓太后立殇帝,帝时诞育百余日,二岁而崩;又立安帝,时年十余岁。阎太后立北乡侯,其年薨,又征诸王子,拟择立之也。

③康陵,殇帝陵也。

初,顺帝时诸所除官,多不以次,及固在事,奏免百余人。此等既怨,又希望冀旨,遂共作飞章虚诬固罪曰:"臣闻君不稽古,无以承天;①臣不述旧,无以奉君。昔尧殂之后,舜仰慕三年,坐则见尧于墙,食则睹尧于羹。②斯所谓聿追来孝,不失臣子之节者。③太尉李固,因公假私,依正行邪,离间近戚,自隆支党。至于表举荐达,例皆门徒;及所辟召,靡非先旧。或富室财赂,或子胥婚属,其列在官牒者凡四十九人。又广选贾竖,以补令史;募求好马,临窗呈试。出入逾侈,辎軿曜日。大行在殡,路人掩涕,固独胡粉饰貌,搔头弄姿,④槃旋偃仰,从容冶步,曾无惨怛伤悴之心。山陵未成,违矫旧政,善则称己,过则归君,斥逐近臣,不得侍送,作威作福,莫固之甚。臣闻台辅之位,实和阴阳,琁机不平,寇贼奸轨,⑤则责在太尉。⑥固受任之后,东南跋扈,两州数郡,⑦千里萧条,兆人伤损,大化陵迟,而诋疵先主,苟肆狂狷。存无廷争之忠,没有诽谤之说。夫子罪莫大于累父,臣恶莫深于毁君。固之过衅,事合诛辟。"⑧书奏,冀以白太后,使下其事。太后不听,得免。

① 《书》曰:"粤若稽古帝尧。"郑玄注曰:"稽,同也。古,天也。言能同天而行者帝尧。"

② 《太公兵法》曰:"帝尧王天下之时,金银珠玉弗服也,锦绣文绮弗衣也,奇怪艺物弗视也,玩好之器弗宝也,淫佚之乐弗德也,宫垣室屋弗垩色也,榱桷柱楹弗藻饰也,茅茨之盖弗翦齐也,滋味重累弗食也,温饭煖羹酸馁不易也。"

③ 聿,述也。《诗·大雅》曰:"文王烝哉,通逎来孝。"言文王能述追王委勤孝之行也。

④ 《西京杂记》曰:"武帝遇李夫人,就取玉簪搔头,自此宫人搔头皆用玉。"

⑤ 《书》曰:"琁机玉衡以齐七政。"孔安国注曰:"琁。美玉也。机,衡也。王者正天文之器,可运转者也。"又曰:"寇贼奸轨。"注曰:"群行攻劫曰寇,杀人曰贼,在外曰奸,在内曰轨。"

⑥ 《续汉志》曰"太尉掌四方兵事功课,岁尽则奏殿最而行赏罚"也。

⑦ 谓九江贼徐凤、马免等攻烧城邑,广陵贼婴等攻杀江都长。九江、广陵是荆、杨之地,故云两州也。

⑧ 据《吴祐传》,此章马融之词。

冀忌帝聪慧,恐为后患,遂令左右进鸩。帝苦烦甚,使促召固。固入,前问:"陛下得患所由?"帝尚能言,曰:"食煮饼,今腹中闷,得水尚可活。"时冀亦在侧,曰:"恐吐,不可饮水。"语未绝而崩。固伏尸号哭,推举侍医。冀虑其事泄,大恶之。

因议立嗣,固引司徒胡广、司空赵戒,①先与冀书曰:"天下不幸,仍遭大忧。皇太后圣德当朝,摄统万机,明将军体履忠孝,忧存社稷,而频年之间,国祚三绝。②今当立帝,天下重器,诚知太后垂心,将军劳虑,详择其人,务存圣明。然愚情眷眷,窃独有怀。远寻先世废立旧仪,近见国家践祚前事,未尝不询访公卿,广求群议,令上应天心,下合众望。且永初以来,政事多谬,地震宫庙,彗星竞天,诚是将军用情之日。传曰:'以天下与人易,为天下得人难。'昔昌邑之立,昏乱日滋,霍光忧愧发愤,悔之折骨。③自非博陆忠勇,④延年奋发,大汉之祀,几将倾矣。⑤至忧至重,可不熟虑!悠悠万事,唯此为大。国之兴衰,在此一举。"冀得书,乃召三公、中二千石、列侯大议所立。固、广、戒及大鸿胪杜乔皆以为清河王蒜明德著闻,又属最尊亲,宜立为嗣。先是蠡吾侯志当取冀妹,时在京师,冀欲立之。众论既异,愤愤不得意,而未有以相夺。⑥中常侍曹腾等闻而夜往说冀曰:"将军累世有椒房之亲,秉摄万机,宾客纵横,多有过差。清河王严明,若果立,则将军受祸不久矣。不如立蠡吾侯,富贵可长保也。"冀然其言。明日重会公卿,冀意气凶凶,而言辞激切。自胡广、赵戒以下,莫不慑惮。皆曰:"惟大将军令。"而固独与杜乔坚守本议。冀厉声曰:"罢会。"固意既不从,犹望众心可立,复以书劝冀。冀愈激怒,乃说太后先策免固,竟立蠡吾侯,是为桓帝。

①《谢承书》"戒字志伯,蜀郡成都人也。戒博学明经讲授,举孝廉,累迁荆州刺史。梁商弟让为南阳太守,恃椒房之宠,不奉法,戒到州,劾奏之。迁戒河间相。以冀部难理,整厉威严。迁南阳太守,纠豪杰,恤吏人,奏免中官贵戚子弟为令长贪浊者。徵拜为尚书令,出为河南尹,转拜太常。永和六年特拜司空"也。

②顺帝崩,冲帝立一年崩,质帝一年崩。

③昌邑王贺,武帝孙昌邑哀王子也。昭帝崩,霍光立之。

④霍光封博陆侯。《前书音义》曰:"博,大。陆,平。取其嘉名,无此县也。食邑北海、河东也。"

⑤霍光召丞相已下议曰:"昌邑王行昏乱,恐危社稷,如何?"群臣皆惊愕失色。大司农田延年前离席案剑曰:"今日之议,不得旋踵,群臣后应者,臣请剑斩之!"于是废立遂定。

⑥未有别理而易夺之。

后岁余,甘陵刘文、魏郡刘鲔各谋立蒜为天子,梁冀因此诬固与文、鲔共为妖言,下狱。门生勃海王调贯械上书,证固之枉,河内赵承等数十人亦要铁锧诣阙通诉,①太后明之,乃赦焉。及出狱,京师市里皆称万岁。冀闻之大惊,畏固名德终为己害,乃更据奏前事,遂诛之,时年五十四。②

① 《字林》曰:"铁锧,椹也。"锧音质。椹音竹心反。

② 固临终,敕子孙素棺三寸,幅巾,殡殓于本郡垣墉之地,不得还墓茔,污先公兆域。见《谢承书》也。

临命,与胡广、赵戒书曰:"固受国厚恩,是以竭其股肱,不顾死亡,志欲扶持王室,比隆文、宣。①何图一朝梁氏迷谬,公等曲从,以吉为凶,成事为败乎?汉家衰微,从此始矣。公等受主厚禄,颠而不扶,倾覆大事,后之良史,岂有所私?固身已矣,于义得矣,夫复何言!"广、戒得书悲惭,皆长叹流涕。

① 文帝、宣帝皆群臣迎立,能兴汉祚。

州郡收固二子基、兹于郾城,皆死狱中。①小子燮得脱亡命。冀乃封广、戒而露固尸于四衢,②令有敢临者加其罪。固弟子汝南郭亮,③年始成童,④游学洛阳,乃左提章钺,⑤右秉铁锧,诣阙上书,乞收固尸。不许,因往临哭,陈辞于前,遂守丧不去。夏门亭长呵之曰:⑥"李、杜二公为大臣,不能安上纳忠,而兴造无端。卿曹何等腐生,公犯诏书,干试有司乎?"⑦亮曰:"亮含阴阳以生,戴乾履坤。义之所动,岂知性命,何为以死相惧?"亭长叹曰:"居非命之世,⑧天高不敢不踢,地厚不敢不蹐。⑨耳目适宜视听,口不可以妄言也。"太后闻而不诛。南阳人董班亦往哭固,而殉尸不肯去。⑩太后怜之,乃听得襚敛归葬。二人由此显名,三公并辟。班遂隐身,莫知所归。

① 《续汉书》曰,基,偃师长。《袁宏纪》曰,基字宪公,兹字季公,并为长史,闻固策免,并弃官亡归巴汉。南郑赵子贱为郡功曹,诏下郡杀固二子。太守知其枉,遇之甚宽,二子托服药夭,具棺器,欲因出逃。子贱畏法,敕吏验实,就杀之。

② 《尔雅》曰:"四达谓之衢。"郭璞注曰:"交通四出者也。"

③ 《谢承书》曰:"亮字恒直,朗陵人也。"

④ 成童,年十五也。《礼记》曰"十五成童,舞《象》"也。

⑤章谓所上章也。《苍颉篇》曰:"钺,斧也。"

⑥洛阳北面西头门,门外有万寿亭。

⑦腐生者,犹言腐儒也。

⑧非命谓衰乱之时,人多不得其死也。

⑨蹐,曲也。踏,累足也。言天高而在雷霆,地厚而有沦陷,上下皆可畏惧也。《诗》云"谓天盖高,不敢不蹐,谓地盖厚,不敢不踏"也。

⑩殉,巡也。《楚国先贤传》曰:"班字季,宛人也。少游太学,宗事李固,才高行美,不交非类。尝耦耕泽畔,恶衣蔬食。闻固死,乃星行奔赴,哭泣尽哀。司隶案状奏闻,天子释而不罪。班遂守尸积十日不去。帝嘉其义烈,听许送丧到汉中,赴葬毕而还也。"

固所著章、表、奏、议、教令、对策、记、铭凡十一篇。弟子赵承等悲叹不已,乃共论固言迹,以为《德行》一篇。①

①《谢承书》曰:"固所授弟子,颍川杜访、汝南郑遂、河内赵承等七十二人,相与哀叹悲愤,以为眼不复瞻固形容,耳不复闻固嘉训,乃共论集《德行》一篇。"

燮字德公。初,固既策罢,知不免祸,乃遣三子归乡里。时燮年十三,姊文姬为同郡赵伯英妻,贤而有智,见二兄归,具知事本,默然独悲曰:"李氏灭矣!自太公已来,积德累仁,何以遇此?"①密与二兄谋豫藏匿燮,托言还京师,人咸信之。有顷难作,下郡收固三子。二兄受害,文姬乃告父门生王成曰:"君执义先公,有古人之节。今委君以六尺之孤,②李氏存灭,其在君矣。"成感其义,乃将燮乘江东下,入徐州界内,令变名姓为酒家佣,③而成卖卜于市。各为异人,阴相往来。

①太公谓祖父郃也。

②六尺谓年十五以下。

③《谢承书》曰:"燮远遁身于北海剧,托命滕咨家以得免。"与此不同。

燮从受学,酒家异之,意非恒人,以女妻燮。燮专精经学。十余年间,梁冀既诛而灾眚屡见。明年,史官上言宜有赦令,又当存录大臣冤死者子孙,于是大赦天下,并求固后嗣。燮乃以本末告酒家,酒家具车重厚遣之,皆不受,遂还乡里,追服。姊弟相见,悲感傍人。既而戒爕曰:"先公正直,为汉忠臣,而遇朝廷倾乱,梁冀肆虐,令吾宗祀血食将绝。今弟幸而得济,岂非天邪! 宜杜绝众人,勿妄往来,慎无一言加于梁氏。加梁氏则连主上,祸重至矣。唯引咎而已。"爕谨从其诲。后王成卒,爕以礼葬之,感伤旧恩,每四节为设上宾之位而祠焉。

州郡礼命,四府并辟,皆无所就,后征拜议郎。及其在位,廉方自守,所交皆舍短取长,好成人之美。时颍川荀爽、贾彪,虽俱知名而不相能,爕并交二子,情无适莫,世称其平正。①

①《论语》曰:"君子之于天下也,无适也,无莫也,义之与比。"

灵帝时拜安平相,先是安平王续为张角贼所略,国家赎王得还,朝廷议复其国。爕上奏曰:"续在国无政,为妖贼所虏,守藩不称,损辱圣朝,不宜复国。"时议者不同,而续竟归藩。爕以谤毁宗室,输作左校。未满岁,王果坐不道被诛,乃拜爕为议郎。京师语曰:"父不肯立帝,子不肯立王。"

擢迁河南尹。时既以货赂为官,诏书复横发钱三亿,以实西园。①爕上书陈谏,辞义深切,帝乃止。先是颍川甄邵谄附梁冀,为邺令。有同岁生得罪于冀,亡奔邵,邵伪纳而阴以告冀,冀即捕杀之。邵当迁为郡守,会母亡,邵且埋尸于马屋,先受封,然后发丧。邵还至洛阳,爕行涂遇之,使卒投车于沟中,笞捶乱下,大署帛于其背曰"谄贵卖友,贪官埋母"。乃具表其状。邵遂废锢终身。爕在职二年卒,时人感其世忠正,咸伤惜焉。

①事见《宦者传》。

杜乔字叔荣,河内林虑人也。①少为诸生,举孝廉,辟司徒杨震府。稍迁为南郡太守,转东海相,入拜侍中。

①《续汉书》曰:"累祖吏二千石。乔少好学,治《韩诗》、《京氏易》、《欧阳尚书》,以孝称。虽二千石子,常步担求师。"林虑,今相州县也。

汉安元年,以乔守光禄大夫,使徇察兖州。表奏太山太守李固政为天下第一；陈留太守梁让、济阴太守汜宫、济北相崔瑗等臧罪千万以上。让即大将军梁冀季父，宫、瑗皆冀所善。还，拜太子太傅，迁大司农。

时梁冀子弟五人及中常侍等以无功并封，乔上书谏曰："陛下越从藩臣，龙飞即位，天人属心，万邦攸赖。不急忠贤之礼，而先左右之封，伤善害德，兴长佞谀。臣闻古之明君，褒罚必以功过；末世暗主，诛赏各缘其私。今梁氏一门，宦者微孽，①并带无功之绂，②裂劳臣之土，其为乖滥，胡可胜言！夫有功不赏，为善失其望；奸回不诘，为恶肆其凶。故陈资斧而人靡畏，班爵位而物无劝。③苟遂斯道，岂伊伤政，为乱而已，丧身亡国，可不慎哉！"书奏不省。

> ①孽音鱼列反。《公羊传》曰："臣仆庶孽之事。"何休注云："孽，贱子也，犹树之有孽生也。"
>
> ②《苍颉篇》："绂，绶也。"
>
> ③《易·旅卦·九四》曰："旅于处，得其资斧。"《前书音义》曰："资，利也。"

益州刺史种暠举劾永昌太守刘君世以金蛇遗梁冀，事发觉，以蛇输司农。冀从乔借观之，乔不肯与，冀始为恨。累迁大鸿胪。时冀小女死，令公卿会丧，乔独不往，冀又衔之。

迁光禄勋。建和元年，代胡广为太尉。桓帝将纳梁冀妹，冀欲令以厚礼迎之，乔据执旧典，不听。①又冀属乔举汜宫为尚书，乔以宫臧罪明著，遂不肯用，因此日忤于冀。先是李固见废，内外丧气，群臣侧足而立，唯乔正色无所回桡。②由是海内叹息，朝野瞻望焉。在位数月，以地震免。宦者唐衡、左悺等因共谮于帝曰："陛下前当即位，乔与李固抗议言上不堪奉汉宗祀。"③帝亦怨之。及清河王蒜事起，梁冀遂讽有司劾乔及李固与刘鲔等交通，请逮案罪。而梁太后素知乔忠，但策免而已。④冀愈怒，使人胁乔曰："早从宜，妻子可得全。"⑤乔不肯。明日冀遣骑至其门，不闻哭者，遂白执系之，死狱中。妻子归故郡。与李固俱暴尸于城北，家属故人莫敢视者。

> ①时有司奏曰："《春秋》迎王后于纪，在涂则称后。今大将军冀女弟宜备

礼章,时进征币。"奏可。于是悉依孝惠帝纳后故事,聘黄金二万斤,纳采雁璧乘马,一依旧典。

②回,邪也;桡,曲也。

③抗,举也。

④《续汉书》曰:"乔诸生耿伯尝与鲔同止,冀讽吏执鲔为乔门生。"

⑤从宜,令其自尽也。

　　乔故掾陈留杨匡闻之,号泣星行到洛阳,乃著故赤帻,托为夏门亭吏,守卫尸丧,驱护蝇虫,积十二日,都官从事执之以闻。梁太后义而不罪。匡于是带鈇锧诣阙上书,并乞李、杜二公骸骨。太后许之。成礼殡殓,送乔丧还家,葬送行服,隐匿不仕。匡初好学,常在外黄大泽教授门徒。补蕲长,①政有异绩,迁平原令。时国相徐曾,中常侍璜之兄也,匡耻与接事,托疾牧豕云。②

①蕲,今徐州县也,音机。

②《袁山松书》,匡一名章,字叔康也。

　　论曰:夫称仁人者,其道弘矣!①立言践行,②岂徒徇名安己而已哉,③将以定去就之概,正天下之风,使生以理全,死与义合也。④夫专为义则伤生,⑤专为生则骞义,⑥专为物则害智,⑦专为己则损仁。若义重于生,舍生可也;生重于义,全生可也。⑧上以残暗失君道,下以笃固尽臣节。臣节尽而死之,则为杀身以成仁,去之不为求生以害仁也。⑨顺桓之间,国统三绝,太后称制,贼臣虎视。李固据位持重,以争大义,确乎而不可夺。⑩岂不知守节之触祸,耻夫覆折之伤任也。⑪观其发正辞,及所遗梁冀书,虽机失谋乖,犹恋恋而不能已。至矣哉,社稷之心乎!其顾视胡广、赵戒,犹粪土也。

①弘,大也。言非一涂也。

②立其言,必践而行之。

③徇,求也。

④概,节也。立身之道,唯孝与忠,全生死之义,须得其所。

⑤贵义则贱生也。

⑥骞,违也。

⑦为物则役智，故为害。

⑧《孟子》曰："鱼我所欲，熊掌我所欲也。二者不可得兼，舍鱼而取熊掌者也。生亦我所欲也，义亦我所欲也。二者不可得兼，舍生而取义者也。"

⑨《论语》："无求生以害仁，有杀身以成仁。"

⑩确，坚貌也。《易》曰："确乎其不可拔。"《论语》曰："临大节而不可夺。"

⑪《易》曰："鼎折足，覆公悚。"言不胜其任。

赞曰：李、杜司职，朋心合力。①致主文、宣，抗情伊、稷。②道亡时晦，终离罔极。③夔同赵孤，④世载弦直。⑤

①朋犹同也。

②伊尹、后稷也。

③离，被也。《毛诗》曰："谗人罔极。"

④赵朔之子赵武。《史记》曰，晋景公三年，大夫屠岸贾杀赵朔，朔客程婴、公孙杵臼匿朔遗腹子于中山。居十五年，后景公与韩厥立赵孤，而攻灭屠岸贾也。

⑤载，行也。

后汉书卷六四
列传第五四

吴祐　延笃　史弼　卢植
赵岐

　　吴祐字季英，①陈留长垣人也。父恢，为南海太守。②祐年十二，随从到官。恢欲杀青简以写经书，③祐谏曰："今大人逾越五领，④远在海滨，其俗诚陋，然旧多珍怪，上为国家所疑，下为权戚所望。⑤此书若成，则载之兼两。⑥昔马援以薏苡兴谤，王阳以衣囊徼名。⑦嫌疑之间，诚先贤所慎也。"恢乃止，抚其首曰："吴氏世不乏季子矣。"⑧及年二十，丧父，居无檐石，而不受赡遗。常牧豕于长垣泽中，⑨行吟经书。遇父故人，谓曰："卿二千石子而自业贱事，纵子无耻，奈先君何？"祐辞谢而已，守志如初。

　　①祐音又。《续汉书》作"佑"。
　　②"恢"或作"怴"，音徒滥反。
　　③杀青者，以火炙简令汗，取其青易书，复不蠹，谓之杀青，亦谓汗简。义见刘向《别录》也。
　　④领者，西自衡山之南，东至于海，一山之限耳，别标名则有五焉。裴氏《广川记》云："大庾、始安、临贺、桂阳、揭阳，是为五领。"邓德明《南康记》曰："大庾，一也；桂阳甲骑，二也；九真都庞，三也；临贺萌渚，四也；始安越城，五也。"裴氏之说则为审矣。
　　⑤希望其赠遗也。
　　⑥车有两轮，故称"两"也。

⑦徼，要也，音工尧反。《前书》曰，王阳好车马，衣服鲜明，而迁徙转移，所
　载不过囊橐。时人怪其奢，伏其俭，故俗传王阳能作黄金。

⑧季子谓季札也。

⑨《续汉书》曰"年四十余，乃为郡吏"也。

后举孝廉，①将行，郡中为祖道，祐越坛共小史雍丘黄真欢语
移时，与结友而别。②功曹以祐倨，请黜之。太守曰："吴季英有知人
之明，卿且勿言。"真后亦举孝廉，除新蔡长，世称其清节。③时公沙
穆来游太学，无资粮，乃变服客佣，为祐赁舂。祐与语大惊，遂共定
交于杵臼之间。

①《陈留耆旧传》曰："太守冷宏召补文学，宏见异之，擢举孝廉。"

②祖道之礼，封土为较坛也。《五经要义》曰："祖道者，行祭为道路祈也。"
　《周礼·太驭》："掌王玉路以祀及祀较。"注云："较祀者，封土象山于
　路侧，以菆棘柏为神主祭之，以车轹较而去。喻无险难。"

③《谢承书》曰："真字夏甫。"

祐以光禄四行迁胶东侯相。①时济北戴宏父为县丞，宏年十
六，从在丞舍。祐每行园，常闻讽诵之音，奇而厚之，亦与为友，卒成
儒宗，知名东夏，②官至酒泉太守。③祐政唯仁简，以身率物。民有
争诉者，辄闭阁自责，然后断其讼，以道譬之。或身到闾里，重相和
解。自是之后，争隙省息，吏人怀而不欺。啬夫孙性私赋民钱，④市
衣以进其父，父得而怒曰："有君如是，何忍欺之！"促归伏罪。性惭
惧，诣阁持衣自首。祐屏左右问其故，性具谈父言。祐曰："掾以亲
故，受污秽之名，所谓'观过斯知人矣'。"⑤使归谢其父，还以衣遗
之。又安丘男子毋丘长与母俱行市，道遇醉客辱其母，长杀之而亡，
安丘追踪于胶东得之。祐呼长谓曰："子母见辱，人情所耻。然孝子
忿必虑难，动不累亲。⑥今若背亲逞怒，⑦白日杀人，赦若非义，刑
若不忍，将如之何？"长以械自系，⑧曰："国家制法，囚身犯之。明府
虽加哀矜，恩无所施。"祐问长有妻子乎？对曰："有妻未有子也。"即
移安丘逮长妻，妻到，解其桎梏，使同宿狱中，妻遂怀孕。至冬尽行
刑，长泣谓母曰："负母应死，当何以报吴君乎？"乃啮指而吞之，含
血言曰："妻若生子，名之'吴生'，言我临死吞指为誓，属儿以报吴

君。"因投缳而死。⑨

①《汉官仪》曰"四行,敦厚、质朴、逊让、节俭"也。

②东夏,东方也。《尚书》曰"尹兹东夏"也。

③《济北先贤传》曰"宏字元襄,刚县人也。年二十二,为郡督邮,曾以职事
　　见诘,府君欲挞之。宏曰:'今鄙郡遭明府,咸以为仲尼之君,国小人少,
　　以宏为颜回,岂闻仲尼有挞颜回之义?'府君异其对,即日教署主簿"
　　也。

④《续汉书》曰:"赋钱五百,为父市单衣。"

⑤《论语》载孔子之言也。

⑥《论语》孔子曰:"忿思难。"又曰:"一朝之忿,忘其身以及其亲,非惑
　　与?"

⑦若,汝也。遄,快也。

⑧在手曰械。

⑨谓以绳为缳,投之而缢也。缳音胡犬反。

祐在胶东九年,①迁齐相,大将军梁冀表为长史。及冀诬奏太
尉李固,祐闻而请见,与冀争之,不听。时扶风、马融在坐,为冀章
草,祐因谓融曰:"李公之罪,成于卿手。李公即诛,卿何面目见天下
之人乎?"冀怒而起入室,祐亦径去。冀遂出祐为河间相,因自免归
家,不复仕,躬灌园蔬,以经书教授。年九十八卒。

①《陈留耆旧传》曰:"祐处同僚,无私书之问,上司无笺檄之敬。在胶东,
　　书不入京师也。"

长子凤,官至乐浪太守;少子恺,新息令;凤子冯,铜阳侯相。①
皆有名于世。②

①铜阳,县,属汝南郡。音纣。

②《陈留耆旧传》曰:"凤字君雅,冯字子高。"

延笃字叔坚,南阳犨人也。①少从颍川唐溪典受《左氏传》,②
旬日能讽之,典深敬焉。③又从马融受业,博通经传及百家之言,能
著文章,有名京师。

①犨音昌犹反,故城在汝州鲁山县东南也。

②《先贤行状》曰:"典字季度,为西鄂长。"《风俗通》曰:"吴夫概王奔楚,

封堂溪，因以为氏。"典为五官中郎将。"唐"与"堂"同也。

③《先贤行状》曰："笃欲写《左氏传》，无纸，唐溪典以废笺记与之。笃以笺
记纸不可写《传》，乃借本讽之，粮尽辞归。典曰：'卿欲写传，何故辞
归？'笃曰：'已讽之矣。'典闻之叹曰：'嗟乎延生！虽复端木闻一知二，
未足为喻。若使尼父更起于洙、泗，君当编名七十，与游、夏争匹也。'"

举孝廉，为平阳侯相。到官，表龚遂之墓，立铭祭祠，擢用其后
于畎亩之间。①以师丧弃官奔赴，五府并辟不就。

①《前书》龚遂，山阳南平阳人，为勃海太守。南平阳故城今兖州邹县。

桓帝以博士征，拜议郎，与朱穆、边韶共著作东观。稍迁侍中。
帝数问政事，笃诡辞密对，①动依典义。迁左冯翊，又徙京兆尹。其
政用宽仁，忧恤民黎，擢用长者，与参政事，郡中欢爱，三辅咨嗟焉。
先是陈留边凤为京兆尹，亦有能名，郡人为之语曰："前有赵张三
王，②后有边延二君。"

①《谷梁传》曰："故士造辟而言，诡辞而出。"范宁注云："辟，君也。诡辞而
出，不以实告人也。"

②《前书》，赵广汉、张敞、王遵、王章、王骏俱为京兆尹也。

时皇子有疾，下郡县出珍药，而大将军梁冀遣客赍书诣京兆，
并货牛黄。①笃发书收客，曰："大将军椒房外家，而皇子有疾，必应
陈进医方，岂当使客千里求利乎？"遂杀之。冀惭而不得言，有司承
旨欲求其事。笃以病免归，教授家巷。

①吴普《本草》曰："牛黄味苦，无毒，牛出入呻者有之。夜有光走角中。牛
死，入胆中，如鸡子黄。"《神农本草》曰："疗惊痫，除邪逐鬼。"

时人或疑仁孝前后之证，笃乃论之曰："观夫仁孝之辩，①纷然
异端，互引典文，代取事据，②可谓笃论矣。③夫人二致同源，总率
百行，④非复铢两轻重，必定前后之数也。而如欲分其大较，⑤体而
名之，则孝在事亲，仁施品物。施物则功济于时，事亲则德归于己。
于己则事寡，济时则功多。推此以言，仁则远矣。然物有出微而著，
事有由隐而章。近取诸身，则耳有听受之用，目有察见之明，足有致
远之劳，手有饰卫之功，功虽显外，本之者心也。远取诸物，则草木
之生，始于萌牙，终于弥蔓，枝叶扶疏，荣华纷缛，⑥末虽繁蔚，致之

者根也。夫仁人之有孝,犹四体之有心腹,⑦枝叶之有本根也。圣人知之,故曰:'夫孝,天之经也,地之义也,人之行也。'⑧'君子务本,本立而道生,孝悌也者,其为仁之本与!'⑨然体大难备,物性好偏,故所施不同,事少两兼者也。如必对其优劣,则仁以枝叶扶疏为大,孝以心体本根为先,可无讼也。或谓先孝后仁,非仲尼序回、参之意。⑩盖以为仁孝同质而生,纯体之者,则互以为称,虞舜、颜回是也。⑪若偏而体之,则各有其目,公刘、曾参是也。⑫夫曾、闵以孝悌为至德,⑬管仲以九合为仁功,⑭未有论德不先回、参,考功不大夷吾。以此而言,各从其称者也。"

① 辩,争也。

② 代,更也。

③ 笃,厚也。

④ 二致,仁、孝也。《易·系词》曰"殊涂而同归,百虑而一致"也。

⑤ 较犹略也。

⑥《说文》曰:"缛,繁彩饰也。"

⑦ 四体谓手足也。

⑧《左氏传》赵简子问子太叔:"何谓礼?"对曰:"闻诸先大夫子产曰:'夫礼,天之经也,地之义也,人之行也。天地之经,人实则之,则天之明,因地之性。'"孔子取为《孝经》之词也。

⑨《论语》载有若之词也。

⑩《论语》孔子曰:"参也鲁,回也其庶乎?"言庶几于善道也。鲁,钝也。言若先孝后仁,则曾参不得不贤于颜子。

⑪ 虞舜、颜回纯德既备,或仁或孝,但随其所称尔。

⑫《史记》,公刘,后稷曾孙也。能修复后稷之业,务耕种,行地宜,百姓怀之,多从而保归焉。故公刘以仁纪德,曾参以至孝称贤,此则各自为目,不能总兼其美也。

⑬ 曾参、闵损也。

⑭《论语》孔子曰:"桓公九合诸侯,不以兵车,管仲之力,如其仁,如其仁。"九合者,谓再会于鄄,两会于幽,又会柽、首止、戴宁、母洮、葵丘也。

　　前越嶲太守李文德素善于笃,时在京师,谓公卿曰:"延叔坚有王佐之才,奈何屈千里之足乎?"欲令引进之。笃闻,乃为书止文德曰:"夫道之将废,所谓命也。① 流闻乃欲相为求还东观,来命虽笃,所未敢当。吾尝昧爽栉梳,坐于客堂。② 朝则诵羲、文之《易》,虞、夏之《书》,历公旦之典礼,览仲尼之《春秋》。③ 夕则消摇内阶,咏《诗》南轩。④ 百家众氏,投间而作。⑤ 洋洋乎其盈耳也,⑥ 涣烂兮其溢目也,⑦ 纷纷欣欣兮其独乐也。当此之时,不知天之为盖,地之为舆;⑧ 不知世之有人,己之有躯也。虽渐离击筑,傍若无人,⑨ 高凤读书,不知暴雨,⑩ 方之于吾,未足况也。且吾自束修已来,⑪ 为人臣不陷于不忠,为人子不陷于不孝,上交不谄,下交不黩,⑫ 从此而殁,下见先君远祖,可不惭赧。⑬ 如此而不以善止者,恐如教羿射者也。⑭ 慎勿迷其本,弃其生也。"

①《论语》孔子曰:"道之将行也与?命也。道之将废也与,命也。"

②孔安国注《尚书》曰:"昧,螟也。爽,明也。"

③周公摄政七年,制礼作乐。班固《东都赋》曰"今论者但知诵虞、夏之《书》,咏殷、周之《诗》,讲羲、文之《易》,论孔氏之《春秋》"也。

④《楚词》:"高堂邃宇,镂槛层轩。"王逸注云:"轩,楼板也。"

⑤言诵经典之余,投射间隙而玩百氏也。

⑥洋洋,美也。《论语》曰:"洋洋乎盈耳哉。"

⑦涣烂,文章貌也。

⑧宋玉《大言赋》曰"方地为舆,员天为盖"也。

⑨《说文》曰:"筑,五弦之乐也。"沈约《宋书》曰:"筑不知谁造所也。《史记》唯云高渐离击筑。"案:今筑形似筝,有项有柱。《史记》,荆轲至燕,日与屠狗及高渐离击筑,荆轲和而歌于市中,相乐,已而相泣,傍若无人。

⑩事具《逸人传》也。

⑪束修谓束带修饰。郑玄注《论语》曰"谓年十五已上"也。

⑫《易·系词》之文也。

⑬色愧曰赧,音女板反。

⑭《史记》,有养由基者,善射者也,去柳叶百步而射之,百发而百中之。左右观者数千人,皆曰"善射"。有一人立其旁,曰:"善,可教射矣。"养由

綦怒,释弓扼剑曰:"客安能教我射乎?"客曰:"非吾能教枝左诎右也。夫去柳叶百步而射之,百发百中之,不以善息,少焉气衰力倦,弓拨矢钩,一发不中者百发尽息。"此言羿者,盖以俱善射而称之焉。

后遭党事禁锢。①永康元年,卒于家。乡里图其形于屈原之庙。②

①锢谓闭塞。

②屈原,楚大夫,抱忠贞而死。笃有志行文彩,故图其像而偶之焉。

笃论解经传,多所驳正,后儒服虔等以为折中。所著诗、论、铭、书、应讯、表、教令、①凡二十篇云。

①讯,问也。盖《答客难》之类。

史弼字公谦,陈留考城人也。父敞,顺帝时以佞辩至尚书、郡守。①弼少笃学,聚徒数百。仕州郡,②辟公府,迁北军中候。

①《续汉书》曰"敞为京兆尹,化有能名,尤善条教,见称于三辅"也。

②《谢承书》曰:"弼年二十为郡功曹,承前太守宋䜣秽浊之后,悉条诸生聚敛奸吏百余人,皆白太守,塴迹还县,高名由此而兴。"

是时桓帝弟渤海王悝素行险辟,僭傲多不法。弼惧其骄悖为乱,乃上封事曰:"臣闻帝王之于亲戚,爱虽隆,必示之以威;体虽贵,必禁之以度。如是,和睦之道兴,骨肉之恩遂。昔周襄王恣甘昭公,①孝景皇帝骄梁孝王,②而二弟阶宠,终用勃慢,卒周有播荡之祸,汉有爰盎之变。窃闻渤海王悝,凭至亲之属,恃偏私之爱,失奉上之节,有僭慢之心,外聚剽轻不逞之徒,③内荒酒乐,出入无常,所与群居,皆有口无行,④或家之弃子,或朝之斥臣,必有羊胜、伍被之变。⑤州司不敢弹纠,传相不能匡辅。陛下隆于友于,不忍遏绝。⑥恐遂滋蔓,为害弥大。⑦乞露臣奏,宣示百僚,使臣得于清朝明言其失,然后诏公卿平处其法。法决罪定,乃下不忍之诏。臣下固执,然后少有所许。如是,则圣朝无伤亲之讥,勃海有享国之庆。不然,惧大狱将兴,使者相望于路矣。臣职典禁兵,备御非常,而妄知藩国,干犯至戚,罪不容诛。不胜愤懑,谨冒死以闻。"帝以至亲,不忍下其事。后悝竟坐逆谋，贬为瘿陶王。

　①甘昭公王子带，周襄王弟也，食邑于甘，谥曰昭。《左传》曰，初，甘昭公
　　有宠于惠后，后将立之，未及而卒。昭公奔齐。王复之，遂以狄师攻王，
　　王出适郑也。

　②梁孝王，景帝弟，窦太后少子，爱之，赐天子旌旗，出警入跸。景帝尝与
　　王宴太后前，曰："千秋万岁后传王。"爱盎谏不许，遂令人刺杀盎也。

　③剽，悍也。逞，快也。谓被侵枉不快之人也。《左传》曰："率群不逞之人。"
　　剽音匹妙反。

　④有虚言无实行也。

　⑤《前书》羊胜劝梁王求汉嗣，伍被劝淮南子谋反诛也。

　⑥友，亲也。《尚书》曰："惟孝友于兄弟。"

　⑦滋，长；蔓，延也。《左氏传》："无使滋蔓，蔓难图也。"

　弼迁尚书，出为平原相。时诏书下举钩党，①郡国所奏相连及
者多至数百，唯弼独无所上。诏书前后切却州郡，②髡笞掾史。从事
坐传责曰：③"诏书疾恶党人，旨意恳恻。青州六郡，其五有党，④近
国甘陵，亦考南北部，⑤平原何理而得独无？"弼曰："先王疆理天
下，画界分境，⑥水土异齐，风俗不同。⑦它郡自有，平原自无，胡可
相比？若承望上司，诬陷良善，淫刑滥罚，以逞非理，则平原之人，户
可为党。相有死而已，所不能也。"从事大怒，即收郡僚职送狱，遂举
奏弼。会党禁中解，弼以俸赎罪得免，⑧济活者千余人。

　①钩，谓相连也。

　②切，急也。却，退也。

　③《续汉志》每州皆有从事史及诸曹掾史。传，客舍也，音知恋反。坐传舍
　　召弼而责。

　④济南、乐安、齐国、东莱、平原、北海六郡，青州所管也。青州在齐国临
　　淄，见《汉官仪》。

　⑤桓帝为蠡吾侯，受学于甘陵周福，及帝即位，擢福为尚书。时同郡河南
　　尹房植有名当朝，二家宾客互相讥揣，遂各树朋徒，渐成尤隙，由是甘
　　陵有南北部。见《党人篇序》也。

　⑥疆，界也。理，正也。《左传》曰"先王疆理天下，物土之宜而布其利"也。

　⑦《前书》曰"凡人函五常之性，而其刚柔缓急，音声不同。系水土之风气，

故谓之风。好恶取舍,动静无常,随君上之情欲,故谓之俗"也。

⑧奉音扶用反。

弼为政特挫抑强豪,其小民有罪,多所容贷。迁河东太守,被一切诏书当举孝廉。弼知多权贵请托,乃豫敕断绝书属。①中常侍侯览果遣诸生赍书请之,并求假盐税,积日不得通。生乃说以它事谒弼,而因达览书。弼大怒曰:"太守忝荷重任,当选士报国,尔何人而伪诈无状!"命左右引出,楚捶数百,府丞、掾史十余人皆谏于廷,弼不对。遂付安邑狱,即日考杀之。侯览大怨,遂诈作飞章下司隶,诬弼诽谤,槛车征。吏人莫敢近者,唯前孝廉裴瑜送到崤渑之间,大言于道傍曰:"明府摧折虐臣,选德报国,如其获罪,足以垂名竹帛,愿不忧不惧。"弼曰:"'谁谓荼苦,其甘如荠。'②昔人刎颈,九死不恨。"③及下廷尉诏狱,平原吏人奔走诣阙讼之。又前孝廉魏劭毁变形服,诈为家僮,瞻护于弼。弼遂受诬,事当弃市。劭与同郡人卖郡邸,④行赂于侯览,得减死罪一等,论输左校。时人或讥曰:"平原行货以免君,无乃嗤乎!"陶丘洪曰:⑤"昔文王牖里,闳、散怀金。⑥史弼遭患,义夫献宝。亦何疑焉!"于是议者乃息。刑竟归田里,称病闭门不出。数为公卿所荐,议郎何休又论弼有干国之器,宜登台相,征拜议郎。侯览等恶之。光和中,出为彭城相,会病卒。裴瑜位至尚书。⑦

①属音之欲反。

②《诗·卫风》也。荼,苦菜也。

③刎,割也。《楚词》曰"虽九死其犹未悔"也。

④郡邸,若今之寺邸也。

⑤《青州先贤传》曰:"洪字子林,平原人也。清达博辩,文冠当代。举孝廉,不行,辟太尉府。年三十卒。

⑥牖里,殷狱名。或作"羑",亦名羑城,在今相州汤阴县北。《帝王纪》:"散宜生、南宫括、闳夭学乎吕尚。尚知三人贤,结朋友之交。及纣囚文王,乃以黄金千镒与宜生,令求诸物与纣。"《史记》曰"闳夭之徒乃求有莘美女,骊戎文马,有熊九驷,它奇怪物,因殷嬖臣费仲献之于纣,纣大说,乃赦之"也。

⑦《先贤行状》曰"瑜字雄璠。聪明敏达,观物无滞。清论所加,必为成器;
　丑议所指;没齿无怨"也。

论曰:夫刚烈表性,鲜能优宽;仁柔用情,多乏贞直。吴季英视
人畏伤,发言恧恧,①似夫儒者;而怀愤激扬,折让权枉,又何壮也!
仁以矜物,义以退身,君子哉!②语曰:"活千人者子孙必封。"③史
弼颉颃严吏,④终全平原之党,而其后不大,⑤斯亦未可论也。
　①恧恧犹仍也。
　②《法言》曰:"君子于仁也柔,于义也刚。"
　③《前书》王翁孺曰:"闻活千人者有封孙。吾所活者千人,世其兴乎?"
　④颉颃犹上下也。
　⑤不大谓子孙衰替也。《春传》晋卜偃曰:"毕万之后必大。"

卢植字子干,涿郡涿人也。身长八尺二寸,音声如钟。少与邓
玄俱事马融,能通古今学,好研精而不守章句。融外戚豪家,①多列
女倡歌舞于前。植侍讲积年,未尝转眄,融以是敬之。学终辞归,阖
门教授。性刚毅有大节,常怀济世志,不好辞赋,能饮酒一石。
　①融,明德皇后之从侄也。
时皇后父大将军窦武援立灵帝,初秉机政,朝议欲加封爵。植
虽布衣,以武素有名誉,乃献书以规之曰:"植闻嫠有不恤纬之
事,①漆室有倚楹之戚,②忧深思远,君子之情。③夫士立争友,义
贵切磋。④《书》陈'谋及庶人',⑤《诗》咏'询于刍荛'。⑥植诵先王
之书久矣,敢爱其瞽言哉!⑦今足下之于汉朝,犹旦、奭之在周室,
建立圣主,四海有系。论者以为吾子之功,于斯为重。天下聚目而
视,攒耳而听,⑧谓准之前事,将有景风之祚。⑨寻《春秋》之义,王
后无嗣,择立亲长,年均以德,德均则决之卜筮。⑩今同宗相后,披
图案牒,以次建之,何勋之有,岂横叨天功以为己力乎!⑪宜辞大
赏,以全身名。又比世祚不竞,⑫仍外求嗣,可谓危矣。而四方未宁,
盗贼伺隙,恒岳、勃碣,⑬特多奸盗,将有楚人胁比,尹氏立朝之

变。⑭宜依古礼,置诸子之官,征王侯爱子,宗室贤才,外崇训道之义,内息贪利之心,简其良能,随用爵之,强干弱枝之道也。"⑮武并不能用。州郡数命,植皆不就。建宁中,征为博士,乃始起焉。熹平四年,九江蛮反,四府选植才兼文武,拜九江太守,蛮寇宾服。以疾去官。

①《左传》曰,范献子曰:"人亦有言,嫠不恤其纬而忧宗周之陨,为将及焉。"杜预注曰:"嫠,寡妇也。织者常苦纬少,寡妇所宜忧也。"

②《琴操》曰:"鲁漆室女倚柱悲吟而啸,邻人见其心之不乐也,进而问之曰:'有淫心欲嫁之念耶,何吟之悲?'漆室女曰:'嗟乎!嗟乎!子无志,不知人之甚也。昔者楚人得罪于其君,走逃吾东家,马逸,蹈吾园葵,使吾终年不厌菜;吾西邻人失羊不还,请吾兄追之,雾浊水出,使吾兄溺死,终身无兄。政之所致也。吾忧国伤人,心悲而啸,岂欲嫁哉!'自伤怀结而为人所疑,于是襄裳入山林之中,见女贞之木,喟然叹息,援琴而弦歌以女贞之辞,自经而死。"

③《诗序》曰:"忧深思远,俭而用礼,乃有尧之遗风焉。"

④《孝经》曰:"士有争友,身不陷于不义。"《诗》云:"如切如磋。"郑玄注云:"骨曰切,象曰磋。言友之相规诫,如骨象之见切磋。"

⑤《尚书·洪范》曰"谋及卿士,谋及庶人"也。

⑥《诗·大雅》曰:"先人有言,询于刍荛。"毛苌注云:"刍荛,采薪者也。"

⑦无目眣曰瞽。眣,音直忍反。

⑧《前书》贾山曰"使天下戴目而视,倾耳而听"也。

⑨景风,解见《和纪》。

⑩《左传》王子朝曰:"先王之命,王后无嫡,则择立长。年钧以德,德钧以卜,古之制也。"

⑪叨,贪也。《左传》曰"贪天之功,以为己力"也。

⑫竞,强也。

⑬勃,勃海也。碣,碣石山也。

⑭《左传》曰,楚公子比,恭王之子也。灵王立,子比奔晋。灵王卒,子比自晋归楚,立为君。比弟公子弃疾欲篡其位,夜乃使人周走呼曰:"王至矣。"国人大惊,子比乃自杀。王子朝,周景王之庶子。景王卒,子猛立。尹氏,周卿士,立子朝,夺猛位也。

⑮以树为喻也。谓京师为干,四方为枝。《前书》曰:"汉兴,立都长安,徙齐诸田、楚昭、屈、景及诸功臣家于长陵。盖以强干弱枝,非独为奉山园也。"

作《尚书章句》、《三礼解诂》。①时始立太学《石经》,以正《五经》文字,植乃上书曰:"臣少从通儒故南郡太守马融受古学,颇知今之《礼记》特多回冗。②臣前以《周礼》诸经,发起秕谬,③敢率愚浅,为之解诂,而家乏,无力供缮上。④愿得将能书生二人,共诣东观,就官财粮,专心研精,合《尚书》章句,考《礼记》失得,庶裁定圣典,刊正碑文。古文科斗,近于为实,而厌抑流俗,降在小学。⑤中兴以来,通儒达士班固、贾逵、郑兴父子,并敦悦之。⑥今《毛诗》、《左氏》、《周礼》各有传记,其与《春秋》共相表里,⑦宜置博士,为立学官,以助后来,以广圣意。"

①诂,事也。言解其事意。

②回冗犹纡曲也。

③秕,粟不成。谕义之乖僻也。

④缮,善也。言家贫不能善写而上也。

⑤古文谓孔子壁中书也。形似科斗,因以为名。《前书》谓文字为"小学"也。

⑥兴子众也,自有传。《左传》曰"郤谷悦《礼》《乐》而敦《诗》《书》"也。

⑦表里言义相须而成也。《前书》云:"《河图》、《洛书》相为经纬,八卦、九章相为表里。"

会南夷反叛,以植尝在九江恩信,拜为庐江太守。植深达政宜,务存清静,弘大体而已。

岁余,复征拜议郎,与谏议大夫马日磾、议郎蔡邕、杨彪、韩说等并在东观,校中书《五经》记传,补续《汉记》。①帝以非急务,转为侍中,迁尚书。

①言中书以别于外也。

光和元年,有日食之异,植上封事谏曰:"臣闻《五行传》'日晦而月见谓之胐,王侯其舒'。①此谓君政舒缓,故日食晦也。《春秋传》曰'天子避位移时',②言其相掩不过移时。而间者日食自己过午,既食之后,云雾晻暧。比年地震,彗孛互见。臣闻汉以火德,化当宽明。近色信谗,忌之甚者,如火畏水故也。案今年之变,皆阳失阴侵,消御灭凶,宜有其道。谨略陈八事:一曰用良,二曰原禁,③三曰御疠,④四曰备寇,五曰修礼,六曰遵尧,七曰御下,八曰散利。用良者,宜使州郡核举贤良,⑤随方委用,责求选举。原禁者,凡诸党锢,多非其罪,可加赦恕,申宥回枉。⑥御疠者,宋后家属,并以无辜委骸横尸,不得收葬,疫疠之来,皆由于此。宜敕收拾,以安游魂。⑦备寇者,侯王之家,赋税减削,愁穷思乱,必致非常,宜使给足,以防未然。修礼者,应征有道之人,若郑玄之徒,陈明《洪范》,攘服灾咎。遵尧者,今郡守刺史一月数迁,宜依黜陟,以章能否,纵不九载,可满三岁。⑧御下者,请谒希爵,一宜禁塞,⑨迁举之事,责成主者。散利者,天子之体,理无私积,宜弘大务,蠲略细微。"⑩帝不省。

①《五行传》,刘向所著。朓者,月行速在前,故早见。刘向以为君舒缓则臣骄慢,故日行迟而月行速也。

②《左氏传》曰:"日过分未至三辰有灾,于是乎君不举,避移时。"杜预注曰:"避正侵,过日食时也。"

③原其所禁而宥之也。

④防御疫疠之气。

⑤核,实也。

⑥回,邪也。

⑦后以王甫、程阿所构,忧死,父及兄弟并被诛。灵帝后梦见桓帝怒曰"宋皇后何罪而绝其命?已诉于天,上帝震怒,罪在难救"也。

⑧《书》曰:"三载考绩,黜陟幽明。"孔安国注曰:"三年考功,三考九年,能否幽明有别,升进其明者,黜退其幽者。"此皆唐尧之法也。

⑨希,求也。

⑩蠲,除也。

中平元年,黄巾贼起,四府举植,拜北中郎将,持节,以护乌桓中郎将宗员副,将北军五校士,发天下诸郡兵征之。连战破贼帅张角,斩获万余人。角等走保广宗,植筑围凿堑,造作云梯,垂当拔之。帝遣小黄门左丰诣军观贼形势,或劝植以赂送丰,植不肯。丰还言于帝曰："广宗贼易破耳。卢中郎固垒息军，以待天诛。"帝怒，遂槛车征植，减死罪一等。及车骑将军皇甫嵩讨平黄巾，盛称植行师方略，嵩皆资用规谋，济成其功。以其年复为尚书。

帝崩，大将军何进谋诛中官，乃召并州牧董卓，以惧太后。植知卓凶悍难制，必生后患，固止之。进不从。及卓至，果陵虐朝廷，乃大会百官于朝堂，议欲废立。群僚无敢言，植独抗议不同。卓怒罢会，将诛植，语在《卓传》。植素善蔡邕，邕前徙朔方，植独上书请之。邕时见亲于卓，故往请植事。又议郎彭伯谏卓曰："卢尚书海内大儒，人之望也。今先害，天下震怖。"卓乃止，但免植官而已。

植以老病求归，惧不免祸，乃诡道从轘辕出。①卓果使人追之，到怀，不及。遂隐于上谷，不交人事。冀州牧袁绍请为军师。初平三年卒。临困，敕其子俭葬于土穴，不用棺椁，附体单帛而已。所著碑、诔、表、记凡六篇。

①诡，诈也。轘辕道在今洛州缑氏县东南也。

建安中，曹操北讨柳城，过涿郡，①告守令曰："故北中郎将卢植，名著海内，学为儒宗，士之楷模，国之桢干也。昔武王入殷，封商容之闾；郑丧之产，仲尼陨涕。②孤到此州，嘉其余风。《春秋》之义，贤者之后，宜有殊礼。③亟遣丞掾除其坟墓，④存其子孙，并致薄醊，⑤以彰厥德。"子毓，知名。⑥

①《魏志》曰，建安十二年，操北征乌桓，涉鲜卑，讨柳城，登白狼山也。

②《左传》曰："仲尼闻子产死，出涕曰：'古之遗爱也。'"

③《公羊传》曰："君子之善善也长，恶恶也短。恶恶止其身，善善及子孙。贤者子孙，故君子为之讳也。"

④亟，急也。

⑤醊，祭酹也，音张芮反。

⑥《魏志》曰："毓字子家，十岁而孤，以学行称，仕魏至侍中、吏部尚书。时举中书郎，诏曰：'得其人与不，在卢生耳。选举莫取有名，如画地为饼，不可啖也。'毓对曰：'名不足以致异人，而可以得常士。常士畏教慕善，然后有名也。'"

论曰：风霜以别草木之性，①危乱而见贞良之节，②则卢公之心可知矣。夫蠚虿起怀，雷霆骇耳，虽贲、育、荆、诸之伦，③未有不尤豫夺常者也。④当植抽白刃严阁之下，追帝河津之间，排戈刃，赴戕折，⑤岂先计哉？君子之于忠义，造次必于是，颠沛必于是也。⑥

①《论语》曰："岁寒然后知松柏之后凋也。"
②《老子》曰："国家昏乱有忠臣。"
③孟贲，多力者也；夏育，勇者也：并卫人。荆，荆轲也。诸，专诸也。
④尤，人行貌也，音淫。言尤豫不能自定也。李谓易其常分者也。
⑤事见《何进传》。杜预注《左传》曰："戕者，卒暴之名也。"
⑥孔子曰："君子无终食之间违仁，造次必于是，颠沛必于是。"马融注云："造次，急遽也。颠沛，僵仆也。虽急遽僵仆，不违仁也。"

赵岐字邠卿，京兆长陵人也。初名嘉，生于御史台，因子台卿，①后避难，故自改名字，示不忘本土也。岐少明经，有才艺，娶扶风马融兄女。融外戚豪家，岐常鄙之，不与融相见。②仕州郡，以廉直疾恶见惮。年三十余，有重疾，卧蓐七年，③自虑奄忽，乃为遗令敕兄子曰："大丈夫生世，遁无箕山之操，④仕无伊、吕之勋，天不我与，复何言哉！可立一员石于吾墓前，刻之曰：'汉有逸人，姓赵名嘉。有志无时，命也奈何！'"其后疾瘳。

①以其祖为御史，故生于台也。
②《三辅决录注》曰："岐娶马敦女宗姜为妻。敦兄子融尝至岐家，多从宾与从妹宴饮作乐，日夕乃出。过问赵处士所在。岐亦历节，不以妹聓之故屈志于融也。与其友书曰：'马季长虽有名当世，而不持士节，三辅高士未曾以衣裾撇其门也。'岐曾读《周官》二义不通，一往造之，贱融如此也。"
③蓐，侵寝蓐也。《声类》曰："蓐，荐也。"
④《易》曰："遁而亨，君子以远小人。"王弼注："遁之义，避内而之外者也。"箕山，许由所隐处也。

永兴二年，辟司空掾，议二千石得去官为亲行服，朝廷从之。其后为大将军梁冀所辟，为陈损益求贤之策，冀不纳。举理剧，为皮氏长。①会河东太守刘祐去郡，而中常侍左悺兄胜代之，岐耻疾宦官，即日西归。京兆尹延笃复以为功曹。

> ①皮氏故城在今绛州龙门县西。《决录》曰"岐为长，抑强讨奸，大兴学校"也。

先是中常侍唐衡兄玹为京兆虎牙都尉，①郡人以玹进不由德，皆轻侮之。岐及从兄袭又数为贬议，玹深毒恨。②延熹元年，玹为京兆尹，岐惧祸及，乃与从子戬逃避。玹果收岐家属宗亲，陷以重法，尽杀之。③岐遂逃难四方，江、淮、海、贷，靡所不历。自匿姓名，卖饼北海市中。时安丘孙嵩年二十余，游市见岐，察非常人，停车呼与共载。岐惧失色，嵩乃下帷，令骑屏行人。密问岐曰："视子非卖饼者，又相问而色动，不有重怨，即亡命乎？我北海孙宾石，阖门百口，势能相济。"岐素闻嵩名，即以实告之，遂以俱归。嵩先入白母曰："出行，乃得死友。"迎入上堂，飨之极欢。藏岐复壁中数年，岐作《厄屯歌》二十三章。

> ①玹音玄。
>
> ②《决录注》："袭字元嗣。先是杜伯度、崔子玉以工草书称于前代，袭与罗晖拙书，见蚩于张伯英。英颇自矜高，与朱赐书云'上比崔、杜不足，下方罗、赵有余'"也。
>
> ③《决录注》曰："岐长兄磐，州都官从事，早亡。次兄无忌，字世卿，部河东从事，为玹所杀。"戬音翦。

后诸唐死灭，因赦乃出。三府闻之，同时并辟。九年，乃应司徒胡广之命。会南匈奴、乌桓、鲜卑反叛，公卿举岐，擢拜并州刺史。岐欲奏守边之策，未及上，会坐党事免，因撰次以为《御寇论》。①

> ①《决录注》曰："是时纲维不摄，阉竖专权，岐拟前代连珠之书四十章上之，留中不出。

灵帝初，复遭党锢十余岁。中平元年，四方兵起，诏选故刺史、二千石有文武才用者，征岐拜议郎。车骑将军张温西征关中，请补长史，别屯安定。大将军何进举为敦煌太守，行至襄武，①岐与新除诸郡太守数人俱为贼边章等所执。贼欲胁以为帅，岐诡辞得免，展转还长安。②

①县名,属陇西郡。

②《决录注》曰"岐还至陈仓,复遇乱兵,裸身得免,在草中十二日不食"
　　也。

　　及献帝西都,复拜议郎,稍迁太仆。及李傕专政,使太傅马日磾
抚慰天下,以岐为副。日磾行至洛阳,表别遣岐宣扬国命,所到郡
县,百姓皆喜曰:"今日乃复见使者车骑。"

　　是时袁绍、曹操与公孙瓚争冀州,绍及操闻岐至,皆自将兵数
百里奉迎,岐深陈天子恩德,宜罢兵安人之道,又移书公孙瓚,为言
利害。绍等各引兵去,皆与岐期会洛阳,奉迎车驾。岐南到陈留,得
笃疾,经涉二年,期者遂不至。

　　兴平元年,诏书征岐,会帝当还洛阳,先遣卫将军董承修理宫
室。岐谓承曰:"今海内分崩,唯有荆州境广地胜,西通巴蜀,南当交
址,年谷独登,兵人差全。岐虽迫大命,犹志报国家,欲自乘牛车,南
说刘表,可使其身自将兵来卫朝廷,与将军并心同力,共奖王室。此
安上救人之策也。"承即表遣岐使荆州,督租粮。岐至,刘表即遣兵
诣洛阳助修宫室,军资委输,前后不绝。时孙嵩亦寓于表,表不为
礼,岐乃称嵩素行笃烈,因共上为青州刺史。岐以老病,遂留荆州。

　　曹操时为司空,举以自代。光录勋桓典、少府孔融上书荐之,于
是就拜岐为太常。年九十余,建安六年卒。先自为寿藏,①图季扎、
子产、晏婴、叔向四像居宾位,又自画其像居主位,皆为赞颂。敕其
子曰:"我死之日,墓中聚沙为床,布簟白衣,散发其上,覆以单被,
即日便下,下讫便掩。"岐多所述作,著《孟子章句》、《三辅决录》传
于时。②

①寿藏谓冢圹也,称寿者,取其久远之意也,犹如寿宫、寿器之类。冢在今
　　荆州古郢城中也。

②《决录序》曰:"三辅者,本雍州之地,世世徙公卿吏二千石及高资,皆以
　　陪诸陵。五方之俗杂会,非一国之风,不但系于《诗秦》、《豳》也。其为士
　　好高尚义,贵于名行。其俗失则趣执进权,唯利是视。余以不才,生于西
　　土,耳能听而闻故老之言,目能视见衣冠之畴,心能识而观其贤愚。常
　　以玄冬,梦黄发之士,姓玄名明,字子真,与余寤言,言必有中,善否之

间,无所依违,命操笔者书之。近从建武以来,暨于斯今,其人既亡,行乃可书,玉石朱紫,由此定矣,故谓之《决录》矣。"

赞曰:吴翁温爱,义干刚烈。①延、史字人,风和恩结。梁使显刑,诬党潜绝。子干兼姿,逢掖临师。②邠卿出疆,专命朝威。③

①谓以义干梁冀争李固也。

②《礼记》孔子曰:"丘少居鲁,衣逢掖之衣。"郑玄注曰:"逢犹大也。为大掖之衣,此君子有道艺者所衣也。"相承本作缝,义亦通。

③疆,界也。《左传》曰:"大夫出疆,苟利社稷,专之可也。"

后汉书卷六五
列传第五五

皇甫规　张奂　段颎

皇甫规字威明,安定朝那人也。祖父棱,度辽将军。父旗,扶风都尉。

永和六年,西羌大寇三辅,围安定,征西将军马贤将诸郡兵击之,不能克。规虽在布衣,见贤不恤军事,审其必败,乃上书言状。寻而贤果为羌所没。郡将知规有兵略,乃命为功曹,使率甲士八百,与羌交战,斩首数级,贼遂退却。举规上计掾。其后羌众大合,攻烧陇西,朝廷患之。规乃上疏求乞自效,曰:"臣比年以来,数陈便宜。羌戎未动,策其将反,马贤始出,颇知必败。误中之言,在可考校。臣每惟贤等拥众四年,未有成功,悬师之费且百亿计,①出于平人,回入奸吏。②故江湖之人,群为盗贼,青、徐荒饥,襁负流散。夫羌戎溃叛,不由承平,皆因边将失于绥御。乘常守安,则加侵暴,苟竞小利,则致大害,微胜则虚张首级,军败则隐匿不言。军士劳怨,困于猾吏,进不得快战以徼功,退不得温饱以全命,饿死沟渠,暴骨中原。徒见王师之出,不闻振旅之声。③酋豪泣血,惊惧生变。是以安不能久,败则经年。臣所以搏手叩心而增叹者也。愿假臣两营二郡,④屯列坐食之兵五千,出其不意,与护羌校尉赵冲共相首尾。土地山谷,臣所晓习;兵执巧便,臣已更之。可不烦方寸之印,尺帛之赐,高可以涤患,下可以纳降。若谓臣年少官轻,不足用者,凡诸败将,非官爵之不高,年齿之不迈。⑤臣不胜至诚,没死自陈。"时帝不能用。

①悬犹停也。

②平人,齐人也。

③振,整;旅,众也。《谷梁传》曰"出曰治兵,入曰振旅"也。

④两营谓马贤及赵冲等。二郡,安定、陇西也。

⑤迈,往也。

冲质之间,梁太后临朝,规举贤良方正。对策曰:

伏惟孝顺皇帝,初勤王政,纪纲四方,几以获安。后遭奸伪,威分近习,①畜货聚马,戏谑是闻;又因缘嬖幸,受赂卖爵,轻使宾客,交错其间,天下扰扰,从乱如归。②故每有征战,鲜不挫伤,官民并竭,上下穷虚。臣在关西,窃听风声,未闻国家有所先后,③而威福之来,咸归权幸。陛下体兼乾坤,聪哲纯茂。摄政之初,拔用忠贞,其余维纲,多所改正。远近翕然,望见太平。而地震之后,雾气白浊,日月不光,旱魃为虐,④大贼从横,流血丹野,庶品不安,谴诫累至,殆以奸臣权重之所致也。其常侍尤无状者,亟便黜遣,⑤披埽凶党,收入财贿,以塞痛怨,以答天诫。

①近习,诸侯幸臣近小人也。《礼记》曰:"虽有贵戚近习。"

②《左传》曰"人患王之无厌也,故从乱如归"也。

③先后谓进退也。言国家不妄有褒贬进退,而权幸之徒反为祸福也。

④《诗·大雅》曰:"旱魃为虐,如惔如焚。"魃,旱神也。

⑤无状者,谓无善状。

今大将军梁冀、河南尹不疑,处周、邵之任,为社稷之镇,加与王室世为姻族,①今日立号虽尊可也,②实宜增修谦节,辅以儒术,省去游娱不急之务,割减庐第无益之饰。夫君者舟也,人者水也。③群臣乘舟者也,将军兄弟操楫者也。若能平志毕力,以度元元,所谓福也。如其怠弛,将沦波涛。可不慎乎!夫德不称录,犹凿墉之趾,以益其高。岂量力审功安固之道哉?凡诸宿猾、酒徒、戏客,皆耳纳邪声,口出诐言,甘心逸游,唱造不义。迹宜贬斥,以惩不轨。令冀等深思得贤之福,失人之累。又在位素餐,尚书怠职,有司依违,莫肯纠察,故使陛下专受诐

　　谀之言,不闻户牖之外。臣诚知阿谀有福,深言近祸,岂敢隐心
　　以避诛责乎!臣生长边远,希涉紫庭,怖慑失守,言不尽心。
　①梁商女为顺帝后,后女弟又为桓帝后。冀即商子,故曰代姻也。
　②可犹宜也。
　③《家语》孔子曰:"夫君者舟也,人者水也。水可载舟,亦以覆舟。君以此
　　思危,则可知也。"

梁冀忿其刺己,以规为下第,拜郎中。托疾免归,州郡承冀旨,几陷
死者再三。遂以《诗》、《易》教授,门徒三百余人,积十四年。后梁冀
被诛,旬月之间,礼命五至,皆不就。

　　时太山贼叔孙无忌侵乱郡县,中郎将宗资讨之未服。公车特征
规,拜太山太守。规到官,广设方略,寇贼悉平。延熹四年秋,叛羌
零吾等与先零别种寇钞关中,护羌校尉段颎坐征。①后先零诸种陆
梁,覆没营坞。②规素悉羌事,志自奋效,乃上疏曰:"自臣受任,志
竭愚钝,实赖兖州刺史牟颢之清猛,中郎将宗资之信义,得承节度,
幸无咎誉。今猾贼就灭,太山略平,复闻群羌并皆反逆。臣生长邠
岐,年五十有九,昔为郡吏,再更叛羌,豫筹其事,有误中之言。臣素
有固疾,恐犬马齿穷,不报大恩,愿乞冗官,备单车一介之使,劳来
三辅,宣国威泽,以所习地形兵执,佐助诸军。臣穷居孤危之中,坐
观郡将,已数十年矣。自鸟鼠至于东岱,其病一也。③力求猛敌,不
如清平,勤明吴、孙,未若奉法。④前变未远,臣诚戚之。⑤是以越
职,尽其区区。"
　①颎击羌,坐为凉州刺史郭闳留兵不进下狱。
　②《说文》曰:"坞,小障也。一曰庳城也。"音乌古反。
　③郡将,郡守也。鸟鼠,山名,在今渭州西,即先零羌寇钞处也。东岱谓泰
　　山,叔孙无忌反处也。皆由郡守不加绥抚,致使反叛,其疾同也。
　④吴起,魏将也。孙武,吴将也。言若求猛敌,不如抚以清平之政;明习兵
　　书,不如郡守奉法,使之无反也。
　⑤戚,忧也。前变谓羌反。

　　至冬,羌遂大合,朝廷为忧。三公举规为中郎将,持节监关西
兵,讨零吾等,破之,斩首八百级。先零诸种羌慕规威信,相劝降者

十余万。明年,规因发其骑共讨陇右,而道路隔绝,军中大疫,死者十三四。规亲入庵庐,巡视将士,三军感悦。东羌遂遣使乞降,凉州复通。

先是安定太守孙俊受取狼籍,属国都尉李翕、督军御史张禀多杀降羌,凉州刺史郭闳、汉阳太守赵熹并老弱不堪任职,而皆倚恃权贵,不遵法度。规到州界,悉条奏其罪,或免或诛。羌人闻之,翕然反善。沈氏大豪滇昌、饥恬等十余万口,复诣规降。

规出身数年,持节为将,拥众立功,还督乡里,既无它私惠,而多所举奏,又恶绝宦官,不与交通,于是中外并怨,遂共诬规货赂群羌,令其文降。① 天子玺书诮让相属。规惧不免,上疏自讼曰:“四年之秋,戎丑蠢戾,② 爰自西州,侵及泾阳,③ 旧都惧骇,朝廷西顾。明诏不以臣愚驽,急使军就道。④ 幸家威灵,遂振国命,羌戎诸种,大小稽首,辄移书营郡,以访诛纳,⑤ 所省之费,一亿以上。以为忠臣之义,不敢告劳,⑥ 故耻以片言自及微效。然比方先事,庶免罪悔。⑦ 前践州界,先奏郡守孙俊,次及属国都尉李翕、督军御史张禀;旋师南征,又上凉州刺史郭闳、汉阳太守赵熹,陈其过恶,执据大辟。凡此五臣,支党半国,其余墨绶,下至小吏,所连及者,复有百余。吏托报将之怨,子思复父之耻,载贽驰车,怀粮步走,交拘豪门,竞流谤讟,云臣私报诸羌,谢其钱货。⑧ 若臣以私财,则家无担石;如物出于官,则文簿易考。就臣愚惑,信如言者,前世尚遗匈奴以宫姬,⑨ 镇乌孙以公主。⑩ 今臣但费千万,以怀叛羌。则良臣之才略,兵家之所贵,将有何罪,负义违理乎?自永初以来,将出不少,覆军有五,动资巨亿。有旋车完封,写之权门,⑪ 而名成功立,厚加爵封。今臣还督本土,纠举诸郡,绝交离亲,戮辱旧故,众谤阴害,固其宜也。臣虽污秽,廉洁无闻,今见覆没,耻痛实深。传称‘鹿死不择音’,谨冒昧略上。”⑫

① 以文簿虚降,非真心也。

② 蠢,动也。戾,乖也。

③ 县名,属安定郡,其故城在今原州平源县南也。

④就犹上也。

⑤访，问也。规言羌种既服，臣即移书军营及郡，勘问诛杀并纳受多少之数目也。

⑥《诗·小雅》曰："密勿从事，不敢告劳。无罪无辜，谗口嗷嗷。"

⑦先事谓前辈败将也。

⑧谢犹仇也。

⑨元帝赐呼韩邪单于待诏掖庭王嫱为阏氏也。

⑩武帝以江都王建女细君妻乌孙王昆莫为夫人也。

⑪言覆军之将，旋师之日，多载珍宝，封印完全，便入权门。

⑫《左传》曰"鹿死不择音，铤而走险，急何能择"也。

其年冬，征还拜议郎。论功当封。而中常侍徐璜、左悺欲从求货，数遣宾客就问功状，规终不答。璜等忿怒，陷以前事，下之于吏。官属欲赋敛请谢，规誓而不听，遂以余寇不绝，坐系延尉，论输左校。①诸公及太学生张凤等三百余人诣阙讼之。会赦，归家。

①《汉官仪》曰，左校署属将作大匠也。

征拜度辽将军，至营数月，上书荐中郎将张奂以自代。曰："臣闻人无常俗，而政有治乱；兵无强弱，而将有能否。伏见中郎将张奂，才略兼优，宜正元帅，以从众望。若犹谓愚臣宜充军事者，愿乞冗官，以为奂副。"朝庭从之，以奂代为度辽将军，规为使匈奴中郎将。及奂迁大司农，规复代为度辽将军。

规为人多意算，自以连在大位，欲退身避第，数上病，不见听。会友人上郡太守王旻丧还，规擅缟素越界，到下亭迎之。因令客密告并州刺史胡芳，言规擅远军营，公违禁宪，当急举奏。芳曰："威明欲避第仕涂，故激发我耳。①吾当为朝廷爱才，何能申此子计邪！"遂无所问。及党事大起，天下名贤多见染逮，规虽为名将，素誉不高。自以西州豪桀，耻不得豫，乃先自上言："臣前荐故大司农张奂，是附党也。又臣昔论输左校时，太学生张凤等上书讼臣，是为党人所附。臣宜坐之。"朝廷知而不问，时人以为规贤。

①言欲归第避仕宦之涂也。

在事数岁，北边威服。永康元年，征为尚书。其夏日食，诏公卿举贤良方正,下问得失。规对曰:"天之于王者,如君之于臣,父之于子也。诚以灭妖,使从福祥。陛下八年之中,三断大狱,①一除内嬖,②再诛外臣。③而灾异犹见,人情未安者,殆贤愚进退,威刑所加,有非其理也。前太尉陈蕃、刘矩,④忠谋高世,废在里巷;刘祐、冯绲、⑤赵典、尹勋,正直多怨,流放家门;李膺、王畅、孔翊,洁身守礼,终无宰相之阶。至于钩党之衅,事起无端,⑥虐贤伤善,哀及无辜。今兴改善政,易于覆手,而群臣杜口,鉴畏前害,互相瞻顾,莫肯正言。伏愿陛下暂留圣明,容受謇直,则前责可弭,后福必降。"对奏,不省。

①谓诛梁冀,诛邓万、邓会,诛李膺等党事也。

②无德而宠曰嬖,谓废邓皇后也。

③杀桂阳太守任胤,杀南阳太守成瑨、太原太守刘质等也。

④《汉官仪》曰:"矩字叔方。"

⑤古本反。

⑥钩,引也。谓李膺等事也。

迁规弘农太守,封寿成亭侯,邑二百户,让封不受。再转为护羌校尉。熹平三年,以疾召还,未至,卒于谷城,年七十一。所著赋、铭、碑、赞、祷文、吊、章表、教令、书、檄、笺记,凡二十七篇。

论曰:孔子称"其言之不怍,则其为之也难。"①察皇甫规之言,其心不怍哉!夫其审己则干禄,见贤则委位,故干禄不为贪,而委位不求让;称己不疑伐,而让人无惧情。故能功成于戎狄,身全于邦家也。

①怍,惭也。

张奂字然明,敦煌酒泉人也。①父惇,为汉阳太守。奂少游三辅,师事太尉朱宠,学《欧阳尚书》。初,《牟氏章句》浮辞繁多,②有四十五万余言,奂减为九万言。后辟大将军梁冀府,乃上书桓帝,奏其《章句》,诏下东观。以疾去官,复举贤良,对策第一,擢拜议郎。

①酒泉,县名,地多泉水,故城在今阳州晋昌县东北也。

②时牟卿受书于张堪,为博士,故有《牟氏章句》。

永寿元年,迁安定属国都尉。初到职,而南匈奴左薁鞬台耆、且渠伯德等七千余人寇美稷,东羌复举种应之,而奂壁唯有二百许人,闻即勒兵而出。军吏以为力不敌,叩头争止之。奂不听,遂进屯长城,收集兵士,遣将王卫招诱东羌,因据龟兹,①使南匈奴不得交通东羌。诸豪遂相率与奂和亲,共击薁鞬等,连战破之。伯德惶恐,将其众降,郡界以宁。

①龟兹音丘慈,县名,属上郡。《前书音义》曰“龟兹国人来降之,因以名县”也。

羌豪帅感奂恩德,上马二十匹,先零酋长又遗金镮八枚。奂并受之,①而召主簿于诸羌前,以酒酹地曰:②“使马如羊,不以入厩;使金如粟,不以入怀。”悉以金马还之。③羌性贪而贵吏清,前有八都尉率好财货,为所患苦,及奂正身洁己,威化大行。

①郭璞注《山海经》云:“镮音渠,金食器名。”未详形制也。

②以酒沃地谓之酹。音力外反。

③如羊如粟,喻多也。

迁使匈奴中郎将。时休屠各①及朔方乌桓并同反叛,烧度辽将军门,②引屯赤坑,烟火相望。兵众大恐,各欲亡去。奂安坐帷中,兴弟子讲诵自若,军士稍安。乃潜诱乌桓阴与和通,遂使斩屠各渠帅,袭破其众。诸胡悉降。

①屠音直于反。

②时度辽将军屯五原。

延熹元年,鲜卑寇边,奂率南单于击之,斩首数百级。

明年,梁冀被诛,奂以故吏免官禁锢。奂与皇甫规友善,奂既被锢,凡诸交旧莫敢为言,唯规荐举前后七上。在家四岁,复拜武威太守。平均徭赋,率厉散败,常为诸郡最,河西由是而全。其俗多妖忌,凡二月、五月产子及与父母同月生者,悉杀之。奂示以义方,严加赏罚,风俗遂改,百姓生为立祠。举尤异,迁度辽将军。数载间,幽、并清静。

九年春，征拜大司农。鲜卑闻奂去，其夏，遂招结南匈奴、乌桓数道入塞，或五六千骑，或三四千骑，寇掠缘边九郡，杀略百姓。秋，鲜卑复率八九千骑入塞，诱引东羌与共盟诅。于是上郡沈氏、安定先零诸种共寇武威、张掖，缘边大被其毒。朝廷以为忧，复拜奂为护匈奴中郎将，以九卿秩督幽、并、凉三州及度辽、乌桓二营，[①]兼察刺史、二千石能否，赏赐甚厚。匈奴、乌桓闻奂至，因相率还降，凡二十万口。奂但诛其首恶，余皆慰纳之。唯鲜卑出塞去。

①明帝永平八年，初置度辽将军，屯五原郡曼柏县，《汉官仪》曰"乌丸校尉屯上谷郡宁县"，故曰二营。

永康元年春，东羌、先零五六千骑寇关中，围祋祤，掠云阳。夏，复攻没两营，杀千余人。冬，羌岸尾、摩螫等[①]胁同种复钞三辅。奂遣司马尹端、董卓并击，大破之，斩其酋豪，首虏万余人，三州清定。论功当封，奂不事宦官，故赏遂不行，唯赐钱二十万，除家一人为郎。并辞不受，而愿徙属弘农华阴。旧制边人不得内移，唯奂因功特听，故始为弘农人焉。

①螫音必薛反。

建宁元年，振旅而还。时窦太后临朝，大将军窦武与太傅陈蕃谋诛宦官，事泄，中常侍曹节等于中作乱，以奂新征，不知本谋，矫制使奂与少府周靖率五营士围武。武自杀，蕃因见害。奂迁少府，又拜大司农，以功封侯。奂深病为节所卖，上书固让，封还印绶，卒不肯当。

明年夏，青蛇见于御坐轩前，[①]又大风雨雹，霹雳拔树，诏使百僚各言灾应。奂上疏曰："臣闻风为号令，动物通气。[②]木生于火，相须乃明。蛇能屈申，配龙腾蛰。[③]顺至为休征，逆来为殃咎。阴气专用，则凝精为雹。故大将军窦武、太傅陈蕃，或志宁社稷，或方直不回，前以谗胜，并伏诛戮，海内默默，人怀震愤。昔周公葬不如礼，天乃动威。[④]今武、蕃忠贞，未被明宥，妖眚之来，皆为此也。宜急为改葬，徙还家属。其从坐禁锢，一切蠲除。又皇太后虽居南宫，而恩礼不接，朝臣莫言，远近失望。宜思大义顾复之报。"[⑤]天子深纳奂言，以问诸黄门常侍,左右皆恶之,帝不得自从。

①轩,殿槛阑板也。

②《翼氏风角》曰:"凡风者天之号令,所以谴告人君者也。"

③《易》曰"龙蛇之蛰,以存身也"。《慎子》曰"腾蛇游雾,飞龙乘云,云罢雾
　散,与蚯蚓同"也。

④《尚书大传》:"周公薨,成王欲葬之于成周,天乃雷雨以风,禾即尽偃,
　大木斯拔,国人大恐。王葬周公于毕,示不敢臣也。"

⑤顾,旋视也。复,反覆也。《小雅》曰:"父兮生我,母兮鞠我,顾我复我,出
　入腹我。"

转奂太常,与尚书刘猛、刁韪、卫良同荐王畅、李膺可参三公之
选,而曹节等弥疾其言,遂下诏切责之。奂等皆自囚廷尉,数日乃得
出,并以三月奉赎罪。司录校尉王寓,出于宦官,欲借宠公卿,以求
荐举,百僚畏惮,莫不许诺,唯奂独拒之。寓怒,因此遂陷以党罪,禁
锢归田里。

奂前为度辽将军,与段颎争击羌,不相平。及颎为司隶校尉,欲
逐奂归敦煌,将害之。奂忧惧,奏记谢颎曰:"小人不明,得过州将,
千里委命,以情相归。①足下仁笃,照其辛苦,使人未反,复获邮书。
恩诏分明,前以写白,而州期切促,郡县惶惧,屏营延企,侧待归命。
父母朽骨,孤魂相托,若蒙矜怜,壹惠咳唾,则泽流黄泉,施及冥寞,
非奂生死所能报塞。夫无毛发之劳,而欲求人丘山之用,此淳于髡
所以拍髀仰天而笑者也。②诚知言必见讥,然犹未能无望。何者?朽
骨无益于人,而文王葬之;③死马无所复用,而燕昭宝之。④党同
文、昭之德,岂不大哉!⑤凡人之情,冤则呼天,窃则叩心。今呼天不
闻,叩心无益,诚自伤痛。俱生圣世,独为匪人。⑥孤微之人,无所告
诉。如不哀怜,便为鱼肉。⑦企心东望,无所复言。"颎虽刚猛,省书
哀之,卒不忍也。时禁锢者多不能守静,或死或徙。奂闭门不出,养
徒千人,著《尚书记难》三十余万言。

①《汉官仪》曰"司隶州部河南洛阳,管三辅、三河、弘农七郡。"所以奂屈
　于颎,称曰"州将"焉。

②拍音片百反。髀音步弟反。《史记》,楚发兵伐赍,齐威王使淳于髡赍百

金，车马十驷，之赵请救。髡仰天大笑，冠缨索绝。王曰："先生少之乎？"髡曰："今者臣从东方来，见道傍有禳田者，操一豚蹄，酒一盂，而祝曰：'瓯窭满篝，污邪满车，五谷蕃熟，穰穰满家。'臣见其所持者狭，所求者奢，故笑。"于是王乃益以黄金千镒、白璧十双、车马百驷也。

③《新序》曰："文王作灵台，掘得死人骨，吏以闻。文王曰：'葬之。'吏曰：'此无主矣。'文王曰：'有天下者，天下之主也；有一国者，一国之主也。寡人固其主焉。'令吏以棺葬之。天下闻之，曰：'文王贤矣，泽及朽骨，又况人乎。'"

④《新序》曰："燕昭王即位，卑身求贤。谓郭隗曰：'齐因孤国之乱而袭燕，然得贤士与共国，以雪先王之丑，孤之愿也。先生视可者，得身事之。'隗曰：'臣闻古之人君，有以千金求千里马者，三年不得，涓人言于君请求之，君遣焉。三月，得千里马，马已死，乃以五百金买其首以报。君大怒曰："所求者生马，安市死马而捐五百金乎？"对曰："死马且市之，况生马乎？天下必以王为能市马，马今至矣。"不出期年，千里马至者二。今王诚欲必致士，从隗始。隗且见事，况贤于隗者乎？'于是王为隗筑宫而师之。乐毅自魏往，邹衍自齐往，剧辛自赵往，士争归燕焉。"

⑤党音佗朗反。

⑥《诗·小雅》曰"哀我征夫，独为匪人"也。

⑦言将为人所吞噬也。

奂少立志节，尝与士友言曰："大丈夫处世，当为国家立功边境。"及为将帅，果有勋名。董卓慕之，使其兄遗缣百匹。奂恶卓为人，绝而不受。光和四年卒，年七十八。遗命曰："吾前后仕进，十要银艾，①不能和光同尘，为逸邪所忌。②通塞命也，始终常也。但地底冥冥，长无晓期，而复缠以纩绵，牢以钉密，为不喜耳。幸有前窀，朝殒夕下，措尸灵床，幅巾而已。奢非晋文，③俭非王孙，④推情从意，庶无咎吝。"诸子从之。武威多为立祠，世世不绝。所著铭、颂、书、教、诫述、志、对策、章表二十四篇。

①银印绿绶也，以艾草染之，故曰艾也。

②《老子》曰"和其光，同其尘"也。

③陆翙《邺中记》曰："永嘉末，发齐桓公墓，得水银池金蚕数十箔，珠襦、玉匣、缯彩不可胜数。"《左传》曰："晋文公朝王，请隧。王不许，曰：'王

章也,未有代德而有二王,亦叔父之所恶也。'晋文既臣,请用王礼,是
其奢也。

④武帝时,杨王孙死,诫其子为布囊盛尸,入地七尺,脱去其囊,以身亲
土。

长子芝,字伯英,最知名。①芝及弟昶,字文舒,并善草书,至今
称传之。

①王愔《文志》曰:"芝少持高操,以名臣子勤学,文为儒宗,武为将表。太
尉辟,公车有道征,皆不至,号张有道。尤好草书,学崔、杜之法,家之衣
帛,必书而后练。临池学书,水为之黑。下笔则为楷则,号忽忽不暇草
书,为世所宝,寸纸不遗,韦仲将谓之'草圣'也。"

初,奂为武威太守,其妻怀孕,梦带奂印绶登楼而歌。讯之占
者,曰:"必将生男,复临兹邦,命终此楼。"既而生子猛,以建安中为
武威太守,杀刺史邯郸商,州兵围之急,猛耻见擒,乃登楼自烧而
死,卒如占云。

论曰:自郑乡之封,中官世盛,①暴恣数十年间,四海之内,莫
不切齿愤盈,愿投兵于其族。陈蕃、窦武奋义草谋,征会天下,名士
有识所共闻也,而张奂见欺竖子,扬戈以断忠烈。②虽恨毒在心,辞
爵谢咎。《诗》云:"啜其泣矣,何嗟及矣!"③

①宦者郑众封郑乡侯也。
②奂被曹节等矫制,使率五营士围杀陈蕃、窦武等。
③《诗·国风》也。啜,泣貌也,音知劣反。

段颎字纪明,武威姑臧人也。其先出郑共叔段,西域都护会宗
之从曾孙也。①颎少便习弓马,尚游侠,轻财贿,长乃折节好古学。
初举孝廉,为宪陵园丞、阳陵令,②所在能政。

①宗字子松,天水上邽人,元帝时为西域都护。死,城郭诸国为发丧立祠。
②宪陵,顺帝陵;阳陵,景帝陵。《汉官仪》曰"丞秩三百石,令秩六百石"
也。

迁辽东属国都尉。时鲜卑犯塞,颎即率所领驰赴之。既而恐贼

惊去,乃使驿骑诈赍玺书诏颎,颎于道伪退,潜于还路设伏。虏以为信然,乃入追颎。颎因大纵兵,悉斩获之。坐诈玺书伏重刑,以有功论司寇。刑竟,征拜议郎。

时太山、琅邪贼东郭窦、公孙举等聚众三万人,破坏郡县,遣兵讨之,连年不克。永寿二年,桓帝诏公卿选将有文武者,司徒尹讼荐颎,①乃拜为中郎将。击窦、举等,大破斩之,获首万余级,余党降散。封颎为列侯,赐钱五十万,除一子为郎中。

①《汉官仪》曰:"讼字公孙,巩人也。"

延熹二年,迁护羌校尉。会烧当、烧何、当煎、勒姐等八种羌①寇陇西、金城塞,颎将兵及湟中义从羌万二千骑出湟谷,击破之。追讨南度河,使军吏田晏、夏育募先登,悬索相引,复战于罗亭,大破之,斩其酋豪以下二千级,获生口万余人,虏皆奔走。

①姐音紫且反。

明年春,余羌复与烧何大豪寇张掖,攻没钜鹿坞,杀属国吏民,又招同种千余落,并兵晨奔颎军。颎下马大战,至日中,刀折矢尽,虏亦引退。颎追之,且斗且行,昼夜相攻,割肉食雪,四十余日,遂至河首积石山,出塞二千余里,斩烧何大帅,首虏五十余人。又分兵击石城羌,斩首溺死者千六百人。烧当种九十余口诣颎降。又杂种羌屯聚白石,①颎复进击,首虏三千余人。冬,勒姐、零吾种围允街,②杀略吏民,颎排营救之,斩获数百人。

①白石,山,在今兰州狄道县东。

②允音铅。街音阶。

四年冬,上郡沈氐、陇西牢姐、乌吾诸种羌共寇并凉二州,颎将湟中义从讨之。凉州刺史郭闳贪共其功,稽固颎军,使不得进。①义从役久,恋乡旧,皆悉反叛。郭闳归罪于颎,颎坐征下狱,输作左校。羌遂陆梁,覆没营坞,转相招结,唐突诸郡,于是吏人守阙讼颎以千数。朝廷知颎为郭闳所诬,诏问其状。颎但谢罪,不敢言枉,京师称为长者。起于徒中,复拜议郎,迁并州刺史。

①稽固犹停留也。

　　时滇那等诸种羌五六千人寇武威、张掖、酒泉,烧人庐舍。六年,寇执转盛,凉州几亡。冬,复以颎为护羌校尉,乘驿之职。明年春,羌封僇、良多、滇那等①酋豪三百五十五人率三千落诣颎降。当煎、勒姐种犹自屯结。冬,颎将万余人击破之,斩其酋豪,首虏四千余人。

　　①僇音良逐反,又力救反。

　　八年春,颎复击勒姐种,斩首四百余级,降者二千余人。夏,进军击当煎种于湟中,颎兵败,被围三日,用隐士樊志张策,潜师夜出,鸣鼓还战,大破之,首虏数千人。颎遂穷追,展转山谷间,自春及秋,无日不战,虏遂饥困败散,北略武威间。

　　颎凡破西羌,斩首二万三千级,获生口数万人,马牛羊八百万头,降者万余落。封颎都乡侯,邑五百户。

　　永康元年,当煎诸种复反,合四千余人,欲攻武威,颎复追击于鸾鸟,大破之,①杀其渠帅,斩首三千余级,西羌于此弭定。

　　①鸟音爵,县名,属武威郡,故城在今凉州昌松县北也。

　　而东羌先零等,自覆没征西将军马贤后,朝廷不能讨,遂数寇扰三辅。其后度辽将军皇甫规、中郎将张奂招之连年,既降又叛。桓帝诏问颎曰:“先零东羌造恶反逆,而皇甫规、张奂各拥强众,不时辑定。欲颎移兵东讨,未识其宜,可参思术略。”颎因上言曰:“臣伏见先零东羌虽数叛逆,而降于皇甫规者,已二万许落,善恶既分,余寇无几。今张奂踌躇久不进者,当虑外离内合,兵往必惊。且自冬践春,屯结不散,人畜疲羸,自亡之执,徒更招降,坐制强敌耳。臣以为狼子野心,难以恩纳,①执穷虽服,兵去复动。唯当长矛挟胁,白刃加颈耳。计东种所余三万余落,居近塞内,路无险折,非有燕、齐、秦、赵从横之势,而久乱并、凉,累侵三辅西河、上郡,已各内徙,安定、北地,复至单危,自云中、五原,西至汉阳二千余里,匈奴、种羌,并擅其地,是为痈疽伏疾,留滞胁下,如不加诛,转就滋大。今若以骑五千,步万人,车三千两,三冬二夏,足以破定,无虑用费为钱五十四亿。②如此,则可令群羌破尽,匈奴长服,内徙郡县,复反本土。

伏计永初中,诸羌反叛,十有四年,用二百四十亿;永和之末,复经七年,用八十余亿。费耗若此,犹不诛尽,余孽复起,于兹作害。今不暂疲人,则永宁无期。臣庶竭驽劣,伏待节度。"帝许之,悉听如所上。

① 《左传》晋叔向母曰"狼子野心"也。

② 无虑,都凡也。

建宁元年春,颎将兵万余人,赍十五日粮,从彭阳直指高平,①与先零诸种战于逢义山。虏兵盛,颎众恐。颎乃令军中张镞利刃,长矛三重,挟以强弩,列轻骑为左右翼。激怒兵将曰:"今去家数千里,进则事成,走必尽死,努力共功名!"因大呼,众皆应声腾赴,颎驰骑于傍,突而击之,虏众大溃,斩首八千余级,获牛马羊二十八万头。

① 彭阳,高平,并县名,属安定郡,彭阳县即今原州彭原县也。高平县今原州也。

时窦太后临朝,下诏曰:"先零东羌历载为患,颎前陈状,欲必埽灭。涉履霜雪,兼行晨夜,身当矢石,感厉吏士。曾未浃日,凶丑奔破,①连尸积俘,掠获无算。洗雪百年之逋负,以慰忠将之亡魂。②功用显著,朕甚嘉之。须东羌尽定,当并录功勤。今且赐颎钱二十万,以家一人为郎中。"敕中藏府调金钱彩物,增助军费。拜颎破羌将军。

① 浃,匝也。浃音子牒反。谓匝十二辰也。

② 《东观记》曰,太后诏云"此以慰种光、马贤等亡魂"也。

夏,颎复追羌出桥门,至走马水上。①寻闻虏在奢延泽,②乃将轻兵兼行,一日一夜二百余里,晨及贼,击破之。余虏走向落川,复相屯结。颎乃分遣骑司马田晏将五千人出其东,假司马夏育将二千人绕其西。羌分六七千人攻围晏等,晏等与战,羌溃走。颎急进,与晏等共追之于令鲜水上。③颎士卒饥渴,乃勒众推方夺其水,④虏复散走。颎遂与相连缀,且斗且引,及说灵武谷。⑤颎乃被甲先登,士卒无敢后者。羌遂大败,弃兵而走。追之三日三夜,士皆重茧。⑥

既到泾阳,⑦余寇四千落,悉散入汉阳山谷间。

①《东观记·段颎日传》"出桥门谷"也。

②即上郡奢延县界也。

③令鲜,水名,在今甘州张掖县界。一名合黎水,一名羌谷水也。

④推方谓方头竞进也。

⑤灵武,县名,有谷,在今灵州怀远县西北。

⑥茧,足下伤起形如茧也。《淮南子》曰"申包胥曾茧重胝"也。

⑦县名,属安定郡。

时张奂上言:"东羌虽破,余种难尽,颎性轻果,虑负败难常。宜且以恩降,可无后悔。"诏书下颎。颎复上言:"臣本知东羌虽众,而软弱易制,所以比陈愚虑,思为永宁之算。而中郎将张奂,说虏强难破,宜用招降。圣朝明监,信纳瞽言,故臣谋得行,奂计不用。事执相反,遂怀猜恨。信叛羌之诉,饰润辞意,云臣兵累见折衄,①又言羌一气所生,不可诛尽,②山谷广大,不可空静,血流污野,伤和致灾。臣伏念周秦之际,戎狄为害,中兴以来,羌寇最盛,诛之不尽,虽降复叛。今先零杂种,累以反覆,攻没县邑,剽略人物,发冢露尸,祸及生死,上天震怒,假手行诛。③昔邢为无道,卫国伐之,师兴而雨。④臣动兵涉夏,连获甘澍,岁时丰稔,人无疵疫。上占天心,不为灾伤;⑤下察人事,众和师克。⑥自桥门以西,落川以东,故宫县邑,更相通属,非为深险绝域之地,车骑安行,无应折衄。案奂为汉吏,身当武职,驻军二年,不能平寇,虚欲修文戢戈,招降犷敌,⑦诞辞空说,㥶而无征。何以言之?昔先零作寇,赵充国徙令居内,⑧煎当乱边,马振迁之三辅,⑨始服终叛,至今为鲠。⑩故远识之士,以为深忧。今傍郡户口单少,数为羌所创毒,而欲令降徒与之杂居,是犹种枳棘于良田,养虺蛇于室内也。故臣奉大汉之威,建长久之策,欲绝其本根,不使能殖。⑪本规三岁之费,用五十四亿,今适期年,所耗未半,而余寇残烬,将向殄灭。⑫臣每奉诏书,军不内御,⑬愿卒斯言,一以任臣,临时量宜,不失权便。"

①伤败曰衄,音女六反。

②言羌亦禀天之一气所生,诛之不可尽也。

③假，借也。《尚书》曰"皇天降灾，假手于我有命"也。

④《左传》曰"卫大旱，卜有事于山川，不吉。宁庄子曰：'昔周饥，克殷而年丰。今邢方无道，天欲卫伐邢乎？'从之，师兴而雨"也。

⑤占，候也。

⑥克，胜也。《左传》曰"师克在和不在众"也。

⑦犷，恶儿也，音谷猛反。

⑧宣帝时，充国击西羌，徙之于金城郡也。

⑨迁置天水、陇西、扶风，见《西羌传》也。

⑩"鲠"与"梗"同。梗，病也。《大雅》云："至今为梗。"

⑪殖，生也。《左传》曰："为国家者，见恶如农夫之务去草焉，绝其本根，勿使能殖。"

⑫杜预注《左传》曰："烬，火余木也。"

⑬御，制御也。《淮南子》曰"国不可从外理，军不可从中御"也。

二年，诏遣谒者冯禅说降汉阳散羌。颎以春农，百姓布野，羌虽暂降，而县官无廪，必当复为盗贼，不如乘虚放兵，势必殄灭。夏，颎自进营，去羌所屯凡亭山四五十里，遣田晏、夏育将五千人据其山上。羌悉众攻之，厉声问曰："田晏、夏育在此不？湟中义从羌悉在何面？今日欲决死生。"军中恐，晏等劝激兵士，殊死大战，遂破之。羌众溃，东奔，复聚射虎谷，分兵守诸谷上下门。颎规一举灭之，不欲复令散走，乃遣千人于西县结木为栅，广二十步，长四十里，遮之。①分遣晏、育等将七千人，衔枚夜上西山，结营穿堑，去虏一里许。又遣司马张恺等将三千人上东山。虏乃觉之，遂攻晏等，分遮汲水道。颎自率步骑进击水上，羌却走，因与恺等挟东西山，纵兵击破，羌复败散。颎追至谷上下门穷山深谷之中，处处破之，斩其渠帅以下万九千级，获牛马驴骡毡裘庐帐什物，不可胜数。冯禅等所招降四千人，分置安定、汉阳、陇西三郡，于是东羌悉平。

①西县属天水郡，故城在今秦州上邽县西南也。

凡百八十战，斩三万八千六百余级，获牛马羊骡驴骆驼四十二万七千五百余头，费用四十四亿，军士死者四百余人。更封新丰县侯，邑万户。颎行军仁爱，士卒疾病者，亲自瞻省，手为裹创。在边十余年,未尝一日蓐寝。① 与将士同苦,故皆乐为死战。

①郭璞曰:"蓐,席也。"言身不自安。

三年春,征还京师,将秦胡步骑五万余人,及汗血千里马,生口万余人。诏遣大鸿胪持节慰劳于镐。① 军至,拜侍中。转执金吾河南尹。有盗发冯贵人冢,坐左转谏议大夫,再迁司录校尉。

①镐,水名,在今长安县西。

颎曲意宦官,故得保其富贵,遂党中常侍王甫,枉诛中常侍郑飒、董腾等,增封四千户,并前万四千户。

明年,代李咸为太尉,其冬病罢,复为司录校尉。数岁,转颍川太守,征拜太中大夫。

光和二年,复代桥玄为太尉。在位月余,会日食自劾,有司举奏,诏收印绶,诣廷尉。时司录校尉阳球奏诛王甫,并及颎,就狱中诘责之,遂饮鸩死,家属徙边。后中常侍吕强上疏,追讼颎功,灵帝诏颎妻子还本郡。

初,颎与皇甫威明、张然明,并知名显达,京师称为"凉州三明"云。

赞曰:山西多猛,"三明"俪踪。① 戎骖纠结,尘斥河、潼。② 规免审策,殴遏嚣凶。文会志比,更相为容。段追两狄,束马县锋。纷纭腾突,谷静山空。

①俪,偶也。《前书》班固曰:"秦汉以来,山东出相,山西出将。"若白起、王翦、李广、辛庆忌之流,皆山西人也。

②潼,谷名。谷有水,曰潼水,即潼关。

后汉书卷六六
列传第五六

陈蕃　王允

　　陈蕃字仲举，汝南平舆人也。祖河东太守。蕃年十五，尝闲处一室，而庭宇芜秽。父友同郡薛勤来候之，谓蕃曰："孺子何不洒埽以待宾客？"蕃曰："大丈夫处世，当埽除天下，安事一室乎！"勤知其有清世志，甚奇之。

　　初仕郡，举孝廉，除郎中。遭母忧，弃官行丧。服阕，刺史周景辟别驾从事，①以谏争不合，投传而去。②后公府辟举方正，皆不就。

　　①《续汉志》曰："别驾从事，校尉行部奉引，总录众事。"

　　②投弃也。传谓符也，音丁恋反。

　　太尉李固表荐，征拜议郎，再迁为乐安太守。①时李膺为青州刺史，名有威政，属城闻风，皆自引去，蕃独以清绩留。郡人周璆，高洁之士。②前后郡守招命莫肯至，唯蕃能致焉。字而不名，特为置一榻，去则县之。璆字孟玉，临济人，有美名。民有赵宣葬亲而不闭埏隧，③因居其中，行服二十余年，乡邑称孝，州郡数礼请之。郡内以荐蕃，蕃与相见，问及妻子，而宣五子皆服中所生。蕃大怒曰："圣人制礼，贤者俯就，不肖企及。④且祭不欲数，以其易黩故也。⑤况乃寝宿冢藏，而孕育其中，诳时惑众，诬污鬼神乎？"遂致其罪。

　　①《续汉志》曰，乐安本名千乘，和帝更名也。

　　②璆音仇。

③埏隧，今人墓道也。杜预注《左传》云："掘地通路曰隧。"

④《礼记》曰三年之丧，可复父母之恩也。贤者俯而就之，不肖者企而及之。"

⑤黩，媟也。《礼记》曰："祭不欲数，数则烦，烦则不敬。"

大将军梁冀威震天下，时遣书诣蕃，有所请托，不得通，使者诈求谒，蕃怒，笞杀之，坐左转脩武令。稍迁，拜尚书。

时零陵、桂阳山贼为害，公卿议遣讨之，又诏下州郡，一切皆得举孝廉、茂才。蕃上疏驳之曰："昔高祖创业，万邦息肩，抚养百姓，同之赤子。①今二郡之民，亦陛下赤子也。致令赤子为害，岂非所在贪虐，使其然乎？宜严敕三府，隐核牧守令长，其有政在失和，侵暴百姓者，即便举奏，更选清贤奉公之人，能班宣法令情在爱惠者，可不劳王师，而群贼弭息矣。又三署郎吏二千余人，三府掾属过限未除，但当择善而授之，简恶而去之。岂烦一切之诏，以长请属之路乎！"以此忤左右，故出为豫章太守。性方峻，不接宾客，士民亦畏其高。②征为尚书令，送者不出郭门。

①《尚书》曰："若保赤子，唯人其康乂。"

②蕃丧妻，乡人毕至，唯许子将不往，曰："仲举性峻，峻则少通，故不造也。"

迁大鸿胪。会白马令李云抗疏谏，桓帝怒，当伏诛。蕃上书救云，坐免归田里。

复征拜议郎，数日迁光禄勋。时封赏逾制，内宠猥盛，蕃乃上疏谏曰："臣闻有事社稷者，社稷是为；有事人君者，容悦是为。今臣蒙恩圣朝，备位九列，见非不谏，则容悦也。夫诸侯上象四七，垂耀在天，下应分土，蕃屏上国。①高祖之约，非功臣不侯。而闻追录河南尹邓万世父遵之微功，更爵尚书令黄俊先人之绝封，近习以非义授邑，左右以无功传赏，授位不料其任，裂土莫纪其功，至乃一门之内，侯者数人，故纬象失度，阴阳谬序，稼用不成，民用不康。臣知封事已行，言之无及，诚欲陛下从是而止。又比年收敛，十伤五六，万人饥寒，不卿生活，而采女数千，食肉衣绮，脂油粉黛，不可赀计。②

鄙谚言‘盗不过五女门’，以女贫家也。今后宫之女，岂不贫国乎！是以倾宫嫁而天下化，③楚女悲而西宫灾。④且聚而不御，必生忧悲之感，以致并隔水旱之困。夫狱以禁止奸违，官以称才理物。若法亏于平，官失其人，则王道有缺。而令天下之论，皆谓狱由怨起，爵以贿成。夫不有臭秽，则苍蝇不飞。陛下宜采求失得，择从忠善。尺一选举，委尚书三公，⑤使褒责诛赏，各有所归，岂不幸甚！帝颇纳其言，为出宫女五百余人，但赐俊爵关内侯，而万世南乡侯。

①上象四七，谓二十八宿各主诸侯之分野，故曰下应分土，言皆以辅王室也。

②赀，量也。

③《帝王纪》曰："纣作倾宫，多采美女以充之。武王伐殷，乃归倾宫之女于诸侯"也。

④《公羊传》曰："西宫灾。"何休注云："时喜公为齐桓所胁，以齐媵为嫡，楚女废居西宫，而不见恤，悲愁怨旷所生。"

⑤尺一谓板长尺一，以写诏书也。

延熹六年，车驾幸广城校猎。①蕃上疏谏曰："臣闻人君有事于苑囿，唯仲秋西郊，顺时讲武，杀禽助祭，以敦孝敬。如或违此，则为肆纵。故臭陶戒舜‘无放逸游’，②周公戒成王‘无盘于游田’。③虞舜、成王犹有此戒，况德不及二主者乎！夫安平之时，尚宜有节，况当今之世，有三空之厄哉！田野空，朝廷空，仓库空，是谓三空。加兵戎未戢，四方离散，是陛下焦心毁颜，坐以待旦之时也。岂宜扬旗曜武，骋心舆马之观乎！又前秋多雨，民始种麦。今失其劝种之时，而令给驱禽除路之役，非贤圣恤民之意也。齐景公欲观于海，放乎琅邪，晏子为陈百姓恶闻旌旗舆马之音，举首颦眉之感，景公为之不行。周穆王欲肆车辙马迹，祭公谋父为诵《祈招》之诗，以止其心。诚恶逸游之害人也。"④书奏不纳。

①广城，苑名，在今汝州梁县西也。

②《尚书·咎繇谟》曰："无教逸欲有邦。"

③《尚书·无逸篇》之言。

④祭公，祭国公，为周卿士。谋父，名也。《祈招》，逸诗也。《左传》曰："昔

周穆王欲肆其心，周行天下，将皆必有车辙马迹焉。祭公谋父作《祈招》之诗以止王心。其诗曰：'祈招之愔愔，式昭德音，思我王度，式如玉，式如金。刑人之力，而无醉饱之心。'"

自蕃为光禄勋，与五官中郎将黄琬共典选举，不偏权富，而为势家郎所谮诉，坐免归。顷之，征为尚书仆射，转太中大夫。八年，代杨秉为太尉。蕃让曰："'不愆不忘，率由旧章，'①臣不如太常胡广。齐七政，训五典，臣不如议郎王畅。聪明亮达，文武兼姿，臣不如弛刑徒李膺。"帝不许。

①《诗·大雅》也。言成王令德，不过误，不遗失，循用旧典文章，谓周公之礼法也。

中常侍苏康、管霸等复被任用，遂排陷忠良，共相阿媚。大司农刘祐、廷尉冯绲、①河南尹李膺，皆以忤旨，为之抵罪。蕃因朝会，固理膺等，请加原宥，升之爵任。言及反覆，诚辞恳切。帝不听，因流涕而起。时小黄门赵津、南阳大猾张汜等，奉事中官，乘势犯法，二郡太守刘瓆、成瑨考案其罪，虽经赦令，而并竟考杀之。宦官怨恚，有司承旨，遂奏瓆、瑨罪当弃市。又山阳太守翟超，没入中常侍侯览财产，东海相黄浮，诛杀下邳令徐宣，超、浮并坐髡钳，输作左校。蕃与司徒刘矩、司空刘茂共谏请瓆、瑨、超、浮等，帝不悦。有司劾奏之，矩、茂不敢复言。蕃乃独上疏曰："臣闻齐桓修霸，务为内政；②《春秋》于鲁，小恶必书。③宜先自整敕，后以及人。今寇贼在外，四支之疾；内政不理，心腹之患。臣寝不能寐，食不能饱，实忧左右日亲，忠言以疏，内患渐积，外难方深。陛下超从列侯，继承天位。④小家畜产百万之资，子孙尚耻愧失其先业，况乃产兼天下，受之先帝，而欲惰息以自轻忽乎？诚不爱己，不当念先帝得之勤苦邪？前梁氏五侯，毒遍海内，⑤天启圣意，收而戮之，天下之议，冀当小平。明鉴未远，覆车如昨，而近习之权，复相扇结。小黄门赵津、大猾张汜等，肆行贪虐，奸媚左右，前太原太守刘瓆、南阳太守成瑨，纠而戮之。虽言赦后不当诛杀，原其诚心，在乎去恶。至于陛下，有何悁悁？⑥而小人道长，营惑圣听，遂使天威为之发怒。如加刑谪，已为过甚，况乃重罚,令伏欧刀乎!又前山阳太守翟超、东海相黄浮,奉公不桡,疾恶如仇,超没侯览财物,浮诛徐宣之罪,并蒙刑坐,不逢赦恕。览之从横,没财已幸;宣犯衅过,死有余幸。昔丞相申屠嘉召责邓通,洛阳令董宣折辱公主,而文帝从而请之,光武加以重赏,⑦未闻二臣有专命之诛。而今左右群竖,恶伤党类,妄相交构,致此刑遣。闻臣是言,当复啼诉。陛下深宜割塞近习豫政之源,引纳尚书朝省之事,公卿大官,五日壹朝,⑧简练清高,斥黜佞邪。如是天和于上,地洽于下,休祯符瑞,岂远乎哉!陛下虽厌毒臣言,凡人主有自勉强,敢以死陈。"帝得奏愈怒,竟无所纳。朝廷众庶莫不怨之。宦官由此疾蕃弥甚,选举奏议,辄以中诏谴却,长吏已下多至抵罪。犹以蕃名臣,不敢加害。琐字文理,高唐人。⑨瑶字幼平,陕人。并有经术称,处位敢直言,多所搏击,知名当时,皆死于狱中。

①音古本反。

②《国语》曰:"桓公问管仲曰:'安国可乎?'对曰:'未可。君若正卒伍,修甲兵,大国亦如之。若欲速得志于天下诸侯,则可以隐令,可以寄政。'公曰:'隐令寄政若何?'对曰:'作内政而寄军令焉。'"

③《公羊传》庄公四年,公及齐人狩于郜,讥其与仇狩也。僖公二十年,新作南门,讥其奢也。故曰"小恶必书"也。

④言桓帝以蠡吾侯即位。

⑤五侯谓胤、让、淑、忠、载五人,与冀同时诛。事见《冀传》也。

⑥《说文》曰:"悁悁,恚忿也。"

⑦文帝时,太中大夫邓通爱幸,居上旁有怠慢礼。丞相申屠嘉入朝,因见之,为檄召通。通至,嘉曰:"通小臣,戏殿上,大不敬,当斩。"通顿首,首尽出血。文帝使使召通,而谢丞相曰"吾弄臣,君释之"也。湖阳公主苍头白日杀人,匿主家,吏追不得。公主出,宣驻车叩马,以刀画地数主。主言于帝,帝赐宣钱三十万。语见《董宣传》。

⑧宣帝五日一听事,自丞相已下,各敷奏其言。

⑨高唐,县名,今博州县也。

九年,李膺等以党事下狱考实。蕃因上疏极谏曰:"臣闻贤明之君,委心辅佐;亡国之主,讳闻直辞。故汤武虽圣,而兴于伊吕;桀纣迷惑,亡在失人。①由此言之,君为元首,臣为股肱,同体相须,共成美恶者也。②伏见前司录校尉违法李膺、太仆杜密、太尉掾范滂等,正身无玷,死心社稷。以忠忤旨,横加考案,或禁锢闭隔,或死徙非所。杜塞天下之口,聋盲一世之人,与秦焚书坑儒,何以为异?③昔武王克殷,表闾封墓,④今陛下临政,先诛忠贤。遇善何薄?待恶何优?夫谗人似实,巧言如簧,⑤使听之者惑,视之者昏。夫吉凶之效,存乎识善;成败之机,在于察言。人君者,摄天地之政,秉四海之维,举动不可,以违圣法,进退不可以离道规。谬言出口,则乱及八方,何况髡无罪于狱,杀无辜于市乎!昔禹巡狩苍梧,见市杀人,下车而哭之曰:‘万方有罪,在予一人!’故其兴也勃焉。⑥又青、徐炎旱,五谷损伤,民物流迁,茹菽不足。⑦而宫女积于房掖,国用尽于罗纨,外戚私门,贪财受赂,所谓‘禄去公室,政在大夫’。⑧昔春秋之末,周德衰微,数十年间无复灾眚者,天所弃也。⑨天之于汉,恨恨无已,⑩故殷勤示变,以悟陛下。除妖去孽,实在修德。臣位列台司,忧责深重,不敢尸禄惜生,坐观成败。如蒙采禄,使身首分裂,异门而出,所不恨也。”⑪帝讳其言切,托以蕃辟召非其人,遂策免之。

①关龙逢,桀臣。王子比干,纣诸父。二人并谏,悉皆诛死。

②《前书》曰“君为元首,臣为股肱,明其一体相须而成”也。

③秦始皇时,丞相李斯上言曰:“天下已定,百姓力农。今诸生好古,惑乱黔首,臣请史官非《秦记》及天下敢有藏《诗》、《书》、百家语者,悉烧之。”事见《史记》。卫宏《诏定古文官书序》曰:“秦既焚书,患苦天下不从所更,而诸生到者拜为郎,前后七百人。乃密令种瓜于骊山坑谷中温处,瓜实,诏博士说之,人人不同。乃令就视,为伏机,诸生贤儒皆至焉,方相难不决,因发机从上填之以土,皆压之,终乃无声。”今新丰县温汤处号愍儒乡。汤西有马谷,西岸有坑,古老相传以为秦坑儒处也。

④《史记》武王克殷,命毕公表商容之间,闳夭封比干之墓也。

⑤《诗·小雅》曰:“巧言如簧,颜之厚矣。”簧,笙簧也。言谗人之口以喻笙簧也。

⑥《说苑》曰:“禹见罪人,下车泣而问之。左右曰:‘夫罪人不顺,故使杀焉,君王何为痛之至此也!’禹曰:‘尧舜之人,皆以尧舜之心为心。今寡

人为君也,百姓各自以其心,是以痛之。'"《书》曰:"百姓有罪,在予一人。"《左传》曰:"禹汤罪己,其兴也勃焉。桀纣罪人,其亡也忽焉。"杜预注曰:"勃,盛也。"

⑦《广雅》曰:"茹,食也。"

⑧《论语》孔子之言也。

⑨《春秋感精符》曰:"鲁哀公政乱,绝无日食,天不谴告也。"

⑩恨恨犹眷眷也。

⑪《谷梁传》曰"公会齐侯于颊谷,齐人使优施舞于鲁之幕下。孔子曰:'笑君者罪当死。'使司马行法焉,首足异门而出"也。

永康元年,帝崩。窦后临朝,诏曰:"夫民生树君,使司牧之,必须良佐,以固王业。①前太尉陈蕃,忠清直亮。其以蕃为太傅,录尚书事。"时新遭大丧,国嗣未立,诸尚书畏惧权官,托病不朝。蕃以书责之曰:"古人立节,事亡如存。②今帝祚未立,政事日蹙,诸君奈何委荼蓼之苦,息偃在床?③于义不足,焉得仁乎!"诸尚书惶怖,皆起视事。

①《前书》谷永曰"臣闻天生蒸人,不能相持,为立王者以统理之故"也。

②言人主虽亡,法度尚存,当行之与不亡时同,故曰"如存"。《前书》爰盎曰"主在与在,主亡与亡"也。

③《诗·国风》曰:"谁谓荼苦,其甘如荠。"《周颂》曰:"未堪家多难,予又集于蓼。"

灵帝即位,窦太后复优诏蕃曰:"盖褒功以劝善,表义以历俗,无德不报,《大雅》所叹。①太傅陈蕃,辅弼先帝,出内累年。②忠孝之美,德冠本朝;謇愕之操,华首弥固。③今封蕃高阳乡侯,食邑三百户。"蕃上疏让曰:"使者即臣庐,授高阳乡侯印绶,④臣诚悼心,不知所裁。臣闻让,身之文,德之昭也,然不敢盗以为名。窃惟割地之封,功德是为。臣揆自思省,前后历职,无它异能,合亦食禄,不合亦食禄。臣虽无素洁之行,窃慕'君子不以其道得之,不居也',⑤若受爵不让,掩面就之,⑥使皇天振怒,灾流下民,于臣之身,亦何所寄?顾惟陛下哀臣朽老,戒之在得。"⑦窦太后不许,蕃复固让,章前后十上,竟不受封。

①《诗·大雅》曰："无言不仇，无德不报。"

②内音纳。《尚书》曰"出纳朕命"也。

③齐宣王对间丘邛曰："夫士亦华发堕颠而后可用。"见《新序》。

④即，就也。

⑤《论语》孔子曰："富与贵是人之所欲，不以其道得之，不处也。"

⑥《诗·小雅》曰"受爵不让，至于已斯亡。"注云："爵禄不以相让，故怨祸
　　及之"也。

⑦《论语》孔子曰："及其老也，血气既衰，戒之在得。"注云："得，贪也。"

　　初，桓帝欲立所幸田贵人为皇后。蕃以田氏卑微，窭族良家，争
之甚固。帝不得已，乃立窦后。及后临朝，故委用于蕃。蕃与后父
大将军窦武，同心尽力，征用名贤，共参政事，天下之士，莫不延颈
想望太平。而帝乳母赵娆，旦夕在太后侧，①中常侍曹节、王甫等与
共交构，谄事太后。太后信之，数出诏命，有所封拜，及其支类，多行
贪虐。蕃常疾之，志诛中官，会窦武亦有谋。蕃自以既从人望而德
于太后，必谓其志可申，乃先上疏曰："臣闻言不直而行不正，则为
欺乎天而负乎人。危言极意，则群凶侧目，祸不旋踵。钧此二者，臣
宁得祸，不敢欺天也。今京师嚣嚣，道路喧哗，言侯览、曹节、公乘
昕、王甫、郑飒等与赵夫人诸女尚书并乱天下。②附从者升进，忤逆
者中伤。③方今一朝群臣，如河中木耳，泛泛东西，耽禄畏害。陛下
前始摄位，顺天行诛，苏康、管霸并伏其辜。是时天地清明，人鬼欢
喜，奈何数月复纵左右？元恶大奸，莫此之甚。今不急诛，必生变乱，
倾危社稷，其祸难量。愿出臣章宣示左右，并令天下诸奸知臣疾
之。"太后不纳，朝廷闻者莫不震恐。蕃因与窦武谋之，语在《武传》。

①娆音乃了反。

②赵夫人即赵娆也。女尚书，宫内官也。

③《前书》刘向上书论王凤曰"称誉者登进，忤恨得诛伤"也。

　　及事泄，曹节等矫诏诛武等。蕃时年七十余，闻难作，将官属诸
生八十余人，并拔刃突入承明门，攘臂呼曰："大将军忠以卫国，黄
门反逆，何云窦氏不道邪？"王甫时出，与蕃相迕，①适闻其言，而让
蕃曰："先帝新弃天下，山陵未成，窦武何功，兄弟父子，一门三侯？

又多取掖庭宫人,作乐饮宴,旬月之间,资财亿计。大臣若此,是为道邪?公为栋梁,枉桡阿党,复焉求贼!"遂令收蕃。蕃拔剑叱甫,甫兵不敢近,乃益人围之数十重,遂执蕃送黄门北寺狱。黄门从官驺②蹋跟蕃曰:"死老魅!复能损我曹员数,夺我曹禀假不?"即日害之。徙其家属于比景,宗族、门生、故吏皆斥免禁锢。

① 迮犹遇也。

② 驺,骑士也。

蕃友人陈留朱震,时为铚令,①闻而弃官哭之,收葬蕃尸,匿其子逸于甘陵界中。事觉系狱,合门桎梏。震受考掠,誓死不言,故逸得免。后黄巾贼起,大赦党人,乃追还逸,官至鲁相。

① 铚,县,属沛郡。

震字伯厚,初为州从事,奏济阴太守单匡臧罪,并连匡兄中常侍车骑将军超。桓帝收匡下廷尉,以谴超,超诣狱谢。三府谚曰:"车如鸡栖马如狗,疾恶如风朱伯厚。"

论曰:桓、灵之世,若陈蕃之徒,咸能树立风声,抗论惛俗。而驱驰崄阨之中,与刑人腐夫同朝争衡,①终取灭亡之祸者,彼非不能洁情志,违埃雾也。②愍夫世士以离俗为高,而人伦莫相恤也。以遁世为非义,故屡退而不去;以仁心为己任,虽道远而弥厉。③及遭际会,协策窦武,自谓万世一遇也。懔懔乎伊、望之业矣!④功虽不终,然其信义足以携持民心。汉世乱而不亡,百余年间,数公之力也。

① 《前书》班固曰:"相与提衡。"《音义》云:"衡,平也。言二人齐也。"

② 违,避也。

③ 《论语》曰:"仁以为己任,不亦重乎!死而后己,不亦远乎!"

④ 懔懔,有风采之貌也。

王允字子师,太原祁人也。①世仕州郡为冠盖。同郡郭林宗尝见允而奇之,曰:"王生一日千里,王佐才也。"②遂与定交。

① 祁,今并州县也。

② 《史记》曰:田光谓燕太子丹曰:"臣闻骐骥壮盛之时,一日千里;至其老

也,驾马先之。"

年十九,为郡吏。时小黄门晋阳赵津贪横放恣,为一县巨患,允讨捕杀之。而津兄弟谄事宦官,因缘谮诉,桓帝震怒,征太守刘瓆,遂下狱死。允送丧还平原,终毕三年,然后归家。复还仕,郡人有路佛者,少无名行,而太守王球召以补吏,允犯颜固争,球怒,收允欲杀之。刺史邓盛闻而驰传辟为别驾从事。允由是知名,而路佛以之废弃。

允少好大节,有志于立功,常习诵经传,朝夕试驰射。三公并辟,以司徒高第为侍御史。中平元年,黄巾贼起,特选拜豫州刺史。辟荀爽、孔融等为从事,上除禁党。讨击黄巾别帅,大破之,与左中郎将皇甫嵩、右中郎将朱俊等受降数十万。于贼中得中常侍张让宾客书疏,与黄巾交通,允具发其奸,以状闻。灵帝责怒让,让叩头陈谢,竟不能罪之。而让怀协忿怨,以事中允。①明年,遂传下狱。②

① 中,伤也。

② 传,逮也。

会放,还复刺史。旬日间,复以它罪被捕。司徒杨赐以允素高,不欲使更楚辱,①乃遣客谢之曰:"君以张让之事,故一月再征。凶愿难量,幸为深计。"②又诸从事好气决者,共流涕奉药而进之。允厉声曰:"吾为人臣,获罪于君,当伏大辟以谢天下,岂有乳药求死乎!"投杯而起,出就槛车。既至廷尉,左右皆促其事,朝臣莫不叹息。大将军何进、太尉袁隗、司徒杨赐共上疏请之曰:"夫内视反听,则忠臣竭诚;宽贤矜能,则义士厉节。③是以孝文纳冯唐之说,④晋悼宥魏绛之罪。⑤允以特选受命,诛逆抚顺,曾未期月,州境澄清。方欲列其庸勋,请加爵赏,而以奉事不当,当肆大戮。责轻罚重,有亏众望。臣等备位宰相,不敢寝默。诚以允宜蒙三槐之听,以昭忠贞之心。"⑥书奏,得以减死论。是冬大赦,而允独不在宥,三公咸复为言。至明年,乃得解释。是时宦者横暴,睚眦触死。⑦允惧不免,乃变易名姓,转侧河内、陈留间。⑧

① 更,经也。楚,苦痛。

②深计谓令自死。

③内视，自视也。反听，自听也。言皆恕己，不责于人也。

④文帝时，魏尚为云中守，下吏免。冯唐为郎中署长，奏言曰："臣闻魏尚为云中守，上功首虏差六级，陛下下之吏，削其爵。愚以为陛下法太明，赏太轻，罚太重。"帝即日赦尚复为云中太守。

⑤《左传》曰：晋悼公之弟杨干乱行于曲梁，魏绛戮其仆。公怒之。绛曰："臣闻师众以顺为武，军事有死无犯为敬。臣惧其死，以及杨干，无所逃罪。"公曰："寡人有弟不能教训，使干大命，寡人之过也。子无重寡人之过。"与之礼食，使佐新军。

⑥《周礼》朝士职，三槐、九棘，公卿于下听讼，故曰"三槐之听"。

⑦眭音五懈反。眦音士懈反。《前书》曰："原涉好杀，眭眦于尘中，触死者甚多。"

⑧转侧犹去来也。

及帝崩，乃奔丧京师。时大将军何进欲诛宦官，召允与谋事，请为从事中郎，转河南尹。献帝即位，拜太仆，再迁守尚书令。

初平元年，代杨彪为司徒，守尚书令如故。及董卓迁都关中，允悉收敛兰台、石室图书秘纬要者以从。既至长安，皆分别条上。又集汉朝旧事所当施用者，一皆奏之。经籍具存，允有力焉。时董卓尚留洛阳，朝政大小，悉委之于允。允矫情屈意，每相承附，卓亦推心，不生乖疑，故得扶持王室于危乱之中，臣主内外，莫不倚恃焉。

允见卓祸毒方深，篡逆已兆，密与司隶校尉黄琬、尚书郑公业等谋共诛之。乃上护羌校尉杨瓒行左将军事，执金吾士孙瑞为南阳太守，并将兵出武关道，以讨袁术为名，实欲分路征卓，而后拔天子还洛阳。卓疑而留之，允乃引内瑞为仆射，瓒为尚书。

二年，卓还长安，录入关之功，封允为温侯，食邑五千户。固让不受。士孙瑞说允曰："夫执谦守约，存乎其时。公与董太师并位俱封，而独崇高节，岂和光之道邪？"①允纳其言，乃受二千户。

①《老子》曰："和其光，同其尘。"

三年春，连雨六十余日，允与士孙瑞、杨瓒登台请霁，复结前谋。①瑞曰："自岁末以来，太阳不照，霖雨积时，月犯执法，②彗孛

仍见,昼阴夜阳,雾气交侵,此期应促尽,内发者胜。几不可后,公其
图之。"允然其言,乃潜结卓将吕布,使为内应。会卓入贺,吕布因刺
杀之。语在《卓传》。③

①《说文》曰:"霁,雨止也。"郭璞曰:"南阳人呼雨止曰霁。"

②执法,星名。《史记》曰"太微南四星曰执法"也。

③帝时疾愈,故入贺也。

允初议赦卓部曲,吕布亦数劝之。既而疑曰:"此辈无罪,从其
主耳。今若名为恶逆而特赦之,适足使其自疑,非所以安之之道
也。"吕布又欲以卓财物班赐公卿、将校,允又不从。而素轻布,以剑
客遇之。布亦负其功劳,多自夸伐,既失意望,渐不相平。

允性刚棱疾恶,①初惧董卓豺狼,故折节图之。卓既歼灭,自谓
无复患难,及在际会,每乏温润之色,杖正持重,不循权宜之计,是
以群下不甚附之。

①棱,威棱也,力登反。

董卓将校及在位者多凉州人,允议罢其军。或说允曰:"凉州人
素惮袁氏而畏关东。今若一旦解兵关东,则必人人自危。可以皇甫
义真为将军,就领其众,因使留陕以安抚之,而徐与关东通谋,以观
其变。"允曰:"不然。关东举义兵者,皆吾徒耳。今若距险屯陕,虽
安凉州,而疑关东之心,甚不可也。"时百姓讹言,当悉诛凉州人,遂
转相恐动。其在关中者,皆拥兵自守。更相谓曰:"丁彦思、蔡伯喈
但以董公亲厚,并尚从坐。今既不赦我曹,而欲解兵,今日解兵,明
日当复为鱼肉矣。"卓部曲将李傕、郭汜等先将兵在关东,因不自
安,遂合谋为乱,攻围长安。城陷,吕布奔走。布驻马青琐门外,①招
允曰:"公可以去乎?"允曰:"若蒙社稷之灵,上安国家,吾之愿也。
如其不获则奉身以死之。朝廷幼少,恃我而已,②临难苟免,吾不忍
也。努力谢关东诸公,勤以国家为念。"

①《前书音义》曰:"以青画户边镂中,天子制也。"

②朝廷谓天子也。

初,允以同郡宋翼为左冯翊,王宏为右扶风。是时三辅民庶炽

盛,兵谷富实,李傕等欲即杀允,惧二郡为患,乃先征翼、宏。宏遣使谓翼曰:"郭汜、李傕以我二人在外,故未危王公。今日就征,明日俱族。计将安出?"翼曰:"虽祸福难量,然王命所不得避也。"宏曰:"义兵鼎沸,在于董卓,况其党与乎!若举兵共讨君侧恶人,山东必应之,此转祸为福之计也。"翼不从。宏不能独立,遂俱就征,下廷尉。傕乃收允及翼、宏,并杀之。

允时年五十六。长子侍中盖、次子景、定及宗族十余人皆见诛害,唯兄子晨、陵得脱归乡里。天子感恸,百姓丧气,莫敢收允尸者,唯故吏平陵令赵戬弃官营丧。①

①戩音翦。

王宏字长文,少有气力,不拘细行。初为弘农太守,考案郡中有事宦官买爵位者,虽位至二千石,皆掠考收捕,遂杀数十人,威动邻界。素与司隶校尉胡种有隙,及宏下狱,种遂迫促杀之。宏临命诟①曰:"宋翼竖儒,不足议大计。②胡种乐人之祸,祸将及之。"种后眠辄见宏以杖击之,因发病,数日死。

①诟,骂也,音火豆反。

②竖者,言贱劣如僮竖。

后迁都于许,帝思允忠节,使改殡葬之,遣虎贲中郎将奉策吊祭,赐东园秘器,赠以本官印绶,送还本郡。封其孙黑为安乐亭侯,食邑三百户。

士孙瑞字君策,扶风人,颇有才谋。瑞以允自专讨董卓之劳,故归功不侯,所以获免于难。后为国三老、光禄大夫。每三公缺,杨彪、皇甫嵩皆让位于瑞。兴平二年,从驾东归,为乱兵所杀。

赵戩字叔茂,长陵人,性质正,多谋。初平中,为尚书,典选举。董卓数欲有所私授,戩辄坚拒不听,言色强厉。卓怒,召将杀之,众人悚栗,而戩辞貌自若。卓悔,谢释之。长安之乱,客于荆州,刘表厚礼焉。及曹操平荆州,乃辟之,执戩手曰:"恨相见晚。"卒相国钟繇长史。①

①钟繇字元常,魏太祖时为相国。

论曰：士虽以正立，亦以谋济。若王允之推董卓而引其权，伺其间而敝其罪，当此之时，天下悬解矣。①而终不以猜忤为衅者，知其本于忠义之诚也。故推卓不为失正，分权不为苟冒，伺间不为狙诈。及其谋济意从，则归成于正也。

①《庄子》曰："斯所谓帝之悬解。"悬解喻安泰也。

赞曰：陈蕃芜室，志清天纲。人谋虽缉，幽运未当。①言观殄瘁，曷非云亡？②子师图难，晦心倾节。③功全元丑，身残余孽。时有隆夷，事亦工拙。④

①缉，合也。《易·下系》曰："人谋鬼谋。"言蕃设谋虽合，而冥运未符也。

②殄，尽也。瘁，病也。言国将殄瘁，岂不由贤人云亡乎？《诗·大雅》曰"人之云亡，邦国殄瘁"也。

③谓矫性屈意于董卓。

④诛卓为工，被杀为拙也。

后汉书卷六七
列传第五七

刘淑　李膺　杜密　刘祐
魏朗　夏馥　宗慈　巴肃
范滂　尹勋　蔡衍　羊陟
张俭　岑晊　陈翔　孔昱
苑康　檀敷　刘儒　贾彪
何颙

孔子曰:"性相近也,习相远也。"言嗜恶之本同,而迁染之涂异也。①夫刻意则行不肆,牵物则其志流。②是以圣人导人理性,裁抑宕佚,慎其所与,节其所偏,虽情品万区,质文异数,至于陶物振俗,其道一也。③叔末浇讹,王道陵缺,④而犹假仁以效己,凭义以济功。举中于理,则强梁褫气;片言违正,则厮台解情。盖前哲之遗尘,有足求者。⑤

①嗜犹好也。恶音乌故反。言人好恶,各有本性,迁染者,由其所习。《尚书》曰:"唯人生厚,因物有迁。"《墨子》曰:"墨子见染丝者,泣而叹曰:'染于苍则苍,染于黄则黄,故染不可不慎也。非独染丝然也,国亦有染。汤染于伊尹,故王天下;殷纣染于恶来,故国残身死,为天下僇。'"

②刻意,刻削其意不得自恣也。《庄子》曰:"刻意尚行,离时异俗。"行音下

　　孟反。肆犹放纵也。牵物谓为物所牵制,则其志流宕忘反也。《淮南
　　子》曰:"非拘击牵连于物,而不与推移也。"

③陶谓陶冶以成之。《管子》曰:"夫法之制人,犹陶之于埴,冶之于金也。"
　　埴音植。

④叔末犹季末也。谓当春秋之时。

⑤禠犹夺也,音直纸反。厮台,贱人也。齐侯伐楚,楚子使与师言曰:"君处
　　北海,寡人处南海,唯是风马牛不相及也,不虞君之涉吾地也。何故?"
　　管仲对曰:"尔贡苞茅不入,王祭不供,无以缩酒,寡人是征。"对曰:"贡
　　之不入,寡君之罪也。"遂使屈完与齐盟于召陵。此强梁禠气也。又晋吕
　　甥、郤芮将焚公宫而杀晋侯,寺人披请见,公使让之,且辞曰:"汝为惠
　　公来求杀余,命汝三宿,汝中宿而至。虽君有命,何其速也?"对曰:"臣
　　谓君之入也,其知之矣。若犹未也,又将及难。君命无二,古之制也。除
　　君之恶,唯力是视,蒲人狄人,余何有焉。今君即位,其无蒲、狄乎?"此
　　为厮台解情也。并见《左传》。

　　霸德既衰,狙诈萌起。①强者以决胜为雄,弱者以诈劣受屈。至
有画半策而绾万金,开一说而锡琛瑞。②或起徒步而仕执圭,解草
衣以升卿相。③士之饰巧驰辩,以要能钓利者,不期而景从矣。④自
是爱尚相夺,与时回变,其风不可留,其敝不能反。

①霸德衰谓六国时也。狙音七余反。《广雅》曰:"狙,弥猴也。"以其多诈,
　　故比之也。

②苏秦说赵王,赐白璧百双,黄金万镒。虞卿一见赵王,赐白璧一双,黄金
　　百镒。见《史记》及《战国策》。

③《史记》曰,楚惠王言"庄舄,越之鄙细人也,今仕楚执圭,贵富矣"。解草
　　衣谓范睢、蔡泽之类。

④《韩子》李斯曰"韩非饰辩诈谋,以钓利于秦"也。贾谊《过秦》曰"赢粮而
　　景从"也。

　　及汉祖杖剑,武夫勃兴,宪令宽赊,文礼简阔,绪余四豪之烈,
人怀陵上之心,①轻死重气,怨惠必仇,令行私庭,权移匹庶,任侠
之方,成其俗矣。②自武帝以后,崇尚儒学,怀经协术,所在雾会,至
有石渠分争之论,党同伐异之说,守文之徒,盛于时矣。③至王莽专
伪,终于篡国,志义之流,耻见缨绂,遂乃荣华丘壑,甘足枯槁。④虽

中兴在运,汉德重开,而保身怀方,弥相慕袭,去就之节,重于时矣。⑤逮桓灵之间,主荒政缪,国命委于阉寺,士子羞与为伍,故匹夫抗愤,处士横议遂乃激扬名声,互相题拂,品核公卿,裁量执政,婞直之风,于斯行矣。⑥

①四豪谓信陵君魏公子无忌、平原君赵胜、春申君黄歇、孟尝君田文。《前书》班固曰:"游谈者以四豪为称首。"

②《前书音义》曰:"相与信为任,同是非为侠,所谓权行州域,力折公侯者也。"

③武帝诏求贤良,于是公孙弘、董仲舒等出焉。宣帝时集诸儒于石渠阁,讲论六艺。召《五经》名儒太子太傅萧望之等大议殿中,平《公羊》、《谷梁》同异,同己者朋党之,异己者攻伐之。刘韵书曰:"党同门,妒道真。"

④谓龚胜、薛方、郭钦、蒋诩之类,并隐居不应莽召。

⑤谓逄萌、严光、周党、尚长之属。

⑥婞,狠也,音邢鼎反。

夫上好则下必甚,矫枉故直必过,其理然矣。①若范滂、张俭之徒,清心忌恶,终陷党议,不其然乎。

①《礼记》曰:"下之事上也,不从其所令,从其所行。上好是物,下必有甚者矣。"矫,正也。正枉必过其直,见《孟子》。

初,桓帝为蠡吾侯,受学于甘陵周福,及即帝位,擢福为尚书。时同郡河南尹房植有名当朝,乡人为之谣曰:"天下规矩房伯武,因师获印周仲进。"二家宾客,互相讥揣,①遂各树朋徒,渐成尤隙,由是甘陵有南北部,党人之议,自此始矣。后汝南太守宗资任功曹范滂,南阳太守成瑨亦委功曹岑晊,②二郡又为谣曰:"汝南太守范孟博,南阳宗资主画诺。南阳太守岑公孝,弘农成瑨但坐啸。"③因此流言转入太学,诸生三万余人,郭林宗、贾伟节为其冠,④并与李膺、陈蕃、王畅更相褒重。学中语曰:"天下模楷李元礼,不畏强御陈仲举,天下俊秀王叔茂。"又渤海公族进阶、⑤扶风魏齐卿,并危言深论,不隐豪强。⑥自公卿以下,莫不畏其贬议,屦履到门。

①初委反。

②音质。

③《谢承书》曰"成瑨少修仁义,笃学,以清名见。举孝廉,拜郎中,迁南阳
太守。郡旧多豪强,中官黄门磐牙境界。瑨下车,振威严以捡摄之。是
时桓帝乳母、中宫贵人外亲张子禁,怙恃贵势,不畏法纲,功曹岑晊劝
使捕子禁付宛狱,笞杀之。桓帝征瑨,下狱死。宗资字叔都,南阳安众人
也。家代为汉将相名臣。祖父均,自有传。资少在京师,学《孟氏易》、
《欧阳尚书》。举孝廉,拜议郎,补御史中丞、汝南太守。署范滂为功曹,
委任政事,推功于滂,不伐其美。任善之名,闻于海内"也。

④冠犹首也。

⑤公族,姓也,名进阶。《风俗通》曰:"晋成公立嫡子为公族大夫。"韩无忌
号公族穆子,见《左氏传》。

⑥危言谓不畏危难而直言也《论语》孔子曰:"邦有道,危言危行。"

　时河内张成善说风角,推占当赦,遂教子杀人。李膺为河南尹,
督促收捕,既而逢宥获免,膺愈怀愤疾,竟案杀之。初,成以方伎交
通宦官,帝亦颇谇其占。成弟子牢修因上书诬告膺等养太学游士,
交结诸郡生徒,更相驱驰,共为部党,诽讪朝廷,疑乱风俗。①于是
天子震怒,班下郡国,逮捕党人,布告天下,使同忿疾,遂收执膺等。
其辞所连及陈实之徒二百余人,或有逃遁不获,皆悬金购募。使者
四出,相望于道。明年,尚书霍谞、城门校尉窦武并表为请,帝意稍
解,乃皆赦归田里,禁锢终身。而党人之名,犹书王府。

　①《说文》曰:"诽,谤也。"《苍颉篇》曰:"讪,非也。"

　自是正直废放,邪枉炽结,海内希风之流,遂共相标榜,①指天
下名士,为之称号。上曰"三君",次曰"八俊",次曰"八顾",次曰"八
及",次曰"八厨",犹古之"八元"、"八凯"也。窦武、刘淑、陈蕃为"三
君"。君者,言一世之所宗也。李膺、荀翌、杜密、王畅、刘祐、魏朗、
赵典、朱寓为"八俊"。俊者,言人之英也。郭林宗、宗慈、巴肃、夏馥、
范滂、尹勋、蔡衍、羊陟为"八顾"。顾者,言能以德行引人者也。张
俭、岑晊、刘表、陈翔、孔昱、苑康、檀敷、翟超为"八及"。及者,言其
能导人追宗者也。②度尚、张邈、王考、刘儒、胡母班、秦周、蕃向、王
章为"八厨"。③厨者,言能以财救人者也。

　①希,望也。标榜犹相称扬也。"榜"与"牓"同,古字通。

②导，引也。宗谓所宗仰者。

③蕃，姓也，音皮。

又张俭乡人朱并，承望中常侍侯览意旨，上书告俭与同乡二十四人别相署号，共为部党，图危社稷。以俭及檀彬、褚凤、张肃、薛兰、冯禧、魏玄、徐乾为"八俊"，田林、张隐、刘表、薛郁、王访、刘祗、宣靖、公绪恭为"八顾"，①朱楷、田盘、疏耽、薛敦、宋布、唐龙、嬴咨、宣褒为"八及"，刻石立墠，共为部党，而俭为之魁。②灵帝诏刊章捕俭等。③大长秋曹节因此讽有司奏捕前党故司空虞放、太仆杜密、长乐少府李膺、司隶校尉朱㝢、颍川太守巴肃、沛相荀翌、河内太守魏朗、山阳太守翟超、任城相刘儒、太尉掾范滂等百余人，皆死狱中。余或先殁不及，或亡命获免。自此诸为怨隙者，因相陷害，睚眦之忿，滥入党中。④又州郡承旨，或有未尝交关，亦离祸毒。其死徙废禁者，六七百人。

①公绪，姓也。

②墠，除地于中为坛。墠音禅。魁，大帅也。

③刊，削。不欲宣露并名，故削除之，而直捕俭等。

④睚音五懈反。《广雅》曰："睚，裂也。"眦音才赐反。《前书音义》曰："瞋目貌也。"《史记》曰："睚眦之隙必报。"

熹平五年，永昌太守曹鸾上书大讼党人，言甚方切。帝省奏大怒，即诏司隶、益州槛车收鸾，送槐里狱掠杀之。于是又诏州郡更考党人门生故吏父子兄弟，其在位者，免官禁锢，爰及五属。①

①谓斩衰、齐衰、大功、小功、缌麻也。

光和二年，上禄长和海①上言："礼，从祖兄弟别居异财，恩义已轻，服属疏末。而今党人锢及五族，既乖典训之文，有谬经常之法。"②帝览而悟之，党锢自从祖以下，皆得解释。

①上禄，县，属武都郡，今成州县也。

②《左氏传》曰："父子兄弟，罪不相及。"

中平元年，黄巾贼起，中常侍吕强言于帝曰："党锢久积，人情多怨。若久不赦宥，轻与张角合谋，为变滋大，悔之无救。"帝惧其言，乃大赦党人，诛徙之家皆归故郡。其后黄巾遂盛，朝野崩离，纲纪文章荡然矣。①

  ①《诗·大雅·荡篇序》曰:"厉王无道,天下荡荡,无纲纪文章。"郑玄注
   云:"荡荡,法度废坏之儿也。"

  凡党事始自甘陵、汝南,成于李膺、张俭,海内涂炭,二十余年,诸所蔓衍,皆天下善士。三君、八俊等三十五人,其名迹存者,并载乎篇。陈蕃、窦武、王畅、刘表、度尚、郭林宗别有传。荀翌附祖《淑传》。张邈附《吕布传》。胡母班附《袁绍传》。王考字文祖,东平寿张人,冀州刺史;秦周字平王,陈留平丘人,北海相;蕃向字嘉景,鲁国人,郎中;王璋字伯仪,东莱曲城人,少府卿;①位行并不显。翟超,山阳太守,事在《陈蕃传》,字及郡县未详。朱寓,沛人,与杜密等俱死狱中。唯赵典名见而已。

  ①曲城,县,故城在今莱州掖县东北也。

  刘淑字仲承,河间乐成人也。祖父称,司隶校尉。淑少学明《五经》,遂隐居,立精舍讲授,诸生常数百人。州郡礼请,五府连辟,并不就。永兴二年,司徒种皓举淑贤良方正,辞以疾。桓帝闻淑高名,切责州郡,使舆病诣京师。淑不得已而赴洛阳,对策为天下第一,拜议郎。又陈时政得失,灾异之占,事皆效验。再迁尚书,纳忠建议,多所补益。又再迁侍中、虎贲中郎将。上疏以为宜罢宦官,辞甚切直,帝虽不能用,亦不罪焉。以淑宗室之贤,特加敬异,每有疑事,常密咨问之。灵帝即位,宦官谮淑与窦武等通谋,下狱自杀。

  李膺字元礼,颍川襄城人也。祖父修,安帝时为太尉。①父益,赵国相。膺性简亢,无所交接,②唯以同郡荀淑、陈实为师友。

  ①《汉官仪》曰:"修字伯游。"

  ②亢,高也。

  初举孝廉,为司徒胡广所辟,举高第,再迁青州刺史。守令畏威明,多望风弃官。复征,再迁渔阳太守。寻转蜀郡太守,以母老乞不之官。①转护乌桓校尉。鲜卑数犯塞,膺常蒙矢石,每破走之,虏甚

惮慑。②以公事免官，还居纶氏，教授常千人。③南阳樊陵求为门徒，膺谢不受。陵后以阿附宦官，致位太尉，为节者所羞。④荀爽尝就谒膺，因为其御，既还，喜曰："今日乃得御李君矣。"其见慕如此。

> ①《谢承书》曰："出补蜀郡太守，修庠序，设条教，明法令，威恩并行。蜀之珍玩，不入于门。益州纪其政化，朝廷举能理剧，转乌桓校尉。"

> ②《谢承书》曰："膺常率步骑临阵交战，身被创夷，拭血进战，遂破寇，斩首二千级。"

> ③纶氏，县，属颍川郡，故城今阳城县也。

> ④《汉官仪》曰："樊陵字德云。"

永寿二年，鲜卑寇云中，桓帝闻膺能，乃复征为度辽将军。先是羌虏及疏勒、龟兹，数出攻钞张掖、酒泉、云中诸郡，百姓屡被其害。自膺到边，皆望风惧服，先所掠男女，悉送还塞下。自是之后，声振远域。

延熹二年征，再迁河南尹。时宛陵大姓羊元群罢北海郡，臧罪狼藉，郡舍溷轩有奇巧，乃载之以归。①膺表欲按其罪，元群行赂官竖，膺反坐输作左校。

> ①溷轩，厕屋。

初，膺与廷尉冯绲、大司农刘祐等共同心志，纠罚奸幸，绲、祐时亦得罪输作。司隶校尉应奉上书理膺等曰："昔秦人观宝于楚，昭奚恤莅以群贤；①梁惠王玮其照乘之珠，齐威王答以四臣。②夫忠贤武将，国之心膂。窃见左校施刑徒前廷尉冯绲、大司农刘祐、河南尹李膺等，执法不挠，诛举邪臣，肆之以法，③众庶称宜。昔季孙行父亲逆君命，逐出莒仆，于舜之功二十之一。④今膺等投身强御，毕力致罪，陛下既不听察，而猥受谮诉，遂令忠臣同愍元恶。自春迄冬，不蒙降恕，遐迩观听，为之叹息。夫立政之要，记功忘失，是以武帝舍安国于徒中，⑤宣帝征张敞于亡命。⑥绲前讨蛮荆，均吉甫之功。⑦祐数临督司，有不吐茹之节。⑧膺著威幽、并，遗爱度辽。今三垂蠢动，王旅未振。《易》称'雷雨作解，君子以赦过宥罪'。⑨乞原膺等，以备不虞。"书奏，乃悉免其刑。

①《新序》曰："秦欲伐楚，使者往观楚之宝器。楚王闻之，召昭奚恤问焉。
对曰：'此欲观吾国之得失而图之，宝器在于贤臣。'遂使恤应之。乃为
东面之坛一，为南面之坛四，为西面之坛一。秦使者至，恤曰：'君，客
也，请就上位东面，子西南面，太宰子方次之，叶公子高次之，司马子反
次之。'恤自居西面之坛，称曰：'客观楚国之宝器。所宝者，贤臣也。理
百姓，实仓廪，使人各得其所，子西在此。奉圭璋，使诸侯，解忿悁之难，
交两国之欢，使无兵革之忧，太宰子方在此。守封疆谨境界，不侵邻国，
邻亦不侵，叶公子高在此。理师旅，正兵戎，以当强敌，提枹鼓以动百万
之众，使皆赴汤火，蹈白刃，出万死不顾，司马子反在此。若怀霸王之余
义，猎理乱之遗风，昭奚恤在此。惟大国所观。'秦使者惧然无以对，恤
遂摄衣而去。使反，言秦君曰：'楚多贤臣，未可谋也。'"

②玮犹美也。《史记》曰，魏惠王问齐威王曰："王亦有宝乎？"威王曰："无
有。"魏王曰："寡人之国虽小，尚有径寸珠照车前后十二乘者十枚，奈
何以万乘之国而无宝乎！"威王曰："寡人所以为宝与王异。吾臣有檀
子者，使守南城，楚人不敢为寇。吾臣有盼子者，使守高堂，则赵人不敢
东渔于河。吾臣有黔夫者，使守徐州，于是燕人祭北门，赵人祭西门，从
者七千余家。吾臣有种首者，使备盗贼，则道不拾遗。以此为宝，将以照
千里，岂直十二乘哉？"魏王惭，不怿而去。

③肆，陈也。

④纪太子仆杀纪公，以其宝玉来奔，纳诸宣公，公命与之邑，季文子使司
寇出之境。公问其故，对曰："孝敬忠信为吉德，盗贼藏奸为凶德。夫莒
仆，则其孝敬，弑君父矣，则其忠信，则窃宝玉矣，其人则盗贼也，是以
去之。舜举十六相，去四凶，有大功二十而为天子。今行父虽未获一吉
人，去一凶矣，于舜之功，二十之一也。"见《左传》。

⑤景帝时，韩安国为梁大夫，坐法抵罪。后梁内史缺，起徒中为二千石，拜
为内史。臣贤案：此言武帝，误也。

⑥张敞为京兆尹，坐杀人亡命归家。冀州乱，征敞为冀州刺史。

⑦《诗·小雅》曰："显允方叔，征伐猃狁，蛮荆来威。"郑玄注云："方叔先
与吉甫征伐俨狁，今特往伐蛮荆，皆使来服于宣王之威，美其功之多
也。"绲以顺帝时讨长沙武陵蛮夷有功，故以比之。

⑧谓祐奏梁冀弟旻，又为司隶校尉，权豪畏之也。《诗》曰："唯仲山甫，柔
亦不茹，刚亦不吐，不侮鳏寡，不畏强御。"

⑨《易·解卦·象词》也。卦《坎》下《震》上。《解》,《坎》为险,为水。水者,
　　雨之象。《震》为动,为雷。王弼注云:"屯难盘结,于是乎解也。"

　　再迁,复拜司录校尉。时张让弟朔为野王令,贪残无道,至乃杀
孕妇,闻膺厉威严,惧罪逃还京师,因匿兄让弟舍,藏于合柱中。膺
知其状,率将吏卒破柱取朔,付洛阳狱。受辞毕,即杀之。让诉冤于
帝,诏膺入殿,御亲临轩,诘以不先请便加诛辟之意。膺对曰:"昔晋
文公执卫成公归于京师,《春秋》是焉。①《礼》云公族有罪,虽曰宥
之,有司执宪不从。②昔仲尼为鲁司寇,七日而诛少正卯。今臣到官
已积一旬,私惧以稽留为愆,不意获速疾之罪。诚自知衅责,死不旋
踵,特乞留五日,克殄元恶,退就鼎镬,始生之愿也。"帝无复言,顾
谓让曰:"此汝弟之罪,司隶何愆?"乃遣出之。自此诸黄门常侍皆鞠
躬屏气,休沐不敢复出宫省。帝怪问其故,并叩头泣曰:"畏李校
尉。"

　　①《公羊传》曰:"晋人执卫侯,归之于京师。归之于者,执之乎天子之侧者
　　也。罪定不定已可知矣。"何休注云:"归之于者,决辞也。"
　　②解见《张酺传》。

　　是时朝庭日乱,纲纪颓阤,膺独持风裁,以声名自高。①士有被
其容接者,名为登龙门。②及遭党事,当考实膺等。案经三府,太尉
陈蕃却之。曰:"今所考案,皆海内人誉,忧国忠公之臣。此等犹将
十世宥也,③岂有罪名不章而致收掠者乎?"不肯平署。④帝愈怒,
遂下膺等于黄门北寺狱。⑤膺等颇引宦官子弟,宦官多惧,请帝以
天时宜赦,于是大赦天下。膺免归乡里,居阳城山中,天下士大夫皆
高尚其道,而污秽朝廷。⑥

　　①裁音才代反。
　　②以鱼为喻也。龙门,河水所下之口,在今绛州龙门县。辛氏《三秦记》曰
　　"河津一名龙门,水险不通,鱼鳖之属莫能上,江海大鱼薄集龙门下数
　　千,不得上,上则为龙"也。
　　③解见《耿弇传》。
　　④平署犹连署也。
　　⑤狱名,解见《灵纪》也。

⑥以朝廷为污秽也。

　　及陈蕃免太尉，朝野属意于膺，荀爽恐其名高致祸，欲令屈节以全乱世，为书贻曰："久废过庭，不闻善诱，陟岵瞻望，惟日为岁。①知以直道不容于时，悦山乐水，家于阳城。道近路夷，当即聘问，无状婴疾，阙于所仰。顷闻上帝震怒，贬黜鼎臣，②人鬼同谋，③以为天子当贞观二五，利见大人，④不谓夷之初旦，明而未融，⑤虹霓扬辉，弃和取同。⑥方今天地气闭，大人休否，⑦智者见险，投以远害。⑧虽匮人望，内合私愿。⑨想甚欣然，不为恨也。愿怡神无事，偃息衡门，⑩任其飞沈，与时抑扬。"顷之，帝崩。陈蕃为太傅，与大将军窦武共秉朝政，连谋诛诸宦官，故引用天下名士，乃以膺为长乐少府。及陈、窦之败，膺等复废。

①《论语》曰："鲤趋而过庭。子曰：'学《诗》乎？'曰'未也'。"又曰："孔子恂恂然善诱人。"《诗》曰："陟彼岵兮，瞻望父兮。"又曰："一日不见，如三岁兮。"爽致敬于膺，故以父为喻也。

②上帝谓天子，鼎臣即陈蕃。

③《易·下系》曰："人谋鬼谋，百姓与能。"

④《易》曰："天地之道，贞观也。"《乾·九二》、《九五》并曰"利见大人"也。

⑤夷，伤也。融，朗也。《明夷卦》《离》下《坤》上，《离》为日，《坤》为地，日之初出，其明未朗。《左传》曰："明而未融，其当旦乎？"以膺黜，故喻之也。

⑥《春秋考异邮》曰："虹霓出，乱惑弃和。"谓弃君子，同小人也。《论语》曰："君子和而不同，小人同而不和"也。

⑦《易·文言》曰："天地闭，贤人隐。"《否·九五》曰："大人休否。"休否谓休废而否塞。

⑧见险难，故投身以远害也。《易》曰："君子以俭德避难，不可荣以禄。"

⑨匮，乏也。

⑩毛苌《诗》注曰："衡门，横木为门。"

　　后张俭事起，收捕钩党，乡人谓膺曰："可去矣。"对曰："事不辞难，罪不逃刑，臣之节也。①吾年已六十，死生有命，去将安之？"乃诣诏狱。考死，妻子徙边，门生、故吏及其父兄，并被禁锢。

①《左传》曰，晋侯之弟杨干乱行于曲梁，魏绛戮其仆。晋侯怒，谓羊舌赤

曰:"合诸侯以为荣也。杨干为戮,何辱如之?必杀魏绛,无失也。"对曰:
"绛无贰志,事君不避难,有罪不逃刑,其将来辞,何辱命焉!"

时侍御史蜀郡景毅子顾为膺门徒,而未有录牒,故不及于谴。
毅乃慨然曰:"本谓膺贤,遣子师之,岂可以漏夺名籍,苟安而已!"
遂自表免归,时人义之。

膺子瓒,位至东平相。① 初,曹操微时,瓒异其才,将没,谓子宣
等曰:"时将乱矣,天下英雄无过曹操。张孟卓与吾善,袁本初汝外
亲,虽尔勿依,必归曹氏。"诸子从之,并免于乱世。

① 《谢承书》"瓒"作"𡍼"。

杜密字周甫,颍川阳城人也。为人沈质,少有厉俗志。为司徒
胡广所辟,稍迁代郡太守。征,三迁太山太守、北海相。其宦官子弟
为令长有奸恶者,辄捕案之。行春到高密县,见郑玄为乡佐,知其异
器,即召署郡职,遂遣就学。

后密去官还家,每谒守令,多所陈托。同郡刘胜,亦自蜀郡告归
乡里,闭门埽轨,无所干及。① 太守王昱谓密曰:"刘季陵清高士,公
卿多举之者。"密知昱激己,对曰:"刘胜位为大夫,见礼上宾,而知
善不荐,闻恶无言,隐情惜己,自同寒蝉,此罪人也。② 今志义力行
之贤而密达之,③ 违道失节之士而密纠之,使明府赏刑得中,令问
休扬,不亦万分之一乎?"昱惭服,待之弥厚。

① 轨,车迹也。言绝人事。
② 寒蝉谓寂默也。《楚词》曰:"悲哉秋之为气也,蝉寂漠而无声。"
③ 力行谓尽力行善也。《礼记》曰:"好问近乎智,力行近乎仁。"

后桓帝征拜尚书令,迁河南尹,转太仆。党事既起,免归本郡,
与李膺俱坐,而名行相次,故时人亦称"李杜"焉。① 后太傅陈蕃辅
政,复为太仆。明年,坐党事被征,自杀。

① 前有李固、杜乔,故言"亦"也。

刘祐字伯祖,中山安国人也。① 安国后别属博陵。祐初察孝廉,

补尚书侍郎，闲练故事，文札强辨，每有奏议，应对无滞，为僚类所归。

> ①安国，县，故城在今定州义丰县东南。《谢承书》曰："祐，宗室胤绪，代有名位。少修操行，学《严氏春秋》、《小戴礼》、《古文尚书》，仕郡为主簿。郡将小子尝出钱付之，令市买果实，祐悉以买笔书具与之，因白郡将，言'郎君年可入小学，而但傲很，远近谓明府无过庭之教，请出授书'。郡将为使子就祐受经，五日一试，不满呈限，自决罚，遂成学业也。"

除任城令，兖州举为尤异，迁扬州刺史。是时会稽太守梁旻，大将军冀之从弟也。祐举奏其罪，旻坐征。复迁祐河东太守。时属县令长率多中官子弟，百姓患之。祐到，黜其权强，平理冤结，政为三河表。①

> ①三河谓河东、河内、河南也。表犹标准也。

再迁，延熹四年，拜尚书令，又出为河南尹，转司隶校尉。时权贵子弟罢州郡还入京师者，每至界首，辄改易舆服，隐匿财宝，威行朝廷。

拜宗正，三转大司农。时中常侍苏康、管霸用事于内，遂固天下良田美业，山林湖泽，民庶穷困，州郡累气。①祐移书所在，依科品没入之。桓帝大怒，论祐输左校。

> ①累气，屏息也。

后得赦出，复历三卿，辄以疾辞，乞骸骨归田里。诏拜中散大夫，遂杜门绝迹。每三公缺，朝廷皆属意于祐，以谮毁不用。延笃贻之书曰："昔太伯三让，人无德而称焉。①延陵高揖，华夏仰风。②吾子怀蘧氏之可卷，体宁子之如愚，③微妙玄通，冲而不盈，蔑三光之明，未暇以天下为事，何其劭与！"

> ①三让，解见《和纪》。
> ②揖，让也。《左传》，吴王寿梦卒，子诸樊既除丧，将立弟季札，札弃其室而耕，乃舍之。
> ③蘧瑗字伯玉，宁子名俞，并卫大夫。《论语》孔子曰："君子哉蘧伯玉，邦有道则仕，邦无道则可卷而怀之。"又曰："宁武子邦无道则愚。"

灵帝初，陈蕃辅政，以祐为河南尹。及蕃败，祐黜归，卒于家。明年,大诛党人,幸不及祸。

　　魏朗字少英,会稽上虞人也。[1]少为县吏。兄为乡人所杀,朗白日操刃报仇于县中,遂亡命到陈国。从博士郤仲信学《春秋图纬》,[2]又诣太学受《五经》,京师长者李膺之徒争从之。

　　①上虞,县,故城在今越州余姚县西。有虞山,在县东。
　　②孔子作《春秋纬》十二篇。

　　初辟司徒府,再迁彭城令。时中官子弟为国相,多行非法,朗与更相章奏,幸臣忿疾,欲中之。[1]会九真贼起,乃共荐朗为九真都尉。到官,奖厉吏兵,讨破群贼,斩首二千级。桓帝美其功,征拜议郎。顷之,迁尚书。屡陈便宜,有所补益。出为河内太守,政称三河表。尚书令陈蕃荐朗公忠亮直,宜在机密,复征为尚书。会被党议,免归家。

　　①中犹中伤。

　　朗性矜严,闭门整法度,家人不见惰容。后窦武等诛,朗以党被急征,行至牛渚,自杀。[1]著书数篇,号《魏子》云。

　　①牛渚,山名。突出江中,谓为牛渚圻,在今宣州当涂县北也。

　　夏馥字子治,陈留圉人也。少为书生,言行质直。同县高氏、蔡氏并皆富殖,郡人畏而事之,唯馥比门不与交通,[1]由是为豪姓所仇。桓帝初,举直言,不就。

　　①比门犹并门也。

　　馥虽不交时宦,然以声名为中官所惮,遂与范滂、张俭等俱被诬陷,诏下州郡,捕为党魁。

　　及俭等亡命,经历之处,皆被收考,辞所连引,布遍天下。馥乃顿足而叹曰:“孽自己作,空污良善,一人逃死,祸及万家,何以生为!”乃自翦须变形,入林虑山中,[1]隐匿姓名,为治家佣。亲突烟炭,形貌毁瘁,积二三年,人无知者。后馥弟静,乘车马,载缣帛,追之于涅阳市中。[2]遇馥不识,闻其言声,乃觉而拜之。馥避不与语,静追随至客舍,共宿。夜中密呼静曰:"吾以守道疾恶,故为权宦所陷。且念营苟全,以庇性命,弟奈何载物相求,是以祸见追也。"明旦,别去。党禁未解而卒。

①林虑,今相州县。

②涅阳,县,属南阳郡。

宗慈字孝初,南阳安众人也。①举孝廉,九辟公府,有道征,不就。后为修武令。时太守出自权豪,多取货赂,慈遂弃官去。征拜议郎,未到,道疾卒。南阳群士皆重其义行。

①安众在今南阳县西南,仍有其名,无复基趾也。

巴肃字恭祖,勃海高城人也。①初察孝廉,历慎令、贝丘长,②皆以郡守非其人,辞病去。辟公府,稍迁拜议郎。与窦武、陈蕃等谋诛阉官,武等遇害,肃亦坐党禁锢。中常侍曹节后闻其谋,收之。肃自载诣县。县令见肃,入阁解印绶与俱去。肃曰:"为人臣者,有谋不敢隐,有罪不逃刑。既不隐其谋矣,又敢逃其刑乎?"遂被害。刺史贾琮刊石立铭以记之。

①高城,县,故城在今沧州盐山县南。

②慎,县,属汝南郡。贝丘,县,属清河郡。

范滂字孟博,汝南征羌人也。①少厉清节,为州里所服,举孝廉、光禄四行。②时冀州饥荒,盗贼群起,乃以滂为清诏使,案察之。滂登车揽辔,慨然有澄清天下之志。及至州境,守令自知臧污,望风解印绶去。其所举奏,莫不厌塞众议。迁光禄勋主事。时陈蕃为光禄勋,滂前执公仪诣蕃,蕃不止之,滂怀恨,投版弃官而去。③郭林宗闻而让蕃曰:"若范孟博者,岂宜以公礼格之?④今成其去就之名,得无自取不优之议也?"蕃乃谢焉。

①征羌,解见《来歙传》。《谢承书》曰:"汝南细阳人也。"

②《汉官仪》曰:"光禄举敦厚、质朴、逊让、节俭。"此为四行也。

③版,笏也。

④格，正也。

复为太尉黄琼所辟。后诏三府掾属举谣言，①滂奏刺史、二千石权豪之党二十余人。尚书责滂所劾猥多，疑有私故。滂对曰："臣之所举，自非叨秽奸暴，深为民害，岂以污简札哉！间以会日迫促，故先举所急，其未审者，方更参实。臣闻农夫去草，嘉谷必茂；②忠臣除奸，王道以清。若臣言有贰，甘受显戮。"吏不能诘。滂睹时方艰，知意不行，因投劾去。

①《汉官仪》曰："三公听采长吏臧否，人所疾苦，还条奏之，是为举谣言也。顷者举谣言，掾属令史都会殿上，主者大言，州郡行状云何，善者同声称之，不善者默尔衔枚。"

②《左传》曰："为国家者，见恶如农夫之务去草焉。"

太守宗资先闻其名，请署功曹，委任政事。滂在职，严整疾恶。其有行违孝悌，不轨仁义者，皆睹迹斥逐，不与共朝。显荐异节，抽拔幽陋。滂外甥西平李颂，公族子孙，而为乡曲所弃，中常侍唐衡以颂请资，资用为吏。滂以非其人，寝而不召。资迁怒，捶书佐朱零。零仰曰："范滂清裁，犹以利刃齿腐朽。①今日宁受笞死，而滂不可违。"资乃止。郡中中人以下，莫不归怨，乃指滂之所用以为"范党"。

①裁音才载反。

后牢修诬言钩党，①滂坐系黄门北寺狱。狱吏谓曰：'凡坐系皆祭皋陶。"滂曰："皋陶贤者，古之直臣。知滂无罪，将理之于帝；②如其有罪，祭之何益！"众人由此亦止。狱吏将加掠考，滂以同囚多婴病，乃请先就格，遂与同郡袁忠争受楚毒。桓帝使中常侍王甫以次辨诘，滂等皆三木囊头，暴于阶下。③余人在前，或对或否，滂、忠于后越次而进。王甫诘曰："君为人臣，不惟忠国，而共造部党，自相褒举，评论朝廷，虚构无端，诸所谋结，并欲何为？皆以情对，不得隐饰。"滂对曰："臣闻仲尼之言，'见善如不及，见恶如探汤'。④欲使善善同其清，恶恶同其污，谓王政之所愿闻，不悟更以为党。"甫曰："卿更相拔举，迭为唇齿，有不合者，见则排斥，其意如何？"滂乃慷慨仰天曰："古之循善，自求多福；今之循善，身陷大戮。身死之日，

愿埋滂于首阳山侧,上不负皇天,下不愧夷、齐。"⑤甫愍然为之改
容。乃得并解桎梏。⑥

①钩,引也。

②帝谓天也。

③三木,项及手足皆有械,更以物蒙覆其头也。《前书》司马迁曰"魏其,大
　　将也,衣赭关三木"也。

④探汤喻去疾也。见《论语》。

⑤伯夷、叔齐饿死首阳山,见《史记》。首阳山在洛阳东北。

⑥郑玄注《周礼》曰:"木在足曰桎,在手曰梏。"

　滂后事释,南归。始发京师,汝南、南阳士大夫迎之者数千
两。①同囚乡人殷陶、黄穆,亦免俱归,并卫侍于滂,应对宾客。滂顾
谓陶等曰:"今子相随,是重吾祸也。"遂遁还乡里。

①两,车也。《尚书》曰:"戎车三百两。"

　初,滂等系狱,尚书霍谞理之。及得免,到京师,往候谞而不为
谢。或有让滂者。对曰:"昔叔向婴罪,祁奚救之,未闻羊舌有谢恩
之辞,祁老有自伐之色。"竟无所言。①

①《左传》,晋讨栾盈之党,杀叔向之弟羊舌虎,并囚叔向。于是祁奚闻之,
　　见范宣子曰:"夫谋而鲜过,惠训不倦者,叔向有焉。社稷之固也,犹将
　　十代宥之,今一不免其身,不亦惑乎?"宣子说而免之。祁奚不见叔向而
　　归,叔向亦不告免焉而朝。孔安国注《尚书》曰"自功曰伐"也。

　建宁二年,遂大诛党人,诏下急捕滂等。督邮吴导至县,抱诏
书,闭传舍,伏床而泣。①滂闻之,曰:"必为我也。"即自诣狱。县令
郭揖大惊,出解印绶,引与俱亡。曰:"天下大矣,子何为在此?"滂
曰:"滂死则祸塞,何敢以罪累君,又令老母流离乎!"其母就与之
诀。滂白母曰:"仲博孝敬,足以供养,②滂从龙舒君归黄泉,③存亡
各得其所。惟大人割不可忍之恩,勿增感戚。"母曰:"汝今得与李、
杜齐名,死亦何恨!④既有令名,复求寿考,可兼得乎?"滂跪受教,
再拜而辞。顾谓其子曰:"吾欲使汝为恶,则恶不可为;使汝为善,则
我不为恶。"行路闻之,莫不流涕。时年三十三。

①传,驿舍也,音知恋反。

②仲博，滂弟也。

③《谢承书》曰："滂父显，故龙舒侯相也。"

④李膺、杜密。

论曰：李膺振拔污险之中，①蕴义生风，以鼓动流俗，②激素行以耻威权，立廉尚以振贵执，使天下之士奋迅感概，波荡而从之，幽深牢破室族而不顾，至于子伏其死而母欢其义。壮矣哉！子曰："道之将废也与？命也！"③

①《前书》班固曰："振拔污涂，跨腾风云"也。

②《周易》曰："鼓以动之。"

③《论语》之文。

尹勋字伯元，河南巩人也。家世衣冠。伯父睦为司徒，兄颂为太尉，宗族多居贵位者，而勋独持清操，不以地势尚人。州郡连辟，察孝廉，三迁邯郸令，政有异迹。后举高第，五迁尚书令。及桓帝诛大将军梁冀，勋参建大谋，封都乡侯。迁汝南太守。上书解释范滂、袁忠等党议禁锢。寻征拜将作大匠，转大司农。坐窦武等事，下狱自杀。

蔡衍字孟喜，汝南项人也。①少明经讲授，以礼让化乡里。乡里有争讼者，辄诣衍决之，其所平处，皆曰无怨。

①项，今陈州项城县也。

举孝廉，稍迁冀州刺史。中常侍具瑗托其弟恭举茂才，衍不受，乃收赍书者案之。又劾奏河间相曹鼎臧罪千万。鼎者，中常侍腾之弟也。腾使大将军梁冀为书请之，衍不答，鼎竟坐输作左校。乃征衍拜议郎、符节令。梁冀闻衍贤，请欲相见，衍辞疾不往，冀恨之。时南阳太守成瑨等以收纠宦官考廷尉，衍与议郎刘瑜表救之，言甚切厉，坐免官还家，杜门不出。灵帝即位，征拜议郎，会病卒。

羊陟字嗣祖,太山梁父人也。①家世冠族。陟少清直有学行,举孝廉,辟太尉李固府,举高第,拜侍御史。会固被诛,陟以故吏禁锢历年。复举高第,再迁冀州刺史。奏案贪浊,所在肃然。又再迁虎贲中郎将、城门校尉,三迁尚书令。时太尉张颢、司徒樊陵、大鸿胪郭防、太仆曹陵、大司农冯方并与宦竖相姻私,公行货赂,并奏罢黜之,不纳。以前太尉刘宠、司隶校尉许冰、幽州刺史杨熙、凉州刺史刘恭、益州刺史庞艾清亮在公,荐举升进。帝嘉之,拜陟河南尹。计日受奉,常食乾饭茹菜,禁制豪右,京师惮之。会党事起,免官禁锢,卒于家。

①梁父故城在今兖州泗水县北。

张俭字元节,山阳高平人,赵王张耳之后也。①父成,江夏太守。俭初举茂才,以刺史非其人,谢病不起。

①张耳,大梁人也。高祖立为赵王。

延熹八年,太守翟超请为东部督邮。时中常侍侯览家在防东,①残暴百姓,所为不轨。俭举劾览及其母罪恶,请诛之。览遏绝章表,并不得通,由是结仇。乡人朱并,素性佞邪,为俭所弃,并怀怨恚,遂上书告俭与同郡二十四人为党,于是刊章讨捕。俭得亡命,困迫遁走,望门投止,莫不重其名行,破家相容。后流转东莱,止李笃家。外黄令毛钦操兵到门,笃引钦谓曰:"张俭知名天下,而亡非其罪。纵俭可得,宁忍执之乎?"钦因起抚笃曰:"蘧伯玉耻独为君子,足下如何自专仁义?"笃曰:"笃虽好义,明廷今日载其半矣。"②钦叹息而去。笃因缘送俭出塞,以故得免。其所经历,伏重诛者以十数,宗亲并皆殄灭,郡县为之残破。

①县名,属山阳郡,故城在今兖州金乡县南。
②明廷犹明府。言不执俭,得义之半也。

中平元年,党事解,乃还乡里。大将军、三公并辟,又举敦朴,公车特征,起家拜少府,皆不就。献帝初,百姓饥荒,而俭资计差温,乃倾竭财产,与邑里共之,赖其存者以百数。

建安初,征为卫尉,不得已而起。俭见曹氏世德已萌,乃阖门悬车,不豫政事。岁余卒于许下。年八十四。

论曰:昔魏齐违死,虞卿解印;①季布逃亡,朱家甘罪。②而张俭见怒时王,颠沛假命,天下闻其风者,莫不怜其壮志,而争为之主。至乃损城委爵、破族屠身,盖数十百所,岂不贤哉!然俭以区区一掌,而欲独堙江河,③终婴疾甚之乱,多见其不知量也。④

①违,避也。《史记》魏齐,魏之诸公子也。虞卿,赵相也。范睢入秦,为昭王相,昭王乃遣赵王书曰:"魏齐,范睢之仇也,急持其头来。"赵王乃围齐,齐急亡,见虞卿。卿度赵王不可说,乃解其印,与齐往信陵君所。信陵君初闻之疑,后乃出迎。齐闻信陵初疑,遂自刭。赵王持其头遗秦也。

②季布,楚人。为项羽将,数窘汉王。羽败,汉购求布千金,敢舍匿,罪三族。布匿濮阳周氏,髡钳布,之鲁朱家所卖之。朱家心知是季布也,买置田舍。乃往洛阳,见汝阴侯灌婴,说之曰:"季布何罪?臣各为主用,职耳。"汝阴侯言于高帝,帝乃赦之。拜郎中,后为河东守也。

③堙,塞也。《前书》班固曰:"何武、王嘉,区区以一篑障江河,用没其身。"

④《论语》曰:"人而不仁疾之以甚,乱也。"又曰:"人虽欲自绝,其何伤于日月?多见其不知量也。"

岑晊字公孝,南阳棘阳人也。①父像,为南郡太守,以贪叨诛死。②晊年少未知名,往候同郡宗慈,慈方以有道见征,宾客满门,以晊非良家子,不肯见。晊留门下数日,晚乃引入。慈与语,大奇之,遂将俱至洛阳,因诣太学受业。

①棘音力。

②《方言》曰:"叨,残也。"

晊有高才,郭林宗、朱公叔等皆为友,李膺、王畅称其有干国器,虽在闾里,慨然有董正天下之志。①太守弘农成瑨下车,欲振威严,闻晊高名,请为功曹,又以张牧为中贼曹史。瑨委心晊、牧,褒善纠违,肃清朝府。宛有富贾张泛者,桓帝美人之外亲,善巧雕镂玩好之物,颇以赂遗中官,以此并得显位,恃其伎巧,用执纵横。晊与牧劝收捕泛等,既而遇赦,蛭竟诛之,并收其宗族宾客,杀二百余人,后乃奏闻。于是中常侍侯览使泛妻上书讼其冤。帝大震怒,征瑶,下狱死。蛭与牧亡匿齐鲁之间。会赦出。后州郡察举,三府交辟,并不就。及李、杜之诛,因复逃窜,终于江夏山中云。

①《尔雅》曰:"董,督正也。"

　　陈翔字子麟,汝南邵陵人也。祖父珍,司隶校尉。翔少知名,善交结。察孝廉,太尉周景辟举高第,拜侍御史。时正旦朝贺,大将军梁冀威仪不整,奏冀恃贵不敬,请收案罪,时人奇之。迁定襄太守,征拜议郎,迁扬州刺史。举奏豫章太守王永奏事中官,吴郡太守徐参在职贪秽,并征诣廷尉。参,中常侍璜之弟也。由此威名大振。又征拜议郎,补御史中丞。坐党事考黄门北寺狱,以无验见原,卒于家。

　　孔昱字元世,鲁国鲁人也。七世祖霸,成帝时历九卿,封褒成侯。①自霸至昱,爵位相系,其卿相牧守五十三人,列侯七人。昱少习家学,②大将军梁冀辟,不应。太尉举方正,对策不合,乃辞病去。后遭党事禁锢。灵帝即位,公车征拜议郎,补洛阳令,以师丧弃官,卒于家。

①臣贤案:《前书》孔霸字次孺,即安国孙,世习《尚书》。宣帝时为太中大夫,授太子经,迁詹事,高密相。元帝即位,霸以师赐爵关内侯,号褒成君。薨,谥曰烈君。今《范书》及《谢承书》皆云成帝,又言封侯,盖误也。詹事及相俱二千石,故曰历卿。

②家学《尚书》。

　　苑康字仲真,勃海重合人也。①少受业太学,与郭林宗亲善。举孝廉,再迁颍阴令,有能迹。

①重合,县,故城在今沧州乐陵县东。

　　迁太山太守。郡内豪姓多不法,康至,奋威怒,施严令,莫有干犯者。先所请夺人田宅,皆遽还之。是时山阳张俭杀常侍侯览母,案其宗党宾客,或有进匿太山界者,康既常疾阉官,因此皆穷相收掩,无得遗脱。览大怨之,诬康与兖州刺史第五种及都尉壶嘉诈上贼降,征康诣廷尉狱,减死罪一等,徙日南。颍阴人及太山羊陟等诣阙为讼,乃原还本郡,卒于家。

檀敷字文有,山阳瑕丘人也。[1]少为诸生,家贫而志清,不受乡里施惠。举孝廉,连辟公府,皆不就。立精舍教授,远方至者尝数百人。桓帝时,博士征,不就。灵帝即位,太尉黄琼举方正,对策合时宜,再迁议郎,补蒙令。[2]以郡守非其人,弃官去。家无产业,子孙同衣而出。年八十,卒于家。[3]

①瑕丘,今兖州县。

②蒙,县,属梁国。

③《谢承书》曰"敷子孙同衣而行,并日而食"也。

刘儒字叔林,东郡阳平人也。[1]郭林宗常谓儒口讷心辩,有圭璋之质。[2]察孝廉,举高第,三迁侍中。桓帝时,数有灾异,下策博求直言,儒上封事十条,极言得失,辞甚忠切。帝不能纳,出为任成相。顷之,征拜议郎。会窦武事,下狱自杀。

①阳平故城,今魏州莘县。

②圭璋,玉也。半圭曰璋。《谢承书》曰:"林宗叹儒有圭璋之质,终必为令德之士。"《诗》曰:"如圭如璋,令闻令望。"

贾彪字伟节,颍川定陵人也。少游京师,志节慷慨,与同郡荀爽齐名。

初仕州郡,举孝廉,补新息长。[1]小民困贫,多不养子,彪严为其制,与杀人同罪。城南有盗劫害人者,北有妇人杀子者,彪出案发,[2]而掾吏欲引南。彪怒曰:"贼寇害人,此则常理,母子相残,逆天违道。"遂驱车北行,案验其罪。城南贼闻之,亦面缚自首。数年间,人养子者千数,金曰"贾父所长",生男名为"贾子",生女名为

"贾女"。

　　①新息,今豫州县。

　　②就发处案验之。

　　延熹九年,党事起,太尉陈蕃争之不能得,朝廷寒心,莫敢复言。彪谓同志曰:"吾不西行,大祸不解。"乃入洛阳,说城门校尉窦武、尚书霍谞,武等讼之,桓帝以此大赦党人。李膺出,曰:"吾得免此,贾生之谋也。"

　　先是岑晊以党事逃亡,亲友多匿焉,彪独闭门不纳,时人望之。①彪曰:"《传》言'相时而动,无累后人'。②公孝以要君致衅,自遗其咎,吾以不能奋戈相待,反可容隐之乎?"于是咸服其裁正。

　　①望,怨也。

　　②相,视也。《左传》之文也。

　　以党禁锢,卒于家。初,彪兄弟三人,并有高名,而彪最优,故天下称曰"贾氏三虎,伟节最怒"。

　　何颙字伯求,南阳襄乡人也。①少游学洛阳。颙虽后进,而郭林宗、贾伟节等与之相好,显名太学。友人虞伟高有父仇未报,而笃病将终,颙往候之,伟高泣而诉。颙感其义,为复仇,以头酹其墓。②

　　①襄乡故城在今随州枣阳县东北也。

　　②酹,祭酹也,音竹岁反。

　　及陈蕃、李膺之败,颙以与蕃、膺善,遂为宦官所陷,乃变名姓,亡匿汝南间。所至皆亲其豪桀,有声荆豫之域。袁绍慕之,私与往来,结为奔走之友。①是时党事起,天下多离其难,颙常私入洛阳,从绍计议。其穷困闭厄者,为求援救,以济其患。有被掩捕者,则广设权计,使得逃隐,全免者甚众。

　　①《诗·大雅》曰:"予曰有胥附,予曰有先后,予曰有奔走,予曰有御侮。"

　　　　毛苌注曰:"谕德宣誉曰奔走。"

　　及党锢解,颙辟司空府。每三府会议,莫不推颙之长。累迁。及董卓秉政,逼颙以为长史,托疾不就,乃与司空荀爽、司徒王允等共谋卓。会爽薨,颙以它事为卓所系,忧愤而卒。初,颙见曹操,叹曰:"汉家将亡,安天下者必此人也。"操以是嘉之。尝称"颍川荀彧,王佐之器"。及彧为尚书令,遣人西迎叔父爽,并致颙尸,而葬之爽之冢傍。

赞曰:渭以泾浊,玉以砾贞。物性既区,嗜恶从形。① 兰茹无并,销长相倾。② 徒恨芳膏,煎灼灯明。③

① 砾音历。《说文》曰:"砾,小石也。"言渭以泾浊,乃显其清,玉居砾石,乃见其贞。区犹别也。嗜,爱也。从形谓形有善恶也。以谕彼李膺等与宦竖不同,故相憎疾。

② 茹,臭草也。《左传》曰:"一薰一茹,十年尚犹有臭。"《易·否卦》曰:"小人道长,君子道销。"《泰卦》曰:"君子道长,小人道销。"《老子》曰"高下相倾"也。

③ 《前书》龚胜死,有一老父入哭甚哀,曰:"薰以香自烧,膏以明自销。"

后汉书卷六八
列传第五八

郭太　符融　许劭

郭太字林宗,①太原界休人也,②家世贫贱。早孤,母欲使给事县廷。③林宗曰:"大丈夫焉能处斗筲之役乎?"遂辞。就成皋屈伯彦学,三年业毕,博通坟籍。善谈论,美音制,乃游于洛阳。始见河南尹李膺,大奇之,遂相友善,于是名震京师。后归乡里,衣冠诸儒送至河上,车数千两。林宗唯与李膺同舟而济,众宾望之,以为神仙焉。

①范晔父名泰,故改为此"太"。郑公业之名亦同焉。

②介休,今汾州县。

③《苍颉篇》曰:"廷,直也。"《说文》:"廷,朝中也。"《风俗通》:"廷,正也。言县廷、郡廷、朝廷,皆取平均正直也。"

司徒黄琼辟,太常赵典举有道。或劝林宗仕进者,对曰:"吾夜观乾象,昼察人事,天之所废,不可支也。"①遂并不应。性明知人,好奖训士类。身长八尺,容貌魁伟,褒衣博带,周游郡国。尝于陈梁间行遇雨,巾一角垫,②时人乃故折巾一角,以为"林宗巾。"其见慕皆如此。③或问汝南范滂曰:"郭林宗何如人?"滂曰:"隐不违亲,④贞不绝俗,⑤天子不得臣,诸侯不得友,吾不知其它。"⑥后遭母忧,有至孝称。⑦林宗虽善人伦,而不为危言核论,⑧故宦官擅政而不能伤也。及党事起,知名之士多被其害,唯林宗及汝南袁闳得免焉。遂闭门教授,弟子以千数。

①《左传》晋汝叔宽之词。支犹持也。

②音丁念反。周迁《舆服杂事》曰:"巾以葛为之,形如帽,音口冶反。本居
　士野人所服。魏武造帽,其巾乃废。今国子学生服焉。以白纱为之。"

③《泰别传》曰:"泰名显,士争归之,载刺常盈车。"

④介推之类。

⑤柳下惠之类。

⑥《礼记》曰:"儒有上不臣天子,下不事诸侯。"

⑦《谢承书》曰:"遭母忧,欧血发病,历年乃瘳。"

⑧《礼记》曰:"拟人必于其伦。"郑玄注曰:"伦犹类也。"《论语》孔子曰:
　"邦有道,危言危行。邦无道,危行言孙。"核犹实也。

建宁元年,太傅陈蕃、大将军窦武为阉人所害,林宗哭之于野,
恸。既而叹曰:"'人之云亡,邦国殄瘁'。①'瞻乌爰止,不知于谁之
屋'耳。"②

①《诗·大雅》之词。

②《诗·小雅》也。言不知王业当何所归。

明年春,卒于家,时年四十二。四方之士千余人,皆来会葬。①
同志者乃共刻石立碑,蔡邕为其文,既而谓涿郡卢植曰:"吾为碑铭
多矣,皆有惭德,唯郭有道无愧色耳。"

①《谢承书》曰:"泰以建宁二年正月卒,自弘农函谷关以西,河内汤阴以
　北,二千里负笈荷担弥路,柴车苇装塞涂,盖有万数来赴。"

其奖拔士人,皆如所鉴。①后之好事,或附益增张,故多华辞不
经,又类卜相之书。今录其章章效于事者,著之篇末。②

①《谢承书》曰:"泰之所名,人品乃定,先言后验,众皆服之。故适陈留则
　友符伟明,游太学则师仇季智,之陈国则亲魏德公,入汝南则交黄叔
　度。初,太始至州,过袁奉高,不宿而去;从叔度,累日不去。或以问
　太。太曰:'奉高之器,譬之泛滥,虽清而易挹。叔度之器,汪汪若千顷之
　陂,澄之不清,扰之不浊,不可量也。'已而果然,太以是名闻天下。"

②章章犹昭昭也。

左原者,陈留人也。为郡学生,犯法见斥。林宗尝遇诸路,为设
酒肴以慰之。谓曰:"昔颜涿聚梁甫之巨盗,段干木晋国之大驵,卒
为齐之忠臣,魏之名贤。①蘧瑗、颜回尚不能无过,况其余乎?②慎
勿恚恨,责躬而已。"原纳其言而去。或有讥林宗不绝恶人者,对曰:

"人而不仁疾之以甚，乱也。"③原后忽更怀忿，结客欲报诸生。其日林宗在学，原愧负前言，因遂罢去。后事露，众人咸谢服焉。

① 《吕氏春秋》曰："颜涿聚，梁父大盗也，学于孔子。"《左传》曰："晋伐齐，战于黎丘，齐师败绩，亲禽颜庚。"杜预注曰："黎丘，隰也。颜庚，齐大夫颜涿聚也。"又曰："晋荀瑶伐郑，请救于齐。齐师将兴，陈成子属孤子，三日朝，设乘车两马，系五邑焉。召颜涿聚之子晋，曰：'隰之役，而父死焉，以国之多难，未汝恤也。今君命汝以是邑也，服车而朝，无废前劳。'"《吕氏春秋》曰："段干木，晋国之驵。"《说文》曰："驵，会也。谓合两家之卖买，如今之度市也。"《新序》曰"魏文侯过段干木之闾而轼之，遂致禄百万，而时往问之。国人皆喜，相与诵之曰：'吾君好正，段干木之敬；吾君好忠，段干木之隆。'秦欲攻魏，司马唐谏曰：'段干木贤者也，而魏礼之，天下莫不闻，无乃不可加兵乎？'秦君以为然"也。驵音子朗反。

② 《论语》曰："蘧伯玉使人于孔子，问之曰：'夫子何为？'对曰：'夫子欲寡其过而未能也。'"又曰："颜回好学，不贰过。"

③ 《论语》孔子之言也。郑玄注云："不仁之人，当以风化之。若疾之以甚，是益使为乱也。

茅容字季伟，陈留人也。年四十余，耕于野，时与等辈避雨树下，众皆夷踞相对，①容独危坐愈恭。林宗行见之而奇其异，遂与共言，因请寓宿。旦日，容杀鸡为馔，林宗谓为已设，既而以供其母，自以草蔬与客同饭。②林宗起拜之曰："卿贤乎哉！"因劝令学，卒以成德。

① 夷，平也。《说文》曰："踞，蹲也。"

② 草，粗也。

孟敏字叔达，巨鹿杨氏人也。①客居太原。荷甑堕地，不顾而去。林宗见而问其意。对曰："甑以破矣，视之何益？"林宗以此异之，因劝令游学。十年知名，三公俱辟，并不屈云。

① 《十三州志》曰：杨氏县在今魏郡北也。

庚乘字世游，颍川鄢陵人也。少给事县廷为门士。①林宗见而拔之，劝游学宫，遂为诸生傭。后能讲论，自以卑第，每处下坐，诸生博士皆就雠问，由是学中以下坐为贵。伯征辟并不起，号曰"征君"。

①士即门卒。

宋果字仲乙，①扶风人也。性轻悍，憙与人报仇，为郡县所疾。林宗乃训之义方，惧以祸败。果感悔，叩头谢负，遂改节自敕。后以烈气闻，辟公府，侍御史、并州刺史，所在能化。

①《谢承书》"乙"作"文"。

贾淑字子厚，林宗乡人也。虽世有冠冕，而性险害，邑里患之。①林宗遭母忧，淑来修吊，既而巨鹿孙威直亦至。威直以林宗贤而受恶人吊，心怪之，不进而去。林宗追而谢之曰："贾子厚诚实凶德，然洗心向善。仲尼不逆互乡，故吾许其进也。"②淑闻之，改过自厉，终成善士。乡里有忧患者，淑辄倾身营救，为州闾所称。

①《谢承书》曰："淑为舅家瑗报仇于县中，为吏所捕，系狱当死。泰与语，淑恳恻流涕。泰诣县令应操，陈其报怨蹈义之士。被赦，县不宥之，郡上言，乃得原。"

②互乡，乡名。"互乡难与言，童子见，门人惑。孔子曰：'人洁己以进，与其进，不保其往。'"

史叔宾者，陈留人也。少有盛名。林宗见而告人曰："墙高基下，虽得必失。"后果以论议阿枉败名云。

黄允字子艾，济阴人也。以俊才知名。林宗见而谓曰："卿有绝人之才，足成伟器。然恐守道不笃，将失之矣。"后司徒袁隗欲为从女求姻，见允而叹曰："得婿如是足矣。"允闻而黜遣其妻夏侯氏。妇谓姑曰："今当见弃，方与黄氏长辞，乞一会亲属，以展离诀之情。"于是大集宾客三百余人，妇中坐，攘袂数允隐匿秽恶十五事，言毕，登车而去。允以此废于时。

谢甄字子微汝南召陵人也。与陈留边让并善谈论，俱有盛名。每共候林宗，未尝不连日达夜。林宗谓门人曰："二子英才有余，而并不入道，惜乎！"甄后不拘细行，为时所毁。让以轻侮曹操，操杀之。

王柔字叔优，弟泽，字季道，林宗同郡晋阳县人也。兄弟总角共候林宗，以访才行所宜。林宗曰："叔优当以仕进显，季道当以经术通,然违方改务,亦不能至也。"后果如所言,柔为护匈奴中郎将,泽为代郡太守。

又识张孝仲刍牧之中,知范特祖邮置之役,①召公子、许伟康并出屠酤,司马子威拔自卒伍,及同郡郭长信、王长文、韩文布、李子政、曹子元、定襄周康子、西河王季然、云中丘季智、郝礼真等六十人,并以成名。②

①《说文》曰:"邮,境上传书舍也。"《广雅》曰:"邮,驿也。"置亦驿也。《风俗通》曰:"汉改邮为置。置者,度其远近之间置之也。"

②《谢承书》曰:"太原郭长信、王长文、长文弟子师、韩文布、李子政、曹子元、定襄周康子、西河王季然、云中丘季智名灵举。子师位至司徒,季然北地太守,其余多典州郡者。"

论曰:庄周有言,人情险于山川,以其动静可识,而沈阻难征。①故深厚之性,诡于情貌;②"则哲"之鉴,惟帝所难。③而林宗雅俗无所失,将其明性特有主乎?然而逊言危行,终亨时晦,④恂恂善导,使士慕成名,虽墨、孟之徒,不能绝也。⑤

①征,明也。沉,深也。

②诡,违也。

③帝谓尧也。《书》曰:"知人则哲,惟帝为难。"

④亨,通也。

⑤墨翟、孟轲也。绝,过也。

符融字伟明,陈留浚仪人也。少为都官吏,耻之,委去。①后游太学,师事少府李膺。膺风性高简,每见融,辄绝它宾客,听其言论。融幅巾奋褒,谈辞如云,②膺每捧手叹息。郭林宗始入京师,时人莫识,融一见嗟服,因以介于李膺,由是知名。③

①《续汉志》曰:"都官从事,主察举百官犯法者。"融耻为其吏而去。

②幅巾者,以一幅为之也,褒,古袖字。如云者,奔踊而出也。

③古人相见,必因绍介。介,因也,言因此人以相接见也。《谢承书》曰:"融见林宗,便与之交。又绍介于膺,以为海之明珠,未耀其光,鸟之凤皇,

羽仪未翔。膺与林宗相见，待以师友之礼，遂振名天下，融之致也。"

时汉中晋文经、梁国黄子艾，并恃其才智，炫曜上京，卧托养疾，无所通接。洛中士大夫好事者，承其声名，坐门问疾，犹不得见。[1]三公所辟召者，辄以询访之，随所臧否，以为与夺。融察其非真，乃到太学，并见李膺曰："二子行业无闻，以豪桀自置，遂使公卿问疾，王臣坐门。融恐其小道破义，空誉违实，特宜察焉。"膺然之。二人自是名论渐衰，宾徒稍省，旬日之间，惭叹逃去。后果为轻薄子，并以罪废弃。

> [1]《谢承书》曰："文经、子艾，曜名远近，声价已定，征辟不就，疗病京师，不通宾客。公卿将相大夫遣门生旦暮问疾，郎吏公府掾属杂坐其门，不得见也。"

融益以知名。州郡礼请，举孝廉，公府连辟，皆不应。太守冯岱有名称，到官，请融相见，融一往，荐达郡士范冉、韩卓、孔伷等三人，[1]因辞病自绝。会有党事，亦遭禁锢。

> [1]伷音胄，《谢承书》曰："冯岱字德山。性慷慨，有文武异才，既到官，融往相见，荐范冉为功曹，韩卓为主簿，孔伷为上计吏。"《袁山松书》曰："卓字子助。腊日，怒窃食祭其先，卓义其心，即日免之。"

妻亡，贫无殡敛，乡人欲为具棺服，融不肯受。曰："古之亡者，弃之中野。[1]唯妻子可以行志，但即土埋藏而已。"[2]

> [1]《易·系词》曰："古之葬者，厚衣以薪，葬之中野。"
> [2]《谢承书》："颍川张元祖，志行士也，来存融，吊其妻亡，知其如此，谓言'足下欲尚古道，非不清妙；且礼设棺椁，制杖章，孔子曰"吾从周"。'便推所乘羸牛车，命融以给殡，融受而不辞也。"

融同郡田盛，字仲向，与郭林宗同好，亦名知人，优游不仕，并以寿终。

许劭字子将，汝南平舆人也。[1]少峻名节，好人伦，多所赏识。若樊子昭、和阳士者，并显名于世。[2]故天下言拔士者，咸称许、郭。

> [1]舆音预。
> [2]《魏志》曰："和洽字阳士，汝南西平人也。初举孝廉，大将军辟，不就。魏

国建,为侍中。"

初为郡功曹,太守徐璆甚敬之。①府中闻子将为吏,莫不改操饰行。同郡袁绍,公族豪侠,去濮阳令归,车徒甚盛,将入郡界,乃谢遣宾客,曰:"吾舆服岂可使许子将见。"遂以单车归家。

　　①璆音求,又巨秋反。

劭尝到颍川,多长者之游,唯不候陈寔。又陈蕃丧妻还葬,乡人必至,而劭独不往。或问其故,劭曰:"太丘道广,广则难周;仲举性峻,峻则少通。故不造也。"其多所裁量若此。

曹操微时,常卑辞厚礼,求为己目。①劭鄙其人而不肯对,操乃伺隙胁劭,劭不得已曰:"君清平之奸贼,乱世之英雄。"操大悦而去。

　　①令品藻为题目。

劭从祖敬,敬子训,训子相,并为三公,相以能谄事宦官,故自致台司封侯,数遣请劭。劭恶其薄行,终不候之。

劭邑人李逵,壮直有高气,劭初善之,而后为隙,又与从兄靖不睦,①时议以此少之。初劭与靖俱有高名,好共核论乡党人物,每月辄更其品题,故汝南俗有"月旦评"焉。

　　①《蜀志》曰:"许靖字文休,少与从弟劭俱知名,并有人伦臧否之称,而私情不协。劭为郡功曹,排摈靖不得齿叙,以马磨自给。"

司空杨彪辟,举方正、敦朴,征,皆不就。或劝劭仕,对曰:"方今小人道长,王室将乱,吾欲避地淮海,以全老幼。"乃南到广陵。徐州刺史陶谦礼之甚厚。劭不自安,告其徒曰:"陶恭祖外慕声名,内非真正。待吾虽厚,其势必薄。不如去之。"遂复投扬州刺史刘繇于曲阿。①其后陶谦果捕诸寓士。②及孙策平吴,劭与繇南奔豫章而卒,时年四十六。

　　①繇字正礼。

　　②寓,寄也。

兄虔亦知名,汝南人称平舆渊有二龙焉。①

　　①平舆故城今豫州汝阳县东北,有二龙乡、月旦里。

赞曰:林宗怀宝,识深甄藻。①明发周流,永言时道。②符融鉴真,子将人伦。守节好耻,并亦逡巡。③

①甄,明也。藻犹饰也。

②明发,发夕至明也。《吕氏春秋》曰:"孔子周流天下。"

③逡巡,自退不仕也。

后汉书卷六九
列传第五九

窦武　何进

窦武字游平,扶风平陵人,安丰戴侯融之玄孙也。父奉,定襄太守。武少以经行著称,常教授于大泽中,不交时事,名显关西。

延熹八年,长女选入掖庭,桓帝以为贵人,拜武郎中。其冬,贵人立为皇后,武迁越骑校尉,封槐里侯,五千户。明年冬,拜城门校尉。在位多辟名士,清身疾恶,礼赂不通,妻子衣食裁充足而已。是时羌蛮寇难,岁俭民饥,武得两宫赏赐,悉散与太学诸生,及载肴粮于路,匄施贫民。兄子绍,为虎贲中郎将,性疏简奢侈。武每数切厉相戒,犹不觉悟,乃上书求退绍位,又自责不能训导,当先受罪。由是绍更遵节,大小莫敢违犯。

时国政多失,内官专宠,李膺、杜密等为党事考逮。永康元年,上疏谏曰:“臣闻明主不讳讥刺之言,以探幽暗之实;忠臣不恤谏争之患,以畅万端之事。是以君臣并熙,名奋百世。①臣幸得遭盛明之世,逢文武之化,岂敢怀禄逃罪,不竭其诚!陛下初从藩国,爰登圣祚,天下逸豫,谓当中兴。自即位以来,未闻善政。梁、孙、寇、邓虽或诛灭,②而常侍黄门续为祸虐,欺罔陛下,竞行谲诈,自造制度,妄爵非人,朝政日衰,奸臣日强。伏寻西京放恣王氏,佞臣执政,终丧天下。今不虑前事之失,复循覆车之轨,恐二世之难,必将复及,③赵高之变,不朝则夕。④近者奸臣牢修,造设党议,遂收前司隶校尉李膺、太仆杜密、御史中丞陈翔、太尉掾范滂等逮考,连及数百人，旷年拘录，事无效验。臣惟膺等建忠抗节，志经王室，此诚陛下稷、卨、伊、吕之佐，而虚为奸臣贼子之所诬枉，天下寒心，海内失望。惟陛下留神澄省，时见理出，⑤以厌人鬼喁喁之心。臣闻古之明君，必须贤佐，以成政道。今台阁近臣，尚书令陈蕃，仆射胡广，尚书朱寓、荀绲、⑥刘祐、魏朗、刘矩、尹勋等，皆国之贞士，朝之良佐。尚书郎张陵、妫皓、苑康、杨乔、边韶、戴恢等，文质彬彬，明达国典。内外之职，群才并列。而陛下委任近习，专树饕餮，外典州郡，内干心膂。宜以次贬黜，案罪纠罚，抑夺宦官欺国之封，案其无状诬罔之罪，信任忠良，平决臧否，使邪正毁誉，各得其所，宝爱天官，唯善是授。如此，咎征可消，天应可待。间者有嘉禾、芝草、黄龙之见。夫瑞生必于嘉士，⑦福至实由善人，在德为瑞，无德为灾。陛下所行，不合天意，不宜称庆。"书奏，因以病上还城门校尉、槐里侯印绶。⑧帝不许，有诏原李膺、杜密等，自黄门北寺、若卢、都内诸狱，系囚罪轻者皆出之。⑨

①熙，盛也。

②梁冀、孙寿、寇荣、邓万代，见《桓纪》也。

③二世即胡亥。

④赵高使女胥阎乐弑胡亥于望夷宫。

⑤时谓即时也。

⑥音古本反。

⑦嘉士犹善人也。

⑧上音时丈反。

⑨都内，主藏官名。《前书》有都内令丞，属大司农也。

其冬帝崩，无嗣。武召侍御史河间刘儵，参问其国中王子侯之贤者，儵称解渎亭侯宏。武入白太后，遂征立之，是为灵帝。拜武为大将军，常居禁中。帝既立，论定策功，更封武为闻喜侯；子机渭阳侯，拜侍中；兄子绍鄠侯，迁步兵校尉；绍弟靖西乡侯，为侍中，监羽林左骑。

武既辅朝政，常有诛翦宦官之意，太傅陈蕃亦素有谋。时共会朝堂，蕃私谓武曰："中常侍曹节、王甫等，自先帝时操弄国权，浊乱海内,百姓匈匈,归咎于此。今不诛节等,后必难图。"武深然之。蕃大喜,以手推席而起。武于是引同志尹勋为尚书令,刘瑜为侍中,冯述为屯骑校尉;又征天下名士废黜者前司隶李膺、宗正刘猛、太仆杜密、庐江太守朱寓等,列于朝廷;请前越巂太守荀翌为从事中郎,辟颍川陈实为属:共定计策。于是天下雄俊,知其风旨,莫不延颈企踵,思奋其智力。①

①《续汉志》曰:"桓帝初,京都童谣曰:'游平卖印自有评,不避贤豪及大姓。'案:武字游平。与陈蕃合策戮力,唯德是建,咸得其人,豪贤大姓皆绝望矣。"

会五月日食,蕃复说武曰:"昔萧望之困一石显,①近者李、杜诸公祸及妻子,况今石显数十辈乎!蕃以八十之年,欲为将军除害,今可且因日食,斥罢宦官,以塞天变。又赵夫人及女尚书,且夕乱太后,②急宜退绝。惟将军虑焉。"武乃白太后曰:"故事,黄门、常侍但当给事省内,典门户,主近署财物耳。今乃使与政事而任权重,子弟布列,专为贪暴。天下匈匈,正以此故。宜悉诛废,以清朝廷。"太后曰:"汉来故事世有,但当诛其有罪,岂可尽废邪?"时中常侍管霸颇有才略,专制省内。武先白诛霸及中常侍苏康等,竟死。武复数白诛曹节等,太后尤豫未忍,③故事久不发。

①元帝时,阉人石显为中书令,谮御史大夫萧望之,令自杀也。

②女尚书,内官也。夫人即赵娆。

③尤音淫。尤豫,不定也。

至八月,太白出西方。刘瑜素善天官,恶之,上书皇太后曰:"太白犯房左骖,上将星入太微,其占宫门当闭,将相不利,奸人在主傍。愿急防之。"又与武、蕃书,以星辰错缪,不利大臣,宜速断大计。武、蕃得书将发,于是以朱寓为司隶校尉,刘祐为河南尹,虞祁为洛阳令。武乃奏免黄门令魏彪,以所亲小黄门山冰代之。使冰奏素狡猾尤无状者长乐尚书郑飒,①送北寺狱。蕃谓武曰:"此曹子便当收杀,何复考为!"武不从,令冰与尹勋、侍御史祝瑨杂考飒,辞连及曹节、王甫。勋冰即奏收节等,使刘瑜内奏。

①音立。

时武出宿归府,典中书者先以告长乐五官史朱瑀。瑀盗发武奏,骂曰:"中官放纵者,自可诛耳。我曹何罪,而当尽见族灭?"因大呼曰:"陈蕃、窦武奏白太后废帝,为大逆!"乃夜召素所亲壮健者长乐从官史共普、张亮等十七人,歃血共盟诛武等。曹节闻之,惊起,白帝曰:"外间切切,请出御德阳前殿。"令帝拔剑踊跃,使乳母赵娆等拥卫左右,取棨信,闭诸禁门。①召尚书官属,胁以白刃,使作诏板。拜王甫为黄门令,持节至北寺狱收尹勋、山冰。冰疑,不受诏,甫格杀之。遂害勋,出郑飒。还共劫太后,夺玺书。令中谒者守南宫,闭门,绝复道。②使郑飒等持节,及侍御史、谒者捕收武等。武不受诏,驰入步兵营,与绍共射杀使者。召会北军五校士数千人屯都亭下,令军士曰:"黄门常侍反,尽力者封侯重赏。'诏以少府周靖行车骑将军,加节,与护匈奴中郎将张奂率五营士讨武。夜漏尽,王甫将虎贲、羽林、厩驺、都候、剑戟士,合千余人,出屯朱雀掖门,与奂等合。明旦悉军阙下,与武对陈。甫兵渐盛,使其士大呼武军曰:"窦武反,汝皆禁兵,当宿卫宫省,何故随反者乎?先降有赏!营府素畏服中官,于是武军稍稍归甫。自旦至食时,兵降略尽。武、绍走,诸军追围之,皆自杀,枭首洛阳都亭。③收捕宗亲、宾客、姻属,悉诛之,及刘瑜、冯述,皆夷其族。徙武家属日南,迁太后于云台。

①棨,有衣戟也。《汉官仪》曰:"凡居宫中,皆施籍于掖门,案姓名当入者,本官为封棨传,审印信,然后受之。"

②复音福。

③《续汉志》曰:"桓帝末,京师童谣曰:'茅田一顷中有井,四方纤纤不可整。嚼复嚼,今年尚可后年硗。'案:《易》曰'拔茅连茹',茅喻群贤也。井者,法也。时中常侍管霸等憎疾海内英贤,并见废锢。'茅田一顷'言群贤众多也。'中有井'者,言虽厄窘,不失法度也。'四方纤纤'言奸慝不可理也。'嚼',饮酒相强辞也。言不恤王政,徒耽宴而已。'今年尚可'者,言但禁锢也。'后年硗'者,陈蕃、窦武等诛,天下大坏也。"硗音苦教反。硗犹恶也。

当是时,凶竖得志,士大夫皆丧其气矣。武府掾桂阳胡腾,少师事武,独殡敛行丧,坐以禁锢。

武孙辅,时年二岁,逃窜得全。事觉,节等捕之急。胡腾及令史南阳张敞共逃辅于零陵界,诈云已死,腾以为己子,而使聘娶焉。后举桂阳孝廉。至建安中,荆州牧刘表闻而辟焉,以为从事,使还窦姓,以事列上。会表卒,曹操定荆州,辅与宗人徙居于邺,辟丞相府。从征马超,为流矢所中死。①

① 飞矢曰流矢。中,伤也。

初,武母产武而并产一蛇,送之林中。后母卒,及葬未窆,有大蛇自榛草而出,①径至丧所,以头击枢,涕血皆流,俯仰蜿屈,②若哀泣之容,有顷而去。时人知为窦氏之祥。③

① 《广雅》曰:"木丛生曰榛。"

② 蜿音丘吉反。

③ 祥,吉凶之先见者。《尚书》曰:"亳有祥。"

腾字子升。初,桓帝巡狩南阳,以腾为护驾从事。公卿贵戚车骑万计,征求费役,不可胜极。腾上言:"天子无外,乘舆所幸,即为京师。臣请以荆州刺史比司隶校尉,①臣自同都官从事。"帝从之。②自是肃然,莫敢妄有干欲,腾以此显名。党锢解,官至尚书。

① 南阳属荆州,故请以刺史比司隶。

② 《汉官仪》曰"都官从事主洛阳百官,朝会与三府掾同"也。

张敞者,太尉温之弟也。①

① 《汉官仪》曰:"温字伯慎,穰人也,封玄乡侯。太史奏言有大臣诛死,董卓取温笞杀于市以厌之。"

何进字遂高,南阳宛人也。异母女弟选入掖庭为贵人,有宠于灵帝,拜进郎中,再迁虎贲中郎将,出为颍川太守。光和二年,贵人立为皇后,征进入,拜侍中、将作大匠、河南尹。

中平元年,黄巾贼张角等起,以进为大将军,率左右羽林五营士屯都亭,修理器械,以镇京师。张角别党马元义谋起洛阳,进发其奸,以功封慎侯。①

① 慎,县,属汝南郡。

　　四年,荥阳贼数千人群起,攻烧郡县,杀中牟县令,诏使进弟河南尹苗出击之。苗攻破群贼,平定而还。诏遣使者迎于成皋,拜苗为车骑将军,封济阳侯。

　　五年,天下滋乱,望气者以为京师当有大兵,两宫流血。大将军司马许凉、假司马伍宕说进曰:“《太公六韬》有天子将兵事,①可以威厌四方。”进以为然,入言之于帝。于是乃诏进大发四方兵,讲武于平乐观下。起大坛,上建十二重五采华盖,高十丈,坛东北为小坛,复建九重华盖,高九丈,列步兵、骑士数万人,结营为陈。天子亲出临军,驻大华盖下,进驻小华盖下。礼毕,帝躬擐甲介马,②称“无上将军”,行陈三匝而还。诏使进悉领兵屯于观下。是时置西园八校尉,以小黄门蹇硕为上军校尉,虎贲中郎将袁绍为中军校尉,屯骑都尉鲍鸿为下军校尉,议郎曹操为典军校尉,赵融为助军校尉,淳于琼为佐军校尉,又有左右校尉。帝以蹇硕壮健而有武略,特亲任之,以为元帅,督司隶校尉以下,虽大将军亦领属焉。

　　①《太公六韬篇》:第一《霸典》,文论;第二《文师》,武论;第三《龙韬》,主将;第四《虎韬》,偏裨;第五《豹韬》,校尉;第六《犬韬》,司马。《龙韬》云:“武王曰:‘吾欲令三军之众,亲其将如父母,闻金声而怒,闻鼓音而喜,为之奈何?’”

　　②擐音宦。擐,贯也。介亦甲也。

　　硕虽擅兵于中,而犹畏忌于进,乃与诸常侍共说帝遣进西击边章、韩遂。帝从之,赐兵车百乘,虎贲斧钺。进阴知其谋,乃上遣袁绍东击徐兖二州兵,须绍还,即戎事,以稽行期。

　　初,何皇后生皇子辩,王贵人生皇子协。群臣请立太子,帝以辩轻佻无威仪,不可为人主,①然皇后有宠,且进又居重权,故久不决。

　　①《字书》曰:“佻,轻也。”

　　六年,帝疾笃,属协于蹇硕。硕既受遗诏,且素轻忌于进兄弟,及帝崩,硕时在内,欲先诛进而立协。及进从外入,硕司马潘隐与进早旧,迎而目之。进惊,驰从儳道归营,引兵入屯百郡邸,①因称疾不入。硕谋不行，皇子辩乃即位，何太后临朝，进与太傅袁隗辅政，录尚书事。

　①《广雅》曰："僆，疾也。"音仕鉴反。

　　进素知中官天下所疾，兼忿蹇硕图己，及秉朝政，阴规诛之。袁绍亦素有谋，因进亲客张津劝之曰："黄门常侍权重日久，又与长乐太后专通奸利，①将军宜更清选贤良，整齐天下，为国家除患。"进然其言。又以袁氏累世宠贵，海内所归，②而绍素善养士，能得豪杰用，其从弟虎贲中郎将术亦尚气侠，故并厚待之。因复博征智谋之士庞纪、何颙、荀攸等，与同腹心。

　①灵帝母董太后居长乐宫。
　②袁安为司徒、司空，孙汤为司徒、太尉，汤子成五官中郎将，成生绍，故云"累代宠贵"也。

　　蹇硕疑不自安，与中常侍赵忠等书曰："大将军兄弟秉国专朝，今与天下党人谋诛先帝左右，埽灭我曹。但以硕典禁兵，故且沈吟。今宜共闭上阁，急捕诛之。"中常侍郭胜，进同郡人也。太后及进之贵幸，胜有力焉。故胜亲信何氏，遂共赵忠等议，不从硕计，而以其书示进。进乃使黄门令收硕，诛之，因领其屯兵。

　　袁绍复说进曰："前窦武欲诛内宠而反为所害者，以其言语漏泄，而五营百官服畏中人故也。今将军既有元舅之重，而兄弟并领劲兵，部曲将吏皆英俊名士，乐尽力命，事在掌握，此天赞之时也。将军宜一为天下除患，名垂后世。虽周之申伯，何足道哉！①今大行在前殿，②将军宜受诏领禁兵，不宜轻出入宫省。"进甚然之，乃称疾不入陪丧，又不送山陵。遂与绍定筹策，而以其计白太后。太后不听，曰："中官统领禁省，自古及今，汉家故事，不可废也。且先帝新弃天下，我奈何楚楚与士人对共事乎？"③进难违太后意，且欲诛其放纵者。绍以为中官亲近至尊，出入号令，今不悉废，后必为患。而太后母舞阳君及苗数受诸宦官赂遗，知进欲诛之，数白太后，为其障蔽。又言："大将军专杀左右，擅权以弱社稷。"太后疑以为然。中官在省送者或数十年，封侯贵宠，胶固内外。进新当重任，素敬惮之,虽外收大名而内不能断,故事久不决。

①申伯,周申后父也。《诗·大雅》曰:"维申及甫,维周之翰。"

②人主崩未有谥,故称大行也《前书音义》曰:"大行者,不反之辞也。"

③《楚词》曰"楚楚",鲜明貌也。《诗》曰:"衣裳楚楚。"

绍等又为画策,多召四方猛将及诸豪杰,使并引兵向京城,以胁太后。进然之。主簿陈琳入谏曰:"《易》称'即鹿无虞',①谚有'掩目捕雀'。夫微物尚不可欺以得志,况国之大事,其可以诈立乎?今将军总皇威,握兵要,龙骧虎步,高下在心,此犹鼓洪炉燎毛发耳。夫违经合道,天人所顺,而反委释利器,更征外助。大兵聚会,强者为雄,所谓倒持干戈,授人以柄,②功必不成,只为乱阶。"进不听。遂西召前将军董卓屯关中上林苑,又使府掾太山王匡东发其郡强弩,并召东郡太守桥瑁屯城皋,使武猛都尉丁原烧孟津,火照城中,③皆以诛宦官为言。太后犹不从。

①《易·屯卦·六三·爻辞》也。虞,掌山泽之官。即鹿犹从禽也。无虞言
　不可得。

②《前书》梅福上书曰:"倒持太阿,授楚其柄。"

③武猛谓有武艺而勇猛者,取其嘉名,因以名官也。

苗谓进曰:"始共从南阳来,俱以贫贱,依省内以致贵富。国家之事,亦何容易! 覆水不可收。宜深思之,且与省内和也。"进意更狐疑。绍惧进变计,乃胁之曰:"交构已成,形执已露,事留变生,将军复欲何待,而不早决之乎?"进于是以绍为司隶校尉,假节,专命击断;从事中郎王允为河南尹。绍使洛阳方略武吏司察宦者,而促董卓等使驰驿上,欲进兵平乐观。太后乃恐,悉罢中常侍小黄门,使还里舍,唯留进素所私人,以守省中。诸常侍小黄门皆诣进谢罪,唯所措置。进谓曰:"天下匈匈,正患诸君耳。今董卓垂至,诸君何不早各就国?"袁绍劝进便于此决之,至于再三。进不许。绍又为书告诸州郡,诈宣进意,使捕案中官亲属。

进谋积日,颇泄,中官惧而思变。张让子妇,太后之妹也。让向子妇叩头曰:"老臣得罪,当与新妇俱归私门。惟受恩累世,①今当

远离宫殿,情怀恋恋,愿复一入直,得暂奉望太后、陛下颜色,然后退就沟壑,死不恨矣。"子妇言于舞阳君,入白太后,乃诏诸常侍皆复入直。

　　①惟,思念也。

　　八月,进入长乐白太后,请尽诛诸常侍以下,选三署郎入守宦官庐。诸宦官相谓曰:"大将军称疾不临丧,不送葬,今欸入省,①此意何为? 窦氏事竟复起邪?"又张让等使人潜听,具闻其语,乃率常侍段圭、毕岚等数十人,持兵窃自侧闼入,伏省中。及进出,因诈以太后诏召进。入坐省闼,让等诘进曰:"天下愦愦,亦非独我曹罪也。②先帝尝与太后不快,几至成败,③我曹涕泣救解,各出家财千万为礼,和悦上意,但欲托卿门户耳。今乃欲灭我曹种族,不亦太甚乎?卿言省内秽浊,公卿以下忠清者为谁?"于是尚方监渠穆拔剑斩进于嘉德殿前。让、圭等为诏,以故太尉樊陵为司隶校尉,少府许相为河南尹。尚书得诏板,疑之,曰:"请大将军出共议。"中黄门以进头掷与尚书,曰:"何进谋反,已伏诛矣。"

　　①欸,音许物反。
　　②《说文》曰:"愦愦,乱也。"
　　③陈留王协母王美人,何后鸩杀之,帝怒,欲废后,宦官固请得止。

　　进部曲将吴匡、张璋,素所亲幸,在外闻进被害,欲将兵入宫,宫阁闭。袁术与匡共斫攻之,中黄门持兵守阁。会日暮,术因烧南宫九龙门及东西宫,欲以胁出让等。让等入白太后,言大将军兵反,烧宫,攻尚书闼,因将太后、天子及陈留王,又劫省内官属,从复道走北宫。①尚书卢植执戈于阁道窗下,仰数段圭。段圭等惧,乃释太后。太后投阁得免。

　　①复音福。

　　袁绍与叔父矫诏召樊陵、许相,斩之。苗、绍乃引兵屯朱雀阙下,捕得赵忠等,斩之。吴匡等素怨苗不与进同心,而又疑其与宦官同谋,乃令军中曰:"杀大将军者即车骑也,士吏能为报仇乎?"进素有仁恩,士卒皆流涕曰:"愿致死!"匡遂引兵与董卓弟奉车都尉旻攻杀苗,弃其尸于苑中。绍遂闭北宫门,勒兵捕宦者,无少长皆杀之。或有无须而误死者,至自发露然后得免。者二千余人。绍因进兵排宫,或上端门屋,以攻省内。

张让、段圭等困迫,遂将帝与陈留王数十人步出谷门,奔小平津。①公卿并出平乐观,无得从者,唯尚书卢植夜驰河上,王允遣河南中部掾闵贡随植后。贡至,手剑斩数人,余皆投河而死。明日,公卿百官乃奉迎天子还宫,以贡为郎中,封都亭侯。

①谷门,洛城北当中门也。

董卓遂废帝,又迫杀太后,杀舞阳君,何氏遂亡,而汉室亦自此败乱。

论曰:窦武、何进藉元舅之资,据辅政之权,内倚太后临朝之威,外迎群英乘风之势,卒而事败阉竖,身死功颓,为世所悲,岂智不足而权有余乎?①《传》曰:“天之废商久矣,君将兴之。”斯宋襄公所以败于泓也。②

①言智非不足,权亦有余,盖天败也。

②《左传》曰,楚伐宋,宋公将战。子鱼谏曰:“天之弃商久矣,公将兴之,不可。”宋公不从,遂与楚战,大败于泓也。

赞曰:武生蛇祥,进自屠羊。①惟女惟弟,来仪紫房。上悎下婪,人灵动怨。将纠邪慝,以合人愿。道之屈矣,代离凶困。②

①进本屠家子也。

②代,更也。

后汉书卷七〇
列传第六〇

郑太　孔融　荀彧

郑太字公业,河南开封人,司农众之曾孙也。①少有才略。灵帝末,知天下将乱,阴交结豪桀。家富于财,有田四百顷,而食常不足,名闻山东。

①开封,县,故城在今汴州南。

初举孝廉,三府辟,公车征,皆不就。及大将军何进辅政,征用名士,以公业为尚书侍郎,①迁侍御史。进将诛阉官,欲召并州牧董卓为助。公业谓进曰:“董卓强忍寡义,志欲无厌。若借之朝政,授以大事,②将恣凶欲,必危朝廷。明公以亲德之重,据阿衡之权,秉意独断,诛除有罪,诚不宜假卓以为资援也。且事留变生,殷鉴不远。”又为陈时务之所急数事。进不能用,乃弃官去。谓颍川人荀攸曰:“何公未易辅也。”

①《续汉志》曰:“尚书凡六曹,侍郎三十六人,四百石。一曹有六人,主作文书起草。”

②借音子夜反。

进寻见害,卓果作乱。公业等与侍中伍琼、卓长史何颙共说卓,以袁绍为勃海太守,以发山东之谋。及义兵起,卓乃会公卿议,大发卒讨之,群僚莫敢忤旨。公业恐其众多益横,凶强难制,独曰:“夫政在德,不在众也。”卓不悦,曰,“如卿此言,兵为无用邪?”公业惧,乃诡词更对曰:①“非谓无用,以为山东不足加大兵耳。如有不信,试为明公略陈其要。今山东合谋,州郡连结,人庶相动,非不强盛。然光武以来，中国无警，百姓优逸，忘战日久。仲尼有言：'不教人战，是谓弃之。'其众虽多，不能为害。一也。明公出自西州，少为国将，闲习军事，数践战场，名振当世，人怀慑服。二也。袁本初公卿子弟，生处京师。张孟卓东平长者，②坐不窥堂。③孔公绪④清谈高论，嘘枯吹生。⑤并无军旅之才，执锐之干，临锋决敌，非公之俦。三也。山东之士，素乏精悍。⑥未有孟贲之勇，庆忌之捷，⑦聊城之守，⑧良、平之谋，可任以偏师，责以成功。四也。就有其人，而尊卑无序，王爵不加，若恃众怙力，⑨将各基峙，⑩以观成败，不肯同心共胆，与齐进退。五也。关西诸郡，颇习兵事，自顷以来，数与羌战，妇女犹戴戟操矛，挟弓负矢，⑪况其壮勇之士，以当妄战之人乎！其胜可必。六也。且天下强勇，百姓所畏者，有并、凉之人，及匈奴、屠各、湟中义从、西羌八种，⑫而明公拥之，以为爪牙，譬驱虎兕以赴犬羊。七也。又明公将帅，皆中表腹心，周旋日久，恩信淳著，忠诚可任，智谋可恃。以胶固之众，⑬当解合之执，犹以烈风扫彼枯叶。八也。夫战有三亡，以乱攻理者亡，以邪攻正者亡，以逆攻顺者亡。今明公秉国平正，讨灭宦竖，忠义克立。以此三德，待彼三亡，奉辞伐罪，谁敢御之！九也。东州郑玄学该古今，⑭北海邴原清高直亮，⑮皆儒生所仰，群士楷式。彼诸将若询其计画，足知强弱。且燕、赵、齐、梁非不盛也，终灭于秦；吴、楚七国非不众也，卒败荥阳。⑯况今德政赫赫，股肱惟良，彼岂赞成其谋，造乱长寇哉？其不然。十也。若其所陈少有可采，无事征兵以惊天下，使患役之民相聚为非，弃德恃众，自亏威重。"卓乃悦，以公业为将军，使统诸军讨击关东。或说卓曰："郑公业智略过人，而结谋外寇，今资之士马，就其党与，窃为明公惧之。"卓乃收还其兵，留拜议郎。

①诡犹诈也。

②孟卓名邈。

③言不妄视也。

④名俌。

⑤枯者嘘之使生，生者吹之使枯。言谈论有所抑扬也。

⑥悍，勇也。

⑦《说苑》曰："孟贲水行不避蛟龙，陆行不避虎狼，发怒吐气，声响动天。"许慎注《淮南子》曰："孟贲，卫人也。"《吕氏春秋》曰："孟贲过于河，先其伍，船人怒，以楫虓其头，不知其孟贲故也。中河，孟贲瞋目视船人，发植目裂，舟中人尽播入河。"庆忌，吴王僚子也。射之矢，满把不能中，四马追之不能及。

⑧《史记》，燕将攻下聊城，因保守之。齐将田单攻之，岁余不下。

⑨怙，亦恃也。

⑩峙，止也。

⑪挟，持也。

⑫义从、八种并见《西羌传》。

⑬胶亦固也。

⑭玄，北海人，故云东州。

⑮《魏志》，原字根矩，北海朱虚人也。与管宁俱以操尚称。

⑯《前书》吴王濞、楚王戊、赵王遂、淄川王贤、济南王辟光、胶西王卬、胶东王雄渠，景帝二年反，大将军条侯周亚夫将兵破之荥阳。

卓既迁都长安，天下饥乱，士大夫多不得其命。而公业家有余资，日引宾客高会倡乐，所赡救者甚众。乃与何颙、荀攸共谋杀卓。事泄，颙等被执，公业脱身自武关走，东归袁术。术上以为扬州刺史。未至官，道卒，年四十一。

孔融字文举，鲁国人，孔子二十世孙也。七世祖霸，为元帝师，位至侍中。①父宙，太山都尉。

①《前书》霸字次孺，元帝师。解见《孔昱传》。

融幼有异才。①年十岁，随父诣京师。时河南尹李膺②以简重自居，不妄接士宾客，敕外自非当世名人及与通家，皆不得白。融欲观其人，故造膺门。语门者曰："我是李君通家子弟。"门者言之。膺请融，问曰："高明祖父尝与仆有恩旧乎？"融曰："然。先君孔子与君先人李老君同德比义，而相师友，③则融与君累世通家。"众坐莫不叹息。太中大夫陈炜后至，④坐中以告炜。炜曰："夫人小而聪了，大未必奇。"融应声曰:"观君所言,将不早惠乎?"膺大笑曰:"高明必为伟器。"

> ①《融家传》曰:"兄弟七人,融第六,幼有自然之性。年四岁时,每与诸兄共食梨,融辄引小者。大人问其故,答曰:'我小儿,法当取小者。'由是宗族奇之。"
>
> ②膺,颍川襄城人。《融家传》曰:"闻汉中李公清节直亮,意慕之,遂造公门。"李固,汉中人,为太尉,与此传不同也。
>
> ③《家语》曰:"孔子谓南宫敬叔曰:'吾闻老聃博古而达今,通礼乐之源,明道德之归,即吾之师也。今将往矣。'遂至周,问礼于老聃焉。"
>
> ④炜音于匦反。

年十三,丧父,哀悴过毁,扶而后起,州里归其孝。性好学,博涉多该览。

山阳张俭为中常侍侯览所怨,览为刊章下州郡,以名捕俭。①俭与融兄褒有旧,亡抵于褒,不遇。②时融年十六,俭少之而不告。融见其有窘色,③谓曰:"兄虽在外,吾独不能为君主邪?"因留舍之。④后事泄,国相以下,密就掩捕,俭得脱走,遂并收褒、融送狱。二人未知所坐。融曰:"保纳舍藏者,融也,当坐之。"褒曰:"彼来求我,非弟之过,请甘其罪。"吏问其母,母曰:"家事任长,妾当其辜。"一门争死,郡县疑不能决,乃上谳之。⑤诏书竟坐褒焉。融由是显名,与平原陶丘洪、陈留边让齐声称。州郡礼命,皆不就。

> ①刊,削也。谓削去告人姓名。
>
> ②抵,归也。《融家传》"褒字文礼"也。
>
> ③窘,迫也。
>
> ④舍,止也。
>
> ⑤《前书音义》曰:"谳,请也,音宜杰反。"

辟司徒杨赐府。时隐核官僚之贪浊者,将加贬黜,融多举中官亲族。尚书畏迫内宠,召掾属诘责之。融陈对罪恶,言无阿挠。①河南尹何进当迁为大将军,杨赐遣融奉谒贺进,不时通,融即夺谒还府,投劾而去。河南官属耻之,私遣客欲追杀融。客有言于进曰:"孔文举有重名,②将军若造怨此人,则四方之士引领而去矣。不如

因而礼之,可以示广于天下。"进然之,既拜而辟融,兴高第,为侍御
史。举中丞赵舍不同,托病归家。

　　①挠,曲也,音乃孝反。

　　②《融家传》曰:"客言于进曰'孔文举于时英雄特杰,譬诸物类,犹众星
　　　之有北辰,百谷之有黍稷,天下莫不属目也。'"

　　后辟司空掾,拜中军候。在职三日,迁虎贲中郎将。会董卓废
立,融每因对答,辄有匡正之言。以忤卓旨,转为议郎。时黄巾寇数
州,而北海最为贼冲,卓乃讽三府同举融为北海相。

　　融到郡,收合士民,起兵讲武,驰檄飞翰,引谋州郡。贼张饶等
群辈二十万众从冀州还,融逆击,为饶所败,乃收散兵保朱虚县。稍
复鸠集吏民为黄巾所误者男女四万余人,更置城邑,立学校,表显
儒术,荐举贤良郑玄、彭璆、邴原等。①郡人甄子然、临孝存知名早
卒,融恨不及之,乃命配食县社。其余虽一介之善,莫不加礼焉。郡
人无后及四方游士有死亡者,皆为棺具而敛葬之。时黄巾复来侵
暴,融乃出屯都昌,②为贼管亥所围。融逼急,乃遣东莱太史慈求救
于平原相刘备。③备惊曰:"孔北海乃复知天下有刘备邪?"即遣兵
三千救之,贼乃散走。

　　①璆音巨秋反,又音求。

　　②都昌,县,属北海郡,故城在今青州临朐县东北。

　　③《吴志》,慈字子义,东莱人也。避事之辽东,北海相孔融闻而奇之,数遣
　　　人讯问其母,并致饷遗。时融为管亥所围,慈从辽东还,母谓之曰:"汝
　　　与孔北海未尝相见,至汝行后,赡恤殷勤,过于故旧。今为贼所围,汝宜
　　　赴之。"慈单步见融,既而求救于刘备,得兵以解围焉。

　　时袁、曹方盛,而融无所协附。左丞祖者,称有意谋,劝融有所
结纳。融知绍、操终图汉室,不欲与同,故怒而杀之。

　　融负其高气,志在靖难,而才疏意广,迄无成功。①在郡六年,
刘备表领青州刺史。建安元年,为袁谭所攻,自春至夏,战士所余裁
数百人,流矢雨集,戈矛内接。融隐几读书,②谈笑自若。城夜陷,乃
奔东山,妻子为谭所虏。

　　①迄,竟也。

②隐,凭也。《庄子》曰:"南郭子綦隐几而坐。"

及献帝都许,征融为将作大匠,迁少府。每朝会访对,融辄引正定议,公卿大夫皆隶名而已。①

①《说文》云:"隶,附著。"

初,太傅马日磾奉使山东,及至淮南,数有意于袁术。术轻侮之,遂夺取其节,求去又不听,因欲逼为军帅。日磾深自恨,遂呕血而毙。①及丧还,朝廷议欲加礼。融乃独议曰:"日磾以上公之尊,秉髦节之使,衔命直指,②宁辑东夏,③而曲媚奸臣,为所牵率,章表署用,辄使首名,④附下罔上,⑤奸以事君。⑥昔国佐当晋军而不挠,⑦宜僚临白刃而正色。⑧王室大臣,岂得以见胁为辞!又袁术僭逆,非一朝一夕,日磾随从,周旋历岁。《汉律》与罪人交关三日已上,皆应知情。《春秋》鲁叔孙得臣卒,以不发扬襄仲之罪,贬不书日。⑨郑人讨幽公之乱,斫子家之棺。⑩圣上哀矜旧臣,未忍追案,不宜加礼。"朝廷从之。

①《三辅决录》曰:"日磾字翁叔,马融之族子。少传融业,以才学进。与杨彪、卢植、蔡邕等典校中书,历位九卿,遂登台辅。"《献帝春秋》曰:"术从日磾借节观之,因夺不还,条军中十余人使促辟之。日磾谓术曰:'卿先代诸公辟士云何?而言促之,谓公府掾可劫得乎?'从术求去,而术不遣,既以失节屈辱忧恚。"

②直指,无屈挠也。《前书》有绣衣直指。

③辑,和也。

④所上章表及署补用,皆以日磾名为首也。

⑤《前书》曰:"附下罔上者刑。"

⑥《左传》叔向曰:"奸以事君者吾,所能御。"

⑦《公羊传》曰:"鞌之战,齐师大败。齐侯使国佐如师。郤克曰:'与我纪侯之甗,及鲁、卫之侵地,使耕者东西其亩,以萧同叔子为质,则吾舍子。'国佐曰:'我纪侯之甗,请诺。使反鲁卫之侵,请诺。使耕者东西其亩,是则土齐也。萧同叔子者,齐君母也,齐君母犹晋君之母也,曰不可。请战,一战而不胜,请再战,再战而不胜,请三战,三战不胜,则齐国尽子之有也,何必萧同叔子为质!'揖而去之。"

⑧楚白公胜欲为乱,谓石乞曰:"王卿士皆以五百人当之则可。"乞曰:"不
可得也。"曰:"市南有熊相宜僚者,若得之,可以当五百人矣。"乃从白
公而见之。与言,悦;告之故,辞;承之以剑,不动。事见《左传》。

⑨《公羊传》曰:"叔孙得臣卒"。何休注曰:"不日者,知公子遂欲杀君,而
为人臣知贼而不言,明当诛也。"公子遂即襄仲也。

⑩《左传》:"郑子家卒,郑人讨幽公之乱,斫子家之棺而逐其族。"杜预注
曰:"斗薄其棺,不使从卿礼。"为其杀君故也。

时论者多欲复肉刑。融乃建议曰:"古者敦庞,善否不别,①吏
端刑清,②政无过失。百姓有罪,皆自取之。末世陵迟,风化坏乱,政
挠其俗,法害其人。故曰上失其道,民散久矣。而欲绳之以古刑,投
之以残弃,③非所谓与时消息者也。④纣斫朝涉之胫,天下谓为无
道。⑤夫九牧之地,千八百君,⑥若各刖一人,是下常有千八百纣
也。求俗休和,弗可得已。且被刑之人,虑不念生,志在思死,类多
趋恶,莫复归正。夙沙乱齐,⑦伊戾祸宋,⑧赵高、英布,为世大
患。⑨不能止人遂为非也,适足绝人还为善耳。虽忠如鬻拳,⑩信如
卞和,⑪智如孙膑,⑫冤如巷伯,⑬才如史迁,⑭达如子政,⑮一离刀
锯,没世不齿。⑯是太甲之思庸,⑰穆公之霸秦,⑱南睢之骨立,卫
武之《初筵》,⑲陈汤之都赖,⑳魏尚之守边,㉑无所复施也。汉开改
恶之路,凡为此也。故明德之君,远度深惟,弃短就长,不苟革其政
者也。"朝廷善之,卒不改焉。

①《左传》楚申叔时曰:"人生敦庞。"杜预注:"庞,厚大也。"
②端,直也。
③残其支体而弃废之。
④《易》曰:"天地盈虚,与时消息。"
⑤《尚书》曰:"纣斫朝涉之胫。"孔安国注曰:"冬日见朝涉水者,谓其胫耐
寒,斫而视之。"
⑥《前书》贾山曰:"昔者周盖千八百国,以九州之人养千八百君也。"
⑦《左传》曰,灵公废太子光,立公子牙,使高厚傅牙,夙沙卫为少傅。崔杼
逆光而立之,是为庄公。庄公以夙沙卫易己,卫奔高唐以叛。
⑧《左传》,楚客聘于晋,过宋,太子痤知之,请野享之。公使往,伊戾请从,

遣之。至则欲用牲，加书征之，聘而告曰："太子将为乱，既与楚客盟矣。"公使视之，则信有焉。公囚太子，太子缢死。公徐闻其无罪，乃亨伊戾。

⑨《史记》，胡亥谓李斯曰："高，故宫人也。"遂专信任之。后杀李斯，劫杀胡亥，卒亡秦也。《前书》，英布坐法黥，论输骊山，亡之江中为群盗。及属项羽，常为先锋陷阵。后归汉，为九江王。谋反，诛之。

⑩《左传》："初，鬻拳强谏，楚子弗从。临之以兵，惧而从之。拳曰：'吾惧君以兵，罪莫大焉。'遂自刖。楚人以为大阍。君子曰：'鬻拳可谓爱君矣。谏以自纳于刑，刑犹不忘纳君于善。'"

⑪《韩子》曰："楚人和氏得璞玉于楚山之中，献之武王。武王使玉人相之，曰：'石也。'王以和为谩己，刖其左足。及文王即位，和又奉其璞，玉人又曰：'石也。'又刖其右足。文王薨，成王即位，和乃抱其璞而哭于楚山之下，三日三夜，泣尽而继以血。王使玉人攻璞而得宝焉。"《琴操》曰："荆王封和为陵阳侯，和辞不就而去。乃作怨歌曰：'进宝得刑，足离分兮。去封立信，守休芸兮。断者不续，岂不冤兮！'"

⑫《史记》，孙膑与庞涓学兵法，涓事魏惠王为将军，自以能不及膑，阴使召膑，断其两足而黥之。膑后入齐，威王问兵法，以为师。魏与赵攻韩，齐使田忌将而往。庞涓闻，去韩而归。膑谓田忌曰："三晋之兵素悍勇而轻齐。军半至。使齐军入魏地为十万灶，明日为五万灶，明日为二万灶。"庞涓行三日，大喜曰："我固齐卒怯，入吾地三日，士卒亡者过半矣。"乃弃其步兵，与其轻锐倍日并行逐之。孙子度其行，暮当至马陵。马陵道狭，旁多险阻，可伏兵，乃斫大树白而书之曰"庞涓死于此木下"。于是令齐军曰："善射者万弩，夹道而伏，期日莫见火举而俱发。"涓夜至斫木下，见白书，乃攒火烛之，读书未毕，齐军万弩俱发，魏军大乱相失。庞涓自知智穷兵败，遂自刭。曰："遂成竖子之名矣。"

⑬毛苌注《诗》云："巷伯，内小臣也，掌王后之命于宫中，故谓之巷伯。"伯被谗将刑，寺人孟子伤而作诗，以刺幽王也。

⑭李陵为匈奴败，马迁明陵当必立功以报汉，遂被下蚕室宫刑，后乃著《史记》。

⑮刘向字子政。宣帝时，上言黄金可成。上令典尚方铸作事，费甚多，方不验，乃下吏，当死。上奇其材，得逾冬减论。班固云："向博物洽闻，通达古今。"

⑯《国语》"中刑用刀锯"也。

⑰《尚书》:"太甲既立,不明,伊尹放诸桐。三年,复归于亳。思庸。"孔注曰:"念常道也。"

⑱秦穆使孟明、白乙等伐郑,蹇叔谏,不从。晋襄公败诸崤,囚孟明等,后归之。穆公曰:"孤之罪也,夫子何罪!"复使为政,遂霸西戎。事见《左传》。

⑲《韩诗》曰:"《宾之初筵》,卫武公饮酒悔过也。言宾客初就筵之时,宾主秩秩然,俱谨敬也。宾既醉止,载号载呶,不知其为恶也。"

⑳《前书》,汤字子公。迁西域副校尉,矫制发诸国兵,斩郅支单于于都赖水上。

㉑文帝时,尚为云中守,坐上首虏差六级,下吏削爵。赵人冯唐为郎,为言文帝,赦尚复为云中守也。

是时荆州牧刘表不供职贡,多行僭伪,遂乃郊祀天地,拟斥乘舆。①诏书班下其事。融上疏曰:"窃闻领荆州牧刘表桀逆放恣,所为不轨,至乃郊祭天地,拟仪社稷。虽昏僭恶极,罪不容诛,至于国体,宜且讳之。②何者?万乘至重,天王至尊,身为圣躬,国为神器,③陛级县远,禄位限绝,④犹天之不可阶也,日月之不可逾也。⑤每有一竖臣,辄云图之,若形之四方,非所以杜塞邪萌。⑥愚谓虽有重戾,和宜隐忍。贾谊所谓'掷鼠忌器',盖谓此也。⑦是以齐兵次楚,唯责包茅;⑧王师败绩,不书晋人。⑨前以露袁术之罪,今复下刘表之事,是使跂羡欲窥高岸,天险可得而登也。⑩案表跋扈,擅诛列侯,遏绝诏命,断盗贡篚,⑪招乎元恶,以自营卫,专为群逆,主萃渊薮。⑫郜鼎在庙,章孰甚焉!⑬桑落瓦解,其势可见。⑭臣愚以为宜隐郊祀之事,以崇国防。"

①斥,指也。

②体谓国家之大体也。

③《老子》曰:"天下神器,不可为也。"

④贾谊曰:"人主之尊譬如堂,群臣如陛,众庶如地。故陛乃九级上,廉远地则堂高也。"

⑤《论语》曰:"夫子之不可及也,犹天之不可阶而升也。"又曰:"仲尼如日

月,无得而逾焉。"

⑥形,见也。

⑦《前书》贾谊曰:"里谚云'欲投鼠而忌器',此善喻也。鼠近于器,尚惮不
　投,恐伤其器,况乎贵臣之近主乎?"

⑧《左传》,齐桓伐楚,责以"苞茅不入,王祭不供,无以缩酒"。杜预注曰:
　"包,裹束也。茅,菁茅也。束茅而灌之以酒,为缩酒也。"

⑨《公羊传》:"成公元年秋,王师败绩于贸戎。孰败之?盖晋败之。曷为不
　言晋败之?王者无敌,莫敢当也。"

⑩《史记》李斯曰:"故城高五丈,而楼季不轻犯也;太山之高百仞,而跛牂
　牧其上。夫楼季而难五丈之限,岂跛牂而易百仞之高哉?峭渐之执异
　也。"《尔雅》曰:"羊牝曰牂。"《易》曰:"天险不可升,地险山川丘陵也。"

⑪郑玄注《仪礼》曰:"篚,竹器如筐也。"《书》曰:"厥篚玄纁玑组。"

⑫《书》曰:"今商王受亡道,为天下逋逃主,萃渊薮。"孔注曰:"天下罪人
　逃亡者,而纣为魁主,窟聚泉府薮泽也。"

⑬《左传》:"取郜大鼎于宋,戊申纳于太庙。臧哀伯谏曰:"君人者,昭德塞
　违,以临照百官,百官于是乎戒惧。郜鼎在庙,彰孰甚焉!"郜鼎,郜国所
　作也。

⑭《诗》曰:"桑之落矣,其黄而陨。"

　　五年,南阳王冯、东海王祗薨,①帝伤其早殁,欲为修四时之
祭,以访于融。融对曰:"圣恩敦睦,感时增思,悼二王之灵,发哀愍
之诏,稽度前典,以正礼制。窃观故事,前梁怀王、临江愍王、齐哀
王、临淮怀王并薨无后,同产昆弟,即景、武、昭、明四帝是也,②未
闻前朝修立祭祀。若临时所施,则不列传纪。臣愚以为诸在冲龀,
圣慈哀悼,礼同成人,加以号谥者,宜称上恩,③祭祀礼毕,而后绝
之。至于一岁之限,不合礼意,又违先帝已然之法,所未敢处。"④

①并献帝子。

②梁怀王揖,景帝弟也,立十年薨。临江闵王荣,武帝兄也,为皇太子,四
　岁废为王,坐侵庙堧地自杀。齐怀王闳,武帝子,昭帝异母兄,立八年
　薨。臣贤案:齐哀王,悼惠王之子,高帝之孙,非昭帝兄弟,当为怀王,作
　"哀"者误也。临淮公衡,明帝弟,建武十五年立,未及进爵为王而薨。
　《融家传》及本传皆作"公",此为"王"者,亦误也。

③称音尺证反。

④处犹安也。

初,曹操攻屠邺城,袁氏妇子多见侵略,而操子丕私纳袁熙妻甄氏。①融乃与操书,称"武王伐纣,以妲己赐周公"。②操不悟,后问出何经典。对曰:"以今度之,想当然耳。"后操讨乌桓,③又嘲之曰:"大将军远征,萧条海外。昔肃慎不贡楛矢,④丁零盗苏武牛羊,可并案也。"⑤

　　①《袁绍传》,熙,绍之中子也。甄氏,中山无极人,汉太保甄邯后也。父逸,上蔡令。《魏略》曰:"熙出在幽州,甄氏侍姑,及邺城破,文帝入绍舍,后怖,伏姑膝上。帝令举头就视,见其颜色非凡。太祖闻其意,为迎取之。"

　　②妲音丁末反,又音旦。纣之妃,有苏氏女也。纣用其言,毒虐众庶。武王克殷,斩妲己头,县之于小白旗,以为纣之亡由此女也。出《列女传》也。

　　③建安十二年也。

　　④《国语》曰:"昔武王克商,通于九夷百蛮,于是肃慎氏贡楛矢石砮,其长尺有咫",《肃慎国记》曰:"肃慎氏,其地在夫余国北,东滨大海。"《魏略》曰:"挹娄一名肃慎氏。"《说文》曰"楛木也。今辽左有楛木,状如荆,叶如榆"也。

　　⑤《山海经》曰:"北海之内,有丁零之国。"《前书》苏武使匈奴,单于徙北海上,丁零盗武牛羊,武遂穷厄也。

时年饥兵兴,操表制酒禁,融频书争之,多致侮慢之辞。①既见操雄诈渐著,数不能堪,故发辞偏宕,多致乖忤。②又尝奏宜准古王畿之制,千里寰内,不以封建诸侯。③操疑其所论建渐广,益惮之。然以融名重天下,外相容忍,而潜忌正议,虑鲠大业。山阳郗虑④承望风旨,以微法奏免融官。因显明仇怨,操故书激厉融曰:"盖闻唐虞之朝,有克让之臣,⑤故麟凤来而颂声作也。⑥后世德薄,犹有杀身为君,⑦破家为国。⑧及至其敝,睚眦之怨必仇,一餐之惠必报。⑨故晁错念国,遘祸于袁盎;⑩屈平悼楚,受谮于椒、兰;⑪彭宠倾乱,起自朱浮;⑫邓禹威损,失于宗、冯。⑬由此言之,喜怒怨爱,祸福所因,可不慎与!⑭昔廉、蔺小国之臣,犹能相下;⑮寇、贾仓卒武夫,屈节崇好;光武不问伯升之怨;齐侯不疑射钩之虏。⑯夫立大操者,岂累细故哉!往闻二君有执法之平,以为小介,⑰当收旧好;而怨毒渐积,志相危害,闻之忱然,中夜而起。⑱昔国家东迁,文举盛叹鸿豫名实相副,综达经学,出于郑玄,又明《司马法》,⑲鸿豫亦称文举奇逸博闻,诚怪今者与始相违。孤与文举既非旧好,又于鸿豫亦无恩纪,然愿人之相美,不乐人之相伤,是以区区思协欢好。又知二君群小所构,孤为人臣,进不能风化,海内退不能建德和人,然抚养战士,杀身为国,破浮华交会之徒,计有余矣。”

①《融集》与操书云:“酒之为德久矣。古先哲王,类帝禋宗,和神定人,以济万国,非酒莫以也。故天垂酒星之耀,地列酒泉之郡,人著旨酒之德。尧不千钟,无以建太平。孔非百觚,无以堪上圣。樊哙解厄鸿门,非豕肩钟酒,无以奋其怒。赵之厮养,东迎其王,非引卮酒,无以激其气。高祖非醉斩白蛇,无以畅其灵。景帝非醉幸唐姬,无以开中兴。袁盎非醇醪之力,无以脱其命。定国不酣饮一斛,无以决其法。故郦生以高阳酒徒,著功于汉;屈原不𫗦醩歠醨取困于楚。由是观之,酒何负于政哉。”又书曰:“昨承训答,陈二代之祸,及众人之败,以酒亡者,实如来诲。虽然,徐偃王行仁义而亡,今令不绝仁义;燕哙以让失社稷,今令不禁谦退;鲁因儒而损,今令不弃文学;夏、商亦以妇人失天下,今令不断婚姻。而将酒独急者,疑但惜谷耳,非以亡王为戒也。”

②偏邪跌宕,不拘正理。

③《周礼》:“方千里曰国畿,其外五百里侯畿。”郑玄注:“畿,限也。”

④《续汉书》:“虑字鸿豫,山阳高平人,少尝学于郑玄。”虞浦《江表传》曰:“献帝尝时见虑及少府孔融。问融曰:‘鸿豫何所优长?’融曰:‘可与适道,未可与权。’虑举笏曰:‘融昔宰北海,政散人流,其权安在?’遂与融互相长短,以至不穆。曹操以书和解之。”虑从光禄勋迁御史大夫。

⑤《尚书》曰:舜以伯禹为司空,禹让稷、契暨皋陶。以益为朕虞,益让于朱虎、熊罴。以伯夷为秩宗,伯夷让夔龙。

⑥《史记》曰:“于是禹兴《九韶》之乐,致异物,凤皇来仪。”

⑦若齐孟阳代君居床以待贼,西汉纪信乘黄屋诳楚之类也。

⑧若要离焚妻子以徇吴,李通诛宗族以从汉之类也。

⑨《史记》,范睢一餐之德必偿,睚眦之怨必报。

⑩景帝时,错为御史大夫,以诸侯国大,请削其土。吴楚七国反,以诛错为

名。袁盎素与错不相善,盎乃进说,请斩错以谢七国,景帝遂斩错也。

⑪屈平,楚怀王时为三闾大夫,秦昭王使张仪谲诈怀王,今绝齐交,又诱
　　请会武关,平谏,王不听其言,卒客死于秦。怀王子子椒、子兰谮之于襄
　　王,而放逐之。见《史记》。

⑫朱浮与宠不相能,数谮之光武,宠遂反。

⑬邓禹征赤眉,令宗钦、冯愔守栒邑。二人争权相攻,遂杀钦,因反击禹。
　　今流俗本"宗"误作"宋"也。

⑭音余。

⑮赵惠文王与秦昭王会黾池,归,拜蔺相如为上卿,位在廉颇右。颇曰:
　　"吾不忍为之下,必辱之。"相如每朝,常避之。颇闻之,肉袒负荆谢之,
　　相与为刎颈之友。事见《史记》。

⑯公子纠与桓公争立,管仲射桓公中钩。后桓公即位,以管仲为相也。

⑰介犹蒂芥也。公法虽平,私情为蒂芥者也。

⑱怃音舞。怃,失意貌也。

⑲《史记》,齐威王使大夫追论古者《司马法》。其法论田及兵之法也。

　　融报曰:"猥惠书教,①告所不逮。融与鸿豫州里比郡,②知之
最早。虽尝陈其功美,欲以厚于见私,信于为国,不求其覆过掩恶,
有罪望不坐也。前者黜退,欢欣受之。昔赵宣子朝登韩厥,夕被其
戮,喜而求贺。③况无彼人之功,而敢枉当官之平哉!忠非三闾,④
智非晁错,窃位为过,免罪为幸。乃使余论远闻,所以惭惧也。朱、
彭、寇、贾,为世壮士,爱恶相攻,能为国忧。至于轻弱薄劣,犹昆虫
之相啮,适足还害其身,⑤诚无所至也。晋侯嘉其臣所争者大,而师
旷以为不如心竞。⑥性既迟缓,与人无伤,虽出胯下之负,⑦榆次之
辱,⑧不知贬毁之于己,犹蚊虻之一过也。⑨子产谓人心不相似,⑩
或矜执者,欲以取胜为荣,不念宋人待四海之客,大卢不欲令酒酸
也。⑪至于屈谷巨瓠,坚而无窍,当以无用罪之耳。⑫它者奉遵严
教,不敢失坠。都为故吏,融所推进。赵衰之拔郤谷,⑬不轻公叔之
升臣也。⑭知同其爱,训诲发中。⑮虽懿伯之忌,犹不得念,⑯况恃
旧交,而欲自外于贤吏哉!⑰辄布腹心,修好如初。苦言至意,终身
诵之。"

①猨，曲也。

②山阳与鲁郡相邻比。

③宣子，赵盾谥也。《国语》曰："宣子言韩厥于灵公，以为司马。河曲之役，赵宣子使人以其乘车干行，韩厥执而戮之。众咸曰：'韩厥必不没矣。其主朝升之而慕戮其车，其谁安之？'宣子召而礼之，谓诸大夫曰：'二三子可以贺我矣。吾举厥也，中吾，乃今知免于罪矣。'"

④即屈原也。掌王族三姓，曰昭、屈、景，故曰"三闾"。

⑤《夏小正》云："昆，众也。"《孙卿子》曰："昆虫亦有知。"

⑥《左传》"秦伯之弟针如晋修成，叔向命召行人子员。行人子朱曰：'朱也当御。'三云，叔向不应。子朱怒曰：'班爵同，何以黜朱于朝？'抚剑从之。叔向曰：'秦晋不和久矣。今日之事，幸而集，晋国赖之；不集，三军暴骨。子员导二国之言无私，子常易之。奸以事君者，吾所能御也。'拂衣从之。人救之。平公曰：'晋其庶乎！吾臣之所争者大。'师旷曰：'公室惧卑，臣不心竞而力争'"也。

⑦韩信贫贱，淮阴少年侮之，令信出跨下。

⑧《史记》，荆轲尝游榆次，与盖聂论剑，盖聂怒而目之，荆轲出去。

⑨蚊音文。虻音萌。言蚊虻之暂过，未以为害。

⑩《左传》曰，子产谓子皮曰："人心不同，其如面焉，吾岂敢谓子面如吾面乎？"

⑪炉，累土为之，以居酒瓮，四边隆起，一面高如锻炉。故名炉，字或作"垆"。《韩子》曰："宋人有沽酒者，斗概甚平，遇客甚谨，为酒甚美，而酒不售，酒酸者。怪其故，问所知闾长者杨倩。二人曰：'汝狗猛耶？'曰："狗猛。'何故不信售？'曰：'人畏焉。'令孺子怀钱挈壶往沽，狗迎龁之，酒所以酸而不售。"

⑫《韩子》曰："齐有居士田仲，宋人屈谷往见之，曰：'谷闻先生之义，不恃仰人而食。今谷有树瓠者法，坚如石，厚而无窍，愿献先生。'田仲曰：'夫子徒谓我也。凡贵于树瓠者，为可以盛也。今厚而无窍，则不可以盛物，而任坚如石，则不可以割而斟，吾无以此瓠为也。''将弃之。'今仲不恃仰人而食，亦无益人国，亦坚瓠之类。"

⑬《左传》，晋文公谋元帅，越衰曰："郤谷可。"乃使郤谷将中军。

⑭公叔文子，卫大夫，其家臣名僎，行与文子同，升之于公，与之并为大夫。僎音士眷反，见《论语》。

⑮言曹公与己同爱郗虑，故发于中心而训诲。

⑯《礼记檀弓》曰："滕成公之丧，使子叔敬叔吊，子服惠伯为介。及郊，为
　懿伯之忌不入。惠伯曰：'政也，不可以叔父之私不将公事。'遂入。"郑
　玄注曰："懿伯，惠伯之叔父也。忌，怨也。"

⑰贤吏谓虑也。

岁余，复拜太中大夫。性宽容少忌，好士，喜诱益后进。及退闲
职，①宾客日盈其门。常叹曰："坐上客恒满，尊中酒不空，吾无忧
矣。"与蔡邕素善，邕卒后，有虎贲士貌类于邕，②融每酒酣，引与同
坐，曰："虽无老成人，且有典刑。"③融闻人之善，若出诸己，言有可
采，必演而成之，面告其短，而退称所长，荐达贤士，多所奖进，知而
未言，以为己过，故海内英俊皆信服之。

①太中大夫职在言议，故云闲职。

②《汉官典职仪》曰："虎贲中郎将，主武贲千五百人。"

③《诗·大雅》曰"虽无老成人，尚有典刑"也。

曹操既积嫌忌，而郗虑复构成其罪，遂令丞相军谋祭酒路粹①
枉状奏融曰："少府孔融，昔在北海，见王室不静，而招合徒众，欲规
不轨，云'我大圣之后，而见灭于宋，②有天下者，何必卯金刀。'及
与孙权使语谤讪朝廷。③又融为九列，不遵朝仪，秃巾微行，④唐突
宫掖。又前与白衣祢衡跌荡放言，⑤云'父之于子，当有何亲？论其
本意，实为情欲发耳。子之于母，亦复奚为？譬如寄物瓶中，⑥出则
离矣'。既而与衡更相赞扬。衡谓融曰：'仲尼不死。'融答曰：'颜回
复生。'大逆不道，宜极重诛。"书奏，下狱弃市。时年五十六。妻子
皆被诛。

①《典略》曰："粹字文蔚，陈留人，少学于蔡邕。建安初，以高第擢拜尚书
　郎，后为军谋祭酒，与陈琳、阮瑀等典记室。融诛之后，人睹粹所作，无
　不嘉其才而忌其笔也。

②《史记》曰，鲁大夫孟厘子曰："孔丘，圣人之后，灭于宋。"服虔注曰："圣
　人谓商汤也。孔子六代祖孔父嘉为宋华督所杀，其子奔鲁也。"

③讪音所谏反。讪谓谤毁也。《苍颉篇》曰："讪，非也。"

④谓不加帻

⑤跌荡，无仪检也。放，纵也。

⑥《说文》曰："瓯，缶也。"《字书》曰："瓯似缶而高。"

初，女年七岁，男年九岁，以其幼弱得全，寄它舍。二子方弈棋，融被收而不动。左右曰："父执而不起，保也？"答曰："安有巢毁而卵不破乎！"主人有遗肉汁，男渴而饮之。女曰："今日之祸，岂得久活，何赖知肉味乎？"兄号泣而止。或言于曹操，遂尽杀之。及收至，谓兄曰："若死者有知，得见父母，岂非至愿！"乃延颈就刑，颜色不变，莫不伤之。

初，京兆人脂习元升，与融相善，每戒融刚直。①及被害，许下莫敢收者，习往抚尸曰："文举舍我死，吾何用生为？"操闻大怒，将收习杀之，后得赦出。

①《魏略》曰："曹操为司空，威德日盛，融故以旧意书疏倨傲，习常责融令改节，融不从之。"

魏文帝深好融文辞，每叹曰："杨、班俦也。"募天下有上融文章者，辄赏以金帛。所著诗、颂、碑文、论议、六言、策文、表、檄、教令、书记凡二十五篇。文帝以习有栾布之节，加中散大夫。①

①《前书》曰："栾布，梁人也，为梁王彭越大夫，使于齐，未反。汉诛越，枭首雒阳下，布还，奏事越头下，祠而哭之。"

论曰：昔谏大夫郑昌有言："山有猛兽者，藜藿为之不采。"①是以孔父正色，不容弑虐之谋；②平仲立朝，有纾盗齐之望。③若夫文举之高志直情，其足以动义概而忤雄心。④故使移鼎之迹，事隔于人存；⑤代终之规，启机于身后也。⑥夫严气正性，覆折而已。岂其员园委屈，可以每其生哉！⑦懔懔焉，皓皓焉，其与琨玉秋霜比质可也。⑧

①宣帝时，司隶校尉盖宽饶以直言得罪，郑昌愍伤宽饶忠直忧国，以言事不当意，而为文吏所诋挫，故上书讼之。

②《公羊传》曰："孔父正色而立于朝，则人莫敢过而致难于其君者，孔父可谓义形于色矣。"

③纾音舒，解也，缓也。盗齐谓田常也。《庄子》曰："田成子一旦弑齐君而

盗其国。"《左传》,齐景公坐于路寝。公叹曰:"美哉室!其谁有此乎?"晏子对曰:"如君之言,其陈氏乎?"公曰:"是可若何?"对曰:"唯礼可以已之。"

④忤,逆也。

⑤移鼎谓迁汉之鼎也。人存谓曹操身在不得篡位也。《左传》曰:"桀有昏德,鼎迁于商;商纣暴虐,鼎迁于周。"

⑥代终谓代汉祚之终也。身后谓曹丕受禅也。

⑦"园"即"刓"字,音五丸反。《前书音义》曰:刓谓刓团无棱角也。"每贪也。言宁正直以倾覆摧折,不能委曲以贪生也。贾谊云:"品庶每生。"

⑧懔懔言劲烈如秋霜也。皓皓言坚贞如白玉也。皓音古老反。

荀彧字文若,①颍川颍阴人,朗陵令淑之孙也。②父绲,为济南相。③绲畏惮宦官,乃为彧娶中常侍唐衡女。④彧以少有才名,故得免于讥议。南阳何颙名知人,见彧而异之,曰:"王佐才也。"

①袁宏《汉纪》"彧"作"郁"。

②朗陵,县,属汝南郡,故城在今豫州朗山县西南。

③绲音古本反。

④《典略》曰:"衡欲以女妻汝南傅公明,公明不取,转以妻郁。"

中平六年,举孝廉,再迁亢父令。①董卓之乱,官归乡里。同郡韩融时将宗亲千余家,避乱西山中。②彧谓父老曰:"颍川,四战之地也。③天下有变,常为兵冲。密虽小固,不足以捍大难,宜亟避之。"④乡人多怀土不能去。会冀州牧同郡韩馥遣骑迎之,彧乃独将宗族从馥,留者后多为董卓将李傕所杀略焉。

①亢父,属梁国,故城在今兖州任城县南。亢音刚,父音甫。

②密县西山也。

③四面通也。

④亟,音纪力反。

彧比至冀州,而袁绍已夺馥位,绍待彧以上宾之礼。彧明有意数,①见汉室崩乱,每怀匡佐之义。时曹操在东郡,彧闻操有雄略,而度绍终不能定大业。初平二年,乃去绍从操。操与语大悦,曰:

"吾子房也。"②以为奋武司马,时年二十九。明年,又为操镇东司马。

① 数,计数也。

② 比之张良。

兴平元年,操东击陶谦,使彧守甄城,①任以留事。会张邈、陈宫以兖州反操,②而潜迎吕布。布既至,诸城悉应之。邈乃使人谲彧③曰:"吕将军来助曹使君击陶谦,宜亟供军实。"彧知邈有变,即勒兵设备,故邈计不行。豫州刺史郭贡率兵数万来到城下,求见彧。彧将往,东郡太守夏侯惇等止之。④曰:"何知贡不与吕布同谋,而轻欲见之。今君为一州之镇,往必危也。"彧曰:"贡与邈等分非素结,今来速者,计必未定,及其犹豫,宜时说之,纵不为用,可使中立。⑤若先怀疑嫌,彼将怒而成谋,不如往也。"贡既见彧无惧意,知城不可攻,遂引而去。彧乃使程昱说范、东阿,⑥使固其守,卒全三城以待操焉。⑦

① 县名,属济阴郡,今濮州县也。"甄"今作"鄄",音绢。

②《典略》"宫字公台,东郡人。刚直烈壮,少与海内知名之士皆相连结"也。

③ 谲,诈也。

④《魏志》曰:"惇字元让,沛国人。"

⑤ 不令其有去就也。

⑥《魏志》:"昱字仲德,东郡东阿人。"范,县,属东郡,今濮阳县也。东阿,县,属东郡,今济州县也。

⑦ 三城谓甄、范、东阿也。

二年,陶谦死,操欲遂取徐州,还定吕布。彧谏曰:"昔高祖保关中,①光武据河内,皆深根固本,以制天下。进可以胜敌,退足以坚守,故虽有困败,而终济大业。将军本以兖州首事,故能平定山东,②此实天下之要地,而将军之关河也。若不先定之,根本将何寄乎?宜急分讨陈宫,使虏不得西顾,乘其间而收熟麦,约食蓄谷,以资一举,则吕布不足破也。今舍之而东,未见其便。多留兵则力不胜敌,少留兵则后不足固。布乘虚寇暴,震动人心,纵数城或全,其余非复已有,则将军尚安归乎?且前讨徐州,威罚实行,其子弟念父兄之耻,必人自为守。就能破之,尚不可保。彼若惧而相结,共为表里,坚壁清野,以待将军,将军攻之不拔,掠之无获,不出一旬,则十万之众未战而自困矣。夫事固有弃彼取此,以权一时之执,愿将军虑焉。"操于是大收孰麦,复与布战。布败走,因分定诸县,兖州遂平。

①高祖距项羽,常留萧何守关中。

②曹操初从东郡守鲍信等迎领兖州牧,遂进兵破黄巾等,故能平定山东也。

建安元年,献帝自河东还洛阳,操议欲奉迎车驾,徙都于许。众多以山东未定,韩暹、杨奉负功恣睢,①未可卒制。或乃劝操曰:"昔晋文公纳周襄王,而诸侯景从;②汉高祖为义帝缟素,而天下归心。③自天子蒙尘,④将军首唱义兵,徒以山东扰乱,未遑远赴,虽御难于外,乃心无不在王室。⑤今鉴驾旋轸,⑥东京榛芜,义士有存本之思,兆人怀感旧之哀。诚因此时奉主上以从人望,大顺也;秉至公以服天下,大略也;抚弘义以致英俊,大德也。四方虽有逆节,其何能为?韩暹、杨奉,安足恤哉!若不时定,使豪桀生心,后虽为虑,亦无及矣。"操从之。

①恣睢,肆怒貌。睢音火季反,又火佳反。《史记》:"盗跖日杀不辜,暴戾恣睢。"

②《左传》,卜偃言于晋侯曰:"求诸侯莫如勤王,诸侯信之,且大义也。"晋侯以左师逆王,王入于王城,取太叔于温,杀之于隰成,遂定霸业,天下服从也。

③项羽杀义帝于郴,高祖为义帝发丧。高祖大哭,发使告诸侯曰:"天下共立义帝,北面事之。今项羽放杀义帝,大逆无道,寡人亲为发丧,兵皆缟素。"

④蒙,冒也。《左传》臧文仲曰:"天子蒙尘于外,敢不奔问官守。"

⑤《尚书》曰:"虽尔身在外,乃心无不在王室。"乃,汝也。

⑥郑玄注《周礼》曰:"轸,舆后横木也。"

　　及帝都许,以彧为侍中,守尚书令。操每征伐在外,其军国之事,皆与彧筹焉。彧又进操计谋之士从子攸,[①]及钟繇、郭嘉、[②]陈群、杜袭、[③]司马懿、戏志才等,[④]皆称其举。唯严象为扬州,[⑤]韦康为凉州,后并负败焉。[⑥]

①《魏志》,荀攸字公达。太祖素闻攸名,与语大悦,谓彧曰:"公达非常人,吾得与计事,天下当何忧哉?"

②《魏志》,嘉字奉孝,颍川人也。戏志才,筹画士也,太祖甚器之,早卒。太祖与彧书曰:"自志才亡后,莫可与计事者。汝、颍固多奇士,谁可以继之?"彧荐嘉,召见论天下事,太祖曰:"使孤成大业者,必此人也。"

③袭字子绪,颍川人。荀彧荐袭,太祖以为丞相军谋祭酒,魏国建,为侍中。

④懿字仲达,即晋宣帝。

⑤《三辅决录》曰:"象字文则,京兆人。少聪博有胆智,为扬州刺史。后为孙策庐江太守李术所杀。"

⑥康字元将,京兆人。父端,从凉州牧征为太仆,康代为凉州刺史,时人荣之。后为马超所围,坚守历时,救军不至,遂为超所杀。

　　袁绍既兼河朔之地,有骄气。而操败于张绣,[①]绍与操书甚倨。[②]操大怒,欲先攻之,而患力不敌,以谋于彧。彧量绍虽强,终为操所制,乃说先取吕布,然后图绍,操从之。三年,遂擒吕布,定徐州。

①《魏志》,张绣在南阳降,既而悔之,而复反。操与战,军败为流矢所中。

②陈琳为绍作檄书曰:"操祖父腾饕餮放横,父嵩乞丐携养,操赘阉遗丑。"并倨慢之词也。

　　五年,袁绍率大众以攻许,操与相距。绍甲兵甚盛,议者咸怀惶惧。少府孔融谓彧曰:"袁绍地广兵强,田丰、许攸智计之士为其谋,[①]审配、逢纪尽忠之臣任其事,[②]颜良、文丑勇冠三军,统其兵,殆难克乎?"彧曰:"绍兵虽多而法不整,田丰刚而犯上,许攸贪而不正,审配专而无谋,逢纪果而自用,颜良、文丑匹夫之勇,可一战而擒也。"后皆如彧之筹,事在《袁绍传》。

①《先贤行状》:"丰字元皓,巨鹿人。天姿瑰杰,权略多奇。"许攸字子远。

②配字正南，魏郡人。忠烈慷慨，有不可犯之色。绍领冀州，委配腹心之任。《英雄记》曰："纪字元图。初，绍去董卓，与许攸及纪俱诣冀州，绍以纪聪达有计策，甚信之。"

操保官度，①与绍连战，虽胜而军粮方尽，与彧议，欲还许以致绍师。②彧报曰："今谷食虽少，未若楚汉在荥阳、成皋间也。是时刘项莫肯先退者，以为先退则势屈也。③公以十分居一之众，④画地而守之。⑤扼其喉而不得进，已半年矣。⑥情见势竭，必将有变，此用奇之时，不可失也。"操从之，乃坚壁持之。遂以奇兵破绍，绍退走。封彧万岁亭侯，邑一千户。

①官度，即古之鸿沟也。于荥阳下引河东南流，其所保处在今郑州中牟县北官度口是也。

②致犹至也。《兵法》曰："善战者，致人不致于人。"

③高祖与项羽于荥阳、成皋间，久相持不决，后羽请鸿沟以西为汉而退，高祖遂乘羽，败之垓下，追杀之。

④言与绍众寡相悬也。

⑤言画地作限隔也。邹阳曰："画地而不敢犯。"

⑥扼音厄。扼谓捉持之也。

六年，操以绍新破，未能为患，但欲留兵卫之，自欲南征刘表，以计问彧。彧对曰："绍既新败，众惧人扰，今不因而定之，而欲远兵江汉，若绍收离纠散，①乘虚以出，则公之事去矣。"操乃止。

①纠，合也。

九年，操拔邺，自领冀州牧。有说操宜复置九州者，以为冀部所统既广，则天下易服。操将从之。彧言曰："今若依古制，是为冀州所统，悉有河东、冯翊、扶风、西河、幽、并之地也。公前屠邺城，海内震骇，各惧不得保其土宇，守其兵众。今若一处被侵，必谓以次见夺，人心易动，若一旦生变，天下未可图也。愿公先定河北，然后修复旧京，南临楚郢，责王贡之不入。天下咸知公意，则人人自安。须海内大定，乃议古制，此社稷长久之利也。"操报曰："微足下之相难，所失多矣！"遂寝九州议。

十二年，操上书表彧曰："昔袁绍作逆，连兵官度，时众寡粮单，图欲还许。尚书令荀彧深建宜住之便,远恢进讨之略,^①起发臣心,革易愚虑,坚营固守,徼其军实,^②遂摧扑大寇,济危以安。绍既破败,臣粮亦尽,将舍河北之规,改就荆南之策。彧复备陈得失,用移臣议,故得反旆冀土,^③克平四州。^④向使臣退军官度,绍必鼓行而前,^⑤敌人怀利以自百,^⑥臣众怯沮以丧气,^⑦有必败之形,无一捷之势。^⑧复若南征刘表,委弃兖、豫,饥军深入,逾越江、沔,^⑨利既难要,将失本据。而彧建二策,以亡为存,以祸为福。谋殊功异,臣所不及。是故先帝贵指纵之功,薄搏获之赏;^⑩古人尚帷幄之规,下攻拔之力。^⑪原其绩效,足享高爵。而海内未喻其状,所受不侔其功,^⑫臣诚惜之。乞重平议,增畴户邑。"^⑬彧深辞让。操譬之曰:"昔介子推有言:'窃人之财,犹谓之盗。'"^⑭况君奇谟拔出,兴亡所系,可专有之邪?^⑮虽慕鲁连冲高之迹,^⑯将为圣人达节之义乎!"^⑰于是增封千户,并前二千户。又欲授以正司,^⑱彧使荀攸深自陈让,至于十数,乃止。操将伐刘表,问彧所策。彧曰:"今华夏以平,荆、汉知亡矣,可声出宛、叶而间行轻进,以掩其不意。"操从之。会表病死。^⑲十七年,董昭等^⑳欲共进操爵国公,九锡备物,^㉑密以访彧。彧曰:"曹公本兴义兵,以匡振汉朝,虽勋庸崇著,犹秉忠贞之节。君子爱人以德,不宜如此。"事遂寝。^㉒操心不能平,会南征孙权,表请劳彧军于谯,因表留彧曰:"臣闻古之遣将,上设监督之重,下建副二之任,^㉓所以尊严国命,谋而鲜过者也。^㉔臣今当济江,奉辞伐罪,宜有大使肃将王命。文武并用,自古有之。使持节侍中守尚书令万岁亭侯彧,国之望臣,德洽华夏,既停军所次,便宜与臣俱进,宣示国命,威怀丑虏。军礼尚速,不及先请,臣辄留彧,依以为重。"书奏,帝从之,遂以彧为侍中、光禄大夫,持节,参丞相军事。至濡须,^㉕彧病留寿春,^㉖操馈之食,发视,乃空器也,于是饮药而卒。时年五十。^㉗帝哀惜之,祖日为之废燕乐。^㉘谥曰敬侯。明年,操遂称魏公云。

①恢,大也。

②徼,邀也,音古尧反。

③《左传》:"南辕反旆。"杜预曰:"军门前大旗。"

④谓冀、青、幽、并也。

⑤鼓行谓鸣鼓而行,言无所畏也。

⑥各规利,人百其勇也。

⑦沮,止也。

⑧捷,胜也。

⑨沔即汉水也。孔安国曰:"汉上为沔。"

⑩捕,击也。高祖既杀项羽,论功行封,以萧何为最,功臣多不服。高祖曰:"诸君知猎乎?夫猎追杀兽者,狗也,而发纵指示兽者,人也。诸君徒能追得兽耳,功狗也。至如萧何,发指示,功人也。""纵"或作"踪",两通。

⑪张良未尝有战斗功,高帝曰:"运策帷幄中,决胜千里外,子房功也。"自择齐三万户以封之。

⑫侔,等也。

⑬《前书》曰:"复其后代,畴其爵邑。"《音义》曰:"畴,等也,使其后常与先人等也。"

⑭《左传》介子推,晋文公臣。

⑮操不专功,欲分之于或也。

⑯《史记》曰,赵欲尊秦为帝,鲁连止之,平原君欲封鲁连。连笑曰:"所贵于天下之士,为人排患释难解纷而无取也。即有取者,是商贾之士也,而连不忍为也。"

⑰《左传》曰:"圣达节,次守节。"

⑱或先守尚书令,今欲正除也。

⑲《魏志》操如或计,表子琮以州逆降。

⑳昭字公仁,济阳人也。

㉑《礼含文嘉》曰:"九锡一曰车马,二曰衣服,三曰乐器,四曰朱户,五曰纳陛,六曰虎贲百人,七曰斧钺,八曰弓矢,九曰秬鬯,谓之九锡。锡,与也,九锡皆如其德。"《左传》曰:"分鲁公以大路大旗,夏后氏之璜,封父之繁弱,祝宗卜史,备物典策。"

㉒《礼记》曰"君子之爱人也以德,细人之爱人也以姑息"也。

㉓《史记》,齐景公以田穰苴为将军,捍燕。苴曰:"臣素卑贱,擢之闾伍之中,加之大夫之上,士卒未附,百姓不信,权轻,愿得君之宠臣,国之所尊,以监军,乃可。"景公许之,使庄贾往。即览督之义也。

㉔《左传》曰："谋而鲜过，惠训不倦。"

㉕濡须，水名也，在今和州历阳县西南。《吴录》曰："孙权闻操来，夹水立坞，状如偃月，以相拒，月余乃退。"

㉖寿春，县，属淮南郡，今寿州郡也。

㉗《献帝春秋》，董承之诛，伏后与父完书，言司空杀董承，帝方为报怨。完得书以示彧，彧恶之，隐而不言。完以示其妻弟樊普，普封以呈太祖，太祖阴为之备。彧恐事觉，欲自发之，因求使至邺，劝太祖以女配帝。太祖曰："今朝庭有伏后，吾女何得配上？"彧曰："伏后无子，性又凶邪，往尝与父书，言词丑恶，可因此废也。"太祖曰："卿昔何不道之？"彧阳惊曰："昔已尝为公言也。"太祖曰："此岂小事，而吾忘之！"太祖以此恨彧，而外含容之。至董昭建魏公议，彧意不同，欲言之于太祖，乃齐玺书犒军，饮饷礼毕，彧请间，太祖知彧欲言，揖而遣之，遂不得，留之，卒于寿春。

㉘祖日谓祭祖神之日，因为宴乐也。《风俗通》曰："共工氏子曰修，好远游，祀以为祖神。汉以午日祖。"

　　论曰：自迁帝西京，山东腾沸，[①]天下之命倒县矣。[②]荀君乃越河、冀，间关以从曹氏。[③]察其定举措，立言策，[④]崇明王略，以急国艰，岂云因乱假义，以就违正之谋乎？[⑤]诚仁为己任，期纾民于他卒也。[⑥]及阻董昭之议，以致非命，岂数也夫！世言荀君者，通塞或过矣。常以为中贤以下，道无求备，智算有所研疏，原始未必要末，斯理之不可全诘者也。夫以卫赐之贤，一说而毙两国。[⑦]彼非薄于仁而欲之，盖有全必有丧也，斯又功之不兼者也。[⑧]方时运之屯邅，[⑨]非雄才无以济其溺，功高执强，则皇器自移矣。[⑩]此又时之不可并也。盖取其归正而已，亦杀身以成仁之义也。

①《诗》曰："百川沸腾。"

②赵岐注《孟子》曰："倒县犹困苦也。"

③间关犹展转也。

④措，置也。

⑤言彧本心不背汉也。

⑥纾，缓也，音舒。

⑦两国谓齐与吴也。端木赐字子贡，卫人也。田常欲伐鲁，仲尼令出使劝

田常伐吴,常许之。赐又至吴,请夫差伐齐。又之越,说勾践将兵助吴。又之晋,说以兵待吴伐齐之弊。吴既胜齐,与晋争强,晋果败吴,越袭其后,遂杀夫差。故子贡一出,存鲁,乱齐,破吴,强晋,霸越。

⑧子贡不欲违仁义而致晋,但其事不兼济也。言或岂愿强曹氏令代汉哉?事不得已也。

⑨《易》曰:"屯如邅如。"邅音竹连反。

⑩谓魏太祖功业大而神器自归也。

赞曰:公业称豪,骏声升腾。权诡时逼①挥金僚朋。②北海天逸,音情顿挫。③越俗易惊,孤音少和。直辔安归,高谋谁佐?④或之有弼,诚感国疾。功申运改,迹疑心一。⑤

①谓诡辞以对卓。

②挥,散也。

③逸,纵也。顿挫犹抑扬也。

④直辔,直道也。言其道无所归,谋谟之高欲谁佐也。

⑤迹若可疑,心如一也。

后汉书卷七一
列传第六一

皇甫嵩　朱俊

　　皇甫嵩字义真,安定朝那人,度辽将军规之兄子也。父节,雁门太守。嵩少有文武志介,好《诗》、《书》,习弓马。初举孝廉、茂才。①太尉陈蕃、大将军窦武连辟,并不到。灵帝公车征为议郎,迁北地太守。

　　①《续汉书》曰:"举孝廉为郎中,迁霸陵、临汾令,以父丧遂去官。"

　　初,巨鹿张角自称"大贤良师",①奉事黄老道,畜养弟子,跪拜首过,②符水咒说以疗病,病者颇愈,百姓信向之。角因遣弟子八人使于四方,以善道教化天下,转相诳惑。十余年间,众徒数十万,连结郡国,自青、徐、幽、冀、荆、杨、兖、豫八州之人,莫不毕应。遂置三十六方。方犹将军号也。大方万余人,小方六七千,各立渠帅。讹言"苍天已死,黄天当立,岁在甲子,天下大吉"。以白土书京城寺门及州郡官府,皆作"甲子"字。中平元年,大方马元义等先收荆、杨数万人,期会发于邺。元义数往来京师,以中常侍封谞、徐奉等为内应,约以三月五日内外俱起。未及作乱,而张角弟子济南唐周上书告之,于是车裂元义于洛阳。灵帝以周章下三公、司隶,使钩盾令周斌将三府掾属,案验宫省直卫及百姓有事角道者,诛杀千余人,推考冀州,逐捕角等。角等知事已露,晨夜驰敕诸方,一时俱起。皆著黄巾为标帜,③时人谓之"黄巾",亦名为"蛾贼"。④杀人以祠天。角称"天公将军",角弟宝称"地公将军",宝弟梁称"人公将军"。所在燔烧官府,劫略聚邑,州郡失据,长吏多逃亡。旬日之间,天下响应,京师震动。

①“良”或作“郎”。

②首音式受反。

③帜音尺志反,又音试。

④蛾音鱼绮反,即“蚁”字也。谕贼众多,故以为名。

诏敕州郡修理攻守,简练器械,自函谷、大谷、广城、伊阙、轘辕、旋门、孟津、小平津诸关,并置都尉。①召群臣会议。嵩以为宜解党禁,益出中藏钱、西园厩马,以班军士。帝从之。于是发天下精兵,博选将帅,以嵩为左中郎将,持节,与右中郎将朱俊,共发五校、三河骑士及募精勇,合四万余人,嵩、俊各统一军,共讨颍川黄巾。

①大谷、轘辕在洛阳东南,旋门在汜水之西。

俊前与贼波才战,战败,嵩因进保长社。波才引大众围城,嵩兵少,军中皆恐,乃召军吏谓曰:“兵有奇变,不在众寡。①今贼依草结营,易为风火。若因夜纵烧,必大惊乱。吾出兵击之。四面俱合,田单之功可成也。”②其夕遂大风,嵩乃约敕军士皆束苣乘城,③使锐士间出围外,纵火大呼,城上举燎应之,嵩因鼓而奔其陈,贼惊乱奔走。会帝遣骑都尉曹操将兵适至,嵩、操与朱俊合兵更战,大破之,斩首数万级。封嵩都乡侯。嵩、俊乘胜进讨汝南、陈国黄巾,追波才于阳翟,击彭脱于西华,并破之。④余贼降散,三郡悉平。

①《孙子兵法》曰:“凡战者,以正合,以奇胜者也。故善出奇,无穷如天地,无竭如江海。战势不过奇正。奇正之变,不可胜也。”

②田单为齐将,守即墨城。燕师攻城,田单取牛千头,衣以五采,束矛盾于其角,击火于其尾,穿城而出,城上大噪,燕师大败。事见《史记》。

③苣音巨。《说文》云:“束苇烧之。”

④西华,县,属汝南。

又进击东郡黄巾卜已于仓亭,生禽卜已,斩首七千余级。时北中郎将卢植及东中郎将董卓讨张角,并无功而还,乃诏嵩进兵讨之。嵩与角弟梁战于广宗。①梁众精勇,嵩不能克。明日,乃闭营休士,以观其变。知贼意稍懈,乃潜夜勒兵,鸡鸣驰赴其陈,战至晡时,大破之，斩梁，获首三万级，赴河死者五万许人，焚烧车重三万余两，悉虏其妇子，系获甚众。角先已病死，乃剖棺戮尸，传首京师。

①今贝州宗城县。

嵩复与巨鹿太守冯翊、郭典攻角弟宝于下曲阳，又斩之。首获十余万人，筑京观于城南。①即拜嵩为左车骑将军，领冀州牧，封槐里侯，食槐里、美阳两县，②合八千户。

①杜元凯注《左传》曰："积尸封土于其上，谓之京观。"

②并属扶风。

以黄巾既平，故改年为中平。嵩奏请冀州一年田租，以赡饥民，帝从之。百姓歌曰："天下大乱兮市为墟，母不保子兮妻失夫，赖得皇甫兮复安居。"嵩温恤士卒，甚得众情，每军行顿止，须营幔修立，然后就舍帐。军士皆食，尔乃尝饭。吏有因事受赂者，嵩更以钱物赐之，吏怀惭，或至自杀。

嵩既破黄巾，威震天下，而朝政日乱，海内虚困。故信都令汉阳阎忠干说嵩曰：①"难得而易失者，时也；时至不旋踵者，几也。故圣人顺时以动，智者因几以发。今将军遭难得之运，蹈易骇之机，而践运不抚，临械不发，将何以保大名乎？"嵩曰："何谓也？"忠曰："天道无亲，百姓与能。今将军受钺于暮春，收功于末冬。②兵动若神，谋不再计，摧强易于折枯，消坚甚于汤雪，旬月之间，神兵电埽，封尸刻石，南向以报，威德震本朝，风声驰海外，虽汤武之举，未有高将军者也。今身建不赏之功，体兼高人之德，而北面庸主，何以求安乎？"嵩曰："夙夜在公，心不忘忠，何故不安？"忠曰："不然。昔韩信不忍一餐之遇，而弃三分之业，利剑已揣其喉，方发悔毒之叹者，机失而谋乖也。③今主上势弱于刘、项，将军权重于淮阴，指挥足以振风云，叱咤可以兴雷电。④赫然奋发，因危抵颓，⑤崇恩以绥先附，振武以临后服，征冀方之士，动七州之众，羽檄先驰于前，大军响振于后，蹈流漳河，饮马孟津，诛阉官之罪，除群凶之积，虽僮儿可使奋拳以致力，女子可使褰裳以用命，况厉熊罴之卒，因迅风之执哉！功业已就，天下已顺，然后请呼上帝，示以天命，混齐六合，南面称制,移宝器于将兴,⑥推亡汉于已坠,实神机之至会,风发之良时也。夫既朽不雕,衰世难佐。若欲辅难佐之朝,雕朽败之木,是犹逆坂走丸,迎风纵棹,岂云易哉?且今竖宦群居,同恶如市,⑦上命不行,权归近习,昏主之下,难以久居,⑧不赏之功,谗人侧目,如不早图,后悔无及。"嵩惧曰:"非常之谋,不施于有常之执。创图大功,岂庸才所致。黄巾细孽,敌非秦、项,新结易散,难以济业。且人未忘主,天不祐逆。若虚造不冀之功,以速朝夕之祸,孰与委忠本朝,守其臣节。虽云多谗,不过放废,犹有令名,死且不朽。⑨反常之论,所不敢闻。"忠知计不用,因亡去。⑩

①干谓冒进。

②《老子》曰:"天道无亲,常与善人。"《易》曰:"人谋鬼谋,百姓与能。"《淮南子》曰:"凡命将,主亲授钺,曰:'从此上至天,将军制之。'"

③《前书》,项羽使武涉说韩信,信曰:"汉王解衣衣我,推食食我,背之不祥。"又蒯通说信,令信背汉,参分天下,鼎足而立。信曰:"汉王遇我厚,岂可背之哉?"后信谋反,为吕后所势,叹曰:"吾不用蒯通计,为女子所诈,岂非天哉!"

④"扚"即"麾"字,古通用。叱咤,怒声也。

⑤抵音纸。抵,击也。

⑥宝器犹神器也,谓天位也。

⑦《左氏传》韩宣子曰:"同恶相求,如市贾焉。"

⑧《史记》范蠡曰:"大名之下,难以久居。"

⑨二句皆《左传》之辞。

⑩《英雄记》曰:"梁州贼王国等起兵,劫忠为主,统三十六郡,号'车骑将军'。忠感慨发病死。"

　　会边章、韩遂作乱陇右,明年春,诏嵩迴镇长安,以卫园陵。章等遂复入寇三辅,使嵩因讨之。

　　初,嵩讨张角,路由邺,见中常侍赵忠舍宅逾制,乃奏没入之。又中常侍张让私求钱五千万,嵩不与,二人由此为憾,奏嵩连战无功,所费者多。其秋征还,收左车骑将军印绶,削户六千,更封都乡侯,二千户。

　　五年,梁州贼王国围陈仓,复拜嵩为左将军,督前将军董卓,各率二万人拒之。卓欲速进赴陈仓,嵩不听。卓曰:"智者不后时,勇者不留决。速救则城全,不救则城灭,全灭之势,在于此也。"嵩曰:"不然。百战百胜,不如不战而屈人之兵。是以先为不可胜,以待敌之可胜。不可胜在我,可胜在彼。彼守不足,我攻有余。①有余者动于九天之上,不足者陷于九地之下。②今陈仓虽小,城守固备,非九地之陷也。王国虽强,而攻我之所不救,非九天之执也。夫执非九天,攻者受害;陷非九地守者不拔。国今已陷受害之地,而陈仓保不拔之城,我可不烦兵动众,而取全胜之功,将何救焉!"遂不听。王国围陈仓,自冬迄春,八十余日,城坚守固,竟不能拔。贼众疲敝,果自解去。嵩进兵击之。卓曰:"不可。兵法,穷寇勿追,归众勿追。③今我追国,是迫归众,追穷寇也。困兽犹斗,蜂虿有毒,④况大众乎!"嵩曰:"不然。前吾不击,避其锐也。今而击之,待其衰也。所击疲师,非归众也。国众且走,莫有斗志。以整击乱,非穷寇也。"遂独进击之,使卓为后拒。连战大破之。斩首万余级,国走而死。卓大惭恨,由是忌嵩。

　　①《孙子》之文。
　　②《孙子兵法》曰:"善守者藏于九地之下,善攻者动于九天之上。"《玄女
　　　三宫战法》曰:"行兵之道,天地之宝。九天九地,各有表里。九天之上,
　　　六甲子也。九地之下,六癸酉也。子能顺之,万全可保。"
　　③《司马兵法》之言。
　　④皆《左氏传》文。

　　明年,卓拜为并州牧,诏使以兵委嵩,卓不从。嵩从子郦①时在军中,说嵩曰:"本朝失政,天下倒悬,能安危定倾者,唯大人与董卓耳。今怨隙已结,势不俱存。卓被诏委兵,而上书自请,此逆命也。又以京师昏乱,踌躇不进,此怀奸也。且其凶戾无亲,将士不附。大人今为元帅,杖国威以讨之,上显忠义,下除凶害,此桓文之事也。"嵩曰:"专命虽罪,专诛亦有责也。②不如显奏其事,使朝廷裁之。"于是上书以闻。帝让卓,卓又增怨于嵩。及后秉政,初平元年,乃征

嵩为城门校尉，因欲杀之。嵩将行，长史梁衍说曰："汉室微弱，阉竖乱朝，董卓虽诛之，而不能尽忠于国，遂复寇掠京邑，废立从意。今征将军，大则危祸，小则困辱。今卓在洛阳，天子来西，以将军之众，精兵三万，迎接至尊，奉令讨逆，发命海内，征兵群帅，袁氏逼其东，将军迫其西，此成禽也。"嵩不从，遂就征。有司承旨，奏嵩下吏，将遂诛之。

①郦音历。
②《春秋左氏传》曰："禀命则不威，专命则不孝。"

嵩子坚寿与卓素善，自长安亡走洛阳，归投于卓。卓方置酒欢会，坚寿直前质让，责以大义，①叩头流涕。坐者感动，皆离席请之。卓乃起，牵与共坐。使免嵩囚，复拜嵩议郎，迁御史中丞。及卓还长安，公卿百官迎谒道次。卓风令御史中丞已下皆拜以屈嵩，②既而抵手言曰"义真犕未乎？"③嵩笑而谢之，卓乃解释。④

①质，正也。
②风音讽，谓讽动也。
③犕音服。《说文》曰："犕牛乘马。""犕"即古"服"字也，今河朔人犹有此言，音备。
④《献帝春秋》曰："初卓为前将军，嵩为左将军，俱征边章、韩遂，争雄。及嵩拜车下，卓曰：'可以服未？'嵩曰：'安知明公乃至于是？'卓曰：'鸿鹄固有远志，但燕雀自不知耳。'嵩曰：'昔与明公俱为鸿鹄，但明公今日变为凤皇耳。'"

及卓被诛，以嵩为征西将军，又迁车骑将军。其年秋，拜太尉，冬，以流星策免。①复拜光禄大夫，迁太常。寻李傕作乱，嵩亦病卒，赠骠骑将军印绶，拜家一人为郎。

①《续汉书》曰以日有重珥免。

嵩为人爱慎尽勤，前后上表陈谏有补益者五百余事，皆手书毁草，不宣于外。又折节下士，门无留客。①时人皆称而附之。

①言汲引之速。

坚寿亦显名，后为侍中，辞不拜，病卒。

朱俊字公伟,会稽上虞人也。少孤,母尝贩缯为业。俊以孝养致名,为县门下书佐,好义轻财,乡闾敬之。时同郡周规辞公府,当行,假郡库钱百万,以为冠帻费,而后仓卒督责,规家贫无以备,俊乃窃缯帛,为规解对。①母既失产业,深恚责之。俊曰:"小损当大益,初贫后富,必然理也。"

①规被录占对,俊为备钱以解其事。

本县长山阳度尚见而奇之,荐于太守韦毅,稍历郡职。后太守尹端以俊为主簿。熹平二年,端坐讨贼许昭失利,为州所奏,罪应弃市。俊乃羸服间行,轻赍数百金到京师,赂主章吏,遂得刊定州奏,故端得输作左校。端喜于降免而不知其由,俊亦终无所言。

后太守徐圭举俊孝廉,再迁除兰陵令,政有异能,为东海相所表。会交址部群贼并起,牧守软弱不能禁。又交址贼梁龙等万余人,与南海太守孔芝反叛,攻破郡县。光和元年,即拜俊交址刺史,令过本郡简募家兵及所调,①合五千人,分从两道而入。既到州界,按甲不前,先遣使诣郡,观贼虚实,宣扬威德,以震动其心;既而与七郡兵俱进逼之,遂斩梁龙,降者数万人,旬月尽定,以功封都亭侯千五百户,赐黄金五十斤,征为谏议大夫。

①家兵,僮仆之属。调谓调发之。

及黄巾起,公卿多荐俊有才略,拜为右中郎将,持节,与左中郎将皇甫嵩讨颍川、汝南、陈国诸贼,悉破平之。嵩乃上言其状,而以功归俊,于是进封西乡侯,迁镇贼中郎将。

时南阳黄巾张曼成起兵,称"神上使",众数万,杀郡守褚贡,屯宛下百余日。后太守秦颉击杀曼成,贼更以赵弘为帅,众浸盛,遂十余万,据宛城。俊与荆州刺史徐璆及秦颉合兵万八千人围弘,自六月至八月不拔,有司奏欲征俊。司空张温上疏曰:"昔秦用白起,燕任乐毅,皆旷年历载,乃能克敌。①俊讨颍川,以有功效,引师南指,方略已设,临军易将,兵家所忌,宜假日月,责其成功。"灵帝乃止。俊因急击弘,斩之。贼余帅韩忠复据宛拒俊。俊兵少不敌,乃张围结垒,起土山以临城内,因鸣鼓攻其西南,贼悉众赴之。俊自将精卒五千,掩其东北,乘城而入。忠乃退保小城,惶惧乞降。司马张超及徐璆、秦颉皆欲听之。俊曰:"兵有形同而势异者。昔秦项之际,民无定主,故赏附以劝来耳。今海内一统,唯黄巾造寇,纳降无以劝善,讨之足以惩恶。今若受之,更开逆意,贼利则进战,钝则乞降,纵敌长寇,非良计也。"因急攻,连战不克。俊登土山望之,顾谓张超曰:"吾知之矣。贼今外围周固,内营逼急,乞降不受,欲出不得,所以死战也。万人一心,犹不可当,况十万乎! 其害甚矣。不如撤围,并兵入城。忠见围解,执必自出,出则意散,易破之道也。"既而解围,忠果出战,俊因击,大破之。乘胜逐北数十里,斩首万余级。忠等遂降。而秦颉积忿忠,遂杀之。余众惧不自安,复以孙夏为帅,还屯宛中。俊急攻之。夏走,追至西鄂精山,又破之。②复斩万余级,贼遂解散。明年春,遣使者持节拜俊右车骑将军,振旅还京师,以为光禄大夫,增邑五千,更封钱塘侯,③加位特进。以母丧去官,起家,复为将作大匠,转少府、太仆。

①《史记》曰,白起,眉人也,善用兵,事秦昭王为大良造。攻魏,拔之。后五年,攻赵,拔光狼城。后七年,攻楚,拔鄢、邓五城。明年,拔郢,烧夷陵,遂东至竟陵。乐毅,赵人也,贤而好兵,燕昭王以为亚卿,后为上将军。伐齐,入临淄,徇齐五岁,下齐七十余城。

②西鄂故城在今邓州向城县南,精山在其南。

③钱塘,今杭州县也。《钱塘记》云:"昔郡议曹华信义立此塘,以防海水。始开募,有能致土石一斛,与钱一千,旬日之间,来者云集,塘未成而谲不复取,皆遂弃土石而去,塘以之成也。"

自黄巾贼后,复有黑山、黄龙、白波、左校、郭大贤、于氐根、青牛角、张白骑、刘石、左髭丈八、平汉、大计、司隶、掾哉、①雷公、浮云、飞燕、白雀、杨凤、于毒、五鹿、李大目、白绕、畦固、苦哂之徒,②并起山谷间,不可胜数。其大声者称雷公,骑白马者为张白骑,轻便者言飞燕,多髭者号于氐根,③大眼者为大目,如此称号,各有所因。大者二三万,小者六七千。

①《九州春秋》"大计"作"大洪","掾哉"作"绿城"。

②《九州春秋》"哂"作"蝝",音才由反。

③《左氏传》曰:"于思于思,弃甲复来。"杜预注云:"于思,多须之貌也。"

贼帅常山人张燕,轻勇矫捷,故军中号曰飞燕。善得士卒心,乃与中山、常山、赵郡、上党、河内诸山谷寇贼更相交通,众至伯万,号曰黑山贼。河北诸郡县并被其害,朝廷不能讨。燕乃遣使至京师,奏书乞降,遂拜燕平难中郎将,使领河北诸山谷事,岁得举孝廉、计吏。

燕后渐寇河内,逼近京师,于是出俊为河内大守,将家兵击却之。其后诸贼多为袁绍所定,事在《绍传》。复拜俊为光禄大夫,转屯骑,寻拜城门校尉、河南尹。

时董卓擅政,以俊宿将,外甚亲纳而心实忌之。及关东兵盛,卓惧,数请公卿会议,徙都长安,俊辄止之。卓虽恶俊异己,然贪其名重,乃表迁太仆,以为己副。使者拜,俊辞不肯受。因曰:"国家西迁,必孤天下之望,以成山东之衅,臣不见其可也。"使者诘曰:"召君受拜而君拒之,不问徙事而君陈之,其故何也。"俊曰:"副相国,非臣所堪也,迁都计,非事所急也。辞所不堪,言所非急,臣之宜也。"使者曰:"迁都之事,不闻其计,就有未露,何所承受?"俊曰:"相国董卓具为臣说,所以知耳。"使人不能屈,由是止不为副。

卓后入关,留俊守洛阳,而俊与山东诸将通谋为内应。既而惧为卓所袭,乃弃官奔荆州。卓以弘农杨懿为河南尹,守洛阳。俊闻,复进兵还洛,懿走。俊以河南残破无所资,乃东屯中牟,移书州郡,请师讨卓。徐州刺史陶谦遣精兵三千,余州郡稍有所给,谦乃上俊行车骑将军。董卓闻之,使其将李傕、郭汜等数万人屯河南拒俊。俊逆击,为傕、汜所破。俊自知不敌,留关下不敢复前。

及董卓被诛,傕、汜作乱,俊时犹在中牟。陶谦以俊名臣,数有战功,可委以大事,乃与诸豪杰共推俊为太师,因移檄牧伯,同讨李傕等,奉迎天子。乃奏记于俊曰:"徐州刺史陶谦、前杨州刺史周乾、琅邪相阴德、东海相刘馗、①彭城相汲廉、北海相孔融、沛相袁忠、太山太守应劭、汝南太守徐璆、前九江太守服虔、博士郑玄等,敢言之行车骑将军河南尹莫府:②国家既遭董卓,重以李傕、郭汜之祸,幼主劫执,忠良残敝,长安隔绝,不知吉凶。是以临官尹人,搢绅有识,莫不忧惧,以为自非明哲雄霸之士,曷能克济祸乱！自起兵已来,于兹三年,州郡转相顾望,未有奋击之功,而互争私变,更相疑惑。谦等并共咨诹,议消国难。金曰:'将军君侯,既文且武,应运而出,凡百君子,靡不颙颙。'故相率厉,简选精悍,堪能深入,直指咸阳,多持资粮,足支半岁,谨同心腹,委之元帅。"会李傕用太尉周忠、尚书贾诩策,征俊入朝。军吏皆惮入关,欲应陶谦等。俊曰:"以君召臣,义不俟驾,③况天子诏乎！且傕、汜小竖,樊稠庸儿,无他远略,又势力相敌,变难必作。吾乘其间,大事可济。"遂辞谦议而就傕征,复为太仆,谦等遂罢。

①馘音巨眉反。

②蔡质《典职仪》曰:"诸州刺史上郡并列卿府,言'敢言之'。"

③《论语》曰:"君命召,不俟驾行矣。"俟,待也。

初平四年,代周忠为太尉,录尚书事。明年秋,以日食免,复行骠骑将军事,持节镇关东。未发,会李傕杀樊稠,而郭汜又自疑,与傕相攻,长安中乱,故俊止不出,留拜大司农。献帝诏俊与太尉杨彪等十余人譬郭汜,令与李傕和。汜不肯,遂留质俊等。俊素刚,即日发病卒。

子皓,亦有才行,官至豫章太守。

论曰:皇甫嵩、朱俊并以上将之略,受赈仓卒之时。①及其功成师克,威声满天下。值弱主蒙尘,犷贼放命,斯诚叶公投袂之几,翟义鞠旅之日,②故梁衍献规,山东连盟,而舍格天之大业,蹈匹夫之小谅,卒狼狈虎口,为智士笑。③岂天之长斯乱也？何智勇之不终甚乎！前史晋平原华峤,称其父光禄大夫表,④每言其祖魏太尉歆⑤称"时人说皇甫嵩之不伐,汝豫之战,归功朱俊,张角之捷,本之于卢植,收名敛策,而已不有焉。⑥盖功名者,世之所甚重也。诚能不争天下之所甚重,则怨祸不深矣。"如皇甫公之赴履危乱,而能终以归全者,其致不亦贵乎！故颜子愿不伐善为先,斯亦行身之要与！⑦

① 《春秋左氏传》曰："国之大事在祀与戎。祀有执膰,戎有受脤。"宜社之肉也。《尔雅》曰："举大事,动大众,必先有事于社然后出,谓之宜。"

② 《新序》曰："楚白公胜既杀令尹、司马,欲立王子闾为王。王子闾不肯,劫之以刃。王子闾曰:'吾闻辞天下者,非轻其利以明其德也。不为诸侯者,非恶其位以洁其行也。今子告我以利,威我以兵,吾不为也。'白公强之,不可,遂杀之。叶公子高率楚众以诛白公,而反惠王于国。"投袂,奋袂也,言其怒也。《左氏传》曰:"楚子闻之,投袂而起。"翟义,方进之子,举兵将诛王莽,事见《前书》。《诗》曰:"陈师鞠旅。"郑玄注云:"鞠,告也。"

③ 山东连盟谓上云群帅及袁氏也。《书》称"伊尹格于皇天"。《论语》曰:"岂若匹夫匹妇之为谅也。"《庄子》云,孔子见盗跖,退曰:"吾几不免虎口。"

④ 《华峤谱叙》曰："表字伟容,歆之子也。年二十余,为散骑常侍。"

⑤ 《魏志》曰："歆字子鱼。"

⑥ 敛策,不论其功。

⑦ 《论语》曰,颜回曰:"愿无伐善,无施劳。"

赞曰:黄妖冲发,嵩乃奋钺。执是振旅,不居不伐。① 俊捷陈、颍,亦弭于越。② 言肃王命,并遭屯蹶。③

① 《老子》曰："功成而不居。"

② 谓平许昭也。于,语辞,犹云"句吴"之类矣。

③ 蹶犹蹷也。

后汉书卷七二
列传第六二

董　卓

　　董卓字仲颖，①陇西临洮人也。性粗猛有谋。少尝游羌中，尽与豪帅相结。后归耕于野，诸豪帅有来从之者，卓为杀耕牛，与共宴乐，豪帅感其意，归相敛得杂畜牛千余头以遗之，由是以健侠知名。为州兵马掾，常徼守塞下。②卓膂力过人，双带两鞬，左右驰射，③为羌胡所畏。

　　①《卓别传》曰：“卓父君雅为颍川轮氏尉，生卓及弟旻，故卓字仲颖，旻字叔颖。”

　　②《说文》曰：“徼，巡也。”《前书》曰：“中尉巡徼京师。”《音义》曰：“所谓游徼，备盗贼。”

　　③《方言》曰“所以藏箭谓之服，藏弓谓之鞬。”《左氏传》云：“右属櫜鞬。”

　　桓帝末，以六郡良家子为羽林郎，从中郎将张奂为军司马，共击汉阳叛羌，破之，拜郎中，赐缣九千匹。卓曰：“为者则己，有者则士。”①乃悉分与吏兵，无所留。稍迁西域戊己校尉，坐事免。后为并州刺史，河东太守。

　　①为功者虽己，共有者乃士。

　　中平元年，拜东中郎将，持节，代卢植击张角于曲阳，军败抵罪。其冬，北地先零羌及枹罕河关群盗反叛，遂共立湟中义从胡北宫伯玉、李文侯为将军，杀护羌校尉泠征。伯玉等乃劫致金城人边章、韩遂，①使专任军政，共杀金城太守陈懿，攻烧州郡。明年春，将数万骑入寇三辅，侵逼园陵，托诛宦官为名。诏以卓为中郎将，副左车骑将军皇甫嵩征之。嵩以无功免归，而边章、韩遂等大盛。朝廷复以司空张温为车骑将军，假节，执金吾袁滂为副。②拜卓破虏将军，与荡寇将军周慎并统于温。并诸郡兵步骑合十余万，屯美阳，③以卫园陵。章遂亦进兵美阳。温、卓与战，辄不利。十一月，夜有流星如火，光长十余丈，照章、遂营中，驴马尽鸣。贼以为不祥，欲归金城。卓闻之喜，明日，乃与右扶风鲍鸿等并兵俱攻，大破之，斩首数千级。章、遂败走榆中，④温乃遣周慎将三万人追讨之。温参军事孙坚⑤说慎曰："贼城中无谷，当外转粮食。坚愿得万人断其运道，将军以大兵继后，贼必困乏而不敢战。若走入羌中，并力讨之，则凉州可定也。"慎不从，引军围榆中城。而章、遂分屯葵园狭，反断慎运道。慎惧，乃弃车重而退。温时亦使卓将兵三万讨先零羌，卓于望垣北⑥为羌胡所围，粮食乏绝，进退逼急。乃于所度水中伪立隁，以为捕鱼，而潜从隁下过军。⑦比贼追之，决水已深，不得度。时众军败退，唯卓全师而还，屯于扶风，封斄乡侯，邑千户。⑧

①《献帝春秋》曰："凉州义从宋建、王国等反，诈金城郡降，求见凉州大人故新安令边允、从事韩约。约不见，太守陈懿劝之使王，国等便劫质约等数十人。金城乱，懿出，国等扶以到护羌营，杀之，而释约、允等。陇西以爱憎露布，冠约、允名以为贼，州购约、允各千户侯。约、允被购，'约'改为'遂'，'允'改为'章'。"

②袁宏《汉纪》曰："滂字公熙。纯素寡欲，终不言人短。当权宠之盛，或以同异致祸，滂独中立于朝，故爱憎不及焉。"

③美阳故城在今雍州武功县北。

④榆中，县，属金城郡，故城在今兰州金城县中。

⑤坚字文台，吴郡富春人，即孙权之父也。见《吴志》。

⑥望垣，县，属天水郡。

⑦《续汉书》"隁"字作"堰"，其字义则同，但异体耳。

⑧斄，县，故城在今雍州武功县。字或作"邰"，音台。

三年春，遣使者持节就长安拜张温为太尉。三公在外，始之于温。其冬，征温还京师，韩遂乃杀边章及伯玉、文侯，拥兵十余万，进围陇西。太守李相如反，与遂连和，共杀凉州刺史耿鄙。而鄙司马扶风马腾,①亦拥兵反叛,又汉阳王国,自号"合众将军",皆与韩遂合。共推王国为主,悉令领其众,寇掠三辅。五年,围陈仓。乃拜卓前将军,与左将军皇甫嵩击破之。韩遂等复共废王国,而劫故信都令汉阳阎忠,②使督统诸部。忠耻为众所胁,感恚病死。遂等稍争权利,更相杀害,其诸部曲并各分乖。

①《典略》曰:"腾字寿成,扶风茂陵人,马援后也。长八尺余,身体洪大,面鼻雄异,而性贤厚,人多敬之。"

②《英雄记》曰:"王国等起兵,劫忠为主,统三十六部,号'车骑将军'。"

六年,征卓为少府,不肯就,上书言:"所将湟中义从及秦胡兵皆诣臣曰:'牢直不毕,禀赐断绝,①妻子饥冻。'牵挽臣车,使不得行。羌胡敝肠狗态,②臣不能禁止,辄将顺安慰。增异复上。"③朝廷不能制,颇以为虑。及灵帝寝疾,玺书拜卓为并州牧,令以兵属皇甫嵩。卓复上书言曰:"臣既无老谋,又无壮事,天恩误加,掌戎十年。士卒大小相狎弥久,恋臣畜养之恩,为臣奋一旦之命。乞将之北州,效力边垂。"于是驻兵河东,以观时变。

①《前书音义》曰:"牢,廪食也。古者名廪为牢。"

②言羌胡心肠敝恶,情态如狗也。《续汉书》"敝"作"憋"。《方言》云"憋,恶也。"郭璞曰:"憋忚,急性也。"憋音芳烈反,忚音芳于反。

③如其更增异志,当复闻上。

及帝崩,大将军何进、司隶校尉袁绍谋诛阉宦,而太后不许,乃私呼卓将兵入朝,以胁太后。卓得召,即时就道。并上书①曰:"中常侍张让等窃幸承宠,浊乱海内。臣闻扬汤止沸,莫若去薪;②溃痈虽痛,胜于内食。昔赵鞅兴晋阳之甲,以逐君侧之恶人。③今臣辄鸣钟鼓如洛阳,④请收让等,以清奸秽。"卓未至而何进败,虎贲中郎将袁术乃烧南宫,欲讨宦官,而中常侍段圭等⑤劫少帝及陈留王夜走小平津。卓远见火起,引兵急进,未明到城西,闻少帝在北芒,因往奉迎。帝见卓将兵卒至,恐怖涕泣。⑥卓与言,不能辞对;与陈留王语,遂及祸乱之事。卓以王为贤,且为董太后所养,卓自以与太后同族,有废立意。

①并犹兼也。

②《前汉》枚乘上书曰："欲汤之沧，一人吹之，百人扬之，无益也。不如绝薪止火而已。"沧音测亮反，寒也。

③《公羊传》曰："晋赵鞅取晋阳之甲以逐荀寅与士吉射。者曷为？君侧之恶人也。此逐君侧之恶人，曷为以叛言之？无君命也。"

④鸣钟鼓者，声其罪也。《论语》曰："小子鸣鼓而攻之。"《典略》载卓表曰："张让等慆慢天常，擅操王命，父子兄弟并据州郡，一书出门，高获千金，下数百万膏腴美田，皆属让等。使变气上蒸，妖贼蜂起。"

⑤《山阳公载记》"段"字作"殷"。

⑥《典略》曰："帝望见卓涕泣，群公谓卓有诏却兵。卓曰：'公诸人为国大臣，不能匡正王室，至使国家播荡，何却兵之有？'遂俱入城。"

初，卓之入也，步骑不过三千，自嫌兵少，恐不为远近所服，率四五日辄夜潜出军近营，明旦乃大陈旌鼓而还，以为西兵复至，洛中无知者。寻而何进及弟苗先所领部曲皆归于卓，卓又使吕布杀执金吾丁原而并其众，①卓兵士大盛，乃讽朝廷策免司空刘弘而自代之。②因集议废立。百僚大会，卓乃奋首而言曰："大者天地，其次君臣，所以为政。皇帝暗弱，不可以奉宗庙，为天下主。今欲依伊尹、霍光故事，更立陈留王，何如？"公卿以下莫敢对。卓又抗言③曰："昔霍光定策，延年案剑。有敢沮大议，皆以军法从之。"坐者震动。④尚书卢植独曰："昔太甲既立不明，⑤昌邑罪过千余，故有废立之事。⑥今上富于春秋，行无失德，非前事之比也。"卓大怒，罢坐。明日复集群僚于崇德前殿，遂胁太后，策废少帝。曰："皇帝在丧，无人子之心，威仪不类人君，今废为弘农王。"乃立陈留王，是为献帝。又议太后⑦蹙迫永乐太后，⑧至令忧死，逆妇姑之礼，无孝顺之节，⑨迁于永安宫，遂以弑崩。

①《英雄记》曰："原字建阳。为人粗略有勇，善射，受使不辞，有警急，追寇虏辄在前。"

②《魏志》曰："以久不雨策免。"《汉官仪》曰："弘字子高，安众人。"

③抗，高也。

④《前书》，昭帝崩，霍光迎立昌邑王贺，即位二十七日，行淫乱，光召丞相已下会议，莫敢发言。田延年前，离席按剑曰："群臣有后应者请斩之。"

⑤太甲,汤孙,太丁子也。《尚书》曰"太甲既立,不明,伊尹放诸桐宫"也。

⑥昌邑王凡所征发一千一百二十七事。

⑦灵帝何皇后。

⑧孝仁董皇后,灵帝之母。

⑨《左传》曰:"妇,养姑者也。亏姑以成妇,逆莫大焉。"

卓迁太尉,领前将军事,加节传斧钺虎贲,更封郿侯。①卓乃与司徒黄琬、司空杨彪,俱带铁锧指阙上书,追理陈蕃、窦武及诸党人,以从人望。于是悉复蕃等爵位,擢用子孙。

①传音陟恋反。郿,今岐州县。

寻进卓为相国,入朝不趋,剑履上殿。封母为池阳君,置丞令。

是时洛中贵戚室第相望,金帛财产,家家殷积。卓纵放兵士,突其庐舍,淫略妇女,剽虏资物,谓之"搜牢"。①人情崩恐,不保朝夕。及何后葬,开文陵,②卓悉取藏中珍物。又奸乱公主,妻略宫人,虐刑滥罚,睚眦必死,群僚内外莫能自固。卓尝遣军至阳城,时人会于社下,悉令就斩之,驾其车重,载其妇女,以头系车辕,歌呼而还。又坏五铢钱,更铸小钱,悉取洛阳及长安铜人、钟虡、飞廉、铜马之属,以充铸焉。③故货贱物贵,谷石数万。又钱无轮郭文章,不便人用。④时人以为秦始皇见长人于临洮,乃铸铜人。⑤卓,临洮人也,而今毁之。虽成毁不同,凶暴相类焉。

①言牢固者皆搜索取之也。一曰牢,漉也。二字皆从去声,今俗有此言。

②灵帝陵。

③钟虡以铜为之,故贾山上书云"悬石铸钟虡"。《前书音仪》曰:"虡,鹿头龙身,神兽也。"《说文》:"钟鼓之跗,以猛兽为饰也。"武帝置飞廉馆。《音义》云"飞廉,神禽,身似鹿,头如爵,有角,蛇尾,文如豹文。"明帝永平五年,长安迎取飞廉及铜马置上西门外,名平乐馆。铜马则东门京所作,致于金马门外者也。《张璠纪》曰:"太史灵台及永安候铜兰楯,卓亦取之。"

④《魏志》曰:"卓铸小钱,大五分,无文章,肉好无轮郭,不磨镱。"

⑤《三辅旧事》曰:"秦王立二十六年,初定天下,称皇帝。大人见临洮,身长五丈,迹长六尺,作铜人以厌之,立在阿房殿前。汉徙长乐宫中大夏

殿前。"《史记》曰:"始皇铸天下兵器为十二金人。"

卓素闻天下同疾阉官诛杀忠良,及其在事,虽行无道,而犹忍性矫情,擢用群士。乃任吏部尚书汉阳周珌、侍中汝南伍琼、[1]尚书郑公业、[2]长史何颙等。以处士荀爽为司空。其染党锢者陈纪、韩融之徒,皆为列卿。幽滞之士,多所显拔。以尚书韩馥为冀州刺史,[3]侍中刘岱为兖州刺史,[4]陈留孔伷为豫州刺史,[5]颍川张咨为南阳太守。[6]卓所亲爱,并不处显职,但将校而已。初平元年,馥等到官,与袁绍之徒十余人,各兴义兵,同盟讨卓,而伍琼周珌阴为内主。

①《英雄记》"珌"作"毖",字仲远,武威人。琼字德瑜。珌音秘。
②公业名泰。余人皆书名,范晔父名泰,避其讳耳。
③《英雄记》馥字文节,颍川人。
④《吴志》曰:"刘岱字公山,东莱牟平人。"
⑤《英雄记》伷字公绪。《九州春秋》"伷"为"胄"。
⑥《献帝春秋》"咨"作"资"。后为孙坚所杀。

初,灵帝末,黄巾余党郭太等复起西河白波谷,转寇太原,遂破河东,百姓流转三辅,号为"白波贼",众十余万。卓遣中郎将牛辅击之,不能却。及闻东方兵起,惧,乃鸩杀弘农王,欲徙都长安。会公卿议,太尉黄琬、司徒杨彪廷争不能得,而伍琼、周珌又固谏之。卓因大怒曰:"卓初入朝,二子劝用善士,故相从,而诸君到官,举兵相图。此二君卖卓,卓何用相负!"遂斩琼、珌。而彪、琬恐惧,诣卓谢曰:"小人恋旧,非欲沮国事也,请以不及为罪。"卓既杀琼、珌,旋亦悔之,故表彪、琬为光禄大夫。于是迁天子西都。

初,长安遭赤眉之乱,宫室营寺焚灭无余,是时唯有高庙、京兆府舍,遂便时幸焉。[1]后移未央宫。于是尽徙洛阳人数百万口于长安,步骑驱蹙,更相蹈藉,饥饿寇掠,积尸盈路。卓自屯留毕圭苑中,悉烧宫朝官府居家,二百里内无复孑遗。又使吕布发诸帝陵,及公卿已下冢墓,收其珍宝。

①便时谓时日吉便。

时长沙太守孙坚亦率豫州诸郡兵讨卓。卓先遣将徐荣、李蒙四出虏掠。荣遇坚于梁,[1]与战,破坚,生禽颍川太守李旻,亨之。卓所得义兵士卒,皆以布缠裹,倒立于地,热膏灌杀之。

①故城在今汝州梁县西南。

时河内太守王匡①屯兵河阳津,将以图卓。卓遣疑兵挑战,而潜使锐卒从小平津地过津北,破之,死者略尽。明年,孙坚收合散卒,进屯梁县之阳人。②卓遣将胡轸、吕布攻之。布与轸不相能,军中自警恐,士卒散乱。③坚追击之,轸、布败走。卓遣将李傕诣坚求和,坚拒绝不受,进军大谷,距洛九十里。④卓自出与坚战于诸陵墓间,卓败走,却屯黾池,聚兵于陕。坚进洛阳宣阳城门,⑤更击吕布,布复破走。坚乃扫除宗庙,平塞诸陵,分兵出函谷关,至新安、黾池间,以截卓后。卓谓长史刘艾曰:关东诸将数败矣,无能为也。唯孙坚小戆,⑥诸将军宜慎之。”乃使东中郎将董越屯黾池,中郎将段煨屯华阴,⑦中郎将牛辅屯安邑,其余中郎将、校尉布在诸县,以御山东。

①《英雄记》曰:“匡字公节,泰山人。轻财好施,以任侠闻。”
②梁县属河南郡,今汝州县也。阳人,聚,故城在梁县西。
③《九州春秋》曰:“卓以东郡太守胡轸为大督,吕布为骑督。轸性急,豫宣言‘今此行也,要当斩一青绶,乃整齐耳’。布等恶之,宣言相警云‘贼至’,军众大乱奔走。”
④大谷口在故嵩阳西北三十五里,北出对洛阳故城。张衡《东京赋》云“盟津达其后,大谷通其前”是也。距,至也。
⑤《洛阳记》洛阳城南面有四门,从东第三门。
⑥《说文》曰:“戆,愚也。”音都降反。
⑦《典略》曰:“煨在华阴,特修农事。天子东迁,煨迎,贡馈周急。”《魏志》曰:“武威人也。”煨音壹回反。

卓讽朝廷使光禄勋宣璠①持节拜卓为太师,位在诸侯王上。乃引还长安。百官迎路拜揖,卓遂僭拟车服,乘金华青盖,爪画两轓,时人号“竿摩车”,言其服饰近天子也。②以弟旻为左将军,封鄠侯,兄子璜为侍中、中军校尉,皆典兵事。于是宗族内外,并居列位。其子孙虽在髫龀,男皆封侯,女为邑君。

①璠音烦,又音甫袁反。

②金华，以金为华饰车也。爪者，盖弓头为爪形也。辐音甫袁反。《广雅》
云车箱也。"画为文彩。《续汉志》曰："辐长六尺，下屈，广八寸。"又云：
"皇太子青尽金华蚤画辐。"竿摩谓相逼近也。今俗以事干人者，谓之
"相竿摩"。

数与百官置酒宴会，淫乐纵恣。乃结垒于长安城东以自居。又
筑坞于郿，高厚七丈，号曰："万岁坞"。①积谷为三十年储。自云：
"事成，雄据天下；不成，守此足以毕老。"尝至郿行坞，公卿已下祖
道于横门外。②卓施帐幔饮设，诱降北地反者数百人，于坐中杀之。
先断其舌，次斩手足，次凿其眼目，以镬煮之。未及得死，偃转杯案
间。会者战栗，亡失匕箸，而卓饮食自若。诸将有言语蹉跌，便戮于
前。又稍诛关中旧族，陷以叛逆。

①今案：坞旧基高一丈，周回一里一百步。

②横音光。

时太史望气，言当有大臣戮死者。卓乃使人诬卫尉张温与袁术
交通，遂笞温于市，杀之，以塞天变。前温出屯美阳，令卓与边章等
战无功，温召又不时应命，既到而辞对不逊。时孙坚为温参军，劝温
陈兵斩之。温曰："卓有威名，方倚以西行。"坚曰："明公亲帅王师，
威振天下，何恃于卓而赖之乎？坚闻古之名将，杖钺临众，未有不断
斩以示威武者也。故穰苴斩庄贾，①魏绛戮杨干。②今若纵之，自亏
威重，后悔何及！"温不能从，而卓犹怀忌恨，故及于难。

①《史记》齐景公时，晋伐阿、鄄而燕侵河上，以司马穰苴为将军，使宠臣
庄贾监军。贾期后至，穰苴斩以徇三军。鄄音绢。

②魏绛，晋大夫。杨干，晋公弟。会诸侯于曲梁，杨干乱行，魏绛戮其仆。事
在《左传》。

温字伯慎，①少有名誉，累登公卿，亦阴与司徒王允共谋诛卓，
事未及发而见害。越骑校尉汝南伍孚②忿卓凶毒，志手刃之，乃朝
服怀佩刀以见卓。孚语毕辞去，卓起送至阁，以手抚其背，孚因出刀
刺之，不中。卓自奋得免，急呼左右执杀之，而大诟③曰："虏欲反
耶！"孚大言曰："恨不得磔裂奸贼于都市，④以谢天地！"言未毕而
毙。

①《汉官仪》曰："温，穰人。"

②《谢承书》曰："孚字德瑜，汝南吴房人。质性刚毅，勇壮好义，力能兼人。"

③诟，骂也，音许豆反。

④磔，车裂之也，音丁格反。《献帝春秋》"磔"作"车"。

时王允与吕布及仆射士孙瑞谋诛卓。①有人书"吕"字于布上，负而行于市，歌曰："布乎！"有告卓者，卓不悟。②三年四月，帝疾新愈，大会未央殿。卓朝服升车，既而马惊堕泥，还入更衣。其少妻止之，卓不从，遂行。乃陈兵夹道，自垒及宫，左步右骑，屯卫周币，令吕布等捍卫前后。王允乃与士孙瑞密表其事，使瑞自书诏以授布，令骑都尉李肃③与布同心勇士十余人，伪著卫士服于北掖门内以待卓。卓将至，马惊不行，怪惧欲还。吕布劝令进，遂入门。肃以戟刺之，卓衷甲不入，伤臂堕车，顾大呼曰："吕布何在？"布曰："有诏讨贼臣。"卓大骂曰："庸狗敢如是邪！"布应声持矛刺卓，趣兵斩之。④主簿田仪⑤及卓仓头前赴其尸，布又杀之。驰赍赦书，以令宫陛内外。士卒皆称万岁，百姓歌舞于道。长安中士女卖其珠玉衣装市酒肉相庆者，填满街肆。使皇甫嵩攻卓弟旻于郿坞，杀其母妻男女，尽灭其族。⑥乃尸卓于市。天时始热，卓素充肥，脂流于地。守尸吏然火置卓脐中，光明达曙，如是积日。诸袁门生又聚董氏之尸，焚灰扬之于路。坞中珍藏有金二三万斤，银八九万斤，锦绮缋縠纨素奇玩，积如丘山。

①《三辅决录》曰："瑞字君荣，扶风人，博达无不通。天子都许，追论瑞功，封子萌津亭侯。萌字文始，有才学，与王粲善，粲作诗赠萌。"

②《英雄记》曰："有道士书布为'吕'字，将以示卓，卓不知其为吕布也。"

③《献帝纪》曰："肃，吕布同郡人也。"

④趣音促。《九州春秋》曰："布素使秦谊、陈卫、李黑等伪作宫门卫士，持长戟。卓到宫明，黑等以长戟侠叉卓车，或叉其马。卓惊呼布，布素施铠于衣中，持矛，即应声刺，坠于车。"

⑤《九州春秋》"仪"字作"景"。

⑥《英雄记》曰："卓母年九十，走至坞门，曰：'乞脱我死。'即时斩首。"

　　初,卓以牛辅子婿,素所亲信,使以兵屯陕。辅分遣其校尉李傕、郭汜、张济①将步骑数万,击破河南尹朱俊于中牟。因掠陈留、颍川诸县,杀略男女,所过无复遗类。吕布乃使李肃以诏命至陕讨辅等,辅等逆与肃战,肃败走弘农,布诛杀之。其后牛辅营中无故大大惊,辅惧,乃赍金宝逾城走。左右利其货,斩辅,送首长安。②

①《英雄记》:“傕,北地人。”刘艾《献帝纪》曰:“傕字稚然。汜,张掖人。”

②《献帝纪》曰:“辅帐下支胡赤儿等,素待之过急,尽以家宝与之,自带十余饼金、大白珠璎。胡谓辅曰:‘城北已有马,可去也。’以绳系辅腰,逾城悬下之,未及地丈许放之,辅伤腰不能行,诸胡共取其金并珠,斩首诣长安。”

　　傕、汜等以王允、吕布杀董卓,故忿怒并州人,并州人其在军者男女数百人,皆诛杀之。牛辅既败,众无所依,欲各散去。傕等恐,乃先遣使诣长安,求乞赦免。王允以为一岁不可再赦,不许之。傕等益怀忧惧,不知所为。武威人贾诩时在傕军,说之①曰:“闻长安中议欲尽诛凉州人,诸君若弃军单行,则一亭长能束君矣。不如相率而西,以攻长安,为董公报仇。事济,奉国家以正天下;若其不合,走未后也。”傕等然之,各相谓曰:“京师不赦我,我当以死决之。若攻长安克,则得天下矣;不克,则钞三辅妇女财物,西归乡里,尚可延命。”众以为然,于是共结盟,率军数千,晨夜西行。王允闻之,乃遣卓故将胡轸、徐荣击之于新丰。②荣战死,轸以众降。傕随道收兵,比至长安,已十余万,与卓故部曲樊稠、李蒙等合,③围长安。城峻不可攻,守之八日,吕布军有叟兵内反,④引傕众得入。城溃,放兵虏掠,死者万余人。杀卫尉种拂等。吕布战败出奔。王允奉天子保宣平城门楼上。⑤于是大赦天下。李傕、郭汜、樊稠等皆为将军。⑥遂围门楼,共表请司徒王允出,问“太师何罪”?允穷蹶乃下,后数日见杀。傕等葬卓于郿,并收董氏所焚尸之灰,合敛一棺而葬之。葬日,大风雨,霆震卓墓,流水入藏,漂其棺木。⑦

①《魏志》曰:“卓之入洛阳,诩以太尉掾为平津尉,迁讨虏校尉。”牛辅屯陕,诩在辅军。辅既死,故诩在傕军。

②《九州春秋》曰："胡文才、杨整修皆凉州人，王允素所不善也。及李傕之叛，乃召文才、整修，使东晓喻之。不假借以温颜，谓曰：'关东鼠子欲何为乎？卿往晓之。'于是二人往，实召兵而还。"

③《袁宏纪》曰："蒙后为傕所杀。"

④叟兵即蜀兵也。汉代谓蜀为叟。

⑤《三辅黄图》曰："长安城东面北头门号宣平门。"

⑥《袁山松书》曰"允谓傕等曰：'臣无作威作福，将军乃放纵，欲何为乎？'傕等不应。自拜署傕为扬武将军，汜为扬烈将军，樊稠等皆为中郎将"也。

⑦《献帝起居注》曰："冢户开，大风暴雨，水土流入，抒出之。棺向入，辄复风雨，水溢郭户，如此者三四。冢中水半所，稠等共下棺，天风雨益暴甚，遂闭户。户闭，大风复破其冢。"

傕又迁车骑将军，开府，领司隶校尉，假节。汜后将军，稠右将军，张济为镇东将军，并封列侯。傕、汜、稠共秉朝政。济出屯弘农。以贾诩为左冯翊，欲侯之。诩曰："此救命之计，何功之有！"固辞乃止。更以为尚书典选。

明年夏，大雨昼夜二十余日，漂没人庶，又风如冬时。帝使御史裴茂讯诏狱，原系者二百余人。其中有为傕所枉系者，傕恐茂赦之，乃表奏茂擅出囚徒，疑有奸故，请收之。诏曰："灾异屡降，阴雨为害，使者衔命宣布恩泽，原解轻微，庶合天心。欲释冤结而复罪之乎！一切勿问。"

初，卓之入关，要韩遂、马腾共谋山东。①遂、腾见天下方乱，亦欲倚卓起兵。兴平元年，马腾从陇右来朝，进屯霸桥。时腾私有求于傕，不获而怒，遂与侍中马宇、右中朗将刘范、②前凉州刺史种劭、中郎将杜禀③合兵攻傕，连日不决。韩遂闻之，乃率众来欲和腾、傕，既而复与腾合。傕使兄子利共郭汜、樊稠与腾等战于长平观下。④遂、腾败，斩首万余级，种劭、刘范等皆死。遂、腾走还凉州，稠等又追之。韩遂使人语稠曰："天下反覆未可知，相与州里，今虽小违，要当大同，欲共一言。"乃骈马交臂相加，⑤笑语良久。军还，利告傕曰："樊、韩骈马笑语，不知其辞，而意爱甚密。"于是傕、稠始相猜疑。犹加稠及郭汜开府,与三公合为六府,皆参选举。⑥

①《献帝传》曰:"腾父平,扶风人。为天水兰干尉,失官,遂留陇西,与羌杂
　居。家贫无妻,遂取羌女,生腾。"

②焉之子。

③《献帝纪》曰:"裹与贾诩有隙,裹扶风吏人为腾守槐里,欲共攻傕。傕令
　樊稠及兄子利数万人攻围槐里,夜梯城,城陷,斩裹枭首。"

④《前书音义》曰:"长平,坂名也,在池阳南。有长平观,去长安五十里。"

⑤骈,并也。

⑥《献帝起居注》曰:"傕等各欲用其所举,若壹违之,便忿愤恚怒。主者患
　之,乃以次第用其所举,先从傕起,汜次之,稠次之。三公所举,终不见
　用。"

时长安中盗贼不禁,白日虏掠,傕、汜、稠乃参分城内,各备其
界,犹不能制,而其子弟纵横,侵暴百姓。是时谷一斛五十万,豆麦
二十万,人相食啖,①白骨委积,臭秽满路。帝使侍御史侯汶②出太
仓米豆为饥人作糜,经日而死者无降。帝疑赋恤有虚,③乃亲于御
前自加临检。既知不实,使侍中刘艾出让有司。于是尚书令以下皆
诣省阁谢,奏收侯汶考实。诏曰:"未忍致汶于理,可杖五十。"自是
后多得全济。

①啖音徒敢反。

②音问。

③赋,布也。恤,忧也。

明年春,傕因会刺杀樊稠于坐,①则是诸将各相疑异,傕、汜遂
复理兵相攻。②安西将军杨定者,故卓部曲将也。惧傕忍害,乃与汜
合谋迎天子幸其营。傕知其计,即使兄子暹③将数千人围宫。以车
三乘迎天子、皇后。太尉杨彪谓暹曰:"古今帝王,无在人臣家者。诸
君举事,当上顺天心,奈何如是!"暹曰:"将军计决矣。"帝于是遂幸
傕营,彪等皆徒从。乱兵入殿,掠宫人什物,傕又徙御府金帛乘舆器
服,而放火烧宫殿官府居人悉尽。帝使杨彪与司空张喜等十余人和
傕、汜,汜不从,遂质留公卿。彪谓汜曰:"将军达人间事,奈何君臣
分争,一人劫天子,一人质公卿,此可行邪?"汜怒,欲手刃彪。彪曰:

"卿尚不奉国家,吾岂求生邪!"左右多谏,汜乃止。遂引兵攻傕,矢及帝前,④又贯傕耳。傕将杨奉本白波贼帅,乃将兵救傕,于是汜众乃退。

　①《献帝纪》曰:傕见稠果勇而得众心,疾害之,醉酒,潜使外生骑都尉胡封于坐中拉杀稠。"

　②《袁宏纪》曰:"李傕数设酒请汜,或留汜止宿。汜妻惧与傕婢妾私而夺己爱,思有以离间之。会傕送馈,汜妻乃以豉为药。汜将食,妻曰:'食从外来,傥或有故?'遂摘药示之,曰:'一栖不两雄,我固疑将军之信李公也。'他日傕请汜,大醉,汜疑傕药之,绞粪汁饮之乃解,于是遂相猜疑"也。

　③音纤。

　④《献帝纪》曰:"汜与傕将张苞、张龙谋诛傕,汜将兵夜攻傕门。候开门内汜兵,苞等烧屋,火不然。汜兵弓弩并发,矢及天子楼帷幄中。"

　是日,傕复移帝幸其北坞,唯皇后、宋贵人俱。傕使校尉监门,隔绝内外。①寻复欲徙帝于池阳黄白城,②君臣惶惧。司徒赵温深解譬之,乃止。诏遣谒者仆射皇甫郦和傕、汜。郦先譬汜,汜即从命。又诣傕,傕不听。曰:"郭多,盗马虏耳,何敢欲与我同邪!必诛之。君观我方略士众,足办郭多不?多又劫质公卿。所为如是,而君苟欲左右之邪!"③汜一名多。郦曰:"今汜质公卿,而将军胁主,谁轻重乎?"傕怒,呵遣郦,因令虎贲王昌追杀之。昌伪不及,郦得以免。傕乃自为大司马。④与郭汜相攻连月,死者以万数。

　①《献帝纪》曰:"傕令门设反关,校尉守察。盛夏炎暑,不能得冷水,饥渴流离。上以前移宫人及侍臣,不得以谷米自随,入门有禁防,不得出市,困乏,使就傕索粳米五斛,牛骨五具,欲为食赐宫人左右。傕不与米,取久牛肉牛骨给,皆已臭虫,不可啖食。"

　②池阳,县,故城在今泾阳县西北。

　③左右,助也,音佐又。

　④《献帝起居注》曰:"傕性喜鬼怪左道之术,常有道人及女巫歌讴击鼓下神祭,六丁符劾厌胜之具,无所不为。以于朝廷省门外为董卓作神坐,数以牛羊祠之。天子使左中郎将李国持节拜傕为大司马,在三公之右。傕自以为得鬼神之助,乃厚赐诸巫。"

　　张济自陕来和解二人，仍欲迁帝权幸弘农。帝亦思旧京，因遣使敦请傕求东归，十反乃许。①车驾即日发迈。②李傕出屯曹阳。以张济为骠骑将军，复还屯陕。迁郭汜车骑将军，杨定后将军，杨奉兴义将军。又以故牛辅部曲董承为安集将军。③汜等并侍送乘舆。汜遂复欲胁帝幸郿，定、奉、承不听。汜恐变生，乃弃军还就李傕。车驾进至华阴。④宁辑将军段煨乃具服御及公卿以下资储，请帝幸其营。初，杨定与煨有隙，遂诬煨欲反，乃攻其营，十余日不下。⑤而煨犹奉给御膳，禀赡百官，终无二意。

　　①《袁宏纪》曰："济使太官令孙笃、校尉张式宣谕十反。"

　　②《献帝起居注》曰："初，天子出，到宣平门，当度桥，汜兵数百人遮桥曰：'是天子非？'车不得前。傕兵数百人皆持大戟在乘舆车前，侍中刘艾大呼云：'是天子也！'使侍中杨琦高举车帷。帝言诸兵：'汝却，何敢迫近至尊邪！'汜等兵乃却。既度桥，士众咸称万岁。"

　　③《蜀志》曰："承，献帝舅也。"裴松之注曰："承，灵帝母太后之侄。"

　　④《帝王纪》曰："帝以尚书郎郭溥喻汜，汜以屯部未定，乞须留之。溥因骂汜曰：'卿真庸人贱夫，为国上将，今天子有命，何须留之？吾不忍见卿所行，请先杀我，以章卿恶。'汜得溥言切，意乃少喻。"

　　⑤《袁宏纪》曰："煨与杨定有隙，煨迎乘舆，不敢下马，揖马上。侍中种辑素与定亲，乃言曰：'段煨欲反。'上曰：'煨属来迎，何谓反？'对曰："迎不至界，拜不下马，其色变，必有异心。'太尉杨彪等曰：'煨不反，臣等敢以死保，车驾可幸其营。'董承、杨定言曰：'郭汜今且将七百骑来入煨营。'天子信之，遂露次于道南，奉、承、定等功也。"

　　李傕、郭汜既悔令天子东，乃来救段煨，因欲劫帝而西。杨定为汜所遮，亡奔荆州。而张济与杨奉、董承不相平，乃反合傕、汜，共追乘舆，大战于弘农东涧。承、奉军败，百官士卒死者不可胜数，皆弃其妇女辎重，御物符策典籍，略无所遗。①射声校尉沮俊被创坠马。李傕谓左右曰："尚可活不？"俊骂之曰："汝等凶逆，逼迫天子，乱臣贼子，未有如汝者！"傕使杀之。②天子遂露次曹阳。承、奉乃诱谲傕等与连和，而密遣间使至河东，招故白波帅李乐、韩暹、胡才及南匈奴右贤王去卑，并率其众数千骑来，与承、奉共击暹等，大破之，斩首数千级,乘舆乃得进。董承、李乐拥卫左右,胡才、杨奉、韩暹、去卑为后距。傕等复来战,奉等大败,死者甚于东涧。自东涧兵相连缀四十里中,方得至陕,乃结营自守。时残破之余,虎贲羽林不满百人,皆有离心。承、奉等夜乃潜议过河,③使李乐先度具舟船,举火为应。帝步出营,临河欲济,岸高十余丈,乃以绢缒而下。④余人或匍匐岸侧,或从上自投,死亡伤残,不复相知。争赴船者,不可禁制,董承以戈击披之,断手指于舟中者可掬。同济唯皇后、宋贵人、⑤杨彪、董承及后父执金吾伏完等数十人。其宫女皆为傕兵所掠夺,冻溺死者甚众。既到大阳,止于人家,⑥然后幸李乐营。百官饥饿,河内太守张杨⑦使数千人负米贡饷。帝乃御牛车,因都安邑。河东太守王邑奉献绵帛,悉赋公卿以下。封邑为列侯,⑧拜胡才征东将军,张杨为安国将军,皆假节、开府。其垒壁群竖,竞求拜职,刻印不给,至乃以锥画之。或赍酒肉就天子燕饮。⑨又遣太仆韩融至弘农,与傕、汜等连和。傕乃放遣公卿百官,颇归宫人妇女,及乘舆器服。

①《献帝传》曰:“掠妇女衣被,迟违不时解,即斫刺之。有美发者断取。冻死及婴儿随流而浮者塞水。”

②《袁山松书》曰:“俊年二十五,其督战訾宝负其尸而瘗之。”

③《袁宏纪》曰:“傕、汜绕营叫呼,吏士失色,各有分散意。李乐惧,欲令车驾御船过砥柱,出盟津。杨彪曰:‘臣弘农人也。自此以东,有三十六难,非万乘所当登。’宗正刘艾亦曰:‘臣前为陕令,知其危险。旧故河师,犹时有倾危,况今无师。太尉所虑是也。’”

④缒音直类反。

⑤宋贵人名都,常山太守泓之女也。见《献帝起居注》。

⑥大阳,县,属河东郡。《前书音义》曰“在大河之阳”也。即今陕州河北县是也。《十三州记》曰:“傅岩在其界,今住穴尚存。”

⑦《魏志》曰:“杨字稚叔,云中人。”

⑧邑字文都,北地泾阳人,镇北将军。见《同岁名》。

⑨《魏志》曰“乘舆时居棘篱中,门户无关闭,天子与群臣会,兵士伏篱上观,互相镇压以为笑。诸将或遣婢诣省问,或赍酒送天子,侍中不通,喧呼骂詈”也。

　　初，帝入关，三辅户口尚数十万，自傕汜相攻，天子东归后，长安城空四十余日，强者四散，羸者相食，二三年间，关中无复人迹。建安元年春，诸将争权，韩暹遂攻董承，承奔张杨，杨乃使承先缮修洛宫。七月，帝还至洛阳，幸杨安殿。张杨以为己功，故因以"杨"名殿。[1]乃谓诸将曰："天子当与天下共之，朝廷自有公卿大臣，杨当出捍外难，何事京师？"遂还野王。杨奉亦出屯梁。乃以张杨为大司马，杨奉为车骑将军，韩暹为大将军，领司隶校尉，皆假节钺。暹与董承并留宿卫。

> [1]《献帝起居注》曰："旧时宫殿悉坏，仓卒之际，拾摭故瓦材木，工匠无法度之制，所作并无足观也。"

　　暹矜功恣睢，[1]干乱政事，董承患之，潜召兖州牧曹操。操乃诣阙贡献，禀公卿以下，因奏韩暹、张杨之罪。暹惧诛，单骑奔杨奉。帝以暹、杨有翼车驾之功，诏一切勿问。于是封卫将军董承、辅国将军伏完等十余人为列侯，赠沮俊为弘农太守。[2]曹操以洛阳残荒，遂移帝幸许。杨奉、韩暹欲要遮车驾，不及，曹操击之，[3]奉、暹奔袁术，遂纵暴扬、徐间。明年，左将军刘备诱奉斩之。暹惧，走还并州，道为人所杀。[4]胡才、李乐留河东，才为怨家所害，乐自病死。张济饥饿，出至南阳，攻穰，战死。郭汜为其将伍习所杀。

> [1]恣睢，自用之貌。睢音火季反。
>
> [2]《袁宏纪》曰："诛议郎侯祈、尚书冯硕、侍中壶崇，讨有罪也。封卫将军董承、辅国将军伏完、侍中丁冲、种辑、尚书仆射钟繇、尚书郭溥、御史中丞董芬、彭城相刘艾、冯翊韩斌、东郡太守杨众、议郎罗邵、伏德、赵蕤为列侯，赏有功也。赠射声校尉沮俊为弘农太守，旌死节也。"
>
> [3]《献帝春秋》曰："车驾出洛阳，自辕辕而东，杨奉、韩暹引军追之。轻骑既至，操设伏兵要于阳城山峡中，大败之。"
>
> [4]《九州春秋》曰："暹失奉，孤特，与千余骑欲归并州，为张宣所杀。"

　　三年，使谒者仆射裴茂诏关中诸将段煨等讨李傕，夷三族。[1]以段煨为安南将军，封閺乡侯。[2]

> [1]《典略》曰："傕头至，有诏高县之。"
>
> [2]閺乡，今虢州县也。《说文》"閺"，今作"閿"，流俗误也。

四年,张杨为其将杨丑所杀。①以董承为车骑将军,开府。

①《魏志》曰:"杨素与吕布善。曹公之围布,杨欲救之不能,乃出兵东市,遥为之执。其将杨丑杀杨以应曹公。"

自都许之后,权归曹氏,天子总己,百官备员而已。帝忌操专逼,乃密诏董承,使结天下义士共诛之。承遂与刘备同谋,未发,会备出征,承更与偏将军王服、长水校尉种辑、议郎吴硕结谋。事泄,承、服、辑、硕皆为操所诛。

韩遂与马腾自还凉州,更相战争,乃下陇据关中。操方事河北,虑其乘间为乱,七年,乃拜腾征南将军,遂征西将军,并开府。后征段煨为大鸿胪,病卒。复征马腾为卫尉,封槐里侯。腾乃应召,而留子超领其部曲。十六年,超与韩遂举关中背曹操,操击破之,遂、超败走,腾坐夷三族。超攻杀凉州刺史韦康,①复据陇右。十九年,天水人杨阜破超,②超奔汉中,降刘备。③韩遂走金城羌中,为其帐下所杀。初,陇西人宗建在枹罕,自称"河首平汉王",④署置百官三十许年。曹操因遣夏侯渊击建,斩之,凉州悉平。⑤

①太仆端之子也。弟诞,魏光禄大夫。

②《魏志》曰:"阜字义山,天水冀人也。韦康以为别驾。马超率万余人攻冀城,阜率国士大夫及宗族子弟胜兵者千余人,使弟岳于城上作偃月营,与超接战。自正月至八月拒守,而救兵不至。超入,拘岳于冀,杀刺史太守。阜内有报超之志,而未得其便。外兄姜叙屯历城,阜少长诣叙家,见叙母,说前在冀中时事,嘘欷悲甚。叙曰:'何为尔?'阜曰:'守城不能完,君亡不能死,亦何面目以视息天下?'时叙母慨然劝从阜计。超闻阜等兵起,自将出袭历城,得叙母。骂之曰:'若背父之逆子,杀君之桀贼,天地岂久容,敢以面目视人乎!'超怒,杀之。阜与战,身被五创,宗族昆季死者七人,超遂南奔张鲁。"

③《蜀志》曰:"超字孟起。既奔汉中,闻备围刘璋于成都,密书请降。备遣迎超,将兵径到城下。汉中震怖,璋即稽首。"

④建以居河上流,故称"河首"也。

⑤《魏志》曰:"渊字妙才,沛国人也,为征西护军。魏太祖使帅诸将讨建,拔之。"

论曰:董卓初以虓阚为情,①因遭崩剥之执,②故得蹈藉彝伦,毁裂畿服。③夫以刳肝斫趾之性,④则群生不足以厌其快,然犹折意缙绅,迟疑陵夺,⑤尚有盗窃之道焉。⑥及残寇乘之,倒山倾海,⑦昆冈之火,自兹而焚,⑧版荡之篇,于焉而极。⑨呜呼,人之生也难矣!⑩天地之不仁甚矣!⑪

①《诗·大雅》曰:"阚如虓虎。"《毛传》曰:"虎怒之貌也。"

②剥犹乱也。《左传》曰:"天实剥乱。"

③彝,常也。伦,理也。《书》云:"我不知其彝伦攸叙。"《左传》曰:"裂冠毁冕。"畿谓王畿也。服,九服也。

④刳,剖也。斫,斩也。纣刳剔孕妇,剖比干之心,斫朝涉之胫。

⑤折,屈也。谓忍性屈情,擢用郑泰、蔡邕、何颙、荀爽等。

⑥《庄子》曰:"跖之徒问于跖曰:'盗亦有道乎?'跖曰:'何适无有邪?夫妄意室中之藏,圣也;入先,勇也;出后,义也;知可否,智也;分均,仁也:五者不备而能成大盗者,天下未之有也。'"

⑦残寇谓催、汜等。

⑧《书》曰:"火炎昆冈,玉石俱焚。"

⑨《诗·大雅》曰:"上帝版版,下人卒瘅。"毛苌注:"版,反也。瘅,病也。言厉王为政,反先王之道,下人尽病也。"又《荡之什》曰:"荡荡上帝,下人之辟,疾威上帝,其命多辟。"郑玄注云:"荡荡,法度废坏之貌。"

⑩《左传》曰:"人生实难,其有不获死乎?"

⑪《老子》曰:"天地不仁,以万物为刍狗。"

赞曰:百六有会,①过、剥成灾。②董卓滔天,干逆三才。③方夏崩沸,④皇京烟埃。无礼虽及,余祲遂广。⑤矢延王辂,兵缠魏象。⑥区服倾回,人神波荡。

①《前书音义》曰:"四千五百岁为一元,一元之中有九厄,阳厄五,阴厄四。阳为旱,阴为水。"初入元百六岁有阳厄,故曰"百六之会"。

②《易》曰《大过》:"栋挠,本末弱也。"《剥》:"不利有攸往,小人长也。"

③滔,漫也。《书》曰:"象龚滔天。"

④方,四方;夏,华夏也。《诗·小雅》云:"百川沸腾,山冢崒崩。"

⑤《左传》曰:"多行无礼,必自及也。"

⑥《周礼》巾车氏掌主之五辂。缠,绕也。魏象,阙也。

后汉书卷七三
列传第六三

刘虞　公孙瓒　陶谦

　　刘虞字伯安，东海郯人也。①祖父嘉，光禄勋。虞初举孝廉，稍迁幽州刺史，民夷感其德化，自鲜卑、乌桓、夫余、秽貊之辈，皆随时朝贡，无敢扰边者，百姓歌悦之。公事去官。中平初，黄巾作乱，攻破冀州诸郡，拜虞甘陵相，绥抚荒余，以蔬俭率下。迁宗正。

　　①《谢承书》曰："虞父嘉，丹阳太守。虞通《五经》，东海王恭之后。"

　　后车骑将军张温讨贼边章等，发幽州乌桓三千突骑，而牢禀逋悬，皆畔还本国。①前中山相张纯私谓前太山太守张举曰："今乌桓既畔，皆愿为乱，凉州贼起，朝廷不能禁。又洛阳人妻生子两头，此汉祚衰尽，天下有两主之征也。子若与吾共率乌桓之众以起兵，庶几可定大业。"举因然之。四年，纯等遂与乌桓大人共连盟，攻蓟下，燔烧城郭，虏略百姓，杀护乌桓校尉箕稠、右北平太守刘政、辽东太守阳终等，众至十余万，屯肥如。②举称"天子"，纯称"弥天将军安定王"，移书州郡，云举当代汉，告天子避位，敕公卿奉迎。纯又使乌桓峭王等③步骑五万，入青冀二州，攻破清河、平原，杀害吏民。朝廷以虞威信素著，恩积北方，明年，复拜幽州牧。虞到蓟，罢省屯兵，务广恩信。遣使告峭王等以朝恩宽弘，开许善路。又设赏购举、纯。举、纯走出塞，余皆降散。纯为其客王政所杀，送首诣虞。灵帝遣使者就拜太尉，封容丘侯。④

　　①《前书音义》曰："牢，贾直也。"禀，食也。言军粮不续也。

②肥如，县，属辽西郡，故城在今平州。

③峭音七笑反。

④容丘，县，属东海郡。

及董卓秉政，遣使者授虞大司马，进封襄贲侯。初平元年，复征代袁隗为太傅。道路隔塞，王命竟不得达。旧幽部应接荒外，资费甚广，岁常割青、冀赋调二亿有余，以给足之。时处处断绝，委输不至，而虞务存宽政，劝督农植，开上谷胡市之利，通渔阳盐铁之饶，民悦年登，谷石三十。青、徐士庶避黄巾之难归虞者百余万口，皆收视温恤，为安立生业，流民皆忘其迁徙。虞虽为上公，天性节约，敝衣绳履，食无兼肉，远近豪俊夙僭奢者，莫不改操而归心焉。①

①夙犹旧也。

初，诏令公孙瓒讨乌桓，受虞节度。瓒但务会徒众以自强大，而纵任部曲，颇侵扰百姓，而虞为政仁爱，念利民物，由是与瓒渐不相平。二年，冀州刺史韩馥、勃海太守袁绍及山东诸将议，以朝廷幼冲，①逼于董卓，远隔关塞，不知存否，以虞宗室长者，欲立为主。乃遣故乐浪太守张岐等赍议，上虞尊号。虞见岐等，厉色叱之曰："今天下崩乱，主上蒙尘。②吾被重恩，未能清雪国耻。诸君各据州郡，宜共戮力，③尽心王室，而反造逆谋，以相垢误邪！"固拒之。馥等又请虞领尚书事，承制封拜，复不听。遂收斩使人。于是选掾右北平田畴、从事鲜于银④蒙险间行，奉使长安。献帝既思东归，见畴等大悦。时虞子知为侍中，因此遣和潜从武关出，告虞将兵来迎。道由南阳，后将军袁术闻其状，遂质和，使报虞遣兵俱西。虞乃使数千骑就和奉迎天子，而术竟不遣之。

①时献帝年十岁。

②《左传》曰：周襄王出奔于郑，鲁臧文仲曰："天子蒙尘于外。"

③《说文》曰："戮力，并力也。"《左传》曰："戮力同心。"音力凋反，又音六。

④《魏志》曰："畴字子春，右北平无终人。好读书，善击剑。刘虞署为从事。太祖北征乌桓，令畴将众止徐无，出庐龙，历平刚，登白狼堆。去柳城二百余里，虏乃惊，太祖与战，大斩获，论功封畴。畴上疏自陈，太祖令夏侯惇喻之。畴曰：'岂可卖庐龙塞以易赏禄哉？'"

初，公孙瓒知术诈，固止虞遣兵，虞不从，瓒乃阴劝术执和，使夺其兵，自是与瓒仇怨益深。和寻得逃术还北，复为袁绍所留。瓒既累为绍所败，而犹攻之不已，虞患其黩武，[1]且虑得志不可复制，固不许行，而稍节其宣假。瓒怒，屡违节度，又复侵犯百姓。虞所赍赏典当胡夷，[2]瓒数抄夺之。积不能禁，乃遣驿使奉章陈其暴掠之罪，瓒亦上虞禀粮不周，二奏交驰，互相非毁，朝廷依违而已。瓒乃筑京于蓟城以备虞。[3]虞数请瓒，辄称病不应。虞乃密谋讨之，以告东曹掾右北平魏攸。攸曰："今天下引领，以公为归，谋臣爪牙，不可无也。瓒文武才力足恃，虽有小恶，固宜容忍。"虞乃止。

①黩犹慢也，数也。《尚书》曰"黩于祭祀"也。

②当音丁浪反。

③京，高丘也，言高筑丘垒以备虞焉。解见《献帝纪》。

顷之攸卒，而积忿不已。四年冬，遂自率诸屯兵众合十万人以攻瓒。将行，从事代郡程绪免胄而前曰："公孙瓒虽有过恶，而罪名未正。明公不先告晓使得改行，而兵起萧墙，非国之利。加胜败难保，不如驻兵，以武临之，瓒必悔祸谢罪，所谓不战而服人者也。"虞以绪临事沮议，遂斩之以徇。戒军士曰："无伤余人，杀一伯圭而已。"时州从事公孙纪者，瓒以同姓厚待遇之。纪知虞谋而夜告瓒。瓒时部曲放散在外，仓卒自惧不免，乃掘东城欲走。虞兵不习战，又爱人庐舍，救不听焚烧，急攻围不下。瓒乃简募锐士数百人，因风纵火，直冲突之。虞遂大败，与官属北奔居庸县。[1]瓒追攻之，三日城陷，遂执虞并妻子还蓟，犹使领州文书。会天子遣使者段训增虞封邑，督六州事；拜瓒前将军，封易侯，假节督幽、并、司、冀。瓒乃诬虞前与袁绍等欲称尊号，胁训斩虞于蓟市。先坐而咒曰："若虞应为天子者，天当风雨以相救。"时旱势炎盛，遂斩焉。传首京师，故吏尾敦于路劫虞首归葬之。[2]瓒乃上训为幽州刺史。虞以恩厚得众，怀被北州，百姓流旧，莫不痛惜焉。

①居庸县属上谷郡，有关。

②尾敦，姓名。

初,虞以俭素为操,冠敝不改,乃就补其穿。及遇害,瓒兵搜其内,而妻妾服罗纨,盛绮饰,时人以此疑之。和后从袁绍报瓒云。

公孙瓒字伯圭,辽西令支人也。[1]家世二千石。瓒以母贱,遂为郡小吏。为人美姿貌,大音声,言事辩慧。[2]太守奇其才,以女妻之。[3]后从涿郡庐植学于缑氏山中,略见书传。举上计吏。太守刘君坐事槛车征,官法不听吏下亲近,瓒乃改容服,诈称侍卒,身执徒养,御车到洛阳。太守当徙日南,瓒具豚酒于北芒上,祭辞先人,酹觞祝曰:"昔为人子,今为人臣,当诣日南。日南多瘴气,恐或不还,便当长辞坟茔。"慷慨悲泣,再拜而去,观者莫不叹息。既行,于道得赦。

①令,音力定反。支,音巨移反。

②《典略》曰:"瓒性辩慧,每白事,常兼数曹,无有忘误。"

③《魏志》曰:"侯太守妻之以女。"

瓒还郡,举孝廉,除辽东属国长史。尝从数十骑出行塞下,卒逢鲜卑数百骑。瓒乃退入空亭,约其从者曰:"今不奔之,则死尽矣。"乃自持两刃矛,驰出冲贼,杀伤数十人,瓒左右亦亡其半,遂得免。

中平中,以瓒督乌桓突骑,车骑将军张温讨凉州贼。[1]会乌桓反畔,与贼张纯等攻击蓟中,瓒率所领追讨纯等有功,迁骑都尉。张纯复与畔胡丘力居等寇渔阳、河间、勃海,入平原,多所杀略。瓒追击战于属国石门,[2]虏遂大败,弃妻子逾塞走,悉得其所略男女。瓒深入无继,反为丘力居等所围于辽西管子城,二百余日,粮尽食马,马尽煮弩楯,力战不敌,乃与士卒辞决,各分散还。时多雨雪,坠坑死者十五六,虏亦饥困,远走柳城。诏拜瓒降虏校尉,封都亭侯,复兼领属国长史。职统戎马,连接边寇。每闻有警,瓒辄厉色愤怒,如赴仇敌,望尘奔逐,或继之以夜战。虏识瓒声,惮其勇,莫敢抗犯。

①贼即边章等。

②石门,山名,在今营州柳城县西南。

瓒常与善射之士数十人,皆乘白马,以为左右翼,自号"白马义

从"。乌桓更相告语,避白马长史。乃画作瓒形,驰骑射之,中者咸
称万岁。虏自此之后,遂远窜塞外。

瓒志埽灭乌桓,而刘虞欲以恩信招降,由是与虞相忤。初平二
年,青、徐黄巾三十万众入勃海界,欲与黑山合。瓒率步骑二万人,
逆击于东光南,大破之,①斩首三万余级。贼弃其车重数万两,奔走
度河。瓒因其半济薄之,贼复大破,死者数万,流血丹水,收得生口
七万余人,车甲财物不可胜算,威名大震。拜奋武将军,封蓟侯。

①东光,今沧州县。

瓒既谏刘虞遣兵就袁术,而惧术知怨之,乃使从弟越将千余骑
诣术自结。术遣越随其将孙坚,击袁绍将周昕,越为流矢所中死。瓒
因此怒绍,遂出军屯槃河,将以报绍。①乃上疏曰:"臣闻皇羲已来,
君臣道著,张礼以导人,设刑以禁暴。今车骑将军袁绍,托承先轨,
爵任崇厚,而性本淫乱,情行浮薄。昔为司隶,值国多难,太后承摄,
何氏辅朝。②绍不能举直措枉,而专为邪媚,招来不轨,疑误社稷,
至令丁原焚烧孟津,③董卓造为乱始。绍罪一也。卓既无礼,帝主见
质。绍不能开设权谋,以济君父,而弃置节传,④进窜逃亡。忝辱爵
命,背违人主,绍罪二也。绍为勃海,当攻董卓,而默选戎马,不告父
兄,至使太傅一门,累然同毙。不仁不孝,绍罪三也。⑤绍既兴兵,涉
历二载,不恤国难,广自封植。乃多引资粮,专为不急,割刻无方,考
责百姓,其为痛怨,莫不咨嗟。绍罪四也。逼迫韩馥,窃夺其州,矫
刻金玉,以为印玺,每有所下,辄皂囊施检,文称诏书。⑥昔亡新僭
伪,渐以即真。⑦观绍所拟,将必阶乱。⑧绍罪五也。绍令星工伺望
祥妖,⑨赂遗财货,与共饮食,克会期日,攻钞郡县。此岂大臣所当
施为?绍罪六也。绍与故虎牙都尉刘勋,首共造兵,勋降服张杨,累
有功效,而以小忿枉加酷害。信用谗慝,济其无道,绍罪七也。故上
谷太守高焉,故甘陵相姚贡,绍以贪惏,⑩横责其钱,钱不备毕,二
人并命。绍罪八也。《春秋》之义,子以母贵。⑪绍母亲为傅婢,地实
微贱,据职高重,享福丰隆。有苟进之志,无虚退之心,绍罪九也。又
长沙太守孙坚,前领豫州刺史,遂能驱走董卓,埽除陵庙,忠勤王

室,其功莫大。绍遣小将盗居其位,断绝坚粮,不得深入,使董卓久不服诛。绍罪十也。昔姬周政弱,王道陵迟,天子迁徙,诸侯背畔,故齐桓立柯会之盟,[12]晋文为践土之会,[13]伐荆楚以致菁茅,[14]诛曹、卫以章无礼。[15]臣虽阘茸,名非先贤,[16]蒙被朝恩,负荷重任,职在铁钺,奉辞伐罪,[17]辄与诸将州郡共讨绍等。若大事克捷,罪人斯得,[18]庶绩桓文忠诚之效。"遂举兵攻绍,于是冀州诸城悉畔从瓒。

①般即《尔雅》九河钩盘之河也。其枯河在今沧州乐陵县东南。

②谓何进也。

③《续汉书》曰:"何进欲诛中常侍赵忠等,进乃诈令武猛都尉丁原放兵数千人,为贼于河内,称'黑山伯',上事以诛忠等为辞,烧平阴、河津莫府人舍,以怖动太后。"

④传,音丁恋反。

⑤《左传》曰:"两释累囚。"杜预曰:"累,系也。"《前书音义》曰:"诸不以罪死曰累。"毙,踣也。董卓恨绍起兵山东,乃诛绍叔父太傅隗,及宗族在京师者,尽诛灭之。

⑥《汉官仪》曰:"凡章表皆启封,其言密事得皂囊。"《说文》曰:"检,书署也。"今俗谓之排,其字从"木"。

⑦亡新,王莽。

⑧阶,梯也。《诗》曰:"职为乱阶。"

⑨星工,善星者。

⑩怵音力含反。

⑪《公羊传》曰"桓公幼而贵,隐公长而卑,子以母贵,母以子贵"也。

⑫《春秋》:"公会齐侯盟于柯。"《公羊传》曰:"齐桓公之信著于天下,自柯之盟始也。"

⑬践土,郑地也。《左传》,周襄王出居于郑,晋文公重耳为践土之会,率诸侯朝天子,以成霸功。

⑭菁茅,灵茅,以供祭祀也。《左传》曰喜四年,齐桓伐楚,责之曰:"尔贡苞茅不入,王祭不供,无以缩酒,寡人是征。"

⑮《左传》僖二十八年,晋侯伐曹,假道于卫,卫人不许,还自河南济,侵曹伐卫,责其无礼也。

⑯阘犹下也。茸,细也。阘音吐盍反。茸音人勇反。

⑰铁音方于反。莝,刃也。钺,斧也。

⑱《尚书》:"周公东征,三年,罪人斯得。"

绍惧,乃以所佩勃海太守印绶授瓒从弟范,遣之郡,欲以相结。而范遂背绍,领勃海兵以助瓒。瓒乃自署其将帅为青、冀、兖三州刺史,又悉置郡县守令,与绍大战于界桥。①瓒军败还蓟。绍遣将崔巨业将兵数万攻围故安不下,退军南还。瓒将步骑三万人追击于巨马水,②大破其众,死者七八千。乘胜而南,攻下郡县,遂至平原,乃遣其青州刺史田楷据有齐地。绍复遣兵数万与楷连战二年,粮食并尽,士卒疲困,互掠百姓,野无青草。③绍乃遣子谭为青州刺史,楷与战,败退还。

①桥名。解见《献帝纪》。

②水在幽州归义县界,自易州遒县界流入。

③《左传》齐侯伐鲁,语展喜曰:"室如悬罄,野无青草,何恃而不恐?"

是岁,瓒破禽刘虞,尽有幽州之地,猛志益盛。前此有童谣曰:"燕南垂,赵北际,中央不合大如砺,唯有此中可避世。"瓒自以为易地当之,遂徙镇焉。①乃盛修营垒,楼观数十,临易河,通辽海。

①《前书》易县属涿郡,《续汉志》曰属河间。瓒所居易京故城在今幽州归义县南十八里。

刘虞从事渔阳鲜于辅等,合率州兵,欲共报瓒。辅以燕国阎柔素有恩信,推为乌桓司马。柔招诱胡汉数万人,与瓒所置渔阳太守邹丹战于潞北,斩丹等四千余级。乌桓峭王感虞恩德,率种人及鲜卑七千余骑,共辅南迎虞子和,与袁绍将曲义合兵十万,共攻瓒。兴平二年,破瓒于鲍丘,①斩首二万余级。瓒遂保易京,开置屯田,稍得自支。相持岁余,曲义军粮尽,士卒饥困,余众数千人退走。瓒徼破之,尽得其车重。

①鲍丘,水名也,又名路水,在今幽州渔阳县。

是时旱蝗谷贵,民相食。瓒恃其才力,不恤百姓,记过忘善,睚眦必报,州里善士名在其右者,必以法害之。常言"衣冠皆自以职分富贵,不谢人惠"。故所宠爱,类多商贩庸儿。所在侵暴,百姓怨之。

于是代郡、广阳、上谷、右北平各杀瓒所置长吏,复与辅、和兵合。瓒虑有非常,乃居于高京,以铁为门。斥去左右,男人七岁以上不得入易门。专侍姬妾,其文簿书记皆汲而上之。令妇人习为大言声,使闻数百步,以传宣教令。疏远宾客,无所亲信,故谋臣猛将,稍有乖散。自此之后,希复攻战。或问其故。瓒曰:"我昔驱畔胡于塞表,埽黄巾于孟津,当此之时,谓天下指麾可定。①至于今日,兵革方始,观此非我所决,不如休兵力耕,以救凶年。兵法百楼不攻。今吾诸营楼櫓千里,②积谷三百万斛,食此足以待天下之变。"

①《九州春秋》曰:"瓒曰:'始天下兵起,我谓唾掌而决。'"

②"楼"即"橹"字,见《说文》。释名曰:"楼,露也。上无覆屋。"

建安三年,袁绍复大攻瓒。瓒遣子续请救于黑山诸帅,而欲自将突骑直出,傍西山以断绍后。长史关靖谏曰:"今将军将士,莫不怀瓦解之心,所以犹能相守者,顾恋其老小,而恃将军为主故耳。坚守旷日,或可使绍自退。若舍之而出,后无镇重,易京之危,可立待也。"瓒乃止。绍渐相攻逼,瓒众日蹙,乃却,筑三重营以自固。

四年春,黑山贼帅张燕与续率兵十万,三道来救瓒。未及至,瓒乃密使行人赍书告续曰:"昔周末丧乱,僵尸蔽地,以意而推,犹为否也。不图今日亲当其锋。袁氏之攻,状若鬼神,梯冲舞吾楼上,鼓角鸣于地中,日穷月急,不遑启处。鸟厄归人,溘水陵高,①汝当碎首于张燕,驰骤以告急。父子天性,不言而动。②且厉五千铁骑于北隰之中,起火为应,吾当自内出,奋扬威武,决命于斯。③不然,吾亡之后,天下虽广,不容汝足矣。"绍候得其书,④如期举火,瓒以为救至,遂便出战。绍设伏,瓒遂大败,复还保中小城。自计必无全,乃悉缢其姊妹妻子,然后引火自焚。绍兵趣登台斩之。

①溘水丑六反,喻急也。

②言相感也。

③下湿曰隰。

④《献帝春秋》"候者得书,绍使陈琳易其词",即此书。

关靖见瓒败,叹恨曰:"前若不止将军自行,未必不济。吾闻君

子陷人于危,必同其难,岂可以独生乎!"乃策马赴绍军而死。续为
屠各所杀。①田揩与袁绍战死。

①屠各,胡号。

鲜于辅将其众归曹操,操以辅为度辽将军,封都亭侯。阎柔将
部曲从曹操击乌桓,拜护乌桓校尉,封关内侯。

张燕既为绍所败,人众稍散。曹操将定冀州,乃率众诣邺降,拜
平北将军,封安国亭侯。

论曰:自帝室王公之胄,皆生长脂腴,不知稼穑,其能厉行饬
身,卓然不群者,或未闻焉。①刘虞守道慕名,以忠厚自牧。②美哉
乎,季汉之名宗子也!若虞瓒无间,同情共力,纠人完聚,稽保燕、蓟
之饶,③缮兵昭武,④以临群雄之隙,舍诸天运,征乎人文,则古之
休烈,何远之有!⑤

①《前书》班固曰:"夫唯大雅,卓尔不群者,河间献王之谓与?"故论引焉。
②牧,养也。《易》曰:"卑以自牧。"
③纠,收也。
④缮,修也。《左传》曰:"缮甲兵。"
⑤天运犹天命也。人文犹人事也。《易》曰"观乎人文,以化成天下"。

陶谦字恭祖,丹阳人也。①少为诸生,仕州郡,②四迁为车骑将
军张温司马,西讨边章。会徐州黄巾起,以谦为徐州刺史,击黄巾,
大破走之,境内晏然。

①丹阳郡丹阳县人也。《吴书》曰:"陶谦父,故余姚长。谦少孤,始以不羁
闻于县中。年十四,犹缀帛为幡,乘竹马而戏,邑中儿童皆随之。故仓梧
太守同县甘公出遇之,见其容貌,异而呼之,与语甚悦,许妻以女。甘夫
人怒曰:'陶家儿遨戏无度,干何以女许之?'甘公曰:'彼有奇表,长必
大成。'遂与之。"
②《吴书》曰:"陶谦察孝廉,拜尚书郎,除舒令。郡太守张磐,同郡先辈,与
谦父友,谦耻为之屈。尝舞属谦,谦不为起,固强之乃舞,舞又不转。磐
曰:'不当转邪?'曰:'不可转,转则胜人。'"

时董卓虽诛，而李傕、郭汜作乱关中。是时四方断绝，谦每遣使间行，奉贡西京；诏迁为徐州牧，加安东将军，封溧阳侯。[1]是时徐方百姓殷盛，谷实甚丰，流民多归之。而谦信用非所，刑政不理。别驾从事赵昱，知名士也，而以忠直见疏，出为广陵太守。[2]曹宏等谗慝小人，谦甚亲任之，良善多被其害。由斯渐乱。下邳阙宣自称"天子"，谦始与合从，后遂杀之而并其众。

①溧阳今宣州县也。溧音栗。

②《谢承书》曰："谦奏昱茂才，迁为太守。"

初，曹操父嵩避难琅邪，时谦别将守阴平，[1]士卒利嵩财宝，遂袭杀之。初平四年，曹操击谦，破彭城傅阳。[2]谦退保郯，操攻之不能克，乃还。过拔取虑、睢陵、夏丘，皆屠之。[3]凡杀男女数十万人，鸡犬无余，泗水为之不流，自是五县城保，无复行迹。初三辅遭李傕乱，百姓流移依谦者皆歼。[4]

①县名，属东海国，故城在沂州承县西南。

②县名，属彭城国，本春秋时逼阳也。楚宣王灭宋，改曰傅阳，故城在今沂州承县南。

③取虑音秋闾，县名，属下邳郡，故城在今泗州下邳县西南。睢陵，县，在下邳县东南。夏丘，县，属沛郡，故城今泗州虹县是。

④歼，尽也。《左传》曰："门官歼焉。"

兴平元年，曹操复击谦，略定琅邪、东海诸县，谦惧不免，欲走归丹阳。会张邈迎吕布据兖州，操还击布。是岁，谦病死。

初，同郡人笮融，[1]聚众数百，往依于谦，谦使督广陵、下邳、彭城运粮。遂断三郡委输，大起浮屠寺。[2]上累金盘，下为重楼，又堂阁周回，可容三千许人，作黄金涂像，衣以锦彩。每浴佛，辄多设饮饭，布席于路，其有就食及观者且万余人。[3]及曹操击谦，徐方不安，融乃将男女万口、马三千匹走广陵。广陵太守赵昱待以宾礼。融利广陵资货，遂乘酒酺杀昱，放兵大掠，因以过江，南奔豫章，杀郡守朱皓，入据其城。后为扬州刺史刘繇所破，走入山中，为人所杀。

①笮音侧格反。

②浮屠，佛也。解见《西羌传》。

③《献帝春秋》曰:"融敷席方四五里,费以巨万。"

昱字元达,琅邪人。清己疾恶,潜志好学,虽亲友希得见之。为人耳不邪听,目不妄视。太仆种拂举为方正。

赞曰:襄贲励德,维城燕北。①仁能洽下,忠以卫国。伯圭疏犷,武才趚猛。②虞好无终,绍势难并。徐方歼耗,实谦为梗。

①励,勉也。

②趚音去骄反。